4th EDITION

# Enfoques

CURSO INTERMEDIO DE LENGUA ESPAÑOLA

José A. Blanco

VISTA HIGHER LEARNING
Boston, Massachusetts

**Publisher:** José A. Blanco
**Editorial Development:** Judith Bach, Deborah Coffey, María Victoria Echeverri
**Project Management:** Hillary Gospodarek, Sharon Inglis
**Rights Management:** Maria Rosa Alcaraz Pinsach, Annie Pickert Fuller, Caitlin O'Brien
**Technology Production:** Egle Gutiérrez, Paola Ríos Schaaf, Erica Solari
**Design:** Mark James, Erik Restrepo, Andrés Vanegas
**Production:** Manuela Arango, Oscar Díez, Jennifer López



Student Edition ISBN: 978-1-62680-689-4

Instructor's Annotated Edition ISBN: 978-1-62680-691-7

Library of Congress Control Number: 2014948713

1 2 3 4 5 6 7 8 9 TC 19 18 17 16 15 14

Printed in Canada.

## Introduction

**Bienvenidos a ENFOQUES, Fourth Edition,** an intermediate Spanish program designed to provide you with an active and rewarding learning experience as you continue to strengthen your language skills and develop your cultural competency.

Here are some of the features you will encounter in **ENFOQUES, Fourth Edition.**

- An emphasis on authentic language and practical vocabulary for you to use in communicating in real-life situations
- Clear, comprehensive grammar explanations that graphically highlight important concepts
- Abundant guided and communicative activities that will help you develop confidence in your ability to communicate in Spanish
- Three video-based sections—one directly connected to the **ENFOQUES Fotonovela Video,** one based on the **Flash Cultura** cultural segments, and one featuring the **ENFOQUES Film Collection**
- Literary and cultural readings that recognize and celebrate the diversity of the Spanish-speaking world and its people
- Ongoing development of your reading, speaking, writing, and listening skills
- Consistent integration of important cultural concepts and insights into the daily lives of native Spanish speakers
- A complete set of print and technology ancillaries to make learning Spanish easier for you

## New to the Fourth Edition

**ENFOQUES, Fourth Edition,** offers many new features to students and instructors that make this edition even better than the last.

- **NEW!** Based on user feedback, the **Lecturas** and **Cinemateca** sections have new selections for the Fourth Edition. New films in Lessons 2, 5, 7, and 11; new literary readings in Lessons 3, 9, and 11; and new cultural readings in Lessons 4 and 8 update and enhance these popular sections.
- **Updated!** The **ENFOQUES** Supersite now has even more features to make language learning easier, including Partner Chat and Virtual Chat activities, VoiceBoard for threaded discussions, a powerful bilingual dictionary, and more. See page x for more information.

**ENFOQUES** has twelve lessons organized in exactly the same way. To familiarize yourself with the textbook's organization, turn to page xii and take the **ENFOQUES** at-a-glance tour.

# CONTENIDO

## LECCIÓN 1
## Las relaciones personales

## LECCIÓN 2
## Las diversiones

## LECCIÓN 3
## La vida diaria

## LECCIÓN 4
## La salud y el bienestar

# CONTENIDO

## LECCIÓN 5
## Los viajes

## LECCIÓN 6
## La naturaleza

## LECCIÓN 7
## La tecnología y la ciencia

## LECCIÓN 8
## La economía y el trabajo

# CONTENIDO

Supersite

Each section of the textbook comes with resources and activities on the **ENFOQUES** Supersite, many of which are auto-graded with immediate feedback. Plus, the Supersite is iPad®-friendly*, so it can be accessed on the go! Visit **vhlcentral.com** to explore this wealth of exciting resources.

**CONTEXTOS**
- Audio of the **Vocabulary** with recording activity for oral practice
- Textbook and extra practice activities
- Partner Chat or Virtual Chat activity for increased oral practice

**ENFOQUES**
- Streaming video of the **Fotonovela** with instructor controlled options for subtitles
- Textbook comprehension and expansion and extra practice activities

**ENFOQUES**
- **En detalle** cultural reading
- **Conexión Internet** search activity
- Streaming video of **Flash Cultura** cultural video
- Textbook and extra practice activities

**ESTRUCTURA**
- Animated grammar tutorials
- Textbook grammar presentations
- Textbook and extra practice activities
- Partner Chat or Virtual Chat activities for increased oral practice
- **Repaso** self-test

**CINEMATECA**
- Streaming video of the short film with instructor-controlled options for subtitles
- Textbook pre- and post-viewing and extra practice activities

**LECTURAS: LITERATURA**
- Audio-synced, dramatic reading of the **Literatura** text
- Textbook and extra practice activities

**LECTURAS: CULTURA**
- Audio-synced reading of the literary text
- Textbook and extra practice activities
- **Atando cabos** composition activity

**VOCABULARIO**
- Vocabulary Tools

**MANUAL DE GRAMÁTICA**
- **Más práctica** Textbook activities
- **Más gramática** Textbook grammar presentations and activities
- Animated grammar tutorials for **Más gramática** topics

**Plus!** Also found on the Supersite:
- Lab audio MP3 files
- Live Chat to connect with students in real time, without leaving your browser (instant messaging, audio chat, video chat)
- Communication center for instructor notifications and feedback
- A single gradebook for all Supersite activities
- WebSAM online Student Activities Manual
- **vText** online, interactive student edition with access to Supersite activities, audio, and video

Supersite features vary by access level. Visit **vistahigherlearning.com** to explore which Supersite level is right for you.
*Students must use a computer for audio recording and select presentations and tools that require Flash or Shockwave.

# Student Ancillaries

## Student Activities Manual (SAM)

The **Student Activities Manual** consists of three parts: the **Workbook**, **Lab Manual**, and **Video Manual**.

- **Workbook**
  The **Workbook** activities provide additional practice of the vocabulary and grammar for each textbook lesson, including the extra grammar topic in **Manual de gramática**. Also included are an additional reading (**Lectura**) and composition (**Composición**) assignment.
- **Lab Manual**
  The **Lab Manual** activities focus on building students' pronunciation and listening comprehension skills in Spanish. They provide additional practice of the vocabulary and grammar of each lesson. Also included is a **Pronunciación** section where students practice sounds that are particularly difficult.

## WebSAM

Completely integrated with the **ENFOQUES** Supersite, the **WebSAM** provides access to online **Workbook**, **Lab Manual** and **Video Manual** activities with instant feedback and grading for select activities. The complete audio program is accessible online in the **Lab Manual** and features record-submit functionality for select activities. The MP3 files can be downloaded from the **ENFOQUES** Supersite and can be played on a computer, portable MP3 player or mobile device. The **Fotonovela** videos are accessible online in the **Video Manual**.

## ENFOQUES, Fourth Edition, Supersite

Included with the purchase of every new student edition, the passcode to the Supersite (**vhlcentral.com**) gives students access to a wide variety of interactive activities for each section of every lesson of the student text, including auto-graded activities for extra practice with vocabulary, grammar, video, and cultural content; reference tools; the **Fotonovela** videos; the **Cinemateca** short films, **Flash Cultura** videos; the Lab Program MP3 files, and more. *For additional details, see pages IAE-14 and IAE-15.*

# Icons

Familiarize yourself with these icons that appear throughout **ENFOQUES**.

- Supersite content available
- Activity available on Supersite
- Audio activity
- Pair activity
- Group activity

Text next to the Supersite icon will let you know exactly what type of content is available online. Additional practice on the Supersite, not included in the textbook, is indicated with this icon feature: Practice more at **vhlcentral.com.**

# CONTEXTOS

**practices the lesson vocabulary with thematic activities.**

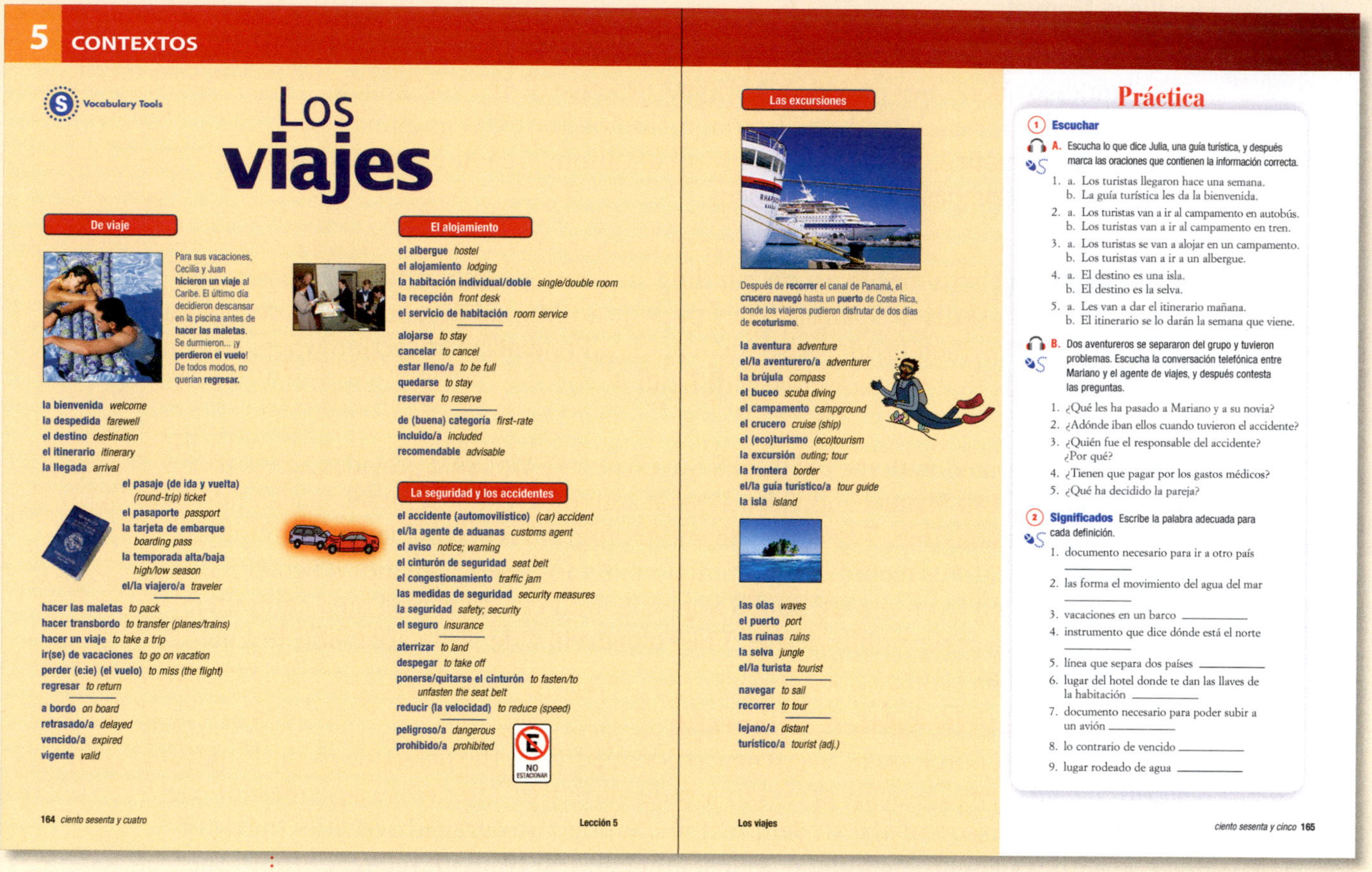

5 CONTEXTOS

Vocabulary Tools

# Los viajes

**De viaje**

Para sus vacaciones, Cecilia y Juan **hicieron un viaje** al Caribe. El último día decidieron descansar en la piscina antes de **hacer las maletas**. Se durmieron... ¡y **perdieron el vuelo**! De todos modos, no querían **regresar**.

**la bienvenida** *welcome*
**la despedida** *farewell*
**el destino** *destination*
**el itinerario** *itinerary*
**la llegada** *arrival*
**el pasaje (de ida y vuelta)** *(round-trip) ticket*
**el pasaporte** *passport*
**la tarjeta de embarque** *boarding pass*
**la temporada alta/baja** *high/low season*
**el/la viajero/a** *traveler*

**hacer las maletas** *to pack*
**hacer transbordo** *to transfer (planes/trains)*
**hacer un viaje** *to take a trip*
**ir(se) de vacaciones** *to go on vacation*
**perder (e:ie) (el vuelo)** *to miss (the flight)*
**regresar** *to return*

**a bordo** *on board*
**retrasado/a** *delayed*
**vencido/a** *expired*
**vigente** *valid*

**El alojamiento**

**el albergue** *hostel*
**el alojamiento** *lodging*
**la habitación individual/doble** *single/double room*
**la recepción** *front desk*
**el servicio de habitación** *room service*

**alojarse** *to stay*
**cancelar** *to cancel*
**estar lleno/a** *to be full*
**quedarse** *to stay*
**reservar** *to reserve*

**de (buena) categoría** *first-rate*
**incluido/a** *included*
**recomendable** *advisable*

**La seguridad y los accidentes**

**el accidente (automovilístico)** *(car) accident*
**el/la agente de aduanas** *customs agent*
**el aviso** *notice; warning*
**el cinturón de seguridad** *seat belt*
**el congestionamiento** *traffic jam*
**las medidas de seguridad** *security measures*
**la seguridad** *safety; security*
**el seguro** *insurance*

**aterrizar** *to land*
**despegar** *to take off*
**ponerse/quitarse el cinturón** *to fasten/to unfasten the seat belt*
**reducir (la velocidad)** *to reduce (speed)*

**peligroso/a** *dangerous*
**prohibido/a** *prohibited*

NO ESTACIONAR

164 *ciento sesenta y cuatro* — Lección 5

**Las excursiones**

Después de **recorrer** el canal de Panamá, el **crucero navegó** hasta un **puerto** de Costa Rica, donde los viajeros pudieron disfrutar de dos días de **ecoturismo**.

**la aventura** *adventure*
**el/la aventurero/a** *adventurer*
**la brújula** *compass*
**el buceo** *scuba diving*
**el campamento** *campground*
**el crucero** *cruise (ship)*
**el (eco)turismo** *(eco)tourism*
**la excursión** *outing; tour*
**la frontera** *border*
**el/la guía turístico/a** *tour guide*
**la isla** *island*

**las olas** *waves*
**el puerto** *port*
**las ruinas** *ruins*
**la selva** *jungle*
**el/la turista** *tourist*

**navegar** *to sail*
**recorrer** *to tour*

**lejano/a** *distant*
**turístico/a** *tourist (adj.)*

Los viajes

## Práctica

1 **Escuchar**

**A.** Escucha lo que dice Julia, una guía turística, y después marca las oraciones que contienen la información correcta.

1. a. Los turistas llegaron hace una semana.
   b. La guía turística les da la bienvenida.
2. a. Los turistas van a ir al campamento en autobús.
   b. Los turistas van a ir al campamento en tren.
3. a. Los turistas se van a alojar en un campamento.
   b. Los turistas van a ir a un albergue.
4. a. El destino es una isla.
   b. El destino es la selva.
5. a. Les van a dar el itinerario mañana.
   b. El itinerario se lo darán la semana que viene.

**B.** Dos aventureros se separaron del grupo y tuvieron problemas. Escucha la conversación telefónica entre Mariano y el agente de viajes, y después contesta las preguntas.

1. ¿Qué les ha pasado a Mariano y a su novia?
2. ¿Adónde iban ellos cuando tuvieron el accidente?
3. ¿Quién fue el responsable del accidente? ¿Por qué?
4. ¿Tienen que pagar por los gastos médicos?
5. ¿Qué ha decidido la pareja?

2 **Significados** Escribe la palabra adecuada para cada definición.

1. documento necesario para ir a otro país ________
2. las forma el movimiento del agua del mar ________
3. vacaciones en un barco ________
4. instrumento que dice dónde está el norte ________
5. línea que separa dos países ________
6. lugar del hotel donde te dan las llaves de la habitación ________
7. documento necesario para poder subir a un avión ________
8. lo contrario de vencido ________
9. lugar rodeado de agua ________

*ciento sesenta y cinco* 165

**Vocabulary** Easy-to-study thematic lists present useful vocabulary.

**Photos and illustrations** Dynamic, full-color photos and art illustrate selected vocabulary terms.

**Práctica** This set of activities practices vocabulary in diverse formats and engaging contexts.

**Comunicación** These open-ended activities have students interact with a partner, a small group, or the entire class.

**Supersite**

- Audio recordings of all vocabulary items
- Textbook activities including Partner Chat or Virtual Chat activity
- Additional online-only practice activities

Supersite features vary by access level. Visit **vistahigherlearning.com** to explore which Supersite level is right for you.

# FOTONOVELA

**features a situational comedy about the everyday adventures of a magazine staff.**

5 FOTONOVELA

Video

**Fabiola y Éric se preparan para un viaje de ecoturismo a la selva amazónica.**

1
**DIANA** Aquí están los boletos para Venezuela, la guía de la selva amazónica y los pasaportes… Después les doy la información del hotel.
**ÉRIC** Gracias.
**FABIOLA** Gracias.

2
**ÉRIC** ¿Me dejas ver tu pasaporte?
**FABIOLA** No me gusta como estoy en la foto. Me hicieron esperar tanto que salí con cara de enojo.
**ÉRIC** No te preocupes… Ésa es la cara que vas a poner cuando estés en la selva.

3
**DIANA** Es necesario que memoricen esto. A ver, repitan: tenemos que salir por la puerta 12.
**FABIOLA, ÉRIC Y JOHNNY** Tenemos que salir por la puerta 12.
**DIANA** El autobús del hotel nos va a recoger a las 8:30.
**FABIOLA Y ÉRIC** El autobús del hotel nos va a recoger a las 8:30.

6
**ÉRIC** Sí, pero en el Amazonas, Fabiola. ¡Amazonas!
**MARIELA** Es tan arriesgado que van a tener un guía turístico y el alojamiento más lujoso de la selva.
**ÉRIC** Mientras ella escribe su artículo en la seguridad del hotel, yo voy a estar explorando y tomando fotos. Debo estar protegido.
**FABIOLA** Según parece, de lo único que debes estar protegido es de ti mismo.

7
*Juegan a que están en la selva.*
**JOHNNY** (*con la cara pintada*) ¿Cuál es el chiste? Los soldados llevan rayas… Lo he visto en las películas.
**ÉRIC** Intentémoslo nuevamente.
**JOHNNY** Esta vez soy un puma que te ataca desde un árbol.
**ÉRIC** Mejor.

8
*Antes de despedirse, Éric guarda cosas en su maleta.*
**AGUAYO** Por la seguridad de todos creo que debes dejar tu machete, Éric.
**ÉRIC** ¿Por qué debo dejarlo? Es un machete de mentiras.
**DIANA** Pero te puede traer problemas reales.
**AGUAYO** Todos en la selva te lo van a agradecer.

168 *ciento sesenta y ocho* Lección 5

**Personajes**
AGUAYO DIANA ÉRIC FABIOLA JOHNNY MARIELA

4
**DIANA** El último número que deben recordar es cuarenta y ocho dólares con cincuenta centavos.
**FABIOLA Y ÉRIC** Cuarenta y ocho dólares con cincuenta centavos.
**JOHNNY** Y ese último número, ¿para qué es?
**DIANA** Es lo que van a tener que pagar por llegar en taxi al hotel si olvidan los dos números primeros.

5
**ÉRIC** (*Entra vestido de explorador.*) Fuera, cobardes, la aventura ha comenzado.
**MARIELA** ¿Quién crees que eres? ¿México Jones?
**ÉRIC** No. Soy Cocodrilo Éric, el fotógrafo más valiente de la selva. Listo para enfrentar el peligro.
**FABIOLA** ¿Qué peligro? Vamos a hacer un reportaje sobre ecoturismo… ¡Ecoturismo!

9
**ÉRIC** ¿Alguien me puede ayudar a cerrar la maleta?
**JOHNNY** ¿Qué rayos hay acá dentro?
**AGUAYO** Es necesario que dejes algunas cosas.
**ÉRIC** Imposible. Todo lo que llevo es de primerísima necesidad.
**JOHNNY** ¿Cómo? ¿Esto?
*Johnny saca un látigo de la maleta.*

10
*Diana cierra la maleta con cinta adhesiva.*
**DIANA** Listo… ¡Buen viaje!
**AGUAYO** Espero que disfruten y que traigan el mejor reportaje que puedan.
**JOHNNY** Y es importante que no traten de mostrarse ingeniosos, ni cultos; sólo sean ustedes mismos.
**DIANA** Y no olviden sus pasaportes.
**ÉRIC** Ahora que me acuerdo... ¡lo había puesto en la maleta!

**Expresiones útiles**

**Making comparisons**
**Soy el fotógrafo más valiente de la selva.**
*I am the bravest photographer in the jungle.*
**Van a tener el alojamiento más lujoso de la selva.**
*You're going to have the finest accommodations in the jungle.*
**Es el hotel menos costoso de la región.**
*It's the least expensive hotel in the area.*
**Ir en autobús es menos caro que ir en taxi.**
*Taking a bus is less expensive than a taxi.*
**El hotel es tan caro como el boleto.**
*The hotel is as expensive as the ticket.*

**Using negative, affirmative, and indefinite expressions**
**¿Alguien me puede ayudar?**
*Can somebody help me?*
**No hay nadie que te pueda ayudar.**
*There is no one who can help you.*
**Hay que dejar algunas cosas.**
*I/we/etc. have to leave some things behind.*
**No hay nada que pueda dejar.**
*There is nothing I can leave behind.*

**Additional vocabulary**
**arriesgado/a** *risky*
**de mentiras** *pretend*
**enfrentar** *to confront*
**lujoso/a** *luxurious*
**protegido/a** *protected*
**la puerta de embarque** *(airline) gate*
**¿Qué rayos...?** *What on earth...?*
**la raya** *stripe*

Los viajes *ciento sesenta y nueve* 169

**Personajes** The photo-based conversations take place among a cast of recurring characters—six people who work for a magazine called *Facetas* in Mexico City.

**Conversations** The engaging conversations incorporate vocabulary from the **Contextos** section and preview grammar structures you will study in the **Estructura** section, all within a comprehensible context.

**Expresiones útiles** New, active words and expressions are organized by function, so you can concentrate on using them for real-life, practical purposes.

**Supersite**

Streaming **Fotonovela** video with instructor-controlled subtitle options

Supersite features vary by access level. Visit **vistahigherlearning.com** to explore which Supersite level is right for you.

# COMPRENSIÓN & AMPLIACIÓN

## reinforce and expand upon the *Fotonovela*.

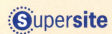

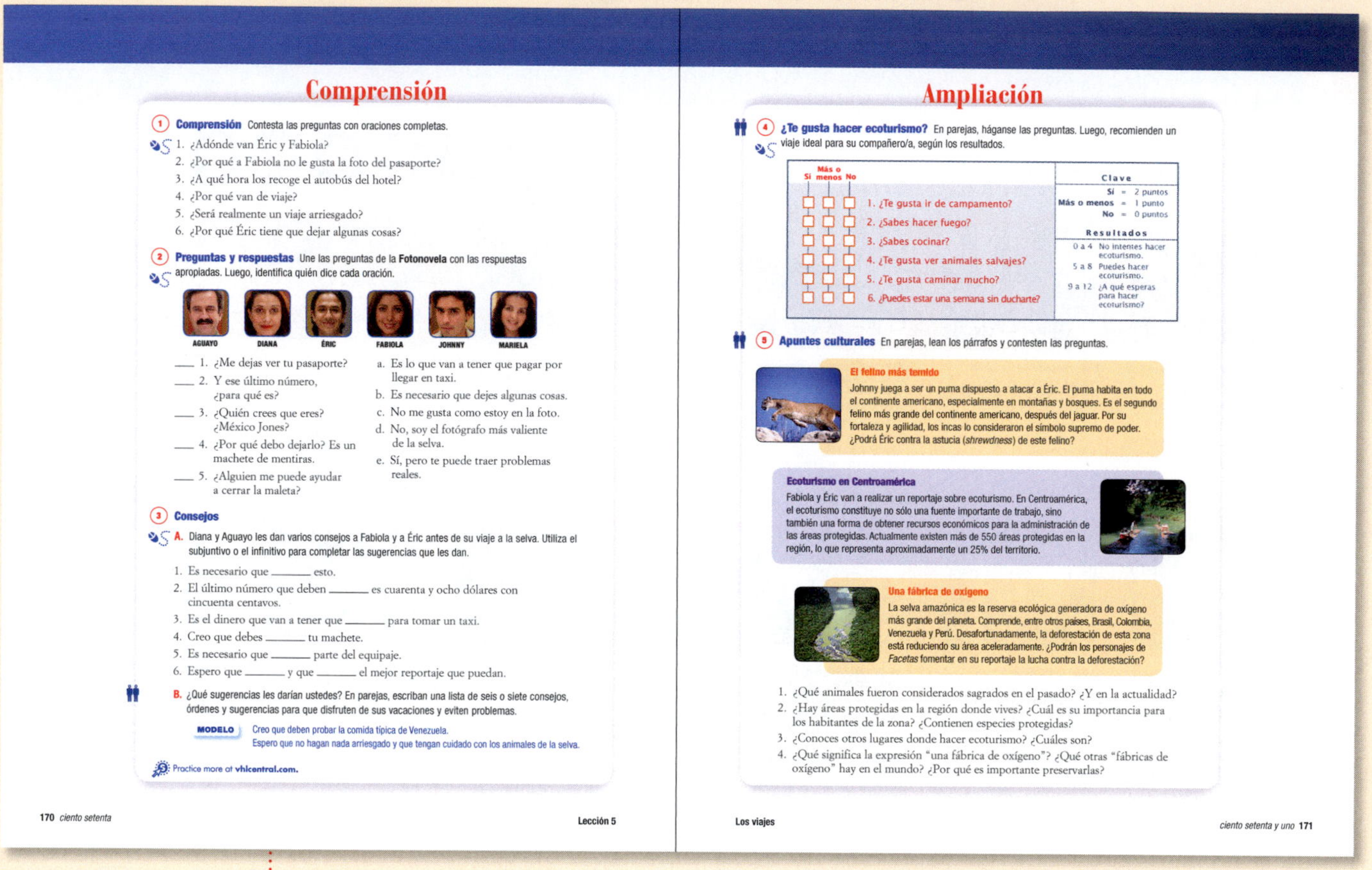

## Comprensión

**1 Comprensión** Contesta las preguntas con oraciones completas.

1. ¿Adónde van Éric y Fabiola?
2. ¿Por qué a Fabiola no le gusta la foto del pasaporte?
3. ¿A qué hora los recoge el autobús del hotel?
4. ¿Por qué van de viaje?
5. ¿Será realmente un viaje arriesgado?
6. ¿Por qué Éric tiene que dejar algunas cosas?

**2 Preguntas y respuestas** Une las preguntas de la **Fotonovela** con las respuestas apropiadas. Luego, identifica quién dice cada oración.

AGUAYO DIANA ÉRIC FABIOLA JOHNNY MARIELA

___ 1. ¿Me dejas ver tu pasaporte?
___ 2. Y ese último número, ¿para qué es?
___ 3. ¿Quién crees que eres? ¿México Jones?
___ 4. ¿Por qué debo dejarlo? Es un machete de mentiras.
___ 5. ¿Alguien me puede ayudar a cerrar la maleta?

a. Es lo que van a tener que pagar por llegar en taxi.
b. Es necesario que dejes algunas cosas.
c. No me gusta como estoy en la foto.
d. No, soy el fotógrafo más valiente de la selva.
e. Sí, pero te puede traer problemas reales.

**3 Consejos**

**A.** Diana y Aguayo les dan varios consejos a Fabiola y a Éric antes de su viaje a la selva. Utiliza el subjuntivo o el infinitivo para completar las sugerencias que les dan.

1. Es necesario que _______ esto.
2. El último número que deben _______ es cuarenta y ocho dólares con cincuenta centavos.
3. Es el dinero que van a tener que _______ para tomar un taxi.
4. Creo que debes _______ tu machete.
5. Es necesario que _______ parte del equipaje.
6. Espero que _______ y que _______ el mejor reportaje que puedan.

**B.** ¿Qué sugerencias les darían ustedes? En parejas, escriban una lista de seis o siete consejos, órdenes y sugerencias para que disfruten de sus vacaciones y eviten problemas.

MODELO Creo que deben probar la comida típica de Venezuela.
Espero que no hagan nada arriesgado y que tengan cuidado con los animales de la selva.

Practice more at **vhlcentral.com.**

170 *ciento setenta* Lección 5

## Ampliación

**4 ¿Te gusta hacer ecoturismo?** En parejas, háganse las preguntas. Luego, recomienden un viaje ideal para su compañero/a, según los resultados.

| Sí | Más o menos | No | |
|---|---|---|---|
| ☐ | ☐ | ☐ | 1. ¿Te gusta ir de campamento? |
| ☐ | ☐ | ☐ | 2. ¿Sabes hacer fuego? |
| ☐ | ☐ | ☐ | 3. ¿Sabes cocinar? |
| ☐ | ☐ | ☐ | 4. ¿Te gusta ver animales salvajes? |
| ☐ | ☐ | ☐ | 5. ¿Te gusta caminar mucho? |
| ☐ | ☐ | ☐ | 6. ¿Puedes estar una semana sin ducharte? |

**Clave**
Sí = 2 puntos
Más o menos = 1 punto
No = 0 puntos

**Resultados**
0 a 4 No intentes hacer ecoturismo.
5 a 8 Puedes hacer ecoturismo.
9 a 12 ¿A qué esperas para hacer ecoturismo?

**5 Apuntes culturales** En parejas, lean los párrafos y contesten las preguntas.

**El felino más temido**
Johnny juega a ser un puma dispuesto a atacar a Éric. El puma habita en todo el continente americano, especialmente en montañas y bosques. Es el segundo felino más grande del continente americano, después del jaguar. Por su fortaleza y agilidad, los incas lo consideraron el símbolo supremo de poder. ¿Podrá Éric contra la astucia (*shrewdness*) de este felino?

**Ecoturismo en Centroamérica**
Fabiola y Éric van a realizar un reportaje sobre ecoturismo. En Centroamérica, el ecoturismo constituye no sólo una fuente importante de trabajo, sino también una forma de obtener recursos económicos para la administración de las áreas protegidas. Actualmente existen más de 550 áreas protegidas en la región, lo que representa aproximadamente un 25% del territorio.

**Una fábrica de oxígeno**
La selva amazónica es la reserva ecológica generadora de oxígeno más grande del planeta. Comprende, entre otros países, Brasil, Colombia, Venezuela y Perú. Desafortunadamente, la deforestación de esta zona está reduciendo su área aceleradamente. ¿Podrán los personajes de *Facetas* fomentar en su reportaje la lucha contra la deforestación?

1. ¿Qué animales fueron considerados sagrados en el pasado? ¿Y en la actualidad?
2. ¿Hay áreas protegidas en la región donde vives? ¿Cuál es su importancia para los habitantes de la zona? ¿Contienen especies protegidas?
3. ¿Conoces otros lugares donde hacer ecoturismo? ¿Cuáles son?
4. ¿Qué significa la expresión "una fábrica de oxígeno"? ¿Qué otras "fábricas de oxígeno" hay en el mundo? ¿Por qué es importante preservarlas?

Los viajes *ciento setenta y uno* 171

**Comprensión** These exercises check your basic understanding of the **Fotonovela** conversations.

**Ampliación** Communicative activities take a step further, asking you to apply or react to the content in a personalized way.

**Apuntes culturales** Cultural notes illustrated with photographs provide additional reading practice and important cultural information related to **Fotonovela**. Follow-up questions check comprehension and expand on the topics.

**Supersite**

Textbook and additional online-only activities

Supersite features vary by access level. Visit **vistahigherlearning.com** to explore which Supersite level is right for you.

# ENFOQUES

**explores cultural topics related to the lesson theme, focused by region.**

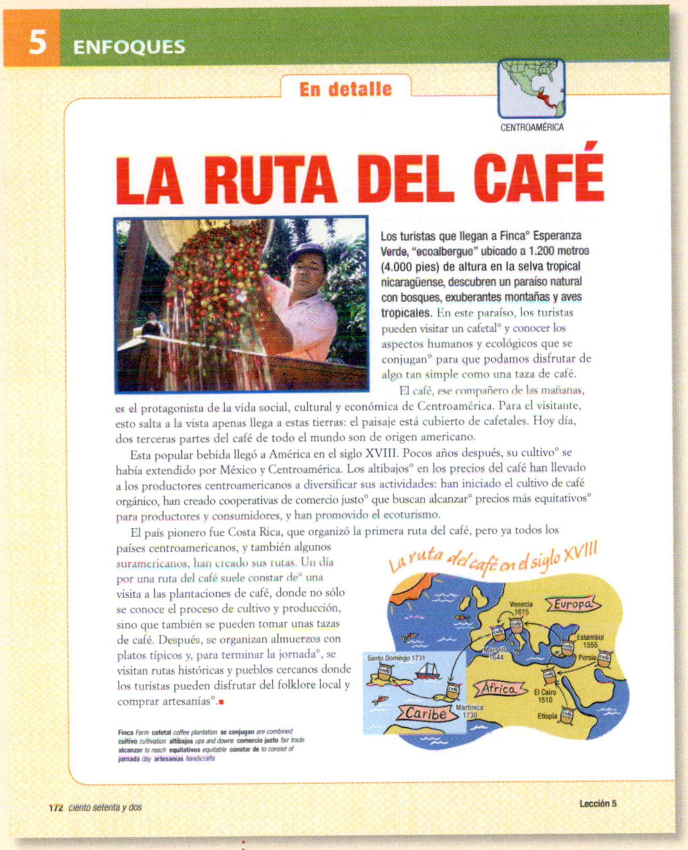

5 ENFOQUES

En detalle

CENTROAMÉRICA

LA RUTA DEL CAFÉ

**Los turistas que llegan a Finca° Esperanza Verde, "ecoalbergue" ubicado a 1.200 metros (4.000 pies) de altura en la selva tropical nicaragüense, descubren un paraíso natural con bosques, exuberantes montañas y aves tropicales.** En este paraíso, los turistas pueden visitar un cafetal° y conocer los aspectos humanos y ecológicos que se conjugan° para que podamos disfrutar de algo tan simple como una taza de café.

El café, ese compañero de las mañanas, es el protagonista de la vida social, cultural y económica de Centroamérica. Para el visitante, esto salta a la vista apenas llega a estas tierras: el paisaje está cubierto de cafetales. Hoy día, dos terceras partes del café de todo el mundo son de origen americano.

Esta popular bebida llegó a América en el siglo XVIII. Pocos años después, su cultivo° se había extendido por México y Centroamérica. Los altibajos° en los precios del café han llevado a los productores centroamericanos a diversificar sus actividades: han iniciado el cultivo de café orgánico, han creado cooperativas de comercio justo° que buscan alcanzar° precios más equitativos° para productores y consumidores, y han promovido el ecoturismo.

El país pionero fue Costa Rica, que organizó la primera ruta del café, pero ya todos los países centroamericanos, y también algunos suramericanos, han creado sus rutas. Un día por una ruta del café suele constar de° una visita a las plantaciones de café, donde no sólo se conoce el proceso de cultivo y producción, sino que también se pueden tomar unas tazas de café. Después, se organizan almuerzos con platos típicos y, para terminar la jornada°, se visitan rutas históricas y pueblos cercanos donde los turistas pueden disfrutar del folklore local y comprar artesanías°.



**Finca** *Farm* **cafetal** *coffee plantation* **se conjugan** *are combined* **cultivo** *cultivation* **altibajos** *ups and downs* **comercio justo** *fair trade* **alcanzar** *to reach* **equitativos** *equitable* **constar de** *to consist of* **jornada** *day* **artesanías** *handicrafts*

172 *ciento setenta y dos* Lección 5

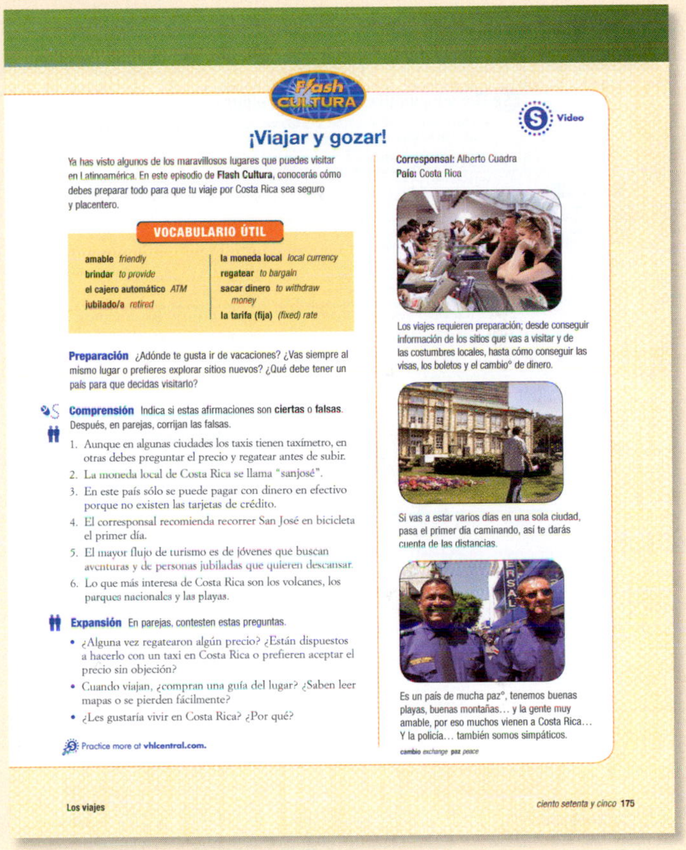

Flash Cultura

Video

## ¡Viajar y gozar!

Ya has visto algunos de los maravillosos lugares que puedes visitar en Latinoamérica. En este episodio de **Flash Cultura**, conocerás cómo debes preparar todo para que tu viaje por Costa Rica sea seguro y placentero.

**VOCABULARIO ÚTIL**

**amable** *friendly*
**brindar** *to provide*
**el cajero automático** *ATM*
**jubilado/a** *retired*
**la moneda local** *local currency*
**regatear** *to bargain*
**sacar dinero** *to withdraw money*
**la tarifa (fija)** *(fixed) rate*

**Preparación** ¿Adónde te gusta ir de vacaciones? ¿Vas siempre al mismo lugar o prefieres explorar sitios nuevos? ¿Qué debe tener un país para que decidas visitarlo?

**Comprensión** Indica si estas afirmaciones son **ciertas** o **falsas**. Después, en parejas, corrijan las falsas.

1. Aunque en algunas ciudades los taxis tienen taxímetro, en otras debes preguntar el precio y regatear antes de subir.
2. La moneda local de Costa Rica se llama "sanjosé".
3. En este país sólo se puede pagar con dinero en efectivo porque no existen las tarjetas de crédito.
4. El corresponsal recomienda recorrer San José en bicicleta el primer día.
5. El mayor flujo de turismo es de jóvenes que buscan aventuras y de personas jubiladas que quieren descansar.
6. Lo que más interesa de Costa Rica son los volcanes, los parques nacionales y las playas.

**Expansión** En parejas, contesten estas preguntas.

- ¿Alguna vez regatearon algún precio? ¿Están dispuestos a hacerlo con un taxi en Costa Rica o prefieren aceptar el precio sin objeción?
- Cuando viajan, ¿compran una guía del lugar? ¿Saben leer mapas o se pierden fácilmente?
- ¿Les gustaría vivir en Costa Rica? ¿Por qué?

Practice more at **vhlcentral.com.**

**Corresponsal:** Alberto Cuadra
**País:** Costa Rica

Los viajes requieren preparación; desde conseguir información de los sitios que vas a visitar y de las costumbres locales, hasta cómo conseguir las visas, los boletos y el cambio° de dinero.

Si vas a estar varios días en una sola ciudad, pasa el primer día caminando, así te darás cuenta de las distancias.

Es un país de mucha paz°, tenemos buenas playas, buenas montañas... y la gente muy amable, por eso muchos vienen a Costa Rica... Y la policía... también somos simpáticos.

**cambio** *exchange* **paz** *peace*

Los viajes *ciento setenta y cinco* 175

**En detalle & Perfil** Feature articles expand on topics related to the lesson theme, supported by photos, maps, and graphical features.

**El mundo hispanohablante & Así lo decimos** Lexical and comparative features highlight traditions, customs, and trends throughout the Spanish-speaking world.

**Activities** Comprehension, open-ended, and project-based activities in **¿Qué aprendiste?** check your understanding of the material and lead to further exploration.

**Flash Cultura** Each lesson features a video shot in the form of a news broadcast. Comprehension and expansion activities help them get the most out of it.

## Supersite

- All reading selections
- Textbook and additional online-only activities
- **Conexión Internet** search activity
- Streaming **Flash Cultura** video with instructor-controlled subtitle options

Supersite features vary by access level. Visit **vistahigherlearning.com** to explore which Supersite level is right for you.

# ESTRUCTURA

**presents key intermediate grammar topics with detailed visual support.**

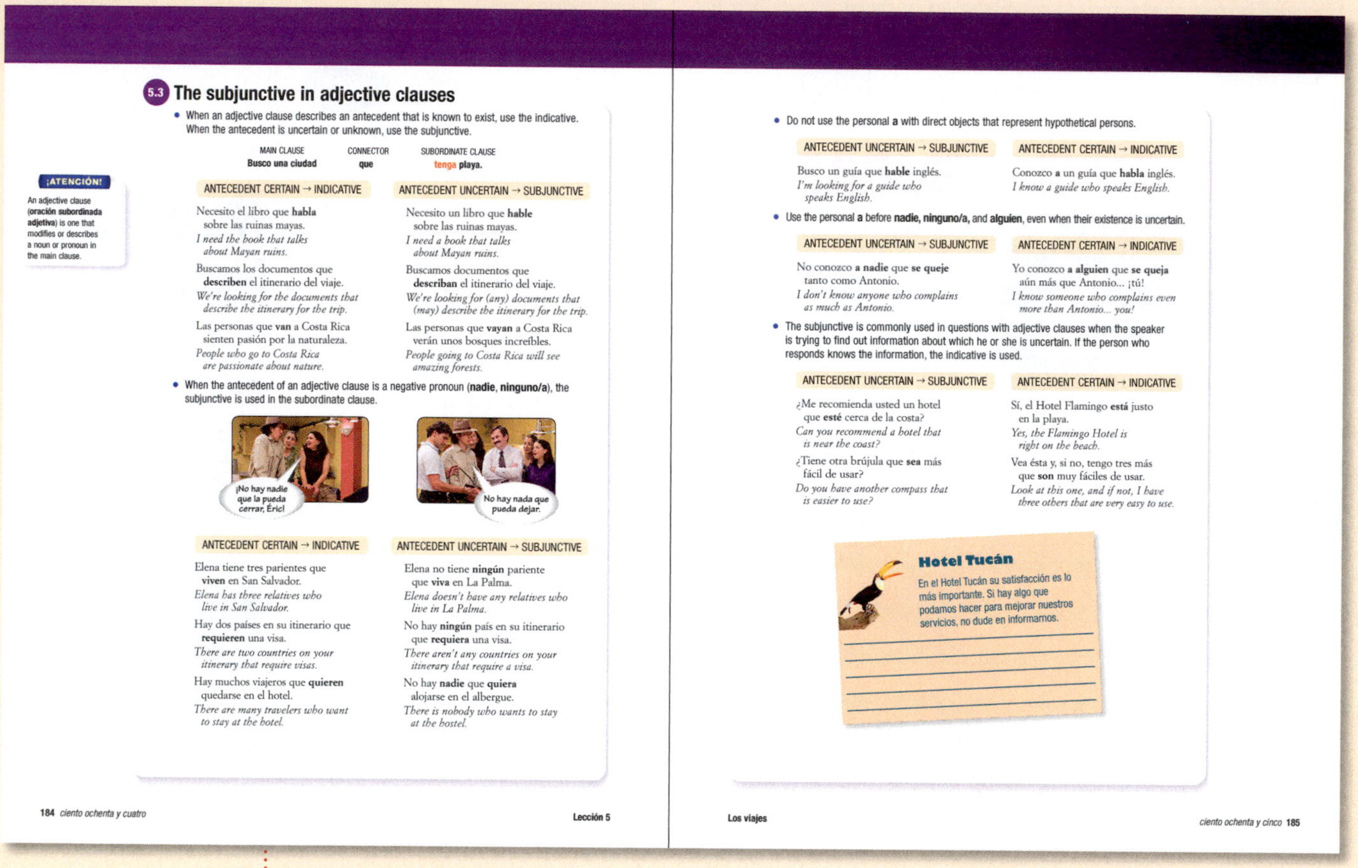

## 5.3 The subjunctive in adjective clauses

¡ATENCIÓN!
An adjective clause (**oración subordinada adjetiva**) is one that modifies or describes a noun or pronoun in the main clause.

- When an adjective clause describes an antecedent that is known to exist, use the indicative. When the antecedent is uncertain or unknown, use the subjunctive.

| MAIN CLAUSE | CONNECTOR | SUBORDINATE CLAUSE |
|---|---|---|
| **Busco una ciudad** | **que** | **tenga playa.** |

| ANTECEDENT CERTAIN → INDICATIVE | ANTECEDENT UNCERTAIN → SUBJUNCTIVE |
|---|---|
| Necesito el libro que **habla** sobre las ruinas mayas. *I need the book that talks about Mayan ruins.* | Necesito un libro que **hable** sobre las ruinas mayas. *I need a book that talks about Mayan ruins.* |
| Buscamos los documentos que **describen** el itinerario del viaje. *We're looking for the documents that describe the itinerary for the trip.* | Buscamos documentos que **describan** el itinerario del viaje. *We're looking for (any) documents that (may) describe the itinerary for the trip.* |
| Las personas que **van** a Costa Rica sienten pasión por la naturaleza. *People who go to Costa Rica are passionate about nature.* | Las personas que **vayan** a Costa Rica verán unos bosques increíbles. *People going to Costa Rica will see amazing forests.* |

- When the antecedent of an adjective clause is a negative pronoun (**nadie**, **ninguno/a**), the subjunctive is used in the subordinate clause.



| ANTECEDENT CERTAIN → INDICATIVE | ANTECEDENT UNCERTAIN → SUBJUNCTIVE |
|---|---|
| Elena tiene tres parientes que **viven** en San Salvador. *Elena has three relatives who live in San Salvador.* | Elena no tiene **ningún** pariente que **viva** en La Palma. *Elena doesn't have any relatives who live in La Palma.* |
| Hay dos países en su itinerario que **requieren** una visa. *There are two countries on your itinerary that require visas.* | No hay **ningún** país en su itinerario que **requiera** una visa. *There aren't any countries on your itinerary that require a visa.* |
| Hay muchos viajeros que **quieren** quedarse en el hotel. *There are many travelers who want to stay at the hotel.* | No hay **nadie** que **quiera** alojarse en el albergue. *There is nobody who wants to stay at the hostel.* |

184 *ciento ochenta y cuatro* Lección 5

- Do not use the personal **a** with direct objects that represent hypothetical persons.

| ANTECEDENT UNCERTAIN → SUBJUNCTIVE | ANTECEDENT CERTAIN → INDICATIVE |
|---|---|
| Busco un guía que **hable** inglés. *I'm looking for a guide who speaks English.* | Conozco **a** un guía que **habla** inglés. *I know a guide who speaks English.* |

- Use the personal **a** before **nadie, ninguno/a,** and **alguien**, even when their existence is uncertain.

| ANTECEDENT UNCERTAIN → SUBJUNCTIVE | ANTECEDENT CERTAIN → INDICATIVE |
|---|---|
| No conozco **a nadie** que **se queje** tanto como Antonio. *I don't know anyone who complains as much as Antonio.* | Yo conozco **a alguien** que **se queja** aún más que Antonio... ¡tú! *I know someone who complains even more than Antonio... you!* |

- The subjunctive is commonly used in questions with adjective clauses when the speaker is trying to find out information about which he or she is uncertain. If the person who responds knows the information, the indicative is used.

| ANTECEDENT UNCERTAIN → SUBJUNCTIVE | ANTECEDENT CERTAIN → INDICATIVE |
|---|---|
| ¿Me recomienda usted un hotel que **esté** cerca de la costa? *Can you recommend a hotel that is near the coast?* | Sí, el Hotel Flamingo **está** justo en la playa. *Yes, the Flamingo Hotel is right on the beach.* |
| ¿Tiene otra brújula que **sea** más fácil de usar? *Do you have another compass that is easier to use?* | Vea ésta y, si no, tengo tres más que **son** muy fáciles de usar. *Look at this one, and if not, I have three others that are very easy to use.* |

Hotel Tucán
En el Hotel Tucán su satisfacción es lo más importante. Si hay algo que podamos hacer para mejorar nuestros servicios, no dude en informarnos.



Los viajes *ciento ochenta y cinco* 185

**Integration of Cinemateca** Photos with quotes or captions from the lesson's short film show the new grammar structures in meaningful contexts.

**Charts and diagrams** Colorful, easy-to-understand charts and diagrams highlight key grammar structures and related vocabulary.

**Grammar explanations** Explanations are written in clear, easy-to-understand language for reference both in and out of class.

**Atención** These sidebars expand on the current grammar point and call attention to possible sources of confusion.

**Supersite**

- Grammar Presentations
- Grammar Tutorials

Supersite features vary by access level. Visit **vistahigherlearning.com** to explore which Supersite level is right for you.

# ESTRUCTURA

## progresses from directed to communicative practice.

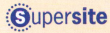

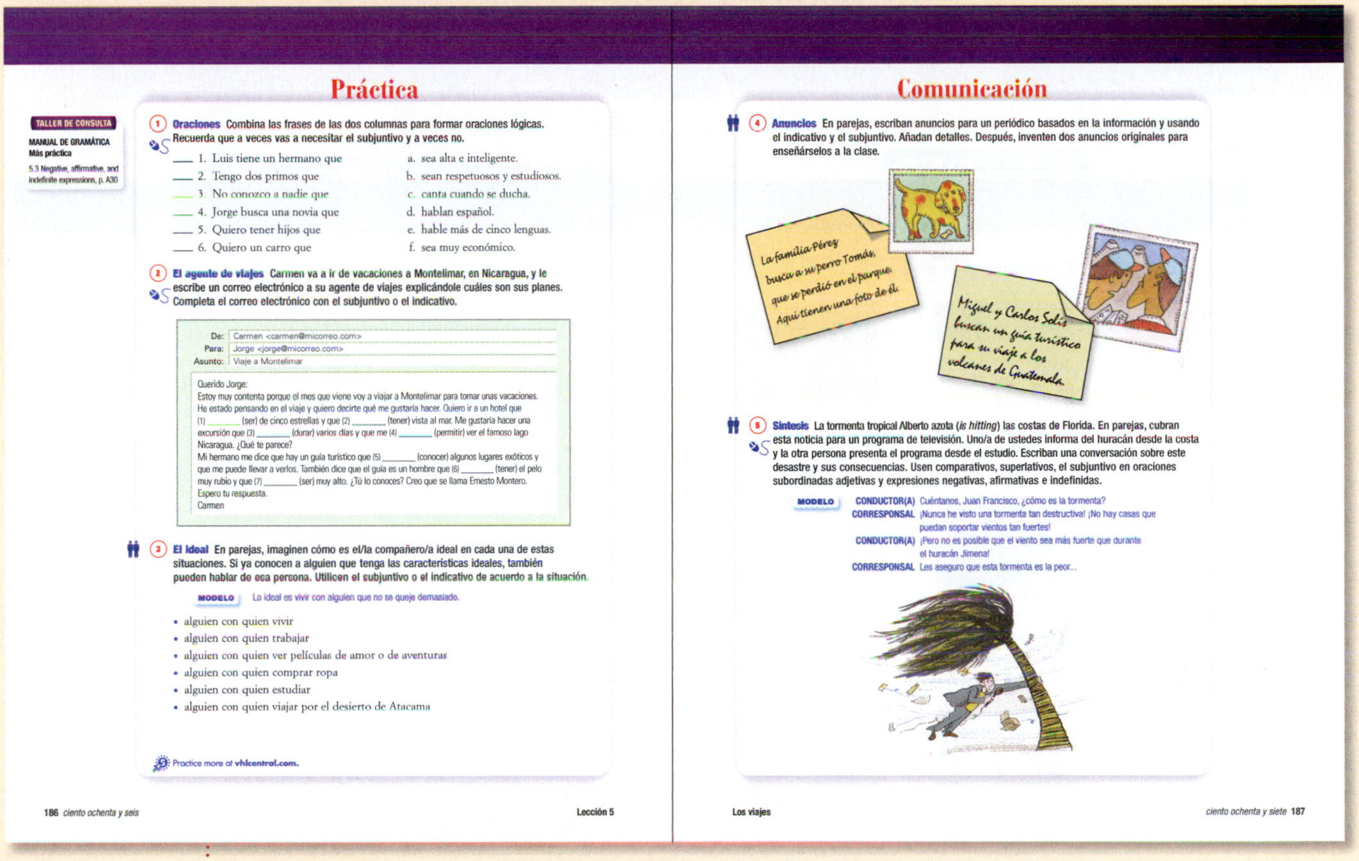

## Práctica

TALLER DE CONSULTA

**MANUAL DE GRAMÁTICA**
**Más práctica**

5.3 Negative, affirmative, and indefinite expressions, p. A30

1 **Oraciones** Combina las frases de las dos columnas para formar oraciones lógicas. Recuerda que a veces vas a necesitar el subjuntivo y a veces no.

| | |
|---|---|
| ___ 1. Luis tiene un hermano que | a. sea alta e inteligente. |
| ___ 2. Tengo dos primos que | b. sean respetuosos y estudiosos. |
| ___ 3. No conozco a nadie que | c. canta cuando se ducha. |
| ___ 4. Jorge busca una novia que | d. hablan español. |
| ___ 5. Quiero tener hijos que | e. hable más de cinco lenguas. |
| ___ 6. Quiero un carro que | f. sea muy económico. |

2 **El agente de viajes** Carmen va a ir de vacaciones a Montelimar, en Nicaragua, y le escribe un correo electrónico a su agente de viajes explicándole cuáles son sus planes. Completa el correo electrónico con el subjuntivo o el indicativo.

De: Carmen <carmen@micorreo.com>
Para: Jorge <jorge@micorreo.com>
Asunto: Viaje a Montelimar

Querido Jorge:
Estoy muy contenta porque el mes que viene voy a viajar a Montelimar para tomar unas vacaciones. He estado pensando en el viaje y quiero decirte qué me gustaría hacer. Quiero ir a un hotel que (1) _______ (ser) de cinco estrellas y que (2) _______ (tener) vista al mar. Me gustaría hacer una excursión que (3) _______ (durar) varios días y que me (4) _______ (permitir) ver el famoso lago Nicaragua. ¿Qué te parece?
Mi hermano me dice que hay un guía turístico que (5) _______ (conocer) algunos lugares exóticos y que me puede llevar a verlos. También dice que el guía es un hombre que (6) _______ (tener) el pelo muy rubio y que (7) _______ (ser) muy alto. ¿Tú lo conoces? Creo que se llama Ernesto Montero.
Espero tu respuesta.
Carmen

3 **El ideal** En parejas, imaginen cómo es el/la compañero/a ideal en cada una de estas situaciones. Si ya conocen a alguien que tenga las características ideales, también pueden hablar de esa persona. Utilicen el subjuntivo o el indicativo de acuerdo a la situación.

MODELO Lo ideal es vivir con alguien que no se queje demasiado.

- alguien con quien vivir
- alguien con quien trabajar
- alguien con quien ver películas de amor o de aventuras
- alguien con quien comprar ropa
- alguien con quien estudiar
- alguien con quien viajar por el desierto de Atacama

Practice more at **vhlcentral.com.**

186 *ciento ochenta y seis* Lección 5

## Comunicación

4 **Anuncios** En parejas, escriban anuncios para un periódico basados en la información y usando el indicativo y el subjuntivo. Añadan detalles. Después, inventen dos anuncios originales para enseñárselos a la clase.

La familia Pérez busca a su perro Tomás, que se perdió en el parque. Aquí tienen una foto de él.

Miguel y Carlos Solís buscan un guía turístico para su viaje a los volcanes de Guatemala.

5 **Síntesis** La tormenta tropical Alberto azota (*is hitting*) las costas de Florida. En parejas, cubran esta noticia para un programa de televisión. Uno/a de ustedes informa del huracán desde la costa y la otra persona presenta el programa desde el estudio. Escriban una conversación sobre este desastre y sus consecuencias. Usen comparativos, superlativos, el subjuntivo en oraciones subordinadas adjetivas y expresiones negativas, afirmativas e indefinidas.

MODELO
**CONDUCTOR(A)** Cuéntanos, Juan Francisco, ¿cómo es la tormenta?
**CORRESPONSAL** ¡Nunca he visto una tormenta tan destructiva! ¡No hay casas que puedan soportar vientos tan fuertes!
**CONDUCTOR(A)** ¡Pero no es posible que el viento sea más fuerte que durante el huracán Jimena!
**CORRESPONSAL** Les aseguro que esta tormenta es la peor...

Los viajes *ciento ochenta y siete* 187

**Práctica** Directed exercises support students as they begin working with the grammar structures, helping them master the forms they need for personalized communication.

**Comunicación** Open-ended, communicative activities help students internalize the grammar point in a range of contexts involving pair and group work.

**Taller de consulta** These sidebars reference additional activities and grammar topics in the **Manual de gramática** found at the end of the book.

## Supersite

- Textbook activities including Partner Chat or Virtual Chat activities
- Additional online-only practice activities

Supersite features vary by access level. Visit **vistahigherlearning.com** to explore which Supersite level is right for you.

# CINEMATECA

## features award-winning short films by contemporary Hispanic filmmakers.

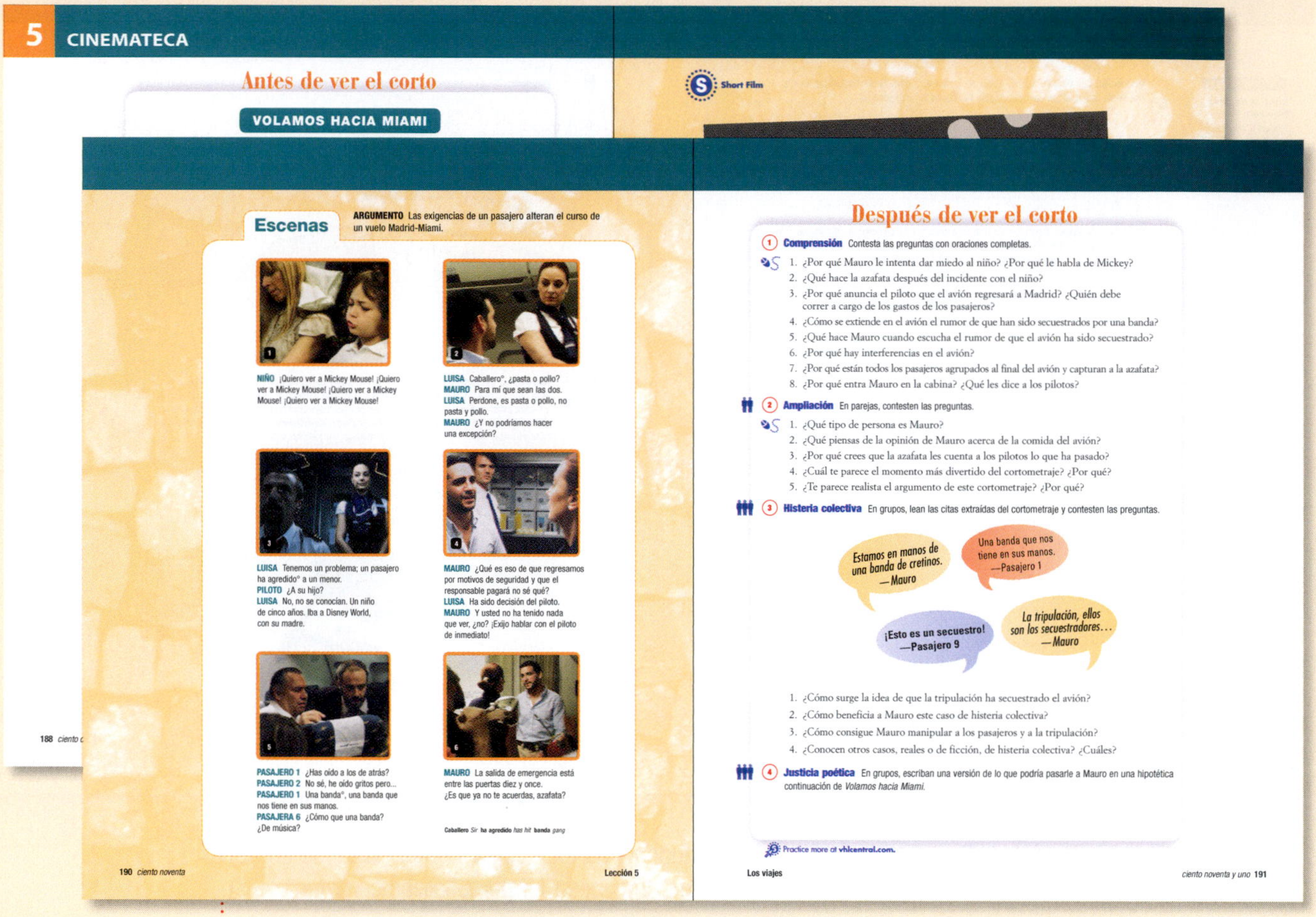
5 CINEMATECA

Antes de ver el corto

VOLAMOS HACIA MIAMI

Short Film

Escenas

**ARGUMENTO** Las exigencias de un pasajero alteran el curso de un vuelo Madrid-Miami.

1 **NIÑO** ¡Quiero ver a Mickey Mouse! ¡Quiero ver a Mickey Mouse! ¡Quiero ver a Mickey Mouse! ¡Quiero ver a Mickey Mouse!

2 **LUISA** Caballero°, ¿pasta o pollo?
**MAURO** Para mí que sean las dos.
**LUISA** Perdone, es pasta o pollo, no pasta y pollo.
**MAURO** ¿Y no podríamos hacer una excepción?

3 **LUISA** Tenemos un problema; un pasajero ha agredido° a un menor.
**PILOTO** ¿A su hijo?
**LUISA** No, no se conocían. Un niño de cinco años. Iba a Disney World, con su madre.

4 **MAURO** ¿Qué es eso de que regresamos por motivos de seguridad y que el responsable pagará no sé qué?
**LUISA** Ha sido decisión del piloto.
**MAURO** Y usted no ha tenido nada que ver, ¿no? ¡Exijo hablar con el piloto de inmediato!

5 **PASAJERO 1** ¿Has oído a los de atrás?
**PASAJERO 2** No sé, he oído gritos pero...
**PASAJERO 1** Una banda°, una banda que nos tiene en sus manos.
**PASAJERA 6** ¿Cómo que una banda? ¿De música?

6 **MAURO** La salida de emergencia está entre las puertas diez y once. ¿Es que ya no te acuerdas, azafata?

**Caballero** *Sir* **ha agredido** *has hit* **banda** *gang*

188 ciento

190 ciento noventa — Lección 5

Después de ver el corto

1 **Comprensión** Contesta las preguntas con oraciones completas.

1. ¿Por qué Mauro le intenta dar miedo al niño? ¿Por qué le habla de Mickey?
2. ¿Qué hace la azafata después del incidente con el niño?
3. ¿Por qué anuncia el piloto que el avión regresará a Madrid? ¿Quién debe correr a cargo de los gastos de los pasajeros?
4. ¿Cómo se extiende en el avión el rumor de que han sido secuestrados por una banda?
5. ¿Qué hace Mauro cuando escucha el rumor de que el avión ha sido secuestrado?
6. ¿Por qué hay interferencias en el avión?
7. ¿Por qué están todos los pasajeros agrupados al final del avión y capturan a la azafata?
8. ¿Por qué entra Mauro en la cabina? ¿Qué les dice a los pilotos?

2 **Ampliación** En parejas, contesten las preguntas.

1. ¿Qué tipo de persona es Mauro?
2. ¿Qué piensas de la opinión de Mauro acerca de la comida del avión?
3. ¿Por qué crees que la azafata les cuenta a los pilotos lo que ha pasado?
4. ¿Cuál te parece el momento más divertido del cortometraje? ¿Por qué?
5. ¿Te parece realista el argumento de este cortometraje? ¿Por qué?

3 **Histeria colectiva** En grupos, lean las citas extraídas del cortometraje y contesten las preguntas.

Estamos en manos de una banda de cretinos. —Mauro
Una banda que nos tiene en sus manos. —Pasajero 1
¡Esto es un secuestro! —Pasajero 9
La tripulación, ellos son los secuestradores… —Mauro



1. ¿Cómo surge la idea de que la tripulación ha secuestrado el avión?
2. ¿Cómo beneficia a Mauro este caso de histeria colectiva?
3. ¿Cómo consigue Mauro manipular a los pasajeros y a la tripulación?
4. ¿Conocen otros casos, reales o de ficción, de histeria colectiva? ¿Cuáles?

4 **Justicia poética** En grupos, escriban una versión de lo que podría pasarle a Mauro en una hipotética continuación de *Volamos hacia Miami*.

Practice more at **vhlcentral.com.**

Los viajes — ciento noventa y uno 191

**Films** Compelling short films let students see and hear Spanish in its authentic contexts. Films are thematically linked to the lessons.

**Escenas** Video stills with captions from the film prepare students for the film and introduce some of the expressions they will encounter.

**Antes de ver...** Pre-viewing activities prepare students to view the film.

**Vocabulario** calls out vocabulary key to understanding the film.

**Después de ver...** Post-viewing activities check students' comprehension and guide them through interpreting the film and reacting to it.

## Supersite

- Streaming video of short films with instructor-controlled subtitle options
- Textbook activities and additional online-only practice activities

Supersite features vary by access level. Visit **vistahigherlearning.com** to explore which Supersite level is right for you.

# LECTURAS: LITERATURA

**showcases literary readings by well-known writers from across the Spanish-speaking world.**

LITERATURA
Audio: Dramatic Reading
Altamar, 2000
Graciela Rodo Boulanger, Bolivia
La luz es como el agua
Gabriel García Márquez
En Navidad los niños volvieron a pedir un bote de remos.
—De acuerdo —dijo el papá, lo compraremos cuando volvamos a Cartagena.
Totó, de nueve años, y Joel, de siete, estaban más decididos de lo que sus padres creían.
—No —dijeron a coro°—. Nos hace falta ahora y aquí.
—Para empezar —dijo la madre—, aquí no hay más aguas navegables que la que sale de la ducha°.
Tanto ella como el esposo tenían razón. En la casa de Cartagena de Indias había un patio con un muelle sobre la bahía, y un refugio para dos yates grandes. En cambio aquí en Madrid vivían apretados° en el piso quinto del número 47 del Paseo de la Castellana. Pero al final ni él ni ella pudieron negarse, porque les habían prometido un bote de remos con su sextante y su brújula si se ganaban el laurel del tercer año de primaria, y se lo habían ganado. Así que el papá compró todo sin decirle nada a su esposa, que era la más reacia° a pagar deudas de juego. Era un precioso bote de aluminio con un hilo dorado en la línea de flotación.
—El bote está en el garaje —reveló el papá
in unison
shower
cramped
reluctant
Los viajes
ciento noventa y tres 193
en el almuerzo—. El problema es que no hay cómo subirlo ni por el ascensor ni por la escalera, y en el garaje no hay más espacio disponible.
Sin embargo, la tarde del sábado siguiente los niños invitaron a sus condiscípulos° para subir el bote por las escaleras, y lograron llevarlo hasta el cuarto de servicio.
—Felicitaciones —les dijo el papá—, ¿ahora qué?
—Ahora nada —dijeron los niños—. Lo único que queríamos era tener el bote en el cuarto, y ya está.
La noche del miércoles, como todos los miércoles, los padres se fueron al cine. Los niños, dueños y señores de la casa, cerraron puertas y ventanas, y rompieron la bombilla encendida de una lámpara de la sala. Un chorro° de luz dorada° y fresca como el agua empezó a salir de la bombilla° rota, y lo dejaron correr hasta que el nivel llegó a cuatro palmos. Entonces cortaron la corriente°, sacaron el bote, y navegaron a placer° por entre las islas de la casa.
Esta aventura fabulosa fue el resultado de una ligereza° mía cuando participaba en un seminario sobre la poesía de los utensilios domésticos. Totó me preguntó cómo era que la luz se encendía con sólo apretar un botón, y
schoolmates
stream/golden
light bulb
current
at one's pleasure
flippant remark
194 ciento noventa y cuatro
flotaban vivos y felices en la vasta ciénaga° iluminada. En el cuarto de baño flotaban los cepillos de dientes de todos, los preservativos de papá, los pomos° de cremas y la dentadura de repuesto° de mamá, y el televisor de la alcoba° principal flotaba de costado°, todavía encendido en el último episodio de la película de media noche prohibida para niños.
Al final del corredor, flotando entre dos aguas, Totó estaba sentado en la popa del bote, aferrado° a los remos y con la máscara puesta, buscando el faro del puerto hasta donde le alcanzó el aire de los tanques, y Joel flotaba en la proa buscando todavía la altura de la estrella polar con el sextante, y flotaban por toda la casa sus treinta y siete compañeros de clase, eternizados en el instante de hacer pipí° en la maceta° de geranios, de cantar el himno de la escuela con la letra cambiada por versos de burla contra el rector, de beberse a escondidas un vaso de brandy de la botella de papá. Pues habían abierto tantas luces al mismo tiempo que la casa se había rebosado°, y todo el cuarto año elemental de la escuela de San Julián el Hospitalario se había ahogado en el piso quinto del número 47 del Paseo de la Castellana. En Madrid de España, una ciudad remota de veranos ardientes y vientos helados, sin mar ni río, y cuyos aborígenes° de tierra firme nunca fueron maestros en la ciencia de navegar en la luz. ■
marsh
jars
spare
bedroom/
sideways
clinging
to pee/
flowerpot
overflowed
natives
ciento noventa y cinco 195


**Literatura** Comprehensible and compelling, these readings present new avenues for using the lesson's grammar and vocabulary.

**Design** Each reading is presented in the attention-grabbing visual style you would expect from a magazine, along with glosses of unfamiliar words.

## Supersite

- Audio-sync technology for the literary reading that highlights text as it is being read

Supersite features vary by access level. Visit **vistahigherlearning.com** to explore which Supersite level is right for you.

# LECTURAS: CULTURA

**features an article on cultural topics related to the lesson theme.**

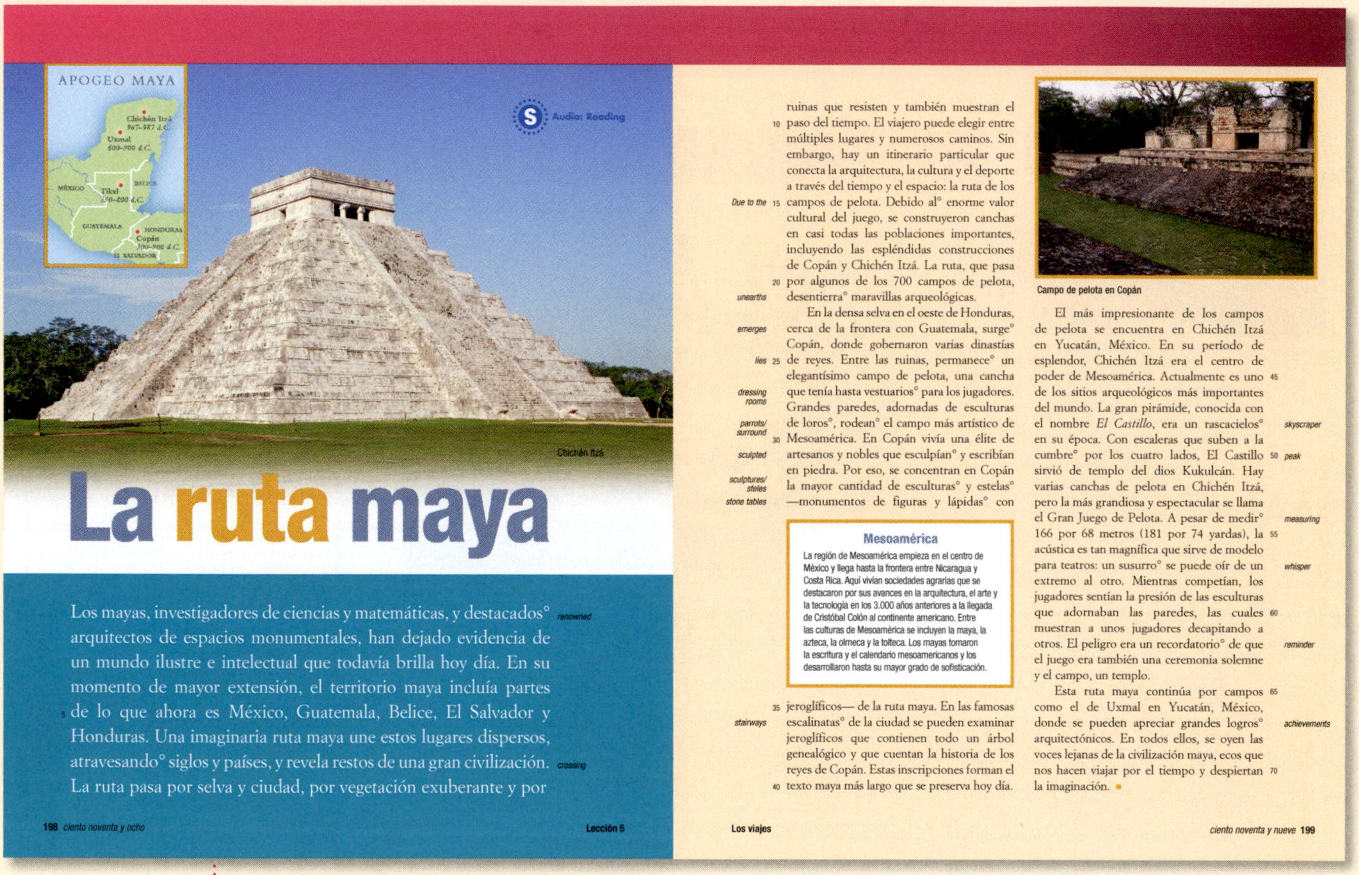


La ruta maya

Los mayas, investigadores de ciencias y matemáticas, y destacados° arquitectos de espacios monumentales, han dejado evidencia de un mundo ilustre e intelectual que todavía brilla hoy día. En su momento de mayor extensión, el territorio maya incluía partes de lo que ahora es México, Guatemala, Belice, El Salvador y Honduras. Una imaginaria ruta maya une estos lugares dispersos, atravesando° siglos y países, y revela restos de una gran civilización. La ruta pasa por selva y ciudad, por vegetación exuberante y por ruinas que resisten y también muestran el paso del tiempo. El viajero puede elegir entre múltiples lugares y numerosos caminos. Sin embargo, hay un itinerario particular que conecta la arquitectura, la cultura y el deporte a través del tiempo y el espacio: la ruta de los campos de pelota. Debido al° enorme valor cultural del juego, se construyeron canchas en casi todas las poblaciones importantes, incluyendo las espléndidas construcciones de Copán y Chichén Itzá. La ruta, que pasa por algunos de los 700 campos de pelota, desentierra° maravillas arqueológicas.

En la densa selva en el oeste de Honduras, cerca de la frontera con Guatemala, surge° Copán, donde gobernaron varias dinastías de reyes. Entre las ruinas, permanece° un elegantísimo campo de pelota, una cancha que tenía hasta vestuarios° para los jugadores. Grandes paredes, adornadas de esculturas de loros°, rodean° el campo más artístico de Mesoamérica. En Copán vivía una élite de artesanos y nobles que esculpían° y escribían en piedra. Por eso, se concentran en Copán la mayor cantidad de esculturas° y estelas° —monumentos de figuras y lápidas° con jeroglíficos— de la ruta maya. En las famosas escalinatas° de la ciudad se pueden examinar jeroglíficos que contienen todo un árbol genealógico y que cuentan la historia de los reyes de Copán. Estas inscripciones forman el texto maya más largo que se preserva hoy día.

renowned; crossing; Due to the; unearths; emerges; lies; dressing rooms; parrots/surround; sculpted; sculptures/steles; stone tables; stairways

**Mesoamérica**

La región de Mesoamérica empieza en el centro de México y llega hasta la frontera entre Nicaragua y Costa Rica. Aquí vivían sociedades agrarias que se destacaron por sus avances en la arquitectura, el arte y la tecnología en los 3.000 años anteriores a la llegada de Cristóbal Colón al continente americano. Entre las culturas de Mesoamérica se incluyen la maya, la azteca, la olmeca y la tolteca. Los mayas tomaron la escritura y el calendario mesoamericanos y los desarrollaron hasta su mayor grado de sofisticación.

Campo de pelota en Copán

El más impresionante de los campos de pelota se encuentra en Chichén Itzá en Yucatán, México. En su período de esplendor, Chichén Itzá era el centro de poder de Mesoamérica. Actualmente es uno de los sitios arqueológicos más importantes del mundo. La gran pirámide, conocida con el nombre *El Castillo*, era un rascacielos° en su época. Con escaleras que suben a la cumbre° por los cuatro lados, El Castillo sirvió de templo del dios Kukulcán. Hay varias canchas de pelota en Chichén Itzá, pero la más grandiosa y espectacular se llama el Gran Juego de Pelota. A pesar de medir° 166 por 68 metros (181 por 74 yardas), la acústica es tan magnífica que sirve de modelo para teatros: un susurro° se puede oír de un extremo al otro. Mientras competían, los jugadores sentían la presión de las esculturas que adornaban las paredes, las cuales muestran a unos jugadores decapitando a otros. El peligro era un recordatorio° de que el juego era también una ceremonia solemne y el campo, un templo.

Esta ruta maya continúa por campos como el de Uxmal en Yucatán, México, donde se pueden apreciar grandes logros° arquitectónicos. En todos ellos, se oyen las voces lejanas de la civilización maya, ecos que nos hacen viajar por el tiempo y despiertan la imaginación. ■

skyscraper; peak; measuring; whisper; reminder; achievements

198 *ciento noventa y ocho* Lección 5 — Los viajes *ciento noventa y nueve* 199

**Appealing Topics** The **Cultura** readings present a unique range of topics that expose you to the people, traditions, and accomplishments of the different cultures of the Spanish-speaking world.

**Design** Readings are carefully laid out with line numbers, marginal glosses, pull quotes, and box features to help make each piece easy to navigate.

**Photos** Vibrant, dynamic photos visually illustrate the reading.

## Supersite

- Audio-sync technology for the cultural reading that highlights text as it is being read

Supersite features vary by access level. Visit **vistahigherlearning.com** to explore which Supersite level is right for you.

# ANTES DE LEER and DESPUÉS DE LEER

**activities provide in-depth pre- and post-reading support for each selection in Literatura and Cultura.**

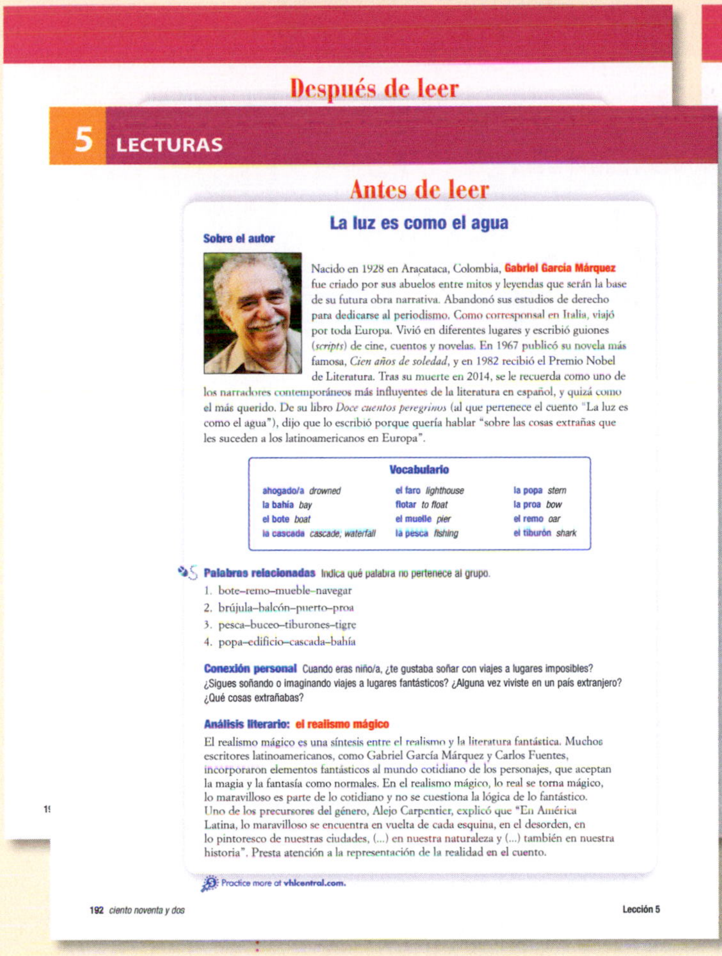

Después de leer

5 LECTURAS

## Antes de leer

### La luz es como el agua

**Sobre el autor**

Nacido en 1928 en Aracataca, Colombia, **Gabriel García Márquez** fue criado por sus abuelos entre mitos y leyendas que serán la base de su futura obra narrativa. Abandonó sus estudios de derecho para dedicarse al periodismo. Como corresponsal en Italia, viajó por toda Europa. Vivió en diferentes lugares y escribió guiones (*scripts*) de cine, cuentos y novelas. En 1967 publicó su novela más famosa, *Cien años de soledad*, y en 1982 recibió el Premio Nobel de Literatura. Tras su muerte en 2014, se le recuerda como uno de los narradores contemporáneos más influyentes de la literatura en español, y quizá como el más querido. De su libro *Doce cuentos peregrinos* (al que pertenece el cuento "La luz es como el agua"), dijo que lo escribió porque quería hablar "sobre las cosas extrañas que les suceden a los latinoamericanos en Europa".

**Vocabulario**

| | | |
|---|---|---|
| **ahogado/a** *drowned* | **el faro** *lighthouse* | **la popa** *stern* |
| **la bahía** *bay* | **flotar** *to float* | **la proa** *bow* |
| **el bote** *boat* | **el muelle** *pier* | **el remo** *oar* |
| **la cascada** *cascade; waterfall* | **la pesca** *fishing* | **el tiburón** *shark* |

**Palabras relacionadas** Indica qué palabra no pertenece al grupo.

1. bote–remo–mueble–navegar
2. brújula–balcón–puerto–proa
3. pesca–buceo–tiburones–tigre
4. popa–edificio–cascada–bahía

**Conexión personal** Cuando eras niño/a, ¿te gustaba soñar con viajes a lugares imposibles? ¿Sigues soñando o imaginando viajes a lugares fantásticos? ¿Alguna vez viviste en un país extranjero? ¿Qué cosas extrañabas?

**Análisis literario: el realismo mágico**

El realismo mágico es una síntesis entre el realismo y la literatura fantástica. Muchos escritores latinoamericanos, como Gabriel García Márquez y Carlos Fuentes, incorporaron elementos fantásticos al mundo cotidiano de los personajes, que aceptan la magia y la fantasía como normales. En el realismo mágico, lo real se torna mágico, lo maravilloso es parte de lo cotidiano y no se cuestiona la lógica de lo fantástico. Uno de los precursores del género, Alejo Carpentier, explicó que "En América Latina, lo maravilloso se encuentra en vuelta de cada esquina, en el desorden, en lo pintoresco de nuestras ciudades, (...) en nuestra naturaleza y (...) también en nuestra historia". Presta atención a la representación de la realidad en el cuento.

Practice more at **vhlcentral.com.**

192 *ciento noventa y dos* — **Lección 5**

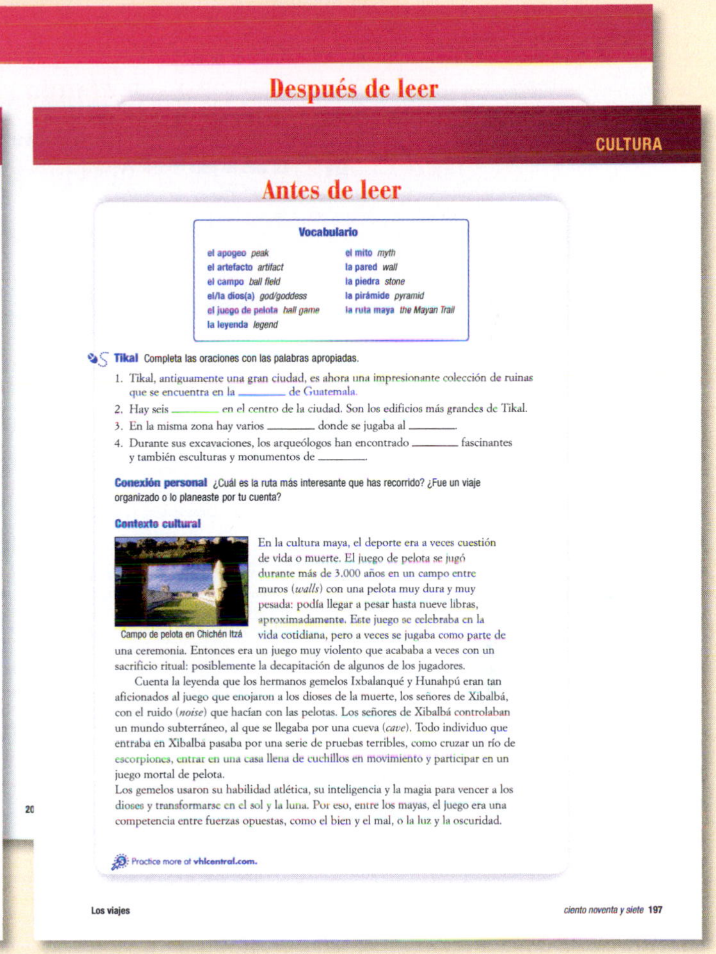

Después de leer

CULTURA

## Antes de leer

**Vocabulario**

| | |
|---|---|
| **el apogeo** *peak* | **el mito** *myth* |
| **el artefacto** *artifact* | **la pared** *wall* |
| **el campo** *ball field* | **la piedra** *stone* |
| **el/la dios(a)** *god/goddess* | **la pirámide** *pyramid* |
| **el juego de pelota** *ball game* | **la ruta maya** *the Mayan Trail* |
| **la leyenda** *legend* | |

**Tikal** Completa las oraciones con las palabras apropiadas.

1. Tikal, antiguamente una gran ciudad, es ahora una impresionante colección de ruinas que se encuentra en la ________ de Guatemala.
2. Hay seis ________ en el centro de la ciudad. Son los edificios más grandes de Tikal.
3. En la misma zona hay varios ________ donde se jugaba al ________.
4. Durante sus excavaciones, los arqueólogos han encontrado ________ fascinantes y también esculturas y monumentos de ________.

**Conexión personal** ¿Cuál es la ruta más interesante que has recorrido? ¿Fue un viaje organizado o lo planeaste por tu cuenta?

**Contexto cultural**

Campo de pelota en Chichén Itzá

En la cultura maya, el deporte era a veces cuestión de vida o muerte. El juego de pelota se jugó durante más de 3.000 años en un campo entre muros (*walls*) con una pelota muy dura y muy pesada: podía llegar a pesar hasta nueve libras, aproximadamente. Este juego se celebraba en la vida cotidiana, pero a veces se jugaba como parte de una ceremonia. Entonces era un juego muy violento que acababa a veces con un sacrificio ritual: posiblemente la decapitación de algunos de los jugadores.

Cuenta la leyenda que los hermanos gemelos Ixbalanqué y Hunahpú eran tan aficionados al juego que enojaron a los dioses de la muerte, los señores de Xibalbá, con el ruido (*noise*) que hacían con las pelotas. Los señores de Xibalbá controlaban un mundo subterráneo, al que se llegaba por una cueva (*cave*). Todo individuo que entraba en Xibalbá pasaba por una serie de pruebas terribles, como cruzar un río de escorpiones, entrar en una casa llena de cuchillos en movimiento y participar en un juego mortal de pelota.

Los gemelos usaron su habilidad atlética, su inteligencia y la magia para vencer a los dioses y transformarse en el sol y la luna. Por eso, entre los mayas, el juego era una competencia entre fuerzas opuestas, como el bien y el mal, o la luz y la oscuridad.

Practice more at **vhlcentral.com.**

**Los viajes** — *ciento noventa y siete* 197

**Antes de leer** Vocabulary presentation and practice, author biographies, and pre-reading discussion activities prepare students for the reading.

**Después de leer** Post-reading activities check student understanding and guide them to discuss the topic of the reading, express their opinions, and explore how it relates to their own experiences.

## Supersite

- Textbook activities including Partner Chat or Virtual Chat activities (in **Literatura** or **Cultura**)
- Additional online-only practice activities
- **Sobre el autor** reading with online-only activity

Supersite features vary by access level. Visit **vistahigherlearning.com** to explore which Supersite level is right for you.

# ATANDO CABOS

## develops your speaking and writing skills.

## Atando cabos

### ¡A conversar!

**La luna de miel** Trabajen en grupos de cuatro. Imaginen cómo fue la luna de miel de dos de estas parejas.

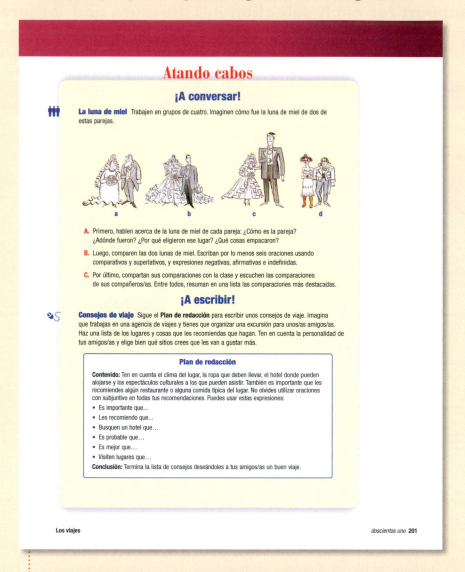

**A.** Primero, hablen acerca de la luna de miel de cada pareja: ¿Cómo es la pareja? ¿Adónde fueron? ¿Por qué eligieron ese lugar? ¿Qué cosas empacaron?

**B.** Luego, comparen las dos lunas de miel. Escriban por lo menos seis oraciones usando comparativos y superlativos, y expresiones negativas, afirmativas e indefinidas.

**C.** Por último, compartan sus comparaciones con la clase y escuchen las comparaciones de sus compañeros/as. Entre todos, resuman en una lista las comparaciones más destacadas.

### ¡A escribir!

**Consejos de viaje** Sigue el **Plan de redacción** para escribir unos consejos de viaje. Imagina que trabajas en una agencia de viajes y tienes que organizar una excursión para unos/as amigos/as. Haz una lista de los lugares y cosas que les recomiendas que hagan. Ten en cuenta la personalidad de tus amigos/as y elige bien qué sitios crees que les van a gustar más.

**Plan de redacción**

**Contenido:** Ten en cuenta el clima del lugar, la ropa que deben llevar, el hotel donde pueden alojarse y los espectáculos culturales a los que pueden asistir. También es importante que les recomiendes algún restaurante o alguna comida típica del lugar. No olvides utilizar oraciones con subjuntivo en todas tus recomendaciones. Puedes usar estas expresiones:

- Es importante que...
- Les recomiendo que...
- Busquen un hotel que…
- Es probable que…
- Es mejor que…
- Visiten lugares que…

**Conclusión:** Termina la lista de consejos deseándoles a tus amigos/as un buen viaje.

Los viajes *doscientos uno* **201**

**¡A conversar!** Step-by-step tasks and problem-solving situations engage you in discussion in pairs, small groups, or with the entire class.

**Thematic Readings and Realia** These texts serve as springboards for discussion and writing while providing frameworks to help you use language creatively.

**¡A escribir!** This section provides an engaging, real-life writing task—letters, e-mails, anecdotes, etc.—spun off from the lesson theme.

**Supersite**

- Textbook activity via online composition engine

Supersite features vary by access level. Visit **vistahigherlearning.com** to explore which Supersite level is right for you.

# VOCABULARIO

## summarizes the active vocabulary in each lesson.

### 5 VOCABULARIO

Vocabulary Tools

**De viaje**

| | |
|---|---|
| la bienvenida | *welcome* |
| la despedida | *farewell* |
| el destino | *destination* |
| el itinerario | *itinerary* |
| la llegada | *arrival* |
| el pasaje (de ida y vuelta) | *(round-trip) ticket* |
| el pasaporte | *passport* |
| la tarjeta de embarque | *boarding pass* |
| la temporada alta/baja | *high/low season* |
| el/la viajero/a | *traveler* |
| hacer las maletas | *to pack* |
| hacer transbordo | *to transfer (planes/trains)* |
| hacer un viaje | *to take a trip* |
| ir(se) de vacaciones | *to go on vacation* |
| perder (e:ie) (el vuelo) | *to miss (the flight)* |
| regresar | *to return* |
| a bordo | *on board* |
| retrasado/a | *delayed* |
| vencido/a | *expired* |
| vigente | *valid* |

**El alojamiento**

| | |
|---|---|
| el albergue | *hostel* |
| el alojamiento | *lodging* |
| la habitación individual/doble | *single/double room* |
| la recepción | *front desk* |
| el servicio de habitación | *room service* |
| alojarse | *to stay* |
| cancelar | *to cancel* |
| estar lleno/a | *to be full* |
| quedarse | *to stay* |
| reservar | *to reserve* |
| de (buena) categoría | *first-rate* |
| incluido/a | *included* |
| recomendable | *advisable* |

**La seguridad y los accidentes**

| | |
|---|---|
| el accidente (automovilístico) | *(car) accident* |
| el/la agente de aduanas | *customs agent* |
| el aviso | *notice; warning* |
| el cinturón de seguridad | *seat belt* |
| el congestionamiento | *traffic jam* |
| las medidas de seguridad | *security measures* |
| la seguridad | *safety; security* |
| el seguro | *insurance* |
| aterrizar | *to land* |
| despegar | *to take off* |
| ponerse/quitarse el cinturón | *to fasten/to unfasten the seat belt* |
| reducir (la velocidad) | *to reduce (speed)* |
| peligroso/a | *dangerous* |
| prohibido/a | *prohibited* |

**Las excursiones**

| | |
|---|---|
| la aventura | *adventure* |
| el/la aventurero/a | *adventurer* |
| la brújula | *compass* |
| el buceo | *scuba diving* |
| el campamento | *campground* |
| el crucero | *cruise (ship)* |
| el (eco)turismo | *(eco)tourism* |
| la excursión | *outing; tour* |
| la frontera | *border* |
| el/la guía turístico/a | *tour guide* |
| la isla | *island* |
| las olas | *waves* |
| el puerto | *port* |
| las ruinas | *ruins* |
| la selva | *jungle* |
| el/la turista | *tourist* |
| navegar | *to sail* |
| recorrer | *to tour* |
| lejano/a | *distant* |
| turístico/a | *tourist (adj.)* |

**Más vocabulario**

| | |
|---|---|
| Expresiones útiles | *Ver p. 169* |
| Estructura | *Ver pp. 176–177, 180–181 y 184–185* |

**Cinemateca**

| | |
|---|---|
| el arma | *weapon* |
| la cabina | *cockpit* |
| la cobertura | *(cell phone) service* |
| la espuma | *foam* |
| el expediente | *investigation* |
| la rabia | *rabies* |
| el secuestro | *hijacking* |
| los sudores | *sweats* |
| la tripa | *belly* |
| la tripulación | *crew* |
| correr a cargo de | *to be paid by* |
| meterse en un lío | *to get into a mess* |
| molar | *to be cool* |
| molestar | *to bother* |
| morder | *to bite* |
| cretino/a | *idiot* |

**Literatura**

| | |
|---|---|
| la bahía | *bay* |
| el bote | *boat* |
| la cascada | *cascade; waterfall* |
| el faro | *lighthouse* |
| el muelle | *pier* |
| la pesca | *fishing* |
| la popa | *stern* |
| la proa | *bow* |
| el remo | *oar* |
| el tiburón | *shark* |
| flotar | *to float* |
| ahogado/a | *drowned* |

**Cultura**

| | |
|---|---|
| el apogeo | *peak* |
| el artefacto | *artifact* |
| el campo | *ball field* |
| el/la dios(a) | *god/goddess* |
| el juego de pelota | *ball game* |
| la leyenda | *legend* |
| el mito | *myth* |
| la pared | *wall* |
| la piedra | *stone* |
| la pirámide | *pyramid* |
| la ruta maya | *the Mayan Trail* |

202 *doscientos dos* Lección 5

**Vocabulario** All the lesson's active vocabulary is grouped in easy-to-study thematic lists and tied to the lesson section in which it was presented.

## Supersite

- Vocabulary list with audio
- Customizable study lists

Supersite features vary by access level. Visit **vistahigherlearning.com** to explore which Supersite level is right for you.

# MANUAL DE GRAMÁTICA

**presents additional grammar topics with practice and additional practice for all lesson topics.**

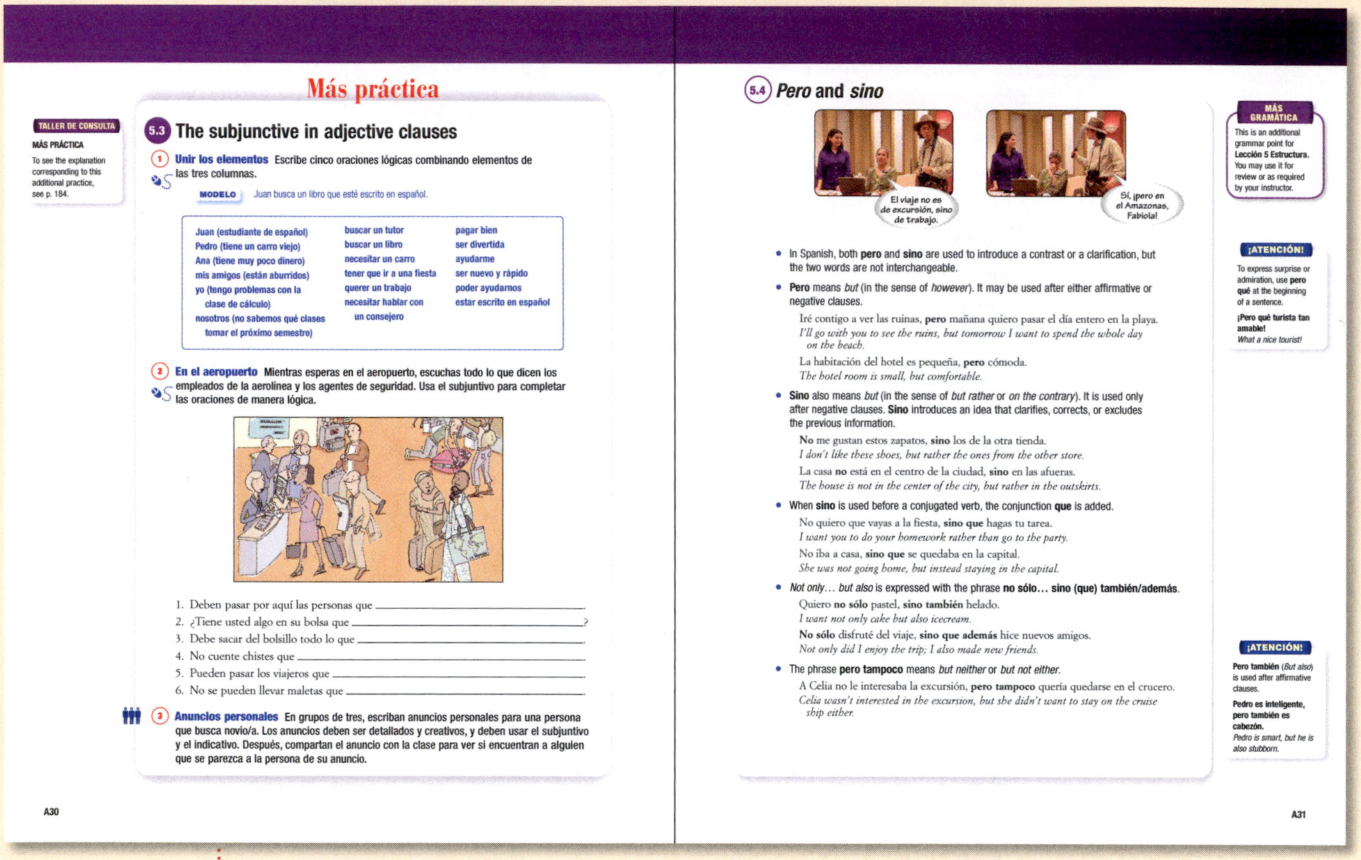

TALLER DE CONSULTA

MÁS PRÁCTICA

To see the explanation corresponding to this additional practice, see p. 184.

Más práctica

5.3 The subjunctive in adjective clauses

1 **Unir los elementos** Escribe cinco oraciones lógicas combinando elementos de las tres columnas.

MODELO Juan busca un libro que esté escrito en español.

| | | |
|---|---|---|
| Juan (estudiante de español) | buscar un tutor | pagar bien |
| Pedro (tiene un carro viejo) | buscar un libro | ser divertida |
| Ana (tiene muy poco dinero) | necesitar un carro | ayudarme |
| mis amigos (están aburridos) | tener que ir a una fiesta | ser nuevo y rápido |
| yo (tengo problemas con la clase de cálculo) | querer un trabajo | poder ayudarnos |
| nosotros (no sabemos qué clases tomar el próximo semestre) | necesitar hablar con un consejero | estar escrito en español |

2 **En el aeropuerto** Mientras esperas en el aeropuerto, escuchas todo lo que dicen los empleados de la aerolínea y los agentes de seguridad. Usa el subjuntivo para completar las oraciones de manera lógica.

1. Deben pasar por aquí las personas que ______
2. ¿Tiene usted algo en su bolsa que ______?
3. Debe sacar del bolsillo todo lo que ______
4. No cuente chistes que ______
5. Pueden pasar los viajeros que ______
6. No se pueden llevar maletas que ______

3 **Anuncios personales** En grupos de tres, escriban anuncios personales para una persona que busca novio/a. Los anuncios deben ser detallados y creativos, y deben usar el subjuntivo y el indicativo. Después, compartan el anuncio con la clase para ver si encuentran a alguien que se parezca a la persona de su anuncio.

A30

5.4 *Pero* and *sino*

El viaje no es de excursión, sino de trabajo.

Sí, ¡pero en el Amazonas, Fabiola!

- In Spanish, both **pero** and **sino** are used to introduce a contrast or a clarification, but the two words are not interchangeable.
- **Pero** means *but* (in the sense of *however*). It may be used after either affirmative or negative clauses.

  Iré contigo a ver las ruinas, **pero** mañana quiero pasar el día entero en la playa.
  *I'll go with you to see the ruins, but tomorrow I want to spend the whole day on the beach.*

  La habitación del hotel es pequeña, **pero** cómoda.
  *The hotel room is small, but comfortable.*

- **Sino** also means *but* (in the sense of *but rather* or *on the contrary*). It is used only after negative clauses. **Sino** introduces an idea that clarifies, corrects, or excludes the previous information.

  **No** me gustan estos zapatos, **sino** los de la otra tienda.
  *I don't like these shoes, but rather the ones from the other store.*

  La casa **no** está en el centro de la ciudad, **sino** en las afueras.
  *The house is not in the center of the city, but rather in the outskirts.*

- When **sino** is used before a conjugated verb, the conjunction **que** is added.

  No quiero que vayas a la fiesta, **sino que** hagas tu tarea.
  *I want you to do your homework rather than go to the party.*

  No iba a casa, **sino que** se quedaba en la capital.
  *She was not going home, but instead staying in the capital.*

- *Not only… but also* is expressed with the phrase **no sólo… sino (que) también/además**.

  Quiero **no sólo** pastel, **sino también** helado.
  *I want not only cake but also icecream.*

  **No sólo** disfruté del viaje, **sino que además** hice nuevos amigos.
  *Not only did I enjoy the trip; I also made new friends.*

- The phrase **pero tampoco** means *but neither* or *but not either*.

  A Celia no le interesaba la excursión, **pero tampoco** quería quedarse en el crucero.
  *Celia wasn't interested in the excursion, but she didn't want to stay on the cruise ship either.*

MÁS GRAMÁTICA

This is an additional grammar point for **Lección 5 Estructura.** You may use it for review or as required by your instructor.

¡ATENCIÓN!

To express surprise or admiration, use **pero qué** at the beginning of a sentence.

**¡Pero qué turista tan amable!**
*What a nice tourist!*

¡ATENCIÓN!

**Pero también** (*But also*) is used after affirmative clauses.

**Pedro es inteligente, pero también es cabezón.**
*Pedro is smart, but he is also stubborn.*

A31

**Más práctica** Directed exercises and open-ended, communicative activities lend additional support for all grammar topics in **ENFOQUES**.

**Más gramática** Supplementary grammar presentations and practice are included for enrichment.

Supersite

- Grammar presentations
- Textbook activities

Supersite features vary by access level. Visit **vistahigherlearning.com** to explore which Supersite level is right for you.

# Fotonovela Video

## The Cast

Mariela Burgos

José Raúl Aguayo

Éric Vargas

Diana González

Juan (Johnny) Medina

Fabiola Ledesma

An episode in the format of a sitcom accompanies each lesson in **ENFOQUES**. These episodes portray the everyday lives and adventures of the staff working at the lifestyle magazine *Facetas,* based in Mexico City.

The **Fotonovela** section in each textbook lesson is actually an abbreviated version of the dramatic episode featured in the video.

## Flash Cultura

The overwhelmingly popular **Flash Cultura** video provides an entertaining and authentic complement to the **Enfoques** section of each lesson. Correspondents from various Spanish-speaking countries report on aspects of life in their countries, conducting street interviews with residents along the way.

**LECCIÓN 1**
**Las relaciones personales**
(España)

**LECCIÓN 2**
**El cine mexicano**
(México)

**LECCIÓN 3**
**De compras en Barcelona**
(España)

**LECCIÓN 4**
**Las farmacias**
(Ecuador)

**LECCIÓN 5**
**¡Viajar y gozar!**
(Costa Rica)

**LECCIÓN 6**
**Un bosque tropical**
(Puerto Rico)

**LECCIÓN 7**
**Los inventos argentinos**
(Argentina)

**LECCIÓN 8**
**Las alpacas**
(Perú)

**LECCIÓN 9**
**Lo mejor de Argentina**
(Argentina)

**LECCIÓN 10**
**Arquitectura modernista**
(España)

**LECCIÓN 11**
**Puerto Rico: ¿nación o estado?**
(Puerto Rico)

**LECCIÓN 12**
**Machu Picchu: encanto y misterio**
(Perú)

## ENFOQUES Film Collection

Fully integrated with your textbook, the **ENFOQUES** Film Collection features dramatic short films by Hispanic filmmakers. These films are the basis for the pre- and post-viewing activities in the **Cortometraje** section of each lesson. The films are a central feature of the lesson, providing opportunities to review and recycle vocabulary from **Contextos**, and previewing and contextualizing the grammar from **Estructura**.

The films are available on the **ENFOQUES**, Fourth Edition Supersite or on the Instructor DVD Set.

Nominado a Mejor cortometraje de ficción Premios Ariel 2010
LA MINA DE ORO
un cortometraje de JAQUES BONNAVENT
Una producción de GRAN ANGULAR FILMS / Guión y Dirección de JACQUES BONNAVENT
con PALOMA WOOLRICH, ALFONSO DOSAL, CRISTINA MICHAUS
Director de Fotografía RAMÓN OROZCO, Diseño de producción DENISE CAMARGO
Edición ALEXIS RODIL, Música MARC LEJEUNE


**LECCIÓN 1**

**Di algo** (España; 15 minutos)

A young blind woman falls in love with a man based on his voice. The only problem is that she has never heard him in person... just on a recording.

**LECCIÓN 2**

**NEW! El tiple** (Colombia; 16 minutos)

Pastor's wife has fallen ill, and he decides to sell his guitar in order to buy the medicine she needs.

**LECCIÓN 3**

**Adiós mamá** (México; 8 minutos)

A man is grocery shopping alone on an ordinary day when a chance meeting makes him the focus of an elderly woman's existential conflict, with a surprising result.

**LECCIÓN 4**

**Éramos pocos** (España; 16 minutos)

After being abandoned by his wife, a man teams up with his son to enlist the help of her mother to keep house.

**LECCIÓN 5**

**NEW! Volamos hacia Miami**

(España; 18 minutos)

A flight from Madrid to Miami is disrupted by an unruly passenger, who decides to challenge the rules of conduct on an airplane.

**LECCIÓN 6**

**El día menos pensado**

(México; 11 minutos)

A city ends up without potable water; people must decide whether to flee or stand and guard what little water they have left.

**LECCIÓN 7**

**NEW! La mina de oro**

(México; 11 minutos)

50-year-old Betina leaves her boring life behind to be with a fiancé she knows only via the Internet.

**LECCIÓN 8**

**Clown** (España; 11 minutos)

Companies will go to any length to collect what is due them… and to make sure they have hired the right person for the job.

**LECCIÓN 9**

**Sintonía** (España; 9 minutos)

Stuck in traffic, a man finds out that the only way he can get the attention of a woman is to figure out which radio station she's listening to and call in.

**LECCIÓN 10**

**Las viandas** (España; 19 minutos)

In a restaurant where food is art, a customer learns whether it is possible to have too much of a good thing.

**LECCIÓN 11**

**NEW! La autoridad**

(España; 10 minutos)

A Spanish-Moroccan family on vacation is stopped on the highway by the police. Life will never be the same after being subjected to a humiliating search of their belongings.

**LECCIÓN 12**

**Un pedazo de tierra**

(México/Estados Unidos; 20 minutos)

In honoring their great-great-grandfather's dying wish, two brothers learn about themselves and the people that came before them.

# Reviewers

On behalf of its writers and editors, Vista Higher Learning expresses its sincere appreciation to the many professors nationwide who reviewed **ENFOQUES, Third Edition**. Their insights, ideas, and detailed comments were invaluable to the final product.

**Daniel Abreu**
Monroe County Community College, MI

**Dolores Alcaide Ramirez**
University of Washington Tacoma, WA

**Alma Alfaro**
Walla Walla University, WA

**Carlos C. Amaya**
Eastern Illinois University, IL

**Geraldine Ameriks**
University of Notre Dame, IN

**David G. Anderson**
John Carroll University, OH

**Gunnar J. Anderson**
SUNY Potsdam, NY

**Carmen Arranz**
Centre College, KY

**Victor Azuaje**
Mount Saint Mary College, NY

**Carlos Baez**
North Hennepin Community College, MN

**Inge Baird**
Anderson University, IN

**Danny M. Barreto**
Vassar College, NY

**Mark Bauman**
Glenbrook South High School, IL

**Cathy Bencini**
Salem Academy, NC

**Diane Birginal**
Gonzaga University, WA

**Beatrice Bongiorno**
Bellevue College, WA

**Josephine Books**
Inver Hills Community College, MN

**Elizabeth Valencia-Borgert**
St. Cloud State University, MN

**Dennis Bricault**
North Park University, IL

**Catherine Bryan**
University of Wisconsin, Oshkosh, WI

**James Bryant Smith**
Nicholls State University, LA

**Sharon Bucklin**
University of Wisconsin, Rock County, WI

**Silvia Campazzo**
University of Wisconsin, Oshkosh, WI

**Suzanne Charles**
Allegany-Limestone High School, NY

**Constance Cody**
Jackson Community College, MI

**Elizabeth Combier**
University of North Georgia, GA

**Mark R. Cox**
Presbyterian College, SC

**Maria Delahoy**
Panama Central School, NY

**Roberto E. del Valle**
Cascadia Community College, WA

**Sister Carmen Marie Diaz**
Silver Lake College, WI

**Michael Dillon**
Piedmont College, GA

**Christine Dolan Atkins**
Albertus Magnus College, CT

**Itasha Douglas**
Montgomery County Community College, PA

**Ben Earwicker**
Northwest Nazarene University, ID

**Mary Ebuna**
Colorado Mountain College, CO

**Siri Engstrom**
University of Alaska Fairbanks, AK

**Javier Fernandez**
Portland Community College, OR

**Maria R. Fernandez**
Bellevue College, WA

**Sylvie Florendo**
Lane Community College, OR

**Elisabeth Garate**
Citrus College, CA

**Daniel Gier**
University of Wisconsin Oshkosh, WI

**Paul L. Goldberg**
Widener University, PA

**Guillermo L. Gonzalez**
Stevenson University, MD

**Veronica Gutierrez**
James Madison University, VA

**Patricia Haban**
Glenbrook South High School, IL

**Doina Harrison**
Cathedral Catholic High School, CA

**Michael Harrison**
Monmouth College, IL

**Leah Henson**
Miami University, OH

**Elizabeth Irvin**
University of North Carolina Wilmington, NC

**Randy Johnson**
College of the Redwoods, CA

**Margaret Ann Kassen**
The Catholic University of America, DC

**Mary Kempen**
Ohio Northern University, OH

**Isidoro Kessel**
Thomas Nelson Community College, VA

**Deborah Kessler**
Bradley University, IL

**Karina Kline-Gabel**
James Madison University, VA

**Roxana Levin**
St. Petersburg College, FL

**Miriam S. Lugo-Alfaro**
Dunkirk High School, NY

**José McClanahan**
Creighton University, NE

**Mariam Manzur-Leiva**
University of South Florida, FL

**Maria delaluz Matus-Mendoza**
Drexel University, PA

**Bonnie Miculinic**
Morton College, IL

**Robert L. Norton**
Missouri State University, MO

**Sheila M. O'Brien**
Clarke University, IA

**Rafael Osuna-Montanez**
King's College, PA

**Linda Parkyn**
North Park University, IL

**Carolina Perera Olivares**
Case Western Reserve, OH

**Sonia Ramírez Wohlmuth**
University of South Florida, FL

**Lilian Ramos**
Winona State University, MN

**Lissette Reymundi**
Yale University, CT

**Rachael Rothrauff**
Glenbrook South High School, IL

**Kristin E. Routt**
Eastern Illinois University, IL

**Ana Runnion**
University of Wisconsin, Stevens Point, WI

**Gerald Scharfman**
Nassau Community College, NY

**Kanishka Sen**
Ohio Northern University, OH

**Andrea M. Smith**
Shenandoah University, VA

**Luz C. Triana-Echeverria**
St. Cloud State University, MN

**Jan M. Underwood**
Portland Community College, OR

**Beatriz Urraca**
Widener University, PA

**Fernando Velasquez**
St. Joseph's College, NY

**Felix Versaguis**
North Hennepin Community College, MN

**Roger Walter**
Montclair Kimberley Academy, NJ

**Sandra Watts**
University of North Carolina, Charlotte, NC

**Courtney Wenta**
Laramie County Community College, WY

**Lawrence Whartenby**
Pace University, NY

**Timothy Wilson**
University of Alaska, Fairbanks, AK

**Mercedes Windver**
Lansing Community College, MI

**Laly Yahyawi-Valenzuela**
University of Wisconsin, Oshkosh, WI

**Maureen Zamora**
Clemson University, SC

México
Estados Unidos
México
R. Colorado
Tijuana
Mexicali
Ciudad Juárez
Nogales
Río Grande
Río Bravo del Norte
Hermosillo
BAJA CALIFORNIA
Golfo de California
Sierra Madre Occidental
Chihuahua
R. Conchos
Sierra Madre Oriental
Nuevo Laredo
Reynosa
Matamoros
Monterrey
Saltillo
La Paz
Ciudad Victoria
Golfo de México
Mazatlán
Zacatecas
San Luis Potosí
Tampico
Aguascalientes
León
Guanajuato
Puerto Vallarta
Guadalajara
Bahía de Campeche
Mérida
Cancún
Campeche
YUCATÁN
Jalapa
México, D.F.
Morelia
Uruapan
Cuernavaca
Puebla
Veracruz
Villahermosa
R. Balsas
ISTMO DE TEHUANTEPEC
Oaxaca
Acapulco
Océano Pacífico
Belice
Guatemala
Honduras
El Salvador
N
O
E
S

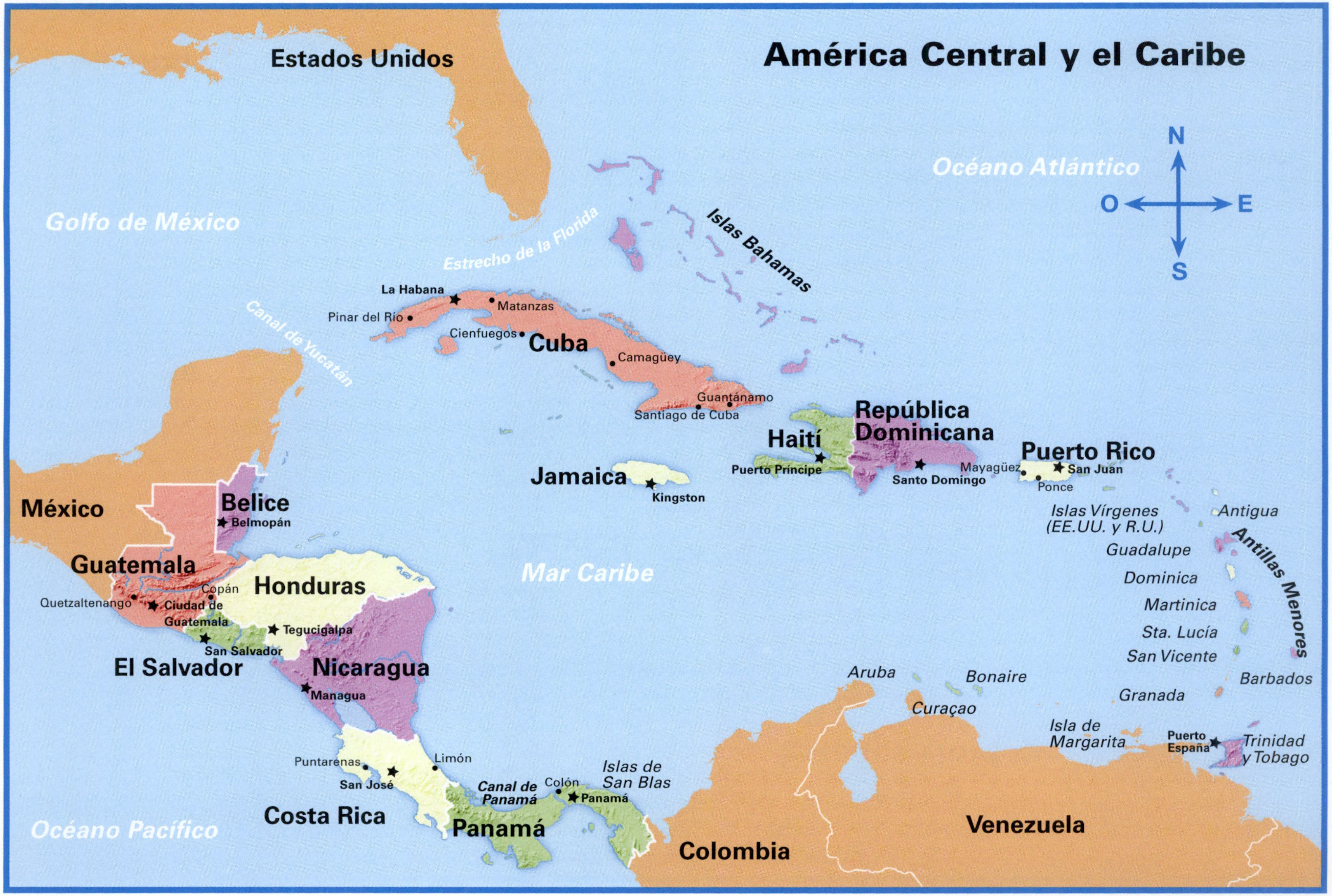
América Central y el Caribe
Estados Unidos
Golfo de México
Océano Atlántico
N
O
E
S
Estrecho de la Florida
Islas Bahamas
Canal de Yucatán
La Habana
Pinar del Río
Matanzas
Cienfuegos
Cuba
Camagüey
Guantánamo
Santiago de Cuba
Haití
Puerto Príncipe
República Dominicana
Santo Domingo
Puerto Rico
Mayagüez
San Juan
Ponce
Jamaica
Kingston
México
Belice
Belmopán
Guatemala
Quetzaltenango
Ciudad de Guatemala
Copán
Honduras
Tegucigalpa
San Salvador
El Salvador
Nicaragua
Managua
Mar Caribe
Islas Vírgenes (EE.UU. y R.U.)
Antigua
Guadalupe
Antillas Menores
Dominica
Martinica
Sta. Lucía
San Vicente
Barbados
Granada
Aruba
Bonaire
Curaçao
Isla de Margarita
Puerto España
Trinidad y Tobago
Puntarenas
San José
Limón
Costa Rica
Canal de Panamá
Colón
Panamá
Islas de San Blas
Océano Pacífico
Colombia
Venezuela

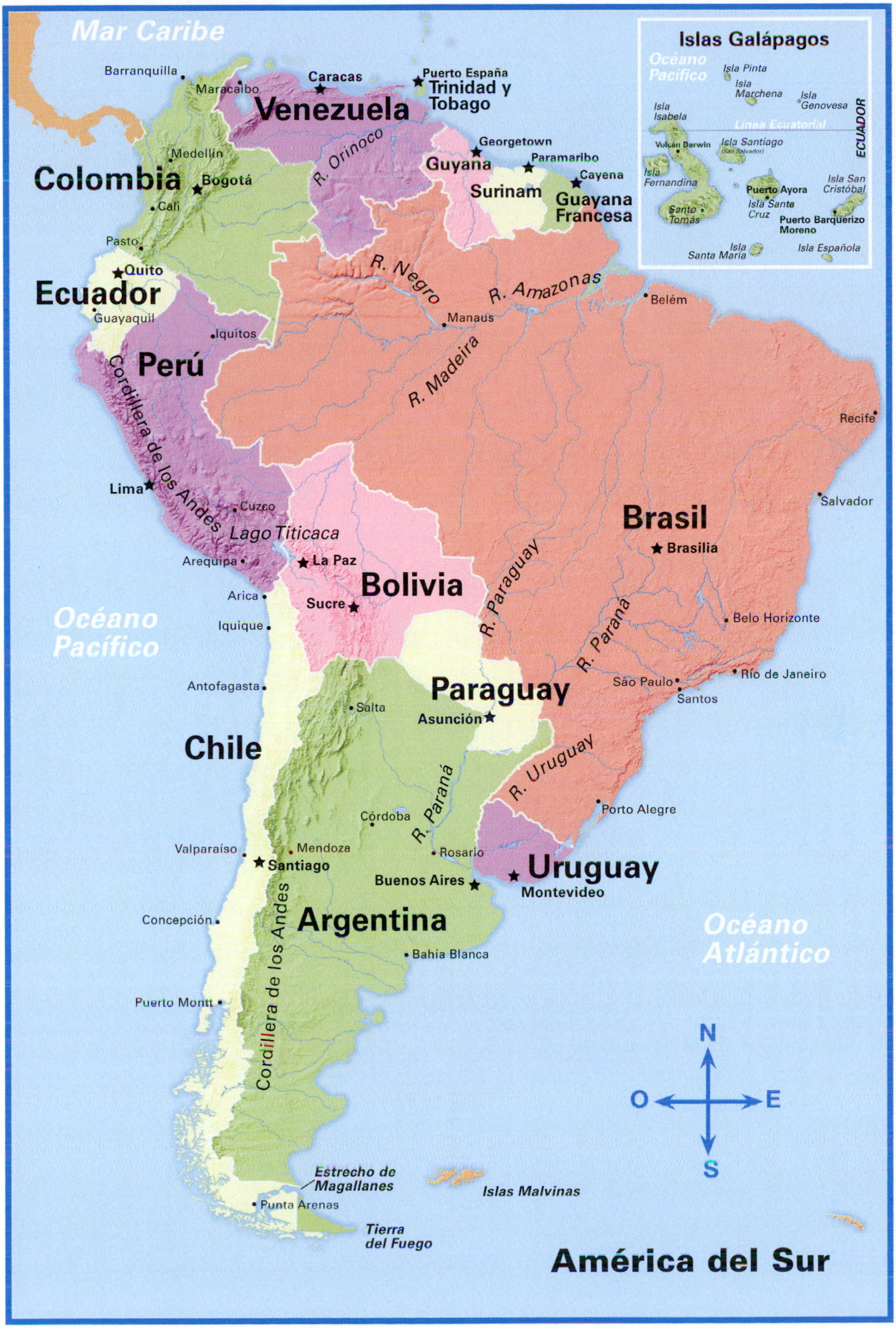

Mar Caribe
Barranquilla
Maracaibo
Caracas
Puerto España
Trinidad y Tobago
Venezuela
Medellín
Colombia
Bogotá
Cali
R. Orinoco
Georgetown
Guyana
Paramaribo
Surinam
Cayena
Guayana Francesa
Pasto
Quito
Ecuador
Guayaquil
R. Negro
R. Amazonas
Manaus
Belém
Iquitos
Perú
R. Madeira
Recife
Cordillera de los Andes
Lima
Cuzco
Lago Titicaca
Arequipa
La Paz
Bolivia
Sucre
Brasil
Brasilia
Salvador
Arica
Iquique
Océano Pacífico
R. Paraguay
R. Paraná
Belo Horizonte
Antofagasta
Salta
Paraguay
Asunción
São Paulo
Santos
Río de Janeiro
Chile
R. Uruguay
Porto Alegre
Córdoba
R. Paraná
Valparaíso
Mendoza
Santiago
Rosario
Buenos Aires
Uruguay
Montevideo
Concepción
Argentina
Bahía Blanca
Océano Atlántico
Puerto Montt
Cordillera de los Andes
N
O
E
S
Estrecho de Magallanes
Islas Malvinas
Punta Arenas
Tierra del Fuego
América del Sur
Islas Galápagos
Océano Pacífico
Isla Pinta
Isla Marchena
Isla Genovesa
Isla Isabela
Línea Ecuatorial
ECUADOR
Volcán Darwin
Isla Santiago
(San Salvador)
Isla Fernandina
Puerto Ayora
Isla San Cristóbal
Santo Tomás
Isla Santa Cruz
Puerto Barquerizo Moreno
Isla Santa María
Isla Española

España
Mar Cantábrico
Océano Atlántico
Gijón
Avilés
Santander
La Coruña
Oviedo
CANTABRIA
San Sebastián
Bilbao
GALICIA
ASTURIAS
PAÍS VASCO
Pamplona
Pirineos
Andorra
NAVARRA
Pontevedra
Burgos
LA RIOJA
Vigo
Palencia
Soria
CATALUÑA
Gerona
Braga
Zamora
Valladolid
Lérida
Zaragoza
Barcelona
CASTILLA-LEÓN
Oporto
Salamanca
Segovia
España
ARAGÓN
Tarragona
Ávila
Madrid
Coimbra
COMUNIDAD VALENCIANA
Serra da Estrela
Toledo
Islas Baleares
Menorca
Cáceres
Valencia
Palma
Mallorca
Portugal
EXTREMADURA
CASTILLA-LA MANCHA
Mérida
Ibiza
Lisboa
Badajoz
Ciudad Real
Albacete
Formentera
Setúbal
Sierra Morena
Alicante
Córdoba
Mar Mediterráneo
Jaén
Murcia
Sevilla
ANDALUCÍA
Cartagena
Huelva
Granada
Sierra Nevada
Almería
N
O
E
S
Cádiz
Málaga
Algeciras
Gibraltar (R.U.)
Estrecho de Gibraltar
Ceuta (Esp.)
Melilla (Esp.)
Marruecos
Islas Canarias
La Palma
Santa Cruz de la Palma
Tenerife
Santa Cruz de Tenerife
Lanzarote
Arrecife
Gomera
Hierro
Puerto del Rosario
Fuerteventura
Las Palmas
Gran Canaria
Océano Atlántico
Marruecos

# Las relaciones personales 1

**Communicative Goals**

**You will expand your ability to...**
- describe in the present
- narrate in the present
- express personal relationships

Vocabulary Tools

# Las relaciones personales

## La personalidad

**autoritario/a** *strict*
**cariñoso/a** *affectionate*

**celoso/a** *jealous*
**cuidadoso/a** *careful*
**falso/a** *insincere*
**gracioso/a** *funny*

**inseguro/a** *insecure*
**(in)maduro/a** *(im)mature*
**mentiroso/a** *lying*
**orgulloso/a** *proud*
**permisivo/a** *permissive*
**seguro/a** *sure; confident*
**sensato/a** *sensible*
**sensible** *sensitive*
**tacaño/a** *stingy*
**tímido/a** *shy*
**tradicional** *traditional*

## Los estados emocionales

**agobiado/a** *overwhelmed*
**ansioso/a** *anxious*
**deprimido/a** *depressed*
**disgustado/a** *upset*

**emocionado/a** *excited*
**preocupado/a (por)** *worried (about)*
**solo/a** *alone; lonely*
**tranquilo/a** *calm*

## Los sentimientos

Carlos **se está enamorando** de Marisa, pero **tiene vergüenza de** decírselo. Marisa también **sueña con** él y hoy ha decidido decirle cómo **se siente**.

**adorar** *to adore*
**apreciar** *to think highly of*
**enamorarse (de)** *to fall in love (with)*
**estar harto/a (de)** *to be sick (of)*
**odiar** *to hate*
**sentirse (e:ie)** *to feel*
**soñar (o:ue) (con)** *to dream (about)*
**tener celos (de)** *to be jealous (of)*
**tener vergüenza (de)** *to be ashamed/ embarrassed (about)*

## Las relaciones personales

**Llevan más de cincuenta años de casados.** Dicen que los secretos de un buen **matrimonio** son **la confianza** y **el cariño.**

**el/la amado/a** *loved one*
**el ánimo** *spirit*
**el cariño** *affection*
**la cita (a ciegas)** *(blind) date*
**el compromiso** *commitment*
**la confianza** *trust; confidence*
**el desánimo** *the state of being discouraged*
**el divorcio** *divorce*
**la pareja** *couple; partner*
**el sentimiento** *feeling*

**atraer** *to attract*
**coquetear** *to flirt*
**cuidar** *to take care of*
**dejar a alguien** *to leave someone*
**discutir** *to argue*
**educar** *to raise; to bring up*

**hacerle caso a alguien** *to pay attention to someone*
**impresionar** *to impress*
**llevar... años de (casados)** *to be (married) for... years*
**llevarse bien/mal/fatal** *to get along well/badly/terribly*
**mantenerse en contacto** *to keep in touch*
**pasarlo bien/mal/fatal** *to have a good/bad/terrible time*
**proponer matrimonio** *to propose (marriage)*
**romper (con)** *to break up (with)*
**salir (con)** *to go out (with)*
**soportar a alguien** *to put up with someone*

**casado/a** *married*
**divorciado/a** *divorced*
**separado/a** *separated*
**soltero/a** *single*
**viudo/a** *widowed*

# Práctica

**1 Escuchar**

**A.** Después de una cita con Andrés, Paula le cuenta todo a su mejor amiga, Isabel. Escucha la conversación y decide si las oraciones son **ciertas** o **falsas**. Corrige las falsas.

1. Después de la cita con Andrés, Paula está muy emocionada.
2. Según Paula, los dos se llevan mal.
3. Paula dice que Andrés es feo e inseguro.
4. Paula quiere salir otra vez con Andrés.

**B.** Ahora escucha la conversación entre Andrés y su mejor amigo, José Luis, y decide si las oraciones son **ciertas** o **falsas**. Corrige las falsas.

1. Según Andrés, Paula y él lo pasaron bien.
2. Andrés piensa que Paula es demasiado tímida.
3. Andrés quiere salir otra vez con Paula.
4. Andrés tiene celos porque José Luis quiere salir con Paula.

**C.** En parejas, imaginen que José Luis decide llamar a Paula y que Andrés decide llamar a Isabel. Inventen el diálogo de una de estas dos conversaciones telefónicas y compártanlo con la clase.

**2 Analogías** Completa cada analogía con la palabra apropiada.

| | | |
|---|---|---|
| autoritario | cuidadoso | mentiroso |
| casados | discutir | romper con |
| cita | gracioso | tranquilo |

1. estresado : ansioso :: falso : ________
2. generoso : tacaño :: permisivo : ________
3. divorcio : divorciados :: matrimonio : ________
4. amar : odiar :: salir con : ________
5. cariño : cariñoso :: cuidado : ________
6. disgustado : contento :: emocionado : ________
7. casados : boda :: novios : ________
8. casados : divorciados :: llevarse bien : ________

# Práctica

**3 Definiciones** Indica qué palabras corresponden a cada definición.

___ 1. Compromiso entre dos o más personas sobre el lugar, la fecha y la hora para encontrarse.

___ 2. Que sufre de tristeza o desánimo.

___ 3. Enseñar a una persona a comportarse según ciertas normas.

___ 4. Prestarle atención a alguien.

___ 5. Conjunto formado por dos personas o cosas que se complementan o son semejantes, como, por ejemplo, hombre y mujer.

___ 6. Estimar o reconocer el valor de algo o de alguien.

a. apreciar
b. cita
c. cuidar
d. deprimido/a
e. discutir
f. educar
g. hacerle caso
h. pareja
i. viudo/a

**4 Contrarios** Mauricio y Lucía son gemelos, pero tienen personalidades muy distintas. Completa las descripciones con los adjetivos adecuados.

**MODELO** **Mauricio siempre es muy seguro, pero Lucía es...** insegura.

1. Mauricio es un hombre sincero, pero Lucía es...
2. Mauricio es muy generoso con su dinero, pero Lucía es...
3. No sabes lo sociable que es Mauricio, pero Lucía es muy...
4. Mauricio es permisivo con sus hijos, pero Lucía es...
5. A Mauricio le gusta estar con gente, pero Lucía prefiere estar...
6. Todos piensan que Mauricio es moderno, pero que Lucía es...
7. Mauricio se porta (*behaves*) como adulto, pero Lucía es muy...
8. Mauricio es muy modesto, pero Lucía es muy...
9. Mauricio es muy..., pero Lucía es muy...
10. A Mauricio le gusta..., pero Lucía prefiere...

Practice more at **vhlcentral.com.**

# Comunicación

**5 ¿Cómo eres?** Trabaja con un(a) compañero/a.

**A.** Contesta las preguntas del test.

| Sí | A veces | No | |
|---|---|---|---|
| ☐ | ☐ | ☐ | 1. ¿Te pones ansioso/a cuando estás con gente? |
| ☐ | ☐ | ☐ | 2. ¿Te molesta mostrar tus emociones? |
| ☐ | ☐ | ☐ | 3. ¿Tienes miedo de iniciar una conversación? |
| ☐ | ☐ | ☐ | 4. ¿Te pone nervioso/a la idea de tener una cita a ciegas? |
| ☐ | ☐ | ☐ | 5. ¿Te intimida coquetear con una persona que no conoces? |
| ☐ | ☐ | ☐ | 6. ¿Tienes vergüenza de hablar en público? |
| ☐ | ☐ | ☐ | 7. ¿Piensas mucho antes de tomar una decisión? |
| ☐ | ☐ | ☐ | 8. ¿Te gusta estar solo/a? |
| ☐ | ☐ | ☐ | 9. ¿Piensas que tus sentimientos están bien controlados? |
| ☐ | ☐ | ☐ | 10. ¿Te llevas bien con personas muy tímidas? |

**Clave**

| | | |
|---|---|---|
| **Sí** | = | 0 puntos |
| **A veces** | = | 1 punto |
| **No** | = | 2 puntos |

**Resultados**

| | |
|---|---|
| 0 a 3 | Eres muy introvertido/a. |
| 4 a 7 | Tiendes a ser introvertido/a. |
| 8 a 11 | No eres ni introvertido/a ni extrovertido/a. |
| 12 a 16 | Tiendes a ser extrovertido/a. |
| 17 a 20 | Eres muy extrovertido/a. |

**B.** Ahora suma (*add up*) los puntos. ¿Cuál es el resultado del test? ¿Estás de acuerdo? Comenta tu resultado y tu opinión con tu compañero/a.

**6 Problemas y consejos**

**A.** En grupos de cuatro, elijan una de estas situaciones. Inventen más detalles para describir la situación. Básense en estas preguntas.

> ¿Quiénes son los personajes?
> ¿Cuánto tiempo llevan juntos?
> ¿Cuál es su relación?
> ¿Cómo empezó la situación?

1. Se miran a los ojos. Él se pregunta si ella está coqueteando con él.
2. Quiere mucho a su esposo/a, pero él/ella tiene celos de todo el mundo. Él/Ella no soporta que su pareja sea tan celosa.
3. Hacen una buena pareja, pero él nunca le va a proponer matrimonio.
4. Se conocieron en una cita a ciegas y se llevaron fatal.
5. Se quieren, pero discuten por cualquier cosa.

**B.** Ahora, escriban un breve correo electrónico en el que uno de los personajes describe su problema y le pide consejos a un(a) amigo/a. Lean el mensaje a la clase para que sus compañeros ofrezcan sus consejos. Después, decidan quién tiene los mejores consejos para cada situación.

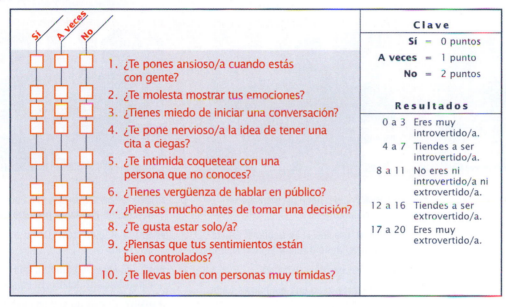

Video

**Los empleados de *Facetas* hablan de cómo recibir a un cliente. Mariela, una nueva empleada, llega a la oficina.**

**JOHNNY** (*al teléfono*) Revista *Facetas*... (*dirigiéndose a Diana*) Es para Aguayo.

**FABIOLA** Está en el baño.

**JOHNNY** (*al teléfono*) En estos momentos está en el baño.

**DIANA** ¡No! Di que está reunido con un cliente.

**JOHNNY** (*al teléfono*) Disculpe, está en el baño reunido con un cliente.

**JOHNNY** Jefe, tiene un mensaje de Mariela Burgos.

**AGUAYO** Gracias... Es la nueva artista gráfica. Viene a reunirse con nosotros.

*Aguayo se marcha a su oficina.*

**FABIOLA** No creo que quepamos todos en el baño.

**DIANA** (*repartiendo libretas*) Éste es el manual de conducta profesional.

**FABIOLA** Página tres: "Cómo recibir a un cliente".

**ÉRIC** (*se levanta*) ¿Quieren una demostración? Johnny, tú eres el cliente.

**JOHNNY** Quizás no soy un cliente. Podría ser un supermodelo o algo así.

**FABIOLA** Mejor un cliente.

*En la oficina central... Entra el muchacho de la pizza.*

**JOHNNY** ¿Alguien ordenó pizza?

**MUCHACHO** ¿Éste es el 714 de la avenida Juárez...?

**MARIELA** (*interrumpe*) ¿Oficina uno, revista *Facetas*?... Soy Mariela. No sabía llegar, así que ordené una pizza y seguí al muchacho.

**JOHNNY** ¡Bienvenida!

*En la sala de reuniones...*

**AGUAYO** Mariela, te quiero presentar al equipo de *Facetas*. Él es Éric, nuestro fotógrafo.

**ÉRIC** ¿Qué tal?

**AGUAYO** Ella es Fabiola. Se encarga de las secciones de viajes, economía, turismo y farándula.

**FABIOLA** Mucho gusto.

**AGUAYO** Él es Johnny. Escribe las secciones de arte, comida, bienestar y política.

**JOHNNY** Hola.

**AGUAYO** Y ella es Diana. Está a cargo de las ventas y el mercadeo.

**Personajes**

AGUAYO

DIANA

ÉRIC

FABIOLA

JOHNNY

MARIELA

MUCHACHO DE LA PIZZA

**ÉRIC** Ya sé. Eres un millonario que viene a comprar la revista.

**JOHNNY** Perfecto. Soy el magnate Juan Medina.

**ÉRIC** Bienvenido a *Facetas*, señor Medina. Bienvenido.

*Se abrazan.*

*Luego, en la cocina...*

**AGUAYO** Hay que ser cuidadoso al contestar el teléfono.

**JOHNNY** Querrás decir mentiroso.

**DIANA** Es una formalidad.

**ÉRIC** Odio ser formal.

**FABIOLA** Es lindo abrazar a la gente, Éric, pero esto es una oficina, no un partido de fútbol.

**DIANA** Me han hablado tanto de ti, que estoy ansiosa por conocer tu propia versión.

**MARIELA** Tengo veintidós años, soy de Monterrey, estudio en la UNAM y vengo de una familia grande.

**JOHNNY** ¿Muy grande?

**MARIELA** En cincuenta años de matrimonio mis padres han criado a nueve hijos y veinte nietos.

**FABIOLA** ¿Qué te pareció?

**ÉRIC** Está buenísima.

**FABIOLA** ¿Eso es todo lo que tienes que decir?

**ÉRIC** ¿Qué más se puede decir de una pizza?

**FABIOLA** ¡Te estoy hablando de Mariela!

**ÉRIC** Creo que es bella, talentosa e inteligente. Más allá de eso, no me impresiona para nada.

## Expresiones útiles

### Talking about responsibilities

**Fabiola se encarga de...**
*Fabiola is in charge of...*

**Diana está a cargo de...**
*Diana is in charge of...*

**Estoy a cargo de...**
*I'm in charge of...*

**Soy el/la encargado/a de...**
*I'm the person in charge of...*

### Talking about your impressions

**¿Qué te pareció Mariela?**
*What did you think of Mariela?*

**Me pareció...**
*I thought...*

**Creo que es bella, talentosa e inteligente.**
*I think she's beautiful, talented, and intelligent.*

**Más allá de eso, no me impresiona para nada.**
*Beyond that, she doesn't impress me at all.*

### Additional vocabulary

**la ansiedad** *anxiety*
**el cuidado** *care*
**cuidadoso/a** *careful*
**la farándula** *entertainment*
**han criado** *have raised*
**la mentira** *lie*
**mentiroso/a** *lying*
**el mercadeo** *marketing*
**quepamos** *(form of* **caber***) we fit*
**querrás** *you will want*
**el talento** *talent*
**talentoso/a** *talented*

# Comprensión

**1** **La trama** Primero, indica con una **X** los acontecimientos que no ocurrieron en este episodio. Después, indica con números el orden en el que ocurrieron los demás.

____ a. Diana llega con el manual de conducta profesional.
____ b. Éric pide una pizza con anchoas.
____ c. Mariela deja un mensaje para Aguayo.
____ d. Un muchacho llega a la oficina con una pizza.
____ e. Aguayo presenta a Mariela al grupo.
____ f. Johnny gana la lotería.
____ g. Fabiola le pregunta a Éric su opinión sobre Mariela.
____ h. Johnny contesta el teléfono.
____ i. Mariela llega a la oficina.
____ j. Aguayo paga la pizza.
____ k. Éric y Johnny practican la forma correcta de recibir a un cliente.
____ l. Los empleados de *Facetas* celebran el cumpleaños de Mariela.

**2** **¿Quién lo hace?** ¿Quién estaría a cargo de estas actividades?

**Aguayo**

**Diana**

**Éric**

**Fabiola**

**Johnny**

**Mariela**

1. Sacar fotos para la revista.
2. Escribir un artículo sobre un concierto de música pop.
3. Hablar con las personas que quieren poner anuncios (*ads*) en la revista.
4. Escribir un artículo sobre las pirámides de Egipto.
5. Entrevistar a un ministro del gobierno mexicano para hablar de la inflación.
6. Escribir un artículo sobre la corrupción política.
7. Escribir un artículo sobre un nuevo restaurante.
8. Preparar dibujos para los artículos de la revista.
9. Conseguir más público para la revista.
10. Seleccionar al personal (*staff*).

Practice more at **vhlcentral.com.**

# Ampliación

**3 Preguntas** En parejas, contesten las preguntas.

1. ¿Qué te parecen los empleados de la revista *Facetas*? ¿Cómo son?
2. ¿De qué se encarga cada empleado? En tu opinión, ¿cuál de ellos tiene más responsabilidad? Explica tu respuesta.
3. ¿Crees que a Mariela le va a gustar su nuevo trabajo? ¿Por qué?
4. ¿Te perdiste alguna vez en una ciudad grande? ¿Qué hiciste?
5. ¿Cómo son los empleados donde tú trabajas? ¿Son parecidos (*similar*) a los empleados de *Facetas*?

**4 Apuntes culturales** En parejas, lean los párrafos y contesten las preguntas.

### A larga distancia

Mariela, la nueva artista gráfica de *Facetas*, es de Monterrey, pero se ha mudado a México D.F. para trabajar. En Latinoamérica las personas se mudan con menos frecuencia que en los EE.UU. y mantienen el contacto con los amigos de la infancia y con toda la familia. ¡Con todos los sobrinos que tiene, Mariela va a necesitar un buen plan de telefonía celular!

### ¿Un mapa o una pizza?

Mariela descubre una forma creativa de manejarse en la ciudad más grande del mundo. Sin embargo, algunas ciudades de Latinoamérica presentan sus propios desafíos (*challenges*). Si *Facetas* se publicara en Costa Rica, la dirección de la oficina podría ser: del Parque la Sabana, 100 metros al norte del antiguo (*former*) Banco Nacional, portón (*gate*) rojo, San José.

México D.F.

### La Universidad Nacional Autónoma de México

Mariela estudia en la UNAM, una de las universidades más grandes y prestigiosas de Latinoamérica. Establecida en 1551, hoy en día la UNAM cuenta con más de 300.000 estudiantes. El campus más grande está en México D.F., pero tiene otros en el resto del país y también en Texas, Illinois y Canadá.

1. ¿Te has mudado tú para asistir a la universidad o por motivos de trabajo? ¿Cuáles son las ventajas (*advantages*) y desventajas de vivir lejos del lugar donde creciste?
2. ¿Cuántos amigos/as o parientes tuyos se han mudado a otra ciudad? ¿Qué hacen ustedes para mantenerse en contacto?
3. ¿Cómo te orientas en tu propia ciudad? ¿Consultas mapas en Internet? ¿Qué haces si te pierdes? ¿Le pides ayuda a alguien o prefieres usar un navegador satelital?
4. ¿De qué tamaño es tu universidad? ¿Cuáles son las diferencias entre las universidades grandes y las pequeñas? ¿Qué tipo de ambiente prefieres tú?

## En detalle

ESTADOS UNIDOS

# PAREJAS SIN FRONTERAS

**Es el año 2010. Ana Villegas está frente a su computadora en México jugando *online* un juego de cartas.** Del otro lado está Frank Petersen, de Fairhaven, Massachusetts, también aficionado al mismo juego. Este simple juego los lleva a una amistad que luego se convierte en amor. A pesar de los temores y del escepticismo familiar, dos años después, Ana deja México y se muda a los Estados Unidos, donde hoy vive junto a su esposo Frank.

La historia de Ana no es un caso aislado°. El número de parejas interculturales está en marcado aumento°. Entre las causas más importantes están la globalización, la asimilación de los hijos de inmigrantes a la cultura estadounidense y el aumento en la edad promedio° de las parejas al casarse. En 1960, en los Estados Unidos, el promedio de edad al casarse era veintitrés para los hombres y veinte para las mujeres. Actualmente es de treinta y veintisiete respectivamente. ¿Qué tiene que ver° este cambio con el aumento de las parejas interculturales? Antes, los jóvenes solían° casarse con personas de su comunidad. Ahora, muchos tienen la oportunidad de viajar, vivir solos o irse a vivir a otro país. Esta nueva independencia los expone° a otras culturas. Por lo tanto, es más común que formen parejas con personas de culturas diferentes.

Las parejas interculturales se enfrentan a° muchos desafíos° —problemas de comunicación, diferencias en valores y formas de pensar, y falta de aceptación de algunos familiares— pero también tienen una oportunidad única de crecimiento° personal; además, el contacto con otras maneras de pensar nos ayuda a echar una mirada° crítica a nuestra propia cultura. ■

### Matrimonios interculturales

De acuerdo con la Oficina del Censo, el número de parejas interraciales aumentó un 28% entre 2000 y 2010.

El 14% de las mujeres latinas casadas en EE.UU. tienen un esposo no latino.

El 13% de los latinos casados en EE.UU. tienen una esposa no latina.

Fuente: Censo estadounidense – Año 2010

### Consejos de Ana

- Esfuérzate° por conocer la cultura de tu pareja.
- Evita perpetuar los estereotipos.
- Pon énfasis en lo que los une y no en lo que los separa.
- Educa a tu familia y a tus amigos acerca de la cultura de tu pareja.
- Aprende a no dejarte llevar° por los comentarios y las miradas de las personas que no están a favor de las relaciones interculturales.

**aislado** *isolated* **marcado aumento** *marked increase* **promedio** *average* **Qué tiene que ver** *What does (this change) have to do* **solían** *used to* **expone** *exposes* **se enfrentan a** *face* **desafíos** *challenges* **crecimiento** *growth* **echar una mirada** *take a look* **Esfuérzate** *Make an effort* **dejarte llevar** *allow yourself to be influenced*

## ASÍ LO DECIMOS

### Las relaciones

**chavo/a (Méx.)**
**enamorado/a (Pe.)** — *boyfriend/girlfriend*

**amorcito**
**cariño**
**cielo** — *dear, honey*

**estar de novio(s)**
**estar en pareja con (Esp.)** — *to be dating someone*

**ponerse de novio/a (con)** *to start dating someone*

**estar bueno/a** *to be attractive*

## EL MUNDO HISPANOHABLANTE

### Las relaciones

**Tendencias**

Aunque en la mayoría de los países hispanos ya no hay reglas fijas, es costumbre que el hombre invite° en los primeros encuentros.

En los Estados Unidos, cada vez más latinos participan en citas rápidas° para encontrar pareja.

**Costumbres**

Cada 23 de abril se celebra en Cataluña y en otras regiones de España el Día de San Jorge, en conmemoración a la leyenda del héroe que mató a un dragón para rescatar a una princesa. En este día el hombre regala una rosa a su persona querida, y ésta le regala un libro.

En algunos pueblos de México, como Zacatecas, es costumbre que las mujeres y los hombres solteros vayan a caminar solos o en grupos alrededor de la plaza los domingos. Las mujeres y los hombres caminan en dirección contraria para poder observarse mutuamente.

## PERFIL

# ISABEL Y WILLIE

La escritora chilena Isabel Allende y el abogado estadounidense Willie Gordon comparten el amor por el arte y la compañía de buenos amigos. Allende conoció a su esposo durante la presentación de su novela *De amor y de sombra*, en California en 1988. Gordon admiraba la obra y el talento de esta escritora latinoamericana, y Allende no tardó° en enamorarse de él. Una vez, Gordon hizo un chiste° sobre el matrimonio en una cena con un grupo de personas. Dijo que nunca se volvería a casar a menos que no le quedara otro remedio. Allende se enojó y le dijo que ella había dejado todo por él —su cultura y su gente—, y que éste no le ofrecía ningún compromiso. Así, al día siguiente, Gordon le respondió: "Vale°, me caso." Isabel Allende y Willie Gordon se casaron ese mismo año y, desde entonces, viven en un tranquilo barrio californiano.

"Echo de menos la familia y el idioma, el sentido del humor, porque nadie me tiene que explicar un chiste en Chile, mientras que acá no los entiendo." (Isabel Allende)

### Conexión Internet

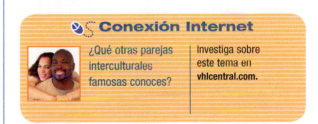

¿Qué otras parejas interculturales famosas conoces?

Investiga sobre este tema en **vhlcentral.com.**

**no tardó** *didn't take long* **chiste** *joke* **Vale** *OK* **invite** *pays* **citas rápidas** *speed dating*

# ¿Qué aprendiste?

**1 ¿Cierto o falso?** Indica si estas afirmaciones son **ciertas** o **falsas**. Corrige las falsas.

1. Al principio, las familias de Ana y Frank no confiaban en el éxito de la relación.
2. El número de parejas interculturales está aumentando poco a poco.
3. Actualmente, la edad promedio al casarse es veintisiete para los hombres y treinta para las mujeres.
4. En el pasado, era común entre los jóvenes casarse con gente de otras culturas.
5. Oportunidades como viajar, vivir solos, estudiar o vivir lejos de casa permiten que los jóvenes expandan su círculo y conozcan a gente de otras culturas.
6. El contacto con otras culturas puede afectar nuestra forma de pensar sobre nuestra propia cultura.
7. El número de parejas interraciales aumentó un 5% entre 2000 y 2010.
8. Ana aconseja prestar mucha atención a las diferencias en la pareja.
9. Según Ana, es importante que tu familia y tus amigos aprendan acerca de la cultura de tu pareja.
10. Ana recomienda no dejarse llevar por las opiniones de las personas con prejuicios.

**2 Completar** Completa las oraciones.

1. Willie Gordon sentía ________ por las obras de Isabel Allende.
   a. cariño b. indiferencia c. fascinación
2. Allende ________ por una broma que Gordon hizo sobre el casamiento.
   a. se sintió feliz b. se enojó c. se rio
3. En México, también se utiliza la palabra ________ para decir *novia*.
   a. enamorada b. chiquilla c. chava
4. Actualmente, es popular para los latinos en los EE.UU. participar en citas ________.
   a. rápidas b. a ciegas c. en Internet

**3 Preguntas** Contesta las preguntas.

1. ¿Crees que el Día de San Valentín es importante para celebrar la amistad y el amor o crees que es una excusa para gastar dinero?
2. ¿Es fácil conocer gente *online*? ¿Por qué?
3. ¿Cuáles son otras de las dificultades a las que se enfrentan las parejas interculturales?
4. ¿Cuál es el consejo más importante que da Ana? ¿Por qué?

**4 Opiniones** En parejas, escriban cuatro beneficios y cuatro dificultades de las relaciones interculturales. Traten de no repetir los del artículo.

Practice more at **vhlcentral.com.**

## PROYECTO

### Buscar pareja en Internet

Imagina que decides buscar pareja por Internet. Siempre te interesó salir con alguien de otra cultura. Escribe tu perfil para un sitio de citas por Internet. En tus descripciones, usa el vocabulario de la sección **Contextos** y el vocabulario aprendido en esta sección. Tu perfil debe incluir como mínimo:

- una descripción de cómo eres
- una descripción de lo que buscas
- una explicación de por qué te interesa conocer a alguien de otra cultura
- otra información que consideres importante

Flash CULTURA

Video

# Las relaciones personales

¿No es ideal utilizar el tiempo libre para encontrarse con amigos, familiares, parejas…? Los lugares donde puedes reunirte a hablar o comer se vuelven especiales porque forman parte del placer de compartir el tiempo con tu gente. En este episodio de **Flash Cultura**, te llevamos a visitar los lugares de encuentro de Madrid.

## VOCABULARIO ÚTIL

**el amor a primera vista** *love at first sight*
**el callejón** *alley*
**la campanada** *tolling of the bell*
**datar de** *to date from*
**el pasacalles** *marching parade*
**el pendiente** *earring*
**el punto de encuentro** *meeting point*
**la uva** *grape*

**Preparación** Cuando tienes tiempo libre, ¿te reúnes con tus amigos? ¿Cuáles son los lugares donde te encuentras habitualmente con ellos? ¿En qué momentos del día y la semana pueden verse? ¿Por qué?

**Comprensión** Indica si estas afirmaciones son **ciertas** o **falsas**. Después, en parejas, corrijan las falsas.

1. Es tradición tomar doce uvas el 31 de diciembre mientras suena el famoso reloj de la Puerta del Sol en el corazón de Madrid.
2. La Plaza Mayor es la plaza más conocida y se encuentra en el Madrid Moderno.
3. En la confluencia actual de las calles Toledo y Atocha, se celebraban antiguamente partidos de fútbol.
4. El barrio de La Latina se caracteriza por callejones estrechos, plazoletas, cafés y bares de ambiente muy dinámico.
5. Ninguno de los entrevistados cree en el amor a primera vista.
6. En El Rastro puedes comprar ropa, pendientes, cuadros, etc.

**Expansión** En parejas, contesten estas preguntas.

- Imagina que estás en Madrid. ¿Cuál de los lugares mostrados prefieres para comer algo o pasear? ¿Por qué?
- ¿Estás de acuerdo con las personas que creen en el amor a primera vista? Justifica tu respuesta.
- ¿Te gustan los domingos en Madrid: levantarse tarde, comer en un bar de La Latina con amigos y pasear por El Rastro? ¿Cómo son tus domingos?

**Corresponsal:** Miguel Ángel Lagasca
**País:** España

(En la Plaza Mayor) los niños juegan, las madres conversan°, los padres hablan de fútbol y política, los jóvenes se juntan, las parejas se miran a los ojos y los turistas admiran el espectáculo°.

La Latina, así como la Plaza Mayor y Puerta del Sol, pertenecen al llamado Madrid Antiguo.

Siempre los celos son una parte importante de la relación, sobre todo cuando se está empezando.

**conversan** *chat* **espectáculo** *show*

Practice more at **vhlcentral.com.**

# 1.1 The present tense

## Regular *-ar*, *-er*, and *-ir* verbs

- The present tense (**el presente**) of regular verbs is formed by dropping the infinitive ending (**-ar, -er**, or **-ir**) and adding personal endings.

**The present tense of regular verbs**

| | **hablar** *to speak* | **beber** *to drink* | **vivir** *to live* |
|---|---|---|---|
| yo | hablo | bebo | vivo |
| tú | hablas | bebes | vives |
| Ud./él/ella | habla | bebe | vive |
| nosotros/as | hablamos | bebemos | vivimos |
| vosotros/as | habláis | bebéis | vivís |
| Uds./ellos/ellas | hablan | beben | viven |

- The present tense is used to express actions or situations that are going on at the present time and to express general truths.

¿Por qué **rompes** conmigo?
*Why are you breaking up with me?*

Porque no te **amo**.
*Because I don't love you.*

- The present tense is also used to express habitual actions or actions that will take place in the near future.

Mis padres me **escriben** con frecuencia.
*My parents write to me often.*

Mañana les **mando** una carta larga.
*Tomorrow I'm sending them a long letter.*

## Stem-changing verbs

- Some verbs have stem changes in the present tense. In many **-ar** and **-er** verbs, **e** changes to **ie**, and **o** changes to **ue**. In some **-ir** verbs, **e** changes to **i**. The **nosotros/as** and **vosotros/as** forms never have a stem change in the present tense.

**Stem-changing verbs**

| e:ie | o:ue | e:i |
|---|---|---|
| **pensar** *to think* | **poder** *to be able to; can* | **pedir** *to ask for* |
| pienso | puedo | pido |
| piensas | puedes | pides |
| piensa | puede | pide |
| pensamos | podemos | pedimos |
| pensáis | podéis | pedís |
| piensan | pueden | piden |

**TALLER DE CONSULTA**

**MANUAL DE GRAMÁTICA**
**Más práctica**

1.1 The present tense, p. A4
1.2 **Ser** and **estar**, p. A5
1.3 Progressive forms, p. A6

**Más gramática**

1.4 Nouns and articles, p. A7
1.5 Adjectives, p. A9

**¡ATENCIÓN!**

Subject pronouns are normally omitted in Spanish. They are used to emphasize or clarify the subject.

**¿Viven en California?**

**Sí, ella vive en Los Ángeles y él vive en San Francisco.**

**¡ATENCIÓN!**

**Jugar** changes its stem vowel from **u** to **ue**. As with other stem-changing verbs, the **nosotros/as** and **vosotros/as** forms do not change.

**Jugar**
**juego, juegas, juega, jugamos, jugáis, juegan**

• • • •

**Construir, destruir, incluir,** and **influir** have a spelling change and add a **y** before the personal endings (except the **nosotros/as** and **vosotros/as** forms).

**incluir**
**incluyo, incluyes, incluye, incluimos, incluís, incluyen**

## Irregular *yo* forms

- Many **-er** and **-ir** verbs have irregular **yo** forms in the present tense. Verbs ending in **-cer** or **-cir** change to **-zco** in the **yo** form; those ending in **-ger** or **-gir** change to **-jo**. Several verbs have irregular **-go** endings, and a few have individual irregularities.

| Ending in -go | | Ending in -zco | |
|---|---|---|---|
| **caer** *to fall* | **yo caigo** | **conducir** *to drive* | **yo conduzco** |
| **distinguir** *to distinguish* | **yo distingo** | **conocer** *to know* | **yo conozco** |
| **hacer** *to do; to make* | **yo hago** | **crecer** *to grow* | **yo crezco** |
| **poner** *to put; to place* | **yo pongo** | **obedecer** *to obey* | **yo obedezco** |
| **salir** *to leave; to go out* | **yo salgo** | **parecer** *to seem* | **yo parezco** |
| **traer** *to bring* | **yo traigo** | **producir** *to produce* | **yo produzco** |
| **valer** *to be worth* | **yo valgo** | **traducir** *to translate* | **yo traduzco** |
| **Ending in -jo** | | **Other verbs** | |
| **dirigir** *to direct* | **yo dirijo** | **caber** *to fit* | **yo quepo** |
| **escoger** *to choose* | **yo escojo** | **saber** *to know* | **yo sé** |
| **exigir** *to demand* | **yo exijo** | **ver** *to see* | **yo veo** |
| **proteger** *to protect* | **yo protejo** | | |

- Verbs with prefixes follow these same patterns.

| | | | |
|---|---|---|---|
| **aparecer** *to appear* | **yo aparezco** | **distraer** *to distract* | **yo distraigo** |
| **atraer** *to attract* | **yo atraigo** | **oponer** *to oppose* | **yo opongo** |
| **componer** *to make up* | **yo compongo** | **proponer** *to propose* | **yo propongo** |
| **contraer** *to contract* | **yo contraigo** | **reconocer** *to recognize* | **yo reconozco** |
| **desaparecer** *to disappear* | **yo desaparezco** | **rehacer** *to remake; to redo* | **yo rehago** |
| **deshacer** *to undo* | **yo deshago** | **suponer** *to suppose* | **yo supongo** |

## Irregular verbs

- Other commonly used verbs in Spanish are irregular in the present tense or combine a stem change with an irregular **yo** form or other spelling change.

| **dar** *to give* | **decir** *to say* | **estar** *to be* | **ir** *to go* | **oír** *to hear* | **ser** *to be* | **tener** *to have* | **venir** *to come* |
|---|---|---|---|---|---|---|---|
| doy | digo | estoy | voy | oigo | soy | tengo | vengo |
| das | dices | estás | vas | oyes | eres | tienes | vienes |
| da | dice | está | va | oye | es | tiene | viene |
| damos | decimos | estamos | vamos | oímos | somos | tenemos | venimos |
| dais | decís | estáis | vais | oís | sois | tenéis | venís |
| dan | dicen | están | van | oyen | son | tienen | vienen |

**¡ATENCIÓN!**

Some verbs with irregular **yo** forms have stem changes as well.

**conseguir (e:i) → consigo**
*to obtain*

**corregir (e:i) → corrijo**
*to correct*

**elegir (e:i) → elijo**
*to choose*

**seguir (e:i) → sigo**
*to follow*

**torcer (o:ue) → tuerzo**
*to twist*

# Práctica

**TALLER DE CONSULTA**

**MANUAL DE GRAMÁTICA**
**Más práctica**
1.1 The present tense, p. A4

**1 Un apartamento infernal** Miguel tiene quejas (*complaints*) de su apartamento. Completa la descripción de su apartamento. Puedes usar los verbos más de una vez.

| | | |
|---|---|---|
| caber | hacer | oír |
| dar | ir | tener |

Mi apartamento está en el quinto piso. El edificio no (1) ______ ascensor y para llegar al apartamento, (2) ______ que subir por la escalera. El apartamento es tan pequeño que mis cosas no (3) ______. Las paredes (*walls*) son muy finas (*thin*). A todas horas (4) ______ la radio o la televisión de algún vecino. El apartamento sólo (5) ______ una ventana pequeña y, por eso, siempre está oscuro. ¡(6) ______ a buscar otro apartamento!

**2 ¿Qué hacen los amigos?** Escribe cinco oraciones usando los sujetos y los verbos de las columnas.

| Sujetos | Verbos | |
|---|---|---|
| yo | apreciar | exigir |
| tú | compartir | hacer |
| un(a) buen(a) amigo/a | creer | pedir |
| nosotros/as | defender | prestar |
| los malos amigos | discutir | recordar |

1. ______________________________
2. ______________________________
3. ______________________________
4. ______________________________
5. ______________________________

**3 La verdad** En parejas, túrnense para hacerse las preguntas.

**MODELO** **Luis: llegar temprano a la oficina / dormir hasta las nueve**
—¿Luis llega temprano a la oficina?
—No, Luis duerme hasta las nueve.

1. Ana: jugar al tenis con Daniel / preferir pasar la tarde charlando con Sergio
2. Felipe: salir a bailar todas las noches / tener clase de química a las ocho de la mañana
3. Jorge y Begoña: ir a la playa / querer viajar a Arizona
4. Dolores y Tony: comer muchas hamburguesas / ser vegetarianos
5. Fermín: estar harto de Julia / pensar proponerle matrimonio

Practice more at **vhlcentral.com.**

# Comunicación

**4 ¿Qué sabes de tus compañeros?** En parejas, háganse preguntas basadas en las opciones y contesten con una explicación.

**MODELO** **soñar con / hacer algo especial este mes**
—¿Sueñas con hacer algo especial este mes?
—Sí, sueño con ir al concierto de Juanes.

1. pensar / realizar este año algún proyecto
2. decir / mentiras
3. acordarse de / tu primer beso
4. conducir / cuando / estar muy cansado/a
5. reír / mucho con tu familia
6. aconsejar sobre / asuntos que / no conocer bien
7. venir a / clase tarde con frecuencia
8. escoger / el regalo perfecto para el cumpleaños de tu novio/a
9. corregir / los errores en las composiciones de tus compañeros
10. traer / un diccionario a la clase de español

**5 Discusión matrimonial** Trabajen en parejas para representar una discusión matrimonial. Preparen la discusión con las frases de la lista.

| | |
|---|---|
| no acordarse de los cumpleaños | querer discutir todos los días |
| ya no sentir lo mismo de antes | contar mentiras siempre |
| preferir estar con los amigos | dormir en el sofá |

**6 ¿Cómo son tus amigos?**

**A.** Escribe una descripción de un(a) buen(a) amigo/a. ¿Cómo es? ¿Está de acuerdo contigo en todo? ¿Discuten algunas veces? ¿Se divierten juntos/as? ¿Sigue siempre tus consejos? ¿Te miente a veces?

**B.** Ahora, comparte tu descripción con tres compañeros/as. Juntos/as, escriban una lista de cinco cosas que los buenos amigos hacen con frecuencia y cinco cosas que no hacen casi nunca. ¿Coincidieron los grupos en las acciones que eligieron?

## 1.2 *Ser* and *estar*

Revista *Facetas*...
Es para Aguayo.

En estos momentos está en el baño.

**¡ATENCIÓN!**

**Ser** and **estar** both mean *to be*, but they are not interchangeable. **Ser** is used to express the idea of permanence, such as inherent or unchanging qualities and characteristics. **Estar** is used to express temporality, including qualities or conditions that change with time.

### Uses of *ser*

| | |
|---|---|
| Nationality and place of origin | Mis padres **son** argentinos, pero yo **soy** de Florida. |
| Profession or occupation | El señor López **es** periodista. |
| Characteristics of people, animals, and things | El clima de Miami **es** caluroso. |
| Generalizations | Las relaciones personales **son** complejas. |
| Possession | La guitarra **es** del tío Guillermo. |
| Material of composition | El suéter **es** de pura lana. |
| Time, date, or season | **Son** las doce de la mañana. |
| Where or when an event takes place | La fiesta **es** en el apartamento de Carlos; **es** el sábado a las nueve de la noche. |

### Uses of *estar*

| | |
|---|---|
| Location or spatial relationships | La clínica **está** en la próxima calle. |
| Health | Hoy **estoy** enfermo. ¿Cómo **estás** tú? |
| Physical states and conditions | Todas las ventanas **están** limpias. |
| Emotional states | ¿Marisa **está** contenta con Javier? |
| Certain weather expressions | Hoy **está** despejado en San Antonio. |
| Ongoing actions (progressive tenses) | Paula **está** escribiendo invitaciones para su boda. |
| Results of actions (past participles) | La tienda **está** cerrada. |

## *Ser* and *estar* with adjectives

- **Ser** is used with adjectives to describe inherent, expected qualities. **Estar** is used to describe temporary or variable qualities, or a change in appearance or condition.

| | |
|---|---|
| ¿Cómo **son** tus padres? *What are your parents like?* | ¿Cómo **estás**, Miguel? *How are you, Miguel?* |
| La casa **es** muy pequeña. *The house is very small.* | ¡**Están** tan enojados! *They're very angry!* |

- With most descriptive adjectives, either **ser** or **estar** can be used, but the meaning of each statement is different.

| | |
|---|---|
| Julio **es alto**. *Julio is tall. (that is, a tall person)* | ¡Qué **alto está** Miguelito! *Miguelito is getting so tall!* |
| Dolores **es alegre**. *Dolores is cheerful. (that is, a cheerful person)* | El jefe **está alegre** hoy. ¿Qué le pasa? *The boss is cheerful today. What's up with him?* |
| Juan Carlos **es** un hombre **guapo**. *Juan Carlos is a handsome man.* | ¡Manuel, **estás** muy **guapo**! *Manuel, you look so handsome!* |

- Some adjectives have two different meanings depending on whether they are used with **ser** or **estar**.

| **ser** + [*adjective*] | **estar** + [*adjective*] |
|---|---|
| La clase de contabilidad **es aburrida**. *Accounting class is boring.* | **Estoy aburrida** de la clase. *I am bored with the class.* |
| Ese chico **es listo**. *That boy is smart.* | **Estoy listo** para todo. *I'm ready for anything.* |
| No **soy rico**, pero vivo bien. *I'm not rich, but I live well.* | ¡El pan **está** tan **rico**! *The bread is so delicious!* |
| La actriz **es buena**. *The actress is good.* | La actriz **está buena**. *The actress is good-looking.* |
| Este coche **es seguro**. *This car is safe.* | Juan no **está seguro** de sí mismo. *Juan isn't sure of himself.* |
| Los aguacates **son verdes**. *Avocados are green.* | Esta banana **está verde**. *This banana is not ripe.* |
| Javier **es** muy **vivo**. *Javier is very bright.* | ¿Todavía **está vivo** el autor? *Is the author still alive?* |
| Pedro **es** un hombre **libre**. *Pedro is a free man.* | Esta noche no **estoy libre**. ¡Lo siento! *Tonight I am not available. Sorry!* |

**TALLER DE CONSULTA**

Remember that adjectives must agree in gender and number with the person(s) or thing(s) that they modify. See the **Manual de gramática, 1.4**, p. A7, and **1.5**, p. A9.

**¡ATENCIÓN!**

**Estar**, not **ser**, is used with **muerto/a**.

**Bécquer, el autor de las *Rimas*, está muerto.**

*Bécquer, the author of* Rimas, *is dead.*

# Práctica

**TALLER DE CONSULTA**

**MANUAL DE GRAMÁTICA**
**Más práctica**
1.2 **Ser** and **estar**, p. A5

**1** **La boda de Emilio y Jimena** Completa cada oración de la primera columna con la terminación más lógica de la segunda columna.

____ 1. La boda es
____ 2. La iglesia está
____ 3. El cielo está
____ 4. La madre de Emilio está
____ 5. El padre de Jimena está
____ 6. Todos los invitados están
____ 7. El mariachi que toca en la boda es
____ 8. En mi opinión, las bodas son

a. de San Antonio, Texas.
b. deprimido por los gastos.
c. en la calle Zarzamora.
d. esperando a que entren la novia (*bride*) y su padre.
e. contenta con la novia.
f. a las tres de la tarde.
g. muy divertidas.
h. totalmente despejado.

**2** **La luna de miel** Completa el párrafo en el que se describe la luna de miel (*honeymoon*) que van a pasar Jimena y Emilio. Usa formas de **ser** y **estar**.

Emilio y Jimena van a pasar su luna de miel en Miami, Florida. Miami (1) ________ una ciudad preciosa. (2) ________ en la costa este de Florida y tiene playas muy bonitas. El clima (3) ________ tropical. Jimena y Emilio (4) ________ interesados en visitar la Pequeña Habana. Jimena (5) ________ una fanática de la música cubana. Y Emilio (6) ________ muy entusiasmado por conocer el parque Máximo Gómez, donde las personas van a jugar dominó. Los dos (7) ________ aficionados a la comida caribeña. (8) ________ visitando los restaurantes de la Calle Ocho. Cada día van a probar un plato diferente. Algunos de los platos que piensan probar (9) ________ el congrí, los tostones y el bistec palomilla. Después de pasar una semana en Miami, la pareja va a (10) ________ cansada pero muy contenta.

Practice more at **vhlcentral.com.**

# Comunicación

## 3 Entrevistas

**A.** En parejas, usen la lista como guía para entrevistarse. Usen **ser** o **estar** en las preguntas y respuestas.

| | |
|---|---|
| origen | estudios actuales |
| nacionalidad | sentimientos actuales |
| personalidad | lugar donde vive/trabaja |
| personalidad de los padres | actividades actuales |
| salud | |

**B.** Cambien de pareja y cuéntenle a su compañero/a lo que descubrieron (*found out*) sobre el/la compañero/a entrevistado/a.

## 4 ¿Dónde estamos?

**¿Dónde estamos?** En grupos de cuatro, elijan una ciudad en la que supuestamente están de viaje. Sus compañeros deberán adivinar de qué ciudad se trata. Pueden elegir una de las ciudades de las fotos u otra ciudad.

*Buenos Aires, Argentina*

*Quito, Ecuador*

*Madrid, España*

*Lima, Perú*

*San José, Costa Rica*

*México, D.F., México*

- Hagan cinco afirmaciones sobre la ciudad elegida usando **ser** o **estar** para dar pistas (*clues*) a sus compañeros.
- Si las pistas no son suficientes, sus compañeros pueden hacer preguntas con **ser** o **estar** cuya respuesta sea **sí** o **no**.
- Algunos temas para las afirmaciones o para las preguntas pueden ser: características generales de la ciudad, ubicación, comidas típicas, actividades que se pueden hacer, historia, arquitectura, etc.

## 1.3 Progressive forms

### The present progressive

- The present progressive (**el presente progresivo**) narrates an action in progress. It is formed with the present tense of **estar** and the present participle (**el gerundio**) of the main verb.

| | | |
|---|---|---|
| Éric **está cantando**. | Aguayo **está bebiendo** café. | Fabiola **está escribiendo**. |
| *Éric is singing.* | *Aguayo is drinking coffee.* | *Fabiola is writing.* |

¡Te estoy hablando
de Mariela!
¿Qué te pareció?

**¡ATENCIÓN!**

When progressive forms are used with reflexive verbs or object pronouns, the pronouns may either be attached to the present participle (in which case an accent mark is added to maintain the proper stress) or placed before the conjugated verb. See **2.1 Object pronouns**, pp. 54–55, and **2.3 Reflexive verbs**, pp. 62–63, for more information.

**Se están enamorando.**
**Están enamorándose.**
*They are falling in love.*

**Te estoy hablando.**
**Estoy hablándote.**
*I am talking to you.*

• • • • •

Note that the present participle of **ser** is **siendo**.

- The present participle of regular **-ar**, **-er**, and **-ir** verbs is formed as follows:

| INFINITIVE | STEM | ENDING | PRESENT PARTICIPLE |
|---|---|---|---|
| bailar | bail- | -ando | bailando |
| comer | com- | -iendo | comiendo |
| aplaudir | aplaud- | -iendo | aplaudiendo |

- Stem-changing verbs that end in **-ir** also change their stem vowel when they form the present participle.

| -*ir* stem-changing verbs | |
|---|---|
| **Infinitive** | **Present participle** |
| decir | diciendo |
| dormir | durmiendo |
| mentir | mintiendo |
| morir | muriendo |
| pedir | pidiendo |
| sentir | sintiendo |
| sugerir | sugiriendo |

- **Ir**, **poder**, **reír**, and **sonreír** have irregular present participles (**yendo**, **pudiendo**, **riendo**, **sonriendo**). **Ir** and **poder** are seldom used in the present progressive.

| | |
|---|---|
| Marisa siempre está **sonriendo**. | Maribel no está **yendo** a clase últimamente. |
| *Marisa is always smiling.* | *Maribel isn't going to class lately.* |

- When the stem of an **-er** or **-ir** verb ends in a vowel, the **-i-** of the present participle ending changes to **-y-**.

| INFINITIVE | | STEM | | ENDING | | PRESENT PARTICIPLE |
|---|---|---|---|---|---|---|
| **construir** | ▶ | **constru-** | + | **-yendo** | ▶ | **construyendo** |
| **leer** | | **le-** | | **-yendo** | | **leyendo** |
| **oír** | | **o-** | | **-yendo** | | **oyendo** |
| **traer** | | **tra-** | | **-yendo** | | **trayendo** |

- Progressive forms are used less frequently in Spanish than in English, and only when emphasizing that an action is *in progress* at the moment described. To refer to actions that occur over a period of time or in the near future, Spanish uses the present tense instead.

| PRESENT TENSE | PRESENT PROGRESSIVE |
|---|---|
| Lourdes **estudia** economía en la UNAM.<br>*Lourdes is studying economics at UNAM.* | Ahora mismo, Lourdes **está tomando** un examen.<br>*Right now, Lourdes is taking an exam.* |
| ¿**Vienes** con nosotros al Café Pamplona?<br>*Are you coming with us to Café Pamplona?* | No, lo siento. Ya **estoy preparando** la cena.<br>*No, I'm sorry. I'm already making dinner.* |

## Other verbs with the present participle

- Spanish expresses various shades of progressive action by using verbs such as **seguir, continuar, ir, venir, llevar,** and **andar** with the present participle.

- **Seguir** and **continuar** with the present participle express the idea of *to keep doing something.*

  Emilio **sigue saliendo** con Mercedes.
  *Emilio is still seeing Mercedes.*

  Mercedes **continúa coqueteando** con Carlos.
  *Mercedes keeps flirting with Carlos.*

- **Ir** with the present participle indicates a gradual or repeated process. It often conveys the English idea of *more and more.*

  Cada día que pasa **voy disfrutando** más de esta clase.
  *I'm enjoying this class more and more every day.*

  Ana y Juan **van acostumbrándose** al horario de clase.
  *Ana and Juan are getting more and more used to the class schedule.*

- **Venir** and **llevar** with the present participle indicates a gradual action that accumulates or increases over time.

  Hace años que **viene diciendo** cuánto le gusta el béisbol.
  *He's been saying how much he likes baseball for years.*

  **Llevo insistiendo** en lo mismo desde el principio.
  *I have been insisting on the same thing from the beginning.*

- **Andar** with the present participle conveys the idea of *going around doing something* or of *always doing something.*

  José siempre **anda quejándose** de todo.
  *José is always complaining about everything.*

  Román **anda diciendo** mentiras.
  *Román is going around telling lies.*

**¡ATENCIÓN!**

Other tenses may have progressive forms as well. These tenses emphasize that an action was/will be in progress.

PAST (pp. 94–105)
**Estaba marcando su número justo cuando él me llamó.**
*I was dialing his number right when he called me.*

FUTURE (pp. 216–219)
**No vengas a las cuatro; todavía estaremos trabajando.**
*Don't come at four o'clock; we will still be working.*

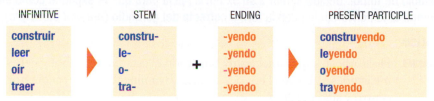

# Práctica

**TALLER DE CONSULTA**

**MANUAL DE GRAMÁTICA**
**Más práctica**

1.3 Progressive forms, p. A6

**1** **Una conversación telefónica** Daniel es nuevo en la ciudad y no sabe cómo llegar al estadio de fútbol. Decide llamar a su ex novia Alicia para que le explique cómo encontrarlo. Completa la conversación con la forma correcta del gerundio (*present participle*).

**ALICIA** ¿Aló?

**DANIEL** Hola Alicia, soy Daniel; estoy buscando el estadio de fútbol y necesito que me ayudes… Llevo (1) ____________ (caminar) más de media hora por el centro y sigo perdido.

**ALICIA** ¿Dónde estás?

**DANIEL** No estoy muy seguro, no encuentro el nombre de la calle. Pero estoy (2) ____________ (ver) un centro comercial a mi izquierda y más allá parece que están (3) ____________ (construir) un estadio de fútbol. (4) ____________ (hablar) de fútbol, ¿dónde tengo mis boletos? ¡He perdido mis entradas!

**ALICIA** Madre mía, ¡sigues (5) ____________ (ser) un desastre! Algún día te va a pasar algo serio.

**DANIEL** ¡Siempre andas (6) ____________ (pensar) lo peor!

**ALICIA** ¡Y tú siempre estás (7) ____________ (olvidarse) de todo!

**DANIEL** ¡Ya estamos (8) ____________ (discutir) otra vez!

**2** **Organizar un festival** En parejas, pregunten y respondan qué está haciendo cada uno de estos personajes. Túrnense.

**MODELO** —¿Qué está haciendo Elga Navarro?
—Elga Navarro está descansando en una clínica.

Elga Navarro / descansar

1. Juliana Paredes / bailar

2. Emilio Soto / casarse

3. Aurora Gris / recoger un premio

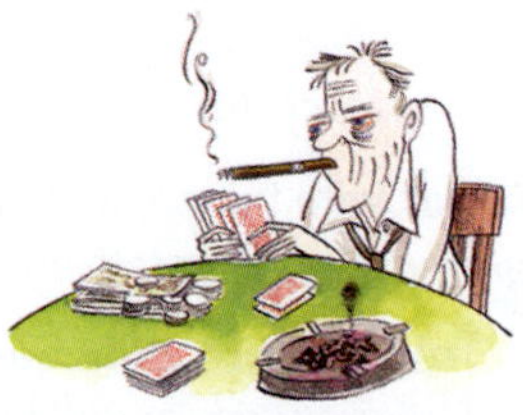

4. Héctor Rojas / jugar a las cartas

Practice more at **vhlcentral.com.**

# Comunicación

**3** **Una cita** En parejas, representen una conversación en la que Alexa y Guille intentan buscar una hora del día para reunirse.

**MODELO**

**ALEXA** ¿Nos vemos a las diez de la mañana para estudiar?

**GUILLE** No puedo, voy a estar durmiendo. ¿Qué te parece a las 12?

GUILLE

DOMINGO
10:00 dormir
11:00 dormir
12:00
13:00 almuerzo con Rosa
14:00
15:00 llamar por teléfono a Aurora
16:00
17:00
18:00
19:00 ver película con Ana
20:00
21:00 cenar con Marta
22:00

ALEXA

DOMINGO
10:00
11:00 gimnasio
12:00 biblioteca
13:00
14:00 comer con mamá
15:00
16:00 dormir siesta
17:00
18:00
19:00 hacer un crucigrama
20:00
21:00 ver noticiero
22:00

**4** **Síntesis** Tu psicólogo utiliza la hipnosis para hacerte recordar los momentos más importantes de tu pasado. En parejas, dramaticen la conversación entre el doctor Felipe y su paciente, utilizando verbos en el presente y el presente progresivo. Elijan una situación de la lista o inventen otro tema. Sean creativos/as.

**MODELO**

**DR. FELIPE** Estás volviendo al momento de conocer a tu primer amor. ¿Qué están haciendo?

**PACIENTE** Estoy caminando por la calle… una mujer preciosa me está saludando…

**DR. FELIPE** Muy bien, muy bien. ¿Y qué estás pensando? ¿Cómo te sientes?

**PACIENTE** Estoy pensando que es el amor de mi vida. Me siento… ¡Ay, no! Me estoy cayendo en medio de la calle, ¡enfrente de ella!

| | |
|---|---|
| **tu primer amor** | **el nacimiento de un(a) hermano/a** |
| **un viaje importante** | **el mejor momento de tu vida** |

# Antes de ver el corto

## DI ALGO

**país** España
**duración** 15 minutos
**director** Luis Deltell
**protagonistas** Irene, Pablo, bibliotecaria

### Vocabulario

**a lo mejor** *maybe*
**alargar** *to drag out*
**la cinta** *tape*
**enterarse** *to find out*
**entretenerse** *to be held up*
**la luz** *light*
**pesado/a** *annoying*
**precioso/a** *lovely*
**respirar** *to breathe*
**turbio/a** *murky*

**1 Vocabulario** Completa las oraciones.

1. Me gusta el libro, pero el autor ________ mucho el final.
2. Ana teme a la oscuridad y no ________ tranquila hasta que enciende la ________.
3. Hoy nos ________ de que las ________ de video estaban borradas.
4. Cerca del bosque había un lago ________, pero ahora el agua está muy ________ porque está contaminada.

**2 Tú y las citas**

**A.** Completa el test sobre el mundo de las citas.

### Tú y las citas

**1. Si acabas de conocer a una persona que te gusta:**
- **a.** La invitas a salir.
- **b.** Buscas su nombre en Facebook.
- **c.** No haces absolutamente nada.

**2. Un amigo te propone presentarte a alguien que conoce:**
- **a.** Aceptas enseguida.
- **b.** Haces muchas preguntas sobre la persona antes de decidir.
- **c.** Dices que no: las citas con extraños te ponen nervioso/a.

**3. Antes de una cita a ciegas:**
- **a.** Vas a comprar ropa nueva y te arreglas bien para causar una buena impresión.
- **b.** Le pides a un par de amigos/as que vayan al mismo restaurante, por si acaso.
- **c.** Te da un ataque de nervios y llamas para cancelar.

**4. Durante la primera conversación:**
- **a.** Muestras interés por la otra persona, le hablas de ti y actúas tal como eres.
- **b.** Haces más preguntas de las que tú contestas.
- **c.** Evitas contar mucho sobre ti. Prefieres guardar información para una segunda cita.

**B.** En parejas, comparen sus respuestas. ¿Tienen actitudes similares o son muy diferentes? ¿Por qué?

Practice more at **vhlcentral.com.**

Short Film

1er Premio Tiflos de Cine Corto Audesc ONCE
Di algo
Una producción de ENIGMA FILMS/EL MEDANO PRODUCCIONES/LORELEI
Guión y Dirección LUIS DELTELL Jefe de Producción RAFAEL LINARES
Dirección de Fotografía JAVIER BILBAO Montaje JUANMA NOGALES
Dirección de Arte DAVID TEMPRANO Sonido MIGUEL ÁNGEL GALÁN
Actores VÍCTOR CLAVIJO/MARÍA BALLESTEROS/BLANCA NICOLÁS/ÁLVARO GARCÍA

## Escenas

**ARGUMENTO** Una joven ciega se enamora de la voz de un hombre que escucha en grabaciones. Cuando se acaban las cintas, ella busca otra manera de seguir escuchando su voz.

**VOZ DE PABLO** "Menos tu vientre, todo es confuso, fugaz, pasado, baldío, turbio…"

**IRENE** Quería información sobre el lector 657… ¿No me podrías conseguir su número de teléfono?
**BIBLIOTECARIA** No puedo, Irene; eso está prohibido.

**GUARDIA** ¡Espera! ¿Estás bien?
**IRENE** Sí, sí, muchas gracias; es que me he entretenido.

**PABLO** ¿Sí? ¿Quién es? ¿Sí?
**IRENE** Di algo.

**PABLO** Todo el día esperando que me llame una chica que no conozco y que no habla… bueno, sí, que solamente dice: "Di algo."

**PABLO** ¿Hay alguien que esté pidiendo mis cintas?
**BIBLIOTECARIA** No sé, vamos a ver… Creo que un señor mayor… ¡ah!, y una chica también.

# Después de ver el corto

**1 Comprensión** Indica si estas afirmaciones son **ciertas** o **falsas**. Luego, en parejas, corrijan las falsas.

1. Irene no tiene el teléfono de Pablo, pero lo conoce en persona.
2. La bibliotecaria no le da el teléfono de Pablo porque dice que está prohibido.
3. Por la noche, Irene roba de la biblioteca la información sobre Pablo.
4. Irene le dice la verdad al guardia.
5. Pablo cree que la mujer que lo llama por teléfono y no le habla se llama Silvia.
6. Pablo encuentra a Irene por casualidad en la calle.

**2 Interpretación** En parejas, contesten las preguntas.

1. En la primera escena, Pablo marca las palabras "confuso" y "turbio" en el poema que lee. ¿Por qué lo hace?
2. Irene pide el número de teléfono de Pablo después de que la bibliotecaria le dice que no hay más cintas de él. ¿Cuál piensan que es su intención: conocer a Pablo o solamente escuchar su voz?
3. ¿Cómo es Pablo? Presten atención a las cosas que hay en su casa y a su forma de hablar y actuar.
4. ¿Por qué Irene sólo le dice "di algo", y no le explica quién es? Imaginen sus razones y enumérenlas.
5. ¿Por qué Pablo se va cuando Irene se da cuenta de que él está sentado frente a ella? ¿Está esperando que ella haga algo o quiere escaparse?

**3 Diálogo** En el ascensor, Pablo le dice a Irene: "Eres tú la que tiene que decir algo". Imaginen el diálogo que sigue a estas palabras y escríbanlo. Después, represéntenlo frente a la clase.

**4 Escribir** Elige una de las siguientes opciones y escribe un mensaje de correo electrónico.

- Imagina que te cruzas un instante por la calle con alguien y te enamoras a primera vista, pero él/ella desaparece entre la gente y ahora quieres encontrarlo/a. Escribe a un periódico describiéndolo/a; cuenta por qué lo/la buscas y pide ayuda a los lectores.
- Por un error al marcar un número de teléfono, conoces a alguien, empiezan a hablar y se enamoran. Después de un tiempo tienen una cita para conocerse personalmente, pero todo resulta un desastre: él/ella no se parece nada a la idea que te formaste por su voz. Cuenta en un correo electrónico cómo fue esa cita.

Practice more at **vhlcentral.com.**

*Los enamorados*, 1923
Pablo Picasso, España

"La única fuerza y la única verdad que hay en esta vida es el amor."

— José Martí

# Antes de leer

## Poema 20

### Sobre el autor

Ya de muy joven, el chileno Ricardo Eliécer Neftalí Reyes Basoalto —tal fue el nombre que sus padres dieron a **Pablo Neruda** (1904–1973) al nacer— mostraba inclinación por la poesía. En 1924, con tan sólo veinte años, publicó el libro que lo hizo famoso: *Veinte poemas de amor y una canción desesperada.* Treinta años después, en 1954, compone sus *Odas elementales.* Además de poeta, fue diplomático y político. El amor fue sólo uno de los temas de su extensa obra: también escribió poesía surrealista y poesía con fuerte contenido histórico y político. Su *Canto general* lleva a los lectores en un viaje por la historia de América Latina desde los tiempos precolombinos hasta el siglo XX. En 1971, recibió el Premio Nobel de Literatura.

**Vocabulario**

**el alma** *soul*
**amar** *to love*
**besar** *to kiss*
**contentarse con** *to be satisfied with*
**el corazón** *heart*
**la mirada** *gaze*
**el olvido** *oblivion*
**querer (e:ie)** *to love; to want*

**Poema** Completa este poema con las opciones correctas.

Quiero (1) ________ (besarte/amarte) porque te (2) ________ (quiero/olvido),
pero tú te alejas y desde lejos me miras.

Mi (3) ________ (corazón/olvido) no (4) ________ (quiere/se contenta)
con una (5) ________ (alma/mirada) triste.

Entonces me voy y sólo espero el (6) ________ (corazón/olvido).

**Conexión personal** ¿Has estado enamorado/a alguna vez? ¿Te gusta leer poesía? ¿Has escrito alguna vez una carta o un poema de amor?

### Análisis literario: la personificación

La personificación consiste en atribuir cualidades propias de los seres humanos a objetos inanimados (cosas, conceptos abstractos) o a la naturaleza. Observa estos ejemplos de personificación: *me despertó el llanto* (crying) *del violín; tu silencio habla de dolores pasados; las estrellas nos miraban mientras la ciudad sonreía.* En *Poema 20*, Pablo Neruda utiliza este recurso en varias ocasiones. Mientras lees el poema, prepara una lista de las personificaciones. ¿Qué cualidad humana atribuye el poeta al objeto?

Practice more at **vhlcentral.com.**

# POEMA 20

**Pablo Neruda**

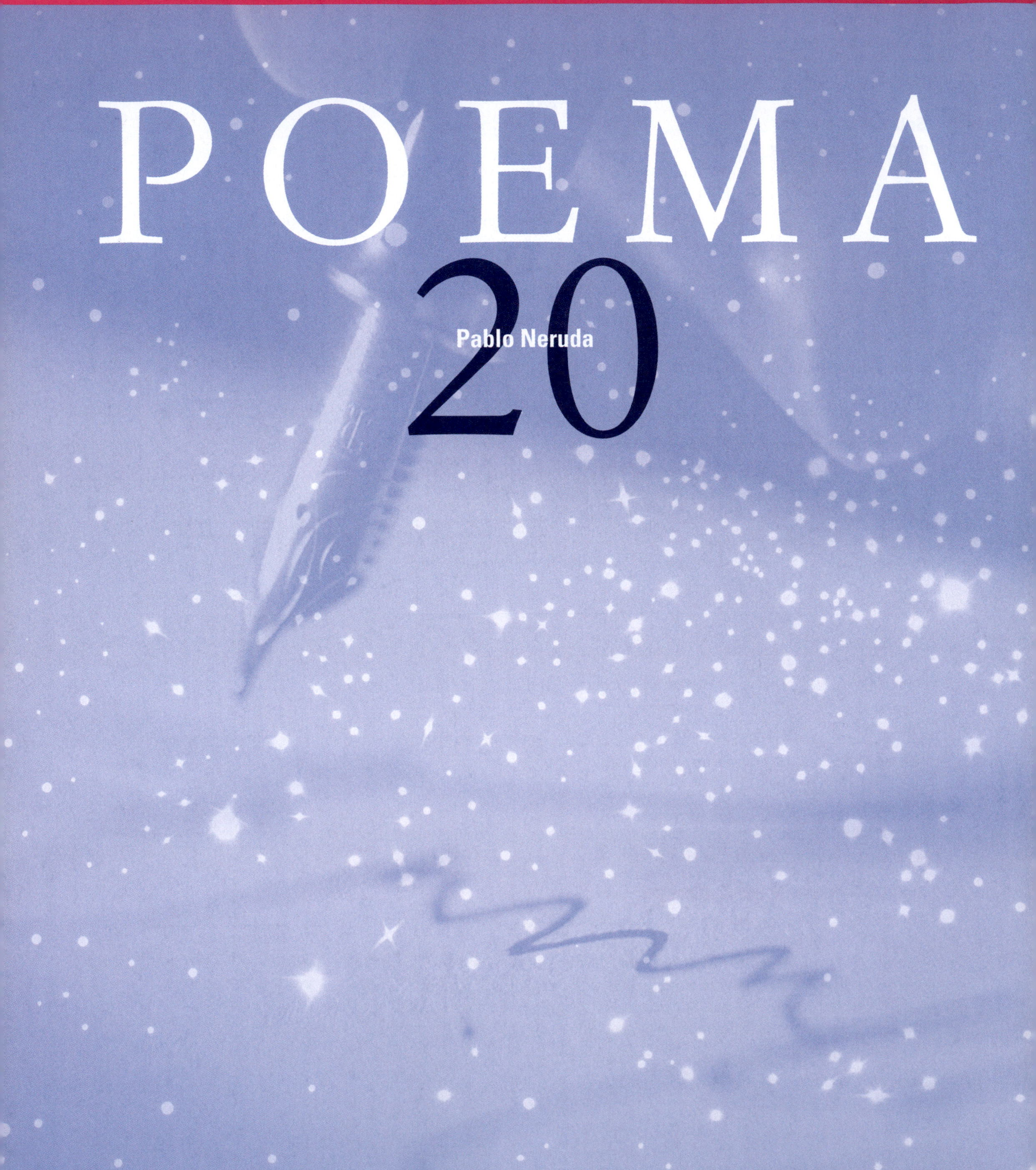

**Audio: Dramatic Reading**

Puedo escribir los versos más tristes esta noche.
Escribir, por ejemplo: "La noche está estrellada°, *starry*
y tiritan°, azules, los astros°, a lo lejos°". *blink; tremble* *stars/in the distance*
El viento de la noche gira° en el cielo y canta. *turns*

Puedo escribir los versos más tristes esta noche.
Yo la quise, y a veces ella también me quiso.

En las noches como ésta la tuve entre mis brazos.
La besé tantas veces bajo el cielo infinito.

Ella me quiso, a veces yo también la quería.
Cómo no haber amado sus grandes ojos fijos°. *fixed*

Puedo escribir los versos más tristes esta noche.
Pensar que no la tengo. Sentir que la he perdido.

Oír la noche inmensa, más inmensa sin ella.
Y el verso cae al alma como al pasto el rocío°. *like the dew on the grass*

Qué importa que mi amor no pudiera guardarla°. *keep; protect*
La noche está estrellada y ella no está conmigo.

Eso es todo. A lo lejos alguien canta. A lo lejos.
Mi alma no se contenta con haberla perdido.

Como para acercarla° mi mirada la busca. *to bring her closer*
Mi corazón la busca, y ella no está conmigo.

La misma noche que hace blanquear° los mismos árboles. *to whiten*
Nosotros, los de entonces, ya no somos los mismos.

Ya no la quiero, es cierto, pero cuánto la quise.
Mi voz° buscaba el viento para tocar su oído. *voice*

De otro. Será de otro. Como antes de mis besos.
Su voz, su cuerpo claro. Sus ojos infinitos.

Ya no la quiero, es cierto, pero tal vez la quiero.
Es tan corto el amor, y es tan largo el olvido.

Porque en noches como ésta la tuve entre mis brazos,
mi alma no se contenta con haberla perdido.

Aunque éste sea el último dolor que ella me causa,
y éstos sean los últimos versos que yo le escribo. ■

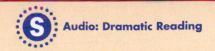

# Después de leer

## Poema 20

Pablo Neruda

1 **Comprensión** Contesta las preguntas con oraciones completas.

1. ¿Quién habla en este poema?
2. ¿De quién habla el poeta?
3. ¿Cuál es el tema del poema?
4. ¿Qué momento del día es?
5. ¿Sigue enamorado el poeta? Da un ejemplo del poema.

2 **Analizar** Lee el poema otra vez para contestar las preguntas con oraciones completas.

1. ¿Qué personificaciones hay en el poema y qué efecto transmiten? Explica tu respuesta.
2. ¿Tienen importancia las repeticiones en el poema? Explica por qué.
3. La voz poética habla sobre su amada, pero no le habla directamente a ella. ¿A quién crees que le habla la voz poética en este caso?
4. ¿Qué sentimientos provoca el poema en los lectores?

3 **Interpretar** Contesta las preguntas con oraciones completas.

1. ¿Cómo se siente el poeta? Da un ejemplo del poema.
2. ¿Es importante que sea de noche? Razona tu respuesta.
3. Explica con tus propias palabras este verso: "Es tan corto el amor, y es tan largo el olvido".
4. Explica el significado de estos versos y su importancia en el poema. ¿Por qué el poeta escribe una oración "entre comillas"?

> Puedo escribir los versos más tristes esta noche.
> Escribir, por ejemplo: "La noche está estrellada,
> y tiritan, azules, los astros, a lo lejos".

4 **Metaficción** En grupos de tres, lean esta definición y busquen ejemplos de metaficción en el poema de Neruda. ¿Qué efecto tiene este recurso en el poema?

> **"La metaficción consiste en reflexionar dentro de una obra de ficción sobre la misma obra."**

5 **Imaginar** En parejas, imaginen la historia de amor entre el poeta y su amada. Preparen una conversación en la que se despiden para siempre. Inspírense en algunos de los versos del poema.

6 **Personificar** Escribe un párrafo en el que atribuyas cualidades humanas a un objeto.

**MODELO** Tengo en mi cuarto una estrella de mar. Me cuenta historias de piratas...

Practice more at **vhlcentral.com.**

# Antes de leer

**Vocabulario**

**el cargo** *position*
**la cima** *height*
**convertirse (e:ie) en** *to become*
**en contra** *against*
**propio/a** *own*
**rechazar** *to reject*
**sabio/a** *wise*
**el sueño** *dream*
**superar** *to overcome*
**tomar en cuenta** *to take into consideration*

**Señora presidenta** Completa este párrafo con palabras del vocabulario.

El (1) _________ más importante de cualquier país es la presidencia, un (2) _________ para muchos políticos. Este desafío es más difícil para las mujeres, que tienen (3) _________ muchos prejuicios. La argentina Isabel Perón luchó para (4) _________ esos prejuicios. En 1974 llegó a (5) _________ en la primera presidenta de Latinoamérica. Desde entonces, otras nueve latinoamericanas han llegado a la (6) _________ de la política.

**Conexión personal** ¿Con qué soñabas cuando eras pequeño/a? ¿Qué querías ser? ¿Tienes todavía las mismas metas que tenías de niño/a o has cambiado? ¿Crees que vas a alcanzar tus metas?

**Contexto cultural**

Una frase pronunciada por Sonia Sotomayor en 2001 causó gran controversia y despertó posiciones en contra y a favor. Sus provocadoras palabras fueron: "Quiero pensar que una sabia mujer latina, con su riqueza de experiencias, puede tomar mejores decisiones que un sabio hombre blanco que no ha vivido esa vida." Sotomayor después se excusó diciendo que se había expresado mal. Pero esta declaración generó los cuestionamientos más importantes a su nominación a la Corte Suprema y, paralelamente, grupos en Facebook, camisetas y carteles la tomaron como una reafirmación de la identidad de la mujer hispana en EE.UU. ¿Qué opinas tú? ¿Influyen nuestras experiencias, nuestro sexo y nuestro origen en las decisiones que tomamos? Si así lo crees, ¿piensas que este hecho es positivo o negativo? ¿Crees que es posible dejar de lado los sentimientos y el pasado para tomar en cuenta solamente la ley? ¿O crees que la subjetividad puede tener lugar en la justicia?

Practice more at **vhlcentral.com.**

# Sonia Sotomayor:

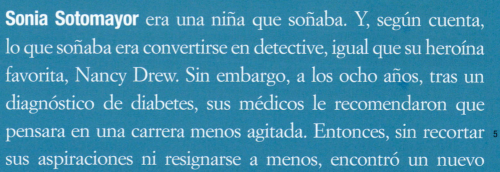

## la niña que soñaba

**Sonia Sotomayor** era una niña que soñaba. Y, según cuenta, lo que soñaba era convertirse en detective, igual que su heroína favorita, Nancy Drew. Sin embargo, a los ocho años, tras un diagnóstico de diabetes, sus médicos le recomendaron que pensara en una carrera menos agitada. Entonces, sin recortar sus aspiraciones ni resignarse a menos, encontró un nuevo modelo en otro héroe de ficción: Perry Mason, el abogado encarnado° en televisión por Raymond Burr. "Iba a ir a la universidad e iba a convertirme en abogada: y supe esto cuando tenía diez años. Y no es una broma" declaró ella en 1998.

*played by*

Audio: Reading

Robin Kar, secretario de Sonia Sotomayor en 1988–1989, afirma que la jueza no sólo tiene una historia asombrosa°, sino que además es una persona asombrosa. Y cuenta que, en la corte, ella no solamente conocía a sus pares°, como los otros jueces y políticos, sino que también se preocupaba por conocer a todos los porteros, los empleados de la cafetería y los conserjes°, y todos la apreciaban mucho.

*amazing* · *peers* · *janitors*

En su discurso de aceptación de la nominación a la Corte Suprema, Sonia Sotomayor explicó su propia visión de sí misma: "Soy una persona nada extraordinaria que ha tenido la dicha de tener oportunidades y experiencias extraordinarias." Pero ni siquiera sus sueños más descabellados° podían prepararla para lo que ocurrió en mayo de 2009, cuando Barack Obama la nominó como candidata a la Corte Suprema de Justicia de Estados Unidos. En su discurso, el presidente destacó el "viaje extraordinario" de la jueza, desde sus modestos comienzos hasta la cima del sistema judicial. Para él, los sueños son importantes y Sonia Sotomayor es la encarnación del sueño americano.

*wildest*

Nació en el Bronx, en Nueva York, el 25 de junio de 1954, y creció en un barrio de viviendas subsidiadas°. Sus padres, puertorriqueños, habían llegado a Estados Unidos durante la Segunda Guerra Mundial. Su padre, que había estudiado sólo hasta tercer grado y no hablaba inglés, murió cuando Sonia tenía nueve años, y su madre, Celina, tuvo que trabajar seis días a la semana como enfermera para criarlos° a ella y a su hermano menor. Como la señora Sotomayor consideraba que una buena educación era fundamental, les compró a sus hijos la Enciclopedia Británica y los envió a una escuela católica para que recibieran la mejor instrucción posible. Seguramente los resultados superaron también sus expectativas: Sonia estudió en las universidades de Princeton y Yale, y su hermano Juan estudió en la Universidad de Nueva York, y ahora es médico y profesor en la Universidad de Siracusa.

*housing project* · *raise them*

Sonia Sotomayor trabajó durante cinco años como asistente del fiscal de Manhattan, Robert Morgenthau (quien inspiró el personaje del fiscal del distrito Adam Schiff en la serie de televisión *Law and Order*). Luego se dedicó al derecho corporativo y más tarde fue jueza de primera instancia de la Corte Federal de Distrito antes de ser nombrada jueza de Distrito de la Corte Federal de Apelaciones. En 2009 se convirtió en la primera hispana —y la tercera mujer en toda la historia— en llegar a la Corte Suprema de Justicia de Estados Unidos, donde suelen tratarse cuestiones tan controvertidas como el aborto, la pena de muerte, el derecho a la posesión de armas, etc.

Cuando el presidente Obama nominó a la jueza Sotomayor para su nuevo cargo, Celina Sotomayor escuchaba desde la primera fila° con los ojos llenos de lágrimas. En su discurso de aceptación, Sonia la señaló como "la inspiración de toda mi vida". Tal vez, en el fondo, lo que soñaba realmente la niña del Bronx era ser, como su madre, una "sabia mujer latina". ■

*front row*

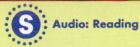

### Cómo Sotomayor salvó al béisbol

En 1994, de manera unilateral, los propietarios de los equipos de las Grandes Ligas de béisbol implantaron un tope (*limit*) salarial; esto fue rechazado por los jugadores y su sindicato, que declararon una huelga (*strike*). El caso llegó a Sonia Sotomayor, en ese entonces la jueza más joven del Distrito Sur de Nueva York, en 1995. Ella escuchó los argumentos de las dos partes y anunció su dictamen (*ruling*) a favor de los jugadores. Logró acabar así con la huelga que llevaba ya 232 días y, además, ganarse el título de "salvadora del béisbol".

# Después de leer

**1 Comprensión** Indica si las siguientes oraciones son **ciertas** o **falsas**. Luego, en parejas, corrijan las falsas.

1. Sonia Sotomayor se considera una persona extraordinaria.
2. Ella conocía a todos los empleados de la corte, desde los jueces hasta los conserjes.
3. De pequeña, Sonia quería ser detective como Nancy Drew.
4. Sus padres eran neoyorquinos.
5. Celina Sotomayor trabajaba como vendedora de enciclopedias para mantener a sus hijos.
6. Sonia fue la inspiración de un personaje de la serie de televisión *Law and Order*.

**2 Interpretación** En parejas, contesten las preguntas con oraciones completas y justifiquen sus respuestas.

1. ¿Les parece que la historia de Sonia Sotomayor es extraordinaria? ¿Por qué?
2. ¿En qué sentido piensan que su madre es "la inspiración de su vida"?
3. ¿Creen que su carrera es una prueba de que el sueño americano existe?
4. ¿Piensas que ella, como mujer y como hispana, y con la historia de su vida, puede asegurar un mejor debate en la Corte Suprema? ¿Por qué?
5. ¿Les parece que la experiencia de vida es más importante, menos importante o igualmente importante para las personas que los estudios que tengan? ¿Por qué?

**3 Retrato**

**A.** En las elecciones presidenciales de Estados Unidos en 2008, los dos candidatos también señalaron a sus madres como una inspiración fundamental de sus vidas. En parejas, lean y comenten las citas.

> "Sé que (mi madre) fue el espíritu más bondadoso y generoso que jamás he conocido y que lo mejor de mí se lo debo a ella." Barack Obama, *Los sueños de mi padre*

> "Roberta McCain nos inculcó su amor a la vida, su profundo interés en el mundo, su fortaleza y su creencia de que todos tenemos que usar nuestras oportunidades para ser útiles a nuestro país. No estaría esta noche aquí si no fuera por la fortaleza de su carácter." John McCain, Discurso de aceptación en la Convención Republicana

**B.** Escriban al menos cuatro oraciones sobre cómo imaginan que es Celina Sotomayor. ¿Qué dirían de ella sus hijos? Luego, compartan sus oraciones con la clase y comparen sus descripciones.

**MODELO** Celina es una mujer trabajadora. Ella no está de acuerdo con perder el tiempo y quiere que sus hijos estudien y mejoren. Es paciente, pero está llena de energía…

**4 Modelos de vida** Escribe una entrada de blog sobre una persona sabia a la que admiras. Describe su personalidad y su historia, y explica por qué es importante para ti.

Practice more at **vhlcentral.com.**

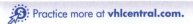

# Atando cabos

## ¡A conversar!

**Citas rápidas** Usa la técnica de las "citas rápidas" (*speed dating*) para conocer a tus compañeros/as de clase, hacer nuevos amigos y buscar compañeros para proyectos. Comparte los resultados con la clase.

### Cómo funcionan las "citas rápidas"

- Reúnete con un(a) compañero/a durante cinco minutos. Hablen sobre quiénes son, cómo son, qué buscan, etc.
- Toma notas acerca del encuentro.
- Repite la actividad con otros compañeros.

| | Nombre | Nombre |
|---|---|---|
| ¿De dónde eres? | | |
| ¿Cómo eres? | | |
| ¿Qué cualidades buscas en un(a) amigo/a? | | |
| ¿Qué tipo de proyectos te gusta hacer? | | |

## ¡A escribir!

**Consejos** Lee el correo electrónico que envió Alonso a la sección de consejos sentimentales de una revista y usa las frases del recuadro para responderla.

### Expresar tu opinión

Estas frases pueden ayudarte a presentar tu opinión:

- En mi opinión, ...
- Creo que...
- Me parece que...

De: alonso23@tucorreo.com
A: consejos_sentimentales@larevista.com
Tema: Necesito un consejo

Me llamo Alonso. Tengo 23 años y soy de Colombia. Vine a Boston para estudiar en la universidad. Allí conocí a mi novia Kristen, quien tomaba clases de español. Todo iba muy bien mientras estábamos en la universidad: teníamos amigos estadounidenses y latinoamericanos, a mí me interesaba mucho aprender sobre su país y a ella sobre el mío.

El problema comenzó después de la universidad. Cuando salimos con los compañeros de trabajo de Kristen, siento que a nadie le interesa charlar conmigo, y a mí tampoco me interesa hablar con ellos de béisbol y esas cosas. Cuando vamos a visitar a la familia de Kristen en Chicago y decido cocinar, siempre miran con desconfianza los platos tradicionales que preparo. Además, Kristen está muy ocupada con su trabajo para seguir estudiando español. Cuando quiere practicar comete unos errores horribles y entonces yo prefiero hablar inglés con ella. Discutimos mucho por todas estas cosas.
A veces pienso que sería más fácil estar con alguien de mi cultura... pero quiero mucho a Kristen. ¿Qué puedo hacer para que mi relación funcione?

# VOCABULARIO

Vocabulary Tools

## La personalidad

| | |
|---|---|
| **autoritario/a** | *strict* |
| **cariñoso/a** | *affectionate* |
| **celoso/a** | *jealous* |
| **cuidadoso/a** | *careful* |
| **falso/a** | *insincere* |
| **gracioso/a** | *funny* |
| **inseguro/a** | *insecure* |
| **(in)maduro/a** | *(im)mature* |
| **mentiroso/a** | *lying* |
| **orgulloso/a** | *proud* |
| **permisivo/a** | *permissive* |
| **seguro/a** | *sure; confident* |
| **sensato/a** | *sensible* |
| **sensible** | *sensitive* |
| **tacaño/a** | *stingy* |
| **tímido/a** | *shy* |
| **tradicional** | *traditional* |

## Los estados emocionales

| | |
|---|---|
| **agobiado/a** | *overwhelmed* |
| **ansioso/a** | *anxious* |
| **deprimido/a** | *depressed* |
| **disgustado/a** | *upset* |
| **emocionado/a** | *excited* |
| **preocupado/a (por)** | *worried (about)* |
| **solo/a** | *alone; lonely* |
| **tranquilo/a** | *calm* |

## Los sentimientos

| | |
|---|---|
| **adorar** | *to adore* |
| **apreciar** | *to think highly of* |
| **enamorarse (de)** | *to fall in love (with)* |
| **estar harto/a (de)** | *to be sick (of)* |
| **odiar** | *to hate* |
| **sentirse (e:ie)** | *to feel* |
| **soñar (o:ue) (con)** | *to dream (about)* |
| **tener celos (de)** | *to be jealous (of)* |
| **tener vergüenza (de)** | *to be embarrassed (about)* |

## Las relaciones personales

| | |
|---|---|
| **el/la amado/a** | *loved one* |
| **el ánimo** | *spirit* |
| **el cariño** | *affection* |
| **la cita (a ciegas)** | *(blind) date* |
| **el compromiso** | *commitment* |
| **la confianza** | *trust; confidence* |
| **el desánimo** | *the state of being discouraged* |
| **el divorcio** | *divorce* |
| **la pareja** | *couple; partner* |
| **el sentimiento** | *feeling* |
| **atraer** | *to attract* |
| **coquetear** | *to flirt* |
| **cuidar** | *to take care of* |
| **dejar a alguien** | *to leave someone* |
| **discutir** | *to argue* |
| **educar** | *to raise; to bring up* |
| **hacerle caso a alguien** | *to pay attention to someone* |
| **impresionar** | *to impress* |
| **llevar... años de (casados)** | *to be (married) for... years* |
| **llevarse bien/mal/fatal** | *to get along well/badly/terribly* |
| **mantenerse en contacto** | *to keep in touch* |
| **pasarlo bien/mal/fatal** | *to have a good/bad/terrible time* |
| **proponer matrimonio** | *to propose (marriage)* |
| **romper (con)** | *to break up (with)* |
| **salir (con)** | *to go out (with)* |
| **soportar a alguien** | *to put up with someone* |
| **casado/a** | *married* |
| **divorciado/a** | *divorced* |
| **separado/a** | *separated* |
| **soltero/a** | *single* |
| **viudo/a** | *widowed* |

## Más vocabulario

| | |
|---|---|
| **Expresiones útiles** | *Ver p. 7* |
| **Estructura** | *Ver pp. 14–15, 18–19 y 22–23* |

## Cinemateca

| | |
|---|---|
| **la cinta** | *tape* |
| **la luz** | *light* |
| **alargar** | *to drag out* |
| **enterarse** | *to find out* |
| **entretenerse** | *to be held up* |
| **respirar** | *to breathe* |
| **pesado/a** | *annoying* |
| **precioso/a** | *lovely* |
| **turbio/a** | *murky* |
| **a lo mejor** | *maybe* |

## Literatura

| | |
|---|---|
| **el alma** | *soul* |
| **el corazón** | *heart* |
| **la mirada** | *gaze* |
| **el olvido** | *oblivion* |
| **amar** | *to love* |
| **besar** | *to kiss* |
| **contentarse con** | *to be satisfied with* |
| **querer (e:ie)** | *to love; to want* |

## Cultura

| | |
|---|---|
| **el cargo** | *position* |
| **la cima** | *height* |
| **el sueño** | *dream* |
| **convertirse (e:ie) en** | *to become* |
| **rechazar** | *to reject* |
| **superar** | *to overcome* |
| **tomar en cuenta** | *to take into consideration* |
| **propio/a** | *own* |
| **sabio/a** | *wise* |
| **en contra** | *against* |

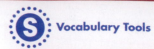

# Las diversiones

# 2

**Communicative Goals**

**You will expand your ability to...**

- avoid redundancy
- express personal likes and dislikes
- describe your daily routine and activities

Vocabulary Tools

# Las diversiones

## La música y el teatro

Mis amigos y yo tenemos un **grupo musical.** Yo soy el cantante. Ayer fue nuestro segundo **concierto.** Esperamos grabar pronto nuestro primer **álbum.**

**el álbum** *album*
**el asiento** *seat*
**el/la cantante** *singer*
**el concierto** *concert*
**el conjunto/grupo musical** *musical group; band*
**el escenario** *scenery; stage*
**el espectáculo** *show*
**el estreno** *premiere*
**la función** *performance (theater; movie)*
**el/la músico/a** *musician*
**la obra de teatro** *play*
**la taquilla** *box office*

**aplaudir** *to applaud*
**conseguir (e:i) boletos/entradas** *to get tickets*
**hacer cola** *to wait in line*
**poner música** *to play music*

## Los lugares de recreo

**el cine** *movie theater*
**el circo** *circus*
**la discoteca** *night club*

**la feria** *fair*
**el festival** *festival*
**el parque de atracciones** *amusement park*
**el zoológico** *zoo*

## Los deportes

**el/la árbitro/a** *referee*
**el campeón/la campeona** *champion*
**el campeonato** *championship*
**el club deportivo** *sports club*
**el/la deportista** *athlete*
**el empate** *tie (game)*
**el/la entrenador(a)** *coach; trainer*
**el equipo** *team*
**el/la espectador(a)** *spectator*
**el torneo** *tournament*

**anotar/marcar (un gol/un punto)** *to score (a goal/a point)*
**desafiar** *to challenge*
**empatar** *to tie (games)*
**ganar/perder (e:ie) un partido** *to win/lose a game*
**vencer** *to defeat*

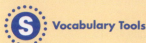

## Las diversiones

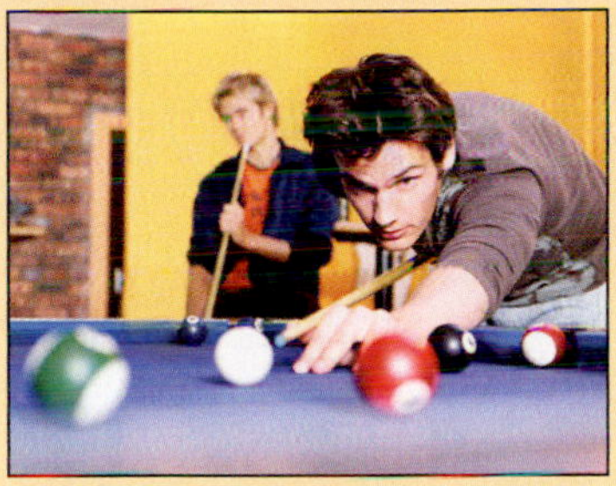

Ricardo y sus amigos **se reúnen** todos los sábados. Les **gustan el billar** y **el boliche**, y son verdaderos **aficionados** a **las cartas**.

**el ajedrez** *chess*
**el billar** *billiards*
**el boliche** *bowling*
**las cartas/los naipes** *(playing) cards*
**los dardos** *darts*
**el juego de mesa** *board game*
**el pasatiempo** *pastime*
**la televisión** *television*
**el tiempo libre/los ratos libres** *free time*
**el videojuego** *video game*

**aburrirse** *to get bored*
**alquilar una película** *rent a movie*
**brindar** *to make a toast*
**celebrar/festejar** *to celebrate*
**dar un paseo** *to take a stroll/walk*
**disfrutar (de)** *to enjoy*
**divertirse (e:ie)** *to have fun*

**entretener(se) (e:ie)** *to amuse (oneself)*
**gustar** *to like*
**reunirse (con)** *to get together (with)*
**salir (a comer)** *to go out (to eat)*

**aficionado/a (a)** *enthusiastic about; a fan (of)*
**animado/a** *lively*
**divertido/a** *fun*
**entretenido/a** *entertaining*

# Práctica

## 1 Escuchar

**A.** Mauricio y Joaquín están haciendo planes para el fin de semana. Quieren ir al cine, pero no logran ponerse de acuerdo. Escucha la conversación y contesta las preguntas con oraciones completas.

1. ¿Cuándo planean ir al cine Mauricio y Joaquín?
2. ¿Qué película quiere ver Joaquín?
3. ¿Por qué Mauricio no quiere verla?
4. ¿Qué alternativa sugiere Mauricio?
5. ¿Qué le pasa a Joaquín cuando mira documentales?

**B.** Ahora, escucha el anuncio radial de *Los invasores de la galaxia* y decide si las oraciones son **ciertas** o **falsas**. Corrige las falsas.

1. Este fin de semana estrenan una película de ciencia ficción.
2. *Los invasores de la galaxia* ya se estrenó en otros lugares.
3. La película tuvo poco éxito en Europa.
4. Si compras cuatro boletos, te regalan la banda sonora (*soundtrack*).
5. Si te vistes de extraterrestre, te regalan un boleto para una fiesta exclusiva.
6. El estreno de la película es a las nueve de la mañana.

**C.** En parejas, imaginen que, después de escuchar el anuncio radial, Joaquín trata de convencer a Mauricio para ir a ver *Los invasores de la galaxia*. Inventen la conversación entre Mauricio y Joaquín, y compártanla con la clase.

## 2 Relaciones

Escoge la palabra que no está relacionada.

1. película (estrenar / dirigir / empatar)
2. obra de teatro (boleto / campeonato / taquilla)
3. concierto (vencer / aplaudir / hacer cola)
4. juego de mesa (ajedrez / naipes / videojuego)
5. celebrar (divertirse / aburrirse / disfrutar)
6. partido (deportista / árbitro / circo)

# Práctica

**3** **¿Dónde están?** Indica dónde están estas personas.

___ 1. Llegamos muy temprano, pero hay una cola enorme. El hombre que vende los boletos parece estar de muy mal humor.

___ 2. Hoy es el cumpleaños de mi hermana menor. En lugar de celebrarlo en casa, quiere pasar el día acá, con los tigres y los elefantes.

___ 3. Una red (*net*), una pelota amarilla y dos deportistas. ¿Quién será la campeona?

___ 4. Hay máquinas que suben, bajan, dan vueltas hacia la derecha y hacia la izquierda. La más espectacular dibuja un laberinto de líneas en el aire.

___ 5. ¿Cómo puede ser que cuatro personas hagan tanto ruido en un campo de fútbol lleno de gente? Mi novia se está divirtiendo mucho, pero ¡yo no entiendo nada de lo que cantan!

___ 6. ¡Qué nervios! ¿Qué pasa si se abre el telón y me olvido de lo que tengo que decir?

a. un torneo de tenis
b. un parque de atracciones
c. un cine
d. un escenario
e. una taquilla
f. una discoteca
g. un zoológico
h. un concierto de rock

**4** **Goles y fiestas** Completa la conversación.

| | | |
|---|---|---|
| aburrirte | celebrar | equipo |
| animadas | disfruten | espectadores |
| árbitro | divertidos | ganar |
| campeonato | empate | televisión |

**PEDRO** Mario, ¿todavía estás mirando (1) ______________? ¿No ves que vamos a llegar tarde?

**MARIO** Lo siento, pero no puedo ir a la fiesta de tu novia. Pasan un partido de fútbol.

**PEDRO** Pero las fiestas de mi novia son más (2) ______________ y más entretenidas que cualquier partido de fútbol. Todos los partidos son iguales... Veintidós tontos corriendo detrás de una pelota, los (3) ______________ gritando (*shouting*) como locos y el (4) ______________ pitando (*whistling*) sin parar.

**MARIO** Hoy no me puedes convencer. Es la final del (5) ______________ y estoy seguro de que mi (6) ______________ favorito va a (7) ______________.

**PEDRO** ¿Y no vas a (8) ______________, aquí solito, mientras todos tus amigos bailan?

**MARIO** ¡Jamás! ¡Todos vienen a ver el partido conmigo! Y después vamos a (9) ______________ la victoria.

**PEDRO** Que (10) ______________ del partido. Ya me voy... Espera, mi novia me está llamando al celular... ¿Qué me dices, amor? ¿Que la fiesta es aquí en mi casa? ¿Que tú también quieres ver el partido? ¡Ay, yo me rindo (*give up*)!

Practice more at **vhlcentral.com.**

# Comunicación

## 5 Diversiones

**A.** Sin consultar con tu compañero/a, prepara una lista de cinco actividades que crees que le gustan a él/ella. Escoge actividades del recuadro y añade otras.

| | |
|---|---|
| **jugar al ajedrez** | **ir a la feria** |
| **practicar deportes en un club** | **jugar videojuegos** |
| **ir al estreno de una película** | **bailar en una discoteca** |
| **mirar televisión** | **jugar al boliche** |
| **escuchar música clásica** | **salir a cenar con amigos** |

**B.** Ahora, habla con tu compañero/a para confirmar tus predicciones. Sigue el modelo.

**MODELO**
—Creo que te gusta jugar al ajedrez.
—Es verdad, juego siempre que puedo. / —Te equivocas, me aburre. ¿Y a ti?

## 6 Lo mejor

En grupos de cuatro, imaginen que son editores/as de un periódico local y quieren publicar la lista anual de *Lo mejor de la ciudad*.

**A.** Primero, escojan las categorías que quieren premiar (*to award*).

**Lo mejor de la ciudad**

Mejor cine ____________________
Mejor discoteca ____________________
Mejor espectáculo sobre hielo ____________________
Mejor equipo deportivo ____________________
Mejor parque para pasear ____________________
Mejor festival de arte ____________________
Mejor restaurante para celebrar un cumpleaños ____________________
Mejor grupo musical en vivo (*live*) ____________________
Mejor ... ____________________

**B.** Luego, preparen una encuesta (*survey*) y entrevisten a sus compañeros/as de clase. Anoten las respuestas.

**C.** Ahora, compartan los resultados con la clase y decidan qué lugares y eventos recibirán el premio *Lo mejor*.

## 7 Un fin de semana extraordinario

Dos amigos con personalidades muy diferentes tienen que pasar un fin de semana en una ciudad que nunca han visitado. Hacen muchas sugerencias interesantes, pero no se ponen de acuerdo en nada. En parejas, improvisen una conversación utilizando las palabras del vocabulario.

**MODELO**
—¿Vamos al parque de atracciones? Es muy divertido.
—No, me mareo en la montaña rusa (*roller coaster*)...

Video

**Los empleados de *Facetas* hablan de las diversiones. Johnny trata de ayudar a Éric. Mariela habla de sus planes.**

**JOHNNY** ¿Y a ti? ¿Qué te pasa?

**ÉRIC** Estoy deprimido.

**JOHNNY** Anímate, es fin de semana.

**ÉRIC** A veces me siento solo e inútil.

**JOHNNY** ¿Solo? No, hombre, yo estoy aquí; pero inútil…

**JOHNNY** Necesitas divertirte.

**ÉRIC** Lo que necesito es una chica. No tienes idea de lo que es vivir solo.

**JOHNNY** No, pero me lo estoy imaginando. El problema de vivir solo es que siempre te toca lavar los platos.

**ÉRIC** Las chicas piensan que soy aburrido.

**JOHNNY** No seas pesimista.

**ÉRIC** Soy un optimista con experiencia. Lo he intentado todo: el cine, la discoteca, el teatro… Nada funciona.

**JOHNNY** Tienes que contarles chistes. Si las haces reír, ¡*boom*! Se enamoran.

**ÉRIC** ¿De veras?

**JOHNNY** Seguro.

*Mariela viene a hablar con ellos.*

**MARIELA** ¡Los conseguí! ¡Los conseguí!

**FABIOLA** ¿Conseguiste qué?

**MARIELA** Los últimos boletos para el concierto de rock de esta noche.

**FABIOLA** ¿Cómo se llama el grupo?

**MARIELA** Distorsión. Aquí tengo el disco compacto. ¿Lo quieren oír?

**FABIOLA** (*mirando el reloj*) Uy, ¡qué tarde es!

*Luego, en el escritorio de Diana…*

**ÉRIC** Diana, ¿te puedo contar un chiste?

**DIANA** Estoy algo ocupada.

**ÉRIC** Es que se lo tengo que contar a una mujer.

**DIANA** Hay dos mujeres más en la oficina.

**ÉRIC** Temo que se rían cuando se lo cuente.

**DIANA** ¡Es un chiste!

**ÉRIC** Temo que se rían de mí y no del chiste.

**DIANA** ¿Qué te hace pensar que yo me voy a reír del chiste y no de ti?

**ÉRIC** No sé. Tú eres una persona seria.

**DIANA** ¿Y por qué se lo tienes que contar a una mujer?

**ÉRIC** Es un truco para conquistarlas.

*Diana se ríe muchísimo.*

**Personajes**

AGUAYO

DIANA

ÉRIC

FABIOLA

JOHNNY

MARIELA

*Johnny dibuja muchos puntos en la pizarra.*

**JOHNNY** ¿Te sabes el chiste de la fiesta de puntos? Es un clásico... Hay una fiesta de puntos... Todos están divirtiéndose y pasándola bien. Y entonces entra un asterisco... y todos lo miran asombrados. Y el asterisco les dice: "¿Qué? ¿Nunca han visto un punto despeinado?"

*Mariela entra con dos boletos en la mano y comienza a besarlos.*

**MARIELA** Sí, sí. Me encanta, me encanta...

**FABIOLA** Te lo dije.

**AGUAYO** ¿Me dijiste qué?

**FABIOLA** Que ella no parecía muy normal.

**MARIELA** Deséenme suerte.

**AGUAYO** ¿Suerte? ¿En qué?

**MARIELA** Esta noche le voy a quitar la camisa al guitarrista de Distorsión.

**JOHNNY** No, no lo harás.

**MARIELA** Voy a intentarlo.

**ÉRIC** Si crees que es tan fácil quitarle la camisa a un tipo, ¿por qué no practicas conmigo?

*Mariela intenta quitarle la camisa a Éric.*

*Al final del día, en la cocina...*

**AGUAYO** ¿Alguien quiere café?

**JOHNNY** ¿Lo hiciste tú o sólo lo estás sirviendo?

**AGUAYO** Sólo lo estoy sirviendo.

**JOHNNY** Yo quiero una taza.

**ÉRIC** Yo quiero una taza.

## Expresiones útiles

### Talking about whose turn it is

**Siempre te toca lavar los platos.**
*It's always your turn to wash the dishes.*

**A Johnny le toca hacer el café.**
*It's Johnny's turn to make coffee.*

**¿A quién le toca pagar la cuenta?**
*Whose turn is it to pay the bill?*

**¿Todavía no me toca?**
*It still isn't my turn?*

### Encouraging other people

**¡Anímate!** *Cheer up! (sing.)*
**¡Anímense!** *Cheer up! (pl.)*

**No seas pesimista.**
*Don't be pessimistic. (sing.)*

**No sean pesimistas.**
*Don't be pessimistic. (pl.)*

### Wishing someone well

**¡Buen fin de semana!**
*Have a nice weekend!*

**¡Pásalo bien!**
*Have a good time! (sing.)*

**¡Pásenlo bien!**
*Have a good time! (pl.)*

**¡Que te diviertas!**
*Have fun! (sing.)*

**¡Que se diviertan!**
*Have fun! (pl.)*

### Additional vocabulary

**contar** *to tell*
**inútil** *useless*
**el punto** *period; point*
**el tipo** *guy*
**el truco** *trick*

# Comprensión

**1 ¿Cierto o falso?** Decide si estas oraciones son **ciertas** o **falsas**. Corrige las falsas.

| Cierto | Falso | |
|---|---|---|
| ☐ | ☐ | 1. Éric está deprimido. |
| ☐ | ☐ | 2. A Éric le gusta vivir solo. |
| ☐ | ☐ | 3. Según Johnny, hay que ser serio para enamorar a las mujeres. |
| ☐ | ☐ | 4. Diana se ríe del chiste de Éric. |
| ☐ | ☐ | 5. Fabiola quiere escuchar la música de Distorsión. |
| ☐ | ☐ | 6. Mariela quiere quitarle la camisa al guitarrista de Distorsión. |
| ☐ | ☐ | 7. Aguayo preparó el café. |
| ☐ | ☐ | 8. Johnny quiere beber café porque no lo preparó Aguayo. |

**2 Seleccionar** Selecciona la respuesta que especifica de qué hablan Johnny y Éric.

1. ¿Qué te pasa? → ¿Qué te pasa _______?
   a. a Johnny  b. al fin de semana  c. a ti
2. Tienes que contarles chistes. → Les tienes que contar chistes _______.
   a. a los amigos  b. a todas las chicas  c. a Mariela y a Diana
3. Tengo que contárselo a una mujer. → Tengo que contarle a una mujer _______.
   a. el chiste  b. el concierto de rock  c. el cuento
4. Temo que se rían cuando se lo cuente. → Temo que _______ se rían cuando se lo cuente.
   a. Mariela y Aguayo  b. las mujeres  c. Diana, Fabiola y Mariela
5. No, pero me lo estoy imaginando. → No, pero me estoy imaginando _______.
   a. el fin de semana  b. lo que es vivir solo  c. lavar los platos
6. ¿Lo hiciste tú o lo hizo Aguayo? → ¿Hiciste tú _______ o lo hizo Aguayo?
   a. el boleto  b. la taza  c. el café

**3 Consejos**

**A.** Un amigo le da consejos a Éric para salir con una chica, pero él no acepta ninguno. Lee los consejos y conéctalos con las respuestas de Éric.

| Consejos del amigo | Respuestas de Éric |
|---|---|
| ____ 1. ¡Ve con ella al concierto de rock! | a. Siempre me duermo viendo películas. |
| ____ 2. Pregúntale si quiere ver el partido. | b. No conozco ninguna discoteca. |
| ____ 3. Llévala al cine. | c. No me gustan los deportes. |
| ____ 4. Invítala al parque de atracciones. | d. Va a mirar al guitarrista y no a mí. |
| ____ 5. Puedes invitarla a bailar. | e. Las alturas (*heights*) me dan miedo. |

**B.** En parejas, preparen cinco recomendaciones más para Éric y dramaticen la situación: uno/a de ustedes es Éric y la otra persona es su amigo/a. Luego, intercambien los papeles.

Practice more at **vhlcentral.com.**

# Ampliación

## 4 Tu turno

**A.** Ahora te toca a ti darle consejos a Éric para conquistar a una chica. Escríbele un email con consejos útiles.

De:
Para: Éric <eric@facetas.mx >
Asunto: Consejos

Hola, Éric:
¿Cómo estás?
Me he enterado de que estás teniendo problemas para conquistar a las chicas. Bueno, eso tiene solución: lo primero que tienes que hacer es…

**B.** Ahora, presenten sus consejos a la clase y decidan cuáles son los mejores consejos.

## 5 Apuntes culturales

En parejas, lean los párrafos y contesten las preguntas.

### Piropos para enamorar

Johnny le asegura a Éric que para enamorar a las chicas hay que hacerlas reír. En el mundo hispano, los hombres suelen decirles a las mujeres piropos (*compliments*) graciosos. ¿Piensas que Éric tendrá éxito con este piropo? *"Si la belleza fuera pecado* (sin)*, tú ya estarías en el infierno."* ¿Y qué tal con éste? *"¿Empezó la primavera? Acabo de ver la primera flor."*

### La mejor taza de café

A Éric y a Johnny no les gusta el café que prepara Aguayo. Ellos lo prefieren más intenso… ¡a lo cubano! En Cuba, el café se toma fuerte, con mucha azúcar y se sirve en pequeñas tazas. No puede faltar en el desayuno, ni después de las comidas. No le vendría nada mal al jefe una receta de **café cubano**, ¿verdad?

**Los Claxons**

### El rock mexicano

Mariela está contenta porque consiguió boletos para un concierto de rock. El rock mexicano se caracteriza por la riqueza de estilos, producida por la fusión con otros ritmos como boleros, rancheras, reggae y jazz. **Zoé, Los Claxons** y **División Minúscula** son algunas de las bandas más populares.

1. ¿Existen piropos en tu cultura? Da ejemplos.
2. En tu país, ¿cómo se toma el café? ¿Cuándo se toma? ¿Cómo te gusta a ti?
3. ¿Conoces a otros músicos mexicanos y del mundo hispano? ¿A qué género pertenece su música?
4. ¿Fuiste alguna vez a un concierto de rock? ¿A qué banda o cantante viste?

## En detalle

MÉXICO

# El nuevo CINE MEXICANO

**México vivió la época dorada de su cine en los años cuarenta.** Pasada esa etapa°, la industria cinematográfica mexicana perdió fuerza. Ha tardado casi medio siglo en volver a brillar, pero hace una década volvió al panorama internacional con gran vigor°. Este resurgir°, en parte, se debe al apoyo del gobierno mexicano y, sobre todo, al talento de una nueva generación de creadores que ha logrado triunfar en las pantallas de todo el mundo.

Salma Hayek

En 1992, *Como agua para chocolate* de Alfonso Arau batió° récords de taquilla. Esta película, que puso en imágenes el realismo mágico que tanto éxito tenía en la literatura, despertó el interés por el cine mexicano. Las películas empezaron a disfrutar de una mayor distribución, y muchos directores y actores se convirtieron en estrellas internacionales.

Alfonso Cuarón

El éxito también se vio reflejado en el dinero recaudado° y en las nominaciones y los premios° recibidos. Hoy día, los rostros° de Salma Hayek, Gael García Bernal y Diego Luna, entre otros, pueden verse no sólo en el cine, sino también en revistas y programas de televisión de todo el mundo. Muchos artistas alternan su trabajo entre Estados Unidos y México. En el año 2000, el enorme éxito de *Amores perros* impulsó la carrera de su director, Alejandro González Iñárritu, que poco tiempo después dirigió *21 Grams* y *Babel* en tierras estadounidenses. Otros directores que trabajan en los dos países son Guillermo del Toro (*Blade II*, *El laberinto del fauno*, *Hellboy* y *Hellboy II: The Golden Army*) y Alfonso Cuarón. Después del éxito alcanzado° con *Y tu mamá también*, Cuarón dirigió la tercera película de *Harry Potter*. En 2014, Alfonso Cuarón se convirtió en el primer director mexicano en ganar un premio Óscar con la aventura espacial *Gravity*. ■

### Algunas películas premiadas

| Año | Película | Premio |
|---|---|---|
| 1992 | **Como agua para chocolate** | Premio Ariel |
| 1996 | **El callejón de los milagros** | Premio Goya |
| 2000 | **La ley de Herodes** | Sundance – Premio al Cine Latinoamericano |
| 2000 | **Amores perros** | Chicago – Hugo de Oro a la Mejor Película |
| 2001 | **Y tu mamá también** | Venecia – Mejor Guión |
| 2007 | **El laberinto del fauno** | Tres premios Óscar |

**etapa** *era* **vigor** *energy* **resurgir** *revival* **batió** *broke* **recaudado** *collected* **premios** *awards* **rostros** *faces* **alcanzado** *reached*

## ASÍ LO DECIMOS

### Las diversiones

| | |
|---|---|
| **chido/a (Méx.)**<br>**copado/a (Arg.)**<br>**mola (Esp.)**<br>**guay (Esp.)**<br>**bacanal (Nic.)** | *cool* |
| **salir de parranda**<br>**rumbear (Col. y Ven.)**<br>**ir/salir de juerga** | *to go out and have fun* |
| **la rola (Nic. y Méx.)**<br>**el tema** | *song* |
| **temazo** | *hit (song)* |

## EL MUNDO HISPANOHABLANTE

### Los premios de cine

Cada año, distintos países hispanoamericanos premian las mejores películas nacionales y extranjeras.

**En México**, el premio **Ariel** es la máxima distinción otorgada° a los mejores trabajos cinematográficos mexicanos. La estatuilla° representa el triunfo del espíritu y el deseo de ascensión.

**En España**, los premios más prestigiosos son los **Goya**. La Academia de Artes y Ciencias Cinematográficas de España entrega estos premios a producciones nacionales en un festival en Madrid. Las estatuillas reciben ese nombre por el pintor Francisco de Goya.

Penélope Cruz recibe el premio Goya

**En Argentina**, el Festival de Cine Internacional de Mar del Plata premia películas nacionales e internacionales. El galardón° se llama **Astor** en homenaje al compositor de tango Astor Piazzolla, quien nació en la ciudad de Mar del Plata.

**En Cuba**, el Festival Internacional de La Habana entrega los premios **Coral**. Aunque predomina el cine latinoamericano, el festival también convoca a producciones de todas partes del mundo.

## PERFIL

# GAEL GARCÍA BERNAL

Gael García Bernal es una de las figuras más representativas del cine mexicano contemporáneo. Empieza a actuar en el teatro con tan sólo cinco años, de la mano de sus padres, también actores. Pasa pronto a trabajar en telenovelas°. Siendo adolescente, Gael entra en el mundo del cine. Su intuición y su talento lo llevan a renunciar a la fama fácil y, a los diecisiete años, se va a Londres para estudiar arte dramático. Tres años después, regresa a México lleno de confianza y no se asusta° a la hora de representar ningún papel, por controvertido o difícil que sea. A partir de ese momento, participa en algunas de las películas más emblemáticas del cine en español de los últimos años: *Amores perros*, *Y tu mamá también* y *Diarios de motocicleta*. Actualmente, Gael trabaja también del otro lado de las cámaras como director y productor, y participa activamente en la promoción del cine mexicano.

> **"Es muy importante que el cine latino se mantenga muy específico, pero que al mismo tiempo sus temas sean universales."** (Alfonso Cuarón)

### Conexión Internet

¿Qué función tiene el Instituto Mexicano de Cinematografía?

Investiga sobre este tema en **vhlcentral.com.**

**telenovelas** *soap operas* **no se asusta** *isn't afraid (of)*
**otorgada** *given* **estatuilla** *statuette* **galardón** *award*

# ¿Qué aprendiste?

**1 ¿Cierto o falso?** Indica si estas afirmaciones son **ciertas** o **falsas**. Corrige las falsas.

1. La época dorada del cine mexicano fue en los años cincuenta.
2. El gobierno mexicano ha apoyado los nuevos proyectos de cine.
3. El director de *Como agua para chocolate* es Diego Luna.
4. El éxito de *Como agua para chocolate* despertó el interés por el cine mexicano.
5. Los artistas mexicanos van a Estados Unidos y no vuelven a trabajar en su país.
6. La película *Amores perros* es del año 2002.
7. Alfonso Cuarón dirigió *21 Grams*.
8. Guillermo del Toro actuó en *El laberinto del fauno*.

**2 Completar** Completa las oraciones.

1. Los premios del Festival Internacional de La Habana se llaman ________.
2. Los premios Astor se entregan en la ciudad argentina de ________.
3. Los premios cinematográficos más prestigiosos de España son los ________.
4. A los jóvenes venezolanos les gusta salir a ________.
5. Cuando una canción tiene mucho éxito, se dice que es un ________.

**3 Preguntas** Contesta las preguntas con oraciones completas.

1. ¿A qué se dedican los padres de Gael García Bernal?
2. ¿A qué edad comenzó a trabajar como actor Gael García Bernal?
3. ¿Qué hizo en Londres Gael García Bernal?
4. ¿Gael García Bernal evita los papeles controvertidos?
5. ¿Qué otras actividades relacionadas con el cine realiza Gael García Bernal además de actuar?
6. Según Alfonso Cuarón, ¿cómo deben ser los temas del cine latino?
7. ¿Crees que es positivo que directores y actores de habla hispana trabajen en Hollywood? ¿Por qué?
8. Cuando decides ver una película, ¿qué factores tienes en cuenta? ¿Por qué?

**4 Opiniones** En parejas, escriban en qué se diferencian y en qué se parecen el cine de Hollywood y el cine extranjero. Usen estas preguntas como guía.

- ¿Cuáles son las carecterísticas de cada tipo de cine?
- ¿En qué tipo de cine se invierte más dinero?
- ¿Qué diferencias hay entre el perfil de los actores de Hollywoood y el perfil de los actores extranjeros? ¿En qué se parecen?

Practice more at **vhlcentral.com.**

## PROYECTO

María Félix

### La época de oro

Durante la época de oro del cine mexicano, actores como María Félix o Pedro Infante, y directores como Emilio Fernández e Ismael Rodríguez llevaron el acento mexicano más allá de sus fronteras.

Investiga sobre uno de estos artistas y escribe una biografía de tres párrafos.

Debes incluir:

- datos biográficos
- trabajos principales
- contribución al cine mexicano

Siguiendo el estilo usado en el perfil de Gael García Bernal, escribe tu texto usando el tiempo presente.

Flash CULTURA

Video

# El cine mexicano

Ya has leído sobre el cine mexicano, su época dorada y su resurgimiento en los últimos años. Ahora, mira este episodio de **Flash Cultura** para conocer cómo se promueve actualmente el cine en ese país.

## VOCABULARIO ÚTIL

| | |
|---|---|
| **el auge** *boom* | **el guión** *script* |
| **el ciclo** *series* | **la muestra** *festival* |
| **difundir** *to spread* | **la sala** *movie theater* |
| **fomentar** *to promote* | **tener un papel** *to play a role* |

**Preparación** ¿Te gusta ir al cine? ¿Qué clase de películas prefieres ver? ¿Eres aficionado/a a algún género en especial?

**Comprensión** Indica si estas afirmaciones son **ciertas** o **falsas**. Después, en parejas, corrijan las falsas.

1. A los mexicanos no les gustan las películas nacionales, solamente las norteamericanas.
2. La Cineteca es una cadena de cines con salas en todo el país.
3. Cuando van al cine, los mexicanos comen palomitas.
4. En los ciclos, se presentan películas de un solo tema o un solo director.
5. El Instituto Mexicano de Cinematografía tiene como objetivo hacer famosos a los actores mexicanos.
6. En el año 1989, el cine mexicano no tenía salas ni público en México.

**Expansión** En parejas, contesten estas preguntas.

- ¿Te molesta tener que leer subtítulos en la pantalla cuando miras películas extranjeras?
- ¿Te sorprende que una película pueda ser un "hijo creativo", como dice la actriz Vanesa Bauche? Justifica tu respuesta.
- ¿Es importante para el cine de un país tener identidad propia? ¿Cómo se logra eso? Piensen en películas estadounidenses que cumplan con esas características y hagan una lista.

Practice more at **vhlcentral.com.**

**Corresponsal:** Carlos López
**País:** México

En la Muestra Internacional de Cine que se lleva a cabo° en otoño, se presentan películas de todo el mundo.

La Cineteca cuenta con° el Centro de Documentación e Investigación, donde puedes encontrar 9 mil libros, 5 mil guiones inéditos° y 20 años de notas de prensa.

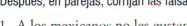

Las películas de este país se han vuelto realmente importantes gracias al trabajo de… actores y actrices como Salma Hayek, Gael García Bernal y Diego Luna, entre muchos otros.

**se lleva a cabo** *takes place* **cuenta con** *has* **guiones inéditos** *unpublished scripts*

## 2.1 Object pronouns

- Pronouns are words that take the place of nouns. Direct object pronouns replace the noun that directly receives the action of the verb. Indirect object pronouns identify *to whom/what* or *for whom* an action is done.

Esta noche le voy a quitar la camisa al guitarrista.
No, no lo harás.

| Indirect object pronouns | | Direct object pronouns | |
|---|---|---|---|
| me | nos | me | nos |
| te | os | te | os |
| le | les | lo/la | los/las |

### Position of object pronouns

- Direct and indirect object pronouns (**los pronombres de complemento directo e indirecto**) precede the conjugated verb.

| INDIRECT OBJECT | DIRECT OBJECT |
|---|---|
| Carla siempre **me** da entradas para el teatro.<br>*Carla always gives me theater tickets.* | Ella **las** consigue gratis.<br>*She gets them for free.* |
| No **le** voy a comprar más libros.<br>*I'm not going to buy him any more books.* | Nunca **los** lee.<br>*He never reads them.* |

- When the verb is an infinitive construction, object pronouns may either be attached to the infinitive or placed before the conjugated verb.

| INDIRECT OBJECT | DIRECT OBJECT |
|---|---|
| Vamos a dar**le** un regalo.<br>**Le** vamos a dar un regalo. | Voy a hacer**lo** enseguida.<br>**Lo** voy a hacer enseguida. |
| Tienes que hablar**nos** de la película.<br>**Nos** tienes que hablar de la película. | Van a ver**la** mañana.<br>**La** van a ver mañana. |

- When the verb is progressive form, object pronouns may either be attached to the present participle or placed before the conjugated verb.

| INDIRECT OBJECT | DIRECT OBJECT |
|---|---|
| Pedro está cantándo**me** una canción.<br>Pedro **me** está cantando una canción. | Está cantándo**la** muy mal.<br>**La** está cantando muy mal. |

**TALLER DE CONSULTA**

**MANUAL DE GRAMÁTICA**
**Más práctica**

2.1 Object pronouns, p. A11
2.2 **Gustar** and similar verbs, p. A12
2.3 Refexive verbs, p. A13

**Más gramática**

2.4 Demonstrative adjectives and pronouns, p. A14
2.5 Possessive adjectives and pronouns, p. A16

**¡ATENCIÓN!**

**Lo** can be used to refer to a thing or idea that has no gender.
—¿Vas a aceptar la oferta?
—Lo voy a pensar.

—*Are you going to accept the offer?*
—*I'll think about it.*

**¡ATENCIÓN!**

It is standard usage in Spanish to repeat the indirect object.

Esta noche **le** voy a quitar la camisa **al guitarrista**.

**Les** regalé boletos **a mis amigos.**

## Double object pronouns

- The indirect object pronoun precedes the direct object pronoun when they are used together in a sentence.

| | | |
|---|---|---|
| **Me** mandaron **los boletos** por correo. | ▶ | **Me los** mandaron por correo. |
| **Te** pedí **un álbum** de Juanes. | | **Te lo** pedí el lunes. |

- **Le** and **les** change to **se** when they are used with **lo**, **la**, **los**, or **las**.

| | | |
|---|---|---|
| **Le** da **los libros** a Ricardo. | ▶ | **Se los** da. |
| **Le** enseña **las invitaciones** a Elena. | | **Se las** enseña. |

## Prepositional pronouns

| Prepositional pronouns | | | |
|---|---|---|---|
| **mí** *me; myself* | **él** *him; it* | **nosotros/as** *us; ourselves* | **ellos** *them* |
| **ti** *you; yourself* | **ella** *her; it* | **vosotros/as** *you; yourselves* | **ellas** *them* |
| **Ud.** *you; yourself* | **sí** *himself; herself; itself* | **Uds.** *you; yourselves* | **sí** *themselves* |
| **sí** *yourself (formal)* | | **sí** *yourselves (formal)* | |

- Prepositional pronouns function as the objects of prepositions. Except for **mí**, **ti**, and **sí**, these pronouns are the same as the subject pronouns.

| | |
|---|---|
| ¿Qué piensas de **ella**? | Ay, mi amor, sólo pienso en **ti**. |
| ¿Lo compraron para **mí** o para Javier? | Lo compramos para **él**. |

- The indirect object can be repeated with the construction **a** + *[prepositional pronoun]* to provide clarity or emphasis.

| | |
|---|---|
| ¿Te gusta aquel cantante? | ¡**A mí** me fascina! |
| ¿A quién se lo dieron? | Se lo dieron **a ella**. |

- The adjective **mismo(s)/a(s)** is usually added to clarify or emphasize the relationship between the subject and the object.

| | |
|---|---|
| José se lo regaló a **él**.<br>*José gave it to him (someone else).* | José se lo regaló a **sí mismo**.<br>*José gave it to himself.* |

- When **mí**, **ti**, and **sí** are used with **con**, they become **conmigo**, **contigo**, and **consigo**.

¿Quieres ir **conmigo** al parque de atracciones?
*Do you want to go to the amusement park with me?*

Laura siempre lleva su computadora portátil **consigo**.
*Laura always brings her laptop with her.*

- These prepositions are used with **tú** and **yo** instead of **mí** and **ti**: **entre**, **excepto**, **incluso**, **menos**, **salvo**, **según**.

| | |
|---|---|
| Todos están de acuerdo **menos tú** y **yo**.<br>*Everyone is in agreement except you and me.* | **Entre tú** y **yo**, Juan me cae mal.<br>*Between you and me, I don't get along well with Juan.* |

**¡ATENCIÓN!**

When object pronouns are attached to infinitives, participles, or commands, a written accent is often required to maintain proper word stress.

**Infinitive**
**cantármela**

**Present participle**
**escribiéndole**

**Command**
**acompáñeme**

For more information on using object pronouns with commands, see **4.2**, pp. 140–141.

# Práctica

**TALLER DE CONSULTA**

**MANUAL DE GRAMÁTICA**
**Más práctica**

2.1 Object pronouns, p. A11

**1 Dos buenas amigas** Dos amigas, Rosa y Marina, están en un café hablando de unos conocidos. Selecciona las personas de la lista que corresponden a los pronombres subrayados (*underlined*).

| | |
|---|---|
| a Antoñito | a mí |
| a Antoñito y a Maite | a nosotras |
| a Maite | a ti |
| a ustedes | |

**ROSA** Siempre lo[1] veo bailando en la discoteca Club 49. 1. ______

**MARINA** ¿Te[2] saluda? 2. ______

**ROSA** Nunca. Yo creo que no me[3] saluda porque tiene miedo de que se lo diga a su novia. 3. ______

**MARINA** ¿Su novia? Hace siglos que no sé nada de ella. Un día de éstos la[4] tengo que llamar. 4. ______

**ROSA** ¿Quieres que los[5] invitemos a ir con nosotras a la fiesta del viernes? 5. ______

**MARINA** Sí. Es una buena idea. A ver qué nos[6] dice Antoñito de su afición a las discotecas. 6. ______

**2 Discusión** Completa las oraciones usando **conmigo, contigo** o **consigo.**

**ANTOÑITO** Ya estamos otra vez. (1) ______ siempre tengo problemas.

**MAITE** ¿Qué te crees tú? ¿Que yo siempre me divierto (2) ______?

**ANTOÑITO** Tú eres la que siempre quiere ir (3) ______ a la discoteca.

**MAITE** Eso no es verdad. A mí no me gusta salir (4) ______. ¡Ni loca!

**ANTOÑITO** No te preocupes. Muchas chicas quieren estar (5) ______. Siempre veo a Rosa en el Club 49. A ella seguro que le gusta.

**MAITE** ¿A Rosa? A ella no le gusta ni estar (6) ______ misma.

**3 ¡Bajen la música!** Martín y Luisa han organizado una fiesta y han puesto la música muy alta; un vecino ha llamado a la policía. El policía les dice lo que deben hacer en el futuro para evitar problemas. Reescribe los consejos cambiando las palabras subrayadas por los pronombres de complemento directo e indirecto correctos.

**MODELO** **¡Bajen la música ahora mismo!**
Bájenla ahora mismo.

1. Traten amablemente a la policía.
2. Tienen que pedirle perdón a su vecino.
3. No pueden contratar a un grupo musical sin permiso.
4. Tienen que poner la música muy baja.
5. No deben servirles bebidas alcohólicas a los menores de edad.
6. No pueden organizar fiestas nunca más.

Practice more at **vhlcentral.com.**

# Comunicación

**4** **La fiesta** En parejas, túrnense para contestar las preguntas usando pronombres de complemento directo o indirecto, según sea necesario.

MODELO **¿Te gusta organizar fiestas en tu casa?**
Sí, me gusta organizarlas.

1. ¿Te gusta organizar fiestas? ¿Cuándo fue la última vez que organizaste una? ¿Por qué la organizaste?
2. ¿Invitaste a muchas personas? ¿A quiénes invitaste?
3. ¿Qué tipo de música escucharon? ¿Bailaron también?
4. ¿Qué les ofreciste de comer a los invitados en tu fiesta?
5. ¿Trajeron algo? ¿Qué trajeron? ¿Para quién?

**5** **¿En qué piensas?** Piensa en objetos de la clase o de la casa (un cuadro, una maleta, un mapa, etc.). Tu compañero/a debe adivinar el objeto que tienes en mente haciéndote preguntas con pronombres.

MODELO —Estoy pensando en algo que uso para estudiar.
—¿Lo usas mucho?
—Sí, lo uso para aprender español.
—¿Es un libro?
—Sí, lo es.

**6** **Una persona famosa** En parejas, escriban una entrevista con una persona famosa. Utilicen estas cinco preguntas y escriban cuatro más. Incluyan pronombres en las respuestas. Después, representen la entrevista ante la clase.

MODELO **—¿Quién prepara la comida en tu casa?**
—La prepara mi cocinero.

1. ¿Visitas frecuentemente a tus amigos?
2. ¿Ves mucho la televisión?
3. ¿Quién conduce tu carro?
4. ¿Preparas tus maletas cuando viajas?
5. ¿Evitas a los fotógrafos?

**7** **Fama** María Estela Pérez es una actriz de cine que debe encontrarse con sus *fans,* pero no recuerda a qué hora es el encuentro. En grupos de cuatro, miren la ilustración e inventen una historia inspirada en María Estela. Utilicen por lo menos cinco pronombres de complemento directo e indirecto.

## 2.2 *Gustar* and similar verbs

Me encanta el grupo Distorsión.

No me gusta nada la música rock.


- Though **gustar** is translated as *to like* in English, its literal meaning is *to please.* **Gustar** is preceded by an indirect object pronoun indicating *the person who is pleased.* It is followed by a noun indicating *the thing or person that pleases.*

| INDIRECT OBJECT PRONOUN | | SUBJECT |
|---|---|---|
| **Me** | **gusta** | **la película.** |
| *I* | *like* | *the movie.* (*literally: The movie pleases me.*) |
| **¿Te** | **gustan** | **los conciertos de rock?** |
| *Do you* | *like* | *rock concerts?* (*literally: Do rock concerts please you?*) |

- Because *the thing or person that pleases* is the subject, **gustar** agrees in person and number with it. Most commonly the subject is third person singular or plural.

| SINGULAR SUBJECT | PLURAL SUBJECT |
|---|---|
| Nos gust**a** la música pop.<br>*We like pop music.* | Me gust**an** las quesadillas.<br>*I like quesadillas.* |
| Les gust**a** su casa nueva.<br>*They like their new house.* | ¿Te gust**an** las películas románticas?<br>*Do you like romantic movies?* |

- When **gustar** is followed by one or more verbs in the infinitive, the singular form of **gustar** is always used.

No nos **gusta** llegar tarde.
*We don't like to arrive late.*

Les **gusta** cantar y bailar.
*They like to sing and dance.*

- **Gustar** is often used in the conditional (**me gustaría**, etc.) to soften a request.

Me **gustaría** un refresco con hielo, por favor.
*I would like a soda with ice, please.*

¿Te **gustaría** salir a cenar esta noche conmigo?
*Would you like to go out to dinner with me tonight?*

### Verbs like *gustar*

- Many verbs follow the same pattern as **gustar**.

| | |
|---|---|
| **aburrir** *to bore* | **hacer falta** *to miss* |
| **caer bien/mal** *to (not) get along well with* | **importar** *to be important to; to matter* |
| **disgustar** *to upset* | **interesar** *to be interesting to; to interest* |
| **doler** *to hurt; to ache* | **molestar** *to bother; to annoy* |
| **encantar** *to like very much* | **preocupar** *to worry* |
| **faltar** *to lack; to need* | **quedar** *to be left over; to fit (clothing)* |
| **fascinar** *to fascinate; to like very much* | **sorprender** *to surprise* |

¡**Me fascina** el álbum!
*I love the album!*

A Sandra **le disgusta** esa situación.
*That situation upsets Sandra.*

¿**Te molesta** si voy contigo?
*Will it bother you if I come along?*

**Le duelen** las rodillas.
*Her knees hurt.*

- The indirect object can be repeated using the construction **a** + [*prepositional pronoun*] or **a** + [*noun*]. This construction allows the speaker to emphasize or clarify who is pleased, bothered, etc.

**A ella** no le gusta bailar, pero **a él** sí.
*She doesn't like to dance, but he does.*

**A Felipe** le molesta ir de compras.
*Shopping bothers Felipe.*

- **Faltar** expresses what someone or something lacks and **quedar** what someone or something has left. **Quedar** is also used to talk about how clothing fits or looks on someone.

**Le falta** dinero.
*He's short of money.*

A la impresora no **le queda** papel.
*The printer is out of paper.*

**Me faltan** dos pesos.
*I need two pesos.*

Esa falda **te queda** bien.
*That skirt fits you well.*

¿Qué te hace falta en la vida?
Discoteca Paladio

# Práctica

TALLER DE CONSULTA

**MANUAL DE GRAMÁTICA**
**Más práctica**

2.2 **Gustar** and similar verbs, p. A12

**1 Completar** Miguel y César son compañeros de cuarto y tienen algunos problemas. Hoy se han reunido para hablarlos. Completa su conversación con la forma correcta de los verbos entre paréntesis.

**MIGUEL** Mira, César, a mí (1) ________ (encantar) vivir contigo, pero la verdad es que (2) ________ (preocupar) algunas cosas.

**CÉSAR** De acuerdo. A mí también (3) ________ (disgustar) algunas cosas de ti.

**MIGUEL** Bueno, para empezar no (4) ________ (gustar) que pongas la música tan alta cuando vienen tus amigos. Ellos (5) ________ (caer) muy bien, pero, a veces, hacen mucho ruido y no me dejan dormir.

**CÉSAR** Sí, claro, lo entiendo. Pues mira, Miguel, a mí (6) ________ (molestar) que no laves los platos después de comer. Además, tampoco sacas la basura.

**MIGUEL** Es verdad. Pues... vamos a intentar cambiar estas cosas. ¿Te parece?

**CÉSAR** ¡(7) ________ (fascinar) la idea! Yo bajo la música cuando vengan mis amigos y tú lavas los platos y sacas la basura más a menudo. ¿De acuerdo?

**2 Preguntar** Túrnense para hacerse preguntas sobre estos temas siguiendo el modelo.

MODELO **a tu padre / gustar**
—¿Qué crees que le gusta a tu padre?
—A mi padre le gusta leer novelas de ciencia ficción.

1. al presidente / preocupar
2. a tu hermano/a / encantar
3. a ti / fascinar
4. a tus padres / gustar
5. a tu profesor(a) de español / disgustar
6. a ustedes / importar
7. a tu novio/a / molestar
8. a tu compañero/a de clase / faltar

**3 Conversar** En parejas, pregúntense si les gustaría hacer las actividades relacionadas con las fotos. Utilicen los verbos **aburrir**, **disgustar**, **encantar**, **fascinar**, **interesar** y **molestar**. Sigan el modelo.

MODELO —¿Te aburriría ir al parque de atracciones?
—No, me encantaría.

Practice more at **vhlcentral.com.**

# Comunicación

**4** **Extrañas aficiones** Trabajen en grupos de cuatro. Miren las ilustraciones e imaginen qué les gusta, interesa o molesta a estas personas.

1. 

2. 

3. 

4. 

**5** **¿Qué te gusta?** En parejas, pregúntense si les gustan o no las personas, cosas y actividades de la lista. Utilicen verbos similares a **gustar** y contesten las preguntas.

**MODELO** —¿Te gustan los discos de Christina Aguilera?
—No, a mí no me gusta su música.

| | |
|---|---|
| Miley Cyrus | dormir los fines de semana |
| salir con tus amigos | hacer bromas |
| las películas de misterio | los discos de Christina Aguilera |
| practicar algún deporte | ir a discotecas |
| Gael García Bernal | las películas extranjeras |

**6** **¿A quién le gusta?** Trabajen en grupos de cuatro.

**A.** Preparen una lista de cinco pasatiempos y cinco lugares de recreo. Luego, circulen por la clase para ver a quiénes les gustan los lugares y las actividades de la lista.

**B.** Ahora, escriban un párrafo breve para describir los gustos de sus compañeros. Utilicen **gustar** y otros verbos similares. Compartan su párrafo con la clase.

**MODELO** A Luisa y a Simón les fascina el restaurante Acapulco, pero a Celia no le gusta.
A todos nos gusta ir al cine, menos a Carlos, porque…

## 2.3 Reflexive verbs

- In a reflexive construction, the subject of the verb both performs and receives the action. Reflexive verbs (**verbos reflexivos**) always use reflexive pronouns (**me**, **te**, **se**, **nos**, **os**, **se**).

**Reflexive verbs**

Elena **se lava** la cara.

**Non-reflexive verb**

Elena **lava** los platos.

| Reflexive verbs | |
|---|---|
| **lavarse** *to wash (oneself)* | |
| yo | me lavo |
| tú | te lavas |
| Ud./él/ella | se lava |
| nosotros/as | nos lavamos |
| vosotros/as | os laváis |
| Uds./ellos/ellas | se lavan |

- Many of the verbs used to describe daily routines and personal care are reflexive.

**acostarse (o:ue)** *to go to bed*
**afeitarse** *to shave*
**bañarse** *to take a bath*
**cepillarse** *to brush (hair/teeth)*
**despertarse (e:ie)** *to wake up*
**dormirse (o:ue)** *to fall sleep*
**ducharse** *to take a shower*
**lavarse** *to wash (oneself)*
**levantarse** *to get up*
**maquillarse** *to put on make-up*
**peinarse** *to comb (one's hair)*
**ponerse** *to put on (clothing)*
**quitarse** *to take off (clothing)*
**secarse** *to dry off*
**vestirse (e:i)** *to get dressed*

- In Spanish, most transitive verbs can also be used as reflexive verbs to indicate that the subject performs the action to or for himself or herself.

Félix **divirtió** a los invitados con sus chistes.
*Félix amused the guests with his jokes.*

Félix **se divirtió** en la fiesta.
*Félix had fun at the party.*

Ana **acostó** a los gemelos antes de las nueve.
*Ana put the twins to bed before nine.*

Ana **se acostó** muy tarde.
*Ana went to bed very late.*

**¡ATENCIÓN!**

A transitive verb is one that takes a direct object.

**Mariela compró dos boletos.**
*Mariela bought two tickets.*

**Johnny contó un chiste.**
*Johnny told a joke.*

- Many verbs change meaning when they are used with a reflexive pronoun.

| | |
|---|---|
| **aburrir** *to bore* | **aburrirse** *to get bored* |
| **acordar (o:ue)** *to agree* | **acordarse (de) (o:ue)** *to remember* |
| **comer** *to eat* | **comerse** *to eat up* |
| **dormir (o:ue)** *to sleep* | **dormirse (o:ue)** *to fall asleep* |
| **ir** *to go* | **irse (de)** *to leave* |
| **llevar** *to carry* | **llevarse** *to carry away* |
| **mudar** *to change* | **mudarse** *to move (change residence)* |
| **parecer** *to seem* | **parecerse (a)** *to resemble; to look like* |
| **poner** *to put* | **ponerse** *to put on (clothing)* |
| **quitar** *to take away* | **quitarse** *to take off (clothing)* |

- Some Spanish verbs and expressions are used in the reflexive even though their English equivalents may not be. Many of these are followed by the prepositions **a**, **de**, and **en**.

| | |
|---|---|
| **acercarse (a)** *to approach* | **fijarse (en)** *to take notice (of)* |
| **arrepentirse (de) (e:ie)** *to regret* | **morirse (de) (o:ue)** *to die (of)* |
| **atreverse (a)** *to dare (to)* | **olvidarse (de)** *to forget (about)* |
| **convertirse (en) (e:ie)** *to become* | **preocuparse (por)** *to worry (about)* |
| **darse cuenta (de)** *to realize* | **quejarse (de)** *to complain (about)* |
| **enterarse (de)** *to find out (about)* | **sorprenderse (de)** *to be surprised (about)* |

- *To get* or *to become* is frequently expressed in Spanish by the reflexive verb **ponerse** + [*adjective*].

  Pilar **se pone** muy nerviosa cuando habla en público.
  *Pilar gets very nervous when she speaks in public.*

  Si no duermo bien, **me pongo insoportable**.
  *If I don't sleep well, I become unbearable.*

- In the plural, reflexive verbs can express reciprocal actions done *to one another*.

  Los dos equipos **se saludan** antes de comenzar el partido.
  *The two teams greet each other at the start of the game.*

  ¡Los entrenadores **se están peleando** otra vez!
  *The coaches are fighting again!*

- The reflexive pronoun precedes the direct object pronoun when they are used together in a sentence.

  ¿**Te** comiste el pastel? — Sí, **me lo** comí.
  *Did you eat the whole cake?* — *Yes, I ate it all up.*

**¡ATENCIÓN!**

**Hacerse** and **volverse** can also mean *to become.*

**Se ha hecho** cantante.
*He has become a singer.*

¿**Te has vuelto** loco/a?
*Have you gone crazy?*

**¡ATENCIÓN!**

When used with infinitives and present participles, reflexive pronouns follow the same rules of placement as object pronouns. See **2.1**, pp. 54–55.

# Práctica

**TALLER DE CONSULTA**

**MANUAL DE GRAMÁTICA**
**Más práctica**

2.3 Reflexive verbs, p. A13

**1 Los lunes por la mañana** Completa el párrafo sobre lo que hacen Carlos y su esposa Elena los lunes por la mañana. Utiliza la forma correcta de los verbos reflexivos correspondientes.

| | | |
|---|---|---|
| acostarse | irse | ponerse |
| afeitarse | lavarse | quitarse |
| cepillarse | levantarse | secarse |
| ducharse | maquillarse | vestirse |

Los domingos por la noche, Carlos y Elena (1) _______ tarde y por la mañana tardan mucho en despertarse. Carlos es el que (2) _______ primero, (3) _______ el pijama y (4) _______ con agua fría. Después, Carlos (5) _______ la barba. Cuando Carlos termina, Elena entra al baño. Mientras ella termina de ducharse, de (6) _______ el pelo y de (7) _______, Carlos prepara el desayuno. Cuando Elena está lista, Carlos y ella desayunan, luego (8) _______ los dientes y (9) _______ las manos. Después, los dos (10) _______ con ropa elegante y (11) _______ al trabajo. Carlos (12) _______ la corbata en el carro; Elena maneja.

**2 Todos los sábados**

**A.** En parejas, describan la rutina que sigue Silvia todos los sábados, según los dibujos.

1. 

2. 

3. 

4. 

**B.** ¿Qué hacen los sábados por la mañana los amigos y familiares de Silvia? Imaginen sus rutinas. Utilicen verbos reflexivos y sean creativos.

Practice more at **vhlcentral.com.**

# Comunicación

**3** **¿Y tú?** En parejas, túrnense para hacerse las preguntas. Contesten con oraciones completas y expliquen sus respuestas.

1. ¿A qué hora te despiertas normalmente los sábados por la mañana? ¿Por qué?
2. ¿Te duermes en las clases?
3. ¿A qué hora te acuestas normalmente los fines de semana?
4. ¿A qué hora te duchas durante la semana?
5. ¿Te levantas siempre a la misma hora que te despiertas? ¿Por qué?
6. ¿Qué te pones para salir los fines de semana? ¿Y tus amigos?
7. ¿Cuándo te vistes elegantemente?
8. ¿Te diviertes cuando vas a una fiesta? ¿Y cuando vas a una reunión familiar?
9. ¿Te fijas en la ropa que lleva la gente?
10. ¿Te preocupas por tu imagen?

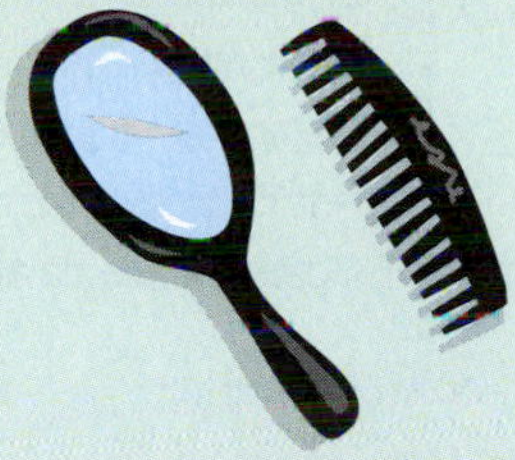

11. ¿De qué se quejan tus amigos normalmente? ¿Y tus padres u otros miembros de la familia?
12. ¿Conoces a alguien que se preocupe constantemente por todo?
13. ¿Te arrepientes a menudo de las cosas que haces?
14. ¿Te peleas con tus amigos? ¿Y con tu novio/a?
15. ¿Te sorprende alguna costumbre o hábito de un(a) amigo/a?

**4** **Síntesis** Imagina que estás en un café y que ves a tu antigua pareja coqueteando con alguien. ¿Qué haces? Trabajen en grupos para representar la escena. Utilicen por lo menos cinco verbos de la lista y cinco pronombres de complemento directo e indirecto.

| | | | |
|---|---|---|---|
| acercarse | darse cuenta | hacer falta | olvidarse |
| arrepentirse | disgustar | interesar | preocuparse |
| caer bien/mal | gustar | irse | sorprender |

# Antes de ver el corto

## EL TIPLE

**país** Colombia
**duración** 16 minutos
**director** Iván D. Gaona
**protagonistas** Pastor, esposa, hija, Gladys, Juan

### Vocabulario

**bendito/a** *blessed*
**coger la caña** *to accept (Col.)*
**¿Cómo así?** *How come?*
**equivocarse** *to be mistaken*
**el huerteado** *produce (Col.)*
**la mazorca** *ear of corn*
**mejorarse** *to get better*
**la plata** *money*
**prestado/a** *borrowed*
**quedar** *to agree on*
**rogar** *to beg*
**¡Siga!** *Come in!*
**su merced** *you (form.)*
**el tiple** *12-string Colombian guitar*

1 **Sinónimos** Empareja cada palabra o expresión con su sinónimo.

___ 1. confundirse
___ 2. pedir algo con insistencia
___ 3. recobrar la salud
___ 4. acordar
___ 5. dinero

a. quedar
b. equivocarse
c. plata
d. rogar
e. mejorarse

2 **Preguntas** En parejas, túrnense para hacerse las preguntas.

1. ¿Qué papel tiene la música en tu vida?
2. ¿Tocas algún instrumento? ¿Cuál? Si no, ¿cuál te gustaría tocar? ¿Por qué?
3. ¿Cuál es tu género musical favorito?
4. ¿Qué instrumento aparece en la imagen?
5. Piensa en el título del cortometraje y mira el poster. ¿De qué crees que va a tratar?

3 **Un pequeño tesoro** En parejas, imaginen que uno de ustedes necesita dinero para ayudar a su mejor amigo/a y decide vender algo muy importante o muy especial. La otra persona hace el papel del comprador. Inventen una conversación en la que se explican las razones por las que se decidió vender el objeto y lo importante que es.

Practice more at **vhlcentral.com.**

Short Film

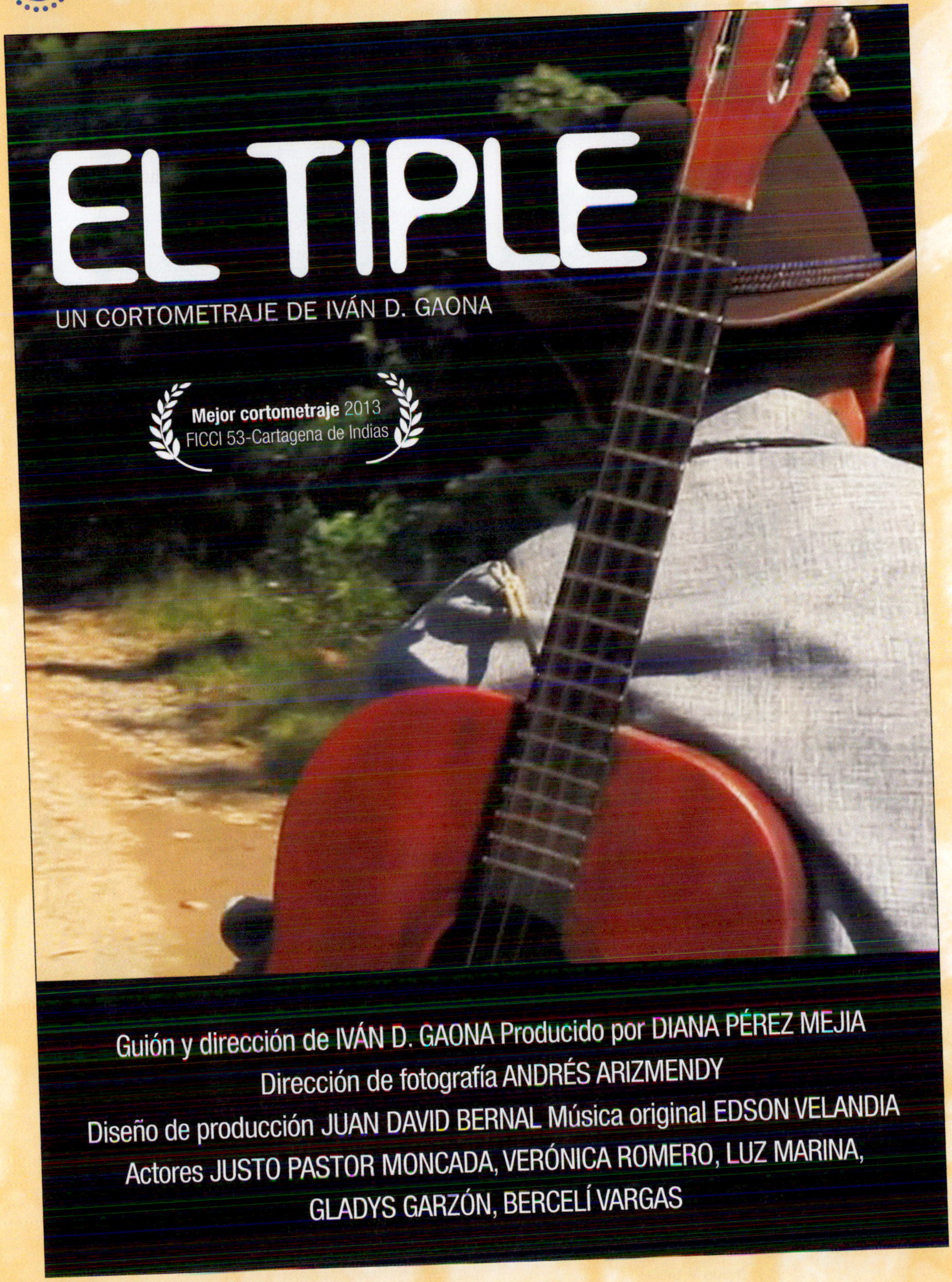
EL TIPLE
UN CORTOMETRAJE DE IVÁN D. GAONA
Mejor cortometraje 2013
FICCI 53-Cartagena de Indias
Guión y dirección de IVÁN D. GAONA Producido por DIANA PÉREZ MEJIA
Dirección de fotografía ANDRÉS ARIZMENDY
Diseño de producción JUAN DAVID BERNAL Música original EDSON VELANDIA
Actores JUSTO PASTOR MONCADA, VERÓNICA ROMERO, LUZ MARINA,
GLADYS GARZÓN, BERCELÍ VARGAS

# Escenas

**ARGUMENTO** Pastor hará todo lo posible para que la salud de su esposa mejore.

**PASTOR** ¿Cómo sigue?
**HIJA** Igual.

**HIJA** Papá, nos hacen falta todavía cuarenta y ocho mil pesos para las inyecciones.

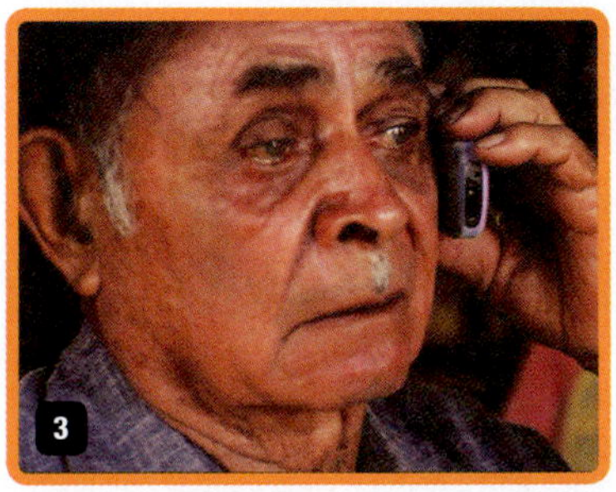

**PASTOR** Yo lo llamaba para el asunto de... Lo que hablamos que... Le voy a coger la caña del negocio del tiple.

**ESPOSA** ¿Por qué no me toca una canción con el tiple? A ver si me mejoro.
**PASTOR** A lo que° se mejore, vamos a ver qué le cantamos.

**GLADYS** ¿Por qué no se toca un torbellino°, Pastor?
**PASTOR** Bueno, con mucho gusto.
**GLADYS** Espéreme, Pastor, un segundito, ya le traigo la plata.

**PASTOR** Don Juan, ¿por aquí no ha visto a Gladys?
**JUAN** No ha venido por aquí.

**A lo que** *As soon as* **torbellino** *Colombian folk music*

# Después de ver el corto

**1 Oraciones** Indica si estas oraciones son **ciertas** o **falsas**. Luego, en parejas, corrijan las falsas.

1. La esposa de Pastor está enferma.
2. Pastor encuentra dinero en su cartera para pagar las medicinas de su esposa.
3. La mujer joven que aparece al principio del cortometraje es una amiga de la familia.
4. Pastor llama a Campo Elías para venderle el tiple.
5. A la esposa de Pastor le gusta escucharlo tocar el tiple.
6. Pastor compró el tiple el año pasado.
7. Al final, Pastor decide no vender el tiple.
8. A la esposa de Pastor no le hicieron efecto las pastillas que le recetaron.
9. Pastor compra las inyecciones con el dinero que consiguió con la venta del tiple.
10. Gladys va a casa de Pastor a llevarle la medicina a su esposa.

**2 Interpretar** En parejas, contesten las preguntas.

1. Pastor le vende su tiple a Campo Elías por ciento veinte mil pesos, pero ¿qué valor tiene el tiple en realidad? ¿Qué representa ese instrumento para él?
2. ¿Por qué Pastor no le dice a su esposa que va a vender el tiple?
3. ¿Por qué mejora la salud de la esposa cuando Pastor toca el tiple?
4. ¿Por qué crees que Gladys devuelve el tiple a la familia?
5. ¿Cómo es Gladys? ¿Qué importancia tiene en el desenlace (*outcome*) de la historia?
6. ¿Crees que el cortometraje podría tener un mejor final? ¿Por qué?

**3 Comunicación no verbal** En grupos de tres, observen las imágenes de Gladys, de Pastor y de la esposa de Pastor en la página 68. Comenten qué comunican las miradas en cada uno de los tres personajes.

**4 Citas** En parejas, comenten la importancia que tiene cada una de estas citas en el argumento de la historia.

**PASTOR** A la orden el plátano y la mazorca.
**TRANSEÚNTES** No, señor, muchas gracias.

**CONDUCTOR** Señor, ¡buenas tardes!
Hágame un favor: ¿la salida para Bogotá?

**HIJA DE PASTOR** Un señor que iba para Bogotá
se equivocó de camino y me compró todo el huerteado.

**5 ¿Qué habrías hecho tú?** Imagina que estás en la situación de Pastor. Escribe un párrafo en el que cuentes qué habrías hecho tú en su lugar y por qué.

Practice more at **vhlcentral.com.**

*Calesita en la plaza,* 1999
Aldo Severi, Argentina

"No está la felicidad en vivir, sino en saber vivir."

— Diego de Saavedra Fajardo

# Antes de leer

## Idilio

### Sobre el autor

**Mario Benedetti** (1920–2009) nació en Tacuarembó, Uruguay. Su volumen de cuentos publicado en 1959, *Montevideanos*, lo consagró como escritor, y dos años más tarde alcanzó fama internacional con su segunda novela, *La tregua*, con un fuerte contenido sociopolítico. Tras diez años de exilio en Argentina, Perú, Cuba y España, regresó a Uruguay en 1983. El exilio que lo alejó de su patria y de su familia dejó una marca profunda tanto en su vida personal como en su obra literaria. Benedetti incursionó en todos los géneros: poesía, cuento, novela y ensayo. El amor, lo cotidiano, la ausencia, el retorno y el recuerdo son temas constantes en la obra de este prolífico escritor. En 1999, ganó el Premio Reina Sofía de Poesía Iberoamericana.

### Vocabulario

**colocar** *to place*
**hondo/a** *deep*
**la imagen** *image; picture*
**la pantalla** *(television) screen*
**por primera/última vez** *for the first/last time*
**redondo/a** *round*
**señalar** *to point at*
**el televisor** *television set*

**Practicar** Completa las oraciones con palabras o frases del vocabulario.

1. Voy a ________ el televisor sobre la mesa.
2. Julio me ________ la calle que debo tomar, pero no quiso ir conmigo.
3. En lo más ________ de mi corazón, guardo el recuerdo de mi primera novela.
4. Ayer salí ________ en la televisión y me invitaron a participar en otro programa la semana que viene.

**Conexión personal** ¿Cómo te entretenías cuando eras niño/a? ¿A qué jugabas? ¿Mirabas mucha televisión? ¿Tus padres establecían límites y horarios? ¿Qué harás tú cuando tengas hijos?

### Análisis literario: las formas verbales

Las formas verbales son un factor muy importante para tener en cuenta al analizar obras literarias. La elección de formas verbales es una decisión deliberada del autor y afecta al tono del texto. El uso de un registro formal o informal puede hacer el texto más o menos cercano al lector. La elección de tiempos verbales también puede tener efectos como involucrar o distanciar al lector, dar o quitar formalidad, hacer que la narración parezca más oral, etc. A medida que lees *Idilio*, presta atención a los tiempos verbales que usa Benedetti. ¿Qué tono dan a la historia estas elecciones deliberadas del autor?

Practice more at **vhlcentral.com.**

# IDILIO

Mario Benedetti

Audio: Dramatic Reading

La noche en que colocan a Osvaldo (tres años recién cumplidos) por primera vez frente a un televisor (se exhibe un drama británico de hondas resonancias), queda hipnotizado, la boca entreabierta°, los ojos redondos de estupor.

*half-opened*

La madre lo ve tan entregado al sortilegio° de las imágenes que se va tranquilamente a la cocina. Allí, mientras friega ollas y sartenes°, se olvida del niño. Horas más tarde se acuerda, pero piensa: "Se habrá dormido". Se seca las manos y va a buscarlo al living.

*surrendered to the magic*
*washes pots and pans*

La pantalla está vacía°, pero Osvaldo se mantiene en la misma postura y con igual mirada extática.

*blank*

—Vamos. A dormir —conmina° la madre.

*orders*

—No —dice Osvaldo con determinación.

—¿Ah, no? ¿Se puede saber por qué?

—Estoy esperando.

—¿A quién?

—A ella.

Y señaló el televisor.

—Ah. ¿Quién es ella?

—Ella.

Y Osvaldo vuelve a señalar la pantalla. Luego sonríe, candoroso°, esperanzado, exultante.

*innocent; naïve*

—Me dijo: "querido". ■

# Después de leer

## Idilio

Mario Benedetti

**1 Comprensión** Contesta las preguntas con oraciones completas.

1. ¿Cómo se llama el protagonista de esta historia?
2. ¿Cómo se queda el niño cuando está por primera vez delante del televisor?
3. ¿Qué hace la madre mientras Osvaldo mira la televisión?
4. Cuando la madre va a buscarlo horas más tarde, ¿cómo está la pantalla?
5. ¿Qué piensa Osvaldo que le dice la televisión?

**2 Interpretar** Contesta las preguntas.

1. Según Osvaldo, ¿quién le dijo "querido"? ¿Qué explicación lógica le puedes dar a esta situación?
2. En el cuento, la madre se olvida del hijo por varias horas. ¿Crees que este hecho es importante en la historia? ¿Crees que el final sería distinto si se tratara sólo de unos minutos frente al televisor?
3. ¿Crees que la televisión puede ser adictiva para los niños? ¿Y para los adultos? ¿Qué consecuencias crees que tiene la adicción a la televisión?

**3 Imaginar** En grupos, imaginen que un grupo de padres solicita una audiencia con el/la director(a) de programación infantil de una popular cadena de televisión. Los padres quieren sugerir cambios. Miren la programación y, después, contesten las preguntas.

**CANAL 7**

| 6:00 | 6:30 | 7:00 | 8:00 | 9:15 | 10:00 |
|---|---|---|---|---|---|
| **Trucos para la escuela** Cómo causar una buena impresión con poco esfuerzo | **Naturaleza viva** Documentales | **Mi familia latina** Divertida comedia sobre un joven estadounidense que va a México como estudiante de intercambio | **Historias policiales** Ladrones, crímenes y accidentes | **Buenas y curiosas** Noticiero alternativo que presenta noticias buenas y divertidas de todo el mundo | **Dibujos animados clásicos** Conoce los dibujos animados que miraban tus padres |

- ¿Qué programas quieren pedir que cambien? ¿Por qué?
- ¿Qué programas deben seguir en la programación?
- ¿Qué otros tipos de programas se pueden incluir?
- ¿Harían cambios en los horarios? ¿Qué cambios harían?

**4 Escribir** Piensa en alguna anécdota divertida de cuando eras niño/a. Cuenta la anécdota en un párrafo usando el tiempo presente.

**MODELO** Un día estoy con mi hermano en el patio de mi casa jugando a la pelota. De repente, …

Practice more at **vhlcentral.com.**

# Antes de leer

**Vocabulario**

| | |
|---|---|
| **la corrida** *bullfight* | **el ruedo** *arena* |
| **lidiar** *to fight (bulls)* | **torear** *to fight bulls* |
| **el/la matador(a)/el/la torero(a)** *bullfighter who kills the bull* | **el toreo** *bullfighting* |
| **la plaza de toros** *bullring* | **el/la torero/a** *bullfighter* |
| | **el traje de luces** *bullfighter's outfit (lit. costume of lights)* |

**El toreo** Completa las oraciones con palabras y frases del vocabulario.

1. Ernest Hemingway era un aficionado al ________. Asistió a muchas ________ y las describió en detalle en sus obras.
2. El ________ es la persona que mata al toro al final. Siempre lleva un ________ de colores brillantes.
3. Manolete fue un ________ español muy famoso que fue herido por un toro y que murió al poco tiempo.
4. No se permite que el público baje al ________ porque los toros pueden ser muy peligrosos.

**Conexión personal** ¿Conoces alguna costumbre local o alguna tradición estadounidense que cause mucha controversia? ¿Hay deportes que resultan muy problemáticos o controvertidos para algunas personas? ¿Por qué? ¿Cuál es tu opinión al respecto?

## Contexto cultural

En Fresnillo, México, en 1940 una mujer tomó una espada y se puso un traje de luces —una blusa y falda bordadas de adornos brillantes— para promover la causa de la igualdad en un terreno casi completamente dominado por los hombres: el toreo. **Juanita Cruz** había nacido en Madrid en 1917, cuando aún no se permitía a las mujeres torear a pie en el ruedo. En batalla constante contra obstáculos legales, Cruz consiguió lidiar en muchas corridas de toros en su país. Pero cuando terminó la guerra civil española, al ver que Franco imponía estrictamente las leyes de prohibición del toreo a las mujeres, Cruz dejó España y emigró a México, donde se convirtió en torera profesional. Fue todo un fenómeno, la primera gran matadora de la historia, y abrió camino para otras mujeres, como las españolas Cristina Sánchez y Mari Paz Vega. Hoy día la presencia de toreras añade otro nivel de controversia al debate constante y a veces apasionado del toreo. ¿Cuál es tu impresión? ¿Crees que la igualdad de sexos en el toreo es algo positivo o negativo? ¿Por qué?

Practice more at **vhlcentral.com.**

Audio: Reading

# El toreo: ¿Cultura o tortura?

Hay pocas cosas tan emblemáticas en el mundo hispano, y a la vez tan polémicas, como el toreo. Los días de corrida, hasta cuarenta mil aficionados se sientan en la Plaza Monumental de México, la plaza de toros más grande del mundo. Sin embargo, la opinión pública está profundamente dividida: algunos defienden con orgullo esta tradición que sobrevive desde tiempos antiguos y otros se levantan en protesta antes del final.

Las raíces° del toreo son diversas. Los celtibéricos dejaron en España restos de templos circulares, precursores de las plazas actuales, donde sacrificaban animales. Los griegos y romanos practicaban la matanza° ritual de toros en ceremonias públicas sagradas. Sin embargo, fue en la España del siglo XVIII donde se desarrolló° la corrida que conocemos y se introdujeron la muleta, una capa muy fácil de manejar, y el estoque, la espada del matador.

El aficionado de hoy considera que el toreo es más un rito° que un espectáculo, ciertamente no un deporte. Es una lucha desigual, a muerte, entre una persona —armada con sólo la capa la mayor parte del tiempo— y el toro, bestia que pesa° hasta más de media tonelada. El torero se prepara para el duelo como para una ceremonia: se viste con el traje de luces tradicional y actúa dirigido por el ritmo de la música. Se enfrenta al animal con su arte y su inteligencia, y generalmente gana, aunque no siempre. El riesgo° de una cornada° grave forma parte de la realidad del torero, que en su baile peligroso muestra su talento y su belleza. Para el defensor de las corridas, no matar al toro al final es como jugar con él, una falta de respeto al animal, al público y a la tradición.

**“El toreo es cabeza y plasticidad, porque a fuerza siempre gana el toro.”**

Quienes se oponen a las corridas dicen que es una lucha injusta y cruel. Hay gente que piensa que el toreo es una barbarie° similar a la de los juegos de los romanos, una costumbre primitiva que no tiene sentido en una sociedad moderna y civilizada. Protestan contra la crueldad de una muerte lenta y prolongada, dedicada al entretenimiento. En respuesta a las protestas, en algunos países ha aparecido una alternativa, la “corrida sin sangre°”, donde no se permite hacer daño físico° al toro. Pero otros sostienen que esta corrida tortura igualmente a la bestia y, por tanto, han prohibido el toreo por completo. En julio de 2010, el Parlamento catalán abolió las corridas de toros en Cataluña, España, con 68 votos a favor de la prohibición y 55 en contra.

Por último, a algunas personas les indigna la idea machista de que sólo un hombre tiene la fuerza y el coraje para lidiar. Las toreras pioneras como Juanita Cruz tuvieron que coserse° su propio traje de luces, con falda en vez de pantalón, y cruzar océanos para poder ejercer su profesión. Incluso en tiempos recientes, algunos toreros célebres como el español Jesulín de Ubrique se han negado° a lidiar junto a una mujer.

La torera más famosa de nuestra época, Cristina Sánchez, sostiene que no es necesario ser hombre para lidiar con éxito: “El toreo es cabeza y plasticidad°, porque a fuerza siempre gana el toro.” En su opinión, el derecho de torear es incuestionable, una parte de la cultura hispana. No obstante, su profesión provoca tanta división que a veces el duelo entre la bestia y la persona es empequeñecido° por la batalla entre las personas. ■

*origins* · *slaughter* · *developed* · *rite* · *weighs* · *risk* · *goring* · *barbarity* · *bloodless bullfight* · *to hurt* · *to sew* · *have refused* · *agility* · *dwarfed*

## ¿Dónde hay corridas?

**Toreo legalizado:** España, México, Colombia, Ecuador, Perú, Venezuela, Francia

**Corridas sin sangre:** Bolivia, Nicaragua, Estados Unidos, Portugal

**Toreo ilegalizado:** Argentina, Chile, Cuba, Uruguay

## ¡Olé! ¡Olé!

El público también tiene su papel en las corridas: evalúa el talento del torero. La interjección “¡olé!” se oye frecuentemente para celebrar una acción particularmente brillante y expresar admiración. De origen árabe, contiene la palabra “alá” (Dios) y significa literalmente “¡por Dios!”.

# Después de leer

## El toreo: ¿cultura o tortura?

**1 Comprensión** Responde a las preguntas con oraciones completas.

1. ¿En qué país se encuentra la plaza de toros más grande del mundo?
2. ¿Qué hacían los celtibéricos en sus templos circulares?
3. ¿Qué es el toreo según un aficionado?
4. ¿Cómo se prepara el torero para la corrida?
5. Para quienes se oponen al toreo, ¿cuáles son algunos de los problemas?
6. ¿Qué es una "corrida sin sangre"?
7. ¿Qué sucedió en Cataluña en julio de 2010?
8. Según Cristina Sánchez, ¿sólo los hombres pueden lidiar bien?

**2 Opinión** Responde a las preguntas con oraciones completas.

1. ¿Te gustaría asistir a una corrida? ¿Por qué?
2. ¿Qué opinas del duelo entre toro y torero/a? ¿Hay algún aspecto especialmente problemático para ti?
3. ¿Qué piensas de las alternativas al toreo tradicional como la "corrida sin sangre"? ¿Es una solución adecuada para proteger a los animales?
4. En tu opinión, ¿es más cruel la vida de un toro destinado al toreo o la de una vaca destinada a una carnicería?

**3 ¿Qué piensan?** Trabajen en parejas para contestar las preguntas. Luego, compartan sus respuestas con la clase.

1. Un eslogan conocido en las protestas antitaurinas es: "Tortura no es arte ni cultura". ¿Qué significa esta frase?
2. ¿Hay acciones cuestionables que se justifiquen porque son parte de una costumbre o tradición? ¿Cuál es la postura de ustedes en el debate? ¿Por qué?
3. ¿Es apropiado tener una opinión sobre las tradiciones de culturas diferentes a la tuya o es necesario aceptar sin criticar?
4. ¿Creen que el gobierno tiene derecho a reglamentar (*regulate*) o prohibir tradiciones o costumbres? Den ejemplos.

**4 Postales** Imagina que viajas a México y unos amigos te invitan a una corrida de toros. Escribe una postal a tu familia para contarles tu experiencia. Usa estas preguntas como guía: ¿Aceptaste la invitación o no? ¿Por qué? Si fuiste a la corrida, ¿qué te pareció? ¿Te sentiste obligado/a a asistir por respeto a la cultura local?

**MODELO** Querida familia: Les escribo desde Guadalajara, una ciudad al noroeste de México. No saben dónde me llevaron mis amigos este fin de semana...

**5 Animales** En parejas, hagan una lista de tradiciones, costumbres o deportes en los que las personas utilizan a los animales como entretenimiento. Después, compartan su lista con el resto de la clase y debatan sobre qué actividades son perjudiciales para los animales y cuáles no. Justifiquen sus respuestas.

Practice more at **vhlcentral.com.**

# Atando cabos

## ¡A conversar!

**La música y el deporte** Trabajen en grupos de cuatro o cinco para preparar una presentación sobre un(a) cantante o deportista latino/a famoso/a.

### Presentaciones

**Tema:** Pueden preparar una presentación sobre un(a) cantante o deportista famoso/a que les guste.

**Investigación:** Busquen información en Internet o en la biblioteca. Una vez reunida la información necesaria, elijan los puntos más importantes y seleccionen material audiovisual. Informen a su profesor(a) acerca de estos materiales para contar con los medios necesarios el día de la presentación.

**Organización:** Hagan un esquema (*outline*) que los ayude a planear la presentación.

**Presentación:** Traten de promover la participación a través de preguntas y alternen la charla con los materiales audiovisuales. Recuerden tener a mano los materiales de la investigación para responder preguntas adicionales de sus compañeros.

## ¡A escribir!

**Correo electrónico** Imagina que tus padres vienen a visitarte por un fin de semana. Llevas varios días haciendo planes para que el fin de semana sea perfecto y tienes miedo de que tu novio/a arruine tus planes. Mándale un mensaje por correo electrónico para recordarle lo que debe hacer.

### Plan de redacción

**Un saludo informal:** Comienza tu mensaje con un saludo informal, como: **Hola**, **Qué tal**, **Qué onda**, etc.

**Contenido:** Organiza tus ideas para no olvidarte de nada.

1. Escribe una breve introducción para recordarle a tu novio/a qué cosas les gustan a tus padres y qué cosas no. Puedes usar estas expresiones: **(no) les gusta**, **les fascina**, **les encanta**, **les aburre**, **(no) les interesa**, **(no) les molesta.**
2. Recuérdale que tus padres son formales y elegantes, y explícale que tiene que arreglarse un poco para la ocasión. Usa expresiones como: **quitarse el arete**, **afeitarse**, **vestirse mejor**, **peinarse**, etc.
3. Recuérdale dónde van a encontrarse.

**Despedida:** Termina el mensaje con un saludo informal de despedida.

# 2 VOCABULARIO

Vocabulary Tools

## La música y el teatro

| | |
|---|---|
| **el álbum** | *album* |
| **el asiento** | *seat* |
| **el/la cantante** | *singer* |
| **el concierto** | *concert* |
| **el conjunto/grupo musical** | *musical group; band* |
| **el escenario** | *scenery; stage* |
| **el espectáculo** | *show* |
| **el estreno** | *premiere* |
| **la función** | *performance (theater; movie)* |
| **el/la músico/a** | *musician* |
| **la obra de teatro** | *play* |
| **la taquilla** | *box office* |
| **aplaudir** | *to applaud* |
| **conseguir (e:i) boletos/entradas** | *to get tickets* |
| **hacer cola** | *to wait in line* |
| **poner música** | *to play music* |

## Los lugares de recreo

| | |
|---|---|
| **el cine** | *movie theater* |
| **el circo** | *circus* |
| **la discoteca** | *night club* |
| **la feria** | *fair* |
| **el festival** | *festival* |
| **el parque de atracciones** | *amusement park* |
| **el zoológico** | *zoo* |

## Los deportes

| | |
|---|---|
| **el/la árbitro/a** | *referee* |
| **el campeón/la campeona** | *champion* |
| **el campeonato** | *championship* |
| **el club deportivo** | *sports club* |
| **el/la deportista** | *athlete* |
| **el empate** | *tie (game)* |
| **el/la entrenador(a)** | *coach; trainer* |
| **el equipo** | *team* |
| **el/la espectador(a)** | *spectator* |
| **el torneo** | *tournament* |
| **anotar/marcar (un gol/un punto)** | *to score (a goal/ a point)* |
| **desafiar** | *to challenge* |
| **empatar** | *to tie (games)* |
| **ganar/perder (e:ie) un partido** | *to win/lose a game* |
| **vencer** | *to defeat* |

## Las diversiones

| | |
|---|---|
| **el ajedrez** | *chess* |
| **el billar** | *pool; billiards* |
| **el boliche** | *bowling* |
| **las cartas/los naipes** | *(playing) cards* |
| **los dardos** | *darts* |
| **el juego de mesa** | *board game* |
| **el pasatiempo** | *pastime* |
| **la televisión** | *television* |
| **el tiempo libre/los ratos libres** | *free time* |
| **el videojuego** | *video game* |
| **aburrirse** | *to get bored* |
| **alquilar una película** | *to rent a movie* |
| **brindar** | *to make a toast* |
| **celebrar/festejar** | *to celebrate* |
| **dar un paseo** | *to take a stroll/walk* |
| **disfrutar (de)** | *to enjoy* |
| **divertirse (e:ie)** | *to have fun* |
| **entretener(se) (e:ie)** | *to amuse (oneself)* |
| **gustar** | *to like* |
| **reunirse (con)** | *to get together (with)* |
| **salir (a comer)** | *to go out (to eat)* |
| **aficionado/a (a)** | *enthusiastic about; a fan (of)* |
| **animado/a** | *lively* |
| **divertido/a** | *fun* |
| **entretenido/a** | *entertaining* |

## Más vocabulario

| | |
|---|---|
| **Expresiones útiles** | *Ver p. 47* |
| **Estructura** | *Ver pp. 54–55, 58–59 y 62–63* |

## Cinemateca

| | |
|---|---|
| **el huerteado** | *produce (Col.)* |
| **la mazorca** | *ear of corn* |
| **la plata** | *money* |
| **el tiple** | *12-string Colombian guitar* |
| **coger la caña** | *to accept (Col.)* |
| **equivocarse** | *to be mistaken* |
| **mejorarse** | *to get better* |
| **quedar** | *to agree on* |
| **rogar** | *to beg* |
| **bendito/a** | *blessed* |
| **prestado/a** | *borrowed* |
| **¿Cómo así?** | *How come?* |
| **¡Siga!** | *Come in!* |
| **su merced** | *you (form.)* |

## Literatura

| | |
|---|---|
| **la imagen** | *image; picture* |
| **la pantalla** | *(television) screen* |
| **el televisor** | *television set* |
| **colocar** | *to place* |
| **señalar** | *to point at* |
| **hondo/a** | *deep* |
| **redondo/a** | *round* |
| **por primera/última vez** | *for the first/last time* |

## Cultura

| | |
|---|---|
| **la corrida** | *bullfight* |
| **el/la matador(a)** | *bullfighter (who kills the bull)* |
| **la plaza de toros** | *bullring* |
| **el ruedo** | *arena* |
| **el toreo** | *bullfighting* |
| **el/la torero/a** | *bullfighter* |
| **el traje de luces** | *bullfighter's outfit (lit. costume of lights)* |
| **lidiar** | *to fight (bulls)* |
| **torear** | *to fight bulls* |

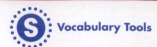

# La vida diaria

3

**Communicative Goals**

**You will expand your ability to…**

- narrate in the past
- express completed past actions
- express habitual or ongoing past events and conditions

Vocabulary Tools

# La vida diaria

## En casa

**el balcón** *balcony*

**la escalera** *staircase*
**el hogar** *home; fireplace*
**la limpieza** *cleaning*
**los muebles** *furniture*
**los quehaceres** *chores*

**apagar** *to turn off*
**barrer** *to sweep*
**calentar (e:ie)** *to warm up*
**cocinar** *to cook*
**encender (e:ie)** *to turn on*
**freír (e:i)** *to fry*
**hervir (e:ie)** *to boil*
**lavar** *to wash*
**limpiar** *to clean*
**pasar la aspiradora** *to vacuum*
**poner/quitar la mesa** *to set/clear the table*
**quitar el polvo** *to dust*
**tocar el timbre** *to ring the doorbell*

## De compras

**el centro comercial** *mall*
**el dinero en efectivo** *cash*
**la ganga** *bargain*
**el probador** *dressing room*
**el reembolso** *refund*
**el supermercado** *supermarket*
**la tarjeta de crédito/débito** *credit/debit card*

**devolver (o:ue)** *to return (items)*
**hacer mandados** *to run errands*
**ir de compras** *to go shopping*
**probarse (o:ue)** *to try on*
**seleccionar** *to select; to pick out*

**auténtico/a** *genuine*
**barato/a** *inexpensive*
**caro/a** *expensive*

Camila **fue de compras** al **supermercado**, decidida a gastar lo menos posible. **Seleccionó** los productos más **baratos** y pagó con **dinero en efectivo**.

## Expresiones

**a menudo** *often*
**a propósito** *on purpose*
**a tiempo** *on time*
**a veces** *sometimes*
**apenas** *hardly; scarcely*
**así** *like this; so*
**bastante** *quite; enough*
**casi** *almost*
**casi nunca** *rarely*
**de repente** *suddenly*
**de vez en cuando** *once in a while*
**en aquel entonces** *at that time*
**en el acto** *on the spot*
**enseguida** *right away*
**por casualidad** *by chance*

## La vida diaria

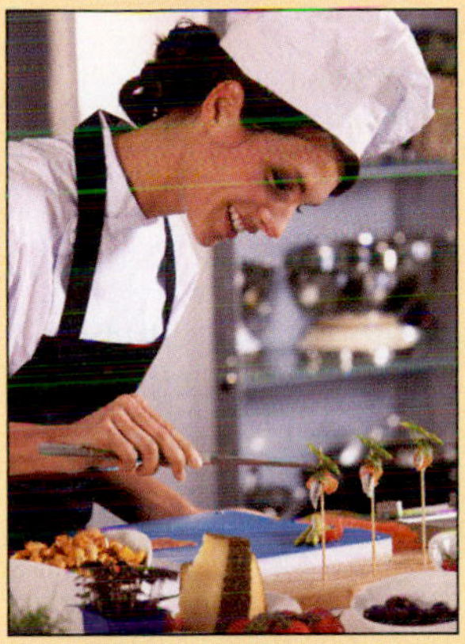

Desde que comenzó a trabajar en un restaurante, Emilia ha tenido que **acostumbrarse** al **horario** de chef. ¡La nueva **rutina** no es tan fácil! **Suele** volver a la casa después de la medianoche.

**la agenda** *schedule*
**la costumbre** *custom; habit*
**el horario** *schedule*
**la rutina** *routine*
**la soledad** *solitude; loneliness*

**acostumbrarse (a)** *to get used to*
**arreglarse** *to get ready*
**averiguar** *to find out*
**probar (o:ue) (a)** *to try*
**soler (o:ue)** *to be in the habit of*

**atrasado/a** *late*
**cotidiano/a** *everyday*
**diario/a** *daily*
**inesperado/a** *unexpected*

# Práctica

**1 Escuchar**

**A.** Escucha lo que dice Julián y luego decide si las oraciones son **ciertas** o **falsas**. Corrige las falsas.

1. Julián tiene muchas cosas que hacer.
2. Julián está en un supermercado.
3. Julián tiene que quitar el polvo de los muebles y pasar la aspiradora.
4. Él siempre sabe dónde está todo.
5. Él encuentra su tarjeta de crédito debajo de la escalera.
6. Julián recibe una visita inesperada.

**B.** Escucha la conversación entre Julián y la visita inesperada y después contesta las preguntas con oraciones completas.

1. ¿Quién está tocando el timbre?
2. ¿Qué tiene que hacer ella?
3. ¿Qué quiere devolver?
4. ¿Eran caros los pantalones?
5. ¿Qué hace Julián antes de ir al centro comercial con ella?
6. ¿Es seguro que María puede devolver los pantalones? ¿Por qué?

**2 No pertenece** Indica qué palabra no pertenece a cada grupo.

1. limpiar–pasar la aspiradora–barrer–calentar
2. de repente–auténtico–casi nunca–enseguida
3. balcón–escalera–muebles–soler
4. hacer mandados–a tiempo–ir de compras–probarse
5. costumbre–rutina–cotidiano–apagar
6. quitar el polvo–barato–caro–ganga
7. quehaceres–hogar–soledad–limpieza
8. barrer–acostumbrarse–soler–cotidiano

# Práctica

**3** **Julián y María** Completa el párrafo con las palabras o expresiones de la lista.

| | | | |
|---|---|---|---|
| a diario | cotidiano | horario | soledad |
| a tiempo | en aquel entonces | por casualidad | soler |

Julián y María se conocieron un día (1) ____________ en el supermercado. Julián estaba muy contento por haber conocido a María porque, (2) ____________, él era nuevo en el barrio y no conocía a nadie. A él no le gusta la (3) ____________. Desde aquel día, se ven casi (4) ____________. Durante la semana, ellos (5) ____________ quedar para tomar un café después del trabajo, pues los dos tienen (6) ____________ similares.

**4** **Una agenda muy ocupada** Sara tiene mucho que hacer antes de su cita con Carlos esta noche. Ha apuntado todo en su agenda, pero está muy atrasada.

**A.** En parejas, comparen el horario de Sara con la hora en que realmente hace cada actividad.

**VIERNES, 15 DE OCTUBRE**

| | | | |
|---|---|---|---|
| 1:00 | *¡Hacer mandados!* | 5:00 | *Hacer la limpieza* |
| 2:00 | *Banco: depositar un cheque* | 6:00 | *Cocinar, poner la mesa* |
| 3:00 | *Centro comercial: comprar vestido* | 7:00 | *Arreglarme* |
| 4:00 | *Supermercado: pollo, arroz, verduras* | 8:00 | *Cita con Carlos* ♡ |

**MODELO** —¿A qué hora deposita su cheque en el banco?
—Sara quiere depositarlo a las dos, pero no logra hacerlo hasta las dos y media.

2:30

1. 

4:00

2. 

5:30

3. 

6:45

4. 

7:30

5. 

7:45

6. 

8:00

**B.** Ahora, improvisen una conversación entre Carlos y Sara. ¿Creen que los dos lo van a pasar bien? ¿Creen que van a tener otra cita?

Practice more at **vhlcentral.com.**

# Comunicación

## 5 Los quehaceres

**A.** En grupos de cuatro, túrnense para preguntar con qué frecuencia sus compañeros hacen los quehaceres de la lista. Combinen palabras de cada columna en sus respuestas y añadan sus propias ideas.

| | | |
|---|---|---|
| barrer | almuerzo | todos los días |
| cocinar | aspiradora | a menudo |
| lavar | balcón | a veces |
| limpiar | cuarto | de vez en cuando |
| pasar | polvo | casi nunca |
| quitar | ropa | nunca |

**MODELO** —¿Con qué frecuencia barres el balcón?
—Lo barro de vez en cuando, especialmente si vienen invitados.

**B.** Ahora, compartan la información con la clase y decidan quién es la persona más ordenada y la más desordenada.

## 6 Agendas personales

**A.** Primero, escribe tu horario para esta semana. Incluye algunas costumbres de tu rutina diaria y también actividades inesperadas de esta semana.

lunes

martes

miércoles

jueves

viernes

sábado

domingo

**B.** En parejas, pregúntense sobre sus horarios. Comparen sus rutinas diarias y los eventos de esta semana. ¿Tienen costumbres parecidas? ¿Tienen algunas actividades en común? ¿Cuáles?

**C.** Utiliza la información para escribir un párrafo breve sobre la vida cotidiana de tu compañero/a. ¿Le gusta la rutina? ¿Disfruta de lo inesperado? ¿Llena su agenda con actividades sociales o prefiere estar en casa? Comparte tu párrafo con la clase.

Video

**Diana y Fabiola conversan sobre la vida diaria. Aguayo pide ayuda con la limpieza, pero casi todos tienen excusas.**

**FABIOLA** Odio los lunes.

**DIANA** Cuando tengas tres hijos, un marido y una suegra, odiarás los fines de semana.

**FABIOLA** ¿Discutes a menudo con tu familia?

**DIANA** Siempre tenemos discusiones. La mitad las ganan mis hijos y mi esposo. Mi suegra gana la otra mitad.

**FABIOLA** ¿Te ayudan en las tareas del hogar?

**DIANA** Ayudan, pero casi no hay tiempo para nada. Hoy tengo que ir de compras con la mayor de mis hijas.

**FABIOLA** ¿Y por qué no va ella sola?

**DIANA** Hay tres grupos que gastan el dinero ajeno, Fabiola: los políticos, los ladrones y los hijos… Los tres necesitan supervisión.

**FABIOLA** Tengan cuidado en las tiendas. Hace dos meses andaba de compras y me robaron la tarjeta de crédito.

**DIANA** ¿Y fuiste a la policía?

**FABIOLA** No.

**DIANA** ¿Lo dices así, tranquilamente? Te van a arruinar.

**FABIOLA** No creas. El que me la robó la usa menos que yo.

*Más tarde en la cocina…*

**AGUAYO** El señor de la limpieza dejó un recado diciendo que estaba enfermo. Voy a pasar la aspiradora a la hora del almuerzo. Si alguien desea ayudar…

**FABIOLA** Tengo una agenda muy llena para el almuerzo.

**DIANA** Yo tengo una reunión con un cliente.

**ÉRIC** Tengo que… Tengo que ir al banco. Sí. Voy a pedir un préstamo.

**JOHNNY** Yo tengo que ir al dentista. No voy desde la última vez… Necesito una limpieza.

*Aguayo y Mariela se quedan solos.*

*Diana regresa del almuerzo con unos dulces.*

**DIANA** Les traje unos dulces para premiar su esfuerzo.

**AGUAYO** Gracias. Los probaría todos, pero estoy a dieta.

**DIANA** ¡Qué bien! Yo también estoy a dieta.

**MARIELA** ¡Pero si estás comiendo!

**DIANA** Sí, pero sin ganas.

**Personajes**

AGUAYO

DIANA

ÉRIC

FABIOLA

JOHNNY

MARIELA

4

*En la oficina de Aguayo...*

**MARIELA** ¿Necesita ayuda?

**AGUAYO** No logro hacer que funcione.

**MARIELA** Creo que Diana tiene una pequeña caja de herramientas.

**AGUAYO** ¡Cierto!

*Aguayo sale de la oficina. Mariela le da una patada a la aspiradora.*

5

**AGUAYO** ¡Aceite lubricante y cinta adhesiva! ¿Son todas las herramientas que tienes?

**DIANA** ¡Claro! Es todo lo que necesito. La cinta para lo que se mueva y el aceite para lo que no se mueva.

*Se escucha el ruido de la aspiradora encendida.*

**AGUAYO** Oye... ¿Cómo lo lograste?

**MARIELA** Fácil... Me acordé de mi ex.

9

*Fabiola y Johnny llegan a la oficina. Mariela está terminando de limpiar.*

**JOHNNY** ¡Qué pena que no llegué a tiempo para ayudarte!

**FABIOLA** Lo mismo digo yo. Y eso que almorcé tan deprisa que no comí postre.

**MARIELA** Si gustan, quedan dos dulces en la cocina. Están riquísimos... (*habla sola mirando el aerosol*) Y no hubiera sido mala idea echarles un poco de esto.

10

*Johnny y Fabiola vuelven de la cocina.*

**JOHNNY** Qué descortés eres, Fabiola. Si yo hubiera llegado primero, te habría dejado el dulce grande a ti.

**FABIOLA** ¿De qué te quejas, entonces? Tienes lo que querías y yo también. Por cierto, ¿no estuviste en el dentista?

**JOHNNY** Los dulces son la mejor anestesia.

## Expresiones útiles

### Talking about the past

**No llegué a tiempo para ayudarte.**
*I didn't get here on time to help you.*

**¿Y fuiste a la policía?**
*And did you go to the police?*

**El señor de la limpieza dejó un recado.**
*The cleaner left a message.*

**Tienes lo que querías.**
*You have what you wanted.*

**Estaba enfermo.**
*He was sick.*

### Expressing strong dislikes

**¡Odio... !**
*I hate...!*

**¡No me gusta nada... !**
*I don't like... at all!*

**Detesto...**
*I detest...*

**No soporto...**
*I can't stand...*

**Estoy harto/a de...**
*I am fed up with...*

### Additional vocabulary

**acordarse** *to remember*
**ajeno/a** *somebody else's*
**andar** *to be (doing something); to walk*
**la caja de herramientas** *toolbox*
**el ladrón/la ladrona** *thief*
**lograr** *to manage to; to achieve*
**la mitad** *half*
**la patada** *kick*
**premiar** *to give a prize*
**¡Qué pena!** *What a shame!*

# Comprensión

**1 ¿Quién lo dijo?** Indica quién dijo estas oraciones.

Aguayo

Diana

Éric

Fabiola

Johnny

Mariela

_________ 1. ¿Necesita ayuda?
_________ 2. Si alguien desea ayudar…
_________ 3. Tengo una agenda muy llena.
_________ 4. Tengo una reunión con un cliente.
_________ 5. Tengo que ir al banco.
_________ 6. Tengo que ir al dentista.

**2 Relacionar** Escribe oraciones que conecten las frases de las dos columnas usando **porque**.

___ 1. Diana odia los fines de semana…
___ 2. Diana quiere ir de compras con su hija…
___ 3. Fabiola dice que tengan cuidado en las tiendas…
___ 4. Fabiola no fue a la policía…
___ 5. Aguayo pasará la aspiradora…
___ 6. Aguayo no prueba los dulces…

a. está a dieta.
b. el ladrón usa la tarjeta de crédito menos que ella.
c. hace dos meses le robaron la tarjeta de crédito.
d. el señor que limpia está enfermo.
e. no quiere que gaste mucho dinero.
f. discute mucho con su familia.

**3 Seleccionar** Selecciona la opción que expresa la misma idea.

1. Odio los lunes.
   a. No soporto los lunes. b. No detesto los lunes. c. Me gustan los lunes.
2. Tengo una agenda muy llena para el almuerzo.
   a. Tengo planeado un almuerzo. b. Tengo muchas tareas a la hora del almuerzo. c. No tengo mi agenda aquí.
3. Tienes lo que quieres.
   a. Tu deseo se cumplió. b. Tienes razón. c. Te quiero.
4. Lo mismo digo yo.
   a. ¡Ni modo! b. No creas. c. Estoy de acuerdo.

Practice more at **vhlcentral.com.**

# Ampliación

**4** **Excusas falsas** Aguayo pide ayuda para limpiar la oficina, pero sus compañeros le dan excusas. Escribe qué preguntas puede hacer Aguayo para descubrir sus mentiras. Después, en grupos de cinco, representen a los personajes y dramaticen la situación.

**5** **Opiniones** En grupos de tres, contesten las preguntas. Si es posible, den ejemplos de la vida cotidiana.

1. ¿Está justificado a veces dar excusas falsas? ¿Por qué?
2. Describe una situación en la que hayas dado una excusa falsa. ¿Por qué lo hiciste? ¿Se enteraron los demás?
3. ¿Es mejor decir siempre la verdad? ¿Por qué?

**6** **Apuntes culturales** En parejas, lean los párrafos y contesten las preguntas.

### La agenda diaria

¡Diana se queja de que no hay tiempo para nada! En muchos países hispanos, las horas del día se expresan utilizando números del 0 al 23. Muchas agendas en español usan este horario modelo, es decir que las **10 p.m.** serían las **22:00**. ¡Pobre Diana! ¡Con tanto trabajo, necesita que el día tenga más horas!

### La hora del almuerzo

Fabiola tiene una agenda muy ocupada para el almuerzo. En España y en algunos pueblos de Latinoamérica, este descanso suele ser de 13:00 a 16:00. Los que trabajan cerca vuelven a sus casas, pero en las grandes ciudades algunas personas lo aprovechan, además, para hacer mandados, compras o ir al gimnasio. ¿Qué tendrá que hacer Fabiola que sea más importante que limpiar la oficina?

### ¿Servicios bancarios en el supermercado?

Éric tiene que ir al banco a pedir un préstamo. En Hispanoamérica, la mayoría de los préstamos y los pagos de servicios se realizan en el banco. Y en países como Argentina, Costa Rica y Perú, las cuentas de gas, electricidad y teléfono también se pueden pagar en el supermercado.

1. ¿Cómo se pueden escribir las *2 p.m.* y las *8 p.m.* en español?
2. En tu país, ¿cuánto tiempo se toman normalmente los empleados para almorzar? ¿Qué hacen durante ese descanso?
3. ¿Cuáles son los horarios comerciales de la ciudad donde vives? ¿Te parecen suficientes?
4. ¿A qué hora sueles almorzar? ¿Dónde?
5. ¿Cómo pagas los servicios como la electricidad y el teléfono? ¿Te resulta conveniente tu método de pago? ¿Te gustaría poder pagarlos en el supermercado? ¿Por qué?

## En detalle

ESPAÑA

# LA FAMILIA REAL

La familia real española durante un acto oficial.

**En 1492, Isabel de Castilla y Fernando de Aragón se casaron, unieron sus reinos y formaron lo que hoy conocemos como España.** Más de 500 años después, en 2014, Felipe VI de Borbón se convirtió en el último rey de esta vieja nación. La proclamación del nuevo rey se produjo después de que su padre Juan Carlos I decidió abdicar°, dando fin a un largo reinado° (1975–2014) de prosperidad, que empezó con la llamada "transición democrática". ¿En qué consistió esa transición? España vivió 40 años bajo la dictadura de Francisco Franco. Al final de su mandato, el dictador quiso que el entonces príncipe Juan Carlos fuera su sucesor; pero tras la muerte de Franco en 1975, el Rey decidió integrar a España en la comunidad de naciones democráticas de Europa. Gracias al carisma de Juan Carlos I, y a su protagonismo en el camino hacia la libertad, la Corona° tuvo un gran respaldo popular. Sin embargo, la monarquía quedó afectada con la larga crisis económica y política que comenzó en 2008. Además, Cristina de Borbón, una de las hijas del rey, y su marido tuvieron problemas con la justicia.

Casi cuarenta años después de que Juan Carlos fue coronado rey, su hijo Felipe VI se enfrenta a una segunda transición: dar sentido a la monarquía en la era de Internet. Su esposa, doña Letizia, que fue periodista antes que reina, lo está ayudando a conseguirlo: aunque Felipe VI no tiene el carisma natural de su padre, es un comunicador mucho más eficaz.

La sociedad española parece haber recibido bien esta renovación en la familia real, formada por Juan Carlos I, doña Sofía, los reyes Felipe y Letizia, y las hijas de éstos, la princesa Leonor y la infanta° Sofía. Según las encuestas, cuando Juan Carlos I anunció que abdicaría en su hijo, la popularidad de la Corona aumentó y la monarquía empezó a recuperar su prestigio. La segunda transición ya está en marcha. ■

### ¿Futura reina?

La **princesa Leonor** es la primogénita° del **rey Felipe VI**. Sin embargo, si los monarcas tienen un hijo varón, él sería el heredero de la Corona. Para que esto cambie, se tendría que cambiar la Constitución española de 1978: la mayoría de los españoles apoyaría ese cambio.

**abdicar** *to abdicate* **reinado** *reign* **Corona** *Crown* **infanta** *princess* **primogénita** *first born*

## ASÍ LO DECIMOS

# La familia

**mima (Cu.)**, **amá (Col.)** — *mom*

**apá (Col.)**, **pipo (Cu.)** — *dad*

**tata (Arg. y Chi.)**, **yayo (Esp.)** — *grandpa*

**carnal (Méx.)** *brother, friend*

**carnala (Méx.)** *sister*

**carnalita (Méx.)** *little sister*

**m'hijo/a (Amér. L.)** *exp. to address a son or daughter*

**chavalo/a (Amér. C.)**, **chaval(a) (Esp.)** — *boy/girl*

## EL MUNDO HISPANOHABLANTE

# Las compras diarias

En España, las grandes tiendas y también muchas tiendas pequeñas cierran los domingos. Por eso, los españoles realizan todas sus compras durante el resto de la semana. En algunos casos, las grandes tiendas, como El Corte Inglés, abren un domingo al mes. Las panaderías abren todos los días de la semana, ya que el pan es un producto imprescindible para los españoles.

En México D.F. todavía hay escribidores, o escribanos, que escriben y leen cartas de amor. También escriben facturas, contratos y otros documentos. En México, la profesión de escribidor empezó en la década de 1950 y fue muy común, pero está a punto de desaparecer por culpa de las nuevas tecnologías de la comunicación.

En Nicaragua y otros países de Latinoamérica hay muchos vendedores ambulantes, como los mieleros que van vendiendo miel, queso y otros alimentos naturales por las casas.

## PERFIL

# LETIZIA ORTIZ

Letizia Ortiz nació en Oviedo el 15 de septiembre de 1972 en el seno de una familia trabajadora. Si alguien les hubiera dicho a sus padres que su hija iba a ser reina, seguramente lo habrían tomado por loco. Esta joven inteligente y emprendedora° estudió periodismo y ejerció su profesión en algunos de los mejores medios españoles: el periódico *ABC*, y los canales CNN plus y TVE. Cuando se formalizó el compromiso° con el entonces príncipe Felipe, Letizia tuvo que dejar de trabajar y empezó un entrenamiento particular para ser princesa, ya que al casarse se convertiría en Princesa de Asturias. Su relación con el Príncipe se distingue por no haber respondido a la formalidad que se espera en estos casos. Poco antes de la boda, un periodista le preguntó: "¿Y cómo se declara un príncipe?", a lo que Letizia contestó: "Como cualquier hombre que quiere a una mujer".

> "... a partir de ahora y de forma progresiva voy a integrarme y a dedicarme a esta nueva vida con las responsabilidades y obligaciones que conlleva." (Letizia Ortiz)

### Conexión Internet

¿Qué tareas oficiales realiza el rey de España como jefe del Estado?

Investiga sobre este tema en **vhlcentral.com.**

**emprendedora** *enterprising* **compromiso** *engagement*

# ¿Qué aprendiste?

**1 ¿Cierto o falso?** Indica si las oraciones son **ciertas** o **falsas**. Corrige las falsas.

1. El general Francisco Franco quería que Juan Carlos de Borbón fuera su sucesor.
2. Francisco Franco trabajó mucho para establecer la democracia en España.
3. El príncipe Felipe se convirtió en rey tras la muerte de su padre.
4. La dictadura de Franco también se conoce como transición.
5. El príncipe Felipe se casó con una presentadora de televisión.
6. Cristina de Borbón es soltera.
7. La Familia Real no ha tenido problemas.
8. A muchos españoles les gusta la familia real.

**2 Oraciones incompletas** Completa las oraciones.

1. Los padres de Letizia Ortiz son ________.
2. Letizia estudió ________.
3. Cristina de Borbón es la ________ del rey Felipe VI.
4. Felipe VI es un comunicador más eficaz que ________.
5. En España, las grandes tiendas abren ________.
6. En México, usan la palabra *carnala* para referirse a ________.

**3 Preguntas** Contesta las preguntas.

1. ¿Cuál es una forma cariñosa de referirse al padre en Cuba?
2. ¿Por qué crees que Letizia Ortiz tuvo que dejar de trabajar como periodista al convertirse en princesa?
3. ¿Es seguro que la princesa Leonor sea reina de España en el futuro?
4. ¿Crees que tienen sentido las monarquías en el siglo XXI? ¿Por qué?
5. Vuelve a leer la cita de Letizia Ortiz. ¿A qué responsabilidades y obligaciones crees que se refiere?
6. Muchos supermercados abren las 24 horas. ¿Crees que esto es necesario o crees que la gente está muy "malcriada" (*spoiled*)?

**4 Opiniones** En parejas, preparen dos listas. En una lista, anoten los elementos positivos de ser príncipe o princesa heredero/a y, en la otra, los elementos negativos que creen que puede tener. Guíense por estos planteamientos y otros.

- ¿Vale la pena ser rico y famoso si pierdes tu vida privada?
- ¿Estarías dispuesto/a a guardar los modales las 24 horas del día?
- ¿Serías capaz de cumplir con todas las responsabilidades que conlleva este cargo?

Practice more at **vhlcentral.com.**

## PROYECTO

### A domicilio

Existen muchos servicios a domicilio que facilitan la vida diaria. Además del ejemplo de los mieleros en Nicaragua, están los paseadores de perros, los supermercados con entrega a domicilio y las empresas que nos permiten recibir en casa libros o ropa por correo.

Imagina que vas a crear una empresa para ofrecer un servicio a domicilio.

Usa esta guía para preparar un folleto (*brochure*) sobre tu empresa. Describe:

- el servicio que vas a ofrecer y cómo se llama
- las principales características de tu servicio
- cómo va a facilitar la vida diaria de tus clientes

Flash Cultura

Video

# De compras en Barcelona

Hacer las compras tal vez te parezca una actividad aburrida y poco glamorosa, pero ¡te equivocas! En este episodio de **Flash Cultura** podrás pasear por el antiguo mercado de Barcelona y descubrir una manera distinta de elegir los mejores productos en tiendas especializadas.

## VOCABULARIO ÚTIL

**amplio/a** *wide*
**el buñuelo** *fritter*
**el carrito** *shopping cart*
**la charcutería** *delicatessen*
**la gamba** ***(Esp.)*** *shrimp*
**los mariscos** *seafood*
**las patas traseras** *hind legs*
**el puesto** *market stand*

**Preparación** ¿Qué productos españoles típicos conoces? ¿Cuál te gustaría probar más?

**Comprensión** Indica si estas afirmaciones son ciertas o falsas. Después, en parejas, corrijan las falsas.

1. Las Ramblas de Barcelona son amplias avenidas.
2. En La Boquería debes elegir un carrito a la entrada y pagar toda la compra al final.
3. Hay distintos tipos de jamón serrano, según la curación y la región.
4. Barcelona ofrece una gran variedad de marisco y pescado fresco porque es un puerto marítimo.
5. En España, la mayoría de las tiendas cierra al mediodía durante media hora.
6. Las panaderías abren todos los días menos los domingos.

**Expansión** En parejas, contesten estas preguntas.

- ¿Prefieres hacer las compras en tiendas pequeñas y mercados tradicionales o en un supermercado normal? ¿Por qué?
- ¿Te levantas temprano para comprar el pan o algún otro producto los domingos? ¿Qué producto es tan esencial para la gente de tu país como el pan para los españoles?
- ¿Te parece bien que las tiendas cierren a la hora de la siesta? ¿Para qué usarías tú todo ese tiempo?

Practice more at **vhlcentral.com.**

**Corresponsal:** Mari Carmen Ortiz
**País:** España

La Boquería es un paraíso para los sentidos: olores de comida, el bullicio° de la gente, colores vivos se abren a tu paso mientras haces tus compras.

Hay tiendas que nunca cierran a la hora de comer: las tiendas de moda y los grandes almacenes°. Pero aún éstas tienen que cerrar tres domingos al mes.

El jamón serrano es una comida típica española y es servido con frecuencia en los bares de tapas°.

**bullicio** *hubbub* **almacenes** *department stores* **tapas** *Spanish appetizers*

## 3.1 The preterite

- Spanish has two simple tenses to indicate actions in the past: the preterite (**el pretérito**) and the imperfect (**el imperfecto**). The preterite is used to describe actions or states that began or were completed at a definite time in the past.

**The preterite of regular *-ar*, *-er*, and *-ir* verbs**

| comprar | vender | abrir |
|---|---|---|
| compré | vendí | abrí |
| compraste | vendiste | abriste |
| compró | vendió | abrió |
| compramos | vendimos | abrimos |
| comprasteis | vendisteis | abristeis |
| compraron | vendieron | abrieron |

**TALLER DE CONSULTA**

**MANUAL DE GRAMÁTICA**
**Más práctica**

3.1 The preterite, p. A18
3.2 The imperfect, p. A19
3.3 The preterite vs. the imperfect, p. A20

**Más gramática**

3.4 Telling time, p. A21

**¡ATENCIÓN!**

In Spain, the present perfect (p. 256) is more commonly used to describe recent events.

- The preterite tense of regular verbs is formed by dropping the infinitive ending (**-ar**, **-er**, **-ir**) and adding the preterite endings. Note that the endings of regular **-er** and **-ir** verbs are identical in the preterite tense.
- The preterite of all regular and some irregular verbs requires a written accent on the preterite endings in the **yo, usted, él,** and **ella** forms.

Ayer **empecé** un nuevo trabajo.
*Yesterday I started a new job.*

Mi mamá **preparó** una cena deliciosa.
*My mom prepared a delicious dinner.*

- Verbs that end in **-car, -gar**, and **-zar** have a spelling change in the **yo** form of the preterite. All other forms are regular.

| | | | |
|---|---|---|---|
| buscar ▶ | busc- ▶ | -qu- ▶ | yo busqué |
| llegar ▶ | lleg- ▶ | -gu- ▶ | yo llegué |
| empezar ▶ | empez- ▶ | -c- ▶ | yo empecé |

- **Caer, creer, leer**, and **oír** change **-i-** to **-y-** in the third-person forms (**usted, él,** and **ella** forms and **ustedes, ellos,** and **ellas** forms) of the preterite. They also require a written accent on the **-i-** in all other forms.

| | |
|---|---|
| caer ▶ | caí, caíste, cayó, caímos, caísteis, cayeron |
| creer ▶ | creí, creíste, creyó, creímos, creísteis, creyeron |
| leer ▶ | leí, leíste, leyó, leímos, leísteis, leyeron |
| oír ▶ | oí, oíste, oyó, oímos, oísteis, oyeron |

- Verbs with infinitives ending in **-uir** change **-i-** to **-y-** in the third-person forms of the preterite.

| | |
|---|---|
| construir ▶ | construí, construiste, construyó, construimos, construisteis, construyeron |
| incluir ▶ | incluí, incluiste, incluyó, incluimos, incluisteis, incluyeron |

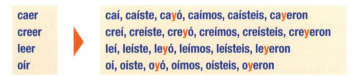

- Stem-changing **-ir** verbs also have a stem change in the third-person forms of the preterite. Stem-changing **-ar** and **-er** verbs do not have a stem change in the preterite.

| Preterite of *-ir* stem-changing verbs | | | |
|---|---|---|---|
| **pedir** | | **dormir** | |
| pedí | pedimos | dormí | dormimos |
| pediste | pedisteis | dormiste | dormisteis |
| p**i**dió | p**i**dieron | d**u**rmió | d**u**rmieron |

¡ATENCIÓN!

Other **-ir** stem-changing verbs include:

| | |
|---|---|
| conseguir | repetir |
| consentir | seguir |
| hervir | sentir |
| morir | servir |
| preferir | |

- A number of **-er** and **-ir** verbs have irregular preterite stems. Note that none of these verbs takes a written accent on the preterite endings.

Les traje unos dulces para premiar su esfuerzo.

Por cierto, ¿no estuviste en el dentista?

¡ATENCIÓN!

**Ser, ir, dar,** and **ver** also have irregular preterites. The preterite forms of **ser** and **ir** are identical.

**ser/ir**
fui, fuiste, fue, fuimos, fuisteis, fueron

**dar**
di, diste, dio, dimos, disteis, dieron

**ver**
vi, viste, vio, vimos, visteis, vieron

The preterite of **hay** is **hubo**.

**Hubo dos conciertos el viernes.**
*There were two concerts on Friday.*

### Preterite of irregular verbs

| Infinitive | u-stem | preterite forms |
|---|---|---|
| andar | anduv- | anduve, anduviste, anduvo, anduvimos, anduvisteis, anduvieron |
| estar | estuv- | estuve, estuviste, estuvo, estuvimos, estuvisteis, estuvieron |
| poder | pud- | pude, pudiste, pudo, pudimos, pudisteis, pudieron |
| poner | pus- | puse, pusiste, puso, pusimos, pusisteis, pusieron |
| saber | sup- | supe, supiste, supo, supimos, supisteis, supieron |
| tener | tuv- | tuve, tuviste, tuvo, tuvimos, tuvisteis, tuvieron |

| Infinitive | i-stem | preterite forms |
|---|---|---|
| hacer | hic- | hice, hiciste, hizo, hicimos, hicisteis, hicieron |
| querer | quis- | quise, quisiste, quiso, quisimos, quisisteis, quisieron |
| venir | vin- | vine, viniste, vino, vinimos, vinisteis, vinieron |

| Infinitive | j-stem | preterite forms |
|---|---|---|
| conducir | conduj- | conduje, condujiste, condujo, condujimos, condujisteis, condujeron |
| decir | dij- | dije, dijiste, dijo, dijimos, dijisteis, dijeron |
| traer | traj- | traje, trajiste, trajo, trajimos, trajisteis, trajeron |

- Note that the stem of **decir (dij-)** not only ends in **j**, but the stem vowel **e** changes to **i**. In the **usted, él,** and **ella** form of **hacer (hizo)**, **c** changes to **z** to maintain the pronunciation. Most verbs that end in **-cir** have **j**-stems in the preterite.

# Práctica

**TALLER DE CONSULTA**

**MANUAL DE GRAMÁTICA**
**Más práctica**
3.1 The preterite, p. A18

**1 Quehaceres** **Escribe la forma correcta del pretérito de los verbos indicados.**

1. El sábado pasado, mis compañeros de apartamento y yo _______ (hacer) la limpieza semanal.
2. Jorge _______ (barrer) el suelo de la cocina.
3. Yo _______ (pasar) la aspiradora por el salón.
4. Martín y Felipe _______ (quitar) los sillones para limpiarlos y después los _______ (volver) a poner en su lugar.
5. Yo _______ (lavar) toda la ropa sucia y la _______ (poner) en el armario.
6. Nosotros _______ (terminar) con todo en menos de una hora.
7. Luego, Martín _______ (abrir) el refrigerador.
8. Él _______ (ver) que no había nada de comer.
9. Felipe _______ (decir) que iría al supermercado. Todos nosotros _______ (decidir) acompañarlo.
10. Yo _______ (apagar) las luces y nosotros _______ (ir) al mercado.

**2 ¿Qué hicieron?** **Combina elementos de cada columna para narrar lo que hicieron las personas.**

**MODELO** Una vez, mis amigos y yo tuvimos que cocinar para cincuenta invitados.

| | | | |
|---|---|---|---|
| anoche | yo | conversar | ¿? |
| anteayer | mi compañero/a de cuarto | dar | ¿? |
| ayer | mis amigos/as | decir | ¿? |
| la semana pasada | el/la profesor(a) de español | ir | ¿? |
| una vez | mi novio/a | leer | ¿? |
| dos veces | | pedir | ¿? |
| | | tener que | ¿? |

**3 La última vez** **Con oraciones completas, indica cuándo fue la última vez que hiciste cada una de estas actividades. Da detalles en tus respuestas. Después comparte la información con la clase.**

**MODELO** **ir al cine**
La última vez que fui al cine fue en abril. La película que vi fue *Alicia en el país de las maravillas*...

1. hacer mandados
2. decir una mentira
3. andar atrasado/a
4. olvidar algo importante
5. devolver un regalo
6. ir de compras
7. oír una buena/mala noticia
8. encontrar una ganga increíble
9. probarse ropa en una tienda
10. comprar algo muy caro

Practice more at **vhlcentral.com.**

# Comunicación

**4** **La semana pasada** Recorre el salón de clase y averigua lo que hicieron tus compañeros durante la semana pasada. Anota el nombre de la primera persona que conteste que sí a cada una de las preguntas.

**MODELO** **ir al cine**
—¿Fuiste al cine durante la semana pasada?
—Sí, fui al cine y vi la última película de Cuarón./No, no fui al cine.

| Actividades | Nombre |
|---|---|
| 1. asistir a un partido de fútbol | ____________ |
| 2. cocinar para los amigos | ____________ |
| 3. conseguir una buena nota en una prueba | ____________ |
| 4. dar un consejo (*advice*) a un(a) amigo/a | ____________ |
| 5. dormirse en clase o en el laboratorio | ____________ |
| 6. estudiar toda la noche para un examen | ____________ |
| 7. enojarse con un(a) amigo/a | ____________ |
| 8. incluir un álbum de fotos en Facebook | ____________ |
| 9. ir a la oficina de un(a) profesor(a) | ____________ |
| 10. ir al centro comercial | ____________ |
| 11. pedir dinero prestado | ____________ |
| 12. perder algo importante | ____________ |
| 13. probarse un vestido/un traje elegante | ____________ |

**5** **Una fiesta** En parejas, túrnense para comentar la última fiesta que dieron o a la que asistieron.

- ocasión
- fecha y lugar
- organizador(a)
- invitados
- comida
- música
- actividades

**6** **Anécdotas**

**A.** Escribe dos anécdodas divertidas o curiosas que te ocurrieron en el pasado.

**MODELO** Una vez fui a una entrevista muy importante con un zapato de cada color...

**B.** Presenta una de tus historias ante la clase. Después, la clase votará por la anéctoda más divertida e interesante.

## 3.2 The imperfect

- The imperfect tense in Spanish is used to narrate past events without focusing on their beginning, end, or completion.

El recado decía que él estaba enfermo.

Siempre tenía problemas con la aspiradora.


- The imperfect tense of regular verbs is formed by dropping the infinitive ending (**-ar, -er, -ir**) and adding personal endings. **-Ar** verbs take the endings **-aba, -abas, -aba, -ábamos, -abais, -aban. -Er** and **-ir** verbs take **-ía, -ías, -ía, -íamos, -íais, -ían**.

**The imperfect of regular *-ar*, *-er*, and *-ir* verbs**

| caminar | deber | abrir |
|---|---|---|
| caminaba | debía | abría |
| caminabas | debías | abrías |
| caminaba | debía | abría |
| caminábamos | debíamos | abríamos |
| caminabais | debíais | abríais |
| caminaban | debían | abrían |

- **Ir, ser,** and **ver** are the only verbs that are irregular in the imperfect.

**The imperfect of irregular verbs**

| ir | ser | ver |
|---|---|---|
| iba | era | veía |
| ibas | eras | veías |
| iba | era | veía |
| íbamos | éramos | veíamos |
| ibais | erais | veíais |
| iban | eran | veían |

- The imperfect tense narrates what was going on at a certain time in the past. It often indicates what was happening in the background.

  Cuando yo **era** joven, **vivía** en una ciudad muy grande. Todas las semanas, mis padres y yo **íbamos** al centro comercial.
  *When I was young, I lived in a big city. Every week, my parents and I went to the mall.*

- The imperfect of **hay** is **había**.

  **Había** tres cajeras en el supermercado.
  *There were three cashiers in the supermarket.*

  Sólo **había** un mesero en el café.
  *There was only one waiter in the café.*

- These words and expressions are often used with the imperfect because they express habitual or repeated actions: **de niño/a** (*as a child*), **todos los días** (*every day*), **mientras** (*while*), **siempre** (*always*).

  **De niño, vivía** en un barrio de Madrid.
  *As a child, I lived in a Madrid neighborhood.*

  **Todos los días iba** a la casa de mi abuela.
  *Every day I went to my grandmother's house.*

  **Siempre escuchaba** música **mientras corría** en el parque.
  *I always listened to music while I ran in the park.*

Siempre dormía muy mal.
Nunca podía relajarme.
Estaba desesperado; no sabía qué hacer.
Ahora, mis problemas están
resueltos con mi nueva cama.
DORMALUX
LA CAMA DE TUS SUEÑOS

# Práctica

**TALLER DE CONSULTA**

**MANUAL DE GRAMÁTICA**
**Más práctica**

3.2 The imperfect, p. A19

1 **Granada** Escribe la forma correcta del imperfecto de los verbos indicados.

Granada, en el sur de España

Cuando yo (1) ________ (tener) veinte años, estuve en España por seis meses. (2) ________ (vivir) en Granada, una ciudad de Andalucía. (3) ________ (ser) estudiante en un programa de español para extranjeros. Entre semana, mis amigos y yo (4) ________ (estudiar) español por las mañanas. Por las tardes, (5) ________ (visitar) los lugares más interesantes de la ciudad para conocerla mejor. Los fines de semana, nosotros (6) ________ (ir) de excursión. (Nosotros) (7) ________ (visitar) ciudades y pueblos nuevos. Los paisajes (8) ________ (ser) maravillosos. Quiero volver pronto.

2 **Antes** En parejas, túrnense para hacerse preguntas usando estas frases. Sigan el modelo.

**MODELO** **levantarse tarde los lunes**
—¿Te levantas tarde los lunes?
—Ahora sí, pero antes nunca me levantaba tarde los lunes./Ahora no, pero antes siempre me levantaba tarde los lunes.

1. hacer los quehaceres del hogar
2. usar una agenda
3. ir de compras al centro comercial
4. pagar con tarjeta de crédito
5. trabajar por las tardes
6. preocuparse por el futuro

3 **Una historieta** En grupos de tres, creen una pequeña historieta (*comic*) explicando cómo era la vida diaria de un héroe o una heroína. Después, presenten sus historietas a la clase.

**MODELO** Superchica era una niña con un poder muy peculiar: podía volar...

Practice more at **vhlcentral.com.**

# Comunicación

**4 De niños**

**A.** Busca en la clase compañeros/as que hacían estas cosas cuando eran niños/as. Escribe el nombre de la primera persona que conteste afirmativamente cada pregunta.

**MODELO** **ir mucho al parque**
—¿Ibas mucho al parque?
—Sí, iba mucho al parque.

| ¿Qué hacían? | Nombre |
|---|---|
| 1. tener miedo de los monstruos | ____________ |
| 2. llorar todo el tiempo | ____________ |
| 3. siempre hacer su cama | ____________ |
| 4. ser muy travieso/a (*mischievous*) | ____________ |
| 5. romper los juguetes (*toys*) | ____________ |
| 6. darles muchos regalos a sus padres | ____________ |
| 7. comer muchos dulces | ____________ |
| 8. creer en fantasmas | ____________ |

**B.** Ahora, comparte con la clase los resultados de tu búsqueda.

**5 Antes y ahora** En parejas, comparen cómo ha cambiado la vida de Andrés en los últimos años. ¿Cómo era antes? ¿Cómo es ahora?

antes

ahora

**6 En aquel entonces**

**A.** Utiliza el imperfecto para escribir un párrafo sobre la vida diaria de un(a) pariente tuyo/a de otra época. ¿Cómo era su vida cotidiana? ¿Qué solía hacer para divertirse?

**B.** Ahora comparte tu párrafo con un(a) compañero/a. Pregúntense sobre los personajes y comparen la vida diaria de aquel entonces con la de hoy. ¿En qué aspectos era mejor la vida hace veinte años? ¿Hace cincuenta años? ¿Hace doscientos años? ¿En qué aspectos era peor?

## 3.3 The preterite vs. the imperfect

- Although the preterite and imperfect both express past actions or states, the two tenses have different uses and, therefore, are not interchangeable.

¿Cómo lograste encender la aspiradora? Antes no funcionaba.

Fácil... Me acordé de mi ex.


### Uses of the preterite

- To express actions or states viewed by the speaker as completed

  **Compraste** esos muebles hace un mes, ¿no?
  *You bought that furniture a month ago, right?*

  Mis amigas **fueron** al centro comercial ayer.
  *My girlfriends went to the mall yesterday.*

- To express the beginning or end of a past action

  La telenovela **empezó** a las ocho.
  *The soap opera began at eight o'clock.*

  Esta mañana se nos **acabó** el café.
  *We ran out of coffee this morning.*

- To narrate a series of past actions

  **Me levanté**, **me vestí** y **fui** a clase.
  *I got up, got dressed, and went to class.*

  **Lavamos** la ropa, **pasamos** la aspiradora y **quitamos** el polvo
  *We did the laundry, vacuumed, and dusted.*

### Uses of the imperfect

- To describe an ongoing past action without reference to beginning or end

  **Se acostaba** muy temprano.
  *He went to bed very early.*

  Juan siempre **tenía** pesadillas.
  *Juan always had nightmares.*

- To express habitual past actions

  Pedro **jugaba** al fútbol los domingos por la mañana.
  *Pedro liked to play soccer on Sunday mornings.*

  Los jueves **solían** comprar verduras en el mercado.
  *On Thursdays they used to buy vegetables in the market.*

- To describe mental, physical, and emotional states or conditions

  En aquel entonces José Miguel sólo **tenía** quince años.
  *At that time José Miguel was only fifteen.*

  **Estaba** tan hambriento que me comí medio pollo yo solo.
  *I was so hungry that I ate half a chicken, all by myself.*

- To tell time

  **Eran** las ocho y media de la mañana.
  *It was eight thirty a.m.*

  **Era** la una en punto.
  *It was exactly one o'clock.*

**TALLER DE CONSULTA**

To review telling time, see **Manual de gramática**, **3.4**, p. A21.

## Uses of the preterite and imperfect together

- When narrating in the past, the imperfect describes what *was happening*, while the preterite describes the action that *interrupts* the ongoing activity. The imperfect provides background information, while the preterite indicates specific events that advance the plot.

Cuando **conocí** a Julia los dos **teníamos** quince años. Ella **tocaba** muy bien el piano; me **dijo** que **quería** ser pianista profesional. Yo me **quedaba** horas escuchándola. Un día, mientras **tocaba** un concierto de Bach, me **enamoré**. Bueno, eso **pensaba** entonces, pero en realidad nunca la **quise**. Yo **amaba** su música, eso sí, pero sólo su música. Cuando me **di** cuenta no **sabía** cómo decírselo. Afortunadamente, fue Julia la que me **dijo** que **quería** a otro.

*When I **met** Julia, we **were** both fifteen years old. She **played** the piano very well; she **told** me that she **wanted** to be a professional pianist. I **would listen** to her play for hours. Then one day, when she **was playing** a Bach concerto, I **fell** in love with her. Well, that's what I **thought** back then, but the truth is I never really **loved** her. I **loved** her music, that much is true, but only her music. When I **realized** it, I **didn't know** how to tell her. Fortunately, it was Julia who **told** me that she **was** in love with someone else.*

## Different meanings in the imperfect and preterite

Quise encender la aspiradora, pero no pude.


- The verbs **querer, poder, saber,** and **conocer** have different meanings when they are used in the preterite. Notice also the meanings of **no querer** and **no poder** in the preterite.

| INFINITIVE | IMPERFECT | PRETERITE |
|---|---|---|
| querer | **Quería acompañarte.**<br>*I wanted to go with you.* | **Quise acompañarte.**<br>*I tried to go with you (but failed).*<br>**No quise acompañarte.**<br>*I refused to go with you.* |
| poder | **Ana podía hacerlo.**<br>*Ana could do it.* | **Ana pudo hacerlo.**<br>*Ana succeeded in doing it.*<br>**Ana no pudo hacerlo.**<br>*Ana could not do it.* |
| saber | **Ernesto sabía la verdad.**<br>*Ernesto knew the truth.* | **Por fin Ernesto supo la verdad.**<br>*Ernesto finally discovered the truth.* |
| conocer | **Yo ya conocía a Andrés.**<br>*I already knew Andrés.* | **Yo conocí a Andrés en la fiesta.**<br>*I met Andrés at the party.* |

**¡ATENCIÓN!**

Here are some useful sequencing expressions.

**primero** *first*
**al principio** *in the beginning*
**antes (de)** *before*
**después (de)** *after*
**mientras** *while*
**entonces** *then*
**luego** *then; next*
**siempre** *always*
**al final** *finally*
**la última vez** *the last time*

**¡ATENCIÓN!**

The imperfect progressive is also used to describe a past action that was in progress, but was interrupted by an event. Both **ella estaba tocando el piano** and **ella tocaba el piano** are correct.

**TALLER DE CONSULTA**

See **Manual de gramática 12.4** to preview the differences between **saber** and **conocer.**

# Práctica

**TALLER DE CONSULTA**

**MANUAL DE GRAMÁTICA**
**Más práctica**

3.3 The preterite vs. the imperfect, p. A20

**1 Una cena especial** Elena y Francisca tenían invitados para cenar y lo estaban preparando todo. Completa las oraciones con el imperfecto o el pretérito de estos verbos. Puedes usar los verbos más de una vez.

| | | | |
|---|---|---|---|
| averiguar | haber | ofrecerse | salir |
| decir | levantarse | pasar | ser |
| estar | limpiar | preparar | terminar |
| freír | llamar | quitar | tocar |

1. ______ las ocho cuando Francisca y Elena ______ para preparar todo.
2. Elena ______ la aspiradora cuando Felipe la ______ para preguntar la hora de la cena. Le ______ que ______ a las diez y media.
3. Francisca ______ las tapas en la cocina. Todavía ______ temprano.
4. Mientras Francisca ______ las papas en aceite, Elena ______ la sala.
5. Elena ______ el polvo de los muebles cuando su madre ______ el timbre. ¡______ una visita sorpresa!
6. Su madre ______ a ayudar. Elena ______ que sí.
7. Cuando Francisca ______ de hacer las tapas, ______ que no ______ suficientes refrescos. Francisca ______ al supermercado.
8. Cuando por fin ______, ya ______ las nueve. Todo ______ listo.

**2 Interrupciones** Combina palabras y frases de cada columna para contar lo que hicieron estas personas. Usa el pretérito y el imperfecto.

**MODELO** Ustedes miraban la tele cuando el médico llamó.

| | | | |
|---|---|---|---|
| yo | dormir | usted | llamar por teléfono |
| tú | comer | el/la médico/a | salir |
| Marta y Miguel | escuchar música | la policía | sonar |
| nosotros | mirar la tele | la alarma | recibir el mensaje |
| Paco | conducir | los amigos | ver el accidente |
| ustedes | ir a... | Juan Carlos | tocar el timbre |

**3 Las fechas importantes**

**A.** Escribe cuatro fechas importantes en tu vida y explica qué pasó.

**MODELO**

| Fecha | ¿Qué pasó? | ¿Dónde y con quién estabas? | ¿Qué tiempo hacía? |
|---|---|---|---|
| el 6 de agosto de 2010 | Conocí a Lady Gaga. | Estaba en el gimnasio con un amigo. | Llovía mucho. |

**B.** Intercambia tu información con tres compañeros/as. Ellos/as te van a hacer preguntas sobre lo que te pasó.

Practice more at **vhlcentral.com.**

# Comunicación

## ④ La mañana de Esperanza

**A.** En parejas, observen los dibujos. Escriban lo que le pasó a Esperanza después de abrir la puerta de su casa. ¿Cómo fue su mañana? Utilicen el pretérito y el imperfecto en la narración.

1.

2.

3.

4.

**B.** Con dos parejas más, túrnense para presentar las historias que han escrito. Después, combinen sus historias para hacer una nueva.

⑤ **Síntesis** En grupos de cuatro, turnénse para pasarse una hoja de papel. Cada uno/a escribe una oración con el fin de narrar un cuento sobre un día extraordinario en el que la rutina diaria se vio interrumpida por una serie de eventos inesperados. Después, presenten sus cuentos a la clase. Utilicen el pretérito, el imperfecto y el vocabulario de esta lección. Sean creativos/as.

**MODELO**

—El día empezó como cualquier otro día…
—Me levanté, me arreglé y salí para la clase de las nueve…
—Caminaba por la avenida central como siempre, cuando, de repente, en medio de la calle, vi algo horroroso, algo que me hizo temblar de miedo…

# Antes de ver el corto

## ADIÓS MAMÁ

**país** México
**duración** 7 minutos
**director** Ariel Gordon
**protagonistas** hombre joven, señora

### Vocabulario

**afligirse** *to get upset*
**el choque** *crash*
**despedirse (e:i)** *to say goodbye*
**las facciones** *(facial) features*
**parecerse** *to look like*
**repentino/a** *sudden*
**el timbre** *tone of voice*
**titularse** *to graduate*

**1 Practicar** Completa cada una de las rimas usando el vocabulario del corto.

1. Cuando Anabel tiene un problema, __________, pero nunca lo corrige.
2. ¡Qué buen actor! Sus __________ siempre reflejan sus acciones.
3. ¡Pobre don Roque! Compró carro nuevo y a los dos días tuvo un __________.
4. No me gusta el __________ de voz de ese hombre.
5. ¡Qué estilos tan variados! Las pinturas son trece y ninguna __________.
6. Le faltan muchos cursos. Si no decide apurarse (*hurry up*), nunca va a __________.

**2 Comentar** En parejas, intercambien opiniones sobre las preguntas.

1. ¿Hablan con desconocidos en algunas ocasiones? ¿En qué situaciones?
2. Según su título, ¿de qué creen que va a tratar el corto?
3. ¿En qué lugares es más fácil o frecuente hablar con gente que no conocen? Den dos o tres ejemplos.
4. ¿A veces son ingenuos/as? ¿Se creen historias falsas? Den ejemplos.
5. ¿Alguna vez les sucedió algo interesante o divertido en un supermercado? ¿Qué sucedió?
6. Observen los fotogramas. ¿Qué creen que va a pasar en este cortometraje?

Practice more at **vhlcentral.com.**

Short Film

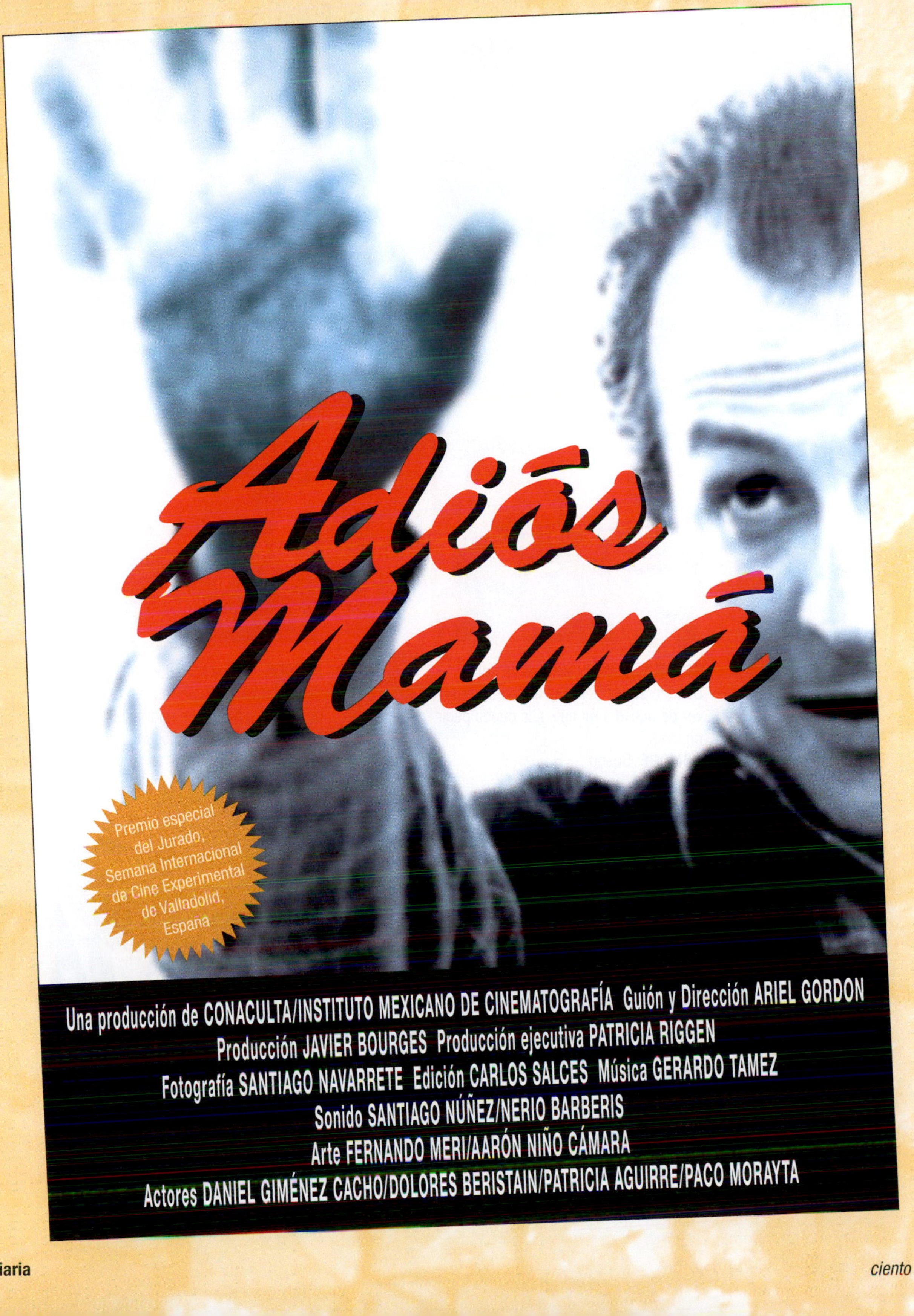
Adiós Mamá
Premio especial del Jurado, Semana Internacional de Cine Experimental de Valladolid, España
Una producción de CONACULTA/INSTITUTO MEXICANO DE CINEMATOGRAFÍA Guión y Dirección ARIEL GORDON
Producción JAVIER BOURGES Producción ejecutiva PATRICIA RIGGEN
Fotografía SANTIAGO NAVARRETE Edición CARLOS SALCES Música GERARDO TAMEZ
Sonido SANTIAGO NÚÑEZ/NERIO BARBERIS
Arte FERNANDO MERI/AARÓN NIÑO CÁMARA
Actores DANIEL GIMÉNEZ CACHO/DOLORES BERISTAIN/PATRICIA AGUIRRE/PACO MORAYTA

## Escenas

**ARGUMENTO** Un hombre está en el supermercado. En la fila para pagar, la señora que está delante de él le habla.

**SEÑORA** Se parece a mi hijo. Realmente es igual a él.
**HOMBRE** Ah, pues no, no sé qué decir.

**SEÑORA** Murió en un choque. El otro conductor iba borracho. Si él viviera, tendría la misma edad que usted.
**HOMBRE** Por favor, no llore.

**SEÑORA** ¿Sabe? Usted es su doble. Bendito sea el Señor que me ha permitido ver de nuevo a mi hijo. ¿Le puedo pedir un favor?
**HOMBRE** Bueno.

**SEÑORA** Nunca tuve oportunidad de despedirme de él. Su muerte fue tan repentina. ¿Al menos podría llamarme "mamá" y decirme adiós cuando me vaya?

**SEÑORA** ¡Adiós, hijo!
**HOMBRE** ¡Adiós, mamá!
**SEÑORA** ¡Adiós, querido!
**HOMBRE** ¡Adiós, mamá!

**CAJERA** No sé lo que pasa, la máquina desconoce el artículo. Espere un segundo a que llegue el gerente.
(*El gerente llega y ayuda a la cajera.*)

# Después de ver el corto

**1 Comprensión** Contesta las preguntas con oraciones completas.

1. ¿Dónde están los personajes?
2. ¿Qué relación hay entre el hombre y la señora?
3. ¿A quién dice la señora que se parece el hombre?
4. ¿Por qué dice la señora que no pudo despedirse de su hijo?
5. ¿Qué favor le pide la señora al hombre?
6. ¿Cuántas compras tiene que pagar el hombre? ¿Por qué?

**2 Ampliación** En parejas, háganse las preguntas.

1. ¿Has sido alguna vez víctima de un fraude similar? ¿Qué pasó?
2. ¿Qué haces cuando un desconocido te pide un favor?
3. ¿Qué creen que pasa después del final? ¿Tiene que pagar la cuenta completa el hombre? ¿Tiene que intervenir la policía?
4. Después de lo que sucedió, ¿qué consejos puede darles el hombre a sus amigos?

**3 Inventar** En parejas, lean la cita y consideren que la señora realmente tiene un hijo, pero que no murió. Imagínenlo. ¿Qué le pasó? ¿Cómo fue su vida? ¿Visitaba a su madre con frecuencia? Escriban un párrafo de diez líneas.

> **"Murió en un choque. El otro conductor iba borracho. Si él viviera, tendría la misma edad que usted. Se habría titulado y probablemente tendría una familia. Yo sería abuela."**

**4 Imaginar** En parejas, describan la vida de uno los personajes del corto. Escriban por lo menos cinco oraciones, usando como base las preguntas.

- ¿Cómo es?
- ¿Dónde vive?
- ¿Con quién vive?
- ¿Qué le gusta?
- ¿Qué no le gusta?
- ¿Tiene dinero?

**5 Detective** El joven está contándole a un(a) detective lo que pasó en el supermercado. En parejas, uno/a de ustedes es el/la detective y el/la otro/a es el hombre. Preparen las preguntas y representen la escena delante de la clase.

**6 Notas** Imagina que eres el/la detective y escribe un informe (*report*) de lo que pasó en el supermercado. Tiene que ser un informe lo más completo posible. Puedes inventar los datos que tú quieras.

Practice more at **vhlcentral.com.**

*La siesta,* 2010
Oscar Sir Avendaño, Colombia

"Tras el vivir y el soñar, está lo que más importa: el despertar."

— Antonio Machado

# Antes de leer

## Último brindis

### Sobre el autor

**Nicanor Parra** nació en 1914, en San Fabián, Chile. Era el mayor de ocho hermanos, entre los que se encuentra la famosa cantante chilena Violeta Parra. Además de poeta, Nicanor Parra es matemático y físico. A los 17 años se marchó a Santiago para estudiar y allí, influido por la obra de García Lorca y de los surrealistas, comenzó a escribir. En 1937 apareció su primer libro de poemas, *Cancionero sin nombre*. En 1954 publicó su obra más conocida, *Poemas y antipoemas*, que marcó una nueva tendencia en la poesía hispanoamericana con su estilo directo y su marcado sentido del humor. Por su carrera literaria y su trabajo por la renovación de la lengua, se le concedió el Premio Cervantes en 2011.

### Vocabulario

**las alternativas** *options*
**el ayer** *the past*
**el brindis** *toast*
**la copa** *glass*
**deshojar** *to pull out petals*
**disponer (de)** *to have; to make use of*
**el mañana** *the future*
**pertenecer** *to belong*
**en resumidas cuentas** *in a nutshell*

**Vocabulario** Completa las oraciones.

1. Puedes ________ mis libros cuando quieras.
2. No sé a quién ________ esa agenda, pero no es mía.
3. Pasaron muchas cosas más pero, ____________, perdimos el campeonato.
4. En la celebración de la boda se hizo ________ en honor de los novios.
5. Mi abuela siempre recuerda ________ con melancolía.
6. En la obra de teatro, Ana ________ una flor y dice: "me quiere", "no me quiere".

**Conexión personal** ¿Te preocupa el paso del tiempo? ¿Cuáles te parecen las ventajas de ser joven? ¿Y de ser viejo? ¿Por qué piensas que la juventud recibe tanta atención en nuestra cultura? ¿Te consideras un optimista o un pesimista de la vida?

### Análisis literario: La antipoesía

El inicio de la antipoesía se atribuye al escritor Nicanor Parra con la publicación de su obra *Poemas y Antipoemas*. La antipoesía aparece como reacción a la temática y al lenguaje de la poesía solemne y grandiosa, y critica la imagen del poeta como un ser sagrado. El antipoeta se ocupa de la vida del hombre común y usa el humor negro, la ironía, el sarcasmo, el cliché y el lenguaje cotidiano en un tono escéptico y pesimista. A veces, el antipoema toma la forma de un aviso publicitario o de una conferencia. Cuando leas *Último brindis*, intenta identificar características de la antipoesía.

Practice more at **vhlcentral.com.**

# Último brindis

**Nicanor Parra**

Audio: Dramatic Reading

Lo queramos o no
Sólo tenemos tres alternativas:
El ayer, el presente y el mañana.

*not even* Y ni siquiera° tres
Porque como dice el filósofo
El ayer es ayer
Nos pertenece sólo en el recuerdo:
A la rosa que ya se deshojó
No se le puede sacar otro pétalo.

Las cartas por jugar
Son solamente dos:
El presente y el día de mañana.

Y ni siquiera dos
Porque es un hecho bien establecido
Que el presente no existe
*Except* Sino° en la medida en que se hace pasado
Y ya pasó...
como la juventud.

En resumidas cuentas
Sólo nos va quedando el mañana:
Yo levanto mi copa
Por ese día que no llega nunca
Pero que es lo único
De lo que realmente disponemos. ■

# Después de leer

## Último brindis

Nicanor Parra

**1 Comprensión** Contesta las preguntas con oraciones completas.

1. ¿Qué alternativas ve el poeta en la vida?
2. ¿Quién dice que "el ayer es el ayer"?
3. ¿Con qué se compara el pasado?
4. Según el autor, ¿cuáles son las dos cartas que podemos jugar?
5. ¿Cuál es, según el poeta, el problema del presente?
6. ¿Cómo termina el poema?

**2 Interpretación** Contesta las preguntas.

1. ¿Cuál crees que es el tema de *Último brindis*?
2. ¿A quién piensas que le habla el poeta?
3. ¿Por qué te parece que dice "lo queramos o no"?
4. ¿A qué se refiere con "las cartas por jugar"?
5. ¿En qué estado se encuentra una rosa deshojada y qué dice esto del paso del tiempo?
6. ¿Crees que para el poeta disponemos realmente de alguna alternativa en la vida?

**3 Análisis** En parejas, respondan a las preguntas.

1. ¿Creen que *Último brindis* es un poema de esperanza o de todo lo contrario? ¿Por qué?
2. ¿Por qué creen que, según el poeta, el mañana es "ese día que no llega nunca"?
3. Los brindis honran a alguien o festejan alguna situación. ¿Cómo utiliza el poeta su *Último brindis*?
4. ¿Por qué creen que el autor se refiere a este brindis como el "último"?

**4 Ampliación** En parejas, relean el poema.

1. ¿Creen que la edad del poeta tiene algo que ver con el contenido del poema?
2. ¿En qué les hace pensar el poema?
3. ¿Qué palabra que no se menciona nunca es esencial en el poema?
4. ¿Qué elementos de la antipoesía pueden identificar en el poema?

**5 El tiempo** En grupos, elijan una de las siguientes opciones y escriban un texto publicitario. Deben justificar la necesidad de comprar el producto, describir sus efectos o ventajas y citar testimonios de personas que han usado el producto previamente. Luego, presenten su trabajo a la clase.

- Pastillas milagrosas para vivir más de 200 años.
- Un boleto de ida y vuelta para un viaje en el tiempo.
- Un espejo que te muestra cómo será tu vida en 20 años.
- Un jarabe que te permite olvidar los momentos del pasado que no quieres recordar.

Practice more at **vhlcentral.com.**

# Antes de leer

### Vocabulario

| | |
|---|---|
| **el cansancio** *exhaustion* | **pintar** *to paint* |
| **el cuadro** *painting* | **el/la pintor(a)** *painter* |
| **fatigado/a** *fatigued* | **previsto/a** *planned* |
| **imprevisto/a** *unexpected* | **retratar** *to portray* |
| **la obra maestra** *masterpiece* | **el retrato** *portrait* |

**Pablo Picasso** Completa las oraciones con el vocabulario de la tabla.

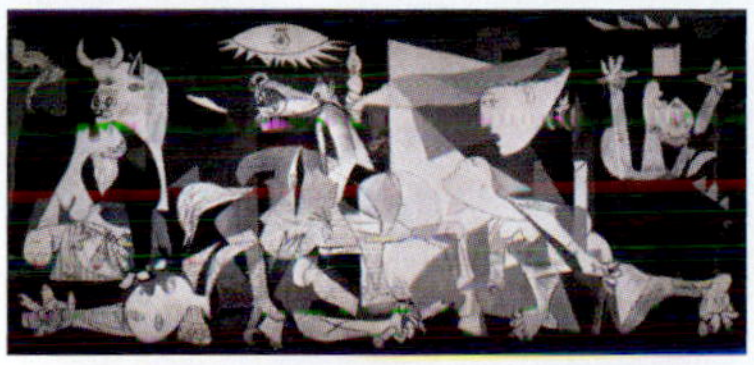

*Guernica*, de Pablo Picasso

1. De todo el arte del Museo Reina Sofía, yo prefiero los ________ de Pablo Picasso.
2. De muy joven, el ________ español creaba arte realista.
3. Al poco tiempo, este gran artista empezó a ________ obras de otros estilos e inventó el cubismo.
4. Su obra más famosa, el *Guernica*, quiere ________ el horror del bombardeo alemán al pueblo de Guernica, en el norte de España.
5. Según mucha gente, el *Guernica* es su creación más importante, la ________ de Picasso.

**Conexión personal** ¿Qué haces para recordar los eventos y las personas que son importantes para ti? ¿Sacas fotos o mantienes un diario? ¿Cuentas historias? ¿Cuáles son algunos de los recuerdos que te gustaría recordar para siempre?

### Contexto cultural

*Niños comiendo uvas y un melón,* Bartolomé Esteban Murillo

Del siglo XVI al siglo XVII, España pasó de ser una enorme potencia política a ser un imperio en camino de extinción. Donde antes había victorias militares, riqueza (*wealth*) y expansión, ahora había crisis política y económica, y decadencia. Sin embargo, estos problemas contrastaban con la extraordinaria producción artística y literaria del Siglo de Oro. A pesar de su éxito, se consideraba a los pintores más artesanos que artistas y, por lo tanto, no eran de alta posición social. Muchos artistas trabajaban por encargo; la realeza y la nobleza eran sus mecenas (*patrons*). Con sus obras, contribuían a la educación cultural, y a menudo religiosa, de la sociedad.

Practice more at **vhlcentral.com.**

Audio: Reading

*Vieja friendo huevos*

# El arte de la vida diaria

**Diego Velázquez** es importante no sólo por su mérito artístico, sino también por lo que nos cuentan sus cuadros. Conocido sobre todo como pintor de retratos, Velázquez se interesaba también por temas mitológicos y escenas cotidianas. En todo su arte, examinaba y reproducía en minucioso detalle sólo aquello que veía. Su imitación de la naturaleza, de lo inmediatamente observable, era lo que daba vida a su arte y a la vez creaba un arte de la vida diaria.

Antes de mudarse a la Corte del Rey°, Velázquez pintó cuadros de temas cotidianos. Un ejemplo célebre es la *Vieja friendo huevos* (1618). El cuadro capta un momento sin aparente importancia: una mujer vieja cocina mientras un niño trae aceite y un melón. Varios objetos de la casa, reproducidos con precisión, llenan el lienzo°, dignos de nuestra atención, por ejemplo: la cuchara, un plato blanco en el que descansa un cuchillo, jarras°, una cesta de paja°. Junto con la comida que prepara —no hay carne ni variedad— la ropa típica de pobre sugiere que la mujer es humilde. Con el cuadro, Velázquez interrumpe un momento que podría ser de cualquier día. No es una naturaleza muerta°, sino un instante de la vida.

*king's court* · *canvas* · *jugs* · *wicker basket* · *still life*

Incluso cuando pintaba temas mitológicos, Velázquez tomaba como modelo gente de la calle. Por eso, se pueden percibir escenas diarias en temas distanciados de la época. Un ejemplo es *El triunfo° de Baco* (1628–9). En este cuadro, el dios romano del vino se sienta en un campo abierto, no con otros dioses, sino con campesinos°. Sus caras fatigadas reflejan a la vez el cansancio de una vida de trabajo —la vida del plebeyo° español era entonces especialmente dura— y la alegría de poder descansar un rato.

*triumph* · *peasants* · *commoner*

*El triunfo de Baco*

En los cuadros de la Corte, Velázquez nos da una imagen rica y compleja del mundo del palacio. En vez de retratar exclusivamente a la familia real y los nobles, incluye también toda la tropa de personajes que los servía y entretenía. En este grupo numeroso entraban enanos° y bufones°, a quienes Velázquez pinta con dignidad. En *Las Meninas* (1656), su cuadro más famoso y misterioso, la princesa Margarita está rodeada° por sus damas, enanos y un perro. A la izquierda, el mismo Velázquez pinta detrás de un lienzo inmenso. En el fondo° se ve una imagen de los reyes.

*little people/jesters* · *surrounded* · *background*

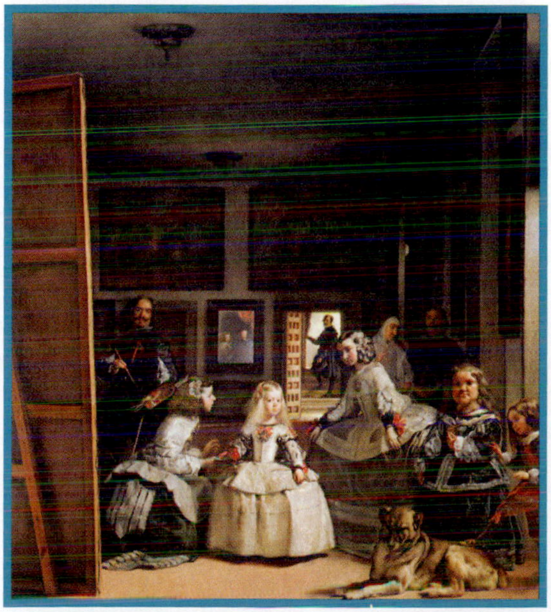

*Las Meninas*

Sin embargo, el cuadro sugiere más preguntas que respuestas. ¿Dónde están exactamente el rey y la reina? ¿La imagen de ellos que vemos es un reflejo de espejo°? ¿Qué pinta el artista y por qué aparece en el cuadro? ¿Qué significa? Tampoco se sabe por qué se detiene aquí el grupo: puede ser por una razón prevista, como posar para un cuadro; o puede ser algo totalmente imprevisto, un momento efímero° de la vida de una princesa y su grupo. ¿Es un momento importante? *Las Meninas* invita al debate sobre un instante que no se pierde sólo porque un pintor lo capta y lo rescata° del olvido. Paradójicamente es su enfoque en lo momentáneo y en el detalle de la vida común lo que eleva a Velázquez por encima de otros grandes artistas. ■

*mirror* · *fleeting* · *rescues*

**Biografía breve**

- **1599** Diego Velázquez nace en Sevilla.
- **1609** Empieza sus estudios formales de arte.
- **1623** Nombrado pintor oficial del Rey Felipe IV en Madrid.
- **1660** Muere después de una breve enfermedad.

# Después de leer

## El arte de la vida diaria

**1 Comprensión** Después de leer el texto, decide si las oraciones son **ciertas** o **falsas**. Corrige las falsas.

1. Velázquez es conocido sobre todo como pintor religioso.
2. Velázquez era un pintor impresionista que transformaba su sujeto en la imaginación.
3. Por lo general, Velázquez tomaba como modelo gente de la calle.
4. En *El triunfo de Baco*, el dios romano del vino se sienta con campesinos españoles.
5. Velázquez retrataba exclusivamente a la familia real y a los nobles.
6. Velázquez se autorretrata en *Las Meninas*.

**2 Interpretación** Contesta las preguntas con oraciones completas.

1. ¿Se refleja de alguna manera la crisis económica del siglo XVII en los cuadros de Velázquez? Menciona detalles específicos en tu respuesta.
2. ¿Qué te enseña *Vieja friendo huevos* sobre la vida en España en el siglo XVII?
3. ¿Es *El triunfo de Baco* un cuadro realista? Explica tu respuesta.
4. ¿Te sorprende que Velázquez represente a los sirvientes de la Corte? ¿Por qué?
5. ¿En qué sentido es *Las Meninas* un cuadro misterioso?

**3 Análisis** En parejas, respondan a las preguntas.

1. A través de pequeños detalles, *El triunfo de Baco* revela mucho sobre la posición social de los hombres del cuadro. Estudien, por ejemplo, la ropa y el aspecto físico para describir y analizar su situación económica. ¿Cuál es su conclusión?
2. ¿Qué o quién es el personaje central de *Las Meninas*? ¿El grupo de la princesa? ¿Los reyes? ¿El mismo Velázquez? ¿El arte? Comenten sus hipótesis sobre la obra maestra de Velázquez.

**4 Reflexión** En grupos de cuatro, comparen cómo se entretenía la realeza en el pasado con cómo se entretienen los líderes de las naciones modernas. Usen estas preguntas como guía.

- Antes, los reyes tenían bufones. ¿Qué piensan de la situación social de los bufones de la Corte? ¿Es ético utilizar a las personas para la diversión?
- ¿Qué familias presidenciales conocen? ¿Cómo viven? ¿Su vida cotidiana es diferente a la de los reyes de otras épocas?
- ¿Se puede ser parte del poder político y tener una vida cotidiana normal?

**5 Recuerdos** Imagina que *Vieja friendo huevos* capta, como una fotografía, un momento de tu propio pasado cuando ayudabas a tu abuela en la cocina. Inspirándote en el cuadro de Velázquez, inventa una historia. ¿Qué hacía tu abuela? ¿Cómo pasaba los días? Y tú, ¿por qué llegaste a la cocina aquel día? ¿Te mandó tu madre o tenías hambre? Utilizando los tiempos del pasado que conoces, describe esta escena de tu infancia.

Practice more at **vhlcentral.com.**

# Atando cabos

## ¡A conversar!

**Un día en la historia** Trabajen en grupos pequeños para preparar una presentación sobre un día en la vida de un personaje histórico hispano.

### Presentaciones

**Tema:** Elijan un personaje histórico hispano. Algunos personajes que pueden investigar son: Sor Juana Inés de la Cruz, Simón Bolívar, José de San Martín, Emiliano Zapata, Catalina de Erauso, Álvar Núñez Cabeza de Vaca, Fray Bartolomé de las Casas. Pueden elegir también un personaje que no esté en la lista.

**Investigación y preparación:** Busquen información en Internet o en la biblioteca. Recuerden buscar o preparar materiales visuales. Una vez reunida la información necesaria sobre el personaje, imagínense un día en su vida cotidiana, desde que se levantaba hasta que se acostaba. Al imaginar los detalles, tengan en cuenta la época en la que vivió el personaje.

**Organización:** Hagan un esquema (*outline*) que los ayude a planear la presentación.

**Presentación:** Utilicen el pretérito y el imperfecto para las descripciones. Traten de promover la participación a través de preguntas y alternen la charla con materiales visuales.

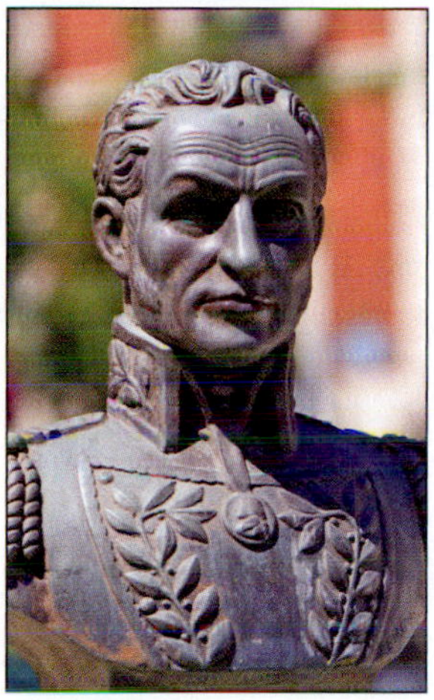

Simón Bolívar

## ¡A escribir!

**Una anécdota del pasado** Sigue el plan de redacción para contar una anécdota que te haya ocurrido en el pasado. Piensa en una historia divertida, dramática o interesante relacionada con uno de estos temas:

- un regalo especial que recibiste
- una situación en la que usaste una excusa falsa y las cosas no te salieron bien
- una situación en la que fuiste muy ingenuo/a

### Plan de redacción

**Título:** Elige un título breve que sugiera el contenido de la historia pero que no dé demasiada información.

**Contenido:** Explica qué estaba pasando cuando ocurrió el acontecimiento, dónde estabas, con quién estabas, qué pasó, cómo pasó, etc. Usa expresiones como: **al principio, al final, después, entonces, luego, todo empezó/comenzó cuando,** etc. Recuerda que debes usar el pretérito para las acciones y el imperfecto para las descripciones.

**Conclusión:** Termina la historia explicando cuál fue el resultado del acontecimiento y cómo te sentiste.

Vocabulary Tools

## En casa

| | |
|---|---|
| **el balcón** | *balcony* |
| **la escalera** | *staircase* |
| **el hogar** | *home; fireplace* |
| **la limpieza** | *cleaning* |
| **los muebles** | *furniture* |
| **los quehaceres** | *chores* |
| **apagar** | *to turn off* |
| **barrer** | *to sweep* |
| **calentar (e:ie)** | *to warm up* |
| **cocinar** | *to cook* |
| **encender (e:ie)** | *to turn on* |
| **freír (e:i)** | *to fry* |
| **hervir (e:ie)** | *to boil* |
| **lavar** | *to wash* |
| **limpiar** | *to clean* |
| **pasar la aspiradora** | *to vacuum* |
| **poner/quitar la mesa** | *to set/clear the table* |
| **quitar el polvo** | *to dust* |
| **tocar el timbre** | *to ring the doorbell* |

## De compras

| | |
|---|---|
| **el centro comercial** | *mall* |
| **el dinero en efectivo** | *cash* |
| **la ganga** | *bargain* |
| **el probador** | *dressing room* |
| **el reembolso** | *refund* |
| **el supermercado** | *supermarket* |
| **la tarjeta de crédito/débito** | *credit/debit card* |
| **devolver (o:ue)** | *to return (items)* |
| **hacer mandados** | *to run errands* |
| **ir de compras** | *to go shopping* |
| **probarse (o:ue)** | *to try on* |
| **seleccionar** | *to select; to pick out* |
| **auténtico/a** | *genuine* |
| **barato/a** | *inexpensive* |
| **caro/a** | *expensive* |

## Expresiones

| | |
|---|---|
| **a menudo** | *often* |
| **a propósito** | *on purpose* |
| **a tiempo** | *on time* |
| **a veces** | *sometimes* |
| **apenas** | *hardly; scarcely* |
| **así** | *like this; so* |
| **bastante** | *quite; enough* |
| **casi** | *almost* |
| **casi nunca** | *rarely* |
| **de repente** | *suddenly* |
| **de vez en cuando** | *once in a while* |
| **en aquel entonces** | *at that time* |
| **en el acto** | *on the spot* |
| **enseguida** | *right away* |
| **por casualidad** | *by chance* |

## La vida diaria

| | |
|---|---|
| **la agenda** | *schedule* |
| **la costumbre** | *custom; habit* |
| **el horario** | *schedule* |
| **la rutina** | *routine* |
| **la soledad** | *solitude; loneliness* |
| **acostumbrarse (a)** | *to get used to* |
| **arreglarse** | *to get ready* |
| **averiguar** | *to find out* |
| **probar (o:ue) (a)** | *to try* |
| **soler (o:ue)** | *to be in the habit of* |
| **atrasado/a** | *late* |
| **cotidiano/a** | *everyday* |
| **diario/a** | *daily* |
| **inesperado/a** | *unexpected* |

## Más vocabulario

| | |
|---|---|
| **Expresiones útiles** | *Ver p. 87* |
| **Estructura** | *Ver pp. 94–95, 98–99 y 102–103* |

## Cinemateca

| | |
|---|---|
| **el choque** | *crash* |
| **las facciones** | *(facial) features* |
| **el timbre** | *tone of voice* |
| **afligirse** | *to get upset* |
| **despedirse (e:i)** | *to say goodbye* |
| **parecerse** | *to look like* |
| **titularse** | *to graduate* |
| **repentino/a** | *sudden* |

## Literatura

| | |
|---|---|
| **las alternativas** | *options* |
| **el ayer** | *past* |
| **el brindis** | *toast* |
| **la copa** | *glass* |
| **el mañana** | *the future* |
| **deshojar** | *to pull out petals* |
| **disponer (de)** | *to have; to make use of* |
| **pertenecer** | *to belong* |
| **en resumidas cuentas** | *in a nutshell* |

## Cultura

| | |
|---|---|
| **el cansancio** | *exhaustion* |
| **el cuadro** | *painting* |
| **la obra maestra** | *masterpiece* |
| **el/la pintor(a)** | *painter* |
| **el retrato** | *portrait* |
| **pintar** | *to paint* |
| **retratar** | *to portray* |
| **fatigado/a** | *fatigued* |
| **imprevisto/a** | *unexpected* |
| **previsto/a** | *planned* |

# La salud y el bienestar

# 4

**Communicative Goals**

**You will expand your ability to…**
- express will and emotion
- express doubt and denial
- give orders, advice, and suggestions

Vocabulary Tools

# La salud y el bienestar

## Los síntomas y las enfermedades

Inés pensaba que tenía sólo un **resfriado,** pero no paraba de **toser** y estaba **agotada.** El médico le confirmó que era una **gripe** y que debía **permanecer** en cama.

**la depresión** *depression*
**la enfermedad** *disease; illness*
**la gripe** *flu*
**la herida** *injury*
**el malestar** *discomfort*
**la obesidad** *obesity*
**el resfriado** *cold*
**la respiración** *breathing*
**la tensión (alta/baja)** *(high/low) blood pressure*
**la tos** *cough*
**el virus** *virus*

---

**contagiar(se)** *to pass on (an illness); to become infected*

**desmayarse** *to faint*
**empeorar** *to get worse*
**enfermarse** *to get sick*
**estar resfriado/a** *to have a cold*
**lastimarse** *to get hurt*
**permanecer** *to remain*
**ponerse bien/mal** *to get well/sick*
**sufrir (de)** *to suffer (from)*
**tener buen/mal aspecto** *to look healthy/sick*
**tener fiebre** *to have a fever*
**toser** *to cough*

---

**agotado/a** *exhausted*
**inflamado/a** *inflamed*
**mareado/a** *dizzy*

## La salud y el bienestar

**la alimentación** *diet (nutrition)*
**la autoestima** *self-esteem*
**el bienestar** *well-being*
**el estado de ánimo** *mood*
**la salud** *health*

---

**adelgazar** *to lose weight*
**dejar de fumar** *to quit smoking*

**descansar** *to rest*
**engordar** *to gain weight*
**estar a dieta** *to be on a diet*
**mejorar(se)** *to improve*
**prevenir (e:ie)** *to prevent*
**relajarse** *to relax*
**trasnochar** *to stay up all night*

---

**sano/a** *healthy*

## Los médicos y el hospital

**la cirugía** *surgery*
**el/la cirujano/a** *surgeon*
**la consulta** *doctor's appointment*

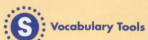

**el consultorio** *doctor's office*
**la operación** *operation*
**los primeros auxilios** *first aid*
**la sala de emergencias** *emergency room*

## Las medicinas y los tratamientos

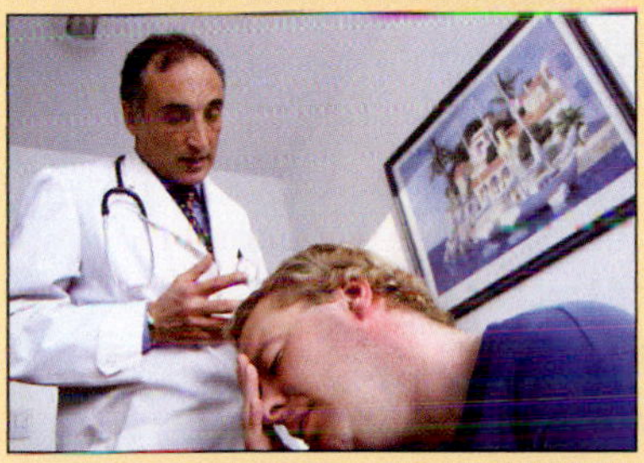

A Ignacio no le gusta tomar medicinas. Nunca toma **pastillas** ni **jarabes**. Sin embargo, le dolía tanto la cabeza que tuvo que tomarse un **analgésico**. El doctor le dijo que tenía la **tensión alta**.

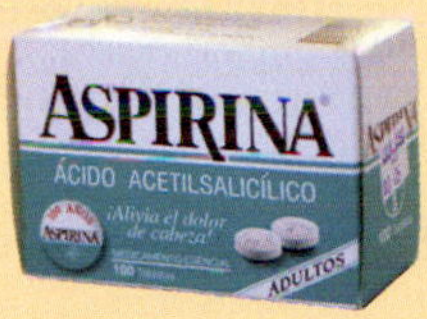


**el analgésico** *painkiller*
**la aspirina** *aspirin*
**el calmante** *sedative; painkiller*
**los efectos secundarios** *side effects*
**el jarabe** *syrup*
**la pastilla** *pill*
**la receta** *prescription*
**el tratamiento** *treatment*
**la vacuna** *vaccine*
**la venda** *bandage*
**el yeso** *cast*

**curarse** *to heal; to be cured*
**poner(se) una inyección** *to give/get a shot*
**recuperarse** *to recover*
**sanar** *to heal*
**tratar** *to treat*
**vacunar(se)** *to vaccinate/ to get vaccinated*

**curativo/a** *healing*

# Práctica

**1 Escuchar**

**A.** Escucha la conversación entre Sara y su hermano David. Después completa las oraciones y decide quién dijo cada una.

1. No sé lo que me pasa, la verdad. Estoy siempre ____________. ____________
2. Creo que ____________ demasiado. ¿Has ido al ____________? ____________
3. No he ido porque no tenía ____________, sólo era un ligero ____________. ____________
4. Deja de ser una niña. Tienes que ____________. ____________
5. Por eso te llamo. No se me va el dolor de estómago ni con ____________. ____________
6. Ahora mismo llamo al doctor Perales para hacerle una ____________. ____________

**B.** A Sara le diagnosticaron apendicitis. Escucha lo que le dice la cirujana a la familia después de la operación y luego contesta las preguntas.

1. ¿Qué tiene que tomar Sara cada ocho horas?
2. ¿Cómo se puede sentir al principio?
3. ¿Va a tomar mucho tiempo su recuperación?
4. ¿Puede comer de todo?
5. ¿Qué es lo más importante que tiene que hacer ahora Sara?

**2 A curarse** Indica qué tiene que hacer cada persona en cada situación.

| | |
|---|---|
| ___ 1. Se lastimó con un cuchillo. | a. empezar una dieta |
| ___ 2. Tiene fiebre. | b. dejar de fumar |
| ___ 3. Su estado de ánimo es malo. | c. hablar con un(a) amigo/a |
| ___ 4. Quiere prevenir la gripe. | d. ponerse una venda |
| ___ 5. Le falta la respiración. | e. tomar aspirinas y descansar |
| ___ 6. Está obeso/a. | f. ponerse una vacuna |

# Práctica

**3 Acróstico** Completa el acróstico. Al terminarlo, se formará una palabra de **Contextos**.

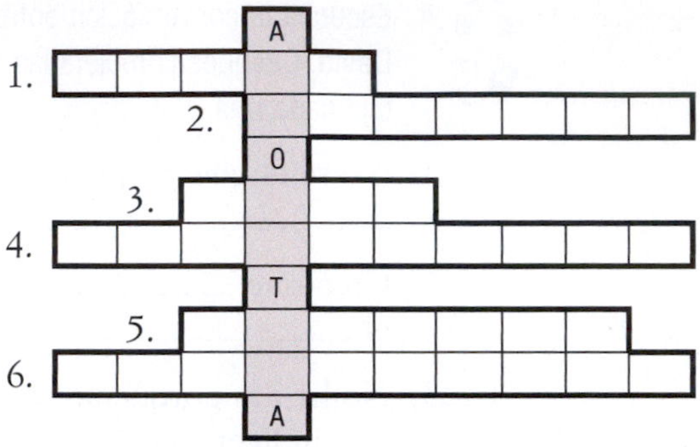


1. Organismo muy pequeño que transmite enfermedades.
2. Si la tienes alta, puedes tener problemas del corazón.
3. Material blanco que se usa para inmovilizar fracturas.
4. No dormir en toda la noche.
5. Es sinónimo de *operación*.
6. Caerse y quedar inconsciente.

**4 Amelia está enferma** Completa las oraciones con la opción lógica.

1. Amelia está tosiendo continuamente. No se le cura (la gripe/la depresión).
2. Sus compañeros de trabajo no se enfermaron este año porque se (lastimaron/vacunaron).
3. Su madre siempre le había dicho que es preferible (mejorar/prevenir) las enfermedades que curarlas.
4. El médico le dio una receta para (un jarabe/un consultorio).
5. Su jefe le ha dicho que no vaya a trabajar. Ella tiene que volver a la oficina cuando esté (agotada/recuperada).

**5 Malos hábitos** Martín tiene hábitos que no son buenos para la salud. Completa la conversación entre Martín y su doctor con las palabras de la lista. Haz los cambios necesarios.

| | | | |
|---|---|---|---|
| ánimo | descansar | mejorar | sano |
| dejar de fumar | empeorar | pastillas | trasnochar |
| deprimido | engordar | salud | vacuna |

**MARTÍN** Doctor, a mí me gusta mucho comer pizza mientras veo la tele.

**DOCTOR** Por eso usted está (1) _________ tanto. Debe hacer ejercicio y (2) _________ su alimentación.

**MARTÍN** También me gusta salir y acostarme tarde.

**DOCTOR** No es bueno (3) _________ todo el tiempo. Es importante (4) _________.

**MARTÍN** Pero ¡doctor! ¿Puedo fumar un poco, por lo menos?

**DOCTOR** No, Martín. Usted debe (5) _________ cuanto antes.

**MARTÍN** ¡Todo lo que me gusta hacer es malo para la (6) _________!
Si le hago caso a usted, voy a estar (7) _________ pero deprimido.

**DOCTOR** No es así. Si usted mejora su forma física, su estado de (8) _________ va a mejorar también. Recuerde: "Mente sana en cuerpo sano".

Practice more at **vhlcentral.com.**

# Comunicación

## 6 Vida sana

**A.** En parejas, háganse las preguntas de la encuesta.

| | Siempre | A menudo | De vez en cuando | Nunca |
|---|---|---|---|---|
| **1.** ¿Trasnochas más de dos veces por semana? | ☐ | ☐ | ☐ | ☐ |
| **2.** ¿Practicas algún deporte? | ☐ | ☐ | ☐ | ☐ |
| **3.** ¿Consumes vitaminas y minerales diariamente? | ☐ | ☐ | ☐ | ☐ |
| **4.** ¿Comes mucha comida frita? | ☐ | ☐ | ☐ | ☐ |
| **5.** ¿Tienes dolores de cabeza? | ☐ | ☐ | ☐ | ☐ |
| **6.** ¿Te enfermas? | ☐ | ☐ | ☐ | ☐ |
| **7.** ¿Desayunas sin prisa? | ☐ | ☐ | ☐ | ☐ |
| **8.** ¿Pasas muchas horas al día sentado/a? | ☐ | ☐ | ☐ | ☐ |
| **9.** ¿Te pones de mal humor? | ☐ | ☐ | ☐ | ☐ |
| **10.** ¿Tienes problemas para dormir? | ☐ | ☐ | ☐ | ☐ |

**B.** Imagina que eres médico/a. ¿Tiene tu compañero/a una vida sana? ¿Qué debe hacer para mejorar su salud? Utiliza la conversación entre Martín y su médico de la Actividad 5 como modelo.

## 7 Citas célebres

**A.** En grupos de cuatro, elijan las citas (*quotations*) que les parezcan más interesantes y expliquen por qué las eligieron.

### La salud

"La salud no lo es todo, pero, sin ella, todo lo demás es nada."
*A. Schopenhauer*

"El ser humano pasa la primera mitad de su vida arruinando la salud y la otra mitad intentando recuperarla."
*Joseph Leonard*

"Come poco y cena más poco, que la salud de todo el cuerpo se decide en la oficina del estómago."
*Miguel de Cervantes*

### La medicina

"Antes que al médico, llama a tu amigo."
*Pitágoras*

"Los médicos no están para curar, sino para recetar y cobrar; curarse o no es cuenta del enfermo."
*Molière*

"La esperanza es el mejor médico que yo conozco."
*Alejandro Dumas, hijo.*

### La enfermedad

"El peor de todos los males es creer que los males no tienen remedio."
*Francisco Cabarrus*

"La investigación de las enfermedades ha avanzado tanto que cada vez es más difícil encontrar a alguien que esté completamente sano."
*Aldous Huxley*

"El arte de la medicina consiste en entretener al paciente mientras la Naturaleza cura la enfermedad."
*Voltaire*

**B.** Utilicen el vocabulario de **Contextos** para escribir una frase original sobre la salud. Compártanla con la clase. ¿Cuál es la frase más original?

Video

**Los empleados de *Facetas* se preocupan por mantenerse sanos y en forma.**

**DIANA** ¿Johnny? ¿Qué haces aquí tan temprano?

**JOHNNY** Madrugué para ir al gimnasio.

**DIANA** ¿Estás enfermo?

**JOHNNY** ¿Qué? ¿Nunca haces ejercicio?

**DIANA** No mucho… A veces me dan ganas de hacer ejercicio, y entonces me acuesto y descanso hasta que se me pasa.

*En la cocina…*

**JOHNNY** (*habla con los dulces*) Los recordaré dondequiera que esté. Sé que esto es difícil, pero deben ser fuertes… No pongan esa cara de "cómeme". Por mucho que insistan, los tendré que tirar. Ojalá me puedan olvidar.

**FABIOLA** ¿Empezaste a ir al gimnasio? Te felicito. Para ponerse en forma hay que trabajar duro.

**JOHNNY** No es fácil.

**FABIOLA** No es difícil. Yo, por ejemplo, no hago ejercicio, pero trato de comer cosas sanas.

**JOHNNY** Nada de comidas rápidas.

**FABIOLA** ¡Cómo me gustaría tener tu fuerza de voluntad!

*En la cocina…*

**DON MIGUEL** ¡Válgame! Aquí debe haber como mil pesos en dulces. ¡Mmm! Y están buenos.

**JOHNNY** ¿Qué tal, don Miguel? ¿Cómo le va?

**DON MIGUEL** (*Sonríe sin poder decir nada porque está comiendo.*)

**JOHNNY** ¡Otro que se ha quedado sin voz! ¿Qué es esto? ¿Una epidemia?

**FABIOLA** ¿Qué compraste?

**JOHNNY** Comida bien nutritiva y baja en calorías. Juré que jamás volvería a ver un dulce.

**FABIOLA** ¿Qué es eso?

**JOHNNY** Esto es tan saludable que con sólo tocar la caja te sientes mejor.

**FABIOLA** ¿Y sabe bien?

**JOHNNY** Claro, sólo hay que calentarlo.

*En la oficina de Aguayo…*

**DIANA** Los nuevos diseños están perfectos. Gracias.

**AGUAYO** Mariela, insisto en que veas a un doctor. Vete a casa y no vuelvas hasta que no estés mejor. Te estoy dando un consejo. No pienses en mí como tu jefe.

**DIANA** Piensa en él como un amigo que siempre tiene razón.

**Personajes**

AGUAYO

DIANA

ÉRIC

FABIOLA

JOHNNY

MARIELA

DON MIGUEL

*En la sala de conferencias...*

**AGUAYO** (*dirigiéndose a Mariela*) Quiero que hagas unos cambios a estos diseños.

**DIANA** Creemos que son buenos y originales, pero tienen dos problemas.

**ÉRIC** Los que son buenos no son originales, y los que son originales no son buenos.

**AGUAYO** ¿Qué crees? (*Mariela no contesta.*)

*Mariela escribe "perdí la voz" en la pizarra.*

**AGUAYO** ¿Perdiste la voz?

**DIANA** Gracias a Dios... Por un momento creí que me había quedado sorda.

**AGUAYO** Estás enferma. Deberías estar en cama.

**ÉRIC** Sí, podías haber llamado para decir que no venías.

**AGUAYO** Por cierto, Diana, acompáñame a entregar los diseños ahora mismo. Tengo que volver enseguida. Estoy esperando una llamada muy importante.

**DIANA** Vamos.

*Se van. Suena el teléfono. Mariela se queda horrorizada porque no puede contestarlo.*

**FABIOLA** ¿No ibas a mejorar tu alimentación?

**JOHNNY** Si no puedes hacerlo bien, disfruta haciéndolo mal. Soy feliz.

**FABIOLA** Los dulces no dan la felicidad, Johnny.

**JOHNNY** Lo dices porque no has probado la *Chocobomba.*

## Expresiones útiles

### Giving advice and making recommendations

**Insisto en que veas/vea a un doctor.**
*I insist that you go see a doctor. (fam./form.)*

**Te aconsejo que vayas a casa.**
*I advise you to go home. (fam.)*

**Le aconsejo que vaya a casa.**
*I advise you to go home. (form.)*

**Sugiero que te pongas a dieta.**
*I suggest that you go on a diet. (fam.)*

**Sugiero que se ponga usted a dieta.**
*I suggest that you go on a diet. (form.)*

### Asking about tastes

**¿Y sabe bien?**
*And does it taste good?*

**¿Cómo sabe?**
*How does it taste?*

**Sabe a ajo/menta/limón.**
*It tastes like garlic/mint/lemon.*

**¿Qué sabor tiene? ¿Chocolate?**
*What flavor is it? Chocolate?*

**Tiene un sabor dulce/agrio/ amargo/agradable.**
*It has a sweet/sour/bitter/pleasant taste.*

### Additional vocabulary

**la comida rápida** *fast food*
**dondequiera** *wherever*
**la epidemia** *epidemic*
**la fuerza de voluntad** *willpower*
**madrugar** *to wake up early*
**mantenerse en forma** *to stay in shape*
**nutritivo/a** *nutritious*
**ponerse en forma** *to get in shape*
**quedarse sordo/a** *to go deaf*
**saludable** *healthy*

# Comprensión

**1** **¿Cierto o falso?** Indica si las oraciones son **ciertas** o **falsas**. Luego, en parejas, corrijan las falsas.

| Cierto | Falso | |
|---|---|---|
| ☐ | ☐ | 1. Johnny llegó temprano porque madrugó para ir al gimnasio. |
| ☐ | ☐ | 2. Cuando Diana va al gimnasio, se queda dormida. |
| ☐ | ☐ | 3. Los primeros diseños de Mariela están perfectos. |
| ☐ | ☐ | 4. Diana se quedó sorda. |
| ☐ | ☐ | 5. Don Miguel probó los dulces. |
| ☐ | ☐ | 6. Johnny no continuó con su dieta. |

**2** **Oraciones incompletas** Completa las oraciones de la **Fotonovela** con la opción correcta.

1. Para ponerse ____ hay que trabajar duro.
   a. en cama  b. a dieta  c. en forma
2. ¡Cómo me gustaría tener tu fuerza ____!
   a. física  b. de voluntad  c. de carácter
3. ¡Otro que se ha quedado ____!
   a. sordo  b. sin voz  c. dormido
4. Piensa en él como un amigo que siempre ____.
   a. tiene razón  b. se mantiene en forma  c. se preocupa

**3** **Títulos** Busca en la **Fotonovela** la palabra adecuada para poner un título a cada lista.

| | | | |
|---|---|---|---|
| chocolates<br>caramelos<br>pastel de chocolate<br>postre | correr<br>saltar<br>caminar<br>nadar | salchicha<br>hamburguesa<br>papas fritas<br>sándwich | sopa de verduras<br>ensalada<br>pollo asado<br>frutas |

**4** **Opiniones**

**A.** Los empleados de *Facetas* tienen opiniones distintas sobre la salud y el bienestar. En parejas, escriban una descripción breve de la actitud de cada personaje. Utilicen los elementos de la lista y añadan sus propias ideas.

| | | |
|---|---|---|
| **comer comidas sanas** | **ir al gimnasio** | **permanecer en cama** |
| **descansar** | **ir al médico** | **probar los dulces** |

**MODELO** Diana casi nunca va al gimnasio. Cree que es más importante descansar para mantenerse sana...

**B.** ¿Con qué opinión te identificas más? ¿Qué haces tú para mantenerte en forma?

Practice more at **vhlcentral.com.**

# Ampliación

## 5 Comidas rápidas

**A.** Para ponerse en forma, Johnny decide evitar las comidas rápidas. En parejas, háganse las preguntas y comparen sus propias opiniones acerca de la comida rápida.

1. ¿Con qué frecuencia comes en restaurantes de comida rápida?
2. ¿Crees que la comida rápida es mala para la salud?
3. ¿Buscas opciones saludables cuando necesitas comer deprisa?
4. ¿Crees que las personas obesas tienen derecho a demandar (*sue*) a los restaurantes de comida rápida?

**B.** Ahora, en dos grupos, organicen un debate sobre los beneficios y desventajas de la comida rápida. Un grupo representa a los dueños y ejecutivos de los restaurantes, y el otro grupo representa a la gente que ha sufrido problemas de salud por comer demasiadas comidas rápidas.

## 6 Apuntes culturales

En parejas, lean los párrafos y contesten las preguntas.

### Los dulces

"Los recordaré dondequiera que esté", dice Johnny despidiéndose de los dulces. ¡A los hispanos les encantan los dulces! Un postre muy popular de la cocina colombiana, venezolana, mexicana y centroamericana es el postre de las **tres leches**. Este postre se prepara con leche fresca, leche condensada y crema de leche. ¡Un verdadero manjar (*delicacy*)!

### El deporte colombiano

Fabiola dice que para ponerse en forma hay que trabajar duro. El ciclista colombiano **Nairo Quintana** sabe mucho de esto: a los 23 años ya era un héroe nacional. Nairo saltó a la fama en 2013 con su triunfo en la Vuelta al País Vasco, España. Ese mismo año, quedó segundo en el Tour de Francia, y en 2014 ganó el Giro de Italia.

### Las comidas rápidas

Fabiola y Johnny conversan sobre las comidas rápidas. En los países hispanos, las cadenas estadounidenses adaptan los menús a los sabores locales. En Chile, McDonald's ofrece la **Pechuga Palta**, un sándwich de pollo con palta (*avocado*). En Argentina, los **McCafé** sirven bebidas como el **frappé de dulce de leche**. ¿Podrá resistirse Johnny?

1. ¿Conoces otros postres típicos de los países hispanos? ¿De qué países o regiones son? ¿Cuáles son los ingredientes principales?
2. Menciona postres o platos típicos de tu cultura. ¿Cuál es tu preferido?
3. ¿Qué deportistas hispanos juegan en equipos de los EE.UU.?
4. ¿Probaste comidas rápidas de otras culturas? ¿Cuáles? ¿Cuál es tu favorita?

## En detalle

COLOMBIA

# DE ABUELOS Y CHAMANES

**Sentada en su cocina en Bogotá, Marcela Mahecha destapa frasquitos° de hierbas y describe las "agüitas°" que le enseñó a preparar su abuela: agüita de toronjil° para calmar los nervios, agüita de paico° para los cólicos° y muchas más.**

Muchos de estos remedios caseros° son más que simples "recetas de la abuela". Su uso proviene de los conocimientos milenarios que los curanderos° y chamanes° han ido pasando de generación en generación. Colombia, segundo país en el mundo en diversidad de especies vegetales, desarrolló una medicina tradicional muy rica, que aún hoy subsiste en todos los niveles de la sociedad. A pesar de la llegada de la medicina científica, muchas comunidades indígenas siguen practicando su medicina tradicional. Cuanto más aislada está la comunidad, mejor mantiene sus tradiciones.

En la cultura indígena americana, lo espiritual y lo corporal se funden° con la naturaleza. Los curanderos y chamanes son los responsables de mantener estos mundos en equilibrio. Para ello, combinan las propiedades medicinales de las plantas con ritos sagrados. En Colombia, al igual que en otros países, hay un renovado interés por conocer las propiedades medicinales de las plantas que se han usado durante siglos. Instituciones gubernamentales, universidades y organizaciones ecologistas intentan recuperar y conservar estos conocimientos. En sólo siete años, el Instituto Nacional de Vigilancia de Alimentos y Medicamentos aumentó de 17 a 95 el número de plantas medicinales aprobadas para usos curativos.

El deseo de las empresas farmacéuticas de apropiarse de las plantas y patentarlas ha hecho que el gobierno colombiano controle el derecho a sacarlas del país. Esto es importante porque algunas están en peligro de extinción y porque estas plantas forman parte indeleble de la identidad indígena. ■

### Algunas plantas curativas

**Chuchuguaza** Árbol que crece en la región amazónica de Colombia, Ecuador y Perú. Se usa como diurético y también contra el reumatismo, la gota° y la anemia.

**Gualanday** Árbol originario del Valle del Cauca y que crece en las regiones colombianas de Putumayo y Amazonas. La corteza°, la hoja y la flor se usan contra neuralgias, dolores de huesos, várices° y afecciones del hígado°.

**Sauco** Árbol proveniente de cultivos en la sabana° de Bogotá. La hoja, la corteza, el fruto y la flor se usan para tratar afecciones bronquiales.

**destapa frasquitos** *uncovers little jars* **agüitas** *herbal teas* **toronjil** *lemon balm* **paico** *Mexican tea (plant)* **cólicos** *cramps* **caseros** *home* **curanderos** *folk healers* **chamanes** *shamans* **se funden** *merge* **gota** *gout* **corteza** *bark* **várices** *varicose veins* **afecciones del hígado** *liver conditions* **sabana** *savannah*

## ASÍ LO DECIMOS

### La salud y el bienestar

**el/la buquí (R. Dom.)** *glutton*
**cachucharse (Chi.)** *to hit oneself*
**caer bien/mal** *to agree with (food)*
**curar el empacho (Arg.)** *to cure indigestion*
**estar constipado/a** *to have a cold / to be constipated (Arg., Chi. y Uru.)*
**estar depre (Arg., Esp. y Pe.)** *to feel down*
**estar funado/a (Chi.)** *to feel demotivated*
**estar pachucho/a (Arg. y Esp.)** *to be under the weather*
**el/la matasanos (Esp.)** *bad doctor; quack*
**¡Se me parte la cabeza! (Arg.)** *I have a splitting headache!*

## EL MUNDO HISPANOHABLANTE

### La salud y el bienestar públicos

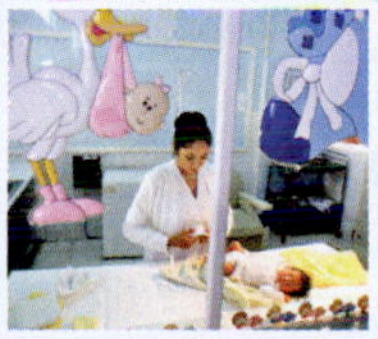

Los gobiernos hispanoamericanos suelen brindar servicios de salud pública gratuitos° a todos los ciudadanos. Algunos países, como Cuba, han desarrollado un **sistema de salud universalista** en el cual todos los servicios son gratuitos. Otros países, como Chile, tienen un modelo mixto, que combina el sector público con el privado.

En el **ránking del mejor país donde nacer** de 2013, hecho por *The Economist Intelligence Unit*, España aparece en el lugar 28 sobre un total de 80 países. Este ránking considera no sólo los ingresos económicos, sino también otros indicadores como el bienestar y la satisfacción individual de las personas.

El colombiano **Rodolfo Llinás** es quizá el científico hispanoamericano de más prestigio a nivel mundial. Llinás estudió para ser médico, pero decidió dedicarse a la investigación. Llinás trabajó con dos ganadores del premio Nobel y estableció la ley Llinás, según la cual cada tipo de neurona tiene una función específica y no puede ser sustituido por otro tipo.

**gratuitos** *free of charge*

## PERFIL

### LA CICLOVÍA DE BOGOTÁ

Todos los domingos y lunes festivos, se cierran algunas de las principales vías de la capital de Colombia para que más de un millón de habitantes salgan a la Ciclovía: 120 kilómetros para montar en bicicleta, caminar, correr o patinar. Es una forma de recreación para la comunidad, una manera distinta de recorrer la ciudad y una manera de promover un estilo de vida activo y saludable. La Ciclovía cuenta además con la Recreovía: espacios distribuidos en diferentes puntos del trayecto, en los cuales la gente tiene la oportunidad de hacer actividades físicas, como aeróbicos y clases de baile, dirigidas por instructores especializados. Estos servicios no tienen ningún costo y todos son bienvenidos. En el recorrido también se pueden encontrar puntos para la práctica de deportes extremos, zonas especiales para niños e incluso puestos de atención para mascotas. Algunos países como México, Chile y Venezuela también están implementando la Ciclovía como una opción de recreación para todos los habitantes de la ciudad.

**“Los conocimientos de la medicina tradicional son conocimientos adquiridos de nuestros antepasados y mantienen vivas las más ricas culturas de América Latina.”**
**(Donato Ayma, político boliviano)**

### Conexión Internet

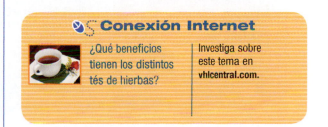

¿Qué beneficios tienen los distintos tés de hierbas?

Investiga sobre este tema en **vhlcentral.com**.

# ¿Qué aprendiste?

**1** **Comprensión** Indica si estas afirmaciones son **ciertas** o **falsas**. Corrige las falsas.

1. Marcela aprendió a usar infusiones en un viaje a Colombia, la tierra de su abuela.
2. Colombia es uno de los países con mayor diversidad de especies vegetales.
3. En las prácticas curativas tradicionales, se combinan las propiedades curativas de las plantas con el poder curativo de los animales.
4. Los conocimientos sobre los poderes curativos de las plantas han pasado de padres a hijos a través de los siglos.
5. En Colombia, el uso de plantas curativas es popular sólo entre las comunidades indígenas.
6. A pesar de la llegada de la medicina científica, muchas comunidades mantuvieron sus prácticas medicinales tradicionales.
7. Las comunidades que mejor conservaron las tradiciones fueron las que estaban más cerca de la costa.
8. En Colombia, las instituciones no se preocupan por recuperar las tradiciones curativas.
9. Las empresas farmacéuticas quieren apropiarse de las plantas.
10. Colombia ha empezado a controlar las exportaciones de plantas curativas.

**2** **Oraciones incompletas** Completa las oraciones con la información correcta.

1. En la Recreovía, los colombianos pueden hacer ________ o tomar clases de baile.
   a. aeróbicos  b. manualidades  c. concursos
2. Países como México, Chile y ________ también están implementando la Ciclovía.
   a. Costa Rica  b. El Salvador  c. Venezuela
3. En Chile, el sistema de salud sigue el modelo ________.
   a. mixto  b. universalista  c. privado
4. Rodolfo Llinás descubrió que un tipo de ________ no puede ser sustituido por otro.
   a. cerebro  b. neurona  c. cáncer
5. En Chile, usan *estar funado* para decir que alguien tiene ________.
   a. indigestión  b. gripe  c. poca energía

**3** **Opiniones** En parejas, hablen sobre estas preguntas. Después, compartan su opinión con la clase.

- ¿Se puede patentar la naturaleza?
- ¿Tienen derecho las empresas farmacéuticas a patentar plantas?
- ¿Tienen derecho a hacerlo si modifican la estructura genética de la planta?
- ¿Cuáles son las posibles consecuencias de patentar plantas y organismos vivos?

Practice more at **vhlcentral.com.**

## PROYECTO

### Las plantas curativas

Como hemos visto, muchas comunidades latinoamericanas usan las plantas para curar diferentes enfermedades. Busca información en Internet o en la biblioteca sobre alguna de estas plantas.

Usa las preguntas como guía para tu investigación.

- ¿Para qué se usa la planta?
- ¿En qué comunidad(es) se usa?
- ¿Qué enfermedad(es) específica(s) cura?
- ¿Cómo se usa según la tradición?
- ¿Se comprobaron científicamente las propiedades de la planta?
- ¿Es común su uso en la medicina científica?

Flash Cultura

Video

# Las farmacias

Ya has leído sobre el interés renovado por conocer las propiedades medicinales de las plantas en Colombia. En este episodio de **Flash Cultura** conocerás las distintas opciones de farmacias que existen actualmente en uno de sus países vecinos, Ecuador.

## VOCABULARIO ÚTIL

**la arruga** *wrinkle*
**la baba de caracol** *snail slime*
**la cicatriz** *scar*
**el estante** *shelf*
**el mostrador** *counter*
**la piel tersa** *smooth skin*
**el ungüento** *ointment*
**la vitrina** *glass cabinet*

**Preparación** ¿Qué haces cuando sientes algún dolor? ¿Alguna vez tomaste medicamentos sin visitar antes al médico?

**Comprensión** Indica si estas afirmaciones son **ciertas** o **falsas**. Después, en parejas, corrijan las falsas.

1. En Ecuador pueden encontrarse farmacias similares a las que hay en Estados Unidos o en Europa.
2. Las grandes farmacias no ofrecen remedios caseros como la crema de cicuta.
3. No es costumbre en Ecuador que el farmacéutico recete a los clientes.
4. En las farmacias tradicionales, los clientes no tienen acceso a los productos, que se guardan en estantes o vitrinas detrás del mostrador.
5. La crema de baba de caracol sirve para dolores e inflamación de la piel.
6. Para la medicina tradicional, algunas plantas son malas.

**Expansión** En parejas, contesten estas preguntas.

- Imagina que viajas a Ecuador y te enfermas. ¿Buscarías el consejo de un farmacéutico en vez de ir al médico? Justifica tu respuesta.
- Entre unas píldoras recetadas por el médico y una limpia de energía, ¿cuál elegirías? ¿Te parece que alguna de esas opciones puede ser mala para la salud? ¿Por qué?
- ¿En qué se parecen las farmacias de Ecuador a las de tu ciudad? ¿En qué se diferencian? ¿Qué tipo de farmacia te parece mejor? ¿Por qué?

**Corresponsal:** Mónica Díaz
**País:** Ecuador

Los consejos personales que el farmacéutico ofrece al cliente es lo que distingue a las pequeñas farmacias de las grandes.

A veces, las personas en el mundo hispano utilizan medicina alternativa para curar sus dolencias°.

Para la medicina tradicional, la gripe es un bajón° de energía; a través de la limpia°, se aumenta la energía y de esa manera se sale de ese proceso.

**dolencias** *ailments* **bajón** *drop* **limpia** *cleansing*

Practice more at **vhlcentral.com.**

# 4.1 The subjunctive in noun clauses

## Forms of the present subjunctive

- The subjunctive (**el subjuntivo**) is used mainly in the subordinate (dependent) clause of multiple-clause sentences to express will, influence, emotion, doubt, or denial. The present subjunctive is formed by dropping the **-o** from the **yo** form of the present indicative and adding these endings.

**The present subjunctive**

| hablar | comer | escribir |
|---|---|---|
| hable | coma | escriba |
| hables | comas | escribas |
| hable | coma | escriba |
| hablemos | comamos | escribamos |
| habléis | comáis | escribáis |
| hablen | coman | escriban |

- Verbs with irregular **yo** forms show that same irregularity in all forms of the present subjunctive.

| | | | |
|---|---|---|---|
| conocer | conozca | seguir | siga |
| decir | diga | tener | tenga |
| hacer | haga | traer | traiga |
| oír | oiga | venir | venga |
| poner | ponga | ver | vea |

- Verbs with stem changes in the present indicative show the same changes in the present subjunctive. Stem-changing **-ir** verbs also undergo a stem change in the **nosotros/as** and **vosotros/as** forms of the present subjunctive.

| | |
|---|---|
| pensar (e:ie) | piense, pienses, piense, pensemos, penséis, piensen |
| jugar (u:ue) | juegue, juegues, juegue, juguemos, juguéis, jueguen |
| mostrar (o:ue) | muestre, muestres, muestre, mostremos, mostréis, muestren |
| entender (e:ie) | entienda, entiendas, entienda, entendamos, entendáis, entiendan |
| resolver (o:ue) | resuelva, resuelvas, resuelva, resolvamos, resolváis, resuelvan |
| pedir (e:i) | pida, pidas, pida, pidamos, pidáis, pidan |
| sentir (e:ie) | sienta, sientas, sienta, sintamos, sintáis, sientan |
| dormir (o:ue) | duerma, duermas, duerma, durmamos, durmáis, duerman |

- The following five verbs are irregular in the present subjunctive.

| | |
|---|---|
| dar | dé, des, dé, demos, deis, den |
| estar | esté, estés, esté, estemos, estéis, estén |
| ir | vaya, vayas, vaya, vayamos, vayáis, vayan |
| saber | sepa, sepas, sepa, sepamos, sepáis, sepan |
| ser | sea, seas, sea, seamos, seáis, sean |

**TALLER DE CONSULTA**

**MANUAL DE GRAMÁTICA**
**Más práctica**

4.1 The subjunctive in noun clauses, p. A23
4.2 Commands, p. A24
4.3 **Por** and **para**, p. A25

**Más gramática**

4.4 The subjunctive with impersonal expressions, p. A26

**¡ATENCIÓN!**

The *indicative* is used to express actions, states, or facts the speaker considers to be certain. The *subjunctive* expresses the speaker's attitude toward events, as well as actions or states that the speaker views as uncertain.

Verbs that end in **-car, -gar,** and **-zar** undergo spelling changes in the present subjunctive.

**sacar: saque**

**jugar: juegue**

**almorzar: almuerce**

The present subjunctive form of **hay** is **haya**.

**No creo que haya una solución.**
*I don't think there is a solution.*

## Verbs of will and influence

- A clause is a group of words that contains both a conjugated verb and a subject (expressed or implied). In a subordinate noun clause (**oración subordinada sustantiva**), a group of words function together as a noun.

Quiero que hagas unos cambios en estos diseños.


- When the subject of the main (independent) clause of a sentence exerts influence or will on the subject of the subordinate clause, the verb in the subordinate clause takes the subjunctive.

| MAIN CLAUSE | CONNECTOR | SUBORDINATE CLAUSE |
|---|---|---|
| **Yo quiero** | **que** | **tú vayas al médico.** |

### Verbs and expressions of will and influence

| | | |
|---|---|---|
| **aconsejar** *to advise* | **gustar** *to like* | **preferir (e:ie)** *to prefer* |
| **desear** *to desire; to wish* | **hacer** *to make* | **prohibir** *to prohibit* |
| **es importante** *it's important* | **importar** *to be important* | **proponer** *to propose* |
| **es necesario** *it's necessary* | **insistir en** *to insist (on)* | **querer (e:ie)** *to want; to wish* |
| **es urgente** *it's urgent* | **mandar** *to order* | **recomendar (e:ie)** *to recommend* |
| **exigir** *to demand* | **necesitar** *to need* | **rogar (o:ue)** *to beg* |
| | **oponerse a** *to oppose* | **sugerir (e:ie)** *to suggest* |
| | **pedir (e:i)** *to ask for; to request* | |

**Necesito** que **consigas** estas pastillas en la farmacia.
*I need you to get these pills at the pharmacy.*

**Insisto** en que **vayas** a la sala de emergencias.
*I insist that you go to the emergency room.*

El médico siempre me **recomienda** que **deje** de fumar.
*The doctor always recommends that I quit smoking.*

**Se oponen** a que **salgas** si estás enfermo.
*They object to your going out if you're sick.*

- The infinitive, not the subjunctive, is used with verbs and expressions of will and influence if there is no change of subject in the sentence. The **que** is unnecessary in this case.

Quiero **ir** a Bogotá en junio.
*I want to go to Bogotá in June.*

Prefiero que **vayas** en agosto.
*I prefer that you go in August.*

**¡ATENCIÓN!**

**Pedir** is used with the subjunctive to ask someone to do something.

**Preguntar** is used to ask questions, and is not followed by the subjunctive.

**No te pido que lo hagas ahora.**
*I'm not asking you to do it now.*

**No te pregunto si lo haces ahora.**
*I'm not asking you if you're doing it now.*

## Verbs of emotion

**¡ATENCIÓN!**

The subjunctive is also used with expressions of emotion that begin with **¡Qué...!** (*What a...!/It's so...!*)

**¡Qué pena que él no vaya!**
*What a shame he's not going!*

• • • • •

The expression **ojalá** (*I hope; I wish*) is always followed by the subjunctive. The use of **que** with **ojalá** is optional.

**Ojalá (que) no llueva.**
*I hope it doesn't rain.*

**Ojalá (que) no te enfermes.**
*I hope you don't get sick.*

- When the main clause expresses an emotion like hope, fear, joy, pity, or surprise, the verb in the subordinate clause must be in the subjunctive if its subject is different from that of the main clause.

Espero que **te recuperes** pronto.
*I hope you recover quickly.*

Es terrible que Ana **tenga** esa enfermedad.
*Its terrible that Ana suffers from that illness.*

**Verbs and expressions of emotion**

| | | |
|---|---|---|
| **alegrarse (de)** *to be happy (about)* | **es terrible** *it's terrible* | **molestar** *to bother* |
| **es bueno** *it's good* | **es una lástima** *it's a shame* | **sentir (e:ie)** *to be sorry; to regret* |
| **es extraño** *it's strange* | **es una pena** *it's a pity* | **sorprender** *to surprise* |
| **es malo** *it's bad* | **esperar** *to hope; to wish* | **temer** *to fear* |
| **es mejor** *it's better* | **gustar** *to like; to be pleasing* | **tener miedo a/de** *to be afraid (of)* |
| **es ridículo** *it's ridiculous* | | |

- The infinitive, not the subjunctive, is used with verbs and expressions of emotion if there is no change of subject in the sentence.

No me gusta **llegar** tarde.
*I don't like to arrive late.*

Es mejor que lo **hagas** ahora.
*It's better that you do it now.*

## Verbs of doubt or denial

**¡ATENCIÓN!**

The subjunctive is also used after **quizá(s)** and **tal vez** (*maybe; perhaps*) when they signal uncertainty, even if there is no change of subject in the sentence.

**Quizás vengan a la fiesta.**
*Maybe they'll come to the party.*

- When the main clause implies doubt, uncertainty, or denial, the verb in the subordinate clause must be in the subjunctive if its subject is different from that of the main clause.

No creo que él nos **quiera** engañar.
*I don't think that he wants to deceive us.*

Dudan que el jarabe **sea** un buen remedio.
*They doubt that the syrup will be a good remedy.*

**Verbs and expressions of doubt and denial**

| | |
|---|---|
| **dudar** *to doubt* | **negar (e:ie)** *to deny* |
| **es imposible** *it's impossible* | **no creer** *not to believe* |
| **es improbable** *it's improbable* | **no es evidente** *it's not evident* |
| **es poco seguro** *it's uncertain* | **no es seguro** *it's not certain* |
| **(no) es posible** *it's (not) possible* | **no es verdad/cierto** *it's not true* |
| **(no) es probable** *it's (not) probable* | **no estar seguro de** *not to be sure (of)* |

- The infinitive, not the subjunctive, is used with verbs and expressions of doubt or denial if there is no change in the subject of the sentence.

Es imposible **viajar** hoy.
*It's impossible to travel today.*

No es seguro que él **viaje** hoy.
*It's not certain that he will travel today.*

# Práctica

**1 Opiniones contrarias** Escribe una oración que exprese lo opuesto en cada ocasión.

**MODELO** **No creo que Carlos esté resfriado.**
— Creo que Carlos está resfriado.

1. Están seguros de que Pedro puede dejar de fumar.
2. Es evidente que estás agotado.
3. No creo que las medicinas naturales sean curativas.
4. Es verdad que la cirujana no quiere operarte.
5. No es seguro que este médico conozca el mejor tratamiento.

**2 Siempre enferma** Últimamente, Ana María se enferma demasiado y sus amigas están preocupadas por ella. Completa la conversación con el infinitivo, el indicativo o el subjuntivo.

**MARTA** Es una pena que Ana María (1) ________ (estar / está / esté) enferma otra vez.

**ADRIANA** El problema es que no le gusta (2) ________ (tomar / toma / tome) vitaminas. Además, ella casi nunca (3) ________ (comer / come / coma) verduras.

**MARTA** Y no creo que Ana María (4) ________ (hacer / hace / haga) ejercicio. Yo siempre le (5) ________ (pedir /pido / pida) que (6) ________ (venir / viene / venga) conmigo al gimnasio, pero ella prefiere (7) ________ (quedarse / se queda / se quede) en casa.

**ADRIANA** Y cuando ella se enferma, no (8) ________ (seguir / sigue / siga) los consejos del médico. Si él le recomienda que (9) ________ (permanecer / permanece / permanezca) en cama, ella dice que no es necesario (10) ________ (descansar / descansa / descanse). Si él le da una receta, ella ni (11) ________ (comprar / compra /compre) las medicinas. ¿Qué vamos a hacer, Marta?

**MARTA** Es necesario que (12) ________ (hablar / hablamos / hablemos) con ella. Si no, ¡temo que un día de éstos ella nos (13) ________ (llamar / llama / llame) para llevarla a la sala de emergencias!

**ADRIANA** Bueno, creo que (14) ________ (tener / tienes / tengas) razón. ¡Sólo espero que ella nos (15) ________ (escuchar / escucha / escuche)!

**3 Consejos** Combina los elementos de cada columna para escribir cinco consejos. Usa el presente del subjuntivo.

**MODELO** Te recomendamos que hagas más ejercicio.

| | | |
|---|---|---|
| aconsejar | | comer frutas y verduras |
| es importante | | descansar |
| es necesario | que | hacer más ejercicio |
| querer | | ir al gimnasio |
| recomendar | | seguir las recomendaciones del médico |
| sugerir | | tomar las medicinas |

**TALLER DE CONSULTA**

**MANUAL DE GRAMÁTICA**
**Más práctica**

4.1 The subjunctive in noun clauses, p. A23

# Práctica

**4** **Ojalá** Para muchos, el amor es una enfermedad. El cantante Silvio Rodríguez sugiere en esta canción una cura para el amor.

**A.** Utiliza el presente del subjuntivo de los verbos entre paréntesis para completar la estrofa (*verse*) de la canción.

> Ojalá que las hojas no te (1) ________ (tocar) el cuerpo cuando (2) ________ (caer)
> para que no las puedas convertir en cristal.
> Ojalá que la lluvia (3) ________ (dejar) de ser milagro que baja por tu cuerpo.
> Ojalá que la luna (4) ________ (poder) salir sin ti.
> Ojalá que la tierra no te (5) ________ (besar) los pasos.

**B.** Ahora, escribe tu propia estrofa.

1. Ojalá que los sueños ________________________________________.
2. Ojalá que la noche ________________________________________.
3. Ojalá que la herida ________________________________________.
4. Ojalá una persona ________________________________________.

**5** **El hombre ideal** Roberto está enamorado de Lucía, pero ella no le presta atención. Mira el dibujo del hombre ideal de Lucía y escribe cinco recomendaciones para Roberto. Utiliza el presente del subjuntivo y las palabras de la lista.

**MODELO** Roberto, es necesario que te vistas mejor.

| | |
|---|---|
| aconsejar | insistir en |
| es importante | proponer |
| es malo | recomendar |
| es mejor | rogar |
| es necesario | sugerir |

Roberto

Hombre ideal

Practice more at **vhlcentral.com.**

# Comunicación

**6** **El doctor Sánchez responde** Los lectores de una revista de salud envían sus consultas al doctor Sánchez. Trabajen en parejas para decidir qué consejos corresponden a cada consulta. Luego redacten la respuesta para cada lector usando las expresiones de la lista.

## Los lectores preguntan. **El Dr. Sánchez responde.**

1. Estimado Dr. Sánchez:
   Tengo 55 años y quiero adelgazar 10 kilos. Mi médico insiste en que mejore mi alimentación. Probé varias dietas, pero no logro adelgazar. ¿Qué puedo hacer?
   Ana J.

2. Querido Dr. Sánchez:
   Tengo 38 años y sufro fuertes dolores de espalda (*back*). Trabajo en una oficina y estoy muchas horas sentada. Después de varios análisis, mi médico dijo que tengo los huesos perfectamente. Me recetó unas pastillas para los músculos, pero no quiero tomar medicinas. ¿Hay otra solución?
   Isabel M.

3. Dr. Sánchez:
   Siempre me duele mucho el estómago. Soy muy nervioso y no puedo dormir. Mi médico me aconseja que trabaje menos. Pero eso es imposible.
   Andrés S.

*A. No comer con prisa.*
*Pasear mucho.*
*No tomar café.*
*Practicar yoga.*

*B. Caminar mucho.*
*Practicar natación.*
*No comer las cuatro "p": papas, pastas, pan y postres.*
*Tomar dos litros de agua por día.*

*C. No permanecer sentada más de dos horas seguidas.*
*Hacer cincuenta minutos de ejercicio por día.*
*Adoptar una buena postura al estar sentada.*
*Elegir una buena cama.*
*Usar una almohada dura.*

| | |
|---|---|
| **es importante que** | **le aconsejo que** |
| **es improbable que** | **le propongo que** |
| **es necesario que** | **le recomiendo que** |
| **es poco seguro que** | **le sugiero que** |
| **es urgente que** | **no es seguro que** |

**7** **Estilos de vida** En parejas, elijan cada uno/a una de estas personalidades. Después, dense consejos para cambiar su estilo de vida. Utilicen el subjuntivo.

1. Voy al gimnasio tres veces al día. Lo más importante en mi vida es mi cuerpo.
2. Me gusta salir por las noches. Trasnocho casi todos los días.
3. Siempre como comida rápida porque está muy rica y no me gusta cocinar.
4. No hago nada de ejercicio. Estoy todo el día trabajando en la oficina.

## 4.2 Commands

### Formal (*Ud.* and *Uds.*) commands

- Formal commands (**mandatos**) are used to give orders or advice to people you address as **usted** or **ustedes**. Their forms are identical to the present subjunctive forms for **usted** and **ustedes**.

| Formal commands | | |
|---|---|---|
| **Infinitive** | **Affirmative command** | **Negative command** |
| tomar | **tome** (usted) | **no tome** (usted) |
| | **tomen** (ustedes) | **no tomen** (ustedes) |
| volver | **vuelva** (usted) | **no vuelva** (usted) |
| | **vuelvan** (ustedes) | **no vuelvan** (ustedes) |
| salir | **salga** (usted) | **no salga** (usted) |
| | **salgan** (ustedes) | **no salgan** (ustedes) |

### Familiar (*tú*) commands

- Familiar commands are used with people you address as **tú**. Affirmative **tú** commands have the same form as the **él, ella**, and **usted** form of the present indicative. Negative **tú** commands have the same form as the **tú** form of the present subjunctive.

Piensa en él como un amigo que tiene siempre razón.

No pienses en mí como tu jefe.

| Familiar commands | | |
|---|---|---|
| **Infinitive** | **Affirmative command** | **Negative command** |
| viajar | viaja | no viajes |
| empezar | empieza | no empieces |
| pedir | pide | no pidas |

- These verbs have irregular affirmative **tú** commands. Their negative forms are still the same as the **tú** form of the present subjunctive.

| decir | | di | | salir | | sal |
|---|---|---|---|---|---|---|
| hacer | ▶ | haz | | ser | ▶ | sé |
| ir | | ve | | tener | | ten |
| poner | | pon | | venir | | ven |

**¡ATENCIÓN!**

***Vosotros/as* commands**

In Latin America, **ustedes** commands serve as the plural of familiar (**tú**) commands. The familiar plural **vosotros/as** command is used in Spain. The affirmative command is formed by changing the **-r** of the infinitive to **-d**. The negative command is identical to the **vosotros/as** form of the present subjunctive.

**bailar: bailad/no bailéis**

For reflexive verbs, affirmative commands are formed by dropping the **-r** and adding the reflexive pronoun **-os**. In negative commands, the pronoun precedes the verb.

**levantarse: levantaos/ no os levantéis**

The verb **irse** is irregular: **idos/no os vayáis**

## *Nosotros/as* commands

- **Nosotros/as** commands are used to give orders or suggestions that include yourself as well as other people. In Spanish, **nosotros/as** commands correspond to the English *let's* + [*verb*]. Affirmative and negative **nosotros/as** commands are generally identical to the **nosotros/as** forms of the present subjunctive.

| ***Nosotros/as* commands** | | |
|---|---|---|
| **Infinitive** | **Affirmative command** | **Negative command** |
| bailar | bailemos | no bailemos |
| beber | bebamos | no bebamos |
| abrir | abramos | no abramos |

- The **nosotros/as** commands for **ir** and **irse** are irregular: **vamos** and **vámonos**. The negative commands are regular: **no vayamos** and **no nos vayamos**.

## Using pronouns with commands

- When object and reflexive pronouns are used with affirmative commands, they are always attached to the verb. When used with negative commands, the pronouns appear between **no** and the verb.

| | |
|---|---|
| **Levántense** temprano. | **No se levanten** tarde. |
| *Wake up early.* | *Don't wake up late.* |
| **Dime** todo. | **No me digas nada.** |
| *Tell me everything.* | *Don't tell me anything.* |

- When the pronouns **nos** or **se** are attached to an affirmative **nosotros/as** command, the final **s** of the command form is dropped.

| | |
|---|---|
| **Sentémonos** aquí. | **No nos sentemos** aquí. |
| *Let's sit here.* | *Let's not sit here.* |
| **Démoselo** mañana. | **No se lo demos** mañana. |
| *Let's give it to him/her tomorrow.* | *Let's not give it to him/her tomorrow.* |

**¡ATENCIÓN!**

When one or more pronouns are attached to an affirmative command, an accent mark may be necessary to maintain the original stress. This usually happens when the combined verb form has three or more syllables.

**decir**
**di, dile, dímelo**
**diga, dígale, dígaselo**
**digamos, digámosle, digámoselo**

## Indirect (*él, ella, ellos, ellas*) commands

- The construction **que** + [*subjunctive*] can be used with a third-person form to express indirect commands that correspond to the English *let someone do something*. If the subject of the indirect command is expressed, it usually follows the verb.

| | |
|---|---|
| **Que pase** el siguiente. | **Que** lo **haga** ella. |
| *Let the next person pass.* | *Let her do it.* |

- As with other uses of the subjunctive, pronouns are never attached to the conjugated verb, regardless of whether the indirect command is affirmative or negative.

| | |
|---|---|
| **Que se lo den** José y Raquel. | **Que** no **se lo den** José y Raquel. |
| *Let José and Raquel give it to them.* | *Don't let José and Raquel give it to them.* |
| **Que lo vuelva** a hacer Ana. | **Que** no **lo vuelva** a hacer Ana. |
| *Let Ana do it again.* | *Don't let Ana do it again.* |

**TALLER DE CONSULTA**

See **2.1**, pp. 54–55 for object pronouns.

See **2.3**, pp. 62–63 for reflexive pronouns.

# Práctica

**TALLER DE CONSULTA**

**MANUAL DE GRAMÁTICA**
**Más práctica**

4.2 Commands, p. A24

**1 Mandatos** Cambia estas oraciones para que sean mandatos.

1. Te conviene descansar.
2. Deben relajarse.
3. Es hora de que usted tome su pastilla.
4. ¿Podría usted describir sus síntomas?
5. ¿Y si dejamos de fumar?
6. ¿Podrías consultar con un especialista?
7. Ustedes necesitan comer bien.
8. Le pido que se vaya de mi consultorio.

**2 El cuidado de los dientes**

**A.** Escribe los consejos que dio un dentista durante una visita a una escuela. Usa el imperativo formal de la segunda persona del plural.

1. prevenir las caries (*cavities*)
2. cepillarse los dientes después de cada comida
3. no comer dulces
4. poner poco azúcar en el café o el té
5. comer o beber alimentos que tengan calcio
6. consultar al dentista periódicamente

**B.** Reescribe los consejos usando el imperativo informal.

**3 El doctor de Felipito** Felipito es un niño muy inquieto. A cada rato tiene pequeños accidentes. Utiliza mandatos informales para aconsejarle cómo evitarlos.

**MODELO** No toques perros en la calle.

1.

2.

3.

4.

5.

6.

# Comunicación

**4 Que lo hagan ellos** Carlos está tan entretenido con su nuevo videojuego que no quiere hacer nada más. En parejas, preparen una conversación entre Carlos y su madre en la que ella le da mandatos y Carlos sugiere que otras personas la ayuden. Utilicen mandatos indirectos en la conversación.

**MODELO** **MADRE** Limpia tu cuarto, Carlos.
**CARLOS** Que lo limpie mi hermano. ¡Estoy a punto de alcanzar el próximo nivel!

| | |
|---|---|
| ayudarme en la cocina | mis amigos |
| cortar cebollas | mi hermana |
| pasear al perro | mi hermano |
| llamar a la abuela | mi padre |
| ir a la farmacia | tú/Ud. |

**5 Hasta el siglo XXII**

**A.** ¿Qué consejos le darías a un(a) amigo/a para que viva hasta el siglo XXII? En grupos pequeños, escriban ocho recomendaciones utilizando mandatos informales afirmativos y negativos. Sean creativos/as.

**MODELO** No tomes mucho café. Toma sólo agua y jugos naturales.

**B.** Ahora reúnanse con otro grupo y lean las dos listas. ¿En qué se parecen y en qué se diferencian sus recomendaciones?

**6 Anuncios** En grupos, elijan tres de estos productos y escriban un anuncio de televisión para promocionar cada uno de ellos. Utilicen los mandatos formales para convencer al público de que lo compre.

**MODELO** El nuevo perfume "Enamorar" de Rita Ferrero le va a encantar. Cómprelo en cualquier perfumería de su ciudad. Pruébelo y…

| | |
|---|---|
| perfume "Enamorar" | computadora portátil "Digitex" |
| chocolate sin calorías "Deliz" | crema hidratante "Suavidad" |
| raqueta de tenis "Rayo" | todo terreno "Intrepid" |
| pasta de dientes "Sonrisa Sana" | cámara digital "Flimp" |

## 4.3 *Por* and *para*

- **Por** and **para** are both translated as *for*, but they are not interchangeable.

Por mucho que insistan, los tendré que tirar.


### Uses of *para*

| | |
|---|---|
| **Destination** *(toward; in the direction of)* | El cirujano sale de su casa **para** la clínica a las ocho. *The surgeon leaves his house at eight to go to the clinic.* |
| **Deadline or a specific time in the future** *(by; for)* | El resultado del análisis va a estar listo **para** mañana. *The test results will be ready by tomorrow.* |
| **Goal** (**para** + [*infinitive*]) *(in order to)* | El doctor usó un termómetro **para** ver si el niño tenía fiebre. *The doctor used a thermometer to see if the boy had a fever.* |
| **Purpose** (**para** + [*noun*]) *(for; used for)* | El investigador descubrió una cura **para** la enfermedad. *The researcher discovered a cure for the disease.* |
| **Recipient** *(for)* | La enfermera preparó la cama **para** doña Ángela. *The nurse prepared the bed for Doña Ángela.* |
| **Comparison with others or opinion** *(for; considering)* | **Para** su edad, goza de muy buena salud. *For her age, she enjoys very good health.* **Para** mí, lo que tienes es gripe y no un resfriado. *To me, what you have is the flu, not a cold.* |
| **Employment** *(for)* | Mi hijo trabaja **para** una empresa farmacéutica. *My son works for a pharmaceutical company.* |

### Expressions with *para*

**no estar para bromas** *to be in no mood for jokes*

**no ser para tanto** *to not be a big deal*

**para colmo** *to top it all off*

**para que** *so that*

**para que (lo) sepas** *just so you know*

**para siempre** *forever*

- Note that the expression **para que** is followed by the subjunctive.

 Te compré zapatos de tenis **para que** hagas ejercicio.
 *I got you sneakers so that you will work out.*

Para ponerse en forma hay que trabajar duro.

Yo, por ejemplo, trato de comer cosas sanas.


### Uses of *por*

| | |
|---|---|
| **Motion or a general location** *(along; through; around; by)* | Me quebré la pierna corriendo **por** el parque. *I broke my leg running through the park.* |
| **Duration of an action** *(for; during; in)* | Estuvo en cama **por** dos meses. *He was in bed for two months.* |
| **Reason or motive for an action** *(because of; on account of; on behalf of)* | Rezó **por** su hijo enfermo. *She prayed for her sick child.* |
| **Object of a search** *(for; in search of)* | El enfermero fue **por** un termómetro. *The nurse went to get a thermometer.* |
| **Means by which** *(by; by way of; by means of)* | Consulté con el doctor **por** teléfono. *I consulted with the doctor by phone.* |
| **Exchange or substitution** *(for; in exchange for)* | Cambiamos ese tratamiento **por** uno nuevo. *We changed from that treatment to a new one.* |
| **Unit of measure** *(per; by)* | Tengo que tomar las pastillas cinco veces **por** día. *I have to take the pills five times a day.* |
| **Agent (passive voice)** *(by)* | La nueva política de salud pública fue anunciada **por** la prensa. *The new public health policy was announced by the press.* |

### Expressions with *por*

**por ahora** *for the time being*

**por allí/aquí** *around there/here*

**por casualidad** *by chance*

**por cierto** *by the way*

**¡Por Dios!** *For God's sake!*

**por ejemplo** *for example*

**por escrito** *in writing*

**por eso** *therefore; for that reason*

**por fin** *finally*

**por lo general** *in general*

**por lo menos** *at least*

**por lo tanto** *therefore*

**por lo visto** *apparently*

**por más/mucho que** *no matter how much*

**por otro lado/otra parte** *on the other hand*

**por primera vez** *for the first time*

**por si acaso** *just in case*

**por supuesto** *of course*

**¡ATENCIÓN!**

In many cases it is grammatically correct to use either **por** or **para** in a sentence. However, the meaning of each sentence is different.

**Trabajó por su tío.**
*He worked for (in place of) his uncle.*

**Trabajó para su tío.**
*He worked for his uncle('s company).*

**TALLER DE CONSULTA**

The passive voice is discussed in detail in **11.1,** p. 408.

# Práctica

**TALLER DE CONSULTA**

**MANUAL DE GRAMÁTICA**
**Más práctica**

4.3 **Por** and **para**, p. A25

**1 Otra manera** Lee la primera oración y completa la segunda versión con **por** o **para**.

1. Mateo pasó el verano en Colombia con su abuela.
   Mateo fue a Colombia ______ visitar a su abuela.
2. Ella estaba enferma y quería la compañía de su nieto.
   Ella estaba enferma; ______ eso, Mateo decidió ir.
3. La familia le envió muchos regalos a la abuela.
   La familia envió muchos regalos ______ la abuela.
4. La abuela se alegró mucho de la visita de Mateo.
   La abuela se puso muy feliz ______ la visita de Mateo.
5. Mateo pasó tres meses en ese país.
   Mateo estuvo en Colombia ______ tres meses.

Cartagena, Colombia

**2 Carta de amor** Completa la carta con **por** y/o **para**.

De: mateo25@tucorreo.com
A: cata@tucorreo.com
Tema: Noticias desde Cartagena

Mi amada Catalina:

(1) ______ fin encuentro un momento (2) ______ escribirte. Es que mi abuela me tiene a su lado (3) ______ horas y horas cada día, contándome historias de su niñez aquí en Cartagena. Poquito a poco va recuperándose, pero no sé de dónde saca tantas fuerzas (4) ______ hablar. Pero estoy aquí sólo (5) ______ ella, así que no me quejo de nada. En las tardes ella descansa y yo suelo caminar (6) ______ la playa y, (7) ______ supuesto, pienso en ti...

Hoy mi abuelita me pidió llamar (8) ______ teléfono a la clínica, pues le duele mucho el estómago y cree que es (9) ______ las otras medicinas que le recetó el cirujano. Mientras tío Javi la lleva a la clínica, yo iré al centro (10) ______ hacer unas compras. Ya sé lo que voy a comprar (11) ______ ti.
Ya pronto nos veremos...
Te amaré (12) ______ siempre...

Mateo

**3 Oraciones** Utiliza palabras de cada columna para formar oraciones lógicas.

**MODELO** Mi hermana preparó una cena especial para la fiesta.

| | | |
|---|---|---|
| caminar<br>comprar<br>jugar<br>hacer<br>preparar | por<br>para | él<br>la fiesta<br>mi mamá<br>su hermana<br>el parque |

Practice more at **vhlcentral.com.**

# Comunicación

**4 Soluciones** En parejas, comenten cuáles son las mejores maneras de lograr los objetivos de la lista. Sigan el modelo y utilicen **por** y **para**.

**MODELO** Para tener buena salud, lo mejor es comer cinco frutas o verduras por día porque tienen muchas vitaminas.

| | |
|---|---|
| concentrarse al estudiar | relajarse |
| divertirse | ser famoso/a |
| hacer muchos amigos | ser organizado/a |
| mantenerse en forma | tener buena salud |

**5 Conversación** En parejas, elijan una de las situaciones y escriban una conversación. Utilicen **por** y **para**, y algunas de las expresiones de la lista.

**A.** Tu vecino, don José, ganó en un concurso unas vacaciones a Medellín, Colombia, pero él no puede ir. Está pensando en ti y en otro/a vecino/a. Convence a don José de que te dé a ti las vacaciones.

**B.** Hace un año que trabajas en una librería y nunca has tenido vacaciones. Habla con tu jefe/a y dile que quieres tomarte unas vacaciones de dos semanas. Tu jefe/a dice que ahora no puedes tomarte vacaciones y te da algunas razones. Explícale tú tus razones.

| | | |
|---|---|---|
| no es para tanto | por casualidad | por lo menos |
| para colmo | por eso | por lo tanto |
| para siempre | por fin | por supuesto |

**6 Síntesis** En grupos de cuatro miren la foto e inventen una conversación. Deben usar por lo menos tres verbos en el subjuntivo, tres mandatos y tres expresiones con **por** o **para**. Dramaticen la conversación para el resto de la clase.

**MODELO** — Quiero que me digas qué debo hacer para adelgazar.
— ¡Bebe té verde por la mañana!

# Antes de ver el corto

## ÉRAMOS POCOS

**país** España
**duración** 16 minutos
**director** Borja Cobeaga
**protagonistas** Joaquín (padre), Fernando (hijo), Lourdes (abuela)

### Vocabulario

**el álbum (de fotos)** *(photo) album*
**apañar** *to fix up*
**apañarse** *to manage; to make do*
**el asilo (de ancianos)** *nursing home*
**descalzo/a** *barefoot*
**el desorden** *mess*
**enseguida** *right away*
**largarse** *to take off*
**el marco** *frame*
**la paella** *(Esp.) traditional rice and seafood dish*
**la tortilla** *(Esp.) potato omelet*
**el trastero** *storage room*

**1 Oraciones incompletas** Completa las oraciones con las palabras apropiadas.

1. Pones las fotos en un __________ para colocarlas en la pared.
2. Te vas a vivir a un __________ cuando eres un anciano.
3. Guardas los muebles antiguos en un __________.
4. Cuando no llevas zapatos, vas __________.
5. La __________ es un plato que se cocina con huevos y patatas.

**2 Preguntas** En parejas, contesten las preguntas.

1. ¿Crees que ahora los hombres ayudan en las tareas del hogar más que antes?
2. ¿Conoces a alguna mujer que sea ama de casa? ¿Le gusta serlo?
3. ¿Cuáles crees que son las ventajas y las desventajas de vivir en un asilo o vivir con la familia cuando una persona es anciana? ¿Por qué?
4. ¿Cómo crees que va a ser la situación de los ancianos dentro de unos años?

**3 ¿Qué sucederá?** En parejas, miren el fotograma e imaginen lo que va a ocurrir en la historia. Compartan sus ideas con la clase.

Practice more at **vhlcentral.com.**

ramón barea
mariví bilbao
alejandro tejería
Premio a la mejor comedia, Aspen International Shorts Fest 2006, Aspen, EE.UU.
éramos pocos
un cortometraje de borja cobeaga
sonido directo miguel carretero
posproducción de sonido david rodríguez
vestuario pedro moreno
dirección artística enrique ferrero & ali larrey
jefe de producción pedro ruigómez momeñe
música aránzazu calleja
montaje jesús ramé
fotografía ignacio giménez-rico
producción ejecutiva oihana olea
escrito por borja cobeaga & sergio barrejón
dirigido por borja cobeaga
altube filmeak
arsenico
CANAL+
Diputación de Valladolid
Eusko Jaurlaritza Gobierno Vasco
Kodak
Pecera Estudio
DOLBY

## Escenas

**ARGUMENTO** Tras ser abandonado por su mujer, Joaquín decide traer a su suegra a casa para que haga las labores del hogar.

**FERNANDO** ¿Por qué estás descalzo?
**JOAQUÍN** Porque no encuentro mis zapatillas.
**FERNANDO** ¿Y estás seguro de que se ha ido sin más°?
**JOAQUÍN** Eso parece.

**FERNANDO** Cuánto tiempo sin verte.
**LOURDES** Mucho tiempo.
**FERNANDO** Mira, papá, es la abuela.
**LOURDES** Hola.
**JOAQUÍN** Hola, soy tu yerno Joaquín. No sé si te acuerdas de mí.

**LOURDES** ¿Y mi habitación?
**JOAQUÍN** Esto se arregla en un momento. Desde que te fuiste usamos este cuarto como un trastero, pero enseguida lo apañamos. ¡Fernando!
**LOURDES** No te preocupes, no pasa nada.
**JOAQUÍN** ¡Fernando!

**JOAQUÍN** Creo que se ha dado cuenta. Que sabe para qué la hemos traído.
**FERNANDO** ¿Qué dices?
**JOAQUÍN** ¿No la notas demasiado… contenta?

**ABUELA** ¿Qué? ¿No coméis?
**JOAQUÍN** Que te diga esto a lo mejor te parece desproporcionado, Lourdes. Pero es que Julia lleva mucho tiempo de viaje.
**FERNANDO** Mucho, mucho.
**JOAQUÍN** No sabes lo que esta tortilla significa para nosotros.

**JOAQUÍN** Julia, soy yo. No me cuelgues°, ¿eh? Es importante. Es sobre tu madre. Ya sé que fui yo el que insistió en meterla en un asilo pero ahora está aquí, con nosotros. Es para pedirte perdón y para que veas que puedo cambiar.

**sin más** *just like that* **No me cuelgues** *Don't hang up on me*

# Después de ver el corto

**1 Comprensión** Contesta las preguntas con oraciones completas.

1. ¿Dónde está Julia?
2. ¿Qué ha pasado con las zapatillas de Joaquín?
3. ¿Por qué van a recoger a la abuela?
4. ¿Por qué cree Joaquín que la abuela se ha dado cuenta del plan?
5. ¿Para qué llama Joaquín a su mujer?
6. ¿Qué le dice su mujer?
7. ¿Para qué mira Joaquín el álbum de fotos?
8. ¿Qué descubre Joaquín?

**2 Ampliación** Contesta las preguntas.

1. ¿Por qué piensas que Joaquín y Fernando son incapaces de vivir sin una mujer?
2. Según Joaquín, ¿por qué es importante la tortilla?
3. ¿Por qué está tan contenta Lourdes a pesar de trabajar tanto?
4. ¿Por qué crees que Joaquín no dice que la mujer no es su suegra?
5. ¿Qué opinas del final del corto? ¿Te parece que los personajes se están engañando unos a otros o se están ayudando? ¿Por qué?
6. ¿Cómo se relaciona el título con lo que sucede en el corto?

**3 Julia** En parejas, imaginen cómo es la esposa de Joaquín y cómo es su vida.

- ¿Cómo es?
- ¿Por qué se fue de casa?
- ¿Dónde está ahora?
- ¿Crees que sigue haciendo las labores del hogar?
- ¿Volverá con su familia?

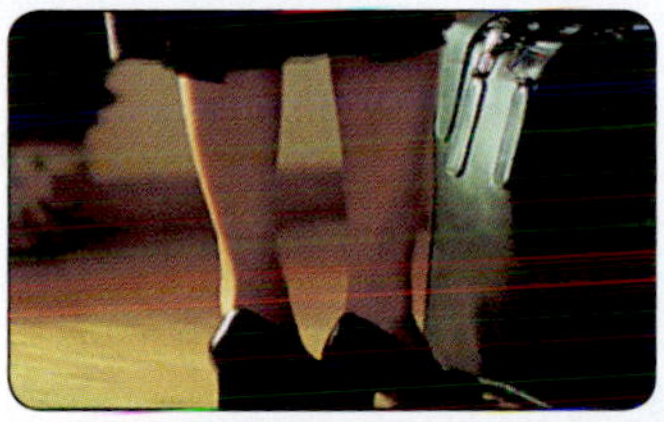

**4 Salud mental** En parejas, imaginen que un día Julia llama a su hijo para explicarle por qué se fue. Según ella, era necesario para su salud mental y su bienestar. Piensen en estas preguntas y ensayen la conversación telefónica entre Fernando y Julia. Represéntenla delante de la clase.

- ¿Está Fernando de acuerdo con la explicación de su madre?
- ¿Perdona Fernando a su madre?
- ¿Le importa realmente que su madre se haya ido?
- ¿Está arrepentida Julia?
- ¿Estaba realmente enferma Julia cuando se fue de la casa?

**5 Cartas** Elige una de estas dos situaciones y escribe una carta.

1. Eres la anciana que se hace pasar por Lourdes y decides escribirle una carta a tu verdadera familia explicando por qué te fuiste del asilo con otra familia.
2. Eres un(a) anciano/a que acaba de irse a un asilo. Escribe una carta a tu familia describiendo qué extrañas de vivir en casa y qué te gusta del asilo.

Practice more at **vhlcentral.com.**

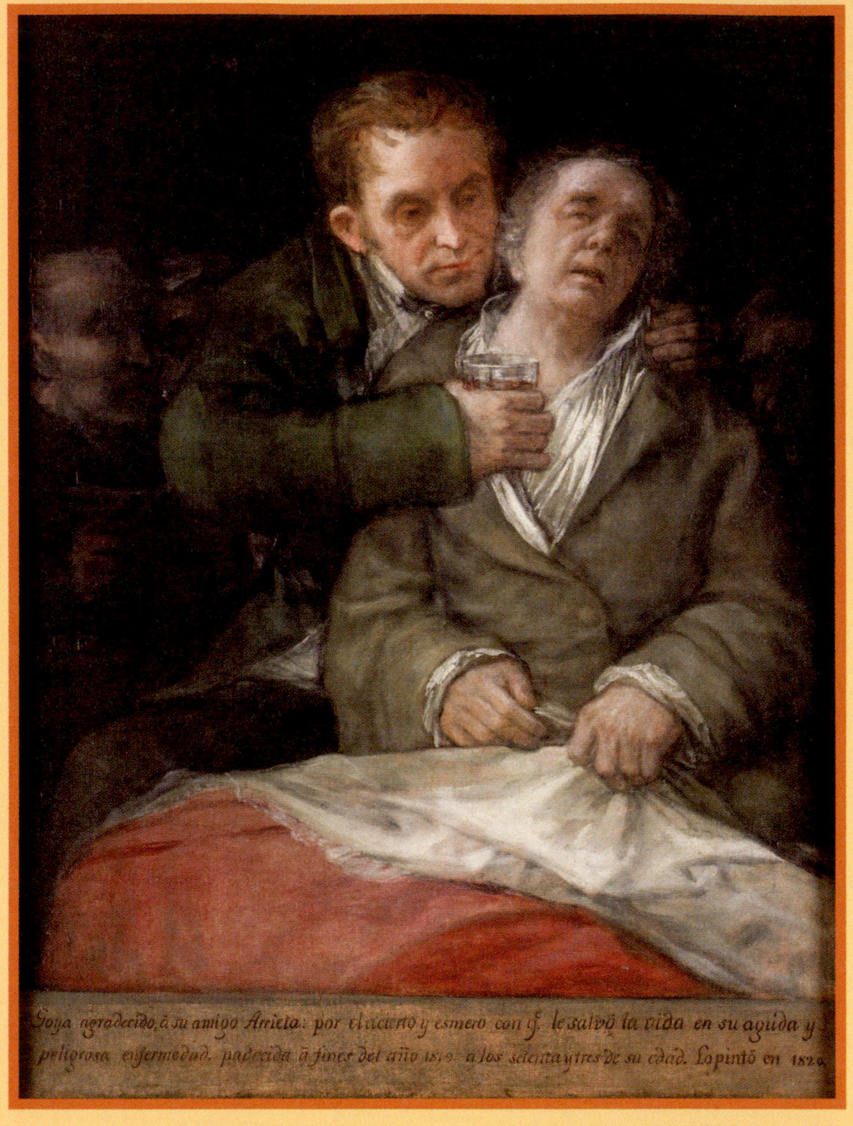


*Autorretrato con el Dr. Arrieta*, 1820
Francisco de Goya, España

"Cuando sientes que la mano de la muerte se posa sobre el hombro, la vida se ve iluminada de otra manera…"

— Isabel Allende

# Antes de leer

## Mujeres de ojos grandes

### Sobre la autora

**Ángeles Mastretta** nació en Puebla, México, en 1949. Estudió periodismo y colaboró en periódicos y revistas: "Escribía de todo: de política, de mujeres, de niños, de lo que veía, de lo que sentía, de literatura, de cultura, de guerra". Su primer libro fue de poemas: *La pájara pinta* (1978), pero fue *Arráncame la vida* (1985), su primera novela, la que le dio fama y reconocimiento. En 1997 fue la primera mujer en ganar el Premio Rómulo Gallegos con su novela *Mal de amores*. En su obra habla sobre la psicología de la mujer. *Mujeres de ojos grandes* está compuesto de relatos sobre mujeres que muestran "el poder que tienen en sus cosas y el poder que tienen para hacer con sus vidas lo que quieran, aunque no lo demuestren. Son mujeres poderosas que se saben poderosas pero no lo ostentan (*boast*)".

### Vocabulario

| | | |
|---|---|---|
| **los adelantos** *advances* | **el/la enfermero/a** *nurse* | **el ombligo** *navel* |
| **la aguja** *needle* | **el hallazgo** *discovery* | **la pena** *sorrow* |
| **la cordura** *sanity* | **la insensatez** *senselessness* | **el regocijo** *joy* |
| **desafiante** *challenging* | **latir** *to beat* | **la terapia intensiva** *intensive care* |

**La historia de Julio** Completa el párrafo con las palabras apropiadas.

Julio prefería una vida (1) ________ que no lo aburriera. Sin embargo, al perder todo por la caída de la bolsa (*stock market crash*), Julio —siempre una persona tan sensata— perdió la (2) ________. Después de unos meses, los síntomas desaparecieron para gran (3) ________ de la familia. Sin embargo, pensar en su trabajo lo llenaba de (4) ________ y en su corazón latía el deseo de hacer algo nuevo. Tan agradecido estaba con los médicos que decidió estudiar para ser (5) ________.

**Conexión personal** Cuando te sientes enfermo/a, ¿intentas curarte por tus propios medios? ¿Alguna vez estuviste en un hospital? ¿Confías en la medicina tradicional o has probado la medicina alternativa? ¿Crees que la ciencia puede resolverlo todo?

### Análisis literario: el símil o la comparación

El símil, o la comparación, es un recurso literario que consiste en comparar una cosa con otra por su semejanza, parecido o relación. De esa manera, se logra mayor expresividad. Implica el uso del término comparativo explícito: **como**. Por ejemplo: "*ojos grandes* **como** *lunas*". Crea algunas comparaciones con estos pares de palabras o inventa tus propias comparaciones: muerte/noche, rostro/fantasma, mejillas/manzanas, hombre/ratón, lugar/cementerio.

Practice more at **vhlcentral.com.**

# Mujeres de ojos grandes

## *Último cuento; sin título*

**Ángeles Mastretta**

Audio: Dramatic Reading

Tía Jose Rivadeneira tuvo una hija con los ojos grandes como dos lunas, como un deseo. Apenas colocada en su abrazo, todavía húmeda y vacilante°, la niña mostró los ojos y algo en las alas° de sus labios que parecía pregunta.

—¿Qué quieres saber? —le dijo tía Jose jugando a que entendía ese gesto.

Como todas las madres, tía Jose pensó que no había en la historia del mundo una criatura tan hermosa como la suya. La deslumbraban° el color de su piel, el tamaño de sus pestañas° y la placidez con que dormía. Temblaba de orgullo imaginando lo que haría con la sangre y las quimeras° que latían en su cuerpo.

Se dedicó a contemplarla con altivez° y regocijo durante más de tres semanas. Entonces la inexpugnable° vida hizo caer sobre la niña una enfermedad que en cinco horas convirtió su extraordinaria viveza° en un sueño extenuado° y remoto° que parecía llevársela de regreso a la muerte.

Cuando todos sus talentos curativos no lograron mejoría alguna, tía Jose, pálida de terror, la cargó hasta el hospital. Ahí se la quitaron de los brazos y una docena de médicos y enfermeras empezaron a moverse agitados y confundidos en torno a la niña. Tía Jose la vio irse tras una puerta que le prohibía la entrada y se dejó caer al suelo incapaz de cargar consigo misma y con aquel dolor como un acantilado°.

Ahí la encontró su marido, que era un hombre sensato y prudente como los hombres acostumbran fingir° que son. La ayudó a levantarse y la regañó° por su falta de cordura y esperanza. Su marido confiaba en la ciencia médica y hablaba de ella como otros hablan de Dios. Por eso lo turbaba° la insensatez en que se había colocado su mujer, incapaz de hacer otra cosa que llorar y maldecir° al destino.

Aislaron a la niña en una sala de terapia intensiva. Un lugar blanco y limpio al que las madres sólo podían entrar media hora diaria. Entonces se llenaba de oraciones° y ruegos. Todas las mujeres persignaban° el rostro de sus hijos, les recorrían el cuerpo con estampas y agua bendita°, pedían a todo Dios que los dejara vivos. La tía Jose no conseguía sino llegar junto a la cuna° donde su hija apenas respiraba para pedirle: "no te mueras". Después lloraba y lloraba sin secarse los ojos ni moverse hasta que las enfermeras le avisaban que debía salir.

Entonces volvía a sentarse en las bancas cercanas a la puerta, con la cabeza sobre las piernas, sin hambre y sin voz, rencorosa° y arisca°, ferviente° y desesperada. ¿Qué podía hacer? ¿Por qué tenía que vivir su hija? ¿Qué sería bueno ofrecerle a su cuerpo pequeño lleno de agujas y sondas° para que le interesara quedarse en este mundo? ¿Qué podría decirle para convencerla de que valía la pena hacer el esfuerzo en vez de morirse?

Una mañana, sin saber la causa, iluminada sólo por los fantasmas de su corazón, se le acercó a la niña y empezó a contarle las historias de sus antepasadas°. Quiénes habían sido, qué mujeres tejieron° sus vidas con qué hombres antes de que la boca y el ombligo de su hija se anudaran° a ella. De qué estaban hechas, cuántos trabajos° habían pasado, qué penas y jolgorios° traía ella como herencia. Quiénes sembraron con intrepidez° y fantasías la vida que le tocaba prolongar.

Durante muchos días recordó, imaginó, inventó. Cada minuto de cada hora disponible habló sin tregua° en el oído de su hija. Por fin, al atardecer de un jueves, mientras contaba implacable alguna historia, su hija abrió los ojos y la miró ávida° y desafiante, como sería el resto de su larga existencia.

El marido de tía Jose dio las gracias a los médicos, los médicos dieron gracias a los adelantos de su ciencia, la tía abrazó a su niña y salió del hospital sin decir una palabra. Sólo ella sabía a quiénes agradecer la vida de su hija. Sólo ella supo siempre que ninguna ciencia fue capaz de mover tanto, como la escondida en los ásperos° y sutiles° hallazgos de otras mujeres con los ojos grandes. ■

*unsteady* · *wings* · *dazzled* · *eyelashes* · *fancy ideas* · *pride* · *impregnable* · *liveliness/ exhausted* · *far off* · *cliff* · *to pretend* · *scolded* · *bothered* · *to curse* · *prayers* · *crossed* · *holy* · *crib* · *spiteful* · *surly/ fervent* · *probes; catheters* · *(female) ancestors* · *wove* · *tied* · *hardships* · *fun* · *bravery* · *relentlessly* · *eager* · *rough; harsh/ subtle*

# Después de leer

## Mujeres de ojos grandes

Ángeles Mastretta

**1 Comprensión** Contesta las siguientes preguntas con oraciones completas.

1. ¿Quiénes son los tres personajes principales de este relato?
2. ¿Tía Jose lleva inmediatamente a su hija al hospital?
3. ¿Qué piensa el marido de la ciencia de los médicos y del comportamiento de su esposa?
4. ¿Qué historias le cuenta tía Jose a su hija? ¿Son todas reales?
5. Para el padre de la niña, ¿qué o quién le salvó la vida? ¿Y para tía Jose?

**2 Análisis** Lee el relato nuevamente y contesta las preguntas.

1. Los ojos de la hija de tía Jose son "grandes como dos lunas, como un deseo". ¿Por qué se eligen estos dos términos para la comparación? ¿Puedes encontrar otras comparaciones en el cuento?
2. La expresión "las alas de sus labios" es un recurso ya analizado. ¿Cómo se llama?
3. En el hospital, la niña es llevada lejos de su madre, "tras una puerta que le prohibía la entrada". ¿A qué lugar se refiere?
4. Tía Jose comienza a contarle historias a su hija "iluminada por los fantasmas de su corazón". Reflexiona: ¿los fantasmas se asocian con la luz o con la oscuridad? ¿A quiénes se refiere la palabra "fantasmas" en el relato?

**3 Interpretación** En parejas, respondan las preguntas.

1. El personaje de la tía Jose pierde la voz ante la enfermedad de su hija. ¿Cómo recupera la voz? ¿Por qué?
2. La hija de tía Jose tiene ojos grandes, al igual que las mujeres de los relatos que le cuenta su madre. ¿Qué creen que simboliza esto?
3. El padre agradece a los médicos por haber salvado a la niña; los médicos agradecen a la ciencia. ¿Por qué tía Jose "salió del hospital sin decir una palabra"?
4. ¿Qué creen que salvó la vida de la niña? ¿Conocen algún caso de recuperación asombrosa en la vida real?

**4 Debate** Formen dos grupos: uno debe hacer una lista de los argumentos que usó el marido de tía Jose para tranquilizarla en el hospital; el otro grupo debe imaginar cuáles eran las razones de las mujeres que rezaban (*prayed*) para sanar a sus hijos. Después, organicen un debate para discutir las alternativas, defendiendo su argumento y señalando las debilidades del argumento contrario.

**5 Historias** Redacta una de las historias que la tía Jose le contó a su hija. Utiliza algunos de los usos de **por** y **para**. Incluye por lo menos dos símiles.

Practice more at **vhlcentral.com.**

# Antes de leer

**Vocabulario**

| | |
|---|---|
| **la aldea** *village* | **los gusanos** *worms* |
| **la batalla** *battle* | **la mosca** *fly* |
| **la ceguera** *blindness* | **el oro** *gold* |
| **el chiripazo** *coincidence* | **la picadura** *bite* |
| **el ciclo vital** *life cycle* | **rascar(se)** *to scratch (oneself)* |
| **de hecho** *in fact* | **el tráfico de esclavos** *slave trade* |
| **el estibador de puerto** *longshoreman* | |

**Oraciones incompletas** Completa las oraciones con las palabras adecuadas.

1. Los insectos cambian de forma durante su ___________.
2. ¡No te bebas ese jugo, tiene una ___________ dentro!
3. Él tiene una ___________ de mosquito en el brazo y no para de ___________.
4. No estoy enfermo, ¡___________, me siento muy bien!
5. Gracias a la ciencia algunas personas con ___________ recuperan la visión.
6. El ___________ es un metal precioso y muy caro.
7. El ___________ es una de las mayores tragedias de la humanidad.
8. Una ___________ es una comunidad rural donde viven pocas personas.

**Conexión personal** ¿Puedes pensar en alguna enfermedad que afecta a tu comunidad o a un grupo que conoces? ¿Ha recibido la comunidad alguna ayuda?

### Contexto cultural

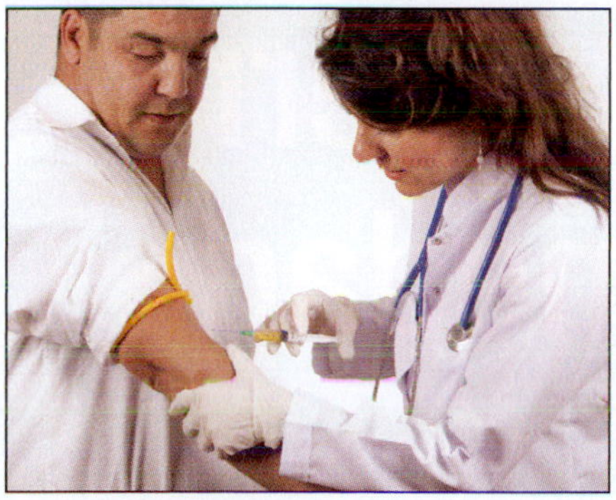

Colombia es un país en el que convergen múltiples culturas. Muestra de esta diversidad es la coexistencia de la medicina convencional y de las tradiciones medicinales indígenas. Científicos como **Rodolfo Llinás**, reconocido por sus aportes al campo de la neurociencia y por sus avances en la cura del cáncer y del alzhéimer, y **Manuel Elkin Patarroyo**, mundialmente famoso por su trabajo en el desarrollo de la vacuna contra la malaria, destacan en el campo de la medicina convencional. Sin embargo, en Colombia existe también otra visión muy diferente de la medicina: muchas de las comunidades indígenas del país cuentan con **curanderos** (*healers*). Según éstos, las enfermedades se producen por el desequilibrio (*imbalance*) entre el hombre, su entorno (*environment*) y el cosmos. Por esta razón, para curar las enfermedades, acuden a diversos rituales que buscan devolver el equilibrio y la armonía a las personas enfermas. ¿Qué piensas tú de estos dos enfoques de la medicina?

Practice more at **vhlcentral.com.**

# Colombia gana la guerra a una vieja enfermedad

Quien haya hecho una excursión por un bosque del noroeste de Norteamérica a finales de primavera sabrá lo que es la mosca negra: un insecto que se reproduce en los ríos y cuya picadura causa una pequeña inflamación rojiza, y poco más. Aunque en Nortemérica la mosca negra no es peligrosa, en Suramérica provoca la llamada “ceguera de los ríos”, una cruel enfermedad con la que se lucha en más de treinta países. Colombia se ha convertido en el primero de ellos en ganar la batalla.

Audio: Reading

¿Por qué cruel? La oncocercosis, o ceguera de los ríos, es básicamente una invasión de gusanos que entran en el cuerpo humano a través de la picadura de la mosca negra. Estos gusanos se reproducen y generan miles de larvas que emigran a todas partes del cuerpo por debajo de la piel. Esto hace que la infección sea tan desagradable. Según el doctor Donald Bundy, coordinador del Banco Mundial para el Control de la Oncocercosis, es común ver que en las aldeas afectadas las personas se rascan constantemente, razón por la cual terminan con cortes terribles en la piel. Con el paso de los años, esas larvas viajeras pasan de la piel a los ojos y cubren la córnea causando ceguera.

Después del glaucoma, la oncocercosis es la principal causa de ceguera a nivel mundial. Según la Organización Mundial de la Salud (OMS),° la oncocercosis afecta a 37 millones de personas en el mundo, de las cuales 300.000 ya han quedado completamente ciegas° . Casi todos los casos de oncocercosis se dan° en África; de hecho, se cree que esta enfermedad llegó al Nuevo Mundo a principios del siglo XVIII con el tráfico de esclavos. Actualmente, la enfermedad es parte de la realidad de muchas comunidades de países como Ecuador, Venezuela, México y Guatemala, y también de Colombia. Allí se descubrió en 1965 cuando un estibador de puerto llegó a la consulta del médico con una infección en los ojos. Casualmente°, el doctor que lo vio había estudiado oftalmología tropical en Francia. Enseguida, diagnosticó su enfermedad: oncocercosis.

"Fue un chiripazo", dice la doctora Gloria Palma, del Centro Internacional de Entrenamiento e Investigaciones Médicas (CIDEIM) de Colombia, quien asegura que estuvieron buscando la enfermedad en el sitio equivocado. Según Palma, el Instituto Nacional de Salud llevaba años buscando la enfermedad por la zona norte del país y había planes para ir a buscarla en el Pacífico.

La aparición del primer caso permitió centrar la búsqueda en la región del río Chuaré, Cauca. Finalmente, el foco de la ceguera de los ríos apareció en la comunidad de Nacioná, en el municipio° de López de Micay, una zona de difícil acceso. La economía de esta comunidad se ha basado, principalmente, en la extracción de oro en el propio río donde vive y se reproduce la mosca negra.

Una vez localizado el foco de la enfermedad había que dar el siguiente paso°: eliminarla. La estrategia para conseguirlo fue tratar a la población de la zona afectada con un medicamento llamado Ivermectina, donado por la empresa farmacéutica Merck. El tratamiento con este medicamento empezó en 1996 y continuó cada seis meses, hasta que en 2007 se comprobó que la mosca negra ya no transmitía el parásito. Pero eso no era suficiente. Había que demostrar que, tres años después, no hubiera ningún caso nuevo, y que el ciclo vital del parásito a través de la mosca negra y el hombre estaba definitivamente interrumpido. Y así fue: en 2011 la enfermedad se declaró oficialmente eliminada de Colombia. Misión cumplida. ■

*World Health Organization (WHO)*
*blind*
*occur*
*coincidentally*
*township*
*to take the next step*

**búsqueda** *search*

# Después de leer

## Colombia gana la guerra a una vieja enfermedad

**1 Comprensión** Contesta las preguntas con oraciones completas.

1. ¿Qué es la oncocercosis?
2. ¿Qué otro nombre recibe la oncocercosis?
3. ¿Cuándo se cree que llegó la oncocercosis al Nuevo Mundo?
4. ¿De qué continente se cree que procede la oncocercosis?
5. ¿Por qué se produce la oncocercosis cerca de los ríos?
6. ¿Cómo se eliminó la oncocercosis en Colombia?

**2 Preguntas** Responde las preguntas con oraciones completas.

1. ¿Por qué se le llama "ceguera de los ríos" a la oncocercosis?
2. ¿Por qué muchos enfermos de oncocercosis tienen cortes en la piel?
3. ¿Por qué produce ceguera esta enfermedad?
4. ¿Cómo se cree que llegó esta enfermedad al Nuevo Mundo?
5. ¿Al comienzo, en qué lugar estaba buscando la enfermedad el Instituto Nacional de Salud de Colombia?
6. ¿En qué otros lugares las comunidades deben enfrentarse a esta enfermedad?
7. ¿Por qué estaban expuestos a la picadura de la mosca los habitantes de Nacioná?
8. ¿Qué crees que hay que hacer para eliminar esta enfermedad en todo el mundo?

**3 Hipocondríaco** Imagina que visitas Nacioná con un(a) amigo/a y que lo pica una mosca negra. Tu amigo/a se pone muy nervioso/a porque cree que se va a quedar ciego/a. Inventen una conversación sobre lo que sucede a continuación.

**MODELO** —¡Me picó una mosca! ¡Voy a quedarme ciego!
—No te preocupes, aquí ya no hay oncocercosis.

**4 Campaña** En grupos, creen una campaña para combatir una enfermedad que conozcan. Elijan un país afectado y desarrollen un cartel informativo con la siguiente información. Utilicen la gramática de la lección. Después, presenten los carteles a la clase.

- definición de la enfermedad
- síntomas de la enfermedad
- cómo se transmite la enfermedad
- cómo se cura
- cómo se puede prevenir
- qué repercusión tiene la eliminación de esa enfermedad a nivel mundial

**5 Debate** En grupos de cuatro, debatan sobre las implicaciones que puede tener la utilización de animales en las investigaciones para encontrar la cura de enfermedades. Compartan sus conclusiones con la clase.

Practice more at **vhlcentral.com.**

# Atando cabos

## ¡A conversar!

**La nueva cafetería** Trabajen en grupos de cuatro. Imaginen que son consultores/as contratados/as por una escuela o universidad para diseñar una nueva cafetería que cumpla con los objetivos del recuadro. Presenten su plan a la clase.

### Objetivos de la nueva cafetería

- brindar a los estudiantes un espacio para socializar y relajarse
- ofrecer una selección de alimentos que sea atractiva, pero que, al mismo tiempo, sea saludable y lo más natural posible
- informar a los estudiantes acerca de temas relacionados con la salud, la alimentación y el bienestar a través de afiches y otros elementos visuales

## ¡A escribir!

**Un decálogo** Imagina que eres médico/a. Sigue el **Plan de redacción** para escribir un decálogo en el que das diez consejos generales a tus pacientes para que lleven una vida sana.

### Plan de redacción

**Preparación:** Prepara un esquema (*outline*) con los diez consejos más importantes.

**Título:** Elige un título para el decálogo.

**Contenido:** Escribe los diez consejos. Utiliza el subjuntivo o el imperativo en todos los consejos. Puedes incluir la siguiente información.

- qué alimentos se deben comer y cuáles se deben evitar
- cuántas comidas se deben consumir al día
- cuántas horas se debe dormir
- qué hábitos se deben evitar

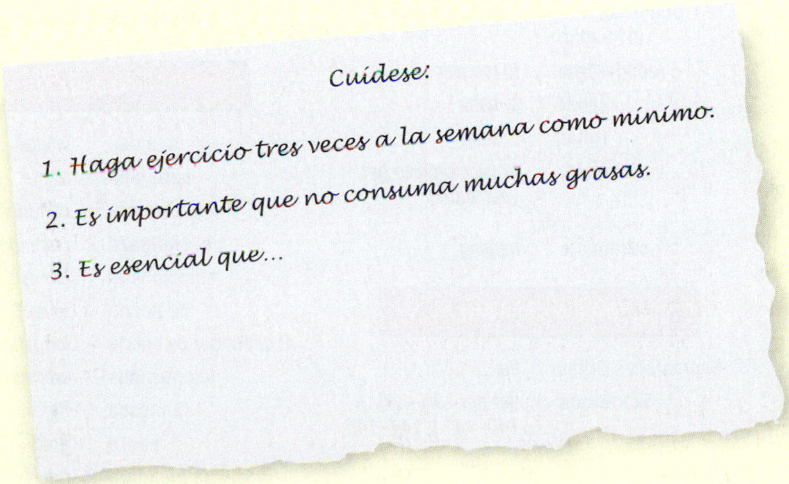
Cuídese:
1. Haga ejercicio tres veces a la semana como mínimo.
2. Es importante que no consuma muchas grasas.
3. Es esencial que...

Vocabulary Tools

## Los síntomas y las enfermedades

| | |
|---|---|
| **la depresión** | *depression* |
| **la enfermedad** | *disease; illness* |
| **la gripe** | *flu* |
| **la herida** | *injury* |
| **el malestar** | *discomfort* |
| **la obesidad** | *obesity* |
| **el resfriado** | *cold* |
| **la respiración** | *breathing* |
| **la tensión (alta/baja)** | *(high/low) blood pressure* |
| **la tos** | *cough* |
| **el virus** | *virus* |
| **contagiarse** | *to become infected* |
| **desmayarse** | *to faint* |
| **empeorar** | *to get worse* |
| **enfermarse** | *to get sick* |
| **estar resfriado/a** | *to have a cold* |
| **lastimarse** | *to get hurt* |
| **permanecer** | *to remain* |
| **ponerse bien/mal** | *to get well/sick* |
| **sufrir (de)** | *to suffer (from)* |
| **tener buen/mal aspecto** | *to look healthy/sick* |
| **tener fiebre** | *to have a fever* |
| **toser** | *to cough* |
| **agotado/a** | *exhausted* |
| **inflamado/a** | *inflamed* |
| **mareado/a** | *dizzy* |

## La salud y el bienestar

| | |
|---|---|
| **la alimentación** | *diet (nutrition)* |
| **la autoestima** | *self-esteem* |
| **el bienestar** | *well-being* |
| **el estado de ánimo** | *mood* |
| **la salud** | *health* |
| **adelgazar** | *to lose weight* |
| **dejar de fumar** | *to quit smoking* |
| **descansar** | *to rest* |
| **engordar** | *to gain weight* |
| **estar a dieta** | *to be on a diet* |
| **mejorar(se)** | *to improve* |
| **prevenir (e:ie)** | *to prevent* |
| **relajarse** | *to relax* |
| **trasnochar** | *to stay up all night* |
| **sano/a** | *healthy* |

## Los médicos y el hospital

| | |
|---|---|
| **la cirugía** | *surgery* |
| **el/la cirujano/a** | *surgeon* |
| **la consulta** | *doctor's appointment* |
| **el consultorio** | *doctor's office* |
| **la operación** | *operation* |
| **los primeros auxilios** | *first aid* |
| **la sala de emergencias** | *emergency room* |

## Las medicinas y los tratamientos

| | |
|---|---|
| **el analgésico** | *painkiller* |
| **la aspirina** | *aspirin* |
| **el calmante** | *sedative; painkiller* |
| **los efectos secundarios** | *side effects* |
| **el jarabe** | *syrup* |
| **la pastilla** | *pill* |
| **la receta** | *prescription* |
| **el tratamiento** | *treatment* |
| **la vacuna** | *vaccine* |
| **la venda** | *bandage* |
| **el yeso** | *cast* |
| **curarse** | *to heal; to be cured* |
| **poner(se) una inyección** | *to give/get a shot* |
| **recuperarse** | *to recover* |
| **sanar** | *to heal* |
| **tratar** | *to treat* |
| **vacunar(se)** | *to vaccinate/to get vaccinated* |
| **curativo/a** | *healing* |

## Más vocabulario

| | |
|---|---|
| **Expresiones útiles** | *Ver p. 127* |
| **Estructura** | *Ver pp. 134–136, 140–141 y 144–145* |

## Cinemateca

| | |
|---|---|
| **el álbum (de fotos)** | *(photo) album* |
| **el asilo (de ancianos)** | *nursing home* |
| **el desorden** | *mess* |
| **el marco** | *frame* |
| **la paella** | *(Esp.) traditional rice and seafood dish* |
| **la tortilla** | *(Esp.) potato omelet* |
| **el trastero** | *storage room* |
| **apañar** | *to fix up* |
| **apañarse** | *to manage; to make do* |
| **largarse** | *to take off* |
| **descalzo/a** | *barefoot* |
| **enseguida** | *right away* |

## Literatura

| | |
|---|---|
| **los adelantos** | *advances* |
| **la aguja** | *needle* |
| **la cordura** | *sanity* |
| **el/la enfermero/a** | *nurse* |
| **el hallazgo** | *discovery* |
| **la insensatez** | *senselessness* |
| **el ombligo** | *navel* |
| **la pena** | *sorrow* |
| **el regocijo** | *joy* |
| **la terapia intensiva** | *intensive care* |
| **latir** | *to beat* |
| **desafiante** | *challenging* |

## Cultura

| | |
|---|---|
| **la aldea** | *village* |
| **la batalla** | *battle* |
| **la ceguera** | *blindness* |
| **el chiripazo** | *coincidence* |
| **el ciclo vital** | *life cycle* |
| **de hecho** | *in fact* |
| **el estibador de puerto** | *longshoreman* |
| **los gusanos** | *worms* |
| **la mosca** | *fly* |
| **el oro** | *gold* |
| **la picadura** | *bite* |
| **el tráfico de esclavos** | *slave trade* |
| **rascar(se)** | *to scratch (oneself)* |

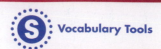

# Los viajes 5

**Communicative Goals**

**You will expand your ability to…**

- make comparisons
- use negative, affirmative, and indefinite expressions
- express uncertainty and indefiniteness

Vocabulary Tools

# Los viajes

## De viaje

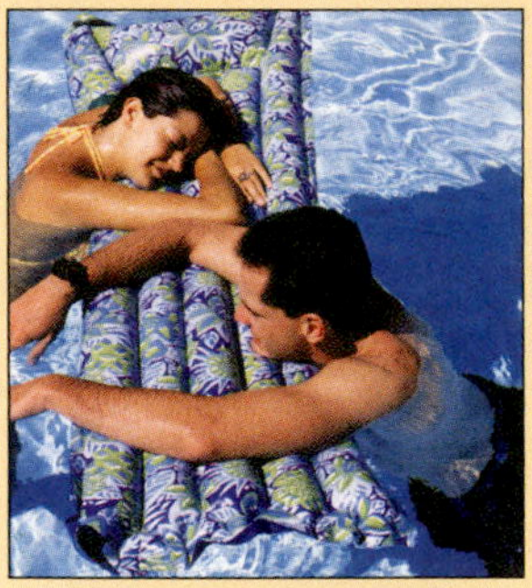

Para sus vacaciones, Cecilia y Juan **hicieron un viaje** al Caribe. El último día decidieron descansar en la piscina antes de **hacer las maletas**. Se durmieron... ¡y **perdieron el vuelo**! De todos modos, no querían **regresar.**

**la bienvenida** *welcome*
**la despedida** *farewell*
**el destino** *destination*
**el itinerario** *itinerary*
**la llegada** *arrival*

**el pasaje (de ida y vuelta)** *(round-trip) ticket*
**el pasaporte** *passport*
**la tarjeta de embarque** *boarding pass*
**la temporada alta/baja** *high/low season*
**el/la viajero/a** *traveler*

---

**hacer las maletas** *to pack*
**hacer transbordo** *to transfer (planes/trains)*
**hacer un viaje** *to take a trip*
**ir(se) de vacaciones** *to go on vacation*
**perder (e:ie) (el vuelo)** *to miss (the flight)*
**regresar** *to return*

---

**a bordo** *on board*
**retrasado/a** *delayed*
**vencido/a** *expired*
**vigente** *valid*

## El alojamiento

**el albergue** *hostel*
**el alojamiento** *lodging*
**la habitación individual/doble** *single/double room*
**la recepción** *front desk*
**el servicio de habitación** *room service*

---

**alojarse** *to stay*
**cancelar** *to cancel*
**estar lleno/a** *to be full*
**quedarse** *to stay*
**reservar** *to reserve*

---

**de (buena) categoría** *first-rate*
**incluido/a** *included*
**recomendable** *advisable*

## La seguridad y los accidentes

**el accidente (automovilístico)** *(car) accident*
**el/la agente de aduanas** *customs agent*
**el aviso** *notice; warning*
**el cinturón de seguridad** *seat belt*
**el congestionamiento** *traffic jam*
**las medidas de seguridad** *security measures*
**la seguridad** *safety; security*
**el seguro** *insurance*

---

**aterrizar** *to land*
**despegar** *to take off*
**ponerse/quitarse el cinturón** *to fasten/to unfasten the seat belt*
**reducir (la velocidad)** *to reduce (speed)*

---

**peligroso/a** *dangerous*
**prohibido/a** *prohibited*

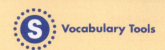

## Las excursiones

Después de **recorrer** el canal de Panamá, el **crucero navegó** hasta un **puerto** de Costa Rica, donde los viajeros pudieron disfrutar de dos días de **ecoturismo**.

**la aventura** *adventure*
**el/la aventurero/a** *adventurer*
**la brújula** *compass*
**el buceo** *scuba diving*
**el campamento** *campground*
**el crucero** *cruise (ship)*
**el (eco)turismo** *(eco)tourism*
**la excursión** *outing; tour*
**la frontera** *border*
**el/la guía turístico/a** *tour guide*
**la isla** *island*

**las olas** *waves*
**el puerto** *port*
**las ruinas** *ruins*
**la selva** *jungle*
**el/la turista** *tourist*

**navegar** *to sail*
**recorrer** *to tour*

**lejano/a** *distant*
**turístico/a** *tourist (adj.)*

# Práctica

## 1 Escuchar

**A.** Escucha lo que dice Julia, una guía turística, y después marca las oraciones que contienen la información correcta.

1. a. Los turistas llegaron hace una semana.
   b. La guía turística les da la bienvenida.
2. a. Los turistas van a ir al campamento en autobús.
   b. Los turistas van a ir al campamento en tren.
3. a. Los turistas se van a alojar en un campamento.
   b. Los turistas van a ir a un albergue.
4. a. El destino es una isla.
   b. El destino es la selva.
5. a. Les van a dar el itinerario mañana.
   b. El itinerario se lo darán la semana que viene.

**B.** Dos aventureros se separaron del grupo y tuvieron problemas. Escucha la conversación telefónica entre Mariano y el agente de viajes, y después contesta las preguntas.

1. ¿Qué les ha pasado a Mariano y a su novia?
2. ¿Adónde iban ellos cuando tuvieron el accidente?
3. ¿Quién fue el responsable del accidente? ¿Por qué?
4. ¿Tienen que pagar por los gastos médicos?
5. ¿Qué ha decidido la pareja?

## 2 Significados

Escribe la palabra adecuada para cada definición.

1. documento necesario para ir a otro país ______
2. las forma el movimiento del agua del mar ______
3. vacaciones en un barco ______
4. instrumento que dice dónde está el norte ______
5. línea que separa dos países ______
6. lugar del hotel donde te dan las llaves de la habitación ______
7. documento necesario para poder subir a un avión ______
8. lo contrario de vencido ______
9. lugar rodeado de agua ______

# Práctica

**3 Oraciones incompletas** Completa las oraciones con las palabras apropiadas de **Contextos**.

1. Si vas a estar solo/a en el hotel, tomas una habitación ____________.
2. Cuando hay muchos coches en la calle al mismo tiempo, se producen ____________.
3. Los barcos, cuando llegan a tierra, se amarran (*dock*) en los ____________.
4. Si vas a viajar a otro país, tienes que comprobar que tu pasaporte no esté ____________.
5. El deporte que se practica debajo del agua del mar es el ____________.

**4 Planes** Completa la conversación con las palabras adecuadas del recuadro. Haz los cambios que sean necesarios.

| | | |
|---|---|---|
| **a bordo** | **navegar** | **reservar** |
| **lleno/a** | **recorrer** | **retrasado/a** |

**MAR** ¿Qué quieres hacer hoy? ¿Quieres ir al crucero que (1) __________ las islas de la zona?

**PEDRO** ¿No hay que llamar antes para (2) __________ las plazas (*seats*)?

**MAR** No creo que el barco esté (3) __________. Espera, llamo por teléfono…

**MAR** ¡Tenemos suerte! El barco está (4) __________, ahora sale a las diez y media. Tenemos que estar (5) __________ a las diez. ¡En marcha!

**PEDRO** Perfecto, me gusta la idea. Hoy es un buen día para (6) __________.

**5 De viaje** En parejas, utilicen palabras y expresiones de **Contextos** para escribir oraciones completas sobre cada dibujo. Sigan el modelo.

**MODELO** Primero, Eva hizo las maletas. Metió camisetas, un traje de baño y…

1.

2.

3.

4.

5.

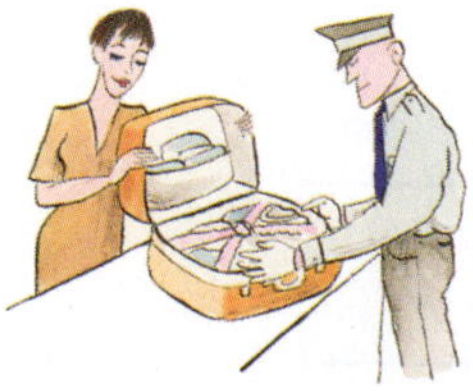
6.

Practice more at **vhlcentral.com.**

# Comunicación

**6** **Problemas** En parejas, representen una de estas situaciones. Den detalles, excusas y razones, y traten de buscar una solución al problema. Luego, representen la situación ante la clase.

1. **ESTUDIANTE 1** Eres un(a) huésped en un hotel que está muy sucio. No te gusta el servicio de habitación y además hace demasiado calor en tu cuarto.

   **ESTUDIANTE 2** Tu tío te ha dejado a cargo de su hotel. Es temporada alta y, como el hotel está lleno, tienes mucho trabajo. No sabes qué hacer.

2. **ESTUDIANTE 1** Llegas al aeropuerto y te das cuenta de que dejaste el pasaporte en tu casa. Además, en la ciudad hay mucho congestionamiento.

   **ESTUDIANTE 2** Eres taxista en el aeropuerto. Como has estado muy estresado/a, el médico te ha recomendado no apurarte por ningún motivo.

3. **ESTUDIANTE 1** Ibas manejando y has tenido un accidente. Te bajas del carro para hablar con el/la otro/a conductor(a). No tienes los papeles del seguro.

   **ESTUDIANTE 2** Ibas manejando y has tenido un accidente. No llevabas el cinturón de seguridad y te has roto una pierna.

**7** **¡Bienvenidos!**

**A.** En grupos de cuatro, imaginen que trabajan en la Oficina de Turismo de su ciudad. Tienen que organizar una visita turística de tres días. Conversen sobre las preguntas de la lista y luego preparen un itinerario detallado para los turistas.

- ¿Quiénes son los/las turistas?
- ¿A qué aeropuerto o estación llegan?
- ¿En qué hotel se alojan?
- ¿Qué excursiones pueden hacer?
- ¿Qué lugares exóticos hay para visitar?
- ¿Adónde pueden ir con un(a) guía turístico/a?
- ¿Pueden navegar en algún mar, lago o río? ¿En cuál?
- ¿Qué museos, parques o edificios hay para visitar?
- ¿Qué deportes pueden practicar?

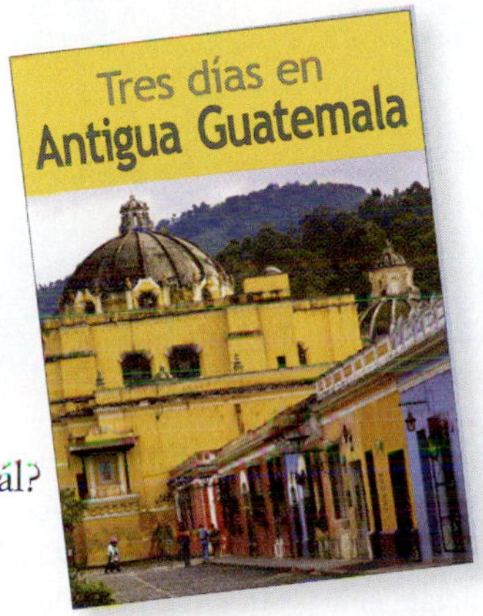


**B.** Ahora, reúnanse con otro grupo y túrnense para explicar sus itinerarios. Un grupo representa a los empleados de la Oficina de Turismo y el otro a los turistas. Háganse preguntas específicas.

Video

**Fabiola y Éric se preparan para un viaje de ecoturismo a la selva amazónica.**

**DIANA** Aquí están los boletos para Venezuela, la guía de la selva amazónica y los pasaportes... Después les doy la información del hotel.

**ÉRIC** Gracias.

**FABIOLA** Gracias.

**ÉRIC** ¿Me dejas ver tu pasaporte?

**FABIOLA** No me gusta como estoy en la foto. Me hicieron esperar tanto que salí con cara de enojo.

**ÉRIC** No te preocupes... Ésa es la cara que vas a poner cuando estés en la selva.

**DIANA** Es necesario que memoricen esto. A ver, repitan: tenemos que salir por la puerta 12.

**FABIOLA, ÉRIC Y JOHNNY** Tenemos que salir por la puerta 12.

**DIANA** El autobús del hotel nos va a recoger a las 8:30.

**FABIOLA Y ÉRIC** El autobús del hotel nos va a recoger a las 8:30.

**ÉRIC** Sí, pero en el Amazonas, Fabiola. ¡Amazonas!

**MARIELA** Es tan arriesgado que van a tener un guía turístico y el alojamiento más lujoso de la selva.

**ÉRIC** Mientras ella escribe su artículo en la seguridad del hotel, yo voy a estar explorando y tomando fotos. Debo estar protegido.

**FABIOLA** Según parece, de lo único que debes estar protegido es de ti mismo.

*Juegan a que están en la selva.*

**JOHNNY** (*con la cara pintada*) ¿Cuál es el chiste? Los soldados llevan rayas... Lo he visto en las películas.

**ÉRIC** Intentémoslo nuevamente.

**JOHNNY** Esta vez soy un puma que te ataca desde un árbol.

**ÉRIC** Mejor.

*Antes de despedirse, Éric guarda cosas en su maleta.*

**AGUAYO** Por la seguridad de todos creo que debes dejar tu machete, Éric.

**ÉRIC** ¿Por qué debo dejarlo? Es un machete de mentiras.

**DIANA** Pero te puede traer problemas reales.

**AGUAYO** Todos en la selva te lo van a agradecer.

**Personajes**

AGUAYO

DIANA

ÉRIC

FABIOLA

JOHNNY

MARIELA

**DIANA** El último número que deben recordar es cuarenta y ocho dólares con cincuenta centavos.

**FABIOLA Y ÉRIC** Cuarenta y ocho dólares con cincuenta centavos.

**JOHNNY** Y ese último número, ¿para qué es?

**DIANA** Es lo que van a tener que pagar por llegar en taxi al hotel si olvidan los dos números primeros.

**ÉRIC** (*Entra vestido de explorador.*) Fuera, cobardes, la aventura ha comenzado.

**MARIELA** ¿Quién crees que eres? ¿México Jones?

**ÉRIC** No. Soy Cocodrilo Éric, el fotógrafo más valiente de la selva. Listo para enfrentar el peligro.

**FABIOLA** ¿Qué peligro? Vamos a hacer un reportaje sobre ecoturismo... ¡Ecoturismo!

**ÉRIC** ¿Alguien me puede ayudar a cerrar la maleta?

**JOHNNY** ¿Qué rayos hay acá dentro?

**AGUAYO** Es necesario que dejes algunas cosas.

**ÉRIC** Imposible. Todo lo que llevo es de primerísima necesidad.

**JOHNNY** ¿Cómo? ¿Esto?

*Johnny saca un látigo de la maleta.*

*Diana cierra la maleta con cinta adhesiva.*

**DIANA** Listo... ¡Buen viaje!

**AGUAYO** Espero que disfruten y que traigan el mejor reportaje que puedan.

**JOHNNY** Y es importante que no traten de mostrarse ingeniosos, ni cultos; sólo sean ustedes mismos.

**DIANA** Y no olviden sus pasaportes.

**ÉRIC** Ahora que me acuerdo... ¡lo había puesto en la maleta!

## Expresiones útiles

### Making comparisons

**Soy el fotógrafo más valiente de la selva.**
*I am the bravest photographer in the jungle.*

**Van a tener el alojamiento más lujoso de la selva.**
*You're going to have the finest accommodations in the jungle.*

**Es el hotel menos costoso de la región.**
*It's the least expensive hotel in the area.*

**Ir en autobús es menos caro que ir en taxi.**
*Taking a bus is less expensive than a taxi.*

**El hotel es tan caro como el boleto.**
*The hotel is as expensive as the ticket.*

### Using negative, affirmative, and indefinite expressions

**¿Alguien me puede ayudar?**
*Can somebody help me?*

**No hay nadie que te pueda ayudar.**
*There is no one who can help you.*

**Hay que dejar algunas cosas.**
*I/we/etc. have to leave some things behind.*

**No hay nada que pueda dejar.**
*There is nothing I can leave behind.*

### Additional vocabulary

**arriesgado/a** *risky*
**de mentiras** *pretend*
**enfrentar** *to confront*
**lujoso/a** *luxurious*
**protegido/a** *protected*
**la puerta de embarque** *(airline) gate*
**¿Qué rayos...?** *What on earth...?*
**la raya** *stripe*

# Comprensión

**1 Comprensión** Contesta las preguntas con oraciones completas.

1. ¿Adónde van Éric y Fabiola?
2. ¿Por qué a Fabiola no le gusta la foto del pasaporte?
3. ¿A qué hora los recoge el autobús del hotel?
4. ¿Por qué van de viaje?
5. ¿Será realmente un viaje arriesgado?
6. ¿Por qué Éric tiene que dejar algunas cosas?

**2 Preguntas y respuestas** Une las preguntas de la **Fotonovela** con las respuestas apropiadas. Luego, identifica quién dice cada oración.

AGUAYO DIANA ÉRIC FABIOLA JOHNNY MARIELA

____ 1. ¿Me dejas ver tu pasaporte?

____ 2. Y ese último número, ¿para qué es?

____ 3. ¿Quién crees que eres? ¿México Jones?

____ 4. ¿Por qué debo dejarlo? Es un machete de mentiras.

____ 5. ¿Alguien me puede ayudar a cerrar la maleta?

a. Es lo que van a tener que pagar por llegar en taxi.

b. Es necesario que dejes algunas cosas.

c. No me gusta como estoy en la foto.

d. No, soy el fotógrafo más valiente de la selva.

e. Sí, pero te puede traer problemas reales.

**3 Consejos**

**A.** Diana y Aguayo les dan varios consejos a Fabiola y a Éric antes de su viaje a la selva. Utiliza el subjuntivo o el infinitivo para completar las sugerencias que les dan.

1. Es necesario que ________ esto.
2. El último número que deben ________ es cuarenta y ocho dólares con cincuenta centavos.
3. Es el dinero que van a tener que ________ para tomar un taxi.
4. Creo que debes ________ tu machete.
5. Es necesario que ________ parte del equipaje.
6. Espero que ________ y que ________ el mejor reportaje que puedan.

**B.** ¿Qué sugerencias les darían ustedes? En parejas, escriban una lista de seis o siete consejos, órdenes y sugerencias para que disfruten de sus vacaciones y eviten problemas.

**MODELO** Creo que deben probar la comida típica de Venezuela.
Espero que no hagan nada arriesgado y que tengan cuidado con los animales de la selva.

Practice more at **vhlcentral.com.**

# Ampliación

**4** **¿Te gusta hacer ecoturismo?** En parejas, háganse las preguntas. Luego, recomienden un viaje ideal para su compañero/a, según los resultados.

| Sí | Más o menos | No | |
|---|---|---|---|
| ☐ | ☐ | ☐ | 1. ¿Te gusta ir de campamento? |
| ☐ | ☐ | ☐ | 2. ¿Sabes hacer fuego? |
| ☐ | ☐ | ☐ | 3. ¿Sabes cocinar? |
| ☐ | ☐ | ☐ | 4. ¿Te gusta ver animales salvajes? |
| ☐ | ☐ | ☐ | 5. ¿Te gusta caminar mucho? |
| ☐ | ☐ | ☐ | 6. ¿Puedes estar una semana sin ducharte? |

**Clave**

| | | |
|---|---|---|
| **Sí** | = | 2 puntos |
| **Más o menos** | = | 1 punto |
| **No** | = | 0 puntos |

**Resultados**

| | |
|---|---|
| 0 a 4 | No intentes hacer ecoturismo. |
| 5 a 8 | Puedes hacer ecoturismo. |
| 9 a 12 | ¿A qué esperas para hacer ecoturismo? |

**5** **Apuntes culturales** En parejas, lean los párrafos y contesten las preguntas.

**El felino más temido**

Johnny juega a ser un puma dispuesto a atacar a Éric. El puma habita en todo el continente americano, especialmente en montañas y bosques. Es el segundo felino más grande del continente americano, después del jaguar. Por su fortaleza y agilidad, los incas lo consideraron el símbolo supremo de poder. ¿Podrá Éric contra la astucia (*shrewdness*) de este felino?

**Ecoturismo en Centroamérica**

Fabiola y Éric van a realizar un reportaje sobre ecoturismo. En Centroamérica, el ecoturismo constituye no sólo una fuente importante de trabajo, sino también una forma de obtener recursos económicos para la administración de las áreas protegidas. Actualmente existen más de 550 áreas protegidas en la región, lo que representa aproximadamente un 25% del territorio.

**Una fábrica de oxígeno**

La selva amazónica es la reserva ecológica generadora de oxígeno más grande del planeta. Comprende, entre otros países, Brasil, Colombia, Venezuela y Perú. Desafortunadamente, la deforestación de esta zona está reduciendo su área aceleradamente. ¿Podrán los personajes de *Facetas* fomentar en su reportaje la lucha contra la deforestación?

1. ¿Qué animales fueron considerados sagrados en el pasado? ¿Y en la actualidad?
2. ¿Hay áreas protegidas en la región donde vives? ¿Cuál es su importancia para los habitantes de la zona? ¿Contienen especies protegidas?
3. ¿Conoces otros lugares donde hacer ecoturismo? ¿Cuáles son?
4. ¿Qué significa la expresión "una fábrica de oxígeno"? ¿Qué otras "fábricas de oxígeno" hay en el mundo? ¿Por qué es importante preservarlas?

## En detalle

CENTROAMÉRICA

# LA RUTA DEL CAFÉ

**Los turistas que llegan a Finca° Esperanza Verde, "ecoalbergue" ubicado a 1.200 metros (4.000 pies) de altura en la selva tropical nicaragüense, descubren un paraíso natural con bosques, exuberantes montañas y aves tropicales.** En este paraíso, los turistas pueden visitar un cafetal° y conocer los aspectos humanos y ecológicos que se conjugan° para que podamos disfrutar de algo tan simple como una taza de café.

El café, ese compañero de las mañanas, es el protagonista de la vida social, cultural y económica de Centroamérica. Para el visitante, esto salta a la vista apenas llega a estas tierras: el paisaje está cubierto de cafetales. Hoy día, dos terceras partes del café de todo el mundo son de origen americano.

Esta popular bebida llegó a América en el siglo XVIII. Pocos años después, su cultivo° se había extendido por México y Centroamérica. Los altibajos° en los precios del café han llevado a los productores centroamericanos a diversificar sus actividades: han iniciado el cultivo de café orgánico, han creado cooperativas de comercio justo° que buscan alcanzar° precios más equitativos° para productores y consumidores, y han promovido el ecoturismo.

El país pionero fue Costa Rica, que organizó la primera ruta del café, pero ya todos los países centroamericanos, y también algunos suramericanos, han creado sus rutas. Un día por una ruta del café suele constar de° una visita a las plantaciones de café, donde no sólo se conoce el proceso de cultivo y producción, sino que también se pueden tomar unas tazas de café. Después, se organizan almuerzos con platos típicos y, para terminar la jornada°, se visitan rutas históricas y pueblos cercanos donde los turistas pueden disfrutar del folklore local y comprar artesanías°. ■

**Finca** *Farm* **cafetal** *coffee plantation* **se conjugan** *are combined* **cultivo** *cultivation* **altibajos** *ups and downs* **comercio justo** *fair trade* **alcanzar** *to reach* **equitativos** *equitable* **constar de** *to consist of* **jornada** *day* **artesanías** *handicrafts*

ASÍ LO DECIMOS

## Los viajes

**el turismo sostenible** / **el turismo sustentable** *sustainable tourism*

**el billete (Esp.)** / **el boleto (Amér. L.)** *ticket*

**el boleto redondo (Méx.)** *round-trip ticket*

**la autopista (Esp.)** *turnpike; toll road*
**la autovía (Esp.)** *highway*
**la carretera (Esp.)** *road*

**la burra (Gua.)** / **la guagua (Carib.)** *bus*

EL MUNDO HISPANOHABLANTE

## De América al mundo

**El tomate** Su nombre se deriva de *tomatl*, una palabra del idioma náhuatl. Entró en Europa por la región de Galicia, en el noroeste de España, y se extendió luego a Francia e Italia. Los españoles y los portugueses lo difundieron° por el Oriente Medio, África, y Norteamérica.

**El maíz** Es uno de los cereales de mayor producción mundial junto con el trigo y el arroz. A pesar de las controversias acerca de su origen exacto, los investigadores coinciden en que los indígenas de América Central y México lo difundieron por el continente, los conquistadores lo introdujeron a Europa y los comerciantes lo llevaron a Asia y África.

**La papa o patata** Estudios científicos ubican el origen de la papa en Perú. En la actualidad, la papa se consume por todo el mundo, siendo Bielorrusia (Europa Oriental) el país donde más papas se consumen per cápita. Cada persona consume un promedio de 181 kilogramos (399 libras) al año.

PERFIL

# EL CANAL DE PANAMÁ

El canal de Panamá, una de las obras arquitectónicas más extraordinarias del planeta, une° los océanos Atlántico y Pacífico a través del istmo° de Panamá. Es, a su vez, una ruta importantísima para la economía mundial, pues lo cruzan° más de 14.000 barcos por año, es decir, unos 270 barcos por semana. La monumental obra, construida por Estados Unidos entre 1904 y 1914, consta de dos lagos artificiales, varios canales, tres estructuras de compuertas° y una represa°. El Canal tiene en su recorrido varias esclusas°, cuya finalidad° es subir o bajar los barcos desde el nivel de uno de los océanos hasta el nivel del otro. Dependiendo del tránsito, la travesía° por este atajo° de 80 kilómetros (50 millas) puede demorar° hasta 10 horas. Panamá y Estados Unidos negociaron la entrega del canal a Panamá en 1977, que pasó a estar bajo control panameño el 31 de diciembre de 1999.

“Viajar es imprescindible y la sed de viaje, un síntoma neto de inteligencia.” (Enrique Jardiel Poncela, escritor español)

**Conexión Internet**

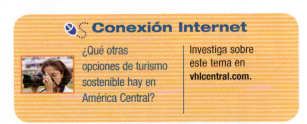

¿Qué otras opciones de turismo sostenible hay en América Central?

Investiga sobre este tema en **vhlcentral.com.**

**une** *links* **istmo** *isthmus* **cruzan** *cross* **compuertas** *floodgates* **represa** *dam* **esclusas** *locks* **finalidad** *purpose* **travesía** *crossing (by boat)* **atajo** *shortcut* **demorar** *last* **difundieron** *spread*

# ¿Qué aprendiste?

**1** **¿Cierto o falso?** Indica si estas afirmaciones son **ciertas** o **falsas**. Corrige las falsas.

1. El ecoalbergue Finca Esperanza Verde se encuentra en una zona montañosa de Costa Rica.
2. Los turistas que van a Finca Esperanza Verde pueden visitar un cafetal que se encuentra allí mismo.
3. La mitad del café mundial se produce en América.
4. El café es originario del continente americano.
5. El café llegó a América a través de México.
6. Los productores tuvieron que diversificar sus actividades debido a los bajos precios del café.
7. La finalidad de las cooperativas de comercio justo es ayudar a que los productores reciban un pago justo y los consumidores paguen precios razonables.
8. El primer país en crear una ruta del café fue Honduras.
9. Los turistas pueden visitar las plantaciones, pero no pueden presenciar el proceso de producción.
10. Los turistas que van a la ruta del café suelen visitar también las rutas históricas de la zona.

**2** **Oraciones incompletas** Completa las oraciones con la información correcta.

1. El canal de Panamá está en manos panameñas ________________.
2. El canal de Panamá tiene ________________ artificiales.
3. La finalidad de las esclusas es subir o bajar los barcos ________________________.
4. En el Caribe, *guagua* significa ____________.
5. ______________ difundieron el tomate por el Oriente Medio.

**3** **Preguntas** En parejas, contesten las preguntas.

1. ¿Qué papel tiene el café en tu cultura? ¿Tiene la misma importancia que en la cultura centroamericana?
2. ¿Prefieres productos ecológicos y productos que garantizan el comercio justo o compras productos comunes?
3. ¿Qué tipo de turismo sueles hacer? ¿Hiciste alguna vez ecoturismo?
4. ¿Qué alimentos provenientes de otros continentes forman parte de tu dieta?

**4** **Opiniones** En grupos de tres, contesten estas preguntas: ¿Es bueno para los países recibir turismo? ¿Por qué? ¿Qué consecuencias tiene la llegada del turismo a ciertas zonas? ¿Qué beneficios tiene viajar?

Practice more at **vhlcentral.com.**

## PROYECTO

### Un viaje por la ruta del café

Busca información sobre una excursión organizada por una ruta del café. Imagina que vas a la excursión y escribe una pequeña descripción de un día de visita, basándote en la información que has encontrado.

Incluye información sobre:

- los platos típicos que comiste
- los pueblos que visitaste
- lo que aprendiste sobre el café
- lo que fue más interesante de la visita
- lo que compraste para llevar a casa

Flash Cultura

Video

# ¡Viajar y gozar!

Ya has visto algunos de los maravillosos lugares que puedes visitar en Latinoamérica. En este episodio de **Flash Cultura**, conocerás cómo debes preparar todo para que tu viaje por Costa Rica sea seguro y placentero.

## VOCABULARIO ÚTIL

**amable** *friendly*
**brindar** *to provide*
**el cajero automático** *ATM*
**jubilado/a** *retired*
**la moneda local** *local currency*
**regatear** *to bargain*
**sacar dinero** *to withdraw money*
**la tarifa (fija)** *(fixed) rate*

**Preparación** ¿Adónde te gusta ir de vacaciones? ¿Vas siempre al mismo lugar o prefieres explorar sitios nuevos? ¿Qué debe tener un país para que decidas visitarlo?

**Comprensión** Indica si estas afirmaciones son **ciertas** o **falsas**. Después, en parejas, corrijan las falsas.

1. Aunque en algunas ciudades los taxis tienen taxímetro, en otras debes preguntar el precio y regatear antes de subir.
2. La moneda local de Costa Rica se llama "sanjosé".
3. En este país sólo se puede pagar con dinero en efectivo porque no existen las tarjetas de crédito.
4. El corresponsal recomienda recorrer San José en bicicleta el primer día.
5. El mayor flujo de turismo es de jóvenes que buscan aventuras y de personas jubiladas que quieren descansar.
6. Lo que más interesa de Costa Rica son los volcanes, los parques nacionales y las playas.

**Expansión** En parejas, contesten estas preguntas.

- ¿Alguna vez regatearon algún precio? ¿Están dispuestos a hacerlo con un taxi en Costa Rica o prefieren aceptar el precio sin objeción?
- Cuando viajan, ¿compran una guía del lugar? ¿Saben leer mapas o se pierden fácilmente?
- ¿Les gustaría vivir en Costa Rica? ¿Por qué?

Practice more at **vhlcentral.com.**

**Corresponsal:** Alberto Cuadra
**País:** Costa Rica

Los viajes requieren preparación; desde conseguir información de los sitios que vas a visitar y de las costumbres locales, hasta cómo conseguir las visas, los boletos y el cambio° de dinero.

Si vas a estar varios días en una sola ciudad, pasa el primer día caminando, así te darás cuenta de las distancias.

Es un país de mucha paz°, tenemos buenas playas, buenas montañas... y la gente muy amable, por eso muchos vienen a Costa Rica... Y la policía... también somos simpáticos.

**cambio** *exchange* **paz** *peace*

## 5.1 Comparatives and superlatives

### Comparisons of inequality

- With adjectives, adverbs, nouns, and verbs, use these constructions to make comparisons of inequality (*more than/less than*).

**más/menos** + [*adjective* / *adverb* / *noun*] + **que**  [*verb*] + **más/menos que**

ADJECTIVE

Este hotel es **más elegante que** aquél.
*This hotel is more elegant than that one.*

NOUN

Juan tiene **menos tiempo que** Ema.
*Juan has less time than Ema does.*

ADVERB

¡Llegaste **más tarde que** yo!
*You arrived later than I did!*

VERB

Mi hermano **viaja menos que** yo.
*My brother travels less than I do.*

- When the focus of a comparison is a noun and the second term of the comparison is a verb or a clause, use these constructions to make comparisons of inequality.

**más/menos** + [*noun*] + **del/de la que** / **de los/las que** + [*verb or clause*]

Había **más** asientos **de los que** necesitábamos.
*There were more seats than we needed.*

La ciudad tiene **menos** ruinas **de las que** esperábamos.
*The city has fewer ruins than we expected.*

### Comparisons of equality

- Use these constructions to make comparisons of equality (*as... as*).

**tan** + [*adjective* / *adverb*] + **como**  **tanto/a(s)** + [*singular noun* / *plural noun*] + **como**

[*verb*] + **tanto como**

ADJECTIVE

El vuelo de regreso no parece **tan largo como** el de ida.
*The return flight doesn't seem as long as the flight over.*

NOUN

Cuando viajo a la ciudad, llevo **tantas maletas como** tú.
*When I travel to the city, I take as many suitcases as you do.*

ADVERB

Se puede ir de Madrid a Sevilla **tan rápido** en tren **como** en avión.
*You can get from Madrid to Sevilla as quickly by train as by plane.*

VERB

Guillermo **disfrutó tanto como** yo nuestro último viaje a Honduras.
*Guillermo enjoyed our last trip to Honduras as much as I did.*

**TALLER DE CONSULTA**

**MANUAL DE GRAMÁTICA**
**Más práctica**

5.1 Comparatives and superlatives, p. A28
5.2 Negative, affirmative, and indefinite expressions, p. A29
5.3 The subjunctive in adjective clauses, p. A30

**Más gramática**

5.4 **Pero** and **sino**, p. A31

**¡ATENCIÓN!**

Before a number (or equivalent expression), *more/less than* is expressed with **más/menos de**.

**El pasaje cuesta más de trescientos dólares.**
*The ticket costs more than three hundred dollars.*

**¡ATENCIÓN!**

**Tan** and **tanto** can also be used for emphasis, rather than to compare:

**tan** *so*
**tanto** *so much*
**tantos/as** *so many*

**¡El viaje es tan largo!**
*The trip is so long!*

**¡Viajas tanto!**
*You travel so much!*

**¿Siempre traes tantas maletas?**
*Do you always bring so many suitcases?*

## Superlatives

- Use this construction to form superlatives (**superlativos**). The noun is preceded by a definite article, and **de** is the equivalent of *in, on,* or *of.* Use **que** instead of **de** when the second part of the superlative construction is a verb or a clause.

**el/la/los/las** + [*noun*] + **más/menos** + [*adjective*] + **de** + [*noun*] / **que** + [*verb or clause*]

Ésta es **la playa más bonita de** todas.
*This is the prettiest beach of all.*

Es **el hotel menos caro que** he visto.
*It is the least expensive hotel I've seen.*

- The noun may also be omitted from a superlative construction.

Me gustaría comer en **el** restaurante **más elegante** de la ciudad.
*I would like to eat at the most elegant restaurant in the city.*

Las Dos Palmas es **el más elegante de** la ciudad.
*Las Dos Palmas is the most elegant one in the city.*

## Irregular comparatives and superlatives

| Adjective | Comparative form | Superlative form |
|---|---|---|
| **bueno/a** *good* | **mejor** *better* | **el/la mejor** *best* |
| **malo/a** *bad* | **peor** *worse* | **el/la peor** *worst* |
| **grande** *big* | **mayor** *bigger* | **el/la mayor** *biggest* |
| **pequeño/a** *small* | **menor** *smaller* | **el/la menor** *smallest* |
| **viejo/a** *old* | **mayor** *older* | **el/la mayor** *oldest* |
| **joven** *young* | **menor** *younger* | **el/la menor** *youngest* |

- When **grande** and **pequeño/a** refer to size and not age or quality, the regular comparative and superlative forms are used.

Ernesto es **mayor** que yo.
*Ernesto is older than I am.*

Ese edificio es **el más grande** de todos.
*That building is the biggest one of all.*

- When **mayor** and **menor** refer to age, they follow the noun they modify. When they refer to quality, they precede the noun.

María Fernanda es mi hermana **menor**.
*María Fernanda is my younger sister.*

Hubo un **menor** número de turistas.
*There was a smaller number of tourists.*

- The adverbs **bien** and **mal** also have irregular comparatives, **mejor** and **peor**.

Mi esposo maneja muy **mal**. ¿Y el tuyo?
*My husband is a very bad driver. How about yours?*

Seguro que mi esposo maneja **peor** que el tuyo.
*I'm sure my husband drives worse than yours.*

Tú puedes hacerlo **bien** por ti mismo.
*You can do it well by yourself.*

Ayúdame, que tú lo haces **mejor** que yo.
*Help me; you do it better than I do.*

**¡ATENCIÓN!**

**Absolute superlatives**

The suffix **-ísimo/a** is added to adjectives and adverbs to form the absolute superlative.

This form is the equivalent of *extremely* or *very* before an adjective or adverb in English.

**malo → malísimo**

**mucha → muchísima**

**difícil → dificilísimo**

**fácil → facilísimo**

Adjectives and adverbs with stems ending in **c**, **g**, or **z** change spelling to **qu**, **gu**, and **c** in the absolute superlative.

**rico → riquísimo**

**larga → larguísima**

**feliz → felicísimo**

Adjectives that end in **-n** or **-r** form the absolute superlative by adding **-císimo/a**.

**joven → jovencísimo**

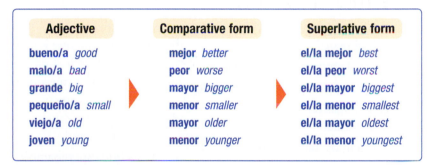

# Práctica

**TALLER DE CONSULTA**

**MANUAL DE GRAMÁTICA**
**Más práctica**

5.1 Comparatives and superlatives, p. A28

**1** **Demasiadas deudas** Ágata trabaja en una agencia de viajes y su amiga Elena en un hotel. Completa la conversación con las palabras de la lista.

| | | | |
|---|---|---|---|
| baratísimos | más | menor | muchísimas |
| como | mejor | menos | que |

**ELENA** Tengo (1) ________ deudas (*debts*) y necesito ganar (2) ________ dinero.

**ÁGATA** ¿Por qué no mandas tu currículum a mi empresa? No es tan prestigiosa (3) ________ la tuya, pero paga mejor.

**ELENA** Tú trabajas (4) ________ horas (5) ________ yo, pero ganas más.

**ÁGATA** Y cuando quiero viajar, los pasajes me salen (6) ________, mientras que en el hotel no te dan ni el (7) ________ descuento.

**ELENA** ¡Sin duda tu trabajo es (8) ________ que el mío!

**2** **El peor viaje de su vida** Conecta las frases de la izquierda con las correspondientes de la derecha para formar oraciones lógicas.

___ 1. El sábado pasado, Alberto y yo hicimos el peor
___ 2. Yo llegué al aeropuerto más temprano
___ 3. Pero él pasó por seguridad más rápido
___ 4. Luego anunciaron que el vuelo estaba retrasado más
___ 5. Por fin salimos, tan cansados
___ 6. De repente, hubo un olor
___ 7. Alberto gritaba tanto
___ 8. Al final, pasamos las vacaciones en casa. Lo bueno es que tuvimos más visitas

a. como enojados.
b. como yo hasta que logramos aterrizar (*land*).
c. de tres horas a causa de un problema mecánico.
d. malísimo; ¡el motor se había prendido fuego!
e. de las que esperábamos.
f. que Alberto y no lo podía encontrar.
g. que yo y por fin nos encontramos en la puerta de embarque.
h. viaje de nuestra vida.

**3** **Oraciones** Mira la información del cuadro y escribe cinco oraciones con superlativos y cinco con comparativos. Sigue el modelo.

**MODELO** Alfonso Cuarón es más conocido que su hermano Carlos. Alfonso Cuarón es el director de cine más popular de los últimos años.

| | | |
|---|---|---|
| Harry Potter | libro | menor |
| Jennifer Lawrence | actriz | popular |
| Alfonso Cuarón | hombre de negocios | famoso/a |
| Mark Zuckerberg | río | rico/a |
| El Amazonas | director de cine | largo |
| Disneyland | lugar | feliz |

Practice more at **vhlcentral.com.**

# Comunicación

## 4 Un viaje inolvidable

**A.** Habla con un(a) compañero/a sobre el viaje más inolvidable de tu vida. Puede ser un viaje buenísimo o un viaje malísimo, e incluso puede ser un viaje imaginario. Di al menos siete u ocho oraciones usando comparativos y superlativos, y algunas de las palabras de la lista. Túrnense.

| | |
|---|---|
| mejor/peor que | tan |
| más/menos que | como |
| de los mejores/peores | buenísimo/malísimo |

**B.** Ahora, describe el viaje de tu compañero/a al resto de la clase. La clase tratará de adivinar qué viajes son verdaderos y cuáles son ficticios.

## 5 Las vacaciones ideales

En grupos de cuatro, imaginen que son miembros de una familia que ganó un viaje de tres semanas a cualquier país del mundo. El único problema es que tienen que ponerse de acuerdo acerca del destino.

**A.** Primero, cada uno/a debe decidir cuál es el país ideal para sus vacaciones y escribir una descripción breve con las razones para escogerlo. Utiliza comparativos y superlativos en tu descripción.

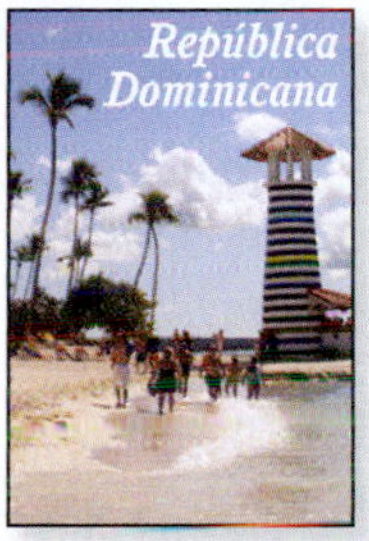

**B.** Luego, túrnense para presentar sus opiniones y traten de convencer a los demás de que su país ideal es el mejor de todos. Deben usar comparativos y superlativos para comparar las atracciones de cada país. Compartan su decisión final con la clase.

**MODELO** Es obvio que Venezuela es el mejor país para nuestras vacaciones. Venezuela tiene la catarata más alta del mundo y unas playas tan bonitas como las de República Dominicana. Además, ¡las arepas venezolanas son más ricas que las tortillas mexicanas! Venezuela tiene más atracciones de las que se pueden imaginar. Ya verán que no me equivoco.

# 5.2 Negative, affirmative, and indefinite expressions

Cocodrilo Éric no le tiene miedo a nada.

**TALLER DE CONSULTA**

To express contradictions, **pero** and **sino** are also used.

See **Manual de gramática**, 5.4, p. A31.

- The following chart shows negative, affirmative, and indefinite expressions.

| | |
|---|---|
| **algo** *something; anything* | **nada** *nothing; not anything* |
| **alguien** *someone; somebody; anyone* | **nadie** *no one; nobody; not anyone* |
| **alguno/a(s), algún** *some; any* | **ninguno/a, ningún** *no; none; not any* |
| **o… o** *either… or* | **ni… ni** *neither… nor* |
| **siempre** *always* | **nunca, jamás** *never; not ever* |
| **también** *also; too* | **tampoco** *neither; not either* |

- In Spanish, double negatives are perfectly acceptable.

¿Dejaste **algo** en la mesa?
*Did you leave something on the table?*

**No**, **no** dejé **nada**.
*No, I didn't leave anything.*

**Siempre** tuvimos ganas de viajar a Costa Rica.
*We always wanted to travel to Costa Rica.*

Hasta ahora, **no** tuvimos **ninguna** oportunidad de ir.
*Until now, we never had the opportunity to go there.*

- Most negative statements use the pattern **no** + [*verb*] + [*negative word*]. When the negative word precedes the verb, **no** is omitted.

**No** lo extraño **nunca**.
*I never miss him.*

**Nunca** lo extraño.
*I never miss him.*

Su opinión sobre política internacional **no** le importa a **nadie**.
*His opinion on international politics doesn't matter to anyone.*

A **nadie** le importa su opinión sobre política internacional.
*Nobody cares about his opinion on international politics.*

- Once one negative word appears in an English clause, no other negative word may be used. In Spanish, however, once a negative word is used, all other elements must be expressed in the negative if possible.

**No** le digas **nada** a **nadie**.
*Don't say anything to anyone.*

**Tampoco** hables **nunca** de esto.
*Don't ever talk about this either.*

**No** quiero **ni** pasta **ni** pizza.
*I don't want pasta or pizza.*

**Tampoco** quiero **nada** para tomar.
*I don't want anything to drink either.*

- The personal **a** is used before negative and indefinite words that refer to people when they are the direct object of the verb.

**Nadie** me comprende. ¿Por qué será?
*No one understands me. Why?*

No, eres tú quien no comprende **a nadie**.
*No, you are the one who doesn't understand anyone.*

**Algunos** pasajeros prefieren no desembarcar en los puertos.
*Some passengers prefer not to disembark at the ports.*

Pues, no conozco **a ninguno** que se quede en el crucero.
*Well, I don't know any who stay on the cruise ship.*

- Before a masculine, singular noun, **alguno** and **ninguno** are shortened to **algún** and **ningún**.

¿Has sufrido **algún** daño en el choque?
*Have you suffered any harm in the accident?*

Me había puesto el cinturón de seguridad, por lo que no sufrí **ningún** daño.
*I had fastened my seat belt, which is why I suffered no injuries.*

- **Tampoco** means *neither* or *not either*. It is the opposite of **también**.

Mi novia no soporta los congestionamientos en el centro, ni yo **tampoco**.
*My girlfriend can't stand the traffic jams downtown, and neither can I.*

Por eso ella toma el metro, y yo **también**.
*That's why she takes the subway, and so do I.*

¿Esto también es de primerísima necesidad?


- The conjunction **o… o** (*either… or*) is used when there is a choice to be made between two options. **Ni… ni** (*neither… nor*) is used to negate both options.

Debo hablar **o** con el gerente **o** con la dueña.
*I have to speak with either the manager or the owner.*

El precio del pasaje **ni** ha subido **ni** ha bajado en los últimos días.
*The price of the ticket has neither risen nor fallen in the past few days.*

- The conjunction **ni siquiera** (*not even*) is used to add emphasis.

**Ni siquiera** se despidieron antes de salir.
*They didn't even say goodbye before they left.*

La señora Guzmán no viaja nunca, **ni siquiera** para visitar a sus nietos.
*Mrs. Guzmán never travels, not even to visit her grandchildren.*

**¡ATENCIÓN!**

**Cualquiera** can be used to mean *any, anyone, whoever, whatever,* or *whichever.* When used before a singular noun (masculine or feminine) the **-a** is dropped.

**Cualquiera haría lo mismo.**
*Anyone would do the same.*

**Llegarán en cualquier momento.**
*They will arrive at any moment.*

**¡ATENCIÓN!**

In the conjunction **o… o,** the first **o** is frequently omitted.

**Debo hablar (o) con el gerente o con la dueña.**

In the conjunction **ni… ni,** the first **ni** can be omitted when it comes after the verb.

**No me interesa (ni) la política ni la economía.**

When the first **ni** goes before the verb, **no… ni** can be used instead of **ni… ni.**

**El precio no/ni ha subido ni ha bajado.**

# Práctica

**TALLER DE CONSULTA**

**MANUAL DE GRAMÁTICA**
**Más práctica**

5.2 Negative, affirmative, and indefinite expressions, p. A29

**1** **Comidas típicas** Marlene acaba de regresar de un viaje a Madrid y le fascinó la comida española. Completa su conversación con Frank usando las expresiones del recuadro.

| | | |
|---|---|---|
| alguna | ni... ni | o... o |
| nadie | ningún | tampoco |
| | nunca | |

**MARLENE** Frank, ¿(1) ________ vez has probado las tapas españolas?

**FRANK** No, (2) ________ he probado la comida española.

**MARLENE** ¿De veras? ¿No has probado (3) ________ la tortilla de patata (4) ________ la paella?

**FRANK** No, no he comido (5) ________ plato español. (6) ________ conozco los ingredientes típicos de la cocina española.

**MARLENE** Entonces tenemos que salir a comer juntos. ¿Conoces un restaurante llamado Carmela?

**FRANK** No, no conozco (7) ________ restaurante con ese nombre.

**MARLENE** (8) ________ lo conoce. Es nuevo, pero es muy bueno. A mí me viene bien que vayamos (9) ________ el lunes (10) ________ el jueves que viene.

**FRANK** El jueves también me viene bien.

**2** **El viajero** Imagina que estás hablando de lo que no te gusta hacer en los viajes. Cambia las oraciones de afirmativas a negativas usando las expresiones correspondientes. Sigue el modelo.

**MODELO** **Yo siempre como la comida del país.**
Yo nunca como la comida del país.

1. Cuando voy de viaje, siempre compro regalos.
2. A mí también me gusta visitar todos los lugares turísticos.
3. Yo siempre hablo el idioma local con todo el mundo.
4. Normalmente, o alquilo un carro o alquilo una motocicleta.
5. Siempre intento visitar a algún conocido de mi familia.
6. Cuando visito un lugar nuevo, siempre hago nuevas amistades.

**3** **Discusiones** En parejas, escriban las discusiones que provocarían estas respuestas.

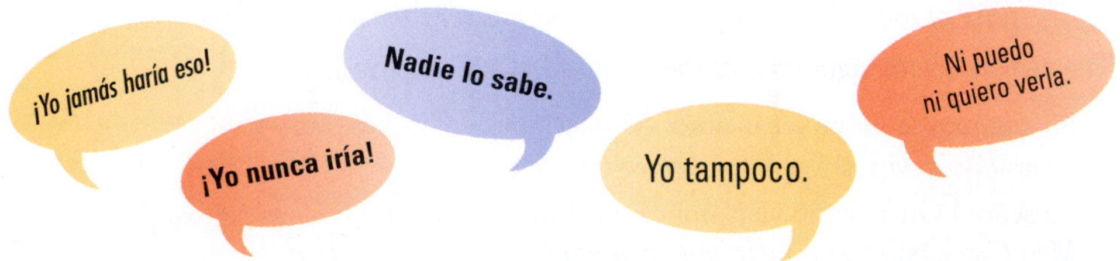
¡Yo jamás haría eso!
¡Yo nunca iría!
Nadie lo sabe.
Yo tampoco.
Ni puedo ni quiero verla.

Practice more at **vhlcentral.com.**

# Comunicación

4 **Opiniones** En parejas, hablen sobre estos enunciados. Usen expresiones negativas, afirmativas e indefinidas.

- Nadie tendría que necesitar pasaporte ni visa para entrar a un país extranjero.
- El turismo siempre es bueno para la economía del país.
- Ningún vuelo tendría que retrasarse, incluso cuando hace mal tiempo.
- Está bien que las compañías aéreas cobren por todas las maletas que llevan los pasajeros.
- No hay ningún tipo de turismo mejor que el ecoturismo.
- Siempre es mejor irse de vacaciones a relajarse que a ver museos y monumentos.
- Los turistas siempre deben hablar la lengua del país que visitan.
- Nunca se puede decir: "jamás viviría en otro país", porque nunca se sabe.
- Nunca viajaría a una ciudad sólo para ver un museo.

5 **Escena**

**A.** En grupos de tres, escriban una conversación entre un(a) adolescente y sus padres usando expresiones negativas, afirmativas e indefinidas.

**MODELO**

**HIJA** ¿Por qué siempre desconfían de mí? No soy ninguna mentirosa y mis amigos tampoco lo son. No tienen ninguna razón para preocuparse.
**MAMÁ** Sí, hija, muy bien, pero recuerda que...
**HIJA** Por última vez, ¿puedo ir...?
**PAPÁ** ...

**B.** Ahora, representen ante la clase la conversación que escribieron.

## 5.3 The subjunctive in adjective clauses

- When an adjective clause describes an antecedent that is known to exist, use the indicative. When the antecedent is uncertain or unknown, use the subjunctive.

| MAIN CLAUSE | CONNECTOR | SUBORDINATE CLAUSE |
|---|---|---|
| **Busco una ciudad** | **que** | **tenga playa.** |

**¡ATENCIÓN!**

An adjective clause (**oración subordinada adjetiva**) is one that modifies or describes a noun or pronoun in the main clause.

| ANTECEDENT CERTAIN → INDICATIVE | ANTECEDENT UNCERTAIN → SUBJUNCTIVE |
|---|---|
| Necesito el libro que **habla** sobre las ruinas mayas.<br>*I need the book that talks about Mayan ruins.* | Necesito un libro que **hable** sobre las ruinas mayas.<br>*I need a book that talks about Mayan ruins.* |
| Buscamos los documentos que **describen** el itinerario del viaje.<br>*We're looking for the documents that describe the itinerary for the trip.* | Buscamos documentos que **describan** el itinerario del viaje.<br>*We're looking for (any) documents that (may) describe the itinerary for the trip.* |
| Las personas que **van** a Costa Rica sienten pasión por la naturaleza.<br>*People who go to Costa Rica are passionate about nature.* | Las personas que **vayan** a Costa Rica verán unos bosques increíbles.<br>*People going to Costa Rica will see amazing forests.* |

- When the antecedent of an adjective clause is a negative pronoun (**nadie**, **ninguno/a**), the subjunctive is used in the subordinate clause.

¡No hay nadie que la pueda cerrar, Éric!

No hay nada que pueda dejar.

| ANTECEDENT CERTAIN → INDICATIVE | ANTECEDENT UNCERTAIN → SUBJUNCTIVE |
|---|---|
| Elena tiene tres parientes que **viven** en San Salvador.<br>*Elena has three relatives who live in San Salvador.* | Elena no tiene **ningún** pariente que **viva** en La Palma.<br>*Elena doesn't have any relatives who live in La Palma.* |
| Hay dos países en su itinerario que **requieren** una visa.<br>*There are two countries on your itinerary that require visas.* | No hay **ningún** país en su itinerario que **requiera** una visa.<br>*There aren't any countries on your itinerary that require a visa.* |
| Hay muchos viajeros que **quieren** quedarse en el hotel.<br>*There are many travelers who want to stay at the hotel.* | No hay **nadie** que **quiera** alojarse en el albergue.<br>*There is nobody who wants to stay at the hostel.* |

- Do not use the personal **a** with direct objects that represent hypothetical persons.

| ANTECEDENT UNCERTAIN → SUBJUNCTIVE | ANTECEDENT CERTAIN → INDICATIVE |
|---|---|
| Busco un guía que **hable** inglés.<br>*I'm looking for a guide who speaks English.* | Conozco **a** un guía que **habla** inglés.<br>*I know a guide who speaks English.* |

- Use the personal **a** before **nadie, ninguno/a,** and **alguien**, even when their existence is uncertain.

| ANTECEDENT UNCERTAIN → SUBJUNCTIVE | ANTECEDENT CERTAIN → INDICATIVE |
|---|---|
| No conozco **a nadie** que **se queje** tanto como Antonio.<br>*I don't know anyone who complains as much as Antonio.* | Yo conozco **a alguien** que **se queja** aún más que Antonio... ¡tú!<br>*I know someone who complains even more than Antonio... you!* |

- The subjunctive is commonly used in questions with adjective clauses when the speaker is trying to find out information about which he or she is uncertain. If the person who responds knows the information, the indicative is used.

| ANTECEDENT UNCERTAIN → SUBJUNCTIVE | ANTECEDENT CERTAIN → INDICATIVE |
|---|---|
| ¿Me recomienda usted un hotel que **esté** cerca de la costa?<br>*Can you recommend a hotel that is near the coast?* | Sí, el Hotel Flamingo **está** justo en la playa.<br>*Yes, the Flamingo Hotel is right on the beach.* |
| ¿Tiene otra brújula que **sea** más fácil de usar?<br>*Do you have another compass that is easier to use?* | Vea ésta y, si no, tengo tres más que **son** muy fáciles de usar.<br>*Look at this one, and if not, I have three others that are very easy to use.* |

Hotel Tucán
En el Hotel Tucán su satisfacción es lo más importante. Si hay algo que podamos hacer para mejorar nuestros servicios, no dude en informarnos.

# Práctica

**TALLER DE CONSULTA**

**MANUAL DE GRAMÁTICA**
**Más práctica**

5.3 Negative, affirmative, and indefinite expressions, p. A30

**1 Oraciones** Combina las frases de las dos columnas para formar oraciones lógicas. Recuerda que a veces vas a necesitar el subjuntivo y a veces no.

| | |
|---|---|
| ___ 1. Luis tiene un hermano que | a. sea alta e inteligente. |
| ___ 2. Tengo dos primos que | b. sean respetuosos y estudiosos. |
| ___ 3. No conozco a nadie que | c. canta cuando se ducha. |
| ___ 4. Jorge busca una novia que | d. hablan español. |
| ___ 5. Quiero tener hijos que | e. hable más de cinco lenguas. |
| ___ 6. Quiero un carro que | f. sea muy económico. |

**2 El agente de viajes** Carmen va a ir de vacaciones a Montelimar, en Nicaragua, y le escribe un correo electrónico a su agente de viajes explicándole cuáles son sus planes. Completa el correo electrónico con el subjuntivo o el indicativo.

De: Carmen <carmen@micorreo.com>
Para: Jorge <jorge@micorreo.com>
Asunto: Viaje a Montelimar

Querido Jorge:
Estoy muy contenta porque el mes que viene voy a viajar a Montelimar para tomar unas vacaciones. He estado pensando en el viaje y quiero decirte qué me gustaría hacer. Quiero ir a un hotel que (1) ________ (ser) de cinco estrellas y que (2) ________ (tener) vista al mar. Me gustaría hacer una excursión que (3) ________ (durar) varios días y que me (4) ________ (permitir) ver el famoso lago Nicaragua. ¿Qué te parece?
Mi hermano me dice que hay un guía turístico que (5) ________ (conocer) algunos lugares exóticos y que me puede llevar a verlos. También dice que el guía es un hombre que (6) ________ (tener) el pelo muy rubio y que (7) ________ (ser) muy alto. ¿Tú lo conoces? Creo que se llama Ernesto Montero.
Espero tu respuesta.
Carmen

**3 El ideal** En parejas, imaginen cómo es el/la compañero/a ideal en cada una de estas situaciones. Si ya conocen a alguien que tenga las características ideales, también pueden hablar de esa persona. Utilicen el subjuntivo o el indicativo de acuerdo a la situación.

**MODELO** Lo ideal es vivir con alguien que no se queje demasiado.

- alguien con quien vivir
- alguien con quien trabajar
- alguien con quien ver películas de amor o de aventuras
- alguien con quien comprar ropa
- alguien con quien estudiar
- alguien con quien viajar por el desierto de Atacama

Practice more at **vhlcentral.com.**

# Comunicación

**4** **Anuncios** En parejas, escriban anuncios para un periódico basados en la información y usando el indicativo y el subjuntivo. Añadan detalles. Después, inventen dos anuncios originales para enseñárselos a la clase.

La familia Pérez
busca a su perro Tomás,
que se perdió en el parque.
Aquí tienen una foto de él.

Miguel y Carlos Solís
buscan un guía turístico
para su viaje a los
volcanes de Guatemala.


**5** **Síntesis** La tormenta tropical Alberto azota (*is hitting*) las costas de Florida. En parejas, cubran esta noticia para un programa de televisión. Uno/a de ustedes informa del huracán desde la costa y la otra persona presenta el programa desde el estudio. Escriban una conversación sobre este desastre y sus consecuencias. Usen comparativos, superlativos, el subjuntivo en oraciones subordinadas adjetivas y expresiones negativas, afirmativas e indefinidas.

**MODELO**

**CONDUCTOR(A)** Cuéntanos, Juan Francisco, ¿cómo es la tormenta?
**CORRESPONSAL** ¡Nunca he visto una tormenta tan destructiva! ¡No hay casas que puedan soportar vientos tan fuertes!
**CONDUCTOR(A)** ¡Pero no es posible que el viento sea más fuerte que durante el huracán Jimena!
**CORRESPONSAL** Les aseguro que esta tormenta es la peor...

# Antes de ver el corto

## VOLAMOS HACIA MIAMI

**país** España
**directores** María Giráldez y Miguel Provencio
**duración** 18 minutos
**protagonistas** Mauro, niño, Luisa

### Vocabulario

**el arma** *(f.) weapon*
**la cabina** *cockpit*
**la cobertura** *(cell phone) service*
**correr a cargo de** *to be paid by*
**cretino/a** *idiot*
**la espuma** *foam*
**el expediente** *investigation*
**meterse en un lío** *to get into a mess*
**molar** *to be cool (Esp.)*
**molestar** *to bother*
**morder** *to bite*
**la rabia** *rabies*
**el secuestro** *hijacking*
**los sudores** *sweats*
**la tripa** *belly*
**la tripulación** *crew*

**1 Correo** Completa el correo electrónico con las palabras del vocabulario.

De: Claudia <claudia01@micorreo.com>
Para: Andrés <andres.1982@sucorreo.com>
Asunto: Saludos desde Cancún

Hola, Andrés:
¿Cómo estás? Marta y yo acabamos de llegar a Cancún. Estamos contentas porque el viaje (1) ________ de nuestro jefe. La compañía aérea mexicana es fenomenal. Los miembros de la (2) ________ han sido muy amables. Lo peor del viaje ha sido que el señor de atrás no me dejaba de (3) ________, dando golpes continuamente al asiento. Y, cuando por fin le pedí que parara, me insultó; me dijo que yo era una (4) ________. En fin, me voy a cuidar a Marta, que le duele muchísimo la (5) ________. ¿Será el pollo que ha comido en el avión?
Cuéntame, ¿cómo estás tú?
Saludos,
Claudia
P.D.: No te puedo llamar por teléfono porque no tengo (6) ________.

**2 Comentar** En parejas, túrnense para hacerse las preguntas.

1. ¿Cuál ha sido tu viaje más extraño? ¿Adónde ibas? ¿Qué medio de transporte usaste?
2. ¿Qué te gusta más de viajar en avión? ¿Qué te gusta menos?
3. ¿Te gusta la comida que ofrecen en los aviones? ¿Por qué?
4. ¿Qué opinas de las medidas de seguridad en los aeropuertos?
5. ¿Te gusta que tus viajes vayan según el plan o prefieres que haya sorpresas? ¿Por qué?
6. Observa el cartel de la página siguiente. ¿De qué crees que va a tratar el cortometraje?

fran
PEREA
silvia
ESPIGADO
VOLAMOS
HACIA
MIAMI
un cortometraje de
GIRÁLDEZ & PROVENCIO
Mejor Cortometraje
de Comedia
Thanatos (2012)
Dirección: María Giráldez / Miguel Provencio • Intérpretes: Fran Perea / Silvia Espigado / José Luis Torrijo
Guión: María Giráldez / Lidia Provencio /Miguel Provencio • Música: Pony Bravo
Producción: María Giráldez and Miguel Provencio • Jefe de producción: Paul Mateos Verdejo
Dirección de fotografía: Josu Ubiria • Jefe de sonido: Néstor Luz
Dirección artística: Mercedes García Navas • Montaje: Charly Prada

## Escenas

**ARGUMENTO** Las exigencias de un pasajero alteran el curso de un vuelo Madrid-Miami.

**NIÑO** ¡Quiero ver a Mickey Mouse! ¡Quiero ver a Mickey Mouse! ¡Quiero ver a Mickey Mouse! ¡Quiero ver a Mickey Mouse!

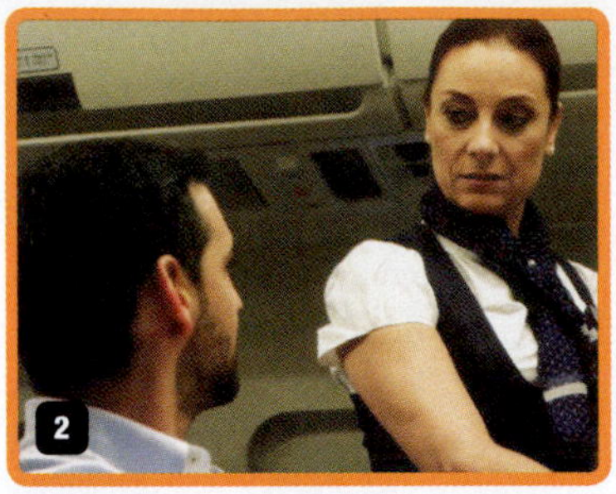

**LUISA** Caballero°, ¿pasta o pollo?
**MAURO** Para mí que sean las dos.
**LUISA** Perdone, es pasta o pollo, no pasta y pollo.
**MAURO** ¿Y no podríamos hacer una excepción?

**LUISA** Tenemos un problema; un pasajero ha agredido° a un menor.
**PILOTO** ¿A su hijo?
**LUISA** No, no se conocían. Un niño de cinco años. Iba a Disney World, con su madre.

**MAURO** ¿Qué es eso de que regresamos por motivos de seguridad y que el responsable pagará no sé qué?
**LUISA** Ha sido decisión del piloto.
**MAURO** Y usted no ha tenido nada que ver, ¿no? ¡Exijo hablar con el piloto de inmediato!

**PASAJERO 1** ¿Has oído a los de atrás?
**PASAJERO 2** No sé, he oído gritos pero...
**PASAJERO 1** Una banda°, una banda que nos tiene en sus manos.
**PASAJERA 6** ¿Cómo que una banda? ¿De música?

**MAURO** La salida de emergencia está entre las puertas diez y once. ¿Es que ya no te acuerdas, azafata?

**Caballero** *Sir* **ha agredido** *has hit* **banda** *gang*

# Después de ver el corto

**1 Comprensión** Contesta las preguntas con oraciones completas.

1. ¿Por qué Mauro le intenta dar miedo al niño? ¿Por qué le habla de Mickey?
2. ¿Qué hace la azafata después del incidente con el niño?
3. ¿Por qué anuncia el piloto que el avión regresará a Madrid? ¿Quién debe correr a cargo de los gastos de los pasajeros?
4. ¿Cómo se extiende en el avión el rumor de que han sido secuestrados por una banda?
5. ¿Qué hace Mauro cuando escucha el rumor de que el avión ha sido secuestrado?
6. ¿Por qué hay interferencias en el avión?
7. ¿Por qué están todos los pasajeros agrupados al final del avión y capturan a la azafata?
8. ¿Por qué entra Mauro en la cabina? ¿Qué les dice a los pilotos?

**2 Ampliación** En parejas, contesten las preguntas.

1. ¿Qué tipo de persona es Mauro?
2. ¿Qué piensas de la opinión de Mauro acerca de la comida del avión?
3. ¿Por qué crees que la azafata les cuenta a los pilotos lo que ha pasado?
4. ¿Cuál te parece el momento más divertido del cortometraje? ¿Por qué?
5. ¿Te parece realista el argumento de este cortometraje? ¿Por qué?

**3 Histeria colectiva** En grupos, lean las citas extraídas del cortometraje y contesten las preguntas.

> *Estamos en manos de una banda de cretinos.* —*Mauro*

> Una banda que nos tiene en sus manos. —Pasajero 1

> ¡Esto es un secuestro! —Pasajero 9

> *La tripulación, ellos son los secuestradores...* —*Mauro*

1. ¿Cómo surge la idea de que la tripulación ha secuestrado el avión?
2. ¿Cómo beneficia a Mauro este caso de histeria colectiva?
3. ¿Cómo consigue Mauro manipular a los pasajeros y a la tripulación?
4. ¿Conocen otros casos, reales o de ficción, de histeria colectiva? ¿Cuáles?

**4 Justicia poética** Escribe una versión de lo que podría pasarle a Mauro en una hipotética continuación de *Volamos hacia Miami*.

Practice more at **vhlcentral.com.**

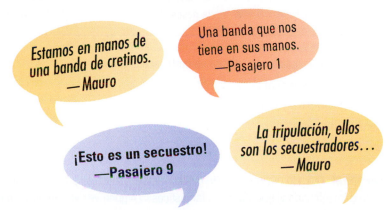

# Antes de leer

## La luz es como el agua

### Sobre el autor

Nacido en 1928 en Aracataca, Colombia, **Gabriel García Márquez** fue criado por sus abuelos entre mitos y leyendas que serán la base de su futura obra narrativa. Abandonó sus estudios de derecho para dedicarse al periodismo. Como corresponsal en Italia, viajó por toda Europa. Vivió en diferentes lugares y escribió guiones (*scripts*) de cine, cuentos y novelas. En 1967 publicó su novela más famosa, *Cien años de soledad*, y en 1982 recibió el Premio Nobel de Literatura. Tras su muerte en 2014, se le recuerda como uno de los narradores contemporáneos más influyentes de la literatura en español, y quizá como el más querido. De su libro *Doce cuentos peregrinos* (al que pertenece el cuento "La luz es como el agua"), dijo que lo escribió porque quería hablar "sobre las cosas extrañas que les suceden a los latinoamericanos en Europa".

### Vocabulario

| | | |
|---|---|---|
| **ahogado/a** *drowned* | **el faro** *lighthouse* | **la popa** *stern* |
| **la bahía** *bay* | **flotar** *to float* | **la proa** *bow* |
| **el bote** *boat* | **el muelle** *pier* | **el remo** *oar* |
| **la cascada** *cascade; waterfall* | **la pesca** *fishing* | **el tiburón** *shark* |

**Palabras relacionadas** Indica qué palabra no pertenece al grupo.

1. bote–remo–mueble–navegar
2. brújula–balcón–puerto–proa
3. pesca–buceo–tiburones–tigre
4. popa–edificio–cascada–bahía

**Conexión personal** Cuando eras niño/a, ¿te gustaba soñar con viajes a lugares imposibles? ¿Sigues soñando o imaginando viajes a lugares fantásticos? ¿Alguna vez viviste en un país extranjero? ¿Qué cosas extrañabas?

### Análisis literario: el realismo mágico

El realismo mágico es una síntesis entre el realismo y la literatura fantástica. Muchos escritores latinoamericanos, como Gabriel García Márquez y Carlos Fuentes, incorporaron elementos fantásticos al mundo cotidiano de los personajes, que aceptan la magia y la fantasía como normales. En el realismo mágico, lo real se torna mágico, lo maravilloso es parte de lo cotidiano y no se cuestiona la lógica de lo fantástico. Uno de los precursores del género, Alejo Carpentier, explicó que "En América Latina, lo maravilloso se encuentra en vuelta de cada esquina, en el desorden, en lo pintoresco de nuestras ciudades, (...) en nuestra naturaleza y (...) también en nuestra historia". Presta atención a la representación de la realidad en el cuento.

Practice more at vhlcentral.com.

Audio: Dramatic Reading

*Altamar*, 2000
Graciela Rodo Boulanger, Bolivia

# La luz es como el agua

**Gabriel García Márquez**

En Navidad los niños volvieron a pedir un bote de remos.

—De acuerdo —dijo el papá, lo compraremos cuando volvamos a Cartagena.

Totó, de nueve años, y Joel, de siete, estaban más decididos de lo que sus padres creían.

—No —dijeron a coro°—. Nos hace falta ahora y aquí.

*in unison*

—Para empezar —dijo la madre—, aquí no hay más aguas navegables que la que sale de la ducha°.

*shower*

Tanto ella como el esposo tenían razón. En la casa de Cartagena de Indias había un patio con un muelle sobre la bahía, y un refugio para dos yates grandes. En cambio aquí en Madrid vivían apretados° en el piso quinto del número 47 del Paseo de la Castellana. Pero al final ni él ni ella pudieron negarse, porque les habían prometido un bote de remos con su sextante y su brújula si se ganaban el laurel del tercer año de primaria, y se lo habían ganado. Así que el papá compró todo sin decirle nada a su esposa, que era la más reacia° a pagar deudas de juego. Era un precioso bote de aluminio con un hilo dorado en la línea de flotación.

*cramped*

*reluctant*

—El bote está en el garaje —reveló el papá

en el almuerzo—. El problema es que no hay cómo subirlo ni por el ascensor ni por la escalera, y en el garaje no hay más espacio disponible.

Sin embargo, la tarde del sábado siguiente los niños invitaron a sus condiscípulos° para subir el bote por las escaleras, y lograron llevarlo hasta el cuarto de servicio.

—Felicitaciones —les dijo el papá—, ¿ahora qué?

—Ahora nada —dijeron los niños—. Lo único que queríamos era tener el bote en el cuarto, y ya está.

La noche del miércoles, como todos los miércoles, los padres se fueron al cine. Los niños, dueños y señores de la casa, cerraron puertas y ventanas, y rompieron la bombilla encendida de una lámpara de la sala. Un chorro° de luz dorada° y fresca como el agua empezó a salir de la bombilla° rota, y lo dejaron correr hasta que el nivel llegó a cuatro palmos. Entonces cortaron la corriente°, sacaron el bote, y navegaron a placer° por entre las islas de la casa.

Esta aventura fabulosa fue el resultado de una ligereza° mía cuando participaba en un seminario sobre la poesía de los utensilios domésticos. Totó me preguntó cómo era que la luz se encendía con sólo apretar un botón, y yo no tuve el valor de pensarlo dos veces.

—La luz es como el agua —le contesté: uno abre el grifo°, y sale.

De modo que siguieron navegando los miércoles en la noche, aprendiendo el manejo del sextante y la brújula, hasta que los padres regresaban del cine y los encontraban dormidos como ángeles de tierra firme. Meses después, ansiosos de ir más lejos, pidieron un equipo de pesca submarina. Con todo: máscaras, aletas, tanques y escopetas de aire comprimido.

—Está mal que tengan en el cuarto de servicio un bote de remos que no les sirve para nada —dijo el padre—. Pero está peor que quieran tener además equipos de buceo.

—¿Y si nos ganamos la gardenia de oro del primer semestre? —dijo Joel.

—No —dijo la madre, asustada—. Ya no más.

El padre le reprochó su intransigencia.

—Es que estos niños no se ganan ni un clavo° por cumplir con su deber —dijo ella—, pero por un capricho° son capaces de ganarse hasta la silla del maestro.

Los padres no dijeron al fin ni que sí ni que no. Pero Totó y Joel, que habían sido los últimos en los dos años anteriores, se ganaron en julio las dos gardenias de oro y el reconocimiento público del rector. Esa misma tarde, sin que hubieran vuelto a pedirlos, encontraron en el dormitorio los equipos de buzos en su empaque original. De modo que el miércoles siguiente, mientras los padres veían *El último tango en París*, llenaron el apartamento hasta la altura de dos brazas, bucearon como tiburones mansos° por debajo de los muebles y las camas, y rescataron del fondo° de la luz las cosas que durante años se habían perdido en la oscuridad.

En la premiación° final los hermanos fueron aclamados como ejemplo para la escuela, y les

schoolmates
stream/golden
light bulb
current
at one's pleasure
flippant remark
faucet
nail
whim
tame
bottom
awards ceremony

dieron diplomas de excelencia. Esta vez no tuvieron que pedir nada, porque los padres les preguntaron qué querían. Ellos fueron tan razonables, que sólo quisieron una fiesta en casa para agasajar° a los compañeros de curso.

El papá, a solas con su mujer, estaba radiante.

—Es una prueba de madurez —dijo.

—Dios te oiga —dijo la madre.

El miércoles siguiente, mientras los padres veían *La Batalla de Argel*, la gente que pasó por la Castellana vio una cascada de luz que caía de un viejo edificio escondido entre los árboles. Salía por los balcones, se derramaba° a raudales° por la fachada°, y se encauzó° por la gran avenida en un torrente dorado que iluminó la ciudad hasta el Guadarrama.

Llamados de urgencia, los bomberos forzaron la puerta del quinto piso, y encontraron la casa rebosada de° luz hasta el techo. El sofá y los sillones forrados° en piel de leopardo flotaban en la sala a distintos niveles, entre las botellas del bar y el piano de cola° y su mantón° de Manila que aleteaba° a media agua como una mantarraya de oro. Los utensilios domésticos, en la plenitud de su poesía, volaban con sus propias alas° por el cielo de la cocina. Los instrumentos de la banda de guerra, que los niños usaban para bailar, flotaban al garete° entre los peces de colores liberados de la pecera de mamá, que eran los únicos que flotaban vivos y felices en la vasta ciénaga° iluminada. En el cuarto de baño flotaban los cepillos de dientes de todos, los preservativos de papá, los pomos° de cremas y la dentadura de repuesto° de mamá, y el televisor de la alcoba° principal flotaba de costado°, todavía encendido en el último episodio de la película de media noche prohibida para niños.

Al final del corredor, flotando entre dos aguas, Totó estaba sentado en la popa del bote, aferrado° a los remos y con la máscara puesta, buscando el faro del puerto hasta donde le alcanzó el aire de los tanques, y Joel flotaba en la proa buscando todavía la altura de la estrella polar con el sextante, y flotaban por toda la casa sus treinta y siete compañeros de clase, eternizados en el instante de hacer pipí° en la maceta° de geranios, de cantar el himno de la escuela con la letra cambiada por versos de burla contra el rector, de beberse a escondidas un vaso de brandy de la botella de papá. Pues habían abierto tantas luces al mismo tiempo que la casa se había rebosado°, y todo el cuarto año elemental de la escuela de San Julián el Hospitalario se había ahogado en el piso quinto del número 47 del Paseo de la Castellana. En Madrid de España, una ciudad remota de veranos ardientes y vientos helados, sin mar ni río, y cuyos aborígenes° de tierra firme nunca fueron maestros en la ciencia de navegar en la luz. ■

*to entertain*
*poured out / in torrents / façade / channeled*
*brimming with*
*covered*
*grand piano / shawl*
*fluttered*
*wings*
*adrift*
*marsh*
*jars*
*spare*
*bedroom / sideways*
*clinging*
*to pee / flowerpot*
*overflowed*
*natives*

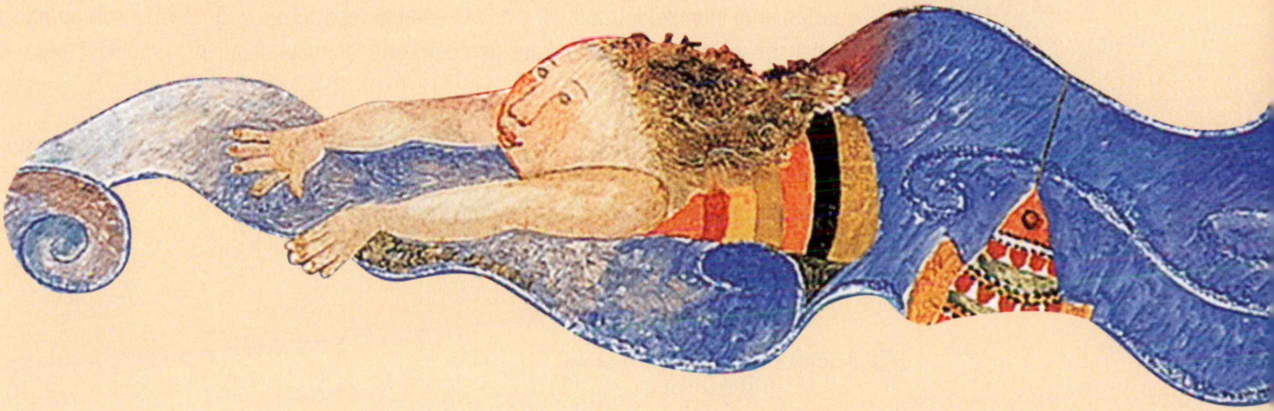

# Después de leer

## La luz es como el agua

Gabriel García Márquez

**1 Comprensión** Indica si las oraciones son **ciertas** o **falsas**. Corrige las falsas.

1. La acción transcurre en Cartagena.
2. Totó y Joel dicen que quieren el bote para pasear con sus compañeros en el río.
3. Los padres van todos los miércoles por la noche al cine.
4. Los niños inundan la casa con agua de la ducha.
5. Cuando llegaron los bomberos todo flotaba por el aire.
6. El que le sugiere a Totó la idea de que la luz es como el agua es su papá.

**2 Análisis** En parejas, relean la definición de realismo mágico y luego respondan las preguntas.

1. Los niños navegan "entre las islas de la casa". ¿Qué son las islas del apartamento?
2. ¿Qué significa la frase "rescataron del fondo de la luz las cosas que durante años se habían perdido en la oscuridad"? En la realidad, ¿les parece que la luz tiene fondo? En este relato, ¿cuál es el fondo de la luz?
3. Repasa el significado de *comparación* (**p. 153**). ¿Se usan comparaciones en este relato? Escríbanlas y expliquen cómo proporcionan mayor expresividad.

**3 Interpretación** Responde las preguntas con oraciones completas.

1. ¿Por qué te parece que, teniendo una gran casa en Cartagena, viven en Madrid en un pequeño apartamento? ¿Cuáles crees que podrían ser las causas?
2. El narrador señala que toda la aventura de los niños es consecuencia de una "ligereza" suya, porque "no tuvo el valor de pensarlo dos veces". ¿Por qué te parece que dice eso? ¿Qué opinas tú de su respuesta? ¿Crees que él es culpable de lo que ocurre después?
3. Los niños aprovechan que sus padres no están para inundar el apartamento y guardan el secreto; sólo se lo cuentan a sus compañeros. ¿Por qué hacen eso?
4. ¿Puedes establecer alguna relación entre ir al cine y navegar con la luz?
5. Imagina que la familia nunca se fue de Cartagena. ¿Cómo cambia la historia?

**4 Entrevista** En grupos de cuatro, preparen una entrevista con el primer bombero que entró en el apartamento inundado. Uno/a de ustedes es el/la reportero/a y los demás son bomberos. Hablen sobre las causas y consecuencias del accidente, y usen lenguaje objetivo y preciso. Luego, representen la entrevista frente a la clase.

**5 Bitácoras de viaje** Utilizando el realismo mágico, describe un día de un viaje especial. Describe adónde fuiste, qué hiciste, con quién fuiste y por qué fue especial. Describe elementos maravillosos de tu viaje y presenta detalles mágicos como si fueran normales.

Practice more at **vhlcentral.com.**

# Antes de leer

### Vocabulario

**el apogeo** *peak*
**el artefacto** *artifact*
**el campo** *ball field*
**el/la dios(a)** *god/goddess*
**el juego de pelota** *ball game*
**la leyenda** *legend*
**el mito** *myth*
**la pared** *wall*
**la piedra** *stone*
**la pirámide** *pyramid*
**la ruta maya** *the Mayan Trail*

**Tikal** Completa las oraciones con las palabras apropiadas.

1. Tikal, antiguamente una gran ciudad, es ahora una impresionante colección de ruinas que se encuentra en la ________ de Guatemala.
2. Hay seis ________ en el centro de la ciudad. Son los edificios más grandes de Tikal.
3. En la misma zona hay varios ________ donde se jugaba al ________.
4. Durante sus excavaciones, los arqueólogos han encontrado ________ fascinantes y también esculturas y monumentos de ________.

**Conexión personal** ¿Cuál es la ruta más interesante que has recorrido? ¿Fue un viaje organizado o lo planeaste por tu cuenta?

### Contexto cultural

Campo de pelota en Chichén Itzá

En la cultura maya, el deporte era a veces cuestión de vida o muerte. El juego de pelota se jugó durante más de 3.000 años en un campo entre muros (*walls*) con una pelota muy dura y muy pesada: podía llegar a pesar hasta nueve libras, aproximadamente. Este juego se celebraba en la vida cotidiana, pero a veces se jugaba como parte de una ceremonia. Entonces era un juego muy violento que acababa a veces con un sacrificio ritual: posiblemente la decapitación de algunos de los jugadores.

Cuenta la leyenda que los hermanos gemelos Ixbalanqué y Hunahpú eran tan aficionados al juego que enojaron a los dioses de la muerte, los señores de Xibalbá, con el ruido (*noise*) que hacían con las pelotas. Los señores de Xibalbá controlaban un mundo subterráneo, al que se llegaba por una cueva (*cave*). Todo individuo que entraba en Xibalbá pasaba por una serie de pruebas terribles, como cruzar un río de escorpiones, entrar en una casa llena de cuchillos en movimiento y participar en un juego mortal de pelota.

Los gemelos usaron su habilidad atlética, su inteligencia y la magia para vencer a los dioses y transformarse en el sol y la luna. Por eso, entre los mayas, el juego era una competencia entre fuerzas opuestas, como el bien y el mal, o la luz y la oscuridad.

Practice more at **vhlcentral.com.**

Audio: Reading

Chichén Itzá

# La ruta maya

Los mayas, investigadores de ciencias y matemáticas, y destacados° arquitectos de espacios monumentales, han dejado evidencia de un mundo ilustre e intelectual que todavía brilla hoy día. En su momento de mayor extensión, el territorio maya incluía partes de lo que ahora es México, Guatemala, Belice, El Salvador y Honduras. Una imaginaria ruta maya une estos lugares dispersos, atravesando° siglos y países, y revela restos de una gran civilización. La ruta pasa por selva y ciudad, por vegetación exuberante y por

*renowned*

*crossing*

ruinas que resisten y también muestran el paso del tiempo. El viajero puede elegir entre múltiples lugares y numerosos caminos. Sin embargo, hay un itinerario particular que conecta la arquitectura, la cultura y el deporte a través del tiempo y el espacio: la ruta de los campos de pelota. Debido al° enorme valor cultural del juego, se construyeron canchas en casi todas las poblaciones importantes, incluyendo las espléndidas construcciones de Copán y Chichén Itzá. La ruta, que pasa por algunos de los 700 campos de pelota, desentierra° maravillas arqueológicas.

En la densa selva en el oeste de Honduras, cerca de la frontera con Guatemala, surge° Copán, donde gobernaron varias dinastías de reyes. Entre las ruinas, permanece° un elegantísimo campo de pelota, una cancha que tenía hasta vestuarios° para los jugadores. Grandes paredes, adornadas de esculturas de loros°, rodean° el campo más artístico de Mesoamérica. En Copán vivía una élite de artesanos y nobles que esculpían° y escribían en piedra. Por eso, se concentran en Copán la mayor cantidad de esculturas° y estelas° —monumentos de figuras y lápidas° con

*Due to the*
*unearths*
*emerges*
*lies*
*dressing rooms*
*parrots/ surround*
*sculpted*
*sculptures/ steles*
*stone tables*

## Mesoamérica

La región de Mesoamérica empieza en el centro de México y llega hasta la frontera entre Nicaragua y Costa Rica. Aquí vivían sociedades agrarias que se destacaron por sus avances en la arquitectura, el arte y la tecnología en los 3.000 años anteriores a la llegada de Cristóbal Colón al continente americano. Entre las culturas de Mesoamérica se incluyen la maya, la azteca, la olmeca y la tolteca. Los mayas tomaron la escritura y el calendario mesoamericanos y los desarrollaron hasta su mayor grado de sofisticación.

jeroglíficos— de la ruta maya. En las famosas escalinatas° de la ciudad se pueden examinar jeroglíficos que contienen todo un árbol genealógico y que cuentan la historia de los reyes de Copán. Estas inscripciones forman el texto maya más largo que se preserva hoy día.

*stairways*

Campo de pelota en Copán

El más impresionante de los campos de pelota se encuentra en Chichén Itzá en Yucatán, México. En su período de esplendor, Chichén Itzá era el centro de poder de Mesoamérica. Actualmente es uno de los sitios arqueológicos más importantes del mundo. La gran pirámide, conocida con el nombre *El Castillo*, era un rascacielos° en su época. Con escaleras que suben a la cumbre° por los cuatro lados, El Castillo sirvió de templo del dios Kukulcán. Hay varias canchas de pelota en Chichén Itzá, pero la más grandiosa y espectacular se llama el Gran Juego de Pelota. A pesar de medir° 166 por 68 metros (181 por 74 yardas), la acústica es tan magnífica que sirve de modelo para teatros: un susurro° se puede oír de un extremo al otro. Mientras competían, los jugadores sentían la presión de las esculturas que adornaban las paredes, las cuales muestran a unos jugadores decapitando a otros. El peligro era un recordatorio° de que el juego era también una ceremonia solemne y el campo, un templo.

*skyscraper*
*peak*
*measuring*
*whisper*
*reminder*

Esta ruta maya continúa por campos como el de Uxmal en Yucatán, México, donde se pueden apreciar grandes logros° arquitectónicos. En todos ellos, se oyen las voces lejanas de la civilización maya, ecos que nos hacen viajar por el tiempo y despiertan la imaginación. ■

*achievements*

# Después de leer

## La ruta maya

**1 Comprensión** Decide si las oraciones son **ciertas** o **falsas**. Corrige las falsas.

1. En su momento de mayor extensión, el territorio maya empezaba en lo que hoy se llama México y terminaba en lo que hoy se llama Guatemala.
2. Los mayas construyeron muy pocas canchas de pelota.
3. En Copán vivía una élite de artesanos y nobles que escribían en piedra.
4. Los jeroglíficos de Copán cuentan la leyenda de los gemelos Ixbalanqué y Hunahpú.
5. Chichén Itzá fue el centro de poder de Mesoamérica.
6. El Castillo es la cancha de pelota más grande.

**2 Preguntas** Contesta las preguntas con oraciones completas.

1. ¿Qué significado tenía el juego de pelota en la cultura maya?
2. ¿Cuáles eran algunos de los peligros del juego?
3. ¿Qué tienen de extraordinario las ruinas de Copán?
4. ¿Qué detalles indican que Chichén Itzá había sido una ciudad importantísima?
5. ¿Cuál es un ejemplo de la importancia de los dioses para los mayas?

**3 Itinerarios** En grupos, preparen el itinerario para un recorrido por una de estas rutas. Luego, compartan el itinerario con el resto de la clase.

- la ruta de los campos de béisbol
- Norteamérica de punta a punta
- las mansiones de los famosos en Hollywood

**4 Jeroglíficos**

**A.** En parejas, inventen un mensaje jeroglífico. Pueden usar letras, números, dibujos, figuras geométricas, etc. Después, intercambien el mensaje con otra pareja para descifrarlo. Pueden dar pistas si es necesario.

**MODELO**

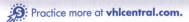

(Mar y Pepe: Recién casados)

**B.** Presenten los mensajes descifrados a la clase. ¿Qué pareja usó el sistema de escritura más original?

Practice more at **vhlcentral.com.**

# Atando cabos

## ¡A conversar!

**La luna de miel** Trabajen en grupos de cuatro. Imaginen cómo fue la luna de miel de dos de estas parejas.

a b c d

**A.** Primero, hablen acerca de la luna de miel de cada pareja: ¿Cómo es la pareja? ¿Adónde fueron? ¿Por qué eligieron ese lugar? ¿Qué cosas empacaron?

**B.** Luego, comparen las dos lunas de miel. Escriban por lo menos seis oraciones usando comparativos y superlativos, y expresiones negativas, afirmativas e indefinidas.

**C.** Por último, compartan sus comparaciones con la clase y escuchen las comparaciones de sus compañeros/as. Entre todos, resuman en una lista las comparaciones más destacadas.

## ¡A escribir!

**Consejos de viaje** Sigue el **Plan de redacción** para escribir unos consejos de viaje. Imagina que trabajas en una agencia de viajes y tienes que organizar una excursión para unos/as amigos/as. Haz una lista de los lugares y cosas que les recomiendas que hagan. Ten en cuenta la personalidad de tus amigos/as y elige bien qué sitios crees que les van a gustar más.

### Plan de redacción

**Contenido:** Ten en cuenta el clima del lugar, la ropa que deben llevar, el hotel donde pueden alojarse y los espectáculos culturales a los que pueden asistir. También es importante que les recomiendes algún restaurante o alguna comida típica del lugar. No olvides utilizar oraciones con subjuntivo en todas tus recomendaciones. Puedes usar estas expresiones:

- Es importante que...
- Les recomiendo que...
- Busquen un hotel que...
- Es probable que...
- Es mejor que...
- Visiten lugares que...

**Conclusión:** Termina la lista de consejos deseándoles a tus amigos/as un buen viaje.

Vocabulary Tools

## De viaje

| | |
|---|---|
| la bienvenida | *welcome* |
| la despedida | *farewell* |
| el destino | *destination* |
| el itinerario | *itinerary* |
| la llegada | *arrival* |
| el pasaje (de ida y vuelta) | *(round-trip) ticket* |
| el pasaporte | *passport* |
| la tarjeta de embarque | *boarding pass* |
| la temporada alta/ baja | *high/low season* |
| el/la viajero/a | *traveler* |
| hacer las maletas | *to pack* |
| hacer transbordo | *to transfer (planes/trains)* |
| hacer un viaje | *to take a trip* |
| ir(se) de vacaciones | *to go on vacation* |
| perder (e:ie) (el vuelo) | *to miss (the flight)* |
| regresar | *to return* |
| a bordo | *on board* |
| retrasado/a | *delayed* |
| vencido/a | *expired* |
| vigente | *valid* |

## El alojamiento

| | |
|---|---|
| el albergue | *hostel* |
| el alojamiento | *lodging* |
| la habitación individual/doble | *single/double room* |
| la recepción | *front desk* |
| el servicio de habitación | *room service* |
| alojarse | *to stay* |
| cancelar | *to cancel* |
| estar lleno/a | *to be full* |
| quedarse | *to stay* |
| reservar | *to reserve* |
| de (buena) categoría | *first-rate* |
| incluido/a | *included* |
| recomendable | *advisable* |

## La seguridad y los accidentes

| | |
|---|---|
| el accidente (automovilístico) | *(car) accident* |
| el/la agente de aduanas | *customs agent* |
| el aviso | *notice; warning* |
| el cinturón de seguridad | *seat belt* |
| el congestionamiento | *traffic jam* |
| las medidas de seguridad | *security measures* |
| la seguridad | *safety; security* |
| el seguro | *insurance* |
| aterrizar | *to land* |
| despegar | *to take off* |
| ponerse/quitarse el cinturón | *to fasten/to unfasten the seat belt* |
| reducir (la velocidad) | *to reduce (speed)* |
| peligroso/a | *dangerous* |
| prohibido/a | *prohibited* |

## Las excursiones

| | |
|---|---|
| la aventura | *adventure* |
| el/la aventurero/a | *adventurer* |
| la brújula | *compass* |
| el buceo | *scuba diving* |
| el campamento | *campground* |
| el crucero | *cruise (ship)* |
| el (eco)turismo | *(eco)tourism* |
| la excursión | *outing; tour* |
| la frontera | *border* |
| el/la guía turístico/a | *tour guide* |
| la isla | *island* |
| las olas | *waves* |
| el puerto | *port* |
| las ruinas | *ruins* |
| la selva | *jungle* |
| el/la turista | *tourist* |
| navegar | *to sail* |
| recorrer | *to tour* |
| lejano/a | *distant* |
| turístico/a | *tourist (adj.)* |

## Más vocabulario

| | |
|---|---|
| Expresiones útiles | *Ver p. 169* |
| Estructura | *Ver pp. 176–177, 180–181 y 184–185* |

## Cinemateca

| | |
|---|---|
| el arma | *weapon* |
| la cabina | *cockpit* |
| la cobertura | *(cell phone) service* |
| la espuma | *foam* |
| el expediente | *investigation* |
| la rabia | *rabies* |
| el secuestro | *hijacking* |
| los sudores | *sweats* |
| la tripa | *belly* |
| la tripulación | *crew* |
| correr a cargo de | *to be paid by* |
| meterse en un lío | *to get into a mess* |
| molar | *to be cool* |
| molestar | *to bother* |
| morder | *to bite* |
| cretino/a | *idiot* |

## Literatura

| | |
|---|---|
| la bahía | *bay* |
| el bote | *boat* |
| la cascada | *cascade; waterfall* |
| el faro | *lighthouse* |
| el muelle | *pier* |
| la pesca | *fishing* |
| la popa | *stern* |
| la proa | *bow* |
| el remo | *oar* |
| el tiburón | *shark* |
| flotar | *to float* |
| ahogado/a | *drowned* |

## Cultura

| | |
|---|---|
| el apogeo | *peak* |
| el artefacto | *artifact* |
| el campo | *ball field* |
| el/la dios(a) | *god/goddess* |
| el juego de pelota | *ball game* |
| la leyenda | *legend* |
| el mito | *myth* |
| la pared | *wall* |
| la piedra | *stone* |
| la pirámide | *pyramid* |
| la ruta maya | *the Mayan Trail* |

# La naturaleza

6

**Communicative Goals**

**You will expand your ability to…**
- describe and narrate in the future
- express purpose, condition, and intent
- describe relationships between things/people/ideas

Vocabulary Tools

# La naturaleza

## La naturaleza

El Caribe presenta **costas** infinitas con palmeras **a orillas del mar**, aguas cristalinas y extensos **arrecifes** de coral con un **paisaje** submarino sin igual.

**el árbol** *tree*
**el arrecife** *reef*
**el bosque (lluvioso)** *(rain) forest*
**el campo** *countryside; field*
**la cordillera** *mountain range*

**la costa** *coast*
**el desierto** *desert*
**el mar** *sea*
**la montaña** *mountain*
**el paisaje** *landscape*
**la tierra** *land*

**húmedo/a** *damp*
**seco/a** *dry*

**a orillas de** *on the shore of*
**al aire libre** *outdoors*

## Los animales

**el ave (*f.*) / el pájaro** *bird*
**el cerdo** *pig*
**el conejo** *rabbit*
**el león** *lion*
**el mono** *monkey*
**la oveja** *sheep*
**el pez** *fish*
**la rana** *frog*

**la serpiente** *snake*
**el tigre** *tiger*
**la vaca** *cow*

**atrapar** *to trap; to catch*
**cazar** *to hunt*
**dar de comer** *to feed*
**extinguirse** *to become extinct*
**morder (o:ue)** *to bite*

**en peligro de extinción** *endangered*
**salvaje** *wild*
**venenoso/a** *poisonous*

## Los fenómenos naturales

**el huracán** *hurricane*
**el incendio** *fire*
**la inundación** *flood*
**el relámpago** *lightning*
**la sequía** *drought*
**el terremoto** *earthquake*
**la tormenta (tropical)** *(tropical) storm*
**el trueno** *thunder*

## El medio ambiente

El **reciclaje** de botellas es muy importante para **proteger** el **medio ambiente** y no **malgastar** plástico.

**el calentamiento global** *global warming*
**la capa de ozono** *ozone layer*
**el combustible** *fuel*
**la contaminación** *pollution*

**la deforestación** *deforestation*
**el desarrollo** *development*
**la erosión** *erosion*
**la fuente de energía** *energy source*
**el medio ambiente** *environment*
**los recursos naturales** *natural resources*

**agotar** *to use up*
**conservar** *to preserve*
**contaminar** *to pollute*
**contribuir (a)** *to contribute*
**desaparecer** *to disappear*
**destruir** *to destroy*
**malgastar** *to waste*
**proteger** *to protect*
**reciclar** *to recycle*

**resolver (o:ue)** *to solve*

**dañino/a** *harmful*
**desechable** *disposable*
**renovable** *renewable*
**tóxico/a** *toxic*

# Práctica

**1 Escuchar**

**A.** Escucha el informativo de la noche y después completa las oraciones con la opción correcta.

1. Hay ____.
   a. una inundación b. un incendio
2. Las causas de lo que ha ocurrido ____.
   a. se conocen b. se desconocen
3. En los últimos meses, ha habido ____.
   a. mucha sequía b. muchas tormentas
4. Las autoridades temen que ____.
   a. los animales salvajes vayan a los pueblos
   b. el incendio se extienda
5. Los pueblos de los alrededores ____.
   a. están en peligro b. están contaminados

**B.** Escucha la conversación entre Pilar y Juan, y después contesta las preguntas con oraciones completas.

1. ¿Dónde hay un incendio?
2. Según lo que escuchó Pilar, ¿qué puede suceder?
3. ¿Qué animales tenían los abuelos de Juan?
4. ¿Dónde pasaba los veranos Pilar?
5. ¿Qué hacía Pilar con los peces que veía?
6. ¿Qué ha pasado con los peces que había antes en la costa?

**C.** En parejas, hablen de los cambios que han visto ustedes en la naturaleza a lo largo de los años. Hagan una lista y compártanla con la clase.

**2 Emparejar** Conecta las palabras de forma lógica.

**MODELO** **fenómeno natural: terremoto**

| | |
|---|---|
| ____ 1. proteger | a. león |
| ____ 2. tormenta | b. serpiente |
| ____ 3. destrucción | c. incendio |
| ____ 4. campo | d. conservar |
| ____ 5. salvaje | e. trueno |
| ____ 6. venenosa | f. aire libre |

# Práctica

**3 Definiciones**

**A.** Escribe la palabra adecuada para cada definición.

1. fenómeno natural en el que se ilumina el cielo cuando hay tormenta: __________
2. reptil de cuerpo largo y estrecho (*narrow*) que muchas veces es venenoso: __________
3. largo período de tiempo sin lluvias: __________
4. extensión de tierra donde no suele llover: __________
5. fenómeno natural que se produce cuando se mueve la tierra bruscamente (*abruptly*): __________
6. animal feroz considerado el rey de la selva: __________
7. contrario de "húmedo": __________
8. ruido producido en las nubes por una descarga eléctrica: __________
9. serie de montañas: __________
10. fuego grande que puede destruir casas y campos: __________

**B.** Ahora, escribe tres definiciones de otras palabras del vocabulario. Tu compañero/a tendrá que adivinar a qué palabra corresponde cada definición.

**4 ¿Qué es la biodiversidad?** Completa el artículo de la revista *Naturaleza* con la palabra o expresión correspondiente.

| | | |
|---|---|---|
| **animal** | **costas** | **paisaje** |
| **arrecifes de coral** | **mar** | **proteger** |
| **bosques** | **medio ambiente** | **recursos naturales** |
| **conservar** | **montañas** | **tierra** |

**La biodiversidad** se refiere a la gran variedad de formas de vida —(1) __________, vegetal y humana— que conviven en el (2) __________, no sólo en la tierra, sino también en el (3) __________. Esta interdependencia significa que ninguna especie está aislada o puede vivir por sí sola. A pesar de que el Caribe comprende menos del once por ciento de la superficie total del planeta, su territorio contiene una vasta riqueza de vida silvestre (*wild*) que se encuentra a lo largo de sus (4) __________ tropicales húmedos, (5) __________ altas, extensas costas, y del increíble (6) __________ submarino de los (7) __________. Se estima que en la actualidad hay más de sesenta y cinco organizaciones ecologistas que trabajan para (8) __________ y (9) __________ los valiosos (10) __________ de las islas caribeñas.

Practice more at **vhlcentral.com.**

# Comunicación

**5 Preguntas** En parejas, túrnense para contestar las preguntas.

1. ¿A dónde prefieres ir de vacaciones, al campo, a la costa o a la montaña? ¿Por qué?
2. ¿Tienes un animal preferido? ¿Cuál es? ¿Por qué te gusta? ¿Qué animales no te gustan? ¿Por qué?
3. ¿Qué opinas de la práctica de cazar animales? ¿Es cruel? ¿Es necesario controlar la población para el bien de la especie?
4. ¿Hay alguna diferencia entre cazar un animal para comerlo y comprar carne?
5. ¿Hay huracanes, sequías o algún otro fenómeno natural donde tú vives? ¿Qué efectos o consecuencias tienen para el medio ambiente?
6. En tu opinión, ¿cuál es el problema más grave que afecta al medio ambiente? ¿Qué podemos hacer para mejorar la situación?

**6 ¿Qué es mejor?** En parejas, hablen sobre las ventajas y las desventajas de las alternativas de la lista. Consideren el punto de vista práctico y el punto de vista ambiental. Utilicen el vocabulario de **Contextos**.

- **usar servilletas de papel o de tela (*cloth*)**
- **tirar restos de comida a la basura o en el triturador del fregadero (*garbage disposal*)**
- **acampar en un parque nacional o alojarse en un hotel**
- **imprimir el papel por los dos lados o simplemente imprimir menos**

**7 Asociaciones** En parejas, comparen sus personalidades con las cualidades de estos animales, elementos y fuerzas de la naturaleza. ¿Con cuáles te identificas? ¿Con cuáles crees que se identifica tu compañero/a? ¿Por qué? Comparen sus respuestas.

MODELO **pájaro**
Yo me identifico con los pájaros, porque soy libre y soñador(a).

| | | | |
|---|---|---|---|
| **árbol** | **fuente de energía** | **mar** | **relámpago** |
| **bosque** | **huracán** | **montaña** | **serpiente** |
| **conejo** | **incendio** | **pájaro** | **terremoto** |
| **desierto** | **león** | **pez** | **trueno** |

Video

**Aguayo se va de vacaciones, dejando su pez al cuidado de los empleados de *Facetas*.**

**MARIELA** ¡Es una araña gigante!

**FABIOLA** No seas miedosa.

**MARIELA** ¿Qué haces allá arriba?

**FABIOLA** Estoy dejando espacio para que la atrapen.

**DIANA** Si la rocías con esto (*muestra el matamoscas en spray*), la matas bien muerta.

**AGUAYO** Pero esto es para matar moscas.

**FABIOLA** ¡Las arañas jamás se van a extinguir!

**MARIELA** Las que no se van a extinguir son las cucarachas. Sobreviven la nieve, los terremotos y hasta los huracanes, y ni la radiación les hace daño.

**FABIOLA** ¡Vaya! Y… ¿tú crees que sobrevivirían al café de Aguayo?

**AGUAYO** Mariela, ¿podrías hacer el favor de tomar mis mensajes? Voy a casa por mi pez. Diana se ofreció a cuidarlo durante mis vacaciones.

**MARIELA** ¡Cómo no, jefe!

**AGUAYO** Mañana por la tarde estaremos en el campamento.

**FABIOLA** ¿Cómo pueden llamarle "vacaciones" a eso de dormir en el suelo y comer comida enlatada?

**AGUAYO** Ésta es su comida. Sólo una vez al día. No le des más aunque ponga cara de perrito… Bueno, debo irme.

**MARIELA** ¿Cómo sabremos si pone cara de perrito?

**AGUAYO** En vez de hacer así (*hace gestos con la cara*)…, hace así.

**JOHNNY** Última llamada.

**FABIOLA** Nos quedaremos cuidando a Bambi.

**ÉRIC** Me encanta el pececito, pero me voy a almorzar. Buen provecho.

*Los chicos se marchan.*

**DIANA** ¡Ay! No sé ustedes, pero yo lo veo muy triste.

**FABIOLA** Claro. Su padre lo abandonó para irse a dormir con las hormigas.

**MARIELA** ¿Por qué no le damos de comer?

**FABIOLA** ¡Ya le he dado tres veces!

**MARIELA** ¡Ya sé! Podríamos darle el postre.

**Personajes**

AGUAYO

DIANA

ÉRIC

FABIOLA

JOHNNY

MARIELA

**AGUAYO** La idea es tener contacto con la naturaleza, Fabiola. Explorar y disfrutar de la mayor reserva natural del país.

**MARIELA** Debe ser emocionante.

**AGUAYO** Lo es. Sólo tengo una duda. ¿Qué debo hacer si veo un animal en peligro de extinción comerse una planta en peligro de extinción?

**FABIOLA** Tómale una foto.

**AGUAYO** Chicos, les presento a Bambi.

**MARIELA** ¿Qué? ¿No es Bambi un venadito?

**AGUAYO** ¿Lo es?

**JOHNNY** ¿No podrías ponerle un nombre más original?

**FABIOLA** Sí, como *Flipper*.

**FABIOLA** Miren lo que encontré en el escritorio de Johnny.

**MARIELA** ¡Galletitas de animales!

**DIANA** ¿Qué haces?

**MARIELA** Hay que encontrar la ballenita. Es un pez y está solo. Supongo que querrá compañía.

**DIANA** Pero no podemos darle galletas.

**FABIOLA** ¿Y qué vamos a hacer? Todavía se ve tan triste.

**MARIELA** ¡Ya sé! Tenemos que hacerlo sentir como si estuviera en su casa. (*Pegan una foto de la playa en la pecera.*) ¿Qué tal ésta con el mar?

**DIANA** ¡Perfecta! ¡Se ve tan feliz!

**FABIOLA** Míralo.

*Llegan los chicos.*

**ÉRIC** ¡Bambi! ¡Maldito pez! ¡En una playa tropical con tres mujeres!

## Expresiones útiles

### Talking about the future

**¡Las arañas jamás se van a extinguir!**
*Spiders will never become extinct!*

**¿Y qué vamos a hacer?**
*What are we going to do?*

**Mañana por la tarde estaremos en el campamento.**
*Tomorrow afternoon we will be in the campground.*

**Nos quedaremos cuidando a Bambi.**
*We will stay and look after Bambi.*

**¿Cómo sabremos si pone cara de perrito?**
*How will be know if he is making a puppy-dog face?*

### Expressing perceptions

**Yo lo/la veo muy triste.**
*He/She looks very sad to me.*

**¡Se ve tan feliz!**
*He/She looks so happy!*

**Parece que está triste/contento/a.**
*It looks like he/she is sad/happy.*

**Al parecer, no le gustó.**
*It looks like he/she didn't like it.*

**¡Qué guapo/a te ves!**
*How attractive you look!*

**¡Qué elegante se ve usted!**
*How elegant you look!*

### Additional vocabulary

**la araña** *spider*
**Buen provecho.** *Enjoy your meal.*
**la comida enlatada** *canned food*
**la cucaracha** *cockroach*
**enlatado/a** *canned*
**la hormiga** *ant*
**matar** *to kill*
**miedoso/a** *fearful*
**la mosca** *fly*
**rociar** *to spray*

# Comprensión

**1 ¿Quién lo dijo?** Identifica lo que dijo cada personaje.

AGUAYO DIANA ÉRIC FABIOLA MARIELA

1. No podemos darle galletas.
2. Mañana por la tarde, estaremos en el campamento.
3. Tómale una foto.
4. Me encanta el pececito, pero me voy a almorzar.
5. Podríamos darle el postre.

**2 ¿Qué falta?** Completa las oraciones con las frases de la lista.

| | |
|---|---|
| las cucarachas | un nombre original |
| el pez | denle de comer |
| de comer | tener contacto con la naturaleza |

1. **FABIOLA** ¿Tú crees que ____________ pueden sobrevivir al café de Aguayo?
2. **MARIELA** Debe ser emocionante ________________.
3. **FABIOLA** Sí, ____________ como “Flipper”.
4. **AGUAYO** ____________ sólo una vez al día.
5. **MARIELA** ¿Cómo sabremos si ____________ pone cara de perrito?
6. **FABIOLA** Ya le he dado tres veces ____________.

**3 ¿Qué dijo?** Di qué hace cada personaje. Utiliza los verbos entre paréntesis.

MODELO **JOHNNY** **¿No podrías ponerle un nombre más original? (sugerir a Aguayo)**
Johnny le sugiere a Aguayo que le ponga un nombre más original.

1. **AGUAYO** Mariela, ¿podrías hacer el favor de tomar mis mensajes? (pedir a Mariela)
2. **FABIOLA** Toma una foto. (aconsejar a Aguayo)
3. **AGUAYO** No le des más aunque ponga cara de perrito… (ordenar a Mariela)
4. **MARIELA** ¿Por qué no le damos de comer? (sugerir a Diana)

**4 Preguntas y respuestas** En parejas, háganse preguntas sobre estos temas.

MODELO **irse de campamento**
—¿Quién se va de campamento?
—Aguayo se va de campamento.

- tenerles miedo a las arañas
- Aguayo y su esposa / comer
- cuidar a la mascota
- irse a almorzar
- dar de comer
- sentirse feliz

Practice more at **vhlcentral.com.**

# Ampliación

**5** **Carta a Aguayo** A los empleados de Facetas se les murió Bambi. Ahora, ellos deben contarle a Aguayo lo sucedido. En parejas, escriban la carta que los empleados le enviaron a Aguayo.

> Querido jefe:
>
> Esperamos que esté disfrutando de sus vacaciones y de la comida enlatada. Nosotros estamos bien, pero tenemos que darle una mala noticia.
> El otro día...

**6** **Apuntes culturales** En parejas, lean los párrafos y contesten las preguntas.

### Las mascotas

Aguayo dejará su mascota Bambi al cuidado de Diana. Otro animal que también vive en el agua es el carpincho (*capybara*), común a orillas de ríos en Suramérica. Este simpático "animalito" fácil de domesticar es el roedor (*rodent*) más grande del planeta, ¡con un peso de hasta 65 kilos (143 libras)! Un poquito grande para la oficina de *Facetas*, ¿no?

### De campamento

Según Aguayo, la idea de acampar es estar en contacto con la naturaleza. Un sitio emocionante para acampar es la comunidad boliviana de **Rurrenabaque**, puerta de entrada al **Parque Nacional Madidi**. Este parque, una de las reservas más importantes del planeta, comprende cinco pisos ecológicos, desde llanuras (*plains*) amazónicas hasta cordilleras nevadas.

### El alacrán

Fabiola y Mariela les tienen miedo a las arañas. ¡Y no es para menos! Algunos arácnidos son muy peligrosos. En la República Dominicana, los alacranes (*scorpions*) son temidos (*feared*) por su veneno mortal. Se los puede encontrar debajo de los muebles, en los zapatos... ¿Sobrevivirían los alacranes al matamoscas de Diana?

1. ¿Qué mascotas exóticas conoces? Menciona como mínimo tres o cuatro. ¿Cuáles son sus hábitos? ¿Son fáciles o difíciles de domesticar? ¿Son peligrosas?
2. ¿Has acampado alguna vez? ¿Dónde? ¿Por cuántos días? ¿Qué hiciste?
3. ¿Qué significa la expresión "piso ecológico"? ¿Has estado alguna vez en una región con distintos "pisos ecológicos"? ¿Cómo es la geografía de la región donde vives?
4. ¿Has visto un alacrán alguna vez? ¿Qué otros insectos peligrosos conoces? ¿Te han picado (*bitten*)? ¿Les tienes miedo?

## En detalle

EL CARIBE

# Los bosques DEL MAR

**¿Te sumergiste alguna vez en el más absoluto de los silencios para contemplar los majestuosos arrecifes de coral?** En el Caribe hay más de 26 mil kilómetros cuadrados (16 mil millas cuadradas) de arrecifes, también llamados *bosques tropicales del mar* por la inmensa biodiversidad que se encuentra en ellos. Sus extravagantes formas de intensos colores proporcionan° el ecosistema ideal para las más de 4.000 especies de peces y miles de especies de plantas que en ellos habitan.

Nuestras vidas también dependen de estas formaciones: los arrecifes del Caribe protegen de los huracanes las costas de Florida y de los países caribeños. Sus inmensas estructuras aplacan° la fuerza de las tormentas antes de que lleguen a las costas, cumpliendo la función de barreras° naturales. También protegen las playas de la erosión y son un refugio para muchas especies animales en peligro de extinción.

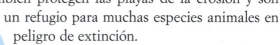

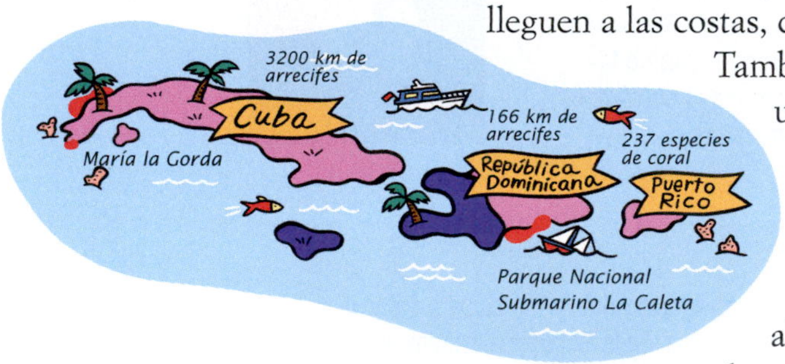


En Cuba se destacan° los arrecifes de María la Gorda, en el extremo occidental de la isla. En esta área altamente protegida, más de veinte especies de corales forman verdaderas cordilleras, grutas° y túneles subterráneos.

Lamentablemente, los arrecifes están en peligro por culpa de la mano del hombre. La construcción desmedida° en las costas y la contaminación de las aguas por los desechos° de las alcantarillas° provocan la sedimentación. Esto enturbia° el agua y mata el coral, porque le quita la luz que necesita. La pesca descontrolada, el exceso de turismo y la recolección de coral por parte de los buceadores son otros de sus grandes enemigos. De hecho, algunos expertos dicen que el 70% del coral desaparecerá en unos 40 años. Así que, si eres uno de los afortunados que pueden visitarlos, cuídalos. Su futuro depende de todos nosotros. ■

Los **arrecifes de coral** son uno de los hábitats más antiguos de la Tierra; algunos de ellos tienen más de 10.000 años. Muchos los confunden con plantas o con rocas, pero los arrecifes de coral son, en realidad, estructuras formadas por pólipos de coral, unos animales diminutos° que al morir dejan unos residuos de piedra caliza°. Los arrecifes son el refugio ideal para muchos tipos de animales, tales como esponjas, peces y tortugas.

**proporcionan** *provide* **aplacan** *diminish* **barreras** *barriers* **se destacan** *stand out* **grutas** *caves* **desmedida** *excessive* **desechos** *waste* **alcantarillas** *sewers* **enturbia** *clouds* **diminutos** *tiny* **piedra caliza** *limestone*

## ASÍ LO DECIMOS

### Frases de animales

**andar como perro sin pulga°** **(Méx.)** *to be carefree*
**comer como un chancho** *to eat like a pig; to pig out*
**¡El mono está chiflando!°** **(Cu.)** *How windy!*
**estar como una cabra°** **(Esp.)** *to be as mad as a hatter*
**marca perro** **(Arg., Chi. y Uru.)** *(of an object) by an unknown brand*
**¡Me pica el bagre!°** **(Arg.)** *I'm getting hungry!*
**¡Qué búfalo/a!** **(Nic.)** *Fantastic!*
**¡Qué tortuga!** **(Col.)** *(of a person) How slow!*
**ser (una) rata**
**ser un(a) rata (Esp.)** *to be stingy*

## EL MUNDO HISPANOHABLANTE

### Organizaciones ambientales

**Protección de la biosfera** El Parque Nacional Yasuní, declarado Reserva Mundial de la Biosfera por la UNESCO en 1989, está ubicado en la Amazonia ecuatoriana. En la actualidad, varias organizaciones ambientales intentan frenar° el avance de compañías petroleras que operan en el 60% del territorio del parque.

**Patagonia sin represas** En 2011, este movimiento formado por varias asociaciones ecologistas chilenas frenó el plan para la construcción de cinco represas hidroeléctricas° en el sur de Chile. Este plan habría inundado 5.900 hectáreas de reservas naturales.

**Protección de aves amenazadas** Gracias al Fondo Peregrino de Panamá y a instituciones como el Smithsonian Institute, las águilas arpías° están siendo rescatadas y protegidas. Al parecer, Panamá es el único país de Latinoamérica que protege esta ave. El águila arpía es la segunda águila más grande del mundo, después del águila de Filipinas, y es el ave nacional de Panamá.

## PERFIL

# PARQUE NACIONAL SUBMARINO LA CALETA

En 1984, por obra y gracia del Grupo de Investigadores Submarinos, el buque° de rescate *Hickory* se hundió en el Parque Nacional Submarino La Caleta, a unos 17 kilómetros de Santo Domingo. No fue un accidente: el objetivo de los especialistas fue sumergir el buque intacto para que sirviera de arrecife artificial a las especies en peligro de extinción. Con el paso de los años, el barco se cubrió de esponjas y corales, y por él pasan miles de peces. El *Hickory*, que está a unos 20 metros de profundidad, es hoy día una de las mayores atracciones del parque. Pero el *Hickory* no es el único atractivo del parque nacional, también cuenta con otro barco-museo hundido para el buceo. En las aguas del parque, que alcanzan una profundidad de 180 metros (590 pies), se pueden contemplar tres terrazas de arrecifes. Los corales forman verdaderas alfombras de tonos rojos, amarillos y anaranjados que impresionan al buceador más exigente.

> "El hombre no sólo es un problema para sí, sino también para la biosfera en que le ha tocado vivir."
> (Ramón Margalef, ecólogo español)

### Conexión Internet

¿Qué peces habitan los arrecifes de coral del Caribe?

Investiga sobre este tema en **vhlcentral.com.**

**andar como...** *(lit.) to be like a dog without a flea* **El mono...** *(lit.) The monkey is whistling* **estar como...** *(lit.) to be like a goat* **Me pica...** *(lit.) My catfish is itching me* **buque** *ship* **frenar** *to slow down* **represas...** *hydroelectric dams* **águilas arpías** *harpy eagles*

# ¿Qué aprendiste?

**1 ¿Cierto o falso?** Indica si estas afirmaciones son **ciertas** o **falsas**. Corrige las falsas.

1. Los arrecifes de coral son unas plantas de intensos colores.
2. Los arrecifes de coral también son conocidos como los *bosques tropicales del mar*.
3. Los huracanes se hacen más fuertes cuando pasan por los arrecifes.
4. Estas estructuras son un ecosistema ideal para las especies en peligro de extinción.
5. Las formaciones de coral necesitan luz.
6. Está permitido que los turistas tomen un poco de coral para llevárselo.
7. María la Gorda se encuentra en el extremo occidental de Puerto Rico.
8. En María la Gorda, los arrecifes forman túneles y cordilleras.
9. La construcción de casas cerca de las playas no afecta al desarrollo de los arrecifes.
10. Los arrecifes de coral son uno de los hábitats más antiguos del planeta.
11. En los arrecifes no viven tortugas porque no encuentran su alimento.
12. Los expertos están preocupados por el futuro de los arrecifes.

**2 Oraciones** Elige la opción correcta.

1. El Grupo de Investigadores Submarinos hundieron el *Hickory* para crear (un parque nacional/un arrecife artificial).
2. El Parque Nacional Submarino La Caleta está en (Puerto Rico/la República Dominicana).
3. ¿No quieres contribuir para el regalo de Juan? ¡Eres (una rata/un chancho)!
4. Si estás en Argentina y tienes hambre, dices que (te pica el bagre/estás como una cabra).

**3 Preguntas** Contesta las preguntas.

1. ¿Qué quieren frenar las organizaciones ambientales en el Parque Nacional Yasuní?
2. ¿Qué animales protege el Fondo Peregrino de Panamá?
3. ¿Qué busca la organización Patagonia sin represas?
4. En tu opinión, ¿a qué se refiere Ramón Margalef cuando dice que el hombre es un problema para la biosfera?

**4 Opiniones** En parejas, respondan las preguntas y compartan su opinión con la clase.

- ¿Les preocupa la contaminación de las aguas?
- ¿Tienen hábitos que perjudican los mares? ¿Cuáles?
- ¿Qué aspectos de su vida diaria cambiarían para evitar el aumento de contaminación?

## PROYECTO

### Arrecifes del Caribe

Busquen información sobre los arrecifes de coral de Cuba, Puerto Rico y la República Dominicana. Elijan una zona de arrecifes y preparen una presentación para la clase. La presentación debe incluir:

- datos sobre la ubicación y la extensión
- datos sobre turismo
- datos sobre las especies de coral y otras especies de los arrecifes
- información sobre el estado de los arrecifes: ¿Están en peligro? ¿Alguna organización los protege?

¡No olviden incluir un mapa con la ubicación exacta para presentarlo en la clase!

Practice more at **vhlcentral.com.**

## Flash Cultura

# Un bosque tropical

Video

Ahora que ya has leído sobre la riqueza del mar del Caribe, mira este episodio de **Flash Cultura** para conocer las maravillas del bosque tropical lluvioso de Puerto Rico, con su sorprendente variedad de árboles milenarios.

### VOCABULARIO ÚTIL

| | |
|---|---|
| **la brújula** *compass* | **estar en forma** *to be fit* |
| **la caminata** *hike* | **el/la nene/a** *kid* |
| **la cascada** *waterfall* | **la lupa** *magnifying glass* |
| **el chapuzón** *dip* | **subir** *to climb* |
| **la cima** *peak* | **la torre** *tower* |

**Preparación** ¿Te gusta estar en contacto con la naturaleza? ¿De qué manera? ¿Has visitado alguno de los bosques nacionales de tu país? ¿Cuál(es)?

**Comprensión** Indica si estas afirmaciones son **ciertas** o **falsas.** Después, en parejas, corrijan las falsas.

1. El nombre *Yunque* proviene del español y significa "dios de la montaña".
2. El Yunque es la reserva forestal más antigua del hemisferio occidental.
3. El símbolo de Puerto Rico es la iguana.
4. Para llegar a la cima del Yunque es necesario estar en forma y llevar brújula, agua, mapa, etc.
5. Una caminata hasta la cima puede llevar hasta dos días.
6. Como la cima está rodeada de nubes, allí arriba los árboles no pueden crecer mucho.

**Expansión** En parejas, contesten estas preguntas.

- Imagina que sólo puedes llevar tres de los objetos del equipo para llegar a la cima del Yunque. ¿Cuáles llevarías? ¿Por qué?
- ¿Alguno de los atractivos del Yunque te anima (*encourages you*) a visitar este bosque en tus próximas vacaciones? ¿Cuál? ¿Por qué?
- ¿Qué tipo de comida llevas cuando vas de excursión? ¿Qué otras cosas llevas en la mochila?

**Corresponsal:** Diego Palacios
**País:** Puerto Rico

En el Yunque hay más especies de árboles que en ningún otro de los bosques nacionales, muchos de los cuales son cientos de veces más grandes, como el Parque Yellowstone o el Yosemite.

Nadar en los ríos del Yunque es uno de los pasatiempos favoritos de los puertorriqueños, como lo es meterse debajo de las cascadas.

El Yunque es el único bosque tropical lluvioso del Sistema Nacional de Bosques de los Estados Unidos.

Practice more at **vhlcentral.com.**

## 6.1 The future

Mañana por la tarde estaremos en el campamento.

Nos quedaremos cuidando a Bambi.


**TALLER DE CONSULTA**

**MANUAL DE GRAMÁTICA**
**Más práctica**
6.1 The future, p. A33
6.2 The subjunctive in adverbial clauses, p. A34
6.3 Prepositions: **a**, **hacia**, and **con**, p. A35
**Más gramática**
6.4 Adverbs, p. A36

**¡ATENCIÓN!**

Note that all of the future tense endings carry a written accent mark, except the **nosotros/as** form.

- The future tense (**el futuro**) uses the same endings for all **-ar, -er**, and **-ir** verbs. For regular verbs, the endings are added to the infinitive.

**The future tense**

| hablar | deber | abrir |
|---|---|---|
| hablaré | deberé | abriré |
| hablarás | deberás | abrirás |
| hablará | deberá | abrirá |
| hablaremos | deberemos | abriremos |
| hablaréis | deberéis | abriréis |
| hablarán | deberán | abrirán |

- For irregular verbs, the same future endings are added to the irregular stem.

| Infinitive | stem | future forms |
|---|---|---|
| caber | cabr- | cabré, cabrás, cabrá, cabremos, cabréis, cabrán |
| haber | habr- | habré, habrás, habrá, habremos, habréis, habrán |
| poder | podr- | podré, podrás, podrá, podremos, podréis, podrán |
| querer | querr- | querré, querrás, querrá, querremos, querréis, querrán |
| saber | sabr- | sabré, sabrás, sabrá, sabremos, sabréis, sabrán |
| poner | pondr- | pondré, pondrás, pondrá, pondremos, pondréis, pondrán |
| salir | saldr- | saldré, saldrás, saldrá, saldremos, saldréis, saldrán |
| tener | tendr- | tendré, tendrás, tendrá, tendremos, tendréis, tendrán |
| valer | valdr- | valdré, valdrás, valdrá, valdremos, valdréis, valdrán |
| venir | vendr- | vendré, vendrás, vendrá, vendremos, vendréis, vendrán |
| decir | dir- | diré, dirás, dirá, diremos, diréis, dirán |
| hacer | har- | haré, harás, hará, haremos, haréis, harán |
| satisfacer | satisfar- | satisfaré, satisfarás, satisfará, satisfaremos, satisfaréis, satisfarán |

- Most verbs derived from irregular verbs follow the same pattern.

| | | |
|---|---|---|
| poner<br>proponer | ▶ | pondré<br>propondré |

- In Spanish, as in English, the future tense is one of many ways to express actions or conditions that will happen in the future.

| PRESENT INDICATIVE | PRESENT SUBJUNCTIVE |
|---|---|
| conveys a sense of certainty that the action will occur | refers to an action that has yet to occur: used after verbs of will and influence. |
| **Llegan** a la costa mañana.<br>*They arrive at the coast tomorrow.* | Prefiero que **lleguen** a la costa mañana.<br>*I prefer that they arrive at the coast tomorrow.* |
| **ir a** + [*infinitive*] | FUTURE TENSE |
| expresses the near future; is commonly used in everyday speech | expresses an action that will occur; often implies more certainty than **ir a** + [*infinitive*] |
| **Van a llegar** a la costa mañana.<br>*They are going to arrive at the coast tomorrow.* | **Llegarán** a la costa mañana.<br>*They will arrive at the coast tomorrow.* |

- The English word *will* can refer either to future time or to someone's willingness to do something. To express willingness, Spanish uses the verb **querer** + [*infinitive*], not the future tense.

¿**Quieres contribuir** a la protección del medio ambiente?
*Will you contribute to the protection of the environment?*

**Quiero ayudar**, pero no sé por dónde empezar.
*I'll help, but I don't know where to begin.*

- In Spanish, the future tense may be used to express conjecture or probability, even about present events. English expresses this sense in various ways, such as *wonder*, *bet*, *must be*, *may*, *might*, and *probably*.

¿Qué hora **será**?
*I wonder what time it is.*

¿**Lloverá** mañana?
*Do you think it will rain tomorrow?*

Ya **serán** las dos de la mañana.
*It must be two a.m. by now.*

Probablemente **tendremos** un poco de sol y un poco de viento.
*It'll probably be a bit sunny and windy.*

- When the present subjunctive follows a conjunction of time like **cuando**, **después (de) que**, **en cuanto**, **hasta que**, and **tan pronto como**, the future tense is often used in the main clause of the sentence.

**Nos quedaremos** lejos de la costa **hasta que pase** el huracán.
*We'll stay far from the coast until the hurricane passes.*

**En cuanto termine** de llover, **regresaremos** a casa.
*As soon as it stops raining, we'll go back home.*

**Tan pronto como salga** el sol, **iré** a la playa a tomar fotos.
*As soon as the sun comes up, I'll go to the beach to take photos.*

**¡ATENCIÓN!**

The future tense is used less frequently in Spanish than in English.

**Te llamo mañana.**
*I'll call you tomorrow.*

**TALLER DE CONSULTA**

For a detailed explanation of the subjunctive with conjunctions of time, see **6.2**.

# Práctica

**TALLER DE CONSULTA**

**MANUAL DE GRAMÁTICA**
**Más práctica**

6.1 The future, p. A33

**1** **Catástrofe** Hay muchas historias que cuentan el fin del mundo. Aquí tienes una de ellas.

**A.** Primero, lee la historia y subraya las expresiones de futuro. Después, sustitúyelas por verbos en futuro.

(1) Los videntes (*fortunetellers*) aseguran que van a suceder catástrofes. (2) El clima va a cambiar. (3) Va a haber huracanes y terremotos. (4) Vamos a vivir tormentas permanentes. (5) Una gran niebla va a caer sobre el mundo. (6) El suelo del bosque va a temblar. (7) El mundo que conocemos también va a acabarse. (8) En ese instante, la tierra va a volver a sus orígenes.

1. ______
2. ______
3. ______
4. ______
5. ______
6. ______
7. ______
8. ______

**B.** Ahora, en parejas, escriban su propia historia del futuro del planeta. Pueden inspirarse en el párrafo anterior o pueden escribir una versión más optimista.

**2** **Horóscopo chino** En el horóscopo chino, cada signo es un animal. Lee las predicciones del horóscopo chino para la serpiente. Conjuga los verbos entre paréntesis usando el futuro.

**Trabajo:** Esta semana (tú) (1) ______ (tener) que trabajar duro. (2) ______ (salir) poco y no (3) ______ (poder) divertirte, pero (4) ______ (valer) la pena. Muy pronto (5) ______ (conseguir) el puesto que esperas.

**Dinero:** (6) ______ (venir) tormentas económicas. No malgastes tus ahorros.

**Salud:** (7) ______ (resolver) tus problemas respiratorios, pero (8) ______ (deber) cuidarte la garganta.

**Amor:** (9) ______ (recibir) una noticia muy buena. Una persona especial te (10) ______ (decir) que te ama. (11) ______ (venir) días felices.

**3** **El futuro** En parejas, imaginen que uno/a de ustedes es un(a) investigador(a). La otra persona es un(a) estudiante que quiere saber qué sucederá en el futuro. El/La investigador(a) deberá contestar preguntas relacionadas con estos temas.

**MODELO**

**ESTUDIANTE** ¿Existirán las bibliotecas en el futuro?
**INVESTIGADOR(A)** Sí, pero habrá menos debido al desarrollo de la tecnología.

trabajo

estudios

naturaleza

política

Practice more at **vhlcentral.com.**

# Comunicación

**4** **Viaje ecológico** Tú y tu compañero/a tienen que planear un viaje ecológico. Decidan a qué país irán, en qué fechas y qué harán allí. Usen ocho verbos en futuro.

### ECOTURISMO

| Puerto Rico | República Dominicana |
|---|---|
| • acampar en la costa y disfrutar de las playas | • ir en kayak por los ríos tropicales |
| • visitar el Viejo San Juan | • bucear por los arrecifes |
| • montar a caballo por la Cordillera Central | • ir de safari por La Descubierta y ver los cocodrilos del lago Enriquillo |
| • ir en bicicleta por la costa | • disfrutar del paisaje de Barahona |
| • viajar en barco por la isla Culebra | • observar las aves en el Parque Nacional del Este |

**5** **¿Qué será de...?** En parejas, conversen sobre lo que sucederá en el futuro en relación con estos temas y lugares.

- las ballenas (*whales*) en 2200
- Venecia en 2065
- los libros tradicionales en 2105
- la televisión en 2056
- Internet en 2050
- las hamburguesas en 2080
- los Polos Norte y Sur en 2300
- el Amazonas en 2100
- Los Ángeles en 2245
- el petróleo en 2090

**6** **¿Dónde estarán en 20 años?** La fama es, en muchas ocasiones, pasajera (*fleeting*). En grupos de tres, hagan una lista de cinco personas famosas y anticipen lo que será de ellas dentro de veinte años.

**7** **Situaciones**

**A.** En parejas, seleccionen uno de estos temas e inventen una conversación usando el tiempo futuro.

1. Dos jóvenes han terminado sus estudios universitarios y hablan sobre lo que harán para convertirse en millonarios.
2. Dos ladrones acaban de robar todo el dinero de un banco. Piensen en lo que hará la policía para atraparlos.
3. La familia Rondón ha decidido convertir su granja (*farm*) en un centro de ecoturismo. Debe planear algunas atracciones para los turistas.
4. Dos científicos se reúnen para participar en un intercambio (*exchange*) de ideas para eliminar la contaminación del aire en las grandes ciudades. Cada uno/a dice lo que hará o inventará para conseguirlo.

**B.** Ahora, interpreten su conversación ante la clase. La clase votará por la conversación más creativa.

## 6.2 The subjunctive in adverbial clauses

- In Spanish, adverbial clauses are commonly introduced by conjunctions. Certain conjunctions require the subjunctive, while others can be followed by the subjunctive or the indicative, depending on the context in which they are used.

¡Estoy dejando espacio para que la atrapen!

No le des más comida aunque ponga cara de perrito.


### Conjunctions that require the subjunctive

- Certain conjunctions are always followed by the subjunctive because they introduce actions or states that are uncertain or have not yet happened. These conjunctions commonly express purpose, condition, or intent.

| MAIN CLAUSE | CONNECTOR | SUBORDINATE CLAUSE |
|---|---|---|
| **Se acabará el petróleo en pocos años** | **a menos que** | **encontremos energías alternativas.** |

**Conjunctions that require the subjunctive**

| | |
|---|---|
| **a menos que** *unless* | **en caso (de) que** *in case* |
| **antes (de) que** *before* | **para que** *so that* |
| **con tal (de) que** *provided that* | **sin que** *without; unless* |

El gobierno se prepara **en caso de que haya** una gran sequía el verano que viene.
*The government is getting ready in case there is a big drought next summer.*

**A menos que haga** mal tiempo, iremos a la montaña el próximo miércoles.
*We will go to the mountains next Wednesday unless the weather is bad.*

Debemos proteger a los animales salvajes **antes de que se extingan**.
*We should protect wild animals before they become extinct.*

- If there is no change of subject in the sentence, a subordinate clause is not necessary. Instead, the prepositions **antes de, con tal de, en caso de, para**, and **sin** can be used, followed by the infinitive. Note that the connector **que** is not necessary in this case.

Las organizaciones ecologistas trabajan **para proteger** los arrecifes de coral.
*Environmental organizations work to protect coral reefs.*

Tienes que pedir permiso **antes de darles de comer** a los monos del zoológico.
*You need to get permission before feeding the monkeys at the zoo.*

**¡ATENCIÓN!**

An adverbial clause (**cláusula adverbial**) is one that modifies or describes verbs, adjectives, or other adverbs. It describes how, why, when, or where an action takes place.

To review the use of adverbs, see **Manual de gramática** 6.4, p. A36.

**¡ATENCIÓN!**

Adverbial clauses can also go before the main clause. Note that a comma is used in that case.

**No iré a la fiesta a menos que me inviten.**

**A menos que me inviten, no iré a la fiesta.**

## Conjunctions followed by the subjunctive or the indicative

- If the action in the main clause has not yet occurred, then the subjunctive is used after conjunctions of time or concession.

**Conjunctions of time or concession**

| | |
|---|---|
| **a pesar de que** *despite* | **hasta que** *until* |
| **apenas** *as soon as* | **luego que** *as soon as* |
| **aunque** *although; even if* | **mientras que** *while* |
| **cuando** *when* | **ni/no bien** *as soon as* |
| **después (de) que** *after* | **siempre que** *as long as* |
| **en cuanto** *as soon as* | **tan pronto como** *as soon as* |

La excursión no saldrá **hasta que estemos** todos.
*The tour will not leave until we all are here.*

Dejaremos libre al pájaro **en cuanto** el veterinario nos **diga** que puede volar.
*We will set the bird free as soon as the vet tells us it can fly.*

**Aunque** me **digan** que es inofensivo, no me acercaré al perro.
*Even if they tell me he's harmless, I'm not going near the dog.*

**Cuando Pedro vaya** a cazar, tendrá cuidado con las serpientes venenosas.
*When Pedro goes hunting, he will watch out for the poisonous snakes.*

Te mando un mensaje de texto **apenas lleguemos** al aeropuerto.
*I'll text you as soon as we get to the airport.*

- If the action in the main clause has already happened, or happens habitually, then the indicative is used in the adverbial clause.

**Tan pronto como empezó a llover**, Matías salió a jugar al parque.
*As soon as it started to rain, Matías went out to play in the park.*

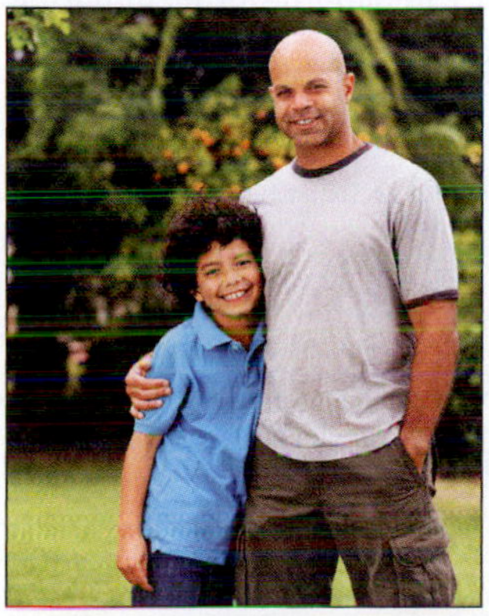

Mi padre y yo siempre nos lo pasamos bien **cuando estamos** juntos.
*My father and I always have fun when we are together.*

**¡ATENCIÓN!**

**A pesar de**, **después de**, and **hasta** can also be followed by an infinitive, instead of **que** + [*subjunctive*], when there is no change of subject.

**Voy a acostarme después de ver las noticias.**

# Práctica

**TALLER DE CONSULTA**

**MANUAL DE GRAMÁTICA**
**Más práctica**

6.2 The subjunctive in adverbial clauses, p. A34

**1** **Reunión** **Completa las oraciones con el indicativo (presente o pretérito) o el subjuntivo de los verbos entre paréntesis.**

1. Los ecologistas no apoyarán al alcalde (*mayor*) a menos que éste ______ (cambiar) su política de medio ambiente.
2. El alcalde va a hablar con su asesor (*advisor*) antes de que ______ (llegar) los ecologistas.
3. Los ecologistas entraron en la oficina del alcalde tan pronto como ______ (saber) que los esperaban.
4. El alcalde les asegura que siempre piensa en el medio ambiente cuando ______ (dar) permisos para construir edificios nuevos.
5. Los ecologistas no se van a ir hasta que el alcalde ______ (responder) todas sus preguntas.

**2** **¿Infinitivo o subjuntivo?** **Completa las oraciones con el verbo en infinitivo o en subjuntivo.**

1. Compraré un carro híbrido con tal de que no ______ (ser) muy caro. Compraré un carro híbrido con tal de ______ (conservar) los recursos naturales.
2. Los biólogos investigan para ______ (estudiar) la biodiversidad. Los biólogos investigan para que la biodiversidad se ______ (conocer).
3. Él se preocupará por el calentamiento global después de que los científicos le ______ (demostrar) que es una realidad. Él se preocupará por el calentamiento global después de ______ (ver) con sus propios ojos lo que ocurre.
4. No podremos continuar sin ______ (mirar) un mapa. No podremos continuar sin que alguien nos ______ (dar) un mapa.

**3** **Declaraciones** **Elige la conjunción adecuada para completar la conversación entre un periodista y la señora Corbo, encargada de relaciones públicas de un zoológico.**

**PERIODISTA** ¿Qué puede decir del artículo que se ha publicado sobre el maltrato (*abuse*) de los animales del zoológico?

**SRA. CORBO** Lo he leído, y (1) ________ (aunque / cuando) yo no estoy de acuerdo con el artículo, hemos iniciado una investigación. (2) ________ (Hasta que / Tan pronto como) terminemos la investigación, se lo comunicaremos a la prensa. Queremos hablar con todos los empleados (3) ________ (en cuanto / para que) no haya ninguna duda.

**PERIODISTA** ¿Es verdad que limpian las jaulas (*cages*) sólo cuando va a haber una inspección (4) ________ (para que / sin que) el zoológico no tenga problemas con las autoridades?

**SRA. CORBO** Le aseguro que todo se limpia diariamente. Y si no me cree, lo invito a que nos visite mañana mismo.

**PERIODISTA** ¿Cuándo cree que sabrán lo que ha ocurrido?

**SRA. CORBO** (5) ________ (En cuanto / Aunque) termine la investigación.

Practice more at **vhlcentral.com.**

# Comunicación

**4 Instrucciones** Javier va a salir de viaje, así que le ha dejado una lista de instrucciones a su compañero de casa. En parejas, túrnense para preparar las instrucciones usando oraciones adverbiales con subjuntivo y las conjunciones de la lista.

**MODELO** No uses mi computadora a menos que sea una emergencia.

- a menos que
- a pesar de que
- con tal de que
- cuando
- en caso de que
- en cuanto
- para que
- siempre que
- tan pronto como

*Instrucciones*

- Darles de comer a los peces
- Comprar productos ecológicos
- No pasear al perro si hay tormenta
- Usar sólo papel reciclado
- No usar mucha agua excepto para regar (to water) las plantas
- Llamarme por cualquier problema

**5 Situaciones** En parejas, túrnense para completar las oraciones.

1. Terminaré mis estudios a tiempo, a menos que…
2. Me iré a vivir a otro país en caso de que…
3. Ahorraré (*I will save*) mucho dinero para que…
4. Cambiaré de carrera en cuanto…
5. Me jubilaré (*I will retire*) cuando…

**6 Huracán** Imaginen que son compañeros/as de apartamento y que se acerca un huracán. En grupos de cuatro, escriban qué harían en cada situación. Usen el subjuntivo y las conjunciones adverbiales.

**MODELO** **el agua se corta**
Llenaremos muchas botellas en caso de que el agua se corte.

- las bombillas de luz se queman
- las ventanas se rompen
- las líneas de teléfono se cortan
- el sótano se inunda (*floods*)
- los vecinos ya se han ido
- no hay suficiente alimento
- no hay conexión a Internet

## 6.3 Prepositions: *a*, *hacia*, and *con*

### The preposition *a*

- The preposition **a** can mean *to*, *at*, *for*, *upon*, *within*, *of*, *from*, or *by*, depending on the context. Sometimes it has no direct translation in English.

Terminó **a** las doce.
*It ended at midnight.*

Lucy estaba **a** mi derecha.
*Lucy was on my right.*

El mar Caribe está **a** doscientas cincuenta millas de aquí.
*The Caribbean Sea is two hundred and fifty miles from here.*

Le compré un pájaro exótico **a** Juan.
*I bought an exotic bird from/for Juan.*

Al llegar **a** casa, me sentí feliz.
*Upon returning home, I felt happy.*

Fui **a** casa de mis padres para ayudarlos después de la inundación.
*I went to my parents' house to help them after the flood.*

**¡ATENCIÓN!**

Some verbs require **a** when used with an infinitive, such as **ir a**, **comenzar a**, **volver a**, **enseñar a**, **aprender a**, and **ayudar a**.

**Aprendí a manejar.**
*I learned to drive.*

**Me ayudó a arreglar el coche.**
*He helped me fix the car.*

- The preposition **a** introduces indirect objects.

Le prometió **a** su hijo que irían a navegar.
*He promised his son they would go sailing.*

Hoy, en el zoo, le di de comer **a** un conejo.
*Today, in the zoo, I fed a rabbit.*

- The preposition **a** can be used to give commands or make suggestions.

¡**A** comer!
*Let's eat!*

¡**A** dormir!
*Time for bed!*

- When a direct object noun is a person (or a pet), it is preceded by the personal **a**, which has no equivalent in English. The personal **a** is also used with the words **alguien, nadie**, and **alguno** and **ninguno**.

¿Viste **a** tus amigos en el parque?
*Did you see your friends in the park?*

No, no he visto **a** nadie.
*No, I haven't seen anyone.*

- The personal **a** is not used when the person in question is not specific.

La organización ambiental busca voluntarios.
*The environmental organization is looking for volunteers.*

Sí, necesitan voluntarios para limpiar la costa.
*Yes, they need volunteers to clean the coast.*

### The preposition *hacia*

- With movement, either literal or figurative, **hacia** means *toward* or *to*.

La actitud de Manuel **hacia** mí fue negativa.
*Manuel's attitude toward me was negative.*

Las ballenas se dirigen **hacia** el golfo de México en otoño.
*Whales head toward the Gulf of Mexico in the fall.*

**¡ATENCIÓN!**

There is no accent mark on the **i** in the preposition **hacia**. The stress falls on the first **a**. The word **hacía** is a form of the verb **hacer**.

- With time, **hacia** means *approximately*, *around*, *about*, or *toward*.

El programa que queremos ver empieza **hacia** las 8.
*The show that we want to watch will begin around 8:00.*

La televisión se hizo popular **hacia** la segunda mitad del siglo XX.
*Television became popular toward the second half of the twentieth century.*

## The preposition *con*

La idea es tener contacto con la naturaleza.

¡Maldito pez! ¡En una playa tropical con tres mujeres!


- The preposition **con** means *with*.

Me gustaría hablar **con** el director del departamento.
*I would like to speak with the director of the department.*

Es una organización ecologista **con** muchos miembros.
*It's an environmental organization with lots of members.*

- Many English adverbs can be expressed in Spanish with **con** + [*noun*].

Habló del tema **con** cuidado.
*She spoke about the issue carefully.*

Hablaba **con** cariño.
*He spoke affectionately.*

- The preposition **con** is also used rhetorically to emphasize the value or the quality of something or someone, contrary to a given fact or situation. In this case, **con** conveys surprise at an apparent conflict between two known facts. In English, the words *but*, *even though*, and *in spite of* are used.

Los turistas tiraron basura por el suelo.
*The tourists threw garbage on the floor.*

¡**Con** lo limpio que estaba todo!
*But the place was so clean!*

- If **con** is followed by **mí** or **ti**, it forms a contraction: **conmigo**, **contigo**.

**con + mí** ▶ **conmigo**
**con + ti** ▶ **contigo**

¿Quieres venir **conmigo** al campo?
*Do you want to come with me to the countryside?*

Por supuesto que quiero ir **contigo**.
*Of course I want to go with you.*

- **Consigo** is the contraction of **con** + **usted/ustedes** or **con** + **él/ella/ellos/ellas**. **Consigo** is equivalent to the English *with himself/herself/yourself* or *with themselves/yourselves*, and is commonly followed by **mismo**. It is only used when the subject of the sentence is the same person referred to after **con**.

Están satisfechos **consigo mismos.**
*They are satisfied with themselves.*

Cristina no está feliz **consigo misma**.
*Cristina is not happy with herself.*

Fui al cine **con él**.
*I went to the movies with him.*

Prefiero ir al parque **con usted**.
*I prefer going to the park with you.*

# Práctica

**TALLER DE CONSULTA**

**MANUAL DE GRAMÁTICA**
**Más práctica**

6.3 Prepositions: **a**, **hacia**, and **con**, p. A35

**1** **¿Cuál es?** Elige entre las preposiciones **a**, **hacia** y **con** para completar cada oración.

1. El león caminaba _____ el árbol.
2. Dijeron que la tormenta empezaría _____ las dos de la tarde.
3. Le prometí que iba _____ ahorrar combustible.
4. Ellos van a tratar de ser responsables _____ el medio ambiente.
5. Contribuyó a la campaña ecológica _____ mucho dinero.
6. El depósito de combustible estaba _____ mi izquierda.

**2** **Amigos** Completa los párrafos con las preposiciones **a** y **con**. Marca los casos que no necesiten una preposición con una **X**.

Emilio invitó (1) ____ María (2) ____ ir de excursión. Él quería ir al bosque (3) ____ ella porque quería mostrarle un paisaje donde se podían ver (4) ____ muchos pájaros. Él sabía que (5) ____ ella le gustaba observar (6) ____ las aves. María le dijo que sí (7) ____ Emilio. Ella no conocía (8) ____ nadie más (9) ____ quien compartir su interés por la naturaleza. Hacía poco que había llegado (10) ____ la ciudad y buscaba (11) ____ amigos (12) ____ sus mismos intereses.

**3** **Conversación** Completa la conversación entre Emilio y María con la opción correcta de la preposición **con**. Puedes usar las opciones de la lista más de una vez.

| | | |
|---|---|---|
| con | con ustedes | consigo |
| con nosotros | conmigo | contigo |

**EMILIO** Gracias por haber venido (1) __________ a correr por el campo. Ha sido una tarde divertida.

**MARÍA** No, Emilio. Gracias a ti por haberme invitado a venir (2) __________. No conocía este sitio y es maravilloso. ¡(3) __________ lo que me gusta el campo!

**EMILIO** Pues ya lo sabes, puedes venir (4) __________ cuando quieras. ¿Qué te parece si lo repetimos la próxima semana?

**MARÍA** Me encantaría volver. La próxima vez, vendré (5) __________ unas zapatillas más adecuadas.

**EMILIO** A veces, vengo (6) __________ mi hermano pequeño. Tiene once años; seguro que te cae bien. Si quieres, la semana que viene puede venir (7) __________. Él siempre trae un cronómetro (8) __________. Dice que va a ser un atleta famoso.

**MARÍA** Perfecto, la semana que viene venimos los tres. Estoy segura de que lo voy a pasar bien (9) __________.

Practice more at **vhlcentral.com.**

# Comunicación

**4 Safari** En parejas, escriban un artículo periodístico breve sobre lo que le sucedió a un grupo de turistas durante un safari. Usen por lo menos cuatro frases de la lista. Después, compartan el informe con la clase.

| | | |
|---|---|---|
| hacia el león | con la cámara digital | con la boca abierta |
| al guía | a tomar una foto | a correr |
| hacia el carro | a nadie | hacia el gorila |

**5 Noticias** En grupos de cuatro o cinco personas, escriban más sobre las siguientes noticias. Formen un círculo. El primer estudiante lee la noticia al segundo y dice algo nuevo. El segundo repite la noticia al tercero y añade otra cosa, y así sucesivamente (*and so on*). Las partes añadidas deben incluir las preposiciones **a**, **con** o **hacia**.

**MODELO** **Acusan a Petrosur de contaminar un río.**
**ESTUDIANTE 1** Acusan a Petrosur de contaminar un río con productos químicos.
**ESTUDIANTE 2** Acusan a Petrosur de contaminar un río con productos químicos. A diario se ven horribles manchas que flotan en el agua.
**ESTUDIANTE 3** Acusan a Petrosur de contaminar un río con productos químicos. A diario se ven horribles manchas que flotan en el agua hacia la bahía.

1. Inventan un combustible nuevo.
2. El presidente felicitó (*congratulated*) a los bomberos.
3. Inauguran hoy una nueva reserva.
4. Se acerca una tormenta.

**6 Síntesis**

**A.** En parejas, háganse estas preguntas. Usen el futuro, el subjuntivo y las preposiciones **a**, **hacia** y **con** en sus respuestas.

1. ¿Conoces a alguien que contribuya a cuidar el medio ambiente?
2. ¿Te gusta cazar? ¿A quién conoces que cace?
3. ¿Crees que reciclar es importante? ¿Por qué? ¿Qué sucederá si no reciclamos?
4. ¿Qué actitud tienes hacia el uso de productos desechables?
5. ¿Qué cambios de estilo de vida ayudan a proteger el medio ambiente?
6. ¿Qué medidas debe tomar el gobierno para que no se agoten los recursos naturales?

**B.** Informen a la clase de lo que han aprendido de su compañero/a usando las preposiciones correspondientes. Sigan el modelo.

**MODELO** Juana, mi compañera, dice que no conoce a nadie que contribuya a cuidar el medio ambiente. Ella dice que si no reciclamos, tendremos problemas con la cantidad de basura...

# Antes de ver el corto

## EL DÍA MENOS PENSADO

**país** México
**duración** 13 minutos
**director** Rodrigo Ordóñez
**protagonistas** Julián, Inés, Ricardo (vecino), Esther (esposa de Ricardo)

### Vocabulario

**acabarse** *to run out*
**la cisterna** *underground tank*
**descuidar(se)** *to get distracted; to neglect*
**disculparse** *to apologize*
**envenenado/a** *poisoned*
**quedarse sin** *to run out of*
**resentido/a** *resentful*
**la salida** *exit*
**sobre todo** *above all*
**el tanque** *tank*
**la tubería** *piping*
**el/la vándalo/a** *vandal*

**1 El carpincho Pedro** Completa el párrafo con las palabras o las frases apropiadas.

Noticia de última hora: un grupo de (1) __________ causó graves daños (*harm*) en la Reserva Ecológica. Aparentemente, los guardias nocturnos (2) __________ y no los vieron entrar por una de las (3) __________. Los delincuentes hicieron un agujero (*hole*) en la (4) __________ que lleva agua para llenar los (5) __________ en la zona de los baños. Pero eso no fue todo. Por la mañana, los guardaparques se encontraron con una triste escena. Además de encontrar el parque inundado (*flooded*) y de (6) __________ agua en la (7) __________, encontraron muy enfermo al carpincho Pedro, el animalito más querido de la reserva. Le habían dado comida (8) __________. Afortunadamente, los veterinarios aseguran que el carpincho se va a recuperar.

**2 Preguntas** En parejas, contesten las preguntas.

1. ¿Qué tipos de contaminación hay en su comunidad? Mencionen dos o tres.
2. ¿Creen que algún día se puede acabar el agua? ¿Qué pasará si eso sucede?
3. Observen el afiche del cortometraje. ¿Qué está mirando el hombre?
4. Observen los fotogramas. ¿Qué está sucediendo en cada uno?
5. El corto se titula *El día menos pensado* (*When you least expect it*). ¿Qué catástrofes ecológicas pueden ocurrir el día menos pensado?

Practice more at vhlcentral.com.

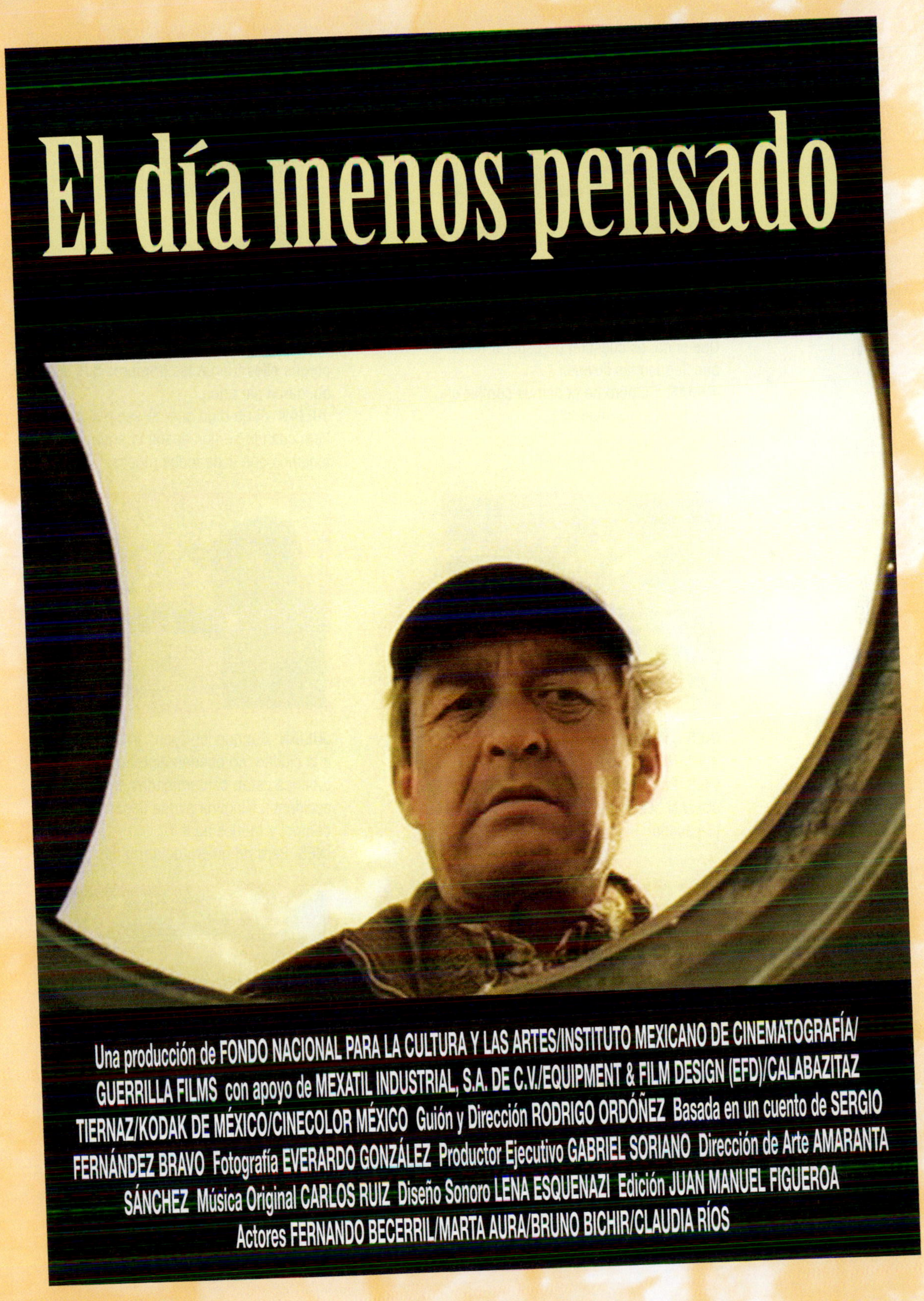
El día menos pensado
Una producción de FONDO NACIONAL PARA LA CULTURA Y LAS ARTES/INSTITUTO MEXICANO DE CINEMATOGRAFÍA/ GUERRILLA FILMS con apoyo de MEXATIL INDUSTRIAL, S.A. DE C.V./EQUIPMENT & FILM DESIGN (EFD)/CALABAZITAZ TIERNAZ/KODAK DE MÉXICO/CINECOLOR MÉXICO Guión y Dirección RODRIGO ORDÓÑEZ Basada en un cuento de SERGIO FERNÁNDEZ BRAVO Fotografía EVERARDO GONZÁLEZ Productor Ejecutivo GABRIEL SORIANO Dirección de Arte AMARANTA SÁNCHEZ Música Original CARLOS RUIZ Diseño Sonoro LENA ESQUENAZI Edición JUAN MANUEL FIGUEROA
Actores FERNANDO BECERRIL/MARTA AURA/BRUNO BICHIR/CLAUDIA RÍOS

## Escenas

**ARGUMENTO** Una ciudad se ha quedado sin agua. Mucha gente se ha ido. Algunos se quedan vigilando la poca agua que les queda.

**JULIÁN** Inés, nos tenemos que ir.
**INÉS** Dicen que todo se va a arreglar. Que si no, es cuestión de esperar hasta que lleguen las lluvias.
**JULIÁN** Sí, pero no podemos confiar en eso. No a estas alturas°.

**INÉS** ¿Cómo vamos a salir de la ciudad? Dicen que en todas las salidas hay vándalos. Y que están muy resentidos porque ellos fueron los primeros que se quedaron sin agua.
**JULIÁN** Si no digo que no sea peligroso. Pero cuando se nos acabe el agua nos tenemos que ir de todos modos.

**INÉS** ¿Pasa algo?
**JULIÁN** Ya no tenemos agua.
**INÉS** En la tele dijeron que...
**JULIÁN** ¡Qué importa lo que hayan dicho! ¡Se acabó!

**JULIÁN** Aunque lograran° traer agua a la ciudad, no pueden distribuirla. Las tuberías están contaminadas desde el accidente. Ninguna ayuda llegará a tiempo, y menos aquí.
**INÉS** Pero no quiero dejar mi casa.

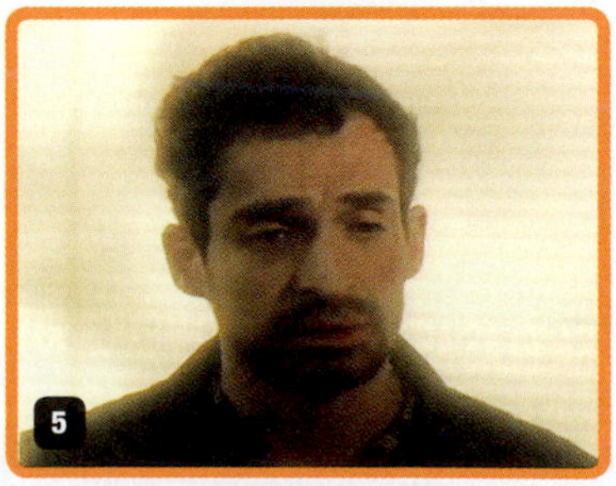

**JULIÁN** Y a ustedes, ¿cuándo se les acabó el agua?
**RICARDO** Antier° en la noche nos dimos cuenta.
**JULIÁN** Ricardo, ¿quieren venir con nosotros?

**JULIÁN** No nos va a pasar nada, Inés. ¿Qué nos pueden hacer? Todos estamos igual.

**a estas alturas** *at this stage* **lograran** *managed to*
**antier** *the day before yesterday*

# Después de ver el corto

**1 Comprensión** Contesta las preguntas con oraciones completas.

1. ¿Qué hace el hombre en el techo de su casa? ¿Por qué?
2. ¿Qué le dice el hombre a su esposa cuando está desayunando?
3. ¿Qué hay en las salidas de la ciudad?
4. ¿Qué pasa con las tuberías?
5. ¿Por qué deciden irse de la ciudad? ¿Quiénes van con ellos en el coche?
6. ¿Por qué quieren los vándalos atacar a las personas que van en el carro?

**2 Ampliación** En parejas, contesten las preguntas.

1. ¿Qué creen que ocurre al final?
2. El agua está envenenada por un accidente. ¿Qué tipo de accidente creen que hubo?
3. ¿Creen que Ricardo es una mala persona porque intentó robar agua? ¿Por qué?
4. ¿Quiénes son las personas que aparecen al final del corto? ¿Qué quieren?
5. Imaginen que son los protagonistas de este corto. ¿Qué opciones tienen?

**3 ¿El agua en peligro?** En grupos de tres, lean el texto y respondan las preguntas.

Construimos nuestras ciudades cerca del agua; nos bañamos en el agua; jugamos en el agua; trabajamos con el agua. Nuestras economías están en gran parte basadas sobre la fuerza de su corriente, el transporte a través de ella, y todos los productos que compramos y vendemos están vinculados, de una u otra manera, al agua. Nuestra vida diaria se desarrolla y se configura en torno al agua. Sin el agua que nos rodea nuestra existencia sería inconcebible. En las últimas décadas, nuestra estima por el agua ha decaído. Ya no es un elemento digno de veneración y protección, sino un producto de consumo que hemos descuidado enormemente. El 80% de nuestro cuerpo está compuesto de agua y dos tercios de la superficie del planeta están cubiertos por agua: el agua es nuestra cultura, nuestra vida.

Declaración de la UNESCO con motivo del Día Mundial del Agua 2006.

1. ¿Creen que realmente estamos descuidando el agua, o que el aumento del consumo es una consecuencia normal del aumento de la población?
2. Algunos expertos opinan que en el futuro se puede desencadenar una guerra mundial por el agua. ¿Creen que esto es una exageración? ¿Por qué?
3. ¿Creen que es posible conservar el agua y otros recursos naturales sin tener que hacer grandes cambios en nuestro estilo de vida?
4. ¿Creen que hay naciones que son más responsables que otras por el consumo excesivo de recursos naturales? Expliquen su respuesta.

Practice more at **vhlcentral.com.**

*Autorretrato con mono,* 1938
Frida Kahlo, México

"Quien rompe una tela de araña,
a ella y a sí mismo daña."

— Anónimo

# Antes de leer

## El eclipse

### Sobre el autor

**Augusto Monterroso** (1921–2003) nació en Honduras, pero pasó su infancia y juventud en Guatemala. En 1944 se radicó (*settled*) en México tras dejar Guatemala por motivos políticos. A pesar de su origen y de haber vivido su vida adulta en México, siempre se consideró guatemalteco. Monterroso tuvo acceso desde pequeño al mundo intelectual de los adultos. Fue prácticamente autodidacta: abandonó la escuela a los once años y con sólo quince fundó una asociación de artistas y escritores. Considerado padre y maestro del microcuento latinoamericano, Monterroso recurre (*resorts to*) en su prosa al humor inteligente con el que presenta su visión de la realidad. Entre sus obras, destacan *La oveja negra y demás fábulas* (1969) y la novela *Lo demás es silencio* (1978). Recibió numerosos premios, entre los que destaca el Príncipe de Asturias en 2000.

### Vocabulario

| | | |
|---|---|---|
| **aislado/a** *isolated* | **florecer** *to blossom* | **sacrificar** *to sacrifice* |
| **digno/a** *worthy* | **oscurecer** *to darken* | **salvar** *to save* |
| **disponerse a** *to be about to* | **prever** *to foresee* | **valioso/a** *valuable* |
| **la esperanza** *hope* | **la prisa** *hurry* | |

**Exploradores** Completa esta introducción de un cuento con las palabras apropiadas.

Los exploradores salieron rumbo a la ciudad perdida sin (1) _______ ninguno de los peligros de la selva. El viejo mapa indicaba que la ciudad escondía un (2) _______ tesoro. Cuando (3) _______ a iniciar la marcha, se dieron cuenta de que iba a (4) _______ antes de que llegaran, por lo que decidieron avanzar con (5) _______. Tenían la (6) _______ de llegar antes de la medianoche.

**Conexión personal** ¿Alguna vez viste un eclipse? ¿Cómo fue la experiencia? ¿Hay algún fenómeno natural al que le tengas miedo? ¿Cuál? ¿Por qué?

### Análisis literario: el microcuento

El microcuento es un relato breve, pero no por eso se trata de un relato simple. En estos cuentos, el lector participa activamente porque debe compensar los recursos utilizados (economía lingüística, insinuación, elipsis) a través de la especulación o haciendo uso de sus conocimientos previos. Este género nació en Argentina en los años cincuenta con el escritor Jorge Luis Borges (ver lección 12, **p. 469**). A medida que lees *El eclipse*, haz una lista de los conocimientos previos y de las especulaciones que sean necesarios para comprender el relato. Después, compara tu lista con la de tus compañeros/as. ¿Qué elementos de sus listas coinciden?

Practice more at **vhlcentral.com.**

# EL ECLIPSE

Augusto Monterroso

Audio: Dramatic Reading

Cuando fray° Bartolomé Arrazola se sintió perdido, aceptó que ya nada podría salvarlo. La selva poderosa° de Guatemala lo había apresado°, implacable y definitiva. Ante su ignorancia topográfica se sentó con tranquilidad a esperar la muerte. Quiso morir allí, sin ninguna esperanza, aislado, con el pensamiento fijo en la España distante, particularmente en el convento de Los Abrojos, donde Carlos Quinto condescendiera una vez a bajar de su eminencia para decirle que confiaba en el celo° religioso de su labor redentora°.

Al despertar se encontró rodeado° por un grupo de indígenas de rostro° impasible que se disponían a sacrificarlo ante un altar, un altar que a Bartolomé le pareció como el lecho° en que descansaría, al fin, de sus temores°, de su destino, de sí mismo.

Tres años en el país le habían conferido un mediano dominio° de las lenguas nativas. Intentó algo. Dijo algunas palabras que fueron comprendidas.

Entonces floreció en él una idea que tuvo por digna de su talento y de su cultura universal y de su arduo conocimiento de Aristóteles. Recordó que para ese día se esperaba un eclipse total de sol. Y dispuso, en lo más íntimo°, valerse de° aquel conocimiento para engañar° a sus opresores y salvar la vida.

—Si me matáis —les dijo— puedo hacer que el sol se oscurezca en su altura.

Los indígenas lo miraron fijamente y Bartolomé sorprendió la incredulidad en sus ojos. Vio que se produjo un pequeño consejo°, y esperó confiado, no sin cierto desdén°.

Dos horas después el corazón de fray Bartolomé Arrazola chorreaba° su sangre vehemente sobre la piedra de los sacrificios (brillante bajo la opaca luz de un sol eclipsado), mientras uno de los indígenas recitaba sin ninguna inflexión de voz, sin prisa, una por una, las infinitas fechas en que se producirían eclipses solares y lunares, que los astrónomos de la comunidad maya habían previsto y anotado en sus códices sin la valiosa ayuda de Aristóteles. ■

*friar*
*powerful/captured*
*zeal*
*redemptive*
*surrounded*
*face*
*bed*
*fears*
*command (of a language)*
*deepest recesses/ to make use of to trick*
*counsel/disdain*
*was gushing*

# Después de leer

## El eclipse

Augusto Monterroso

**1 Comprensión** Contesta las preguntas con oraciones completas.

1. ¿Dónde se encontraba fray Bartolomé?
2. ¿Conocía el protagonista la lengua de los indígenas?
3. ¿Qué querían hacer los indígenas con fray Bartolomé?
4. ¿Qué les advirtió fray Bartolomé a los indígenas?
5. ¿Qué quería fray Bartolomé que los indígenas creyeran?
6. ¿Qué recitaba un indígena mientras el corazón del fraile sangraba?

**2 Interpretación** Contesta las siguientes preguntas.

1. ¿Por qué crees que fray Bartolomé pensaba en el convento de Los Abrojos antes de morir?
2. ¿Cuál había sido la misión de fray Bartolomé en Guatemala?
3. ¿Quién le había encomendado esa misión?
4. ¿Por qué no le sirvieron a fray Bartolomé sus conocimientos sobre Aristóteles?

**3 Fenómenos naturales** En grupos de tres, investiguen acerca de un fenómeno o desastre natural, o un acontecimiento que haya despertado grandes temores o supersticiones.

**A.** Investiguen qué predicciones se hicieron de estos eventos y cuáles fueron sus consecuencias reales. Si lo desean, pueden elegir un evento que no esté en la lista. Presenten la investigación ante la clase.

- el cometa Halley
- la llegada del año 2000
- la amenaza nuclear durante la guerra fría
- la erupción del volcán Vesubio en Pompeya

**B.** Escriban un microcuento sobre uno de los fenómenos o acontecimientos presentados. Lean el microcuento al resto de la clase. Sus compañeros/as deben adivinar de qué fenómeno o acontecimiento se trata.

**4 Escribir** Investiga acerca de la flora y la fauna de la selva guatemalteca. Luego, imagina que eres fray Bartolomé y tienes que escribirle una carta al rey Carlos V contándole lo que observaste en la selva. Usa el vocabulario de la lección.

**MODELO** Estimado rey Carlos V: Como Su Majestad sabe, le escribo desde la selva de Guatemala, adonde llegué hace ya tres años. En esta carta, quiero contarle...

Practice more at **vhlcentral.com.**

# Antes de leer

### Vocabulario

| | |
|---|---|
| **ambiental** *environmental* | **el monte** *mountain* |
| **el bombardeo** *bombing* | **la pureza** *purity* |
| **el ecosistema** *ecosystem* | **el refugio** *refuge* |
| **la especie** *species* | **el terreno** *land* |
| **el/la manifestante** *protester* | **el veneno** *poison* |

**El Yunque** Completa las oraciones con el vocabulario de la tabla.

1. Puerto Rico es una isla de __________ muy variado: hay montañas, playas y hasta un bosque tropical, el Bosque Nacional del Caribe, también llamado El Yunque.
2. El Yunque tiene una diversidad de vegetación impresionante, que incluye casi 250 __________ de árboles.
3. También es un __________ natural para los animales, ya que en el bosque están protegidos de la caza.
4. El __________ más alto de El Yunque es El Toro, con una altura de 1.077 metros (3.533 pies).
5. Hay grupos dedicados a la protección __________ de El Yunque. Buscan preservar la __________ de este paraíso tropical.

**Conexión personal** ¿Qué significado tiene la naturaleza para ti? ¿Es una fuente de trabajo o de alimento (*food*)? ¿O es un lugar de diversión y belleza? ¿Qué haces para proteger la naturaleza? ¿Cómo crees que será el mundo natural dentro de cien años? ¿Y dentro de quinientos?

### Contexto cultural

Situada en el agua transparente del mar Caribe, la pequeña **isla de Vieques** es un refugio de lagunas, bahías y playas que forman un hábitat ideal para varias clases de tortugas marinas (*sea turtles*), el manatí y arrecifes de coral. La gente de Vieques comparte los pequeños montes y las aguas cristalinas (*crystal clear*) de la isla con una rica variedad de flora y fauna, entre ellas cinco especies de plantas y diez especies de animales en peligro de extinción. La isla de Vieques, de 33 kilómetros de largo por 7,2 de ancho (20,5 por 4,3 millas), es un municipio de Puerto Rico que tiene nueve mil habitantes. Puerto Rico es un Estado Libre Asociado de los Estados Unidos. Los habitantes de Puerto Rico, también llamados *boricuas*, son ciudadanos estadounidenses.

Practice more at **vhlcentral.com.**

# La conservación de Vieques

Vista aérea de la zona de maniobras militares de Vieques

**"¡Vieques renace!"**° anuncia el gobierno de este municipio puertorriqueño, que busca estimular la economía de una isla rica en naturaleza, pero pobre en economía. Vieques dispone de° sitios arqueológicos importantes, playas espectaculares, un fuerte° histórico y una bahía bioluminiscente, la Bahía Mosquito, que es una maravilla de la naturaleza. Sus arrecifes de coral contienen un ecosistema de enorme productividad y diversidad biológica. Forman un pequeño paraíso que alberga y protege una inmensa variedad de especies de plantas y animales acuáticos.

*Vieques is reborn!*
*boasts*
*fort*

Sin embargo, en vez de tener una tradición de alto turismo, la isla ha padecido° graves problemas. Vieques fue utilizada para prácticas de bombardeo desde 1941. En esa época muchas personas fueron desalojadas° cuando la Armada° de los Estados Unidos ocupó dos áreas en los extremos de la isla. Las prácticas continuaron por varias décadas, pero en abril de 1999 un guardia de seguridad murió cuando una bomba cayó fuera de la zona de tiro°. La muerte de David Sanes encolerizó° a los viequenses° y dio origen a° una campaña de desobediencia civil. El presidente Clinton prometió cesar el entrenamiento° de bombardeo en Vieques, pero éste continuó con bombas inertes a pesar de que los viequenses habían exigido "¡Ni una bomba más!". Los manifestantes entraban en la zona de tiro y establecían campamentos; otros se manifestaban° en Puerto Rico y en los Estados Unidos, y pronto captaron° la atención internacional. Robert Kennedy, Jr., Jesse Jackson, Rigoberta Menchú y el Dalai Lama, entre otros, hicieron declaraciones a favor de Vieques y muchas personas fueron a la cárcel° después de ser arrestadas en la zona de tiro.

**"La protesta se centró en gran parte en los problemas que las bombas habían causado al medio ambiente, a la economía de Vieques y a la salud de los viequenses."**

La protesta se centró en gran parte en los problemas que las bombas habían causado al medio ambiente, a la economía de Vieques y a la salud de los viequenses. Las décadas de prácticas de bombardeo dejaron un nivel muy alto de contaminación, que incluye la presencia de uranio reducido (un veneno muy peligroso). Algunos piensan que la incidencia de cáncer en Vieques —25% más alta que la de todo Puerto Rico— se debe a la exposición de los habitantes a elementos tóxicos. Estas acusaciones han provocado controversia, ya que la Armada negó los efectos sobre la salud de los viequenses. Finalmente, después de una dura campaña de protesta y lucha°, las prácticas de bombardeo terminaron para siempre en 2003. Los terrenos de la Armada pasaron al Departamento de Caza y Pesca, y la Agencia de Protección Ambiental (EPA) declaró en 2005 que la limpieza ambiental de Vieques sería una de las prioridades nacionales.

Los extremos este y oeste de la isla ahora constituyen una reserva ambiental, la más grande del Caribe. Los viequenses esperan que la isla pueda, en su renacimiento, volver a un estado de mayor pureza natural y, al mismo tiempo, desarrollar su economía. Vieques sigue siendo un símbolo de resistencia y es un lugar cada día más popular para el turismo local y extranjero. ■

*suffered*; *evicted*; *Navy*; *live-fire range*; *angered*; *inhabitants of Vieques*; *gave rise to*; *training*; *demonstrated*; *captured*; *jail*; *struggle*

## ¿Qué es la bioluminiscencia?

Es un efecto de fosforescencia verdeazul, causado por unos microorganismos que, al agitarse, dan un brillo extraordinario a las aguas durante la noche. El pez o bañista que se mueve bajo el agua emite una luz radiante. Para que se produzca este fenómeno extraordinario, se requiere una serie de condiciones muy especiales de temperatura, ambiente y poca contaminación.

# Después de leer

## La conservación de Vieques

**1 Comprensión** Elige la respuesta correcta para completar cada oración.

1. Vieques es un municipio de (la República Dominicana/Puerto Rico).
2. Entre los atractivos de la isla se encuentra (un pico altísimo/una bahía bioluminiscente).
3. Los arrecifes de coral son importantes para la biodiversidad porque (albergan una inmensa variedad de especies/protegen la capa de ozono).
4. La protesta en contra de la presencia de la Armada se produjo después (de la muerte de un guardia de seguridad/de que hablara el Dalai Lama).
5. Las prácticas de bombardeo dejaron (problemas de erosión/ un nivel alto de contaminación).
6. Muchas personas fueron arrestadas (por robar uranio reducido/ por ingresar en la zona de prácticas de bombardeo).
7. Los extremos de la isla ahora contienen (una zona de tiro/ una reserva ambiental).
8. La bioluminiscencia es un efecto causado por (microorganismos/ la contaminación).

**2 Interpretación** Responde a las preguntas.

1. ¿Qué potencial turístico tiene Vieques? Da ejemplos.
2. ¿Qué hacía la Armada en Vieques?
3. ¿Cuál era el deseo de los manifestantes de Vieques?
4. ¿Por qué creen que la Armada de los Estados Unidos estaba autorizada a hacer prácticas de bombardeo en Vieques?
5. ¿Qué ocurre cuando una persona o un pez nada en la bahía bioluminiscente?

**3 Ampliación** En parejas, contesten las preguntas.

1. ¿Por qué es importante conservar una isla como Vieques?
2. ¿Qué efectos puede tener la declaración de la EPA? ¿Cómo puede mejorar la vida de los viequenses si se limpia la contaminación?

**4 Reunión con el presidente** En grupos de cuatro, inventen una conversación sobre las prácticas de la Armada de Estados Unidos. Por una parte, hablan dos manifestantes, y por otra, el presidente y un(a) representante de la Armada. Utilicen los tiempos verbales que conocen, incluyendo el futuro. Después, representen la conversación delante de la clase.

**5 El futuro de Vieques** Imagina que vives en Vieques. Escribe una carta a un(a) amigo/a contándole cómo crees que cambiarán las cosas en tu isla. Explica cómo se resolverán los problemas de contaminación y cómo se va a promover el turismo.

Practice more at **vhlcentral.com.**

# Atando cabos

## ¡A conversar!

### Mascotas exóticas

**A.** En parejas, preparen una conversación. Imaginen que uno/a de ustedes se va de vacaciones y le pide a un(a) amigo/a que le cuide la mascota (*pet*) exótica. Utilicen las formas del futuro y las preposiciones aprendidas en esta lección.

**B.** Hablen sobre las preguntas y luego compartan sus opiniones con el resto de la clase. Usen las frases y expresiones del recuadro para expresar sus opiniones.

- ¿Creen que está bien tener mascotas exóticas? ¿Por qué?
- ¿Creen que está bien exhibir animales en los zoológicos? ¿Por qué?

| | |
|---|---|
| No estoy (muy) de acuerdo. | Para mí, ... |
| No es así. | En mi opinión, ... |
| No comparto esa opinión. | (Yo) creo que... |
| No coincido. | Estoy convencido/a de que... |

## ¡A escribir!

**Patrimonio de la humanidad** Investiga sobre uno de estos lugares de Cuba declarados Patrimonio de la Humanidad por la UNESCO. Luego, escribe un artículo de viajes.

**Valle de Viñales**
**Parque Nacional Alejandro de Humboldt**
**Parque Nacional Desembarco del Granma**

**A.** Usa estas preguntas como guía: ¿Dónde está el lugar que eligieron? ¿Por qué se caracteriza? ¿Por qué fue declarado Patrimonio de la humanidad? ¿Tiene sólo valor natural o es importante por su cultura e historia?

**B.** Empieza con una oración expresiva sobre el aspecto principal del lugar. Luego añade detalles en orden de importancia.

**C.** Cuando hayas terminado, intercambia tu artículo con el de tu compañero/a para corregirlo.

Vocabulary Tools

## La naturaleza

| | |
|---|---|
| **el árbol** | *tree* |
| **el arrecife** | *reef* |
| **el bosque (lluvioso)** | *(rain) forest* |
| **el campo** | *countryside; field* |
| **la cordillera** | *mountain range* |
| **la costa** | *coast* |
| **el desierto** | *desert* |
| **el mar** | *sea* |
| **la montaña** | *mountain* |
| **el paisaje** | *landscape* |
| **la tierra** | *land* |
| **húmedo/a** | *damp* |
| **seco/a** | *dry* |
| **a orillas de** | *on the shore of* |
| **al aire libre** | *outdoors* |

## Los animales

| | |
|---|---|
| **el ave (*f.*)/ el pájaro** | *bird* |
| **el cerdo** | *pig* |
| **el conejo** | *rabbit* |
| **el león** | *lion* |
| **el mono** | *monkey* |
| **la oveja** | *sheep* |
| **el pez** | *fish* |
| **la rana** | *frog* |
| **la serpiente** | *snake* |
| **el tigre** | *tiger* |
| **la vaca** | *cow* |
| **atrapar** | *to trap; to catch* |
| **cazar** | *to hunt* |
| **dar de comer** | *to feed* |
| **extinguirse** | *to become extinct* |
| **morder (o:ue)** | *to bite* |
| **en peligro de extinción** | *endangered* |
| **salvaje** | *wild* |
| **venenoso/a** | *poisonous* |

## Los fenómenos naturales

| | |
|---|---|
| **el huracán** | *hurricane* |
| **el incendio** | *fire* |
| **la inundación** | *flood* |
| **el relámpago** | *lightning* |
| **la sequía** | *drought* |
| **el terremoto** | *earthquake* |
| **la tormenta (tropical)** | *(tropical) storm* |
| **el trueno** | *thunder* |

## El medio ambiente

| | |
|---|---|
| **el calentamiento global** | *global warming* |
| **la capa de ozono** | *ozone layer* |
| **el combustible** | *fuel* |
| **la contaminación** | *pollution* |
| **la deforestación** | *deforestation* |
| **el desarrollo** | *development* |
| **la erosión** | *erosion* |
| **la fuente de energía** | *energy source* |
| **el medio ambiente** | *environment* |
| **los recursos naturales** | *natural resources* |
| **agotar** | *to use up* |
| **conservar** | *to preserve* |
| **contaminar** | *to pollute* |
| **contribuir (a)** | *to contribute* |
| **desaparecer** | *to disappear* |
| **destruir** | *to destroy* |
| **malgastar** | *to waste* |
| **proteger** | *to protect* |
| **reciclar** | *to recycle* |
| **resolver (o:ue)** | *to solve* |
| **dañino/a** | *harmful* |
| **desechable** | *disposable* |
| **renovable** | *renewable* |
| **tóxico/a** | *toxic* |

## Más vocabulario

| | |
|---|---|
| **Expresiones útiles** | *Ver p. 209* |
| **Estructura** | *Ver pp. 216–217, 220–221 y 224–225* |

## Cinemateca

| | |
|---|---|
| **la cisterna** | *underground tank* |
| **la salida** | *exit* |
| **el tanque** | *tank* |
| **la tubería** | *piping* |
| **el/la vándalo/a** | *vandal* |
| **acabarse** | *to run out* |
| **descuidar(se)** | *to get distracted; to neglect* |
| **disculparse** | *to apologize* |
| **quedarse sin** | *to run out of* |
| **envenenado/a** | *poisoned* |
| **resentido/a** | *resentful* |
| **sobre todo** | *above all* |

## Literatura

| | |
|---|---|
| **la esperanza** | *hope* |
| **la prisa** | *hurry* |
| **disponerse a** | *to be about to* |
| **florecer** | *to blossom* |
| **oscurecer** | *to darken* |
| **prever** | *to foresee* |
| **sacrificar** | *to sacrifice* |
| **salvar** | *to save* |
| **aislado/a** | *isolated* |
| **digno/a** | *worthy* |
| **valioso/a** | *valuable* |

## Cultura

| | |
|---|---|
| **el bombardeo** | *bombing* |
| **el ecosistema** | *ecosystem* |
| **la especie** | *species* |
| **el/la manifestante** | *protester* |
| **el monte** | *mountain* |
| **la pureza** | *purity* |
| **el refugio** | *refuge* |
| **el terreno** | *land* |
| **el veneno** | *poison* |
| **ambiental** | *environmental* |

# La tecnología y la ciencia 7

**Communicative Goals**

**You will expand your ability to...**
- describe past events and conditions
- emphasize the size of objects and people
- express affection or scorn

Vocabulary Tools

# La tecnología y la ciencia

## La tecnología

Gisela se pasa largas horas frente a su **computadora portátil navegando en la red,** leyendo **blogs y descargando** su música preferida.

**la arroba** *@ symbol*
**el blog** *blog*
**el buscador** *search engine*
**la computadora portátil** *laptop*
**la contraseña** *password*
**el corrector ortográfico** *spell-checker*
**la dirección de correo electrónico** *e-mail address*
**la informática** *computer science*
**el mensaje (de texto)** *(text) message*
**la página web** *web page*
**el programa (de computación)** *software*
**el reproductor de CD/DVD/MP3** *CD/DVD/MP3 player*
**el (teléfono) celular** *cell phone*

**adjuntar (un archivo)** *to attach (a file)*
**borrar** *to erase*
**chatear** *to chat*
**descargar** *to download*
**guardar** *to save*
**navegar en la red** *to surf the web*
**tuitear** *to tweet (in Twitter)*

**digital** *digital*
**en línea** *online*
**inalámbrico/a** *wireless*

## La astronomía y el universo

**el agujero negro** *black hole*
**el cohete** *rocket*
**el cometa** *comet*
**el espacio** *space*
**la estrella (fugaz)** *(shooting) star*

**el/la extraterrestre** *alien*
**la gravedad** *gravity*
**el ovni** *UFO*

**el planeta** *planet*
**el telescopio** *telescope*
**el transbordador espacial** *space shuttle*

## Los científicos

**el/la astronauta** *astronaut*
**el/la astrónomo/a** *astronomer*
**el/la biólogo/a** *biologist*
**el/la científico/a** *scientist*
**el/la físico/a** *physicist*
**el/la ingeniero/a** *engineer*
**el/la matemático/a** *mathematician*
**el/la (bio)químico/a** *(bio)chemist*

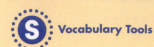

## La ciencia y los inventos

Los científicos han realizado incontables **experimentos** sobre el **ADN** humano, los cuales han sido esenciales para los **avances revolucionarios** de las últimas décadas.

**el ADN (ácido desoxirribonucleico)** *DNA*
**el avance** *advance*
**la célula** *cell*
**el desafío** *challenge*
**el descubrimiento** *discovery*
**el experimento** *experiment*
**el gen** *gene*
**el invento** *invention*
**la patente** *patent*
**la teoría** *theory*

**clonar** *to clone*
**comprobar (o:ue)** *to prove*
**crear** *to create*
**fabricar** *to manufacture*
**formular** *to formulate*
**inventar** *to invent*

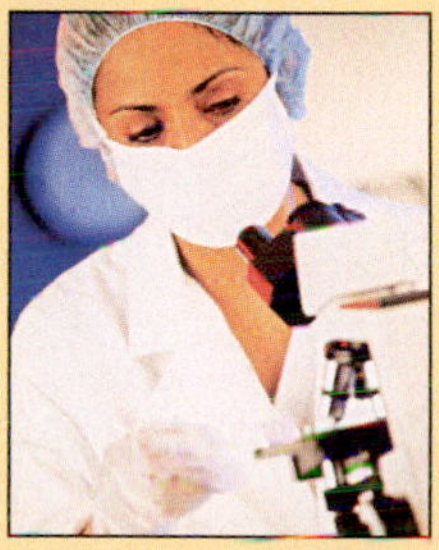

**investigar** *to investigate; to research*

**avanzado/a** *advanced*
**(bio)químico/a** *(bio)chemical*
**especializado/a** *specialized*
**ético/a** *ethical*
**innovador(a)** *innovative*
**revolucionario/a** *revolutionary*

# Práctica

### 1 Escuchar

**A.** Escucha lo que dice Mariana Serrano y luego decide si las oraciones son **ciertas** o **falsas**. Corrige las falsas.

1. Mariana Serrano es la presidenta de la Asociación de Ingenieros de Mar del Plata.
2. Mariana Serrano reflexiona sobre los desafíos del futuro.
3. La comunidad científica ha hecho descubrimientos revolucionarios en el campo del ADN.
4. No hay dinero para investigar nuevas medicinas.
5. Mariana Serrano cree que la ciencia y la ética deben ir unidas.
6. Carlos Obregón es astrónomo.

**B.** Escucha la conversación entre Carlos Obregón y Mariana Serrano y contesta las preguntas.

1. ¿Qué le ha pasado a Carlos?
2. ¿De qué sabe mucho el amigo de Carlos?
3. ¿Qué adjuntó el amigo de Carlos en el correo electrónico?
4. ¿Dónde escribe Mariana casi todos los días?
5. ¿Qué le tiene que dar Mariana a Carlos?
6. ¿Cómo se la va a dar Mariana?

### 2 Definiciones

Conecta cada descripción con la palabra correcta.

| | |
|---|---|
| ___ 1. Se utiliza en las direcciones de correo electrónico. | a. cohete |
| ___ 2. Un objeto extraterrestre. | b. buscador |
| ___ 3. Reproducir un ser vivo exactamente igual. | c. telescopio |
| ___ 4. Se utiliza para investigar en Internet. | d. clonar |
| ___ 5. El vehículo que se utiliza para ir al espacio. | e. arroba |
| ___ 6. Se utiliza para ver las estrellas. | f. ovni |

# Práctica

**3 No pertenece** Identifica la palabra que no pertenece al grupo.

1. ADN–célula–buscador–gen
2. astronauta–tuitear–cohete–espacio
3. descargar–adjuntar–guardar–clonar
4. descubrimiento–gravedad–avance–invento
5. bioquímico–avanzado–revolucionario–innovador
6. científico–biólogo–extraterrestre–ingeniero

**4 Para... se necesita...** ¿Qué se necesita para hacer lo siguiente? Añade el artículo correcto: **un** o **una.**

| | | |
|---|---|---|
| buscador | corrector ortográfico | reproductor |
| cohete | experimento | teléfono celular |
| computadora portátil | matemático | telescopio |
| contraseña | patente | teoría |

1. Para encontrar una lista de sitios web, se necesita ________________.
2. Para ver un DVD, se necesita ________________.
3. Para navegar en la red en la playa, se necesita ________________.
4. Para hacer una llamada en un autobús, se necesita ________________.
5. Para escribir sin errores en la computadora, se necesita ________________.
6. Para proteger la información de la computadora, se necesita ________________.
7. Para demostrar que uno es el inventor de un objeto, se necesita ________________.
8. Para observar la Luna y las estrellas desde la Tierra, se necesita ________________.

**5 Definiciones** Primero, elige cinco palabras de la lista y escribe una definición para cada una. Luego, en parejas, túrnense para leerse las definiciones y adivinar de qué palabra se trata.

**MODELO**

—Es un diario en Internet donde se pueden escribir los pensamientos y opiniones personales.
—Es un **blog.**

| | | |
|---|---|---|
| astronauta | digital | invento |
| astrónomo/a | en línea | navegar en la red |
| biólogo/a | experimento | patente |
| borrar | físico/a | teléfono celular |
| descargar | gen | teoría |

Practice more at **vhlcentral.com.**

# Comunicación

**6** **Actualidad científica** Parece que no hay límites en los avances científicos. ¿Qué opinas tú sobre el tema? Marca las afirmaciones con las que estés de acuerdo y comparte tus opiniones con un(a) compañero/a.

- ☐ 1. La clonación de seres humanos es una herramienta importante para luchar contra las enfermedades genéticas.
- ☐ 2. La clonación de seres humanos disminuirá (*will diminish*) nuestro respeto por la vida humana.
- ☐ 3. Es injusto que el gobierno invierta en programas para viajar a la Luna cuando hay gente que muere de hambre en la Tierra.
- ☐ 4. El exceso de estimulación visual de los videojuegos afecta el desarrollo de los niños.
- ☐ 5. Las redes sociales, como Facebook, favorecen las relaciones personales.
- ☐ 6. La abundancia de información en la red es buena para la humanidad.

**7** **Soluciones** En grupos de tres, den consejos a estas personas para solucionar sus situaciones. Utilicen la imaginación y tantas palabras del vocabulario como puedan.

- Un astrónomo ha detectado una tormenta espacial y piensa que puede ser peligroso mandar un cohete al espacio. No quiere que los astronautas estén en peligro. Sus jefes, sin embargo, no quieren cancelarlo porque, de lo contrario, saben que recibirán críticas en los periódicos.
- Celia ha escrito un mensaje de texto para su amiga, pero se lo ha enviado a su jefe por error. El mensaje decía: "Eva, ¡mi jefe está loco!" Celia necesita una solución antes de que sea demasiado tarde.

**8** **Observaciones de la galaxia** En parejas, escriban una historia corta basada en el dibujo. Utilicen por lo menos ocho palabras de **Contextos**. ¡Dejen volar la imaginación!

**¿Quién era el hombre?**
**¿Dónde estaba?**
**¿Qué quería hacer?**
**¿Qué hecho inesperado sucedió?**

# 7 FOTONOVELA

Video

**La oficina de la revista *Facetas* recibe una pantalla plana.**

**HOMBRE 1** Aquí está la pantalla líquida que pidieron. Pues, tiene imagen digital, sonido de alta definición, control remoto universal y capacidad para conexión de satélite e Internet desde el momento de la instalación.

**JOHNNY** ¿Y está en esa caja tan grandota?

**HOMBRE 1** Si es tan amable, me da su firmita en la parte de abajo, por favor.

*Johnny está en el suelo desmayado.*

**HOMBRE 2** ¿Por qué no piden una ambulancia?

**MARIELA** No se preocupe. Fue sólo una pequeñísima sobredosis de euforia.

**HOMBRE 1** ¡Esto es tan emocionante! Nunca se había desmayado nadie.

**FABIOLA** No conocían a Johnny.

**HOMBRE 2** Eso es lo que yo llamo "el poder de la tecnología".

**ÉRIC** Jefe, pruebe con esto a ver si despierta. *(Le entrega un poco de sal.)*

**AGUAYO** ¿Qué se supone que haga?

**ÉRIC** Ábralo y páseselo por la nariz.

**AGUAYO** Esto no funciona.

**DIANA** Ay, yo conozco un remedio infalible.

**ÉRIC** ¡¿Qué haces?!

*Diana le pone sal en la boca a Johnny. Johnny se despierta.*

*Más tarde... Johnny y Fabiola van a poner la pantalla en la pared.*

**AGUAYO** Johnny, ¿estás seguro de que sabes lo que haces?

**JOHNNY** Tranquilo, jefe, no es tan difícil.

**FABIOLA** Es sólo un agujerito en la pared.

*El teléfono suena.*

**MARIELA** Revista *Facetas*, buenas tardes. Jefe, tiene una llamada de su esposa en la línea tres.

**AGUAYO** Pregúntale dónde está y dile que la llamo luego.

**MARIELA** Un segundito.

**AGUAYO** Estaré en mi oficina. No quiero ver este desorden.

*Mientras trabajan, se va la luz.*

**FABIOLA** ¡Johnny!

**JOHNNY** ¿Qué pasó?

**FABIOLA** ¡Johnny! ¡Johnny!

**JOHNNY** Está bien, está bien. Ahí viene el jefe.

**AGUAYO** No es tan difícil. Es sólo un agujerito en la pared... ¡No funciona ni el teléfono!

**JOHNNY** *(a Aguayo)* Si quiere, puede usar mi celular.

**Personajes**

AGUAYO

DIANA

ÉRIC

FABIOLA

JOHNNY

MARIELA

HOMBRE 1

HOMBRE 2

4

**JOHNNY** ¿Sabían que en el transbordador espacial de la NASA tienen este tipo de pantallas?

**MARIELA** Espero que a ningún astronauta le dé por desmayarse.

**AGUAYO** ¿Dónde vamos a instalarla?

**DIANA** En esta pared, pero hay que buscar quien lo haga porque nosotros no tenemos las herramientas.

5

**JOHNNY** ¿Qué? ¿No tienes una caja (de herramientas)?

**ÉRIC** A menos que quieras pegar la pantalla con cinta adhesiva y luego ponerle aceite lubricante, no.

**FABIOLA** Hay una construcción allá abajo.

*Johnny y Fabiola se van a buscar las herramientas.*

9

*Más tarde, en la sala de conferencias...*

**AGUAYO** Rodeados de la mejor tecnología para terminar alumbrados por unas velas.

**DIANA** Nada ha cambiado desde los inicios de la humanidad.

10

**MARIELA** Hablando de cosas profundas... ¿Alguna vez se han preguntado adónde se va la luz cuando se va?

## Expresiones útiles

### Expressing size

**Si es tan amable, ¿me da su firmita?**
*If you would be so kind as to give me your signature...*

**Fue sólo una pequeñísima sobredosis de euforia.**
*It was just a tiny overdose of euphoria.*

**Un segundito.**
*Just a second. (Lit. a tiny second)*

**¿Y está en esa caja tan grandota?**
*And is it in that huge box?*

### Talking about what has/had happened

**Nada ha cambiado.**
*Nothing has changed.*

**¿Alguna vez se han preguntado...?**
*Have you ever asked yourselves...?*

**Nada había cambiado.**
*Nothing had changed.*

**Nunca se había desmayado nadie.**
*No one had ever fainted before.*

### Additional vocabulary

**el agujerito** *small hole*
**alta definición** *high definition*
**la conexión de satélite** *satellite connection*
**el control remoto universal** *universal remote control*
**el desorden** *commotion; mess*
**funcionar** *to work*
**la herramienta** *tool*
**la imagen** *image*
**instalar** *to install*
**la luz** *power; electricity*
**la pantalla** *screen*
**rodeado/a** *surrounded*

# Comprensión

**1** **¿Cierto o falso?** Indica si las oraciones son **ciertas** o **falsas**.

1. Johnny se desmayó debido a la euforia del momento.
2. La nueva tecnología no impresiona a nadie.
3. Aguayo está preocupado por lo que hace Johnny.
4. A pesar de los avances de la tecnología, las velas son prácticas.
5. Según Diana, sus remedios nunca funcionan.

**2** **Razones** Elige el final lógico para cada oración.

___ 1. Alguien propone pedir una ambulancia porque
___ 2. Éric le explica a Aguayo cómo despertar a Johnny porque
___ 3. Diana propone buscar a alguien para instalar la pantalla porque
___ 4. Aguayo se encierra en su oficina porque
___ 5. Los empleados alumbran la oficina con velas porque

a. no tienen herramientas.
b. no hay luz.
c. Aguayo no sabe cómo hacerlo.
d. no quiere ver el desorden.
e. Johnny se desmayó.

**3** **Definiciones** Busca en la **Fotonovela** la palabra que corresponda a cada definición.

________ 1. Artefacto que permite controlar a distancia distintos aparatos electrónicos.
________ 2. Poner o colocar algo en un lugar adecuado.
________ 3. Vehículo que viaja por el espacio.
________ 4. Instrumentos que generalmente se usan para instalar o para arreglar algo.
________ 5. Red informática mundial formada por la conexión directa entre las computadoras.
________ 6. Sistema inalámbrico de televisión que incluye acceso a gran variedad de películas, eventos deportivos y noticias internacionales.

**4** **¿Por qué lo dicen?** En parejas, expliquen a qué se refieren los personajes de la **Fotonovela** en cada cita (*quote*).

1. **HOMBRE** Eso es lo que yo llamo "el poder de la tecnología".
2. **MARIELA** Fue sólo una pequeñísima sobredosis de euforia.
3. **AGUAYO** ¿Estás seguro de que sabes lo que haces?
4. **DIANA** Nada ha cambiado desde los inicios de la humanidad.
5. **AGUAYO** ¡No funciona ni el teléfono!
6. **DIANA** Yo conozco un remedio infalible.

Practice more at **vhlcentral.com.**

# Ampliación

**5** **¿Adicto a Internet?** Conversa con tu compañero/a sobre estas preguntas y luego decide si él/ella es adicto/a a Internet.

1. ¿Cuántas cuentas de correo electrónico tienes? ¿Con qué frecuencia la(s) chequeas?
2. ¿Dejas de hacer las tareas de clase o trabajo para pasar más tiempo navegando en Internet? ¿Por qué? Explica con ejemplos.
3. ¿Visitas sitios de chat? ¿Cuáles? ¿Con quién hablas? ¿Piensas que es más divertido chatear que hablar en persona?
4. Si se corta la conexión a Internet por más de tres días, ¿cómo te sientes? ¿Te pones ansioso/a o permaneces indiferente? Explica con ejemplos.
5. Si necesitas hablar con un(a) amigo/a que vive cerca, ¿prefieres chatear o ir directamente a su cuarto o a su casa?

**6** **Apuntes culturales** En parejas, lean los párrafos y contesten las preguntas.

### Los cibercafés

¡Johnny podrá usar la nueva pantalla para navegar en la red! En Hispanoamérica, fuera de la casa y el trabajo, los **cibercafés** son sitios muy populares para acceder a Internet. Además, son un punto de encuentro entre amigos, ya que se sirve café y comida. ¿Seguirá yendo Johnny a los cibercafés o ahora llevará a sus amigos a la oficina?

### Los mensajes de texto

Johnny le prestó el celular a Aguayo para que se comunicara con su esposa. Si viviera en Argentina, seguramente haría como la mayoría de los argentinos y le enviaría un **mensaje de texto** a su esposa diciendo: "tamos sin luz n l ofi. dsps t llamo" (Estamos sin luz en la oficina. Después te llamo). ¡Ojalá que el jefe no le gaste todo el crédito a Johnny!

### La conexión satelital

Con conexión satelital, Johnny podrá acceder a canales de todo el mundo. De igual modo, muchos inmigrantes hispanos en los EE.UU. pueden seguir en contacto con sus países de origen gracias a este servicio: los ecuatorianos pueden mirar **ECUAVISA Internacional** y los peruanos, **Sur Perú.**

1. ¿Has estado en algún cibercafé? ¿Cuándo? ¿Dónde? ¿Son comunes los cibercafés donde tú vives? ¿Dónde te conectas habitualmente?
2. Muchos jóvenes prefieren enviar mensajes de texto en lugar de llamar por teléfono. ¿Tú mandas mensajes de texto? ¿A quiénes? ¿Cuántos por día?
3. ¿Existe en tu cultura un lenguaje especial para los mensajes de texto? Explica con varios ejemplos.
4. ¿Cuántos canales de televisión tienes en tu casa? ¿Cuáles son los que miras más a menudo?

## En detalle

ARGENTINA

# ARGENTINA: TIERRA DE ANIMADORES

**Indudablemente°, todos pensamos en Walt Disney como el gran creador y el pionero del cine de animación, pero no estuvo solo durante esos primeros años; artistas de muchos países experimentaron con nuevas técnicas cinematográficas.** El argentino Quirino Cristiani fue uno de ellos y, aparte de ser el primero en crear un largometraje de animación, *El apóstol* (1917), inventó y patentó una cámara especial para este tipo de cine. Ésta tenía forma de torre° y se manejaba con los pies, hecho que le permitía usar las manos para crear el movimiento de los dibujos. Cristiani fue, también, el primero en poner sonido a una cinta animada de larga duración, *Peludópolis* (1931). Desafortunadamente, todas sus películas, excepto *El mono relojero*, fueron destruidas a causa de dos incendios° en los años 1957 y 1961.

*Hijitus*

El éxito argentino en el mundo de la animación no se acabó con esta catástrofe. El auge de la animación en Argentina se produjo en los años 60 y 70, cuando el historietista Manuel García Ferré, un español naturalizado argentino, llevó a la pantalla televisiva a su personaje *Hijitus*. Ésta fue la primera y la más exitosa serie televisiva animada de Latinoamérica. Hijitus es un niño de la calle que vive en la ciudad de Trulalá, asediada° por personajes malvados° como la Bruja Cachavacha y el Profesor Neurus. Para luchar contra Neurus y su pandilla°, Hijitus se convierte en Súper Hijitus. García Ferré es también el creador de otros éxitos televisivos y cinematográficos, como *Petete, Trapito, Calculín, Ico y Manuelita.*

Entre la nueva generación de animadores, se destaca° Juan Pablo Zaramella, un joven creador de enorme proyección internacional. Zaramella realiza muchas de sus películas usando plastilina° y el método *stop-motion*. Su corto *Viaje a Marte* ha recibido más de cincuenta premios en todo el mundo. ■

### Diferentes técnicas del cine de animación

**Dibujos animados** Cada fotograma de la película es un dibujo diferente. Se combinan los dibujos para crear la idea de movimiento.

***Stop-motion*** Los escenarios y personajes están hechos en tres dimensiones, normalmente con plastilina, en el caso de la técnica *claymation* (subcategoría del *stop-motion*). Se van moviendo los objetos y se toman fotos de los movimientos.

**Animación por computadora** Se generan imágenes en diferentes programas de computadora.

**Indudablemente** *Undoubtedly* **torre** *tower* **incendios** *fires* **asediada** *besieged* **malvados** *evil* **pandilla** *gang* **se destaca** *stands out* **plastilina** *clay*

ASÍ LO DECIMOS

## Animación y computación

| | |
|---|---|
| las caricaturas (Col.)<br>los dibujitos (Arg.)<br>los muñequitos (Cu.) | *cartoons* |
| las películas CG | *CG movies* |
| el/la laptop<br>la notebook (Arg.)<br>el portátil (Esp.) | *laptop* |
| el computador (Col. y Chi.)<br>el ordenador (Esp.) | *computer* |
| el mouse<br>el ratón (Esp. y Pe.) | *mouse* |

EL MUNDO HISPANOHABLANTE

## Otros pioneros hispanos

Las investigaciones sobre las neuronas de la bióloga argentina Cecilia Bouzat han contribuido a comprender mejor enfermedades como el Alzheimer. En 2014, Bouzat recibió el prestigioso premio L'Oreal-Unesco para la Mujer en la Ciencia.

Ellen Ochoa, una mujer nacida en California de ascendencia mexicana que de niña soñó con ser flautista, se ha convertido en **la primera astronauta hispana** en trabajar para la NASA. También ha obtenido tres patentes por inventos relacionados con **sistemas ópticos de análisis**.

Durante la década de los 50, el ingeniero chileno Raúl Ramírez inventó y patentó una pequeña máquina manual llamada **CINVA–RAM** que permitía a las familias pobres construir los muros° de sus casas. Hoy, esta máquina se utiliza en programas de "viviendas autosustentables", por los que las familias construyen° sus propias casas.

PERFIL

## INNOVAR

El Ministerio de Ciencia, Tecnología e Innovación Productiva de Argentina organiza anualmente un concurso para emprendedores° e innovadores inventores argentinos. Con ocho categorías y más de cincuenta premios valorados en un total de 950.000 pesos (unos $100.000), cada año se presentan al certamen° miles de investigadores, diseñadores, técnicos y estudiantes universitarios disputándose estos prestigiosos trofeos. Desde que el proyecto *Innovar* comenzó en 2005, ha otorgado premios a cientos de fascinantes e ingeniosos inventos, desde una bicicleta accionada a mano hasta un robot que se puede desarmar° fácilmente para ver su mecanismo interno (ver foto), pasando por textiles que repelen a los mosquitos, un deshidratador solar para verduras e incluso plantas que resisten la sequía.

"Los inventos han alcanzado ya su límite, y no veo esperanzas de que se mejoren en el futuro."
(Julius Sextus Frontinus, ingeniero romano, siglo I)

### Conexión Internet

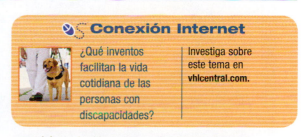

¿Qué inventos facilitan la vida cotidiana de las personas con discapacidades?

Investiga sobre este tema en **vhlcentral.com.**

**emprendedores** *enterprising* **certamen** *contest* **desarmar** *disassemble* **muros** *walls* **construyen** *build*

# ¿Qué aprendiste?

**1 ¿Cierto o falso?** Indica si las oraciones son **ciertas** o **falsas**. Corrige las falsas.

1. Walt Disney fue el primer director que realizó un largometraje de animación.
2. La cámara que inventó Cristiani sólo le permitía trabajar con las manos.
3. La primera película de animación con sonido fue *El apóstol.*
4. Las películas del cineasta Quirino Cristiani fueron robadas.
5. El auge de la animación en Argentina se produjo en los años 60 y 70.
6. Hijitus es un personaje creado por Juan Pablo Zaramella.
7. Hijitus se convierte en Súper Hijitus para luchar contra el Profesor Neurus y su pandilla.
8. El cortometraje de Zaramella *Viaje a Marte* ha ganado más de cincuenta premios en Argentina.
9. En los dibujos animados, cada uno de los fotogramas de la película es un dibujo diferente.
10. En el sistema de *stop-motion*, los escenarios y personajes se dibujan en programas de computadora.

**2 Oraciones** Subraya la opción correcta.

1. *Innovar* es un concurso argentino para (escritores/inventores).
2. El chileno Raúl Ramírez inventó una máquina para construir (sillas/muros).
3. La argentina Cecilia Bouzat investigó sobre (las neuronas/el cáncer).
4. Ellen Ochoa es (flautista y astronauta/ astronauta e inventora).
5. Si estás en Colombia y quieres ver animación, dices que quieres ver (dibujitos/caricaturas).

**3 Preguntas** En parejas, contesten las preguntas.

1. ¿Qué técnica crees que tiene más dificultad: la *claymation* o la animación por computadora? ¿Por qué?
2. ¿Por qué crees que en muchos países hispanos se usan términos de computación en inglés, como *mouse* o *laptop*? ¿Está bien usarlos o deben usarse términos en español?
3. ¿Por qué crees que el gobierno argentino creó *Innovar*? ¿Piensas que es buena idea?

**4 Opiniones** En parejas, hagan una lista con los cinco inventos más importantes de los últimos cien años. ¿Por qué los han elegido? Compartan su opinión con la clase. ¿Hay algún invento que esté en todas las listas? ¿Cuál es el más importante? ¿Cuál es el menos importante? ¿Están de acuerdo?

Practice more at **vhlcentral.com.**

## PROYECTO

### Inventores

Busca información sobre un(a) inventor(a) argentino/a (o de otro país hispanohablante) y prepara una presentación para la clase sobre su vida y su invento más importante. Debes incluir:

- una breve biografía del/de la inventor(a)
- una descripción del invento
- el uso de su invento
- una foto o una ilustración del invento
- tu opinión acerca de la importancia del invento en la época en la que vivió el/la inventor(a) y en la actualidad

# Flash Cultura

Video

# Inventos argentinos

Ya conoces los aportes (*contributions*) argentinos en el mundo del cine y de la tecnología. En este episodio de **Flash Cultura**, descubrirás la gran variedad de inventos argentinos que han marcado un antes y un después en la historia de la humanidad.

### VOCABULARIO ÚTIL

**la birome (*Arg.*)** *ballpoint pen*
**el frasco** *bottle*
**la jeringa descartable** *disposable syringe*
**la masa (cruda)** *(raw) dough*
**la pluma** *fountain pen*
**la sangre** *blood*
**el subterráneo** *subway*
**la tinta** *ink*

**Preparación** ¿Qué creaciones argentinas conoces hasta ahora? ¿Cuál te parece más interesante? ¿Por qué?

**Comprensión** Indica si estas afirmaciones son **ciertas** o **falsas**. Después, en parejas, corrijan las falsas.

1. La primera línea de metro en Latinoamérica se construyó en Montevideo.
2. El sistema de huellas dactilares fue creación de un policía de Buenos Aires.
3. El helicóptero de Raúl Pescara, además de eficaz, es un helicóptero seguro y capaz de moverse en dos direcciones.
4. El *by-pass* y la jeringa descartable son inventos argentinos.
5. Una birome es un bolígrafo.
6. La compañía Estmar inventó los zapatos ideales para bailar tango.

**Expansión** En parejas, contesten estas preguntas.

- ¿Qué invento les parece más importante? ¿Por qué?
- Si estuvieran en Argentina, ¿qué harían primero: ir a una función de tango, visitar un museo de ciencia y tecnología o comerse una empanada?
- Si tuvieran que prescindir de (*do without*) un invento argentino, ¿de cuál sería? ¿Por qué creen que es el menos importante?

Practice more at **vhlcentral.com.**

**Corresponsal:** Silvina Márquez
**País:** Argentina

El colectivo es un autobús de corta distancia inventado por dos porteños° en 1928.

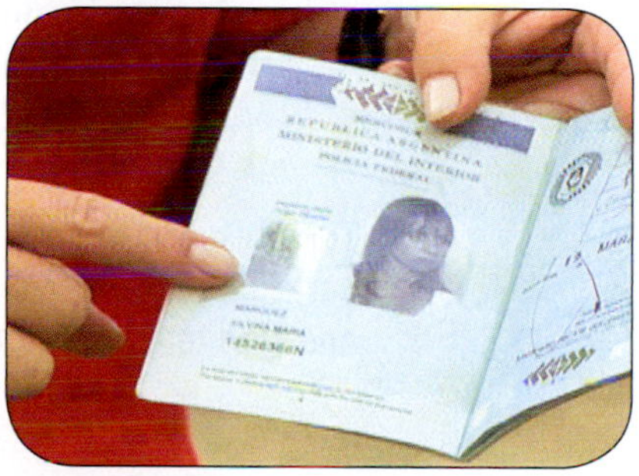

La mejor manera de identificar personas mediante sus huellas dactilares° se la debemos a un policía de Buenos Aires.

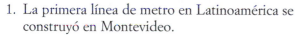

El semáforo° especial permite, mediante sonidos, avisarles a los ciegos°, o a los no videntes, cuándo pueden cruzar la calle.

**porteños** *residents of Buenos Aires* **huellas dactilares** *fingerprints* **semáforo** *traffic light* **ciegos** *blind people*

## 7.1 The present perfect

Nada ha cambiado desde los inicios de la humanidad.


TALLER DE CONSULTA

**MANUAL DE GRAMÁTICA**
**Más práctica**

7.1 The present perfect, p. A38
7.2 The past perfect, p. A39
7.3 Diminutives and augmentatives, p. A40

**Más gramática**

7.4 Expressions of time with **hacer**, p. A41

While English speakers often use the present perfect to express actions that continue into the present time, Spanish uses the phrase **hace** + [*period of time*] + **que** + [*present tense*].

**Hace dos años que estudio español.**

*I have studied Spanish for two years.*

- In Spanish, as in English, the present perfect tense (**el pretérito perfecto**) expresses what *has happened*. It generally refers to recently completed actions or to a past that still bears relevance in the present.

  Mi jefe **ha decidido** que a partir de esta semana hay que comunicarse por Internet y no gastar en llamadas internacionales.
  *My boss has decided that, as of this week, we have to communicate via the Internet rather than spend money on international calls.*

  Juan **ha terminado** la carrera de ingeniería, pero aún no **ha decidido** qué tipo de trabajo quiere hacer.
  *Juan has graduated with an engineering degree but he still hasn't decided what kind of job he wants to do.*

- The present perfect is formed with the present tense of the verb **haber** and a past participle. Regular past participles are formed by adding **-ado** to the stem of **-ar** verbs, and **-ido** to the stem of **-er** and **-ir** verbs.

**The present perfect**

| comprar | beber | recibir |
|---|---|---|
| he comprado | he bebido | he recibido |
| has comprado | has bebido | has recibido |
| ha comprado | ha bebido | ha recibido |
| hemos comprado | hemos bebido | hemos recibido |
| habéis comprado | habéis bebido | habéis recibido |
| han comprado | han bebido | han recibido |

- Note that past participles do not change form in the present perfect tense.

  Todavía no **hemos comprado** las computadoras nuevas.
  *We still haven't bought the new computers.*

  La bióloga aún no **ha subido** su trabajo a la nube.
  *The biologist hasn't uploaded her research project to the cloud yet.*

- To express that something *has just happened*, use **acabar de** + [*infinitive*]. **Acabar** is a regular **-ar** verb.

  **Acabo de tuitear** una noticia muy interesante.
  *I've just twitted a very interesting news article.*

  ¡**Acabamos de ver** un ovni!
  *We just saw a UFO!*

- When the stem of an **-er** or **-ir** verb ends in **a, e**, or **o**, the past participle requires a written accent (**ído**) to maintain the correct stress. No accent mark is needed for stems ending in **u**.

| | |
|---|---|
| **ca-er → caído** | **le-er → leído** |
| **o-ír → oído** | **constru-ir → construido** |

- Many verbs have irregular past participles.

| | | | |
|---|---|---|---|
| **abrir** | **abierto** | **morir** | **muerto** |
| **cubrir** | **cubierto** | **poner** | **puesto** |
| **decir** | **dicho** | **resolver** | **resuelto** |
| **descubrir** | **descubierto** | **romper** | **roto** |
| **escribir** | **escrito** | **ver** | **visto** |
| **hacer** | **hecho** | **volver** | **vuelto** |

Le llamo porque **he escrito** cuatro mensajes por correo electrónico y todavía no me **han resuelto** el problema.
*I'm calling because I have written four e-mails and you still haven't solved my problem.*

El ingeniero me asegura que ya **ha visto** sus mensajes y dice que muy pronto lo llamará.
*The engineer assures me that he has seen your e-mails and says he will call you very soon.*

- Note that, unlike in English, the verb **haber** may not be separated from the past participle by any other word (**no**, adverbs, pronouns, etc.)

¿Por qué **no has patentado todavía** tu invento?
*Why haven't you patented your invention yet?*

**Todavía no he terminado** el prototipo.
*I haven't finished the prototype yet.*

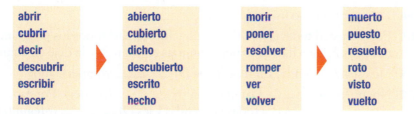

¿Alguna vez se han preguntado adónde se va la luz cuando se va?

- Note that, when a past participle is used as an adjective, it must agree in number and gender with the noun it modifies. Past participles are often used as adjectives with **estar** or other verbs to describe physical or emotional states.

Esa fórmula matemática **está equivocada**.
*That mathematical formula is wrong.*

Los laboratorios están **cerrados** hasta el lunes.
*The laboratories are closed until Monday.*

**TALLER DE CONSULTA**

For detailed coverage of past participles with **ser**, **estar**, and other verbs, see:

11.1 The passive voice, p. 408

11.4 Past participles used as adjectives, p. 543

# Práctica

**TALLER DE CONSULTA**

**MANUAL DE GRAMÁTICA**
**Más práctica**

7.1 The present perfect, p. A38

**1** **El asistente de laboratorio** **La directora del laboratorio está enojada porque el asistente ha llegado tarde. Completa la conversación con las formas del pretérito perfecto.**

**DIRECTORA** ¿Dónde (1) ________ (estar) tú toda la mañana y qué (2) ________ (hacer) con mi computadora portátil?

**ASISTENTE** Ay, (yo) (3) ________ (tener) la peor mañana de mi vida... Resulta que ayer me llevé su computadora para seguir con el análisis del experimento y...

**DIRECTORA** Pero ¿por qué no usaste la tuya?

**ASISTENTE** Porque usted todavía no (4) ________ (descargar) todos los programas que necesito. Estaba haciendo unas compras en la tarde y la dejé en alguna parte.

**DIRECTORA** Me estás mintiendo. En realidad la (5) ________ (romper), ¿no?

**ASISTENTE** No, no la (6) ________ (romper); la (7) ________ (perder). Por eso, esta mañana (8) ________ (volver) a todas las tiendas y les (9) ________ (preguntar) a todos por ella. De momento, nadie la (10) ________ (ver).

**2** **Oraciones** **Combina los elementos para formar oraciones completas. Utiliza el pretérito perfecto y añade elementos cuando sea necesario.**

**MODELO** **yo / siempre / querer / un iPad**
Yo siempre he querido un iPad.

1. nosotros / comprar / cámara digital más innovadora
2. tú / nunca / pensar / en ser matemático
3. los científicos / ya / descubrir / cura
4. el profesor / escribir / fórmulas en la pizarra
5. mis padres / siempre / creer / en los ovnis

**3** **Experiencias** **Indica si has hecho lo siguiente y añade información adicional.**

**MODELO** **ir al Polo Sur**
No he ido al Polo Sur, pero he viajado a Latinoamérica.

1. viajar a la Luna
2. ganar la lotería
3. ver a un extraterrestre
4. inventar algo
5. conocer al presidente del país
6. estar despierto/a por más de dos días
7. hacer algo revolucionario
8. soñar con ser astronauta

**4** **Preguntas personales** **Busca un(a) compañero/a de clase a quien no conozcas bien y hazle preguntas sobre su vida usando el pretérito perfecto.**

**MODELO** —¿Has tomado clases de informática?
—Sí, he tomado muchas clases de informática. ¡Siempre me ha fascinado la tecnología!

| | |
|---|---|
| **conocer a una persona famosa** | **ganar algún premio** |
| **escribir poemas** | **visitar un país hispano** |
| **estar enamorado/a** | **vivir en el extranjero** |

Practice more at **vhlcentral.com.**

# Comunicación

**5** **Tecnofobia** Utiliza el pretérito perfecto para completar las oraciones. Luego, en parejas, conviertan las oraciones de la encuesta en preguntas para descubrir si son tecnófilos/as o tecnófobos/as. Comparen los resultados. ¿Están de acuerdo?

## ¿Eres tecnófobo?

No parece haber punto intermedio: generalmente, la gente ama la tecnología o la odia. Completa las oraciones para saber si eres tecnófilo/a o tecnófobo/a.

1. Yo ________ (comprar) ___ aparatos electrónicos durante el último año.
   a. más de diez  c. menos de cinco
   b. entre cinco y diez  d. cero
2. Yo ________ (tratar) de aprender ___ sobre los avances tecnológicos de los últimos meses.
   a. todo lo posible  c. un poco
   b. lo suficiente  d. muy poco
3. Para comunicarme con mis amigos, siempre ________ (preferir) ___.
   a. Facebook o Twitter
   b. los mensajes de texto telefónicos
   c. las llamadas telefónicas
   d. las cartas escritas a mano
4. Los recursos que ________ (utilizar) más este año para hacer investigaciones son ___.
   a. buscadores
   b. enciclopedias en línea
   c. las bases de datos de la biblioteca
   d. enciclopedias tradicionales
5. Para las noticias diarias, mi fuente favorita esta semana ________ (ser) ___.
   a. Internet  c. la radio
   b. la televisión  d. el periódico
6. Para conseguir música, yo ________ (depender) sobre todo de ___.
   a. escuchar música en Internet  c. comprar los CD en línea
   b. descargar archivos MP3  d. escuchar los CD de mis padres
7. El teléfono que ________ (usar) más este año es ___.
   a. un celular nuevo con *Wi-Fi*  c. el teléfono de casa
   b. el celular que compré hace tres años  d. ninguno; prefiero hablar en persona
8. Siempre ________ (creer) que los avances tecnológicos ___ la calidad de vida.
   a. son esenciales para  b. mejoran  c. pueden empeorar  d. arruinan

**Clave**

**a.** = 3 puntos
**b.** = 2 puntos
**c.** = 1 punto
**d.** = 0 puntos

**Resultados**

| | |
|---|---|
| 19 – 24 | ¡Eres **tecnófilo**! |
| 13 – 18 | Te sientes cómodo en un mundo tecnológico. |
| 7 – 12 | No te has mantenido al día con los avances recientes. |
| 0 – 6 | ¡Eres **tecnófobo**! |

**6** **Celebridades** En grupos de tres, cada miembro debe pensar en una persona famosa, sin decir quién es. Las otras dos personas deben hacer preguntas. Utilicen el pretérito perfecto para dar pistas hasta que adivinen el nombre de cada celebridad.

**MODELO**
**ESTUDIANTE 1** Este hombre ha ganado muchísimo dinero.
**ESTUDIANTE 2** ¿Es Donald Trump?

## 7.2 The past perfect

- The past perfect tense (**el pretérito pluscuamperfecto**) is formed with the imperfect of **haber** and a past participle. As with other perfect tenses, the past participle does not change form.

**The past perfect**

| viajar | perder | incluir |
|---|---|---|
| había viajado | había perdido | había incluido |
| habías viajado | habías perdido | habías incluido |
| había viajado | había perdido | había incluido |
| habíamos viajado | habíamos perdido | habíamos incluido |
| habíais viajado | habíais perdido | habíais incluido |
| habían viajado | habían perdido | habían incluido |

- In Spanish, as in English, the past perfect expresses what someone *had done* or what *had occurred* before another action or condition in the past.

Decidí comprar una cámara digital nueva porque la vieja se me **había roto** varias veces.
*I decided to buy a new digital camera because my old one had broken several times.*

Cuando por fin les dieron la patente, otros ingenieros ya **habían inventado** una tecnología mejor.
*When they were finally given the patent, other engineers had already invented a better technology.*

- **Antes, aún, nunca, todavía,** and **ya** are often used with the past perfect to indicate that one action occurred before another. Note that adverbs, pronouns, and the word **no** may not separate **haber** from the past participle.

¡Nunca se había desmayado nadie!

Cuando se fue la luz, **aún no había guardado** los cambios en el documento.
*When the power went out, I hadn't yet saved the changes to the document.*

María Eugenia y Gisela **nunca habían visto** una estrella fugaz tan luminosa.
*María Eugenia y Gisela had never seen such a bright shooting star.*

**Ya me había explicado** la teoría, pero no la entendí hasta que vi el experimento.
*He had already explained the theory to me, but I didn't understand it until I saw the experiment.*

El artista **todavía no había dibujado** el ovni, pero ya lo tenía en la cabeza.
*The artist hadn't yet drawn the UFO, but he already had it in his mind.*

# Práctica y comunicación

**1 Discurso** Jorge Báez, un médico dedicado a la genética, ha recibido un premio por su trabajo. Completa su discurso de agradecimiento con el pluscuamperfecto.

Muchas gracias por este premio. Recuerdo que antes de cumplir 12 años ya (1) __________ (decidir) ser médico. Desde pequeño, mi madre siempre me (2) __________ (llevar) al hospital donde ella trabajaba y recuerdo que desde la primera vez me (3) __________ (fascinar) esos médicos vestidos de blanco. Luego, cuando cumplí 26 años, ya (4) __________ (pasar) tres años estudiando las propiedades de los genes humanos, en especial desde que vi un programa en la televisión sobre la clonación. Cuando terminé mis estudios de posgrado, ya se (5) __________ (hacer) grandes adelantos científicos…

**TALLER DE CONSULTA**

**MANUAL DE GRAMÁTICA**
**Más práctica**

7.2 The past perfect, p. A39

**2 Explicación** Reescribe las oraciones usando el pluscuamperfecto. Sigue el modelo.

**MODELO** **Me duché a las 7:00. Antes de ducharme hablé con mi hermano.**
Ya había hablado con mi hermano antes de ducharme.

1. Yo salí de casa a las 8:00. Antes de salir de casa miré mi correo electrónico.
2. Llegué a la oficina a las 8:30. Antes de llegar a la oficina tomé un café.
3. Se apagó la computadora a las 10:00. Yo guardé los archivos a las 9:55.
4. Fui a tomar un café. Antes, comprobé que todo estaba bien.

**3 Informe** En parejas, imaginen que son policías y deben preparar un informe sobre un accidente. Inventen una historia de lo que ha ocurrido en la vida de los personajes dos horas antes, dos minutos antes y dos segundos antes del accidente. Usen el pluscuamperfecto.

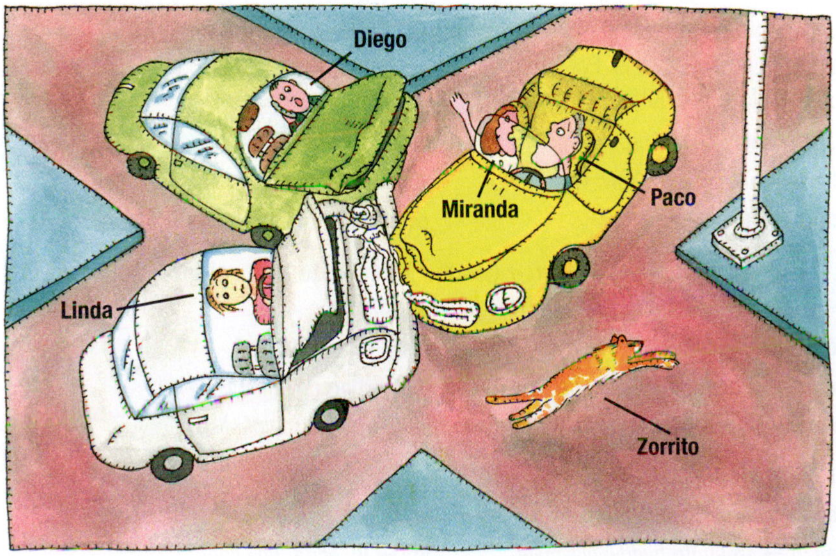

Practice more at **vhlcentral.com.**

## 7.3 Diminutives and augmentatives

- Diminutives and augmentatives (**diminutivos y aumentativos**) are frequently used in conversational Spanish. They emphasize size or express shades of meaning like affection, amazement, scorn, or ridicule. Diminutives and augmentatives are formed by adding a suffix to the root of nouns, adjectives (which agree in gender and number), and occasionally adverbs.

**¡ATENCIÓN!**

Because formation and use of diminutives and augmentatives varies greatly from one region to another, there are very few established rules about this aspect of the Spanish language. In this section, you will learn to recognize the most commonly used suffixes and their uses. Try to use only those you have learned from native speakers or teachers. Adding them to words you are not sure of can lead to misunderstandings.

**bolso** *purse*
**bolsillo** *pocket*

**gato** *cat*
**gatillo** *trigger*
**gatito** *kitten*

**camisa** *shirt*
**camisón** *nightgown*

**rata** *rat*
**ratón** *mouse*

### Diminutives

Tranquilo, jefe, es sólo un agujerito en la pared.


- Here are the most common diminutive suffixes.

| Diminutive endings | | |
|---|---|---|
| -ito/a | -cito/a | -ecito/a |
| -illo/a | -cillo/a | -ecillo/a |

**Jaimito**, ¿me traes un **cafecito** con un **panecillo**?
*Jimmy, would you bring me a little cup of coffee with a roll?*

**Ahorita**, **abuelita**, se los preparo **rapidito**.
*Right away, Granny, I'll have them ready in a jiffy.*

- Most words form the diminutive by adding **-ito/a**. However, the suffix **-illo/a** is also common in some regions. For words ending in vowels (except **-e**), the last vowel is dropped before the suffix.

**bajo → bajito** *very short; very quietly*
**ahora → ahorita** *right now; very soon*
**Miguel → Miguelito** *Mikey*
**libro → librillo** *booklet*
**ventana → ventanilla** *little window*
**campana → campanilla** *small bell*

**¡ATENCIÓN!**

Suffixes can also be added to some adverbs.
**Ven rapidito**.
*Come quickly.*
**Vuelvo enseguidita**.
*I'll be right back.*

- Most words that end in **-e, -n**, or **-r** use the forms **-cito/a** or **-cillo/a**. However, one-syllable words often use **-ecito/a** or **-ecillo/a**.

**hombre → hombrecillo** *little man*
**Carmen → Carmencita** *little Carmen*
**amor → amorcito** *sweetheart*
**pan → panecillo** *roll*
**flor → florecita** *little flower*
**pez → pececito** *little fish*

**¡ATENCIÓN!**

For words ending in **-s** (singular or plural), diminutive and augmentative endings precede the final **-s**.

**Carlos → Carlitos**
**besos → besitos**

- Note these spelling changes.

**chico → chiquillo** *little boy; very small*
**amigo → amiguito** *buddy; playmate*
**agua → agüita** *little bit of water*
**luz → lucecita** *little light*

- Some words take on new meanings when diminutive suffixes are added.

**manzana → manzanilla**
*apple* *camomile*

**bomba → bombilla**
*bomb* *lightbulb*

## Augmentatives

¿Y está en esa caja tan grandota?

- The most common augmentative suffixes are forms of **-ón/-ona, -ote/-ota**, and **-azo/-aza**.

| Augmentative endings | | |
|---|---|---|
| -ón | -ote | -azo |
| -ona | -ota | -aza |

Hijo, ¿por qué tienes ese **chichonazo** en la cabeza?
*Son, how'd you get that huge bump on your head?*

Jorge se gastó un **dinerazo** en una **pantallota** enorme, ¡sólo para ver partidos de fútbol!
*Jorge spent a ton of money on a humongous TV screen, just to watch soccer games!*

- Most words form the augmentative by simply adding the suffix to the word. For words ending in vowels, the final vowel is usually dropped.

**soltero → solterón** *confirmed bachelor*
**grande → grandote/a** *really big*
**perro → perrazo** *big, scary dog*
**casa → casona** *big house; mansion*
**palabra → palabrota** *swear word*
**manos → manazas** *big hands (clumsy)*

- There is a tendency to change a feminine word to a masculine one when the suffix **-ón** is used, unless it refers specifically to someone's gender.

**la silla → el sillón** *armchair*
**la mancha → el manchón** *large stain*
**la mujer → la mujerona** *big woman*
**mimosa → mimosona** *very affectionate*

- The letters **t** or **et** are occasionally added to the beginning of augmentative endings.

**guapa → guapetona**
**golpe → golpetazo**

- The masculine suffix **-azo** can also mean *blow* or *shot.*

**flecha → flechazo**
*arrow* *arrow wound; love at first sight*
**rodilla → rodillazo**
*knee* *a blow with the knee*

- Some words take on new meanings when augmentative suffixes are added.

**cabeza → cabezón**
*head* *stubborn*
**caja → cajón**
*box* *drawer*
**tela → telón**
*fabric* *theater curtain*
**bala → balón**
*bullet* *ball*

**¡ATENCIÓN!**

Sometimes, double endings are used for additional emphasis.

**chico/a → chiquito/a → chiquitito/a**

**grande → grandote/a → grandotote**

**TALLER DE CONSULTA**

The absolute superlative ending **-ísimo/a** is often used interchangeably or in conjunction with diminutives and augmentatives. See **Estructura 5.1,** pp. 176–177.

¡El pastel se ve **riquísimo**!
*The cake looks delicious!*

Te doy un pedacito **chiquitísimo.**
*I'll give you a teensy tiny little piece.*

# Práctica

**TALLER DE CONSULTA**

**MANUAL DE GRAMÁTICA**
**Más práctica**

7.3 Diminutives and augmentatives, p. A40

**1** **La carta** Completa la carta con la forma indicada de cada palabra. Haz los cambios que creas necesarios.

Querido (1) __________ (Pablo, -ito):

Tu mamá me contó lo del (2) __________(golpe, -tazo) que te dio Lucas en la escuela. Pues, cuando yo era (3) __________ (pequeño, -ito) como tú, jugaba siempre en la calle. Mi (4) __________(abuela, -ita) me decía que no fuera con los (5) __________(amigos, -ote) de mi hermano porque ellos eran mayores que yo y eran (6) __________(hombres, -ón). Yo entonces era muy (7) __________(cabeza, -ón) y nunca hacía lo que ella decía. Una tarde, estaba jugando al fútbol, y uno de ellos me dio un (8) __________(rodilla, -azo) y me rompió la (9) __________ (nariz, -ota). Nunca más jugué con ellos y, desde entonces, sólo salí con mis (10) __________(amigos, -ito). Espero que me vengas a visitar (11) __________(pronto, -ito). Un (12) __________ (beso, -ito) de

Tu abuelo César

**2** **Oraciones incompletas** Completa las oraciones con el aumentativo o diminutivo que corresponde a la definición entre paréntesis.

1. ¿Por qué no les gusta a los profesores que los estudiantes digan __________ (palabras feas y desagradables)?
2. El __________ (perro pequeño) de mi novia es muy lindo y simpático.
3. Mi hermana es una __________ (cabeza grande); ¡es imposible hacerla cambiar de opinión!
4. Mis abuelos viven en una __________ (casa grande) muy vieja.
5. La cantante Samantha siempre lleva una __________ (flor pequeña) en el cabello.
6. A mi __________ (hermana menor) le fascinan los libros de ciencia ficción.

**3** **¿Qué palabra es?** Reemplaza cada una de estas frases con el aumentativo o diminutivo que exprese la misma idea.

1. muy grande __________
2. agujero pequeño __________
3. cuarto grande y amplio __________
4. sillas para niños __________
5. libro grande y grueso __________
6. estrella pequeña __________
7. hombre alto y fuerte __________
8. muy cerca __________
9. abuelo querido __________
10. hombres que piensan que siempre tienen la razón __________

# Comunicación

**4** **En el parque** Todas las mañanas el señor Escobar sale a correr al parque. En parejas, miren los dos dibujos y túrnense para describir las diferencias entre lo que vio ayer y lo que ha visto esta mañana. Utilicen oraciones completas con diminutivos y aumentativos.

**MODELO** —Ayer el señor Escobar vio un perrito lindo en el parque, pero esta mañana un perrazo feroz lo ha perseguido.

| | | |
|---|---|---|
| abuelo | galleta | nieto |
| alto | gordo | pan |
| avión | grande | pequeño |
| bajo | lejos | perro |
| delgado | libro | taza |

**5** **Síntesis**

**A.** Es el año 2500. Junto con dos amigos/as, has decidido pasar un semestre en el espacio. Han creado un blog para contar lo que han visto y han hecho cada día. Escriban cinco entradas del blog. Deben incluir por lo menos tres verbos en el pretérito perfecto, tres en el pluscuamperfecto, y tres diminutivos y/o aumentativos. Utilicen algunas frases y palabras de la lista y añadan sus propias ideas.

**MODELO** Lunes, 13 de marzo
Hemos pasado el día entero orbitando la Luna. De niños, siempre habíamos querido ser astronautas, y este viaje es un sueño hecho realidad. Desde aquí, la Tierra es sólo una pelotita, como el globo que habíamos estudiado de chiquitos...

Esta mañana hemos...
Aún no hemos...
Los astronautas nos han...

Antes del viaje, habíamos...
Cuando llegamos a la Luna, el profesor ya había...
En el pasado, los astrónomos habían...

| | |
|---|---|
| cerquita | estrellita |
| chiquito | grandote |
| cohetazo | rapidito |

**B.** Ahora, presenten las cinco entradas de su blog ante la clase.

# Antes de ver el corto

## LA MINA DE ORO

**país** México
**duración** 11 minutos
**director** Jacques Bonnavent
**protagonistas** Santiago, Betina, Olga, hermana, niña, sobrino

### Vocabulario

**adornado/a** *embellished*
**asustar** *to scare*
**las intenciones** *intentions*
**ir en serio** *to mean it*
**mi más sentido pésame** *my deepest condolences*
**la mina** *mine*
**ni siquiera** *not even*
**el oro** *gold*
**parpadear** *to blink*
**el/la prometido/a** fiancé(e)

**1 Tragedia en Potosí** Completa la noticia con las palabras de vocabulario.

Un **hombre resultó muerto** al ser atacado por un elefante en un espectáculo de animales, cerca de la famosa (1) ________ de plata en Potosí. El elefante no parecía tener malas (2) ________, pero, de repente corrió hacia un grupo de personas. "No se (3) ________", dijo un testigo (witness). "(4) ________ corrieron pensando que aquello era parte de la celebración". El alcalde de Potosí, René Joaquino, envió un mensaje de apoyo a los familiares de las tres víctimas. "Les doy (5) ________________", dijo.

**2 Amor ciego** En parejas, túrnense para hacerse las preguntas.

1. ¿Te consideras una persona valiente? ¿Por qué?
2. ¿Conoces a alguien que haya encontrado pareja por Internet? ¿Cómo fue su experiencia?
3. Y tú, ¿buscarías pareja en un sitio de Internet?
4. ¿Serías capaz de dejar todo lo que tienes por amor?

**3 Confiar o no confiar** Lee el siguiente diálogo. Luego, en grupos, decidan con cuál de los dos están de acuerdo.

**ISABEL** Yo siempre confío (*trust*) en las personas, incluso si no las conozco.

**ÁLEX** ¿De verdad? Para mí es difícil confiar en las personas. Pienso que la confianza es algo que toma tiempo.

**ISABEL** Es posible, aunque yo siempre he creído que las personas tienen buenas intenciones.

**ÁLEX** ¿Sí? Pues yo creo que deberías tener más cuidado. Podría ser peligroso.

Practice more at **vhlcentral.com.**

Nominado a Mejor
cortometraje
de ficción
Premios Ariel 2010
LA MINA DE ORO
un cortometraje de JAQUES BONNAVENT
Una producción de GRAN ANGULAR FILMS / Guión y dirección de JACQUES BONNAVENT
con PALOMA WOOLRICH, ALFONSO DOSAL, CRISTINA MICHAUS
Director de fotografía RAMÓN OROZCO, Diseño de producción DENISE CAMARGO
Edición ALEXIS RODIL, Música MARC LEJEUNE

# Escenas

**ARGUMENTO** Una mujer decide apostarlo todo° por una relación incierta.

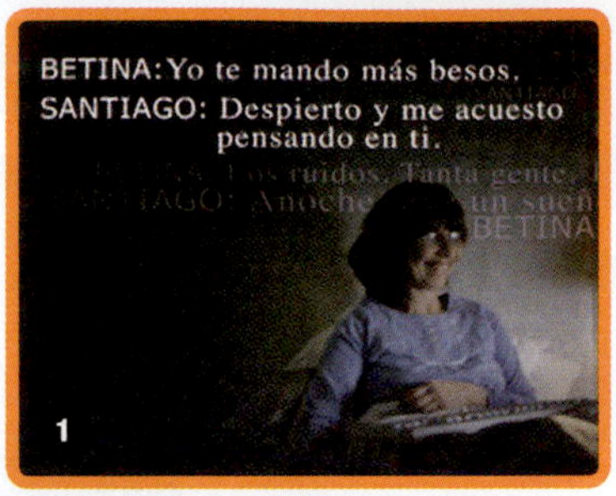


1

**BETINA** Yo te mando más besos.
**SANTIAGO** Despierto y me acuesto pensando en ti.

2

**BETINA** La renuncia a la agencia… la venta del departamento… y mi boleto de autobús.

3

**HERMANA** Betina, le hice un té. Sólo quería decirle que aunque mi hermano ya no esté con nosotros, todos estamos muy contentos de recibirla en la familia.

4

**NIÑA** ¿Y tú también te vas a morir?
**BETINA** Todos nos vamos a morir algún día.
**NIÑA** Yo no.
**BETINA** ¿Qué le pasó al cuerpo de tu muñeca°, eh?

5

**HERMANA** La mina se dejó de trabajar a fines de los ochenta.
**BETINA** ¡Hay tanta paz en este lugar! No hay ruido°.
**HERMANA** Cuando se trabajaba la mina nuestra vida era muy distinta.
**BETINA** ¿Por qué se quedaron?

6

**SOBRINO** Mi tío me dejaba usar la computadora. ¿Le importaría prestármela?
**BETINA** Era de tu tío, no mía. No tienes que pedir permiso.

**apostarlo todo** *to bet everything* **muñeca** *doll* **ruido** *noise*

# Después de ver el corto

**1 Comprensión** Contesta las preguntas con oraciones completas.

1. ¿Dónde trabaja Betina?
2. ¿Cuáles son las intenciones de Betina? ¿Qué opina Olga?
3. ¿Qué descubre Betina cuando llega a la casa de su prometido?
4. ¿Qué decide hacer Betina al conocer la noticia? ¿Por qué?
5. ¿Por qué se construyó esa casa en un lugar tan remoto?
6. ¿Era el prometido de Betina un pariente de la gente de la mina? ¿Quién era?
7. ¿De qué vive realmente la gente de la mina?

**2 Mirar atrás** Durante este cortometraje aparecen algunos detalles importantes. Contesta las preguntas relacionadas con esos detalles.

1. ¿Por qué invitan a Betina a hacerse una foto de familia?
2. ¿Por qué la gente de la mina quiere que Betina se quede?
3. ¿Por qué le pregunta la niña a Betina si ella también se va a morir?
4. ¿Por qué el joven intenta seducir a Betina?

**3 Interpretación** En parejas, contesten las preguntas.

1. ¿Qué significado tiene el anillo de diamantes en la película?
2. ¿Cómo evoluciona la relación de Betina con la gente de la mina? ¿En qué personaje confía primero Betina?
3. ¿Qué escribía el joven en la computadora? ¿Cómo lo saben?
4. ¿Qué opinión tenía Betina de la gente de la mina?
5. Al final de la película llega un hombre con una maleta. ¿Por qué creen que es un hombre y no una mujer?

**4 ¡Pobre hombre!** Al final del cortometraje, llega un hombre a la mina. Basándose en la historia de Betina, cuenten qué pasará a continuación. ¿Tendrá el mismo final que Betina? ¿Conseguirá escapar?

**5 ¿Y ahora qué?** Imagina la época en que la mina deja de ser una fuente de trabajo y los miembros de la familia traman (*plot*) su plan para seguir viviendo en la mina. ¿Empezó por accidente? ¿La familia lo planeó cuidadosamente? ¿Quién es el/la líder de la familia? ¿Están todos de acuerdo? Escribe un diálogo en el que tengas en cuenta estas preguntas. Usa el pretérito perfecto y el pretérito pluscuamperfecto.

Practice more at **vhlcentral.com.**

*Composición Constructiva*, 1938
Joaquín Torres García, Uruguay

"Ninguna ciencia, en cuanto a ciencia, engaña; el engaño está en quien no sabe."

— Miguel de Cervantes

# Antes de leer

## Ese bobo del móvil

### Sobre el autor

**Arturo Pérez-Reverte** nació en Cartagena (España) en 1951. Comenzó su carrera como corresponsal de guerra en prensa, radio y televisión, y durante veinte años vivió un gran número de conflictos internacionales. Comenzó a escribir ficción en 1986 y a partir de 1994 se dedicó de lleno (*fully*) a la literatura, especialmente a la novela de aventuras. Ha publicado gran cantidad de novelas que se tradujeron a varios idiomas, y algunas fueron llevadas al cine, como *La tabla de Flandes, El Club Dumas* (dirigida por Roman Polanski con el título de *La Novena Puerta*) y *Alatriste*. En 2009 publicó la novela *Ojos azules*. Desde 1991 escribe una página de opinión en la revista *El Semanal,* que se ha convertido en una de las más leídas de España. Además, desde el año 2003 es miembro de la Real Academia Española.

### Vocabulario

**ahorrarse** *to save oneself*
**apagado/a** *turned off*
**el auricular** *telephone receiver*
**el/la bobo/a** *silly, stupid person*
**la motosierra** *power saw*
**el móvil** *cell phone (Esp.)*
**el/la navegante** *navigator*
**sonar (o:ue)** *to ring*
**el vagón** *carriage; train car*

**Oraciones incompletas** Completa las oraciones utilizando las palabras del vocabulario.

1. En España al teléfono celular lo llaman ________.
2. Antes, los aventureros eran ________ y viajaban de puerto a puerto.
3. Esperé durante horas una llamada, pero el teléfono nunca ________. Más tarde recordé que lo había dejado ________. ¡Qué ________ que soy!
4. Al llegar a la estación, el tren ya partía y apenas pude subir al último ________.

**Conexión personal** ¿Te gusta estar siempre conectado con tus amigos? ¿Tienes teléfono celular? ¿Lo usas mucho? Cuando hablas con alguien, ¿buscas tener un poco de privacidad, o no te importa que la gente te escuche?

### Análisis literario: la ironía

La ironía consiste en un uso figurativo del lenguaje en el que se expresa lo contrario de lo que se piensa. Para eso se utiliza una palabra o frase que tiene la intención de sugerir el significado opuesto al enunciado. Por ejemplo, se puede señalar la avaricia (*greed*) de alguien con el comentario: "¡Qué generosidad!" Inventa el comentario irónico que podrías hacer en estas circunstancias.

- Regresas a tu casa y te encuentras con mucho ruido y problemas.
- Te das cuenta de que la fila en la que estás avanza lentamente.
- Tenías planes de pasar el día al aire libre y de repente empieza a llover.

Practice more at **vhlcentral.com.**

Audio: Dramatic Reading

# Ese bobo del móvil

**Arturo Pérez-Reverte**

Mira, Manolo, Paco, María Luisa o como te llames. Me vas a perdonar que te lo diga aquí, por escrito, de modo más o menos público; pero así me ahorro decírtelo a la cara el próximo día que nos encontremos en el aeropuerto, o en el AVE°, o en el café. Así evito coger yo el teléfono y decirle a quien sea, a grito pelado°, aquí estoy, y te llamo para contarte que tengo al lado a un imbécil que cuenta su vida y no me deja vivir. De esta manera soslayo° incidentes. Y la próxima vez, cuando en mitad de tu impúdica° cháchara° te vuelvas casualmente hacia mí y veas que te estoy mirando, sabrás lo que tengo en la cabeza. Lo que pienso de ti y de tu teléfono parlanchín°. Que también puede ocurrir que, aparte de mí, haya más gente alrededor que piense lo mismo; lo que pasa es que la mayor parte de esa gente no puede despacharse a gusto° cada semana en una página como ésta, y yo tengo la suerte de que sí. Y les brindo el toro°.

Estoy hasta la glotis° de tropezarme contigo y con tu teléfono. Te lo juro, chaval°. O chavala. El otro día te vi por la calle, y al principio creí que estabas majareta°, imagínate, un fulano° que camina hablando solo en voz muy alta y gesticulando furioso con una mano arriba y abajo. Ése está para los tigres, pensé. Hasta que vi el móvil que llevaba pegado a la oreja, y al pasar por tu lado me enteré, con pelos y señales, de que las piezas de PVC° no han llegado esta semana, como tú esperabas, y que el gestor° de Ciudad Real es un indeseable. A mí, francamente, el PVC y el gestor de Ciudad Real me importan un carajo°; pero conseguiste que, a mis propias preocupaciones, sumara las tuyas. Vaya a cuenta de la solidaridad, me dije. Ningún hombre es una isla. Y seguí camino.

A la media hora te encontré de nuevo en un café. Lo mismo° no eras tú, pero te juro que tenías la misma cara de bobo mientras le gritabas al móvil. Yo había comprado un libro maravilloso, un libro viejo que hablaba de costas lejanas y antiguos navegantes, e intentaba leer algunas páginas y sumergirme en su encanto. Pero ahí estabas tú, en la mesa contigua, para tenerme al corriente° de que te hallabas en Madrid y en un café, cosa que por otra parte yo sabía perfectamente porque te estaba viendo, y de que no volverías a Zaragoza hasta el martes por la noche. Por qué por la noche y no por la mañana, me dije, interrogando inútilmente a Alfonso el cerillero°, que se encogía de hombros° como diciendo: a mí que me registren°. Tal vez tiene motivos poderosos o inconfesables, deduje tras cavilar° un rato sobre el asunto: una amante, un desfalco°, un escaño° en el Parlamento. Al fin despejaste la incógnita diciéndole a quien fuera que Ordóñez llegaba de La Coruña a mediodía, y eso me tranquilizó bastante. Estaba claro, tratándose de Ordóñez. Entonces decidí cambiar de mesa.

*I've had it*
*dude*
*loony*
*so-and-so*
*plastic*
*manager*
*I couldn't care less*
*Maybe*
*up-to-date*
*match-seller/ shrugged*
*search*
*to ponder*
*embezzlement/ seat*

Al día siguiente estabas en el aeropuerto. Lo sé porque yo era el que se encontraba detrás en la cola de embarque, cuando le decías a tu hijo que la motosierra estaba estropeada°. No sé para qué diablos quería tu hijo, a su edad, usar la motosierra; pero durante un rato obtuve de ti una detallada relación° del uso de la motosierra y de su aceite lubricante. Me volví un experto en la maldita motosierra, en cipreses y arizónicas. El regreso lo hice en tren a los dos días, y allí estabas tú, claro, un par de asientos más lejos. Te reconocí por la musiquilla del móvil, que es la de Bonanza. Sonó quince veces y te juro que nunca he odiado tanto a la familia Cartwright. Para la ocasión te habías travestido de ejecutiva madura, eficiente y agresiva; pero te reconocí en el acto cuando informabas a todo el vagón sobre pormenores° diversos de tu vida profesional. Gritabas mucho, la verdad, tal vez para imponerte a las otras voces y musiquillas de tirurí tirurí que pugnaban° con la tuya a lo largo y ancho del vagón. Yo intentaba corregir las pruebas de una novela, y no podía concentrarme. Aquí hablabas del partido de fútbol del domingo, allá saludabas a la familia, acullá° comentabas lo mal que le iba a Olivares en Nueva York. Me sentí rodeado°, como checheno° en Grozni. Horroroso. Tal vez por eso, cuando me levanté, fui a la plataforma del vagón, encendí el móvil que siempre llevo apagado e hice una llamada, procurando° hablar bajito° y con una mano cubriendo la voz sobre el auricular, la azafata del vagón me miró de un modo extraño, con sospecha. Si habla así pensaría, tan disimulado° y clandestino, algo tiene que ocultar (...). ■

*damaged*
*account*
*details*
*struggled*
*over there*
*surrounded*
*Chechnyan*
*trying*
*softly*
*hidden; concealed*

Publicado en *El Semanal,* 5 de marzo de 2000

# Después de leer

## Ese bobo del móvil

Arturo Pérez-Reverte

**1 Comprensión** Responde a las preguntas con oraciones completas.

1. ¿Qué sentimientos le provocan al narrador los que hablan por teléfono?
2. ¿En qué lugares se encuentra con estas personas?
3. ¿La gente que habla por teléfono celular está loca?
4. ¿Qué "musiquillas" escucha el narrador en el tren?
5. Según el narrador, ¿qué tienen en común esas personas además del teléfono?

**2 Análisis** Vuelve a leer el relato y responde a las preguntas.

1. El narrador utiliza la segunda persona (tú) en este relato. ¿Se dirige sólo a personas que se llaman Manolo, Paco y María Luisa?
2. El autor comienza el artículo con: "Me vas a perdonar que te lo diga aquí". ¿Crees que el autor realmente se está disculpando?
3. Busca ejemplos de expresiones o palabras sobre la forma de hablar por teléfono de estas personas. ¿Cómo contribuyen estas expresiones al tono del relato? ¿Qué dicen acerca de la opinión del autor?

**3 Interpretación** Responde a las preguntas con oraciones completas.

1. ¿Por qué crees que al narrador le molestan tanto las personas que hablan por el móvil? ¿Te parece que su reacción es exagerada? ¿Por qué?
2. Las personas del relato, ¿hablan de cosas importantes por sus móviles? ¿Qué te parece que los motiva a utilizar el teléfono celular?
3. Tú también crees que todos los que hablan por su móvil tienen "la misma cara de bobo"? ¿Qué otras características encuentra el narrador en ellos?
4. ¿Te parece que el narrador se resiste a los avances tecnológicos? ¿Por qué?
5. El autor habla de "contaminación de ruido en un espacio público". ¿Crees que es legítimo protestar contra eso?

**4 Opiniones** En parejas, lean estas afirmaciones y digan si están de acuerdo o no, y por qué. Después, compartan su opinión con la clase.

- El teléfono celular nos ayuda a mantenernos en contacto.
- Nuestra sociedad está obsesionada con el teléfono celular, que puede llegar a ser una adicción.

**5 Escribir** Elige uno de los temas y redacta una carta de opinión para un periódico. Tu carta debe tener por lo menos diez oraciones. Elige un tono irónico marcadamente a favor o en contra y explica tus razones.

- Responde al artículo de Pérez-Reverte.
- Escribe sobre algún avance al servicio de la vida diaria.

Practice more at vhlcentral.com.

# Antes de leer

### Vocabulario

| | |
|---|---|
| **a la vanguardia** *at the forefront* | **el enlace** *link* |
| **actualizar** *to update* | **el/la novelista** *novelist* |
| **la bitácora** *travel log; weblog* | **el sitio web** *website* |
| **la blogonovela** *blog novel* | **el/la usuario/a** *user* |
| **la blogosfera** *blogosphere* | **la web** *the web* |

**Mi amigo periodista** Completa las oraciones. No puedes usar la misma palabra más de una vez.

1. Mi amigo periodista entiende mucho de tecnología y prefiere utilizar la ________ para informarse y para publicar sus ideas.
2. Él no compra periódicos, sino que consulta varios ________ de noticias.
3. Después escribe sus comentarios sobre la política argentina en una ________ con ________ que conectan al lector a periódicos electrónicos.
4. Muchos ________ contemporáneos están interesados en participar en un nuevo fenómeno literario conocido como la ________.

**Conexión personal** ¿Con qué frecuencia te conectas a Internet? ¿Es fundamental para ti o podrías vivir sin estar conectado/a? ¿Para qué navegas por Internet?

| | muchas veces | a veces | casi nunca | nunca |
|---|---|---|---|---|
| banca electrónica | | | | |
| comunicación | | | | |
| diversión | | | | |
| estudios | | | | |
| noticias | | | | |
| trabajo | | | | |

### Contexto cultural

"¿Qué hacía la gente antes de la existencia de Internet?" Muchos nos hacemos esta pregunta en situaciones cotidianas, como resolver un debate entre amigos con una búsqueda rápida en una base de datos (*database*), pagar una factura por medio de la banca electrónica o hablar con alguien a mil kilómetros de distancia con el mensajero instantáneo. Internet ha transformado la vida moderna, abriendo paso (*paving the way*) a múltiples posibilidades de comunicación, comercio, investigación y diversión. ¿Hay algo que sigue igual después de la revolución informática? ¿Qué ha pasado, por ejemplo, con el arte? ¿Cómo ha sido afectado por las innovaciones tecnológicas?

Practice more at **vhlcentral.com.**

## Hernán Casciari:

# arte en la blogosfera

Audio: Reading

Si el medio artístico° del siglo XX fue el cine, ¿cuál será el nuevo medio del siglo XXI? El trabajo innovador del argentino Hernán Casciari sugiere la posibilidad de la blogonovela. Casciari ha desarrollado el nuevo género con creatividad, humor y una buena dosis de ironía. Las blogonovelas imitan el formato del blog —un diario electrónico, también llamado bitácora—, pero los "autores" son o personajes de ficción o versiones apócrifas° de individuos reales. El uso de Internet permite que Casciari incorpore imágenes

*artistic medium*

*fictitious*

para que la lectura sea también una experiencia visual. Explica el escritor: "Vale más ilustrar un rostro con una fotografía o un dibujo, en lugar de hacer una descripción literaria". Sus sitios web incluyen enlaces para que la lectura sea activa. También invitan a dejar comentarios para que lectura y escritura sean interactivas.

La blogonovela rompe con varios esquemas° tradicionales y se hace difícil de clasificar°. Si Casciari prefiere a veces la fotografía a la descripción, ¿es la blogonovela literatura o arte visual? ¿Aspira a ser un arte serio o cultura popular? Si el autor es argentino pero vive en España, ¿la obra se debe considerar española o argentina? Por otra parte, si aparece primero en Internet, ¿sería realmente un arte global?

*alters various patterns*
*categorize*

**Los blogs de Hernán Casciari**

*Juan Dámaso, vidente*
*Klikowsky. El día a día de un argentino en Euskadi*
*Orsai*
*Espoiler*

Además, las blogonovelas juegan con niveles de realidad y con las reglas° de la ficción. El diario falso seduce al lector, que cree leer confesiones íntimas. Sin embargo, el autor de una blogonovela mantiene una relación inusual con su lector. La persona que abre una novela tradicional recibe información según el orden° de las páginas de un libro. Pero el usuario informado de un sitio web crea su propio orden. ¿Cuál es el comienzo° y cuál es el final de un blog? En *Weblog de una mujer gorda*, Casciari incluye muchos enlaces, que a veces introducen información antes de la bitácora. Pero ¿qué pasa si un individuo decide no abrir un enlace? El lector de una blogonovela es autor de su propio camino en zigzag, una lectura animada por ilustraciones gráficas y fotos.

*rules*
*following the order*
*beginning*

*Weblog de una mujer gorda* es la blogonovela más célebre de Casciari. La autora ficticia es Mirta Bertotti, una mujer de poca educación pero con aptitud tecnológica y facilidad con las palabras. Esta madre sufrida°, pero de actitud optimista, decide un día crear un blog sobre su familia desestructurada°. Mirta actualiza su bitácora frecuentemente, narrando las particularidades de los Bertotti, los problemas de los hijos adolescentes y otros relatos° sobre los retos° de su vida. Mirta parece quejarse de su mala suerte, pero sus palabras revelan humor, cariño y fuerza interior°, una resistencia a los problemas muy modernos que afectan su vida.

*long-suffering*
*dysfunctional*
*stories/ challenges*
*inner strength*

Casciari desafía nuestras expectativas, pero más que reírse del lector, le provoca risa y sorpresa. Sus experimentos de ficción y realidad —como solicitar comentarios auténticos en blogs de ficción— nos divierten, pero además nos introducen a un nuevo y amplio° mundo creativo, posible ahora debido al encuentro entre el arte e Internet. ■

*wide*

**Datos biográficos**

**Hernán Casciari** nació en Buenos Aires en 1971. Además de estar a la vanguardia de las blogonovelas, Casciari es también periodista. En 2005 creó la blogonovela *El diario de Letizia Ortiz*, donde inventaba los pensamientos íntimos de la entonces futura reina de España. También en 2005, la exitosa blogonovela *Weblog de una mujer gorda* fue publicada en España como libro con el título *Más respeto, que soy tu madre*, que se adaptó al cine en 2010. Un año después, en 2011, publicó el libro *Charlas con mi hemisferio derecho.*

# Después de leer

## Hernán Casciari: arte en la blogosfera

**1 Comprensión** Responde a las preguntas con oraciones completas.

1. ¿De dónde es Hernán Casciari?
2. ¿Qué es una blogonovela?
3. ¿Además de ser blogonovelista, que profesión tiene Casciari?
4. ¿Por qué el autor a veces prefiere usar una foto en vez de una descripción?
5. ¿Qué incluyen los sitios web de Casciari para que la lectura sea activa e interactiva?
6. ¿Cómo es la autora ficticia del *Weblog de una mujer gorda*?

**2 Interpretación** Contesta las preguntas utilizando oraciones completas.

1. ¿Cuáles son las diferencias entre un blog y una blogonovela? ¿Cuáles son las semejanzas?
2. ¿Cuáles son algunas de las novedades artísticas de la blogonovela?
3. ¿Cómo cambia la experiencia de un lector que lee una obra en Internet en vez de abrir un libro? ¿Qué prefieres tú? Explica tus razones.
4. ¿Estás de acuerdo con Casciari en que a veces es mejor "ilustrar un rostro con una fotografía o un dibujo"? ¿Por qué?

**3 Comunicación** En parejas, respondan a las preguntas y compartan sus respuestas con la clase.

1. Muchos de los problemas de la familia Bertotti son muy actuales, por ejemplo, las situaciones difíciles en las que se encuentran los adolescentes de hoy día. ¿Prefieren un arte que represente la realidad contemporánea? ¿O les gusta un arte que introduzca otras épocas o temas lejanos?
2. Cuando en 2005 salió *El diario de Letizia Ortiz*, algunos lectores pensaron que el blog era el diario auténtico de la entonces futura reina de España. ¿Qué piensan de esta situación? ¿Conoces otros ejemplos de este tipo de confusión entre la ficción y la realidad?
3. ¿De qué manera ha cambiado el arte con las innovaciones tecnológicas de las últimas décadas? ¿Pueden pensar en ejemplos del mundo de la música?
4. ¿Qué actividades hacen ustedes en Internet que sus padres de jóvenes hacían de otra manera? ¿Cómo reaccionan las generaciones mayores (como sus padres y abuelos) frente a los avances tecnológicos?
5. Cada vez hay más personas que tienen su propio blog. ¿Son autores de algún blog? ¿Qué opinan de este fenómeno? ¿Qué ventajas y desventajas tiene?

**4 Escribir** Elige un personaje público que aparezca frecuentemente en la prensa. Imagina los pensamientos íntimos de esta persona —las cosas que no pueden saber los periódicos o las revistas— y narra un día de su vida en forma de blogonovela. Escribe como mínimo diez oraciones.

Practice more at **vhlcentral.com.**

# Atando cabos

## ¡A conversar!

**Inventores de robots** En grupos pequeños, imaginen que son un grupo de científicos. Tienen que diseñar un robot que pueda realizar una tarea normalmente hecha por seres humanos. Preparen una presentación sobre su robot para compartir con la clase. Al finalizar, realicen una votación para elegir el mejor robot.

**Elegir el tema:** Reúnanse y elijan la tarea que realizará su robot. Pueden elegir una tarea de la lista u otra que deseen.

- Pasear el perro
- Sacar la basura todos los días
- Preparar el desayuno
- Jugar juegos de mesa con un ser humano
- Entrenar a niños para jugar al béisbol
- Hacer las compras en el supermercado

**Preparar:** Decidan cómo va a ser el robot. Usen las preguntas como guía. También pueden preparar un afiche con un dibujo del robot.

- ¿Qué nombre le pondrían? ¿Por qué?
- ¿Cómo va a ser el robot?
- ¿Cómo va a realizar la tarea elegida? Describan un día en la vida del robot.
- ¿Quién se va a beneficiar con la creación del robot?

**Organizar:** Organicen la información en un esquema. Asignen distintas partes de la presentación a cada integrante del grupo.

**Presentación:** Durante la presentación, inviten al resto de la clase a participar haciendo preguntas acerca del robot. Sean convincentes. Expliquen por qué su robot es un avance importante. Recuerden que la clase elegirá el mejor robot.

## ¡A escribir!

### Robots futbolistas

Desde 1996, cada año se celebra la competencia internacional RoboCup, protagonizada por robots autónomos futbolistas. Este proyecto tiene como objetivo promover la investigación en el campo de la inteligencia artificial. Los organizadores de este mundial de fútbol de robots aspiran a desarrollar (*develop*) para el año 2050 "robots humanoides completamente autónomos que puedan ganarle al equipo de fútbol humano que sea campeón del mundo".

**El blog del robot** Imagina que eres un robot participante de la RoboCup o el robot que diseñó tu grupo en la actividad anterior. Escribe una entrada en tu blog sobre el primer día en que trabajas para los seres humanos. Usa el pretérito perfecto y el pluscuamperfecto.

**MODELO** Hoy es el primer día que me toca acompañar a los niños a la escuela. Mi memoria y mis circuitos no han podido descansar de tantos nervios. Nunca había estado tan nervioso...

Vocabulary Tools

## La tecnología

| | |
|---|---|
| **la arroba** | *@ symbol* |
| **el blog** | *blog* |
| **el buscador** | *search engine* |
| **la computadora portátil** | *laptop* |
| **la contraseña** | *password* |
| **el corrector ortográfico** | *spell-checker* |
| **la dirección de correo electrónico** | *e-mail address* |
| **la informática** | *computer science* |
| **el mensaje (de texto)** | *(text) message* |
| **la página web** | *web page* |
| **el programa (de computación)** | *software* |
| **el reproductor de CD/DVD/MP3** | *CD/DVD/MP3 player* |
| **el (teléfono) celular** | *cell phone* |
| **adjuntar (un archivo)** | *to attach (a file)* |
| **borrar** | *to erase* |
| **chatear** | *to chat* |
| **descargar** | *to download* |
| **guardar** | *to save* |
| **navegar en la red** | *to surf the web* |
| **tuitear** | *to tweet (in Twitter)* |
| **digital** | *digital* |
| **en línea** | *online* |
| **inalámbrico/a** | *wireless* |

## La astronomía y el universo

| | |
|---|---|
| **el agujero negro** | *black hole* |
| **el cohete** | *rocket* |
| **el cometa** | *comet* |
| **el espacio** | *space* |
| **la estrella (fugaz)** | *(shooting) star* |
| **el/la extraterrestre** | *alien* |
| **la gravedad** | *gravity* |
| **el ovni** | *UFO* |
| **el planeta** | *planet* |
| **el telescopio** | *telescope* |
| **el transbordador espacial** | *space shuttle* |

## Los científicos

| | |
|---|---|
| **el/la astronauta** | *astronaut* |
| **el/la astrónomo/a** | *astronomer* |
| **el/la biólogo/a** | *biologist* |
| **el/la científico/a** | *scientist* |
| **el/la físico/a** | *physicist* |
| **el/la ingeniero/a** | *engineer* |
| **el/la matemático/a** | *mathematician* |
| **el/la (bio)químico/a** | *(bio) chemist* |

## La ciencia y los inventos

| | |
|---|---|
| **el ADN (ácido desoxirribonucleico)** | *DNA* |
| **el avance** | *advance* |
| **la célula** | *cell* |
| **el desafío** | *challenge* |
| **el descubrimiento** | *discovery* |
| **el experimento** | *experiment* |
| **el gen** | *gene* |
| **el invento** | *invention* |
| **la patente** | *patent* |
| **la teoría** | *theory* |
| **clonar** | *to clone* |
| **comprobar (o:ue)** | *to prove* |
| **crear** | *to create* |
| **fabricar** | *to manufacture* |
| **formular** | *to formulate* |
| **inventar** | *to invent* |
| **investigar** | *to investigate; to research* |
| **avanzado/a** | *advanced* |
| **(bio)químico/a** | *(bio) chemical* |
| **especializado/a** | *specialized* |
| **ético/a** | *ethical* |
| **innovador(a)** | *innovative* |
| **revolucionario/a** | *revolutionary* |

## Más vocabulario

| | |
|---|---|
| **Expresiones útiles** | *Ver p. 249* |
| **Estructura** | *Ver pp. 256–257, 260 y 262–263* |

## Cinemateca

| | |
|---|---|
| **las intenciones** | *intentions* |
| **la mina** | *mine* |
| **el oro** | *gold* |
| **el/la prometido/a** | fiancé(e) |
| **asustar** | *to scare* |
| **parpadear** | *to blink* |
| **adornado/a** | *embellished* |
| **ir en serio** | *to mean it* |
| **mi más sentido pésame** | *my deepest condolences* |
| **ni siquiera** | *not even* |

## Literatura

| | |
|---|---|
| **el auricular** | *telephone receiver* |
| **el/la bobo/a** | *silly, stupid person* |
| **la motosierra** | *power saw* |
| **el móvil** | *cell phone* |
| **el/la navegante** | *navigator* |
| **el vagón** | *carriage; train car* |
| **ahorrarse** | *to save oneself* |
| **sonar (o:ue)** | *to ring* |
| **apagado/a** | *turned off* |

## Cultura

| | |
|---|---|
| **la bitácora** | *travel log; weblog* |
| **la blogonovela** | *blog novel* |
| **la blogosfera** | *blogosphere* |
| **el enlace** | *link* |
| **el/la novelista** | *novelist* |
| **el sitio web** | *website* |
| **el/la usuario/a** | *user* |
| **la web** | *the web* |
| **actualizar** | *to update* |
| **a la vanguardia** | *at the forefront* |

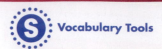

# La economía y el trabajo 8

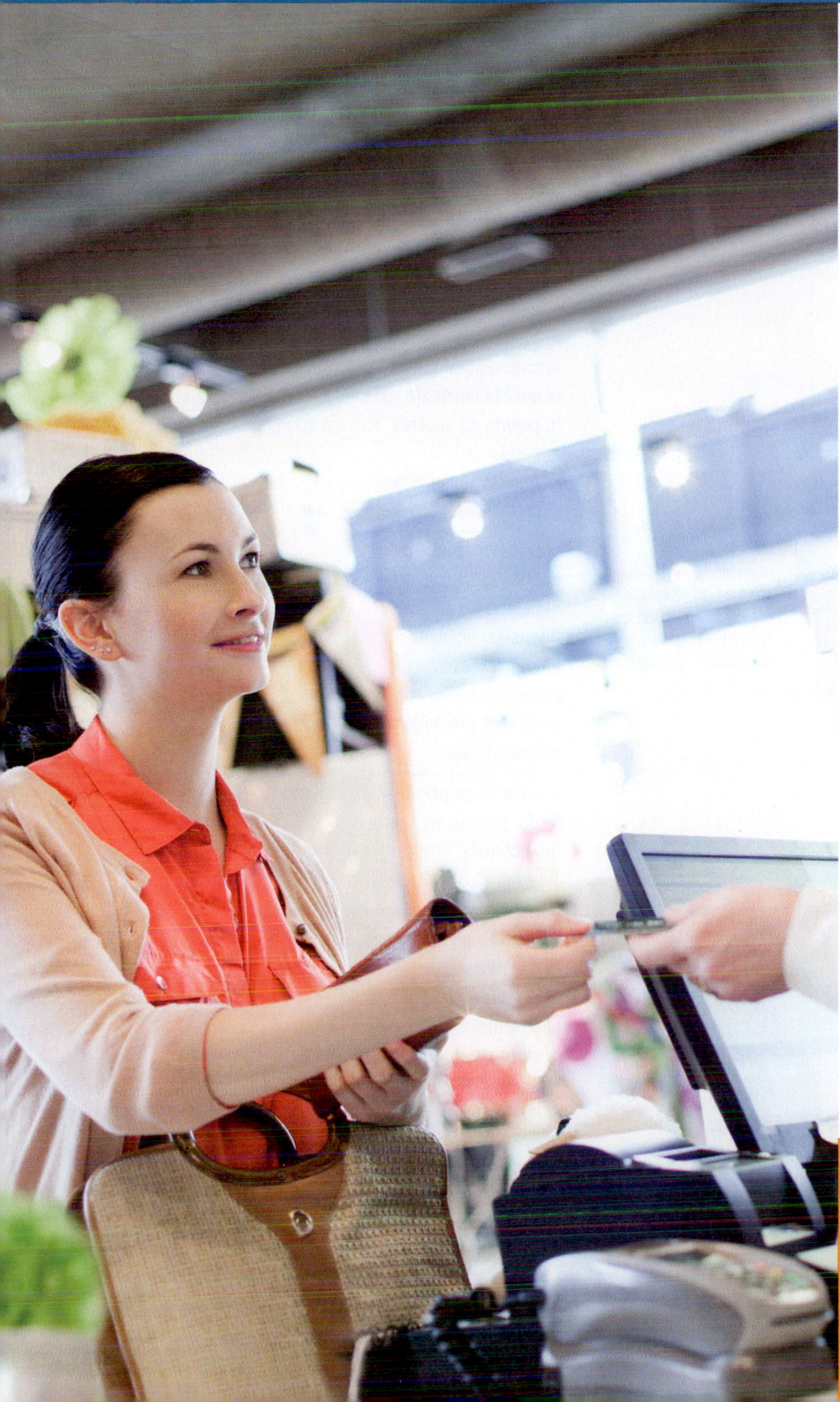



**Communicative Goals**

**You will expand your ability to…**

- express what you or others would do
- express will, emotion, doubt, or denial in the past
- express uncertainty, indefiniteness, condition, and intent in the past
- discuss hypothetical situations and events that depend on other events

Vocabulary Tools

# La economía y el trabajo

## El trabajo

**el aumento de sueldo** *pay raise*
**la compañía** *company*
**la conferencia** *conference*
**el contrato** *contract*
**el currículum (vitae)** *résumé*
**el empleo** *employment*
**la entrevista de trabajo** *job interview*

En la **entrevista de trabajo**, Eugenia presentó su **currículum vitae** e hizo preguntas sobre **la compañía**, las tareas del **puesto** y las condiciones de **empleo**.

**el puesto** *position*
**la reunión** *meeting*
**el sueldo mínimo** *minimum wage*

---

**administrar** *to manage; to run*
**ascender (e:ie)** *to rise; to be promoted*
**contratar** *to hire*
**despedir (e:i)** *to fire*
**exigir** *to demand*
**ganar bien/mal** *to be well/poorly paid*
**ganarse la vida** *to earn a living*
**jubilarse** *to retire*
**renunciar** *to quit*
**solicitar** *to apply for*

---

**(des)empleado/a** *(un)employed*
**exitoso/a** *successful*
**(in)capaz** *(in)competent*

## Las finanzas

**el ahorro** *savings*
**la bancarrota** *bankruptcy*
**el cajero automático** *ATM*
**la cuenta corriente** *checking account*
**la cuenta de ahorros** *savings account*
**la deuda** *debt*
**la hipoteca** *mortgage*
**el presupuesto** *budget*

---

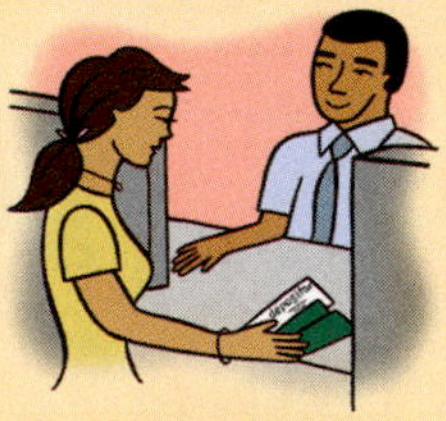

**ahorrar** *to save*
**cobrar** *to charge; to receive*
**depositar** *to deposit*
**financiar** *to finance*
**gastar** *to spend*
**invertir (e:ie)** *to invest*
**pedir (e:i) prestado/a** *to borrow*
**prestar** *to lend*

---

**a corto/largo plazo** *short/long-term*
**fijo/a** *permanent; fixed*
**financiero/a** *financial*

## La economía

**la bolsa (de valores)** *stock market*
**el comercio** *trade*
**el desempleo** *unemployment*
**la empresa multinacional** *multinational company*
**la huelga** *strike*
**el impuesto (de ventas)** *(sales) tax*
**la inversión (extranjera)** *(foreign) investment*
**el mercado** *market*
**la pobreza** *poverty*
**la riqueza** *wealth*
**el sindicato** *labor union*

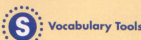

---

**exportar** *to export*
**importar** *to import*

## La gente en el trabajo

La Sra. Bonilla comenzó su carrera profesional como **vendedora**, luego pasó a ser **gerente** y ahora es una alta **ejecutiva**. Espera que le ofrezcan ser **socia** este año.

**el/la asesor(a)** *consultant*
**el/la contador(a)** *accountant*
**el/la dueño/a** *owner*
**el/la ejecutivo/a** *executive*
**el/la empleado/a** *employee*
**el/la gerente** *manager*
**el hombre/la mujer de negocios** *businessman/woman*
**el/la socio/a** *partner; member*
**el/la vendedor(a)** *salesperson*

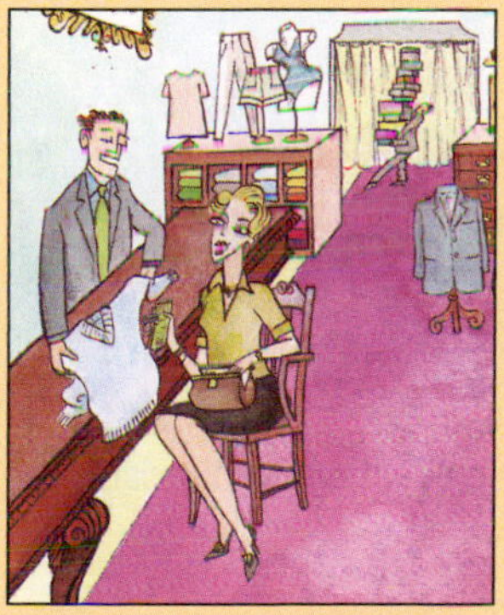

# Práctica

**1 Escuchar**

**A.** Escucha el anuncio de *Creditinstant* y luego decide si las oraciones son **ciertas** o **falsas**. Corrige las falsas.

1. *Creditinstant* ofrece un puesto de trabajo con un buen sueldo.
2. *Creditinstant* ofrece tres mil dólares.
3. Los clientes de *Creditinstant* siempre tienen que devolver el dinero a corto plazo.
4. Los clientes pueden solicitar el dinero por teléfono.
5. *Creditinstant* deposita el dinero en la cuenta de ahorros en veinticuatro horas.
6. Los clientes pueden gastar el dinero en lo que quieran.

**B.** Escucha la conversación entre un cliente y un representante de *Creditinstant* y contesta las preguntas con oraciones completas.

1. ¿Qué necesita la clienta?
2. ¿En qué trabaja la clienta?
3. ¿Qué puesto de trabajo tiene su esposo?
4. ¿Para qué necesita la clienta el dinero?

**2 No pertenece** Indica qué palabra no pertenece a cada grupo.

1. empleo–sindicato–sueldo–cajero automático
2. currículum–deuda–entrevista–contrato
3. entrevista–bolsa de valores–inversión–mercado
4. depositar–socio–cajero automático–cuenta corriente
5. asesor–ejecutivo–gerente–importar
6. renunciar–exportar–despedir–jubilarse
7. comercio–capaz–exitoso–ascender
8. gastar–prestar–exigir–ahorrar

# Práctica

**3 ¿Qué buscan?** Indica qué quiere cada una de estas personas.

____ 1. un(a) contador(a) quiere
____ 2. el/la ministro/a de economía quiere
____ 3. un(a) empleado/a que lleva mucho tiempo en la empresa quiere
____ 4. una persona desempleada quiere
____ 5. el/la dueño/a de una empresa quiere
____ 6. un(a) gerente que entrevista a un(a) solicitante quiere

a. conseguir un trabajo lo antes posible
b. que sus clientes paguen lo mínimo posible de impuestos
c. un aumento de sueldo
d. hacerle preguntas sobre el currículum vitae
e. que sus ejecutivos administren bien su dinero
f. que baje el desempleo y vengan inversiones del extranjero

**4 Cosas que dice la gente** Completa las oraciones con los términos de la lista.

| | | | |
|---|---|---|---|
| **administrar** | **depositar** | **incapaces** | **riqueza** |
| **ahorros** | **empleo** | **inversiones** | **sindicato** |
| **bolsa de valores** | **financieros** | **jubilar** | **vendedora** |

1. "Ya me quiero ____________. Estoy cansado y quiero disfrutar de mis nietos."
2. "Si no mejoramos nuestra forma de ____________, esta empresa fracasará."
3. "¿Quiere usted reducir sus deudas, invertir en la ____________ y ahorrar para la jubilación? Nuestros asesores ____________ lo pueden ayudar."
4. "He gastado todos mis ____________. Necesito un ____________."
5. "Hay que recibir más ____________ para salvar la compañía."
6. "El ____________ está en contra de los despidos de empleados."

**5 Definiciones**

**A.** En parejas, definan brevemente las palabras.

| | | | | |
|---|---|---|---|---|
| **ascender** | **contrato** | **exigir** | **importar** | **riqueza** |
| **cobrar** | **despedir** | **huelga** | **mercado** | **socio** |

**B.** Improvisen una entrevista en la que uno/a de ustedes es el/la gerente y la otra persona solicita un puesto de trabajo. Usen al menos seis palabras de la lista. Después, representen su entrevista ante la clase.

**MODELO**
**ENTREVISTADOR** ¿Por qué lo despidieron de su último empleo?
**SOLICITANTE** Bueno, todo empezó el día de la huelga de…

Practice more at **vhlcentral.com.**

# Comunicación

**6 ¿Qué opinas?** En parejas, contesten las preguntas y después compartan su opinión con la clase.

1. ¿Piensas que el dinero es lo más importante en la vida? Explica tu respuesta.
2. ¿Sigues la información de la bolsa de valores? ¿Crees que es buena idea invertir todos los ahorros en la bolsa de valores? ¿Por qué?
3. ¿Crees que la economía del país afecta a tu vida personal? ¿De qué manera?
4. ¿Piensas que se podrá acabar con la pobreza?
5. ¿Qué sacrificarías para conseguir que no hubiera más pobreza en el mundo?
6. ¿Crees que la economía de tu país va a ser la más fuerte dentro de veinte años? Explica tu respuesta.
7. ¿Qué consecuencias piensas que tiene la globalización?
8. ¿La globalización es positiva para los países ricos? ¿Y para los pobres?

**7 El consejero de trabajo** En parejas, imaginen que uno/a de ustedes está a punto de graduarse y no sabe qué trabajo hacer. La otra persona es un(a) asesor/a de trabajo. Túrnense para hacerse preguntas y darse consejos sobre cuál sería el mejor trabajo para cada uno/a. Utilicen y amplíen las preguntas e ideas de la lista.

**Preguntas**

**a.** ¿Eres capaz de trabajar bajo presión?
**b.** ¿Te gusta administrar?
**c.** ¿Qué te importa más: ganar mucho dinero o disfrutar del trabajo?
**d.** ¿Te gusta trabajar en equipo o prefieres trabajar solo/a?
**e.** ¿Qué clases te han gustado más?
**f.** ¿Te gusta viajar?
**g.** ¿Es importante que tu trabajo sea creativo?
**h.** ¿Esperas que tu empleo ayude a mejorar la sociedad?
**i.** ¿Quieres ser dueño/a de tu propia compañía?
**j.** ¿Qué tipos de conferencias te interesan más: de tecnología, de música, de educación?
**k.** ¿En qué tipo de trabajo has tenido más éxito?
**l.** ¿…?

**Debes trabajar en…**

- los negocios
- las ciencias
- la política
- una empresa multinacional
- los transportes
- la tecnología
- las artes
- una organización humanitaria
- la educación
- el turismo
- un restaurante
- la medicina
- el comercio
- …

Video

**El equipo de *Facetas* celebra el segundo aniversario de la revista. Es un momento lleno de recuerdos.**

*En la sala de conferencias…*

**TODOS** ¡Cumpleaños feliz!

**AGUAYO** Antes de apagar las velas de nuestro segundo aniversario, quiero que cada uno cierre los ojos y luego pida un deseo.

**JOHNNY** Lo estoy pensando…

**TODOS** Uno, dos, tres…

*Apagan las velas.*

**DIANA** Ahh… ¿Quién lo diría? ¡Dos años y tantos recuerdos!

**AGUAYO** ¿Recuerdas cuando viniste a tu entrevista de trabajo y Éric pensó que tu padre era millonario?

**FABIOLA** Sí. Recuerdo que puso esa cara.

*Fabiola recuerda…*

**AGUAYO** Éric, te presento a Fabiola Ledesma, nuestra nueva escritora.

**ÉRIC** ¿No eres tú la hija del banquero y empresario millonario Ledesma?

**FABIOLA** No. Mi padre es ingeniero y no es millonario.

**ÉRIC** Perdona. Por un momento pensé que me había enamorado de ti.

*De vuelta al presente…*

**AGUAYO** Ahora de vuelta al trabajo. (*Se marcha.*)

**MARIELA** ¡Aposté que nos darían la tarde libre!

**DIANA** Chicos, he estado pensando en hacerle un regalo de aniversario a Aguayo.

**FABIOLA** Siento no poder ayudarte, pero estoy en crisis económica.

**DIANA** Por lo menos ayúdenme a escoger el regalo.

**FABIOLA** Debe ser algo importado. Algo pequeño, fino y divertido.

**ÉRIC** ¿Qué tal un pececito de colores?

**TODOS** ¡Pobre Bambi!

**FABIOLA** Me refiero a algo de corte ejecutivo, Éric. Algo exclusivo.

**ÉRIC** Mariela, ¿qué le darías a un hombre que lo tiene todo?

**MARIELA** Mi número de teléfono.

*En la oficina de Aguayo...*

**FABIOLA** Jefe, ¿tiene un minuto?

**AGUAYO** ¿Sí?

**FABIOLA** Usted sabe que tengo un gran currículum y que soy muy productiva en lo mío.

**AGUAYO** ¿Sí?

**FABIOLA** Y que mis artículos son bien acogidos, y ello le ha traído a la revista…

## Personajes

AGUAYO DIANA ÉRIC FABIOLA JOHNNY MARIELA

*De vuelta al presente...*

**AGUAYO** Brindo por nuestra revista, por nuestro éxito y, en conclusión, brindo por quienes trabajan duro... ¡Salud!

**TODOS** ¡Salud!

**DIANA** Eso me recuerda el primer día que Johnny trabajó en la oficina.

*Diana recuerda...*

**DIANA** Se supone que estuvieras aquí hace media hora y sin embargo, llegas tarde. Los empleados en esta empresa entran a las nueve de la mañana y trabajan duro todo el día. Sabes lo que es el trabajo duro, ¿verdad?

**JOHNNY** En mi trabajo anterior entraba a las cuatro de la mañana y jamás llegué tarde.

**DIANA** A esa hora nunca se sabe si llegas demasiado tarde o demasiado temprano.

**AGUAYO** ¿Qué es lo que quieres, Fabiola?

**FABIOLA** Un aumento de sueldo.

**AGUAYO** ¿Qué pasa contigo? Te aumenté el sueldo hace seis meses.

**FABIOLA** Pero hay tres compañías que andan detrás de mí. Por lo tanto, merezco otro aumento.

**AGUAYO** ¿Qué empresas son?

**FABIOLA** (*avergonzada*) La del teléfono, la del agua y la de la luz.

*Más tarde...*

**DIANA** Ya sé qué regalarle a Aguayo... un llavero.

(*Éric y Fabiola ponen cara de repugnancia.*)

**DIANA** ¿Qué?

**FABIOLA** No lo culpo si lo cambia por un pez.

## Expresiones útiles

### Proposing a toast

**Brindo por nuestra revista.**
*I toast our magazine.*

**Brindemos por nuestro éxito.**
*Let's toast our success.*

**¡Salud!**
*Cheers!*

**¡A tu salud!**
*To your health!*

### Talking about what someone would or wouldn't do

**¡Pensé que nos darían la tarde libre!**
*I thought they would give us the afternoon off!*

**¿Qué le darías a un hombre/una mujer que lo tiene todo?**
*What would you give to a man/woman who has everything?*

**Le daría...**
*I would give him/her...*

### Additional vocabulary

**anterior** *previous*

**apagar las velas** *to blow out the candles*

**bien acogido/a** *well-received*

**la crisis económica** *economic crisis*

**el/la empresario/a** *entrepeneur*

**importado/a** *imported*

**llavero** *keychain*

**merecer** *to deserve*

**No lo/la culpo.** *I don't blame him/her.*

**pedir un deseo** *to make a wish*

**¿Quién lo diría?** *Who would have thought?*

**ser productivo/a** *to be productive*

**temprano** *early*

**trabajar duro** *to work hard*

# Comprensión

**1 La trama** Indica en qué orden ocurrieron los hechos (*events*) de este episodio.

____ a. Brindan por la revista.
____ b. Cantan cumpleaños feliz.
____ c. Fabiola pide un aumento de sueldo.
____ d. Diana piensa regalarle a Aguayo un llavero.
____ e. Éric sugiere regalarle a Aguayo un pececito de colores.
____ f. Fabiola dice que está en crisis económica.

**2 ¿Pasado o presente?** En la **Fotonovela**, los personajes recuerdan algunos sucesos (*events*) del pasado. Indica si estas oraciones describen sucesos del **pasado** o del **presente**. Luego completa las oraciones con la forma adecuada del verbo.

| | Pasado | Presente |
|---|---|---|
| 1. Éric ________ (creer) que Fabiola era hija de un millonario. | ☐ | ☐ |
| 2. Los empleados de la revista ________ (brindar) por el aniversario. | ☐ | ☐ |
| 3. Éric ________ (pensar) que se había enamorado de Fabiola. | ☐ | ☐ |
| 4. Diana ________ (proponer) hacerle un regalo a Aguayo. | ☐ | ☐ |
| 5. Johnny ________ (llegar) tarde a la oficina. | ☐ | ☐ |
| 6. Fabiola le ________ (pedir) a Aguayo un aumento de sueldo. | ☐ | ☐ |

**3 ¿Quién lo diría?** ¿Qué empleado de *Facetas* dijo cada una de estas oraciones?

________ 1. Hace ya dos años que trabajamos aquí. ¡Quién lo diría!
________ 2. ¡Pidan todos un deseo!
________ 3. Jefe, usted sabe que trabajo muy duro.
________ 4. Mi padre no es empresario.
________ 5. Yo pensaba que nos dejarían irnos más temprano del trabajo.

**4 Preguntas** Contesta las preguntas con oraciones completas.

1. ¿Qué celebran los empleados de *Facetas*?
2. ¿Por qué creía Éric que se había enamorado de Fabiola?
3. ¿Por qué Fabiola no puede ayudar con el regalo?
4. ¿Le gusta a Fabiola la idea de regalarle un llavero a Aguayo?

**5 Lo tiene todo** ¿Qué le darías tú a alguien que lo tiene todo? Trabajen en grupos de cinco para inventar una conversación entre los empleados de *Facetas*. Tendrán que ponerse de acuerdo sobre un regalo para Aguayo. Utilicen la frase **Yo le daría...** y expliquen sus razones.

**MODELO**

**FABIOLA** ¡Ese llavero no es muy elegante, Diana! Yo le daría un reloj porque él siempre insiste en que lleguemos a tiempo a la oficina.

**JOHNNY** ¡Pero Aguayo ya tiene un Rolex! Yo le daría...

Practice more at **vhlcentral.com.**

# Ampliación

**6** **Preguntas** Conversen sobre estas preguntas y compartan sus respuestas con la clase.

1. ¿Alguna vez le diste un regalo a un jefe? ¿Qué le darías tú a Aguayo?
2. ¿Conoces tú a alguien que lo tiene todo? ¿Cómo es esta persona? ¿Trabaja duro? ¿Crees que merece todo lo que tiene?
3. ¿Alguna vez tuviste que comprarle un regalo a esa persona? ¿Qué escogiste?
4. ¿Cuál es el mejor regalo que has recibido en tu vida? ¿Por qué?
5. ¿Cuáles son los mejores regalos por menos de $10? ¿Por menos de $25? ¿Por menos de $100?

**7** **Apuntes culturales** En parejas, lean los párrafos y contesten las preguntas.

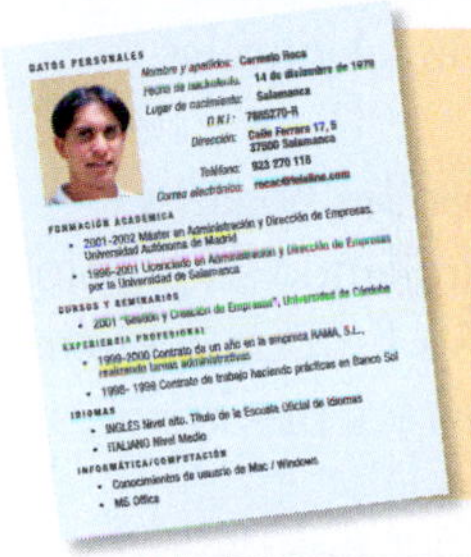


### El currículum vitae

Fabiola tiene mucha experiencia laboral. Seguramente, cuando presentó su **currículum vitae** a *Facetas*, además de la información profesional, incluyó datos personales que son comunes en el mundo laboral hispano: fecha de nacimiento, estado civil, una foto en color, si tiene carro… ¿Habrá salido en la foto con la misma cara de enojo con que salió en el pasaporte?

### El millonario ingeniero

El padre de Fabiola no es millonario, sino un modesto ingeniero, pero el venezolano **Lorenzo Mendoza** sí es ingeniero y millonario. Presidente ejecutivo de Empresas Polar, que además financia la fundación más grande del país, Mendoza construyó la tercera fortuna más grande de Hispanoamérica con empresas que fundó su abuelo. Sin embargo, lleva una vida modesta junto a su esposa e hijos.

### *Facetas* y *Caretas*

¡***Facetas*** cumple dos años! Otra revista importante en el mundo hispano es ***Caretas***. Comenzó a publicarse en 1950 en una pequeña oficina de Lima, Perú. Hoy es la revista más leída del país y trata temas como política, cultura, eventos sociales y viajes. ¡Ojalá que ***Facetas*** tenga el mismo éxito!

1. ¿Sabías que en algunos países hispanos es común poner en el currículum el estado civil y el número de hijos? ¿Qué piensas sobre incluir datos personales en el currículum? ¿Estás de acuerdo? En tu cultura, ¿qué información contiene un currículum?
2. ¿Qué otros millonarios conoces? ¿Qué ventajas y desventajas tiene ser millonario? Explica tu respuesta.
3. ¿Lees revistas? ¿Qué tipos de revistas te interesan más? ¿Por qué? ¿Estás suscrito/a a alguna? ¿A cuál(es)?
4. En tu opinión, ¿son más populares las revistas tradicionales o las revistas en Internet? ¿Por qué? ¿Qué ventajas tiene cada tipo de revista? ¿Cuál prefieres tú?

En detalle

VENEZUELA

# LAS TELENOVELAS

*La mujer del vendaval*

**La novela en papel puede ser muchas cosas: en la pantalla, sólo puede ser telenovela.** ¿Qué ingredientes conforman la telenovela? Una historia de amor en capítulos transmitidos de lunes a viernes; una pareja principal cuyo amor se enfrenta a múltiples obstáculos, uno o dos villanos y un montón de conflictos, intrigas, mentiras y misterios. Y, si de telenovelas se trata, hay que hablar de Latinoamérica.

Desde los años 50, el género desembarcó en los hogares y creció sin parar. En los 60, cada país fue desarrollando su propio estilo y el mercado de exportación se extendió a Europa del Este, Medio Oriente y Asia. Históricamente, los mayores productores han sido Venezuela, México, Brasil y Argentina.

Como las telenovelas son un trabajo en equipo, su producción implica la creación de numerosos puestos de trabajo para actores, escritores, productores, directores, escenógrafos, maquilladores, etc. A eso se agrega la etapa de posproducción y finalmente la de exportación. En Venezuela, llegó un momento en que el mercado de exportación de telenovelas era mayor que el de la exportación nacional del mercado automotor, textil o de papel.

A pesar de su popularidad, estas producciones también tienen sus críticos. "Las telenovelas contribuyen a crear estereotipos", dice la socióloga mexicana Carmen Aquilani. "Las villanas suelen ser mujeres inteligentes, ricas y seguras de sí mismas, mientras que la mujer buena suele ser sumisa y pobre", dice. "Además, presentan unos cánones de belleza que no representan a la sociedad", asegura. Según ella, los personajes principales casi siempre son de origen europeo y las sirvientas son de origen africano. Pero no todo el mundo está de acuerdo con estas críticas. "Las telenovelas no son más que entretenimiento y a la gente les encantan", dice una aficionada a estos programas de televisión. ■

**Telenovelas al aire por país productor emitidas en Latinoamérica y España**

| | |
|---|---|
| México (Televisa) | 27% |
| México (TV Azteca) | 8% |
| Estados Unidos (Telemundo) | 18% |
| Colombia (RCN y Caracol TV) | 12% |
| Brasil (TV Globo y Rede Record) | 12% |
| Venezuela (Venevisión y RCTV) | 8% |
| Argentina (Telefe y Cris Morena RGB) | 4% |
| Otros productores | 11% |

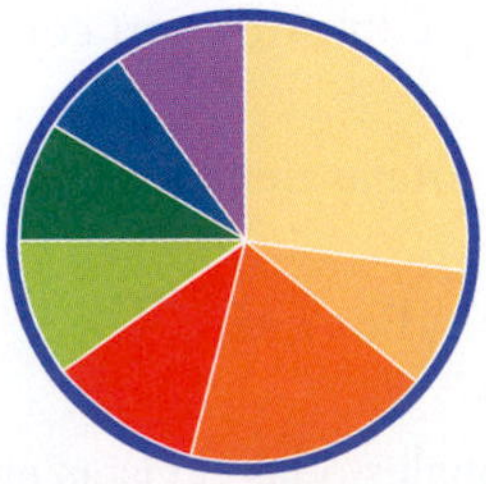

Fuente: *La industria de la telenovela mexicana: Procesos de comunicación, documentación y comercialización.*

El presidente de Venezuela Hugo Chávez, fallecido en 2013, censuró muchas telenovelas por su contenido crítico con su gobierno. Además, Chávez financió series con ideología socialista donde los personajes representan, no a la élite blanca, sino a la mayoría mestiza del país.

## ASÍ LO DECIMOS

### El dinero

| | |
|---|---|
| **los chavos (P. R.)**<br>**la lana (Méx.)**<br>**las pelas, la pasta (Esp.)** | *money* |
| **la peseta (P. R.)** | *quarter (American coin)* |
| **comer cable (Ven.)**<br>**estar pelado/a (Col., Esp.)**<br>**no tener guano (Cu.)** | *to have no money* |
| **estar forrado/a**<br>**tener una pila de dinero** | *to be loaded* |
| **ser gasolero/a (Arg.)** | *to be stingy* |
| **el/la mileurista (Esp.)** | *a young, educated person who only makes a thousand euros a month* |

## EL MUNDO HISPANOHABLANTE

### Telenovelas en Latinoamérica

En México, el Grupo Televisa produce entre diez y doce telenovelas anuales. Uno de sus grandes éxitos fue *Corazón salvaje*, que filmó en cuatro ocasiones. La última versión (2009) sufrió un recorte de presupuesto del 40% por la crisis económica. En los últimos años, la productora mexicana ha actualizado sus temas y sus personajes; en la serie *Qué pobres tan ricos* (2013) Televisa introduce una relación homosexual.

Colombia brilla en el mundo de la telenovela gracias al escritor Fernando Gaitán, creador de *Yo soy Betty, la fea* (1999), que figura en el Libro Guinness por ser la serie más versionada° de la historia. Según datos de la Organización Mundial del Comercio, en 2011 las exportaciones del sector audiovisual colombiano llegaron a los 35 millones de dólares.

La Argentina Telefe solía hacer telenovelas de temas controvertidos, como los desaparecidos de la dictadura (*Montecristo*, 2006). Ahora, ha vuelto al melodrama tradicional con series como *Se dice amor* (2014), donde un padre y un hijo compiten por la misma mujer.

## PERFIL

### CAROLINA HERRERA

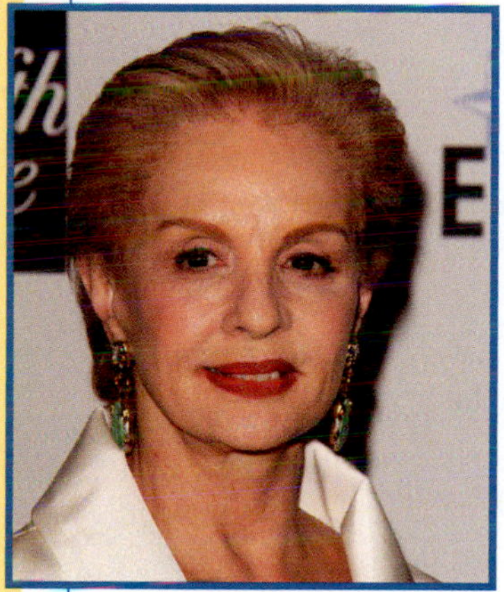

Carolina Herrera siempre creyó en su buen gusto°. En 1979, cuando ya había nacido su primera nieta, esta aristócrata venezolana decidió probar suerte en el negocio de la moda. Creó su primera colección en 1981, y en 1987 entró en la rama° de los trajes de novia. En 2005 creó la línea CH Carolina Herrera, ampliando° su negocio a perfumes, bolsos°, ropa de hombre y zapatos: un imperio económico que genera unas ventas anuales de más de 200 millones de dólares. Su estilo sencillo y elegante conquistó a primeras damas estadounidenses, desde Jacqueline Onassis hasta Michelle Obama.

Aunque la gran dama de la moda venezolana sigue estando al frente del negocio, su hija, Carolina Herrera Jr., va asumiendo más y más control de la compañía familiar. Ella, sin embargo, quiere reafirmar su identidad y asegura que, a diferencia de su madre, no se considera modista°. "Sólo soy una persona creativa que sabe lo que le gusta", asegura.

> "Mira si será malo el trabajo, que deben pagarte para que lo hagas."
> (Facundo Cabral, cantautor argentino)

### Conexión Internet

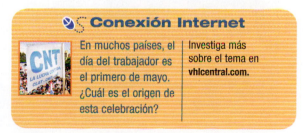

En muchos países, el día del trabajador es el primero de mayo. ¿Cuál es el origen de esta celebración?

Investiga más sobre el tema en **vhlcentral.com.**

**buen gusto** *good taste* **rama** *branch* **ampliando** *expanding* **bolsos** *handbags* **modista** *fashion designer* **más versionada** *with the most remakes*

# ¿Qué aprendiste?

**1 Comprensión** Indica si estas afirmaciones son **ciertas** o **falsas**. Corrige las falsas.

1. Las telenovelas sólo se transmiten los fines de semana.
2. Además de una historia de amor, la telenovela debe incluir conflictos, intrigas y mentiras.
3. En Europa del Este y Asia se producen muchas telenovelas.
4. El género de la telenovela comenzó en la década de 1920.
5. Perú es el país más importante en la producción de telenovelas.
6. Gracias a la producción y exportación de telenovelas, se generan muchos puestos de trabajo.
7. En Venezuela, la industria de las telenovelas llegó a superar en ganancias a otras industrias nacionales.
8. Algunas personas creen que las telenovelas presentan estereotipos.
9. Los personajes principales de las telenovelas suelen ser de origen africano.
10. Hugo Chávez influyó en el contenido de las telenovelas de Venezuela.
11. Hugo Chávez apoyó a la industria venezolana de la telenovela.

**2 Oraciones incompletas** Completa las oraciones con la información correcta.

1. La versión de 2009 de *Corazón salvaje* sufrió un ______________________.
2. *Yo soy Betty, la fea* aparece en el Libro Guiness como la telenovela ______________________.
3. Las últimas producciones de Telefe han vuelto al ______________________.
4. Carolina Herrera vistió a algunas ______________________.
5. Carolina Herrera Jr. se considera una persona ______________________.

**3 Opiniones** En parejas, contesten las preguntas.

1. ¿Qué opinas de las telenovelas producidas en tu país? ¿Qué características comparten con las latinoamericanas?
2. ¿Mirarías una telenovela para practicar español? ¿Por qué?
3. ¿Crees que las productoras de telenovelas deberían hacer un esfuerzo por representar mejor a las mujeres y a las minorías raciales? ¿Por qué?
4. ¿Por qué crees que las telenovelas tienen un gran número de fanáticos en Latinoamérica?
5. ¿Qué otro/a gran empresario/a de Hispanoamérica conoces? ¿Qué sabes de esa persona?

Practice more at **vhlcentral.com.**

## PROYECTO

### Producción en Latinoamérica

Muchos productos latinoamericanos se cuentan entre los mejores del mundo. Investiga la industria de un producto típico latinoamericano y prepara una presentación para la clase. Puedes investigar productos como bebidas, miel, madera, café, flores, productos de cuero, ajo, peras y manzanas, soja, lana, carne, etc.

- ¿Cómo es su producción?
- ¿Qué alcance tiene su exportación?
- ¿Cuál es su impacto en la economía local?
- ¿Se consigue el producto en tu ciudad?

Flash CULTURA

# Las alpacas

Video

¿Sabías que en la zona andina existen animales que hace cientos de años eran considerados dignos de la realeza? En este episodio de **Flash Cultura**, podrás conocerlos y enterarte de cómo y por qué contribuyen a la economía regional.

**VOCABULARIO ÚTIL**

**cariñoso/a** *friendly*
**esquilar** *to shear*
**la hebra de hilo** *thread*
**la manta** *blanket*
**la mascota** *pet*
**tejer** *to weave*
**la temporada** *season*
**teñir** *to dye*

**Preparación** ¿Has comprado en alguna tienda de comercio justo? ¿Has comprado productos de comercio justo en el supermercado? ¿Te gustan los productos artesanales? ¿Por qué?

**Comprensión** Indica si estas afirmaciones son **ciertas** o **falsas**. Después, en parejas, corrijan las falsas.

1. La alpaca es un animal tan dócil y cariñoso que puede adoptarse como mascota.
2. Fueron los conquistadores españoles quienes la domesticaron en la antigüedad.
3. Las cuatro especies de camélidos sudamericanos son domésticas.
4. Las alpacas son esquiladas cada vez que llueve.
5. La fibra de la alpaca que se esquila se transforma a continuación en un hilo y después se tiñe de colores con elementos vegetales.
6. La tradición indica que las mujeres deben aprender a tejer con sus madres para ser admitidas plenamente en la comunidad.

**Expansión** En parejas, contesten estas preguntas.

- ¿Alguna vez tuvieron una mascota? ¿Qué características debe tener un animal para que lo dejen entrar en sus casas? ¿Tendrían una alpaca como mascota?
- En sus comunidades o familias, ¿existe alguna tradición que pase de madres a hijas o de padres a hijos?
- Si fueran de viaje a Lima, ¿comprarían regalos en las tiendas de productos de alpaca? ¿Por qué? ¿Qué comprarían?

**Corresponsal:** Omar Fuentes
**País:** Perú

La alpaca parece un pequeño camello sin joroba° y con las orejas más grandes.

La producción de telas y productos de fibra de alpaca le da empleo a miles de personas en esta región.

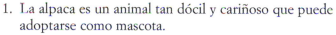

Esta preciosa fibra cuenta con la gama° de colores naturales más grande del mundo.

**joroba** *hump* **gama** *range*

Practice more at **vhlcentral.com.**

## 8.1 The conditional

- To express the idea of what *would* happen, use the conditional tense.

¿Qué le darías a un hombre que lo tiene todo?


- The conditional tense (**el condicional**) uses the same endings for all **-ar**, **-er**, and **-ir** verbs. For regular verbs, the endings are added to the infinitive.

**The conditional**

| dar | ser | vivir |
|---|---|---|
| daría | sería | viviría |
| darías | serías | vivirías |
| daría | sería | viviría |
| daríamos | seríamos | viviríamos |
| daríais | seríais | viviríais |
| darían | serían | vivirían |

- Verbs with irregular future stems have the same irregular stem in the conditional.

| Infinitive | stem | conditional |
|---|---|---|
| caber | cabr- | cabría, cabrías, cabría, cabríamos, cabríais, cabrían |
| haber | habr- | habría, habrías, habría, habríamos, habríais, habrían |
| poder | podr- | podría, podrías, podría, podríamos, podríais, podrían |
| querer | querr- | querría, querrías, querría, querríamos, querríais, querrían |
| saber | sabr- | sabría, sabrías, sabría, sabríamos, sabríais, sabrían |
| poner | pondr- | pondría, pondrías, pondría, pondríamos, pondríais, pondrían |
| salir | saldr- | saldría, saldrías, saldría, saldríamos, saldríais, saldrían |
| tener | tendr- | tendría, tendrías, tendría, tendríamos, tendríais, tendrían |
| valer | valdr- | valdría, valdrías, valdría, valdríamos, valdríais, valdrían |
| venir | vendr- | vendría, vendrías, vendría, vendríamos, vendríais, vendrían |
| decir | dir- | diría, dirías, diría, diríamos, diríais, dirían |
| hacer | har- | haría, harías, haría, haríamos, haríais, harían |
| satisfacer | satisfar- | satisfaría, satisfarías, satisfaría, satisfaríamos, satisfaríais, satisfarían |

**TALLER DE CONSULTA**

**MANUAL DE GRAMÁTICA**
**Más práctica**

8.1 The conditional, p. A43

8.2 The past subjunctive, p. A44

8.3 **Si** clauses with simple tenses, p. A45

**Más gramática**

8.4 Transitional expressions, p. A46

**¡ATENCIÓN!**

Note that all the conditional endings carry a written accent mark.

## Uses of the conditional

- The conditional is used to express what *would* occur under certain circumstances.

En Venezuela, ¿qué lugar **visitarías** primero?
*In Venezuela, which place would you visit first?*

**Iría** primero a Caracas y después a la Isla Margarita.
*First I would go to Caracas and then to Margarita Island.*

¿No sería ahora el momento justo para ir de vacaciones a **la Isla Margarita?**

**¡ATENCIÓN!**

The English *would* is often used to express the conditional, but it can also express what *used to happen.* To express habitual past actions, Spanish uses the imperfect, not the conditional.

**Cuando era pequeña, iba a la playa durante los veranos.**
*When I was young, I would go to the beach in the summer.*

- The conditional is also used to make polite requests.

Me **gustaría** cobrar este cheque.
*I would like to cash this check.*

¿**Podría** firmar aquí, en el reverso?
*Would you please sign here, on the back?*

- In subordinate clauses, the conditional is often used to express what *would happen* after another action took place. To express what *will happen* after another action takes place, the future tense is used instead.

| CONDITIONAL | FUTURE |
| --- | --- |
| **Creía** que hoy **haría** mucho viento. *I thought it would be very windy today.* | **Creo** que mañana **hará** mucho viento. *I think it will be very windy tomorrow.* |

- In Spanish, the conditional may be used to express conjecture or probability about a past condition or event. English expresses this sense with expressions such as *wondered, must have been,* and *was probably.*

¿Qué hora **era** cuando regresó?
*What time was it when he returned?*

**Serían** las ocho.
*It must have been eight o'clock.*

¿Cuánta gente **había** en la fiesta?
*How many people were at the party?*

**Habría** como diez personas.
*There were probably about ten people.*

**TALLER DE CONSULTA**

The conditional is also used in contrary-to-fact sentences. See **8.3**, pp. 302–303.

- The conditional is also used to report statements made in the future tense.

**Iremos** a la fiesta.
*We'll go to the party.*

Dijeron que **irían** a la fiesta.
*They said they'd go to the party.*

# Práctica

**TALLER DE CONSULTA**

**MANUAL DE GRAMÁTICA**
**Más práctica**

8.1 The conditional, p. A43

**1** **La entrevista** Alberto sueña con trabajar para una agencia medioambiental y estaría dispuesto a hacer cualquier cosa para que la directora lo contrate. Utiliza el condicional de los verbos entre paréntesis para completar la entrevista.

**ALBERTO** Si yo pudiera formar parte de esta organización, (1) ________ (estar) dispuesto (*ready*) a ayudar en todo lo posible.

**ELENA** Sí, lo sé, pero tú no (2) ________ (poder) hacer mucho. Para trabajar con nosotros (3) ________ (necesitar) estudios de biología.

**ALBERTO** Bueno, yo (4) ________ (ayudar) con las cosas menos difíciles. Por ejemplo, (5) ________ (hacer) el café para las reuniones.

**ELENA** Estoy segura de que todos (6) ________ (agradecer) tu colaboración. Les preguntaré para ver si necesitan ayuda.

**ALBERTO** Eres muy amable, Elena. (7) ________ (dar) cualquier cosa por trabajar con ustedes. Y (8) ________ (considerar) la posibilidad de volver a la universidad para estudiar biología. (9) ________ (tener) que trabajar duro, pero lo (10) ________ (hacer) porque no (11) ________ (saber) qué hacer sin un trabajo significativo. Sé que el esfuerzo (12) ________ (valer) la pena.

**2** **El primer día** La agencia contrató a Alberto y hoy fue su primer día como asistente administrativo. Utiliza el condicional para cambiar estos mandatos informales por los mandatos formales que la directora le dio a Alberto. Sigue el modelo.

| Mandatos informales | Mandatos formales |
|---|---|
| Hazme un café. | ¿Me harías un café, por favor? |
| Saca estas fotocopias. | 1. |
| Pon los mensajes en mi escritorio. | 2. |
| Manda este fax. | 3. |
| Diles a los voluntarios que vengan también. | 4. |
| Sal a almorzar con nosotros. | 5. |

**3** **Lo que hizo Juan** Utilizamos el condicional para expresar el futuro en el contexto de una acción pasada. Explica lo que quiso hacer Juan, usando las claves dadas. Agrega también por qué no lo pudo hacer.

**MODELO** **pensar / llegar**
Juan pensó que llegaría temprano a la oficina, pero el metro tardó media hora.

1. pensar / comer
2. decir / poner
3. imaginar / tener
4. escribir / venir
5. contarles / querer
6. suponer / hacer
7. explicar / salir
8. creer / terminar
9. decidir / viajar
10. opinar / ser

Practice more at **vhlcentral.com.**

# Comunicación

**TALLER DE CONSULTA**

The first part of each sentence uses the past subjunctive, which is covered in **8.2**, pp. 298–299.

**4** **¿Qué pasaría?** En parejas, completen estas oraciones utilizando verbos en condicional. Luego compartan sus oraciones con la clase.

**MODELO** **Si yo trabajara para una empresa multinacional, …**
—Si yo trabajara para una empresa multinacional, viajaría por el mundo entero. Aprendería cinco idiomas y…

1. Si siguiera aumentando el desempleo en el país, …
2. Si yo ganara más dinero, …
3. Si mi novio/a decidiera trabajar en otro país, …
4. Si todos mis profesores estuvieran en huelga, …
5. Si mi jefe/a me despidiera, …
6. Si no tuviera que ganarme la vida, …

**5** **¿Qué harías?** Explícales a tres compañeros/as lo que harías en cada una de estas situaciones. Usa el condicional.

**6** **El trabajo de tus sueños** Imagina que puedes escoger cualquier profesión del mundo. Explícale a un(a) compañero/a cuál sería tu trabajo ideal, por qué te gustaría esa profesión y qué harías en tu empleo. Háganse preguntas y utilicen por lo menos cuatro verbos en el condicional.

**MODELO** Mi trabajo ideal sería jugar al baloncesto en la NBA. Me gustaría porque me encanta este deporte, pero también porque ganaría millones y podría…

## 8.2 The past subjunctive

### Forms of the past subjunctive

- The past subjunctive (**el imperfecto del subjuntivo**) of all verbs is formed by dropping the **-ron** ending from the **ustedes/ellos/ellas** form of the preterite and adding the past subjunctive endings.

**TALLER DE CONSULTA**

See **3.1**, pp. 94–95 for the preterite forms of regular, irregular, and stem-changing verbs.

**¡ATENCIÓN!**

The **nosotros/as** form of the past subjunctive always has a written accent.

**The past subjunctive**

| caminar | perder | vivir |
|---|---|---|
| caminara | perdiera | viviera |
| caminaras | perdieras | vivieras |
| caminara | perdiera | viviera |
| camináramos | perdiéramos | viviéramos |
| caminarais | perdierais | vivierais |
| caminaran | perdieran | vivieran |

Estela dudaba de que su madre la **ayudara** a pagar un carro nuevo.
*Estela doubted that her mother would help her pay for a new car.*

Me extrañó que Ana **renunciara** después de tantos años.
*I was surprised that Ana quit after so many years.*

El asesor nos recomendó que **financiáramos** la deuda a largo plazo
*The consultant recommended that we financed the loan long-term.*

- Verbs that have stem changes, spelling changes, or irregularities in the **ustedes/ellos/ellas** form of the preterite also have them in all forms of the past subjunctive.

| infinitive | preterite form | past subjunctive forms |
|---|---|---|
| pedir | pidieron | pidiera, pidieras, pidiera, pidiéramos, pidierais, pidieran |
| sentir | sintieron | sintiera, sintieras, sintiera, sintiéramos, sintierais, sintieran |
| dormir | durmieron | durmiera, durmieras, durmiera, durmiéramos, durmierais, durmieran |
| influir | influyeron | influyera, influyeras, influyera, influyéramos, influyerais, influyeran |
| saber | supieron | supiera, supieras, supiera, supiéramos, supierais, supieran |
| ir/ser | fueron | fuera, fueras, fuera, fuéramos, fuerais, fueran |

- In Spain and some other parts of the Spanish-speaking world, the past subjunctive is commonly used with another set of endings (**-se**, **-ses**, **-se**, **-semos**, **-seis**, **-sen**). You will also see these forms in literary selections.

La señora Medina exigió que le **mandásemos** el contrato para el viernes.
*Ms. Medina demanded that we send her the contract by Friday.*

La señora Medina exigió que le **mandáramos** el contrato para el viernes.
*Ms. Medina demanded that we send her the contract by Friday.*

## Uses of the past subjunctive

- The past subjunctive is required in the same situations as the present subjunctive, except that the point of reference is always in the past. When the verb in the main clause is in the past, the verb in the subordinate clause is in the past subjunctive.

Te pedí que llegaras a las nueve, Johnny.

| PRESENT SUBJUNCTIVE | PAST SUBJUNCTIVE |
|---|---|
| El jefe sugiere que **vayas** a la reunión.<br>*The boss suggests that you go to the meeting.* | El jefe sugirió que **fueras** a la reunión.<br>*The boss suggested that you go to the meeting.* |
| Espero que ustedes no **tengan** problemas con el nuevo sistema.<br>*I hope you won't have any problems with the new system.* | Esperaba que no **tuvieran** problemas con el nuevo sistema.<br>*I was hoping you wouldn't have any problems with the new system.* |
| Buscamos a alguien que **conozca** bien la bolsa.<br>*We are looking for someone who knows the stock market well.* | Buscábamos a alguien que **conociera** bien la bolsa.<br>*We were looking for someone who knew the stock market well.* |
| Les mando mi currículum en caso de que **haya** un puesto disponible.<br>*I'm sending them my résumé in case there is a position available.* | Les mandé mi currículum en caso de que **hubiera** un puesto disponible.<br>*I sent them my résumé, in case there was a position available.* |

- Use the past subjunctive after the expression **como si** (*as if*).

Alfredo gasta dinero **como si fuera** millonario.
*Alfredo spends money as if he were a millionaire.*

El presidente habló de la economía **como si** no **hubiera** una recesión.
*The president talked about the economy as if there were no recession.*

Ella rechazó mi opinión **como si** no **importara**.
*She rejected my opinion as if it didn't matter.*

- The past subjunctive is also commonly used with **querer** to make polite requests or to soften statements.

**Quisiera** que me llames hoy.
*I would like you to call me today.*

**Quisiera** hablar con usted.
*I would like to speak with you.*

**TALLER DE CONSULTA**

The past subjunctive is also frequently used in **si** clauses. See **8.3**, pp. 302–303.

**Si pudiera, compraría más acciones.**
*If I could, I would buy more shares.*

# Práctica

**TALLER DE CONSULTA**

**MANUAL DE GRAMÁTICA**
**Más práctica**

8.2 The past subjunctive, p. A44

**1 El peor día** Completa el mensaje que Jessica le mandó a su hermano después de su primer día como pasante (*intern*) de verano. Utiliza el imperfecto del subjuntivo.

De: jessica8@email.com
Para: luismiguel@email.com
Asunto: el peor día de mi vida

Luis Miguel:
Sé que te pedí el otro día que no me (1) ________ (dar) más consejos sobre qué hacer este verano, pero ¡ahora sí los necesito! Hoy fue el peor día de mi vida, ¡te lo juro! Me aconsejaste que no (2) ________ (solicitar) un puesto en esta empresa, pero a mí no me importaba que ellos me (3) ________ (pagar) el sueldo mínimo. No creía que (4) ________ (existir) ninguna oportunidad mejor que ésta. ¡Pero hoy el jefe me trató como si yo (5) ________ (ser) su esclava! Primero exigió que yo (6) ________ (preparar) el café para toda la oficina. Después me dijo que (7) ________ (salir) a comprar más papel para la impresora. Luego, como si eso (8) ________ (ser) poco, insistió en que yo (9) ________ (ordenar) su escritorio. ¡Como si toda mi experiencia del verano pasado no (10) ________ (valer) ni un centavo! Hablando de dinero... cuando le pedí que (11) ________ (depositar) el sueldo en mi cuenta corriente, él me dijo: "¿Qué sueldo? Nuestros pasantes trabajan gratis". ¡Renuncié y punto!

**2 ¿Qué le pidieron?** María Luisa Rodríguez es presidenta de una universidad. En parejas, usen la tabla y preparen una conversación entre María Laura y un amigo sobre el primer día de clase.

**MODELO** — ¿Qué te pidió tu secretaria?
— Mi secretaria me pidió que le diera menos trabajo.

| Personajes | Verbo | Actividad |
|---|---|---|
| los profesores | | construir un estadio nuevo |
| los estudiantes | me pidió que | hacer menos ruido |
| el club que protege el medio ambiente | me pidieron que | plantar más árboles |
| los vecinos de la universidad | | dar más días de vacaciones |
| el entrenador del equipo de fútbol | | comprar más computadoras |

**3 Dueño** El dueño del apartamento donde vivías con tu compañero/a era muy estricto. Túrnense para comentar las reglas que tenían que seguir, usando el imperfecto del subjuntivo.

**MODELO** El dueño nos pidió que no cocináramos coliflor.

1. no usar la calefacción en marzo
2. limpiar los pisos dos veces al día
3. no tener visitas en el apartamento después de las 7 de la tarde
4. hacer la cama todos los días
5. sacar la basura todos los días
6. no encender las luces antes de las 8 de la noche

Practice more at **vhlcentral.com.**

# Comunicación

4 **De niño** En parejas, háganse estas preguntas y contesten usando el imperfecto del subjuntivo. Luego, háganse cinco preguntas más sobre su niñez.

**MODELO** — ¿Esperabas que tus padres te compraran videojuegos?
— Sí, y también esperaba que me dieran más independencia./
No, pero esperaba que me llevaran al cine todos los sábados.

| La imaginación | Las relaciones | La escuela |
|---|---|---|
| ¿Esperabas que tus padres te compraran videojuegos? | ¿Querías que tu primer amor durara toda la vida? | ¿Soñabas con que el/la maestro/a cancelara la clase todos los días? |
| ¿Dudabas que los superhéroes existieran? | ¿Querías que tus padres te compraran todo lo que pedías? | ¿Esperabas que tus amigos de la infancia siguieran siendo tus amigos para toda la vida? |
| ¿Esperabas que Santa Claus te trajera los regalos que le pedías? | ¿Querías que tus familiares pasaran menos o más tiempo contigo? | ¿Deseabas que las vacaciones de verano se alargaran (*were longer*)? |
| ¿Qué más esperabas? | ¿Qué más querías? | ¿Qué más deseabas? |

5 **¡No soporto a mi compañero de cuarto!** Tu compañero/a de cuarto y tú no se llevaban bien. Por eso, la semana pasada se reunieron con el/la decano/a (*dean*) para pedir un cambio de compañero/a. El/La decano/a escuchó las quejas de ambos/as (*both*), les dio consejos y les pidió que volvieran la semana siguiente con ideas para resolver sus problemas.

**A.** Primero, escribe cinco oraciones para describir lo que le pediste a tu compañero/a de cuarto durante la reunión con el/la decano/a. Utiliza el imperfecto del subjuntivo.

**B.** Ahora, en grupos de tres, preparen una conversación entre el/la decano/a y los/las dos estudiantes. Cada persona debe utilizar por lo menos tres verbos en el imperfecto del subjuntivo. Luego, representen la conversación para la clase. ¿Habrá solución?

**MODELO**

**DECANO/A** Bueno, les pedí que trataran de resolver los problemas. ¿Cómo les fue?

**ESTUDIANTE 1** Le dije a Isabel que no se pusiera mi ropa sin pedir permiso. ¡Pero llegó a una fiesta con mi mejor vestido!

**ESTUDIANTE 2** Y yo le pedí a Celia que no escuchara música cuando estoy durmiendo. ¡Pero sigue poniendo la radio a todo volumen!

## 8.3 *Si* clauses with simple tenses

- **Si** (*if*) clauses express a condition or event upon which another condition or event depends. Sentences with **si** clauses are often hypothetical statements. They contain a subordinate clause (**si** clause) and a main clause (result clause).

No lo culpo
si lo cambia por
un pez.


**TALLER DE CONSULTA**

For other transitional expressions that express cause and effect, see **Manual de gramática, 8.4,** p. A46.

**¡ATENCIÓN!**

**Si** (*if*) does not carry a written accent. However, **sí** (*yes*) does carry a written accent.

**—Si puedes, ven.**
*—If you can, come.*

**—Sí, puedo.**
*—Yes, I can.*

- The **si** clause may be the first or second clause in a sentence. Note that a comma is used only when the **si** clause comes first.

**Si** tienes tiempo, ven con nosotros.
*If you have time, come with us.*

Iré con ustedes **si** no llueve.
*I'll go with you if it doesn't rain*

### Hypothetical statements about possible events

- In hypothetical statements about conditions or events that are possible or likely to occur, the **si** clause uses the present indicative. The main clause may use the present indicative, the future indicative, **ir a** + [*infinitive*], or a command.

| **Si** clause: PRESENT INDICATIVE | | Main clause |
|---|---|---|
| **Si** salgo temprano del trabajo,<br>*If I leave work early,* | PRESENT TENSE | **voy** al cine con Andrés.<br>*I'm going to the movies with Andrés.* |
| **Si** usted no mejora su currículum,<br>*If you don't improve your résumé,* | FUTURE TENSE | nunca **conseguirá** empleo.<br>*you'll never get a job.* |
| **Si** la jefa me pregunta,<br>*If the boss asks me,* | IR A + [*INFINITIVE*] | no le **voy a mentir**.<br>*I'm not going to lie to her.* |
| **Si** hay algún problema,<br>*If there is a problem,* | COMMAND | **llámenos** de inmediato.<br>*call us right away.* |

**INSTITUTO TECNOLÓGICO ANDINO**
**PROGRAMA DE INFORMÁTICA**

En sólo seis meses usted puede aprender a administrar los sistemas informáticos de cualquier tipo de empresa, grande o pequeña, nacional o extranjera.

***Si busca una nueva carrera, llámenos hoy.***

www ita.ve
tel. 260–4349

## Hypothetical statements about improbable situations

- In hypothetical statements about current conditions or events that are improbable or contrary-to-fact, the **si** clause uses the past subjunctive. The main clause uses the conditional.

| **Si** clause: PAST SUBJUNCTIVE | Main clause: CONDITIONAL |
|---|---|
| ¡**Si** ustedes no **fueran** tan inútiles,<br>*If you all weren't so incapable,* | ya lo **tendrían** listo!<br>*you'd already have this ready!* |
| **Si sacaras** un préstamo a largo plazo,<br>*If you took out a long-term loan,* | **pagarías** menos al mes.<br>*you'd pay less each month.* |
| **Si** no **estuviera** tan cansada,<br>*If I weren't so tired,* | **saldría** a cenar contigo.<br>*I'd go out to dinner with you.* |

Si no estuviera en crisis económica, te ayudaría.

Si yo fuera él, les daría la tarde libre.


## Habitual conditions and actions in the past

- In statements that express habitual past actions that are not contrary-to-fact, both the **si** clause and the main clause use the imperfect.

| **Si** clause: IMPERFECT | Main clause: IMPERFECT |
|---|---|
| **Si** Milena **tenía** tiempo libre,<br>*If Milena had free time,* | siempre **iba** a la playa.<br>*she would always go to the beach.* |
| **Si** mi papá **salía** de viaje de negocios,<br>*If my dad went on a business trip,* | siempre me **traía** un regalito.<br>*he always brought me back a little present.* |

Si no me levantaba a las tres de la mañana, llegaba tarde al trabajo.


**¡ATENCIÓN!**

A contrary-to-fact situation is one that is possible, but will probably not happen and/or has not occurred.

**TALLER DE CONSULTA**

Hypothetical and contrary-to-fact statements about the past use **si** clauses with compound tenses. You will learn more about these structures in **Estructura 10.4** in the **Manual de gramática,** p. A56.

# Práctica

**TALLER DE CONSULTA**

**MANUAL DE GRAMÁTICA**
**Más práctica**

8.3 **Si** clauses with simple tenses, p. A45

1 **Situaciones** Completa las oraciones con el tiempo verbal adecuado.

**A. Situaciones probables o posibles**

1. Si Teresa no viene pronto, nosotros __________ (tener) que ir sin ella.
2. Si tú no __________ (trabajar) hoy, vamos al cine.

**B. Situaciones hipotéticas sobre eventos improbables**

3. Si Carla tuviera más experiencia, yo la __________ (contratar).
4. Si Gabriel __________ (ganar) más, podría ir de viaje.

**C. Situaciones habituales sobre el pasado**

5. Si llegaba tarde a mi trabajo, la gerente me __________ (gritar).
6. Si nosotros no __________ (hacer) la tarea, el profesor Cortijo nos daba una prueba sorpresa.

2 **Si trabajara menos** Carolina y Leticia trabajan cuarenta horas por semana y se imaginan qué harían si trabajaran menos horas. Completa la conversación con el condicional o el imperfecto del subjuntivo.

**CAROLINA** Estoy todo el día en la oficina, pero si (1) ________ (trabajar) menos, tendría más tiempo para divertirme. Si sólo viniera a la oficina algunas horas por semana, (2) ________ (practicar) el alpinismo más a menudo.

**LETICIA** ¿Alpinismo? ¡Qué peligroso! Si yo tuviera más tiempo libre, (3) ________ (hacer) todas las noches lo mismo: (4) ________ (ir) al cine, luego (5) ________ (salir) a cenar y, para terminar la noche, (6) ________ (hacer) una fiesta para celebrar que ya no tengo que ir a trabajar por la mañana. Si nosotras (7) ________ (tener) la suerte de no tener que trabajar nunca más, nos pasaríamos todo el día sin hacer absolutamente nada.

**CAROLINA** ¿Te imaginas? Si la vida fuera así, nosotras (8) ________ (ser) mucho más felices, ¿no crees?

3 **Situaciones** Completa las oraciones.

1. Si salimos esta noche, …
2. Si me llama el jefe, …
3. Saldré contigo después del trabajo si …
4. Si mis padres no me prestan dinero, …
5. Si tuviera el coche este sábado, …
6. Tendría más dinero si …
7. Si íbamos de vacaciones, …
8. Si peleaba con mis hermanos, …
9. Te prestaría el libro si …
10. Si mis amigos no tienen otros planes, …

Practice more at **vhlcentral.com.**

# Comunicación

**4** **Si yo fuera...** **En parejas, háganse preguntas sobre quiénes serían y cómo serían sus vidas si fueran estas personas.**

**MODELO** **un(a) cantante famoso/a**
— Si fueras una cantante famosa, ¿quién serías?
— Si fuera una cantante famosa, sería Christina Aguilera. Pasaría el tiempo haciendo videos, dando conciertos...

1. un(a) cantante famoso/a
2. un personaje histórico
3. un personaje de un libro
4. un(a) actor/actriz famoso/a
5. un(a) empresario/a famoso/a
6. un(a) deportista exitoso/a

**5** **¿Qué harías?** **En parejas, miren los dibujos y túrnense para preguntarse qué harían si les ocurriera lo que muestra cada dibujo. Sigan el modelo y sean creativos/as.**

**MODELO** — ¿Qué harías si alguien te invitara a bailar tango?
— Si alguien me invitara a bailar tango, seguramente yo me pondría muy nervioso/a y saldría corriendo.

1. Tu suegro viene de visita sin avisar.

2. Estás en una playa donde hay tiburones.

3. Tu carro se rompe en el desierto.

4. Te quedas atrapado/a en un ascensor.

**6** **Síntesis** **En grupos de cuatro, conversen sobre lo que harían en estas situaciones. Luego, cada persona debe inventar una situación más y preguntarle al grupo qué haría. Utilicen oraciones con si, el condicional y el imperfecto del subjuntivo.**

1. ver a alguien intentando robar un carro
2. quedar atrapado/a en una tormenta de nieve
3. tener ocho hijos
4. despertarse tarde la mañana del examen final
5. descubrir que tienes el poder de ser invisible
6. enamorarse de alguien a primera vista

# Antes de ver el corto

## CLOWN

**país** España
**duración** 11 minutos
**director** Stephen Lynch
**protagonistas** el payaso, Luisa, el jefe

### Vocabulario

**la amenaza** *threat*
**avergonzar** *to embarrass*
**el/la cobrador(a)** *debt collector*
**cumplir** *to carry out*
**deber** *to owe*
**dejar en paz** *to leave alone*
**la factura** *bill*
**humillar** *to humiliate*
**el/la moroso/a** *debtor*
**el/la payaso/a** *clown*
**el sueldo fijo** *base salary*
**tozudo/a** *stubborn*

**1 Oraciones incompletas** Completa las oraciones con las palabras apropiadas.

1. Alguien que no paga sus deudas es un ______.
2. Además del ______, la empresa me paga comisiones.
3. Una persona ______ nunca quiere cambiar de opinión.
4. Un ______ trabaja en el circo.
5. Cuando alguien no paga, algunas empresas contratan a un ______.

**2 Preguntas** En parejas, contesten las preguntas.

1. ¿Has tenido alguna vez un trabajo que no te gustaba? ¿Cuál?
2. Imagina que necesitas trabajar con urgencia. ¿Dónde buscarías trabajo? ¿Por qué?
3. ¿Eres capaz de hacer cosas que no te gustan por dinero? Explica tu respuesta.
4. ¿Qué empleo crees que nunca harías? ¿Por qué?
5. Cuando eras niño/a, ¿qué trabajo soñabas con tener de grande?

**3 ¿Qué sucederá?** En parejas, miren el fotograma e imaginen lo que va a ocurrir en la historia. Preparen una lista de adjetivos que podrían usarse para describir la personalidad del payaso. Compartan sus ideas con la clase.

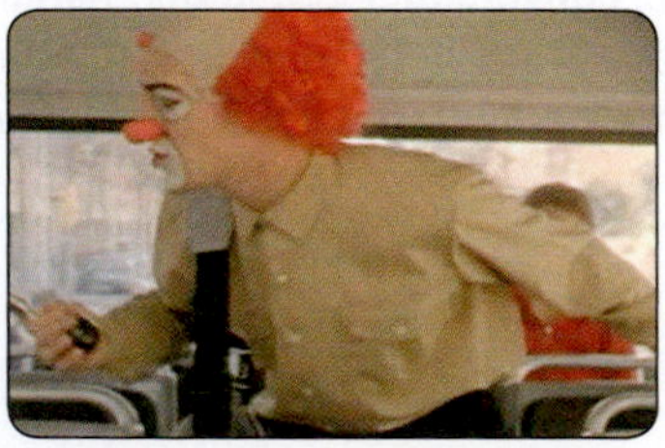

Practice more at **vhlcentral.com.**

Short film

CLOWN
con ROGER CASAMAJOR y LUCÍA DEL RÍO
THE LIFT presenta una película de STEPHEN LYNCH
montaje GABRIEL JORGES • fotografía PABLO CRUZ
dirección de arte ANJA MAYER • diseño de vestuario ANA LAURA SOLIS
música MARVIN PONTIAC / LOS CHICHOS
guión STEPHEN LYNCH • producida por JUAN CARLOS POLANCO
dirigida por STEPHEN LYNCH

## Escenas

**ARGUMENTO** Un hombre comienza su primer día como cobrador vestido de payaso.

**PAYASO** ¿Luisa River? ¿Luisa River?
**LUISA** Sí.
**PAYASO** Debe usted 771 euros a Telefónica. Vengo a cobrar.
**LUISA** ¿Y tú quién eres?
**PAYASO** Soy de los cobradores del circo.

**LUISA** No tengo teléfono. Ni trabajo. Así que les dices a tus clientes que o me encuentran trabajo o que me dejen en paz.
**PAYASO** Mire, Luisa, se lo voy a explicar para que lo entienda. Mi trabajo consiste en humillarla y seguirla hasta que nos pague.

**LUISA** Llega tarde tu amenaza. Debo tres meses de alquiler, y ya he vendido el coche, y la tele y todo, y tengo dos hijos y su padre no pasa un duro°. Así que tu factura me la suda° en este momento. Lo siento, payaso, me encantaría pagarte, pero esto es lo que hay°.

**PAYASO** ¿Estás orgullosa? ¿No te avergüenza? ¿No tienes vergüenza, Luisa? Yo llevo la nariz roja, ¿pero quién hace aquí el payaso?
**LUISA** ¿Quieres una respuesta? Pues sí, estoy orgullosa de no tener que ganarme la vida humillando a la gente.

**PAYASO** ¿Tú crees que yo me quería dedicar a esto? Pues no. Pero si tengo que hacerlo para mantener a mi mujer y a mi bebé, pues lo haré. Es patético, pero lo haré.
**LUISA** ¿Tienes un bebé?
**PAYASO** Una niña, de siete meses.

**JEFE** ¿Y cómo ha ido?
**PAYASO** Bueno, pues… bien.
**JEFE** ¿Pero cobraste o no?
**PAYASO** No, cobrar, cobrar no, pero…
**JEFE** ¿Fuiste tozudo?
**PAYASO** ¡Muy tozudo!

**no pasa un duro** *doesn't give us a penny* **me la suda** *I don't give a damn* **esto es lo que hay** *this is what I have*

# Después de ver el corto

**1 Comprensión** Contesta las preguntas con oraciones completas.

1. ¿En qué consiste el trabajo del payaso?
2. ¿Por qué sigue a Luisa?
3. ¿Qué razones le da Luisa al payaso para no pagar?
4. ¿Adónde van después de bajar del autobús?
5. ¿Tiene familia el payaso?
6. ¿Qué razones le da el payaso a su jefe para explicar que Luisa no puede pagar?
7. ¿Qué le dice el jefe al payaso?
8. ¿Por qué se enoja el payaso con Luisa?

**2 Ampliación** Contesta las preguntas con oraciones completas.

1. ¿Por qué está nervioso el payaso al principio?
2. ¿Piensas que le gusta su trabajo? ¿Por qué?
3. Explica qué ocurre al final del corto.
4. ¿Crees que Luisa actuó bien? ¿Por qué? Explica tu respuesta.
5. Imagina que no tienes dinero y te ofrecen este puesto de trabajo. ¿Lo tomarías? Justifica tu respuesta.

**3 Opiniones** En parejas, lean la cita. ¿Están de acuerdo con lo que se expresa en ella? Compartan su opinión con la clase.

> **"Pues sí, estoy orgullosa de no tener que ganarme la vida humillando a la gente como haces tú. No tengo nada, muy bien, pero tengo mi dignidad."**

**4 Entrevistas de trabajo** En parejas, imaginen la entrevista de trabajo entre el hombre y el jefe de la empresa de cobradores.

**A.** Contesten estas preguntas.

- ¿Qué preguntas le hizo el jefe antes de ofrecerle el trabajo?
- ¿Qué contestó el hombre?
- ¿Cómo reaccionó cuando le dijeron que tenía que vestirse de payaso?

**B.** Ensayen la entrevista de trabajo entre el hombre y el jefe. Luego, representen la entrevista frente a la clase.

Practice more at **vhlcentral.com.**

*Mercado de flores*, 1949
Diego Rivera, México

"Si te llega la inspiración que te encuentre trabajando."

— Pablo Picasso

# Antes de leer

## La abeja haragana

### Sobre el autor

**Horacio Quiroga** nació en Salto, Uruguay, el 31 de diciembre de 1878. En su juventud, practicó ciclismo, fotografía, mecánica y carpintería. Fue un trabajador compulsivo y pionero de la escritura profesional. En 1898 se mudó a Argentina. Vivió en San Ignacio, Misiones, donde cultivaba orquídeas y vivía en estrecho (*close*) contacto con la naturaleza en la selva. Su interés por la literatura comenzó por la poesía y su primer libro fue *Los arrecifes de coral* (1901), al que siguieron, entre otros, *Cuentos de amor, de locura y de muerte* (1917), antología de relatos de estilo modernista, y la obra para niños *Cuentos de la selva* (1918), colección de relatos protagonizados por animales.

### Vocabulario

| | | |
|---|---|---|
| **la advertencia** *warning* | **el descanso** *rest* | **la miel** *honey* |
| **el aprendizaje** *learning* | **la experiencia** *experience* | **el polen** *pollen* |
| **la colmena** *beehive* | **la fatiga** *weariness* | **trabajador(a)** *hard-working* |
| **el deber** *duty* | **haragán/haragana** *lazy* | **volar (o:ue)** *to fly* |

**El valor del trabajo** Un abuelo le da consejos a su nieto sobre el valor del trabajo. Completa el párrafo con las palabras correctas.

La persona (1) ________ no llega a ningún lado en este mundo: se necesita mucho esfuerzo para lograr algo en la vida, sin hacerle caso a la (2) ________ que uno pueda sentir. El (3) ________ llegará después. Esta (4) ________ proviene de mi propia (5) ________. Es un largo (6) ________ que se hace durante toda la vida, pero, al final, la persona (7) ________ puede estar satisfecha de haber cumplido con su (8) ________.

**Conexión personal** ¿Crees que las cosas que se hacen con esfuerzo tienen más valor? ¿O es mejor cuando se obtienen por buena suerte o ingenio? ¿Qué te parece más justo? ¿Qué opinas de la expresión maquiavélica de que "el fin justifica los medios"?

### Análisis literario: la fábula

La fábula es un breve relato que suele incluir una moraleja (*moral*) extraída de los eventos. La conducta de las personas se compara con el comportamiento típico de ciertos animales, que son los protagonistas de las fábulas y encarnan (*embody*) vicios y virtudes humanas. Por ejemplo: la hormiga (*ant*) representa la laboriosidad (*hard work*) y la previsión (*foresight*). ¿Qué virtudes representan estos animales?

la serpiente

el perro

el gato

el caballo

Horacio Quiroga

Audio: Dramatic Reading

# La abeja haragana

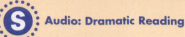

Había una vez en una colmena una abeja que no quería trabajar, es decir, recorría los árboles uno por uno para tomar el jugo de las flores; pero en vez de conservarlo para convertirlo en miel, se lo tomaba del todo.

Era, pues, una abeja haragana. Todas las mañanas, apenas el sol calentaba el aire, la abejita se asomaba° a la puerta de la colmena, veía que hacía buen tiempo, se peinaba con las patas, como hacen las moscas, y echaba entonces a volar, muy contenta del lindo día. Zumbaba° muerta de gusto de flor en flor, entraba en la colmena, volvía a salir, y así se lo pasaba todo el día mientras las otras abejas se mataban trabajando para llenar la colmena de miel, porque la miel es el alimento de las abejas recién nacidas°.

asomaba: stuck her head out
Zumbaba: She buzzed
recién nacidas: newborn

Como las abejas son muy serias, comenzaron a disgustarse con el proceder° de la hermana haragana. En la puerta de las colmenas hay siempre unas cuantas abejas que están de guardia° para cuidar que no entren bichos° en la colmena. Estas abejas suelen ser muy viejas, con gran experiencia de la vida y tienen el lomo° pelado° porque han perdido todos los pelos de rozar° contra la puerta de la colmena.

proceder: behavior
de guardia: on duty
bichos: bugs
lomo / pelado: back / hairless
rozar: brushing

Un día, pues, detuvieron a la abeja haragana cuando iba a entrar, diciéndole:

—Compañera: es necesario que trabajes, porque todas las abejas debemos trabajar.

La abejita contestó:

—Yo ando todo el día volando, y me canso mucho.

—No es cuestión de que te canses mucho

—respondieron—, sino de que trabajes un poco. Es la primera advertencia que te hacemos.

Y diciendo así la dejaron pasar.

Pero la abeja haragana no se corregía. De modo que a la tarde siguiente las abejas que estaban de guardia le dijeron:

—Hay que trabajar, hermana.

Y ella respondió en seguida:

—¡Uno de estos días lo voy a hacer!

—No es cuestión de que lo hagas uno de estos días —le respondieron— sino mañana mismo.

Y la dejaron pasar.

Al anochecer siguiente se repitió la misma cosa. Antes de que le dijeran nada, la abejita exclamó:

—¡Sí, sí hermanas! ¡Ya me acuerdo de lo que he prometido!

—No es cuestión de que te acuerdes de lo prometido —le respondieron—, sino de que trabajes. Hoy es 19 de abril. Pues bien: trata de que mañana, 20, hayas traído una gota° siquiera de miel. Y ahora, pasa.

Y diciendo esto, se apartaron para dejarla entrar.

Pero el 20 de abril pasó en vano como todos los demás. Con la diferencia de que al caer el sol el tiempo se descompuso y comenzó a soplar° un viento frío.

La abejita haragana voló apresurada° hacia su colmena, pensando en lo calentito que estaría allá dentro. Pero cuando quiso entrar, las abejas que estaban de guardia se lo impidieron.

—¡No se entra! —le dijeron fríamente.

—¡Yo quiero entrar! —clamó° la abejita—. Ésta es mi colmena.

—Ésta es la colmena de unas pobres abejas trabajadoras —le contestaron las otras—. No hay entrada para las haraganas.

—¡Mañana sin falta voy a trabajar! —insistió la abejita.

—No hay mañana para las que no trabajan —respondieron las abejas. Y esto diciendo la empujaron° afuera.

La abejita, sin saber qué hacer, voló un rato aún; pero ya la noche caía y se veía apenas. Quiso cogerse° de una hoja°, y cayó al suelo. Tenía el cuerpo entumecido° por el aire frío, y no podía volar más.

Arrastrándose° entonces por el suelo, trepando° y bajando de los palitos° y piedritas°, que le parecían montañas, llegó a la puerta de la colmena, a tiempo que comenzaban a caer frías gotas de lluvia.

—¡Perdón!—gimió° la abeja—. ¡Déjenme entrar!

—Ya es tarde —le respondieron.

—¡Por favor, hermanas! ¡Tengo sueño!

—Es más tarde aún.

—¡Compañeras, por piedad! ¡Tengo frío!

—Imposible.

—¡Por última vez! ¡Me voy a morir! Entonces le dijeron:

—No, no morirás. Aprenderás en una sola noche lo que es el descanso ganado con el trabajo. Vete.

Y la echaron.

Entonces, temblando de frío, con las alas mojadas° y tropezando°, la abeja se arrastró, se arrastró hasta que de pronto rodó° por un agujero°; cayó rodando, mejor dicho, al fondo de una caverna°.

Creyó que no iba a concluir nunca de bajar. Al fin llegó al fondo, y se halló° bruscamente ante una víbora°, una culebra° verde de lomo color ladrillo°, que la miraba enroscada° y presta a lanzarse sobre° ella.

En verdad, aquella caverna era el hueco° de un árbol que habían trasplantado hacía tiempo, y que la culebra había elegido de guarida°.

Las culebras comen abejas, que les gustan mucho. Por esto la abejita, al encontrarse ante su enemiga°, murmuró cerrando los ojos:

—¡Adiós mi vida! Ésta es la última hora que yo veo la luz.

Pero con gran sorpresa suya, la culebra no solamente no la devoró sino que le dijo:

—¿Qué tal, abejita? No has de ser° muy

*drop*
*to blow*
*in a hurry*
*cried out*
*pushed*
*to hold on to/ leaf*
*numb*
*Crawling*
*climbing/ little sticks/ little stones*
*groaned*
*wet/stumbling*
*rolled*
*hole*
*cave*
*found herself*
*viper/snake*
*brick*
*curled up/ pounce on*
*hollow*
*lair*
*enemy*
*You must not be*

trabajadora para estar aquí a estas horas.

—Es cierto —murmuró la abejita—. No trabajo, y yo tengo la culpa°.

—Siendo así —agregó° la culebra, burlona°—, voy a quitar del mundo a un mal bicho como tú. Te voy a comer, abeja.

—¡No es justo eso, no es justo! No es justo que usted me coma porque es más fuerte que yo. Los hombres saben lo que es justicia.

—¡Ah, ah! —exclamó la culebra, enroscándose° ligero°—. ¿Tú conoces bien a los hombres? ¿Tú crees que los hombres, que les quitan la miel a ustedes, son más justos, grandísima tonta?

—No, no es por eso que nos quitan la miel —respondió la abeja.

—¿Y por qué, entonces?

—Porque son más inteligentes.

Así dijo la abejita. Pero la culebra se echó a reír, exclamando:

—¡Bueno! Con justicia o sin ella, te voy a comer; apróntate°.

Y se echó atrás, para lanzarse sobre la abeja. Pero ésta exclamó:

—Usted hace eso porque es menos inteligente que yo.

—Pues bien —dijo la culebra—, vamos a verlo. Vamos a hacer dos pruebas. La que haga la prueba más rara, ésa gana. Si gano yo, te como.

—¿Y si gano yo? —preguntó la abejita.

—Si ganas tú —repuso su enemiga—, tienes el derecho de pasar la noche aquí, hasta que sea de día. ¿Te conviene°?

—Aceptado —contestó la abeja.

La culebra se echó a reír de nuevo, porque se le había ocurrido una cosa que jamás podría hacer una abeja. Y he aquí lo que hizo:

Salió un instante afuera, tan velozmente que la abeja no tuvo tiempo de nada. Y volvió trayendo una cápsula de semillas° de eucalipto, de un eucalipto que estaba al lado de la colmena y que le daba sombra.

Los muchachos hacen bailar como trompos° esas cápsulas, y les llaman trompitos de eucalipto.

*I'm to blame* · *added* · *mockingly* · *coiling up/ swiftly* · *get ready* · *Does that work for you?* · *seed pod* · *spinning tops*

—Esto es lo que voy a hacer —dijo la culebra—. ¡Fíjate bien, atención!

Y arrollando° vivamente la cola alrededor del trompito como un piolín° la desenvolvió a toda velocidad, con tanta rapidez que el trompito quedó bailando y zumbando como un loco.

La culebra reía, y con mucha razón, porque jamás una abeja ha hecho ni podrá hacer bailar a un trompito. Pero cuando el trompito, que se había quedado dormido zumbando, como les pasa a los trompos de naranjo, cayó por fin al suelo, la abeja dijo:

—Esa prueba es muy linda, y yo nunca podré hacer eso.

—Entonces, te como —exclamó la culebra.

—¡Un momento! Yo no puedo hacer eso; pero hago una cosa que nadie hace.

—¿Qué es eso?

—Desaparecer.

—¿Cómo? —exclamó la culebra, dando un salto de sorpresa—. ¿Desaparecer sin salir de aquí?

—Sin salir de aquí.

—Pues bien, ¡hazlo! Y si no lo haces, te como en seguida —dijo la culebra.

El caso es que mientras el trompito bailaba, la abeja había tenido tiempo de examinar la caverna y había visto una plantita que crecía allí. Era un arbustillo°, casi un yuyito°, con grandes hojas del tamaño de una moneda de dos centavos.

La abeja se arrimó° a la plantita, teniendo cuidado de no tocarla, y dijo así:

—Ahora me toca a mí, señora Culebra. Me va a hacer el favor de darse vuelta, y contar hasta tres. Cuando diga "tres" búsqueme por todas partes, ¡ya no estaré más!

Y así pasó, en efecto. La culebra dijo rápidamente: "uno..., dos..., tres", y se volvió y abrió la boca cuan grande era, de sorpresa: allí no había nadie. Miró arriba, abajo, a todos lados, recorrió los rincones°, la plantita, tanteó° todo con la lengua. Inútil: la abeja había desaparecido.

La culebra comprendió entonces que si su

*coiling up* · *string* · *shrub* · *weed* · *came closer to* · *corners* · *she felt out* prueba del trompito era muy buena, la prueba de la abeja era simplemente extraordinaria. ¿Qué se había hecho? ¿Dónde estaba?

Una voz que apenas se oía —la voz de la abejita— salió del medio de la cueva.

—¿No me vas a hacer nada? —dijo la voz—. ¿Puedo contar con tu juramento?

—Sí —respondió la culebra—. Te lo juro. ¿Dónde estás?

—Aquí —respondió la abejita, apareciendo súbitamente° de entre una hoja cerrada de la plantita.

*suddenly*

¿Qué había pasado? Una cosa muy sencilla: la plantita en cuestión era una sensitiva°, muy común también en Buenos Aires, y que tiene la particularidad de que sus hojas se cierran al menor contacto. Solamente que esta aventura pasaba en Misiones°, donde la vegetación es muy rica, y por lo tanto muy grandes las hojas de las sensitivas. De aquí que al contacto de la abeja, las hojas se cerraron, ocultando° completamente al insecto.

*mimosa pudica or sensitive plant*

*province in Argentina*

*hiding*

La inteligencia de la culebra no había alcanzado nunca a darse cuenta de este fenómeno; pero la abeja lo había observado, y se aprovechaba de él para salvar su vida.

La culebra no dijo nada, pero quedó muy irritada con su derrota°, tanto que la abeja pasó toda la noche recordando a su enemiga la promesa que había hecho de respetarla.

*defeat*

Fue una noche larga, interminable, que las dos pasaron arrimadas contra° la pared más alta de la caverna, porque la tormenta se había desencadenado°, y el agua entraba como un río adentro.

*pushed up against*

*had broken out*

Hacía mucho frío, además, y adentro reinaba la oscuridad más completa. De cuando en cuando la culebra sentía impulsos de lanzarse sobre la abeja, y ésta creía entonces llegado el término de su vida.

Nunca jamás creyó la abejita que una noche podría ser tan fría, tan larga, tan horrible. Recordaba su vida anterior, durmiendo noche tras noche en la colmena, bien calentita, y lloraba entonces en silencio.

Cuando llegó el día, y salió el sol, porque el tiempo se había compuesto, la abejita voló y lloró otra vez en silencio ante la puerta de la colmena hecha por el esfuerzo° de la familia. Las abejas de guardia la dejaron pasar sin decirle nada, porque comprendieron que la que volvía no era la paseandera°

*effort*

*wanderer*

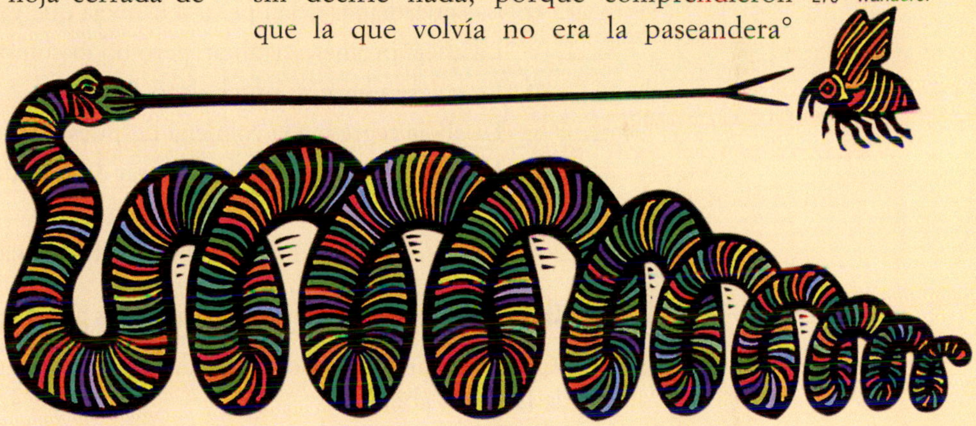

haragana, sino una abeja que había hecho en sólo una noche un duro aprendizaje de la vida.

Así fue, en efecto. En adelante, ninguna como ella recogió tanto polen ni fabricó tanta miel. Y cuando el otoño llegó, y llegó también el término de sus días, tuvo aún tiempo de dar una última lección antes de morir a las jóvenes abejas que la rodeaban°:

*surrounded her*

—No es nuestra inteligencia, sino nuestro trabajo quien nos hace tan fuertes. Yo usé una sola vez mi inteligencia, y fue para salvar mi vida. No habría necesitado de ese esfuerzo, si hubiera trabajado como todas. Me he cansado tanto volando de aquí para allá, como trabajando. Lo que me faltaba era la noción del deber, que adquirí aquella noche.

Trabajen, compañeras, pensando que el fin a que tienden° nuestros esfuerzos —la felicidad de todos— es muy superior a la fatiga de cada uno. A esto los hombres llaman ideal, y tienen razón. No hay otra filosofía en la vida de un hombre y de una abeja. ■

*work towards*

# Después de leer

## La abeja haragana

Horacio Quiroga

**1 Comprensión** Enumera los acontecimientos en el orden en que aparecen en el cuento.

___ a. La abeja haragana gana la prueba.
_1_ b. Las guardianas dejan que la abeja haragana entre en la colmena, pero le advierten que será la última vez.
___ c. Una culebra le anuncia que la va a devorar.
___ d. Las guardianas dejan pasar a la abeja que ya no es haragana.
___ e. La abeja promete cambiar, pero no lo cumple.
___ f. La culebra hace su prueba con éxito.
___ g. La abeja regresa a la colmena después de pasar la noche fuera.
___ h. Las guardianas le prohíben entrar en la colmena.
___ i. La culebra le propone hacer dos pruebas.
___ j. La abeja cae por un hueco dentro de una caverna.

**2 Análisis** Lee el relato nuevamente y responde las preguntas.

1. ¿Qué características podrías señalar de la abeja haragana? ¿En qué se diferenciaba de las otras abejas?
2. ¿Qué te parece que puede representar la víbora?
3. En el relato, ¿qué es lo que salva a la abeja de la víbora?
4. ¿Cuál es la moraleja de la fábula?

**3 Interpretación** En parejas, respondan las preguntas.

1. En el relato se contraponen claramente dos lugares: la colmena y el exterior. ¿Puedes encontrar una palabra que caracterice a cada uno?
2. Las guardianas advierten a la abeja varias veces antes de impedirle la entrada. ¿Te parece bien lo que hacen? ¿Crees que tienen razón?
3. ¿Por qué es tan importante que todas colaboren con la tarea de recoger el polen? ¿Para qué sirve la miel que hacen las abejas? ¿Qué sentido tiene eso para la comunidad?
4. ¿Qué crees que hizo recapacitar a la abeja haragana?
5. ¿Estás de acuerdo con la moraleja de la fábula?
6. ¿Te parece que la abeja fue feliz al aceptar las reglas de la colmena?

**4 Tu propia fábula** Elige una de las comparaciones de la lista y escribe una fábula breve sobre el animal y la cualidad o vicio. Si lo prefieres, puedes elegir otro animal y otra cualidad o vicio. No olvides concluir el relato con una moraleja.

- inocente como un cordero (*lamb*)
- fuerte como un león
- astuto (*sly*) como un zorro (*fox*)
- terco (*stubborn*) como una mula

Practice more at **vhlcentral.com.**

# Antes de leer

### Vocabulario

**apoyar** *to support*
**los bajos recursos** *low-income*
**la belleza** *beauty*
**la clave** *key*
**conseguir** *to obtain*
**cumplir** *to fulfill*
**la instrucción** *education*
**luchar** *to fight*
**la red** *network*
**tocar** *to play*

**Oraciones incompletas** Completa las oraciones con las palabras adecuadas.

1. Las personas de ____________ tienen dificultades económicas.
2. Es necesario ____________ a los niños que quieren aprender música.
3. La ____________ musical es muy importante para desarrollar la inteligencia.
4. Los idealistas creen que se puede ____________ lo imposible.
5. La ____________ para cumplir los sueños es la perseverancia.
6. Se sabe que ____________ un instrumento musical mejora la memoria.

**Conexión personal** Comenta las siguientes preguntas con un compañero/a.

1. ¿A qué jugabas cuando eras niño/a?
2. ¿Qué querías ser de mayor cuando eras pequeño/a?
3. ¿Crees que cuando eras niño/a tuviste todas las oportunidades que necesitabas?¿Por qué?
4. ¿Alguna vez hiciste algo especial para ayudar a los demás? ¿Qué hiciste?
5. ¿Hay alguna persona que haya influido en tu educación? ¿Quién fue? ¿Qué aprendiste de esa persona?
6. ¿Qué sueño te gustaría alcanzar en los próximos diez años?

### Contexto cultural

José Antonio Abreu

"¿Por qué concentrar en una clase [social] el privilegio de tocar a Mozart o a Beethoven?" pregunta el filántropo venezolano **José Antonio Abreu**. Su experiencia como músico y como economista, y su energía vital han sido claves para el desarrollo de "El Sistema", un programa de instrucción musical especialmente pensado para niños de bajos recursos. Desde 1975 ha habido una docena de gobiernos en Venezuela y todos ellos han apoyado este proyecto. Hay cientos de orquestas infantiles y juveniles, además de coros y escuelas de música en todo el país, que admiten más de 400.000 niños de entre 2 y 18 años. En un país polarizado por la política y las diferencias socioeconómicas, todo el mundo apoya "El Sistema".

Practice more at **vhlcentral.com.**

# Gustavo Dudamel:
## la estrella de "El Sistema"

Al director de la Orquesta Filarmónica de Los Ángeles, Gustavo Dudamel, se le iluminan los ojos cuando recuerda el momento en que la música dejó de ser sólo un juego. "De pronto se convierte en algo mucho más profundo", dice este venezolano alegre y carismático. La experiencia que marcó su vida y su carrera fue su paso por "El Sistema", un programa de instrucción musical para niños desfavorecidos° fundado en Venezuela en 1975, y que se extiende por todo el mundo. Su fundador, José Antonio Abreu, considera a Dudamel "un ejemplo insuperable para la juventud musical de América Latina y del mundo". Él es la estrella de "El Sistema".

*disadvantaged*

Audio: Reading

De niño, Gustavo Dudamel quería tocar el trombón en una banda de salsa, como su padre. "Tenía los brazos muy cortos para el trombón", dice. "Así que empecé a tocar el violín". Lo aprendió a tocar en una de las escuelas de "El Sistema", dónde se convirtió en un auténtico virtuoso de este instrumento. Pero todavía no había descubierto su verdadera vocación musical. Su oportunidad no tardaría en llegar. Cuando sólo tenía 12 años, el retraso° del director de un ensayo en la orquesta juvenil de Barquisimeto le dio la oportunidad de dejar su violín y tomar la batuta° para hacer reír a sus compañeros con imitaciones de directores conocidos; lo hizo tan bien que meses después se convirtió en el director asistente de la orquesta. A los 16 años dirigía la Orquesta Sinfónica Simón Bolívar y la Orquesta Nacional de la Juventud de Venezuela, y a los 23 ganó el concurso Gustav Mahler para directores menores de 35 años. "Siempre supe que Gustavo era un talento superlativo", afirma José Antonio Abreu, su mentor.

Por su estilo exuberante y su energía en el escenario se le comparó con Leonard Bernstein. Su fama y su talento lo llevaron, con tan sólo 26 años, a ser nombrado Director de la Orquesta Filarmónica de Los Ángeles. Hoy viaja por todo el mundo y se ha convertido en el director joven más famoso del escenario internacional, pero afirma que no puede imaginar su vida sin "El Sistema". ¿La razón? Hay mucho más que música en lo que hace. Para Dudamel, en sintonía con° la idea de Abreu y el lema° de "El Sistema", "Tocar, cantar y luchar", una orquesta es una metáfora de una sociedad ideal en la que todos sus miembros ocupan un lugar único.

*delay* · *baton* · *in tune with* · *motto*

"El talento musical no sirve° sin disciplina, y los músicos deben sentir pasión por lo que hacen", dice Dudamel.

Los niños comienzan desde muy pequeños su instrucción en "El Sistema", y allí aprenden todo junto con la música, buscando la armonía común. La gran mayoría de esos niños proviene° de zonas de bajos recursos. El programa no sólo consigue mantenerlos alejados° de la calle, también genera en ellos sentido de autoestima y trabajo en equipo°. Se estima° que cada niño que participa en el programa influye en la vida de tres adultos. Considerando que más de dos millones de niños han pasado por las orquestas de "El Sistema", la red formada por la música resulta verdaderamente "milagrosa", como muchos la califican. Esa es la clave que Dudamel encontró para poder cumplir los sueños. "No hay nada más importante que tener acceso a la belleza", afirma con una gran sonrisa. Porque la inspiración es contagiosa. ■

*has little value* · *comes from* · *far from* · *teamwork* · *It's estimated*

Muchos de los graduados de "El Sistema" se han convertido en músicos de fama internacional; otros son hoy abogados, maestros, ingenieros. Para todos ha sido fundamental compartir algo tan poderoso como la música, en la red iniciada por Abreu.

El éxito ha hecho de "El Sistema" un modelo imitado en más de 35 países, desde Canadá y Reino Unido, hasta India, El Salvador y muchos otros. Apoyados por el trabajo de voluntarios y con aportes de organizaciones nacionales, donantes privados, fundaciones y programas de becas, estos proyectos continúan la idea original de Abreu: "El Sistema" es, siempre y en primer lugar, una organización social, y la música, su medio para unir, incluir y educar.

# Después de leer

## Gustavo Dudamel: la estrella de "El Sistema"

1 **Comprensión** Contesta las preguntas con oraciones completas.

1. ¿Por qué Gustavo Dudamel quería tocar el trombón?
2. ¿Cuál fue el primer instrumento que tocó Gustavo Dudamel?
3. ¿De qué trabaja actualmente Dudamel?
4. Según Dudamel, ¿qué debe tener un músico además de talento?
5. Además de la instrucción musical, ¿qué otras cosas aprenden los niños en "El Sistema"?
6. ¿Qué es lo más importante para Dudamel?

2 **Interpretación** En parejas, contesten las preguntas con oraciones completas.

1. ¿De qué manera ayuda "El Sistema" a los niños que participan en él?
2. ¿En qué sentido piensas que Dudamel puede ser un "talento superlativo"?
3. ¿Qué clase de beneficios genera "El Sistema"?
4. ¿Por qué piensas que se ha calificado a "El Sistema" como "milagroso"?
5. ¿Con qué compara la orquesta Dudamel? ¿Te parece apropiada la comparación? ¿Por qué?
6. ¿Qué significa para ti el lema "tocar, cantar y luchar"?

3 **Proyecto social** En grupos, creen un proyecto social. Desarrollen una propuesta para que una empresa privada les ayude a financiarlo teniendo en cuenta los puntos sugeridos. Después, presenten las propuestas a la clase.

- breve definición del problema
- personas u organizaciones a las que van a ayudar
- propuesta de actividad; cómo van a ayudar
- empresa o institución a la que dirigen la propuesta y razones de la elección
- elementos necesarios para llevarla a cabo
- un lema que identifique el objetivo y el espíritu de la propuesta

4 **Debate** Para Gustavo Dudamel, el aprendizaje de la música ayuda a crear valores. En grupos, comenten si están de acuerdo con esta idea y si creen que el arte contribuye a crear mejores ciudadanos.

5 **Ampliación** El modelo de instrucción creado por José Antonio Abreu utiliza la enseñanza y la práctica de la música como instrumentos de transformación social y de desarrollo humano. En grupos, comenten cuáles creen qué serían las transformaciones que puede producir la música en las sociedades.

6 **Un poco de música** Busca información en Internet sobre Gustavo Dudamel. Después, escucha alguna de las obras musicales que dirige y prepara una presentación para la clase.

Practice more at **vhlcentral.com.**

# Atando cabos

## ¡A conversar!

### Proyecto publicitario

**A.** Formen grupos de cuatro. Imaginen que deben presentar un proyecto publicitario al directorio de una empresa. Elijan uno de estos proyectos.

- camisas que nunca se arrugan
- un programa para aprender a hablar español mientras duermes
- un servicio para encontrar compañeros de estudio por Internet
- una peluquería (*hair salon*) para personas y animales

**B.** Para preparar el proyecto, respondan a estas preguntas.

1. ¿Qué quieren vender con su publicidad?
2. ¿Cómo son las personas que comprarían el producto o servicio? ¿Qué edad tienen? ¿De qué sexo son? ¿Qué cosas les gustan?
3. ¿Qué tipo(s) de publicidad harían (afiches, en radio, en televisión, en Internet)?
4. ¿Qué necesitarían para hacer la publicidad?
5. ¿Cuál será el eslogan del producto o servicio?

**C.** Preparen la presentación de su proyecto para el resto de la clase. Decidan quién presentará cada punto. Practiquen la presentación varias veces. Pueden usar elementos visuales como ayuda (afiches, etc.). Para ordenar su presentación, pueden utilizar estas expresiones:

- Este proyecto es para...
- Sabemos que el público...
- Por eso hemos decidido...
- En primer / segundo lugar...
- Además / También / Igualmente...
- Finalmente / Por último...

**D.** Presenten el proyecto. Expongan las razones de lo que han decidido hacer. Sus compañeros pueden hacerles preguntas sobre el proyecto.

**E.** Cuando cada grupo haya terminado su presentación, voten para elegir la mejor idea publicitaria.

## ¡A escribir!

**Pasantía de verano** Imagina que quieres solicitar un puesto para una pasantía (*internship*) de verano en una de las empresas de la actividad anterior. Escribe una carta de tres párrafos para solicitar un puesto como pasante de verano. Usa cláusulas con **si** en tu carta.

- Primer párrafo: explica por qué estás escribiendo.
- Segundo párrafo: da detalles sobre tus estudios y experiencia laboral.
- Tercer párrafo: explica por qué crees que eres el/la mejor candidato/a para el puesto.

# 8 VOCABULARIO

Vocabulary Tools

## El trabajo

| | |
|---|---|
| **el aumento de sueldo** | *pay raise* |
| **la compañía** | *company* |
| **la conferencia** | *conference* |
| **el contrato** | *contract* |
| **el currículum (vitae)** | *résumé* |
| **el empleo** | *employment* |
| **la entrevista de trabajo** | *job interview* |
| **el puesto** | *position* |
| **la reunión** | *meeting* |
| **el sueldo mínimo** | *minimum wage* |
| **administrar** | *to manage; to run* |
| **ascender (e:ie)** | *to rise; to be promoted* |
| **contratar** | *to hire* |
| **despedir (e:i)** | *to fire* |
| **exigir** | *to demand* |
| **ganar bien/mal** | *to be well/poorly paid* |
| **ganarse la vida** | *to earn a living* |
| **jubilarse** | *to retire* |
| **renunciar** | *to quit* |
| **solicitar** | *to apply for* |
| **(des)empleado/a** | *(un) employed* |
| **exitoso/a** | *successful* |
| **(in)capaz** | *(in) competent* |

## Las finanzas

| | |
|---|---|
| **el ahorro** | *savings* |
| **la bancarrota** | *bankruptcy* |
| **el cajero automático** | *ATM* |
| **la cuenta corriente** | *checking account* |
| **la cuenta de ahorros** | *savings account* |
| **la deuda** | *debt* |
| **la hipoteca** | *mortgage* |
| **el presupuesto** | *budget* |
| **ahorrar** | *to save* |
| **cobrar** | *to charge; to receive* |
| **depositar** | *to deposit* |
| **financiar** | *to finance* |
| **gastar** | *to spend* |
| **invertir (e:ie)** | *to invest* |
| **pedir (e:i) prestado/a** | *to borrow* |
| **prestar** | *to lend* |
| **a corto/largo plazo** | *short/long-term* |
| **fijo/a** | *permanent; fixed* |
| **financiero/a** | *financial* |

## La economía

| | |
|---|---|
| **la bolsa (de valores)** | *stock market* |
| **el comercio** | *trade* |
| **el desempleo** | *unemployment* |
| **la empresa multinacional** | *multinational company* |
| **la huelga** | *strike* |
| **el impuesto (de ventas)** | *(sales) tax* |
| **la inversión (extranjera)** | *(foreign) investment* |
| **el mercado** | *market* |
| **la pobreza** | *poverty* |
| **la riqueza** | *wealth* |
| **el sindicato** | *labor union* |
| **exportar** | *to export* |
| **importar** | *to import* |

## La gente en el trabajo

| | |
|---|---|
| **el/la asesor(a)** | *consultant* |
| **el/la contador(a)** | *accountant* |
| **el/la dueño/a** | *owner* |
| **el/la ejecutivo/a** | *executive* |
| **el/la empleado/a** | *employee* |
| **el/la gerente** | *manager* |
| **el hombre/la mujer de negocios** | *businessman/woman* |
| **el/la socio/a** | *partner; member* |
| **el/la vendedor(a)** | *salesperson* |

## Más vocabulario

| | |
|---|---|
| **Expresiones útiles** | *Ver p. 287* |
| **Estructura** | *Ver pp. 294–295, 298–299 y 302–303* |

## Cinemateca

| | |
|---|---|
| **la amenaza** | *threat* |
| **el/la cobrador(a)** | *debt collector* |
| **la factura** | *bill* |
| **el/la moroso/a** | *debtor* |
| **el/la payaso/a** | *clown* |
| **el sueldo fijo** | *base salary* |
| **avergonzar** | *to embarrass* |
| **cumplir** | *to carry out* |
| **deber** | *to owe* |
| **dejar en paz** | *to leave alone* |
| **humillar** | *to humiliate* |
| **tozudo/a** | *stubborn* |

## Literatura

| | |
|---|---|
| **la advertencia** | *warning* |
| **el aprendizaje** | *learning* |
| **la colmena** | *beehive* |
| **el deber** | *duty* |
| **el descanso** | *rest* |
| **la experiencia** | *experience* |
| **la fatiga** | *weariness* |
| **la miel** | *honey* |
| **el polen** | *pollen* |
| **volar (o:ue)** | *to fly* |
| **haragán/haragana** | *lazy* |
| **trabajador(a)** | *hard-working* |

## Cultura

| | |
|---|---|
| **los bajos recursos** | *low-income* |
| **la belleza** | *beauty* |
| **la clave** | *key* |
| **la instrucción** | *education* |
| **la red** | *network* |
| **apoyar** | *to support* |
| **conseguir** | *to obtain* |
| **cumplir** | *to fulfill* |
| **luchar** | *to fight* |
| **tocar** | *to play* |

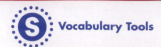

# La cultura popular y los medios de comunicación

# 9

### Communicative Goals

**You will expand your ability to...**
- express will, emotion, doubt, or denial in the past
- express uncertainty, indefiniteness, condition, and intent in the past
- create longer, more informative sentences
- reference general ideas

Vocabulary Tools

# La cultura popular y **los medios de comunicación**

## La televisión, la radio y el cine

La **locutora** anunció a los **oyentes** de la **radioemisora** que iba a presentar una canción de la **banda sonora** del nuevo éxito de Almodóvar.

**la banda sonora** *soundtrack*
**la cadena** *network*
**el canal** *channel*
**el/la corresponsal** *correspondent*
**el/la crítico/a de cine** *film critic*
**el documental** *documentary*
**los efectos especiales** *special effects*
**el episodio (final)** *(final) episode*
**el/la locutor(a) de radio** *radio announcer*
**el/la oyente** *listener*
**la (radio)emisora** *radio station*
**el reportaje** *news report*
**el/la reportero/a** *reporter*
**los subtítulos** *subtitles*
**la telenovela** *soap opera*
**el/la televidente** *television viewer*

**la temporada** *season*
**el video musical** *music video*

---

**grabar** *to record*
**rodar (o:ue)** *to film*
**transmitir** *to broadcast*

---

**doblado/a** *dubbed*
**en directo/vivo** *live*

## La cultura popular

**la celebridad** *celebrity*
**el chisme** *gossip*
**la estrella (pop)** *(pop) star [m/f]*
**la fama** *fame*
**la moda pasajera** *fad*
**la tendencia/la moda** *trend*

---

**hacerse famoso/a** *to become famous*
**tener buena/mala fama** *to have a good/bad reputation*

---

**actual** *current*
**de moda** *popular; in fashion*
**influyente** *influential*
**pasado/a de moda** *unfashionable; outdated*

Siempre dormía muy mal.
Nunca podía relajarme.
Estaba desesperado; no sabía qué hacer.
Ahora, mis problemas están
resueltos con mi nueva cama.
DORMALUX
LA CAMA DE TUS SUEÑOS

## Los medios de comunicación

**el acontecimiento** *event*
**la actualidad** *current events*
**el anuncio** *advertisement; commercial*
**la censura** *censorship*
**la libertad de prensa** *freedom of the press*
**los medios de comunicación** *media*
**la parcialidad** *bias*
**la publicidad** *advertising*
**el público** *public; audience*

---

**enterarse (de)** *to become informed (about)*
**estar al tanto/al día** *to be informed; to be up-to-date*

---

**actualizado/a** *updated*
**controvertido/a** *controversial*
**de último momento** *up-to-the-minute*
**destacado/a** *prominent*
**(im)parcial** *(un)biased*

## La prensa

María lee el **periódico** todas las mañanas. Prefiere leer primero los **titulares** de la **portada** y las **tiras cómicas**. Después lee las **noticias internacionales**.

**el/la lector(a)** *reader*
**las noticias locales/nacionales/internacionales** *local/national/international news*
**el periódico/el diario** *newspaper*
**el/la periodista** *journalist*

**la portada** *front page; cover*

**la prensa** *press*
**la prensa sensacionalista** *tabloid(s)*
**el/la redactor(a)** *editor*
**la revista (electrónica)** *(online) magazine*
**la sección de sociedad** *lifestyle section*
**la sección deportiva** *sports section*
**la tira cómica** *comic strip*
**el titular** *headline*

---

**imprimir** *to print*
**publicar** *to publish*
**suscribirse (a)** *to subscribe (to)*

# Práctica

## 1 Escuchar

**A.** La famosa periodista Laura Arcos está esperando la llegada de famosos al Teatro Nacional, donde se van a entregar unos premios. Escucha lo que dice Laura y después elige la opción correcta.

1. a. Es un programa de radio.
   b. Es un programa de televisión.
2. a. Se van a entregar premios al mejor teatro hispano.
   b. Se van a entregar premios al mejor cine hispano.
3. a. El programa se grabó la noche anterior.
   b. El programa se transmite en directo.
4. a. Augusto Ríos es un reportero de la sección de sociedad.
   b. Augusto Ríos es un famoso crítico de cine.
5. a. Augusto Ríos no sabe mucho de moda.
   b. Augusto Ríos está al tanto de la última moda.

**B.** Laura Arcos entrevista a la actriz Ángela Vera. Escucha su conversación y después contesta las preguntas.

1. ¿Es importante para la actriz Ángela Vera seguir las tendencias de la moda?
2. ¿Ha tenido buenas críticas su última película?
3. ¿Es el director de la película una celebridad?
4. ¿A qué género pertenecía la primera película de Juan Izaguirre y de qué se trataba?

## 2 Analogías
Completa cada analogía.

| | | |
|---|---|---|
| actual | destacado | imprimir |
| chisme | emisora | lector |

1. radio: oyente :: revista : ________
2. televisión : cadena :: radio : ________
3. parcialidad : parcial :: actualidad : ________
4. periódico : noticia :: prensa sensacionalista : ________
5. cine : rodar :: prensa : ________
6. influyente : importante :: prominente : ________

# Práctica

**3 Definiciones** Indica qué palabras corresponden a cada definición.

| | |
|---|---|
| ___ 1. Dice si una película es buena o no. | a. crítico de cine |
| ___ 2. Escucha la radio. | b. estrella pop |
| ___ 3. Habla en la radio. | c. lector |
| ___ 4. Se suscribe a sus revistas y periódicos favoritos. | d. locutor |
| ___ 5. Aparece en videos musicales y en conciertos. | e. oyente |
| ___ 6. Revisa artículos y mejora la calidad de la revista. | f. redactor |

**4 El acontecimiento del año** Completa el texto con las palabras correctas de la lista.

| | | | |
|---|---|---|---|
| acontecimiento | destacado | mala fama | sensacionalista |
| anuncios | enterarme | periodista | tira cómica |
| cadena | estrella | público | transmitieron |

No quise perderme el (1) ___________ del año y al final me lo perdí. La (2) ___________ de cine asistió al estreno de su última película y una (3) ___________ famosa la entrevistó. Fotógrafos de buena y (4) ___________ sacaban fotos para venderlas a las revistas de prensa (5) ___________. Algunos reporteros entrevistaban a un (6) ___________ crítico de cine. El (7) ___________ se entretenía viendo escenas de la película en una pantalla gigante. Varios canales de televisión (8) ___________ el acontecimiento en directo. Al final, no sé qué pasó. Cambié de canal durante los (9) ___________ y me dormí. Mañana voy a leer la sección de sociedad para (10) ___________ de todos los detalles.

**5 Los medios de comunicación** Di si estás de acuerdo o no con cada afirmación. Después, comparte tus opiniones con la clase.

| | Sí | No |
|---|---|---|
| 1. Hoy día es más fácil enterarse de lo que pasa en el mundo. | ☐ | ☐ |
| 2. Gracias a los medios de comunicación, la gente tiene menos prejuicios que antes. | ☐ | ☐ |
| 3. La libertad de prensa es un mito. | ☐ | ☐ |
| 4. La publicidad quiere entretener al público. | ☐ | ☐ |
| 5. El único objetivo de la prensa sensacionalista es informar. | ☐ | ☐ |
| 6. Gracias a Internet, es fácil encontrar información imparcial. | ☐ | ☐ |
| 7. La imagen tiene mucho poder en el mundo de la comunicación. | ☐ | ☐ |
| 8. Hoy día los reporteros son vendedores de opiniones. | ☐ | ☐ |
| 9. Tenemos demasiada información. Es imposible asimilarla. | ☐ | ☐ |
| 10. El mundo ha mejorado gracias a los medios de comunicación. | ☐ | ☐ |

Practice more at **vhlcentral.com.**

# Comunicación

**6** **Preguntas** En parejas, háganse las preguntas y comparen sus intereses y opiniones.

1. Si pudieras, ¿trabajarías en una serie de televisión?
2. Si fueras corresponsal político/a, ¿crees que serías imparcial?
3. ¿Crees que la censura de la prensa es necesaria en algunas ocasiones? ¿Por qué?
4. ¿Qué periodista piensas que crea más polémica? ¿Por qué?
5. ¿Te interesa leer noticias de actualidad? ¿Por qué?
6. ¿Qué secciones del periódico te interesan más? ¿Cuáles son tus programas favoritos de radio y televisión?
7. ¿Cuáles son las características de un buen locutor? ¿Es mejor si entretiene al público o si habla lo mínimo posible?
8. ¿Te interesan más las noticias locales, nacionales o internacionales? ¿Por qué?
9. Cuando ves una película, ¿qué te importa más: la trama (*plot*), la actuación, los efectos especiales o la banda sonora?
10. Si pudieras suscribirte gratis a cinco revistas, ¿cuáles escogerías? ¿Por qué?

**7** **Escritores**

**A.** En parejas, escriban por lo menos tres oraciones que podrían aparecer en cada uno de estos medios.

- la portada de un periódico
- el episodio final de una comedia
- un documental
- un controvertido *talk show* de radio
- un artículo de una revista sensacionalista
- una tira cómica

**B.** Ahora, lean sus oraciones a otra pareja y traten de adivinar el medio en el que aparece cada oración.

**8** **Nueva revista** En grupos de tres, imaginen que trabajan en una agencia de publicidad y los han contratado para anunciar una revista que va a salir al mercado. Hagan el anuncio y después compártanlo con la clase. Usen las preguntas como guía.

- ¿Cuál es el nombre?
- ¿Qué tiene de especial?
- ¿Qué secciones va a tener?
- ¿A qué tipo de lectores se dirige?
- ¿Cómo son los periodistas y reporteros que van a trabajar en ella?
- ¿Cada cuánto tiempo sale un nuevo número?
- ¿Cuánto cuesta?

# 9 FOTONOVELA

Video

**Fabiola consigue su primer papel como doble de una estrella de telenovelas.**

**JOHNNY** ¿Qué tal te fue?

**FABIOLA** Bien.

**AGUAYO** ¿Es todo lo que tienes que decir de una entrevista con Patricia Montero, la gran actriz de telenovelas? Pensé que estarías más emocionada.

**FABIOLA** Lo estoy. Tengo que hacer mi gran escena en la telenovela y quiero concentrarme.

**AGUAYO Y JOHNNY** ¿Qué?

**FABIOLA** Al terminar la entrevista, cuando salí del camerino, un señor me preguntó si yo era la doble de Patricia Montero.

**MARIELA** ¿Y qué le dijiste?

**FABIOLA** Dije, bueno... sí.

**AGUAYO** ¡No puedo creer que hayas hecho eso!

**FABIOLA** Fue una de esas situaciones en las que uno, aunque realmente no quiera, tiene que mentir.

**ÉRIC** Y, ¿qué pasó después?

**FABIOLA** Me dio estos papeles.

**JOHNNY** ¡Es el guión de la telenovela!

**FABIOLA** Mañana tengo que estar muy temprano en el canal, lista para grabar.

**JOHNNY** ¡Aquí hay escenas bien interesantes!

*Más tarde, ensayando la escena…*

**FABIOLA** Éric será el director.

**JOHNNY** ¿Por qué no puedo ser yo el director?

**ÉRIC** No tienes los juguetitos.

**FABIOLA** Tú serás Fernando y Mariela será Carla.

**ÉRIC** Comencemos. Página tres. La escena en donde Valeria sorprende a Fernando con Carla. Tú estarás aquí y tú aquí. (*Los separa.*)

**JOHNNY** ¿Qué? ¿No sabes leer? (*Lee.*) "Sorprende a Fernando en los *brazos* de Carla". (*Se abrazan.*)

**ÉRIC** Está bien. Fabiola, llegarás por aquí y los sorprenderás. ¿Listos? ¡Acción!

**FABIOLA** ¡Fernando Javier! Tendrás que decidir. ¡O estás con ella o estás conmigo!

**JOHNNY** ¡Valeria…! (*Pausa.*)

**JOHNNY** (*Continúa.*) Ni la amo a ella, ni te amo a ti… (*Diana entra.*) Las amo a las dos.

*Diana se queda horrorizada.*

**Personajes**

AGUAYO

DIANA

ÉRIC

FABIOLA

JOHNNY

MARIELA

**AGUAYO** (*Lee.*) "Valeria entra a la habitación y sorprende a Fernando en brazos de..." ¿Carla? (*Pausa.*)

**AGUAYO** (*Continúa.*) "Sorprende a Fernando en brazos de Carla." ¡Lo sabía! Sabía que el muy idiota la engañaría con esa estúpida. Ni siquiera es lo suficientemente hombre para...

*Aguayo se va. Los demás se quedan sorprendidos.*

**AGUAYO** Me alegro que hayas conseguido ese papel. El otro día pasé frente al televisor y vi un pedacito. Mi esposa no se la pierde.

**FABIOLA** Hablando de eso, quería pedirle permiso para tomarme el resto del día libre. Necesito ensayar las escenas de mañana.

**AGUAYO** Las puedes practicar en la oficina. A los chicos les encanta ese asunto de las telenovelas.

**FABIOLA** (*Explica la situación.*) Y por eso estamos ensayando mis escenas.

**DIANA** Gracias a Dios... pero yo creo que están confundidos. Los dobles no tienen líneas. Sólo hacen las escenas en donde la estrella está en peligro.

**MARIELA** Cierto. (*Lee.*) Página seis: "Valeria salta por la ventana".

*Más tarde...*

**ÉRIC** ¡Acción!

**FABIOLA** Sé que decidieron casarse. Espero que se hayan divertido a mis espaldas. Adiós, mundo cruel. (*Grita, pero no salta.*) ¡Aaahhhggg!

**ÉRIC** Muy bien. Ahora, ¡salta!

**FABIOLA** Ni loca. Primero, mi maquillaje.

## Expresiones útiles

### Referring to general ideas and concepts

**¡Lo sabía!**
*I knew it!*

**¿Es todo lo que tienes que decir?**
*Is that all you have to say?*

**Lo difícil/interesante/triste es...**
*The hard/interesting/sad thing is...*

**¡No puedo creer que hayas hecho eso!**
*I can't believe what you've done!*

**Les encanta ese asunto de las telenovelas.**
*They love all that soap opera stuff.*

### Introducing an idea or opinion

**Hablando de eso...**
*Speaking of that . . .*

**Ahora que lo dices...**
*Now that you mention it . . .*

**Estando yo en tu lugar...**
*If I were you . . .*

**Por mi parte...** *As for me . . .*
**A mi parecer...** *In my opinion . . .*

### Additional vocabulary

**el asunto** *matter; issue*
**a mis espaldas** *behind my back*
**el actor/la actriz** *actor/actress*
**el camerino** *star's dressing room*
**el/la doble** *double*
**engañar** *to deceive; to trick*
**ensayar** *to rehearse*
**estar listo/a** *to be ready*
**el guión** *screenplay; script*
**mentir (e:ie)** *to lie*
**¡Ni loco/a!** *No way!*
**ni siquiera** *not even*
**el papel** *role*
**un pedacito** *a bit*

# Comprensión

**1 Comprensión** Respondan a las preguntas con oraciones completas.

1. ¿Por qué Fabiola dice que necesita concentrarse?
2. ¿Cómo consiguió Fabiola el papel?
3. ¿Cuál es el personaje de la telenovela que no le gusta a Aguayo?
4. ¿Qué ve Valeria, la protagonista, cuando entra a la habitación?
5. ¿A quién ama Fernando?
6. ¿Por qué cree Diana que sus compañeros están confundidos?

**2 ¿Quién es?** Todos quieren ayudar a Fabiola a ensayar las escenas de la telenovela.

**A.** ¿Quién representa cada papel?

1. Valeria ________
2. Fernando ________
3. Carla ________
4. el director de la telenovela ________

Aguayo

Diana

Éric

Johnny

Mariela

Fabiola

**B.** ¿Cuál de los empleados de *Facetas* haría cada uno de estos comentarios?

1. ¡Uy! ¿Se habrán dado cuenta de que yo veo telenovelas?
2. Este papel es aburridísimo. ¡No digo ni una palabra!
3. Soy el más preparado para dirigir a los actores.
4. Mis compañeros no saben nada sobre los dobles.
5. Este papel es más peligroso de lo que pensaba.
6. ¡Este director no sabe nada! Voy a hacer lo que dice el guión.

**3 Opiniones** En parejas, pregúntense si están de acuerdo con estas afirmaciones. Razonen sus respuestas y compartan sus opiniones con la clase.

| Sí | No | |
|---|---|---|
| ☐ | ☐ | 1. Hay ciertas situaciones en las que, aunque uno no quiera, es mejor mentir que decir la verdad. |
| ☐ | ☐ | 2. Ser actor/actriz es más interesante que ser director(a). |
| ☐ | ☐ | 3. Es posible estar enamorado/a de dos personas a la vez. |
| ☐ | ☐ | 4. Preferiría ser estrella de televisión que ser doble. |
| ☐ | ☐ | 5. Si descubriera a mi novio/a en los brazos de otra persona, rompería con él/ella. |
| ☐ | ☐ | 6. Para hacerse famoso/a, es más importante ser bello/a que talentoso/a. |

Practice more at **vhlcentral.com.**

# Ampliación

**4 Los productores** En grupos de cinco, diseñen su propia telenovela. Primero, asignen papeles a estos cinco actores y expliquen la relación entre ellos. Luego, inventen un título para la telenovela y escriban el diálogo para una de las escenas. Cada personaje debe decir por lo menos una oración. Finalmente, representen la escena con todos los personajes.

Lida

Francisco

José

Lourdes

Martín

**5 Apuntes culturales** En parejas, lean los párrafos y contesten las preguntas.

Thalía

### Camino a las estrellas

¡Fabiola consiguió su primer papel en una telenovela! Las telenovelas latinoamericanas se pueden comparar al cine de Hollywood por su importancia social y económica. Megaestrellas mexicanas como **Thalía**, **Salma Hayek** y **Gael García Bernal** (**Lección 2**), que iniciaron sus carreras artísticas en telenovelas, no tendrían su fama actual sin ellas. ¿Tendrá la misma suerte Fabiola?

### Luces, cámara y ¡acción!

Éric daría todo por ser un director de cine como Juan José Campanella. Este cineasta argentino ha dirigido episodios de series como *House M.D.* y *Law and Order*. Sus películas más conocidas son *El hijo de la novia*, *El secreto de sus ojos*, ganadora del Óscar a la mejor película extranjera de 2010, y *Metegol*, que ganó el Goya a la mejor película de animación en 2013. ¿Qué diría Éric en la ceremonia de entrega de los Óscar?

Campanella

### La radionovela

Aguayo es un gran aficionado a las telenovelas. Otro género muy popular en el mundo hispano es la **radionovela**. Este tipo de novela transmitida por radio entretiene a la audiencia tanto como las telenovelas, y en Centroamérica también cumple la función de educar a los habitantes sobre los desastres naturales y sus medidas de prevención. ¿Qué pensará Aguayo de las radionovelas?

1. ¿Qué otras megaestrellas latinas conoces? ¿Cómo comenzaron su carrera?
2. ¿En qué se diferencian las telenovelas latinoamericanas de las de EE.UU.?
3. ¿Conoces otros directores de cine del mundo hispanohablante? ¿Qué películas los hicieron famosos?
4. ¿Qué programas de radio escuchas? ¿Escuchas radionovelas?
5. ¿Te gustan las telenovelas o prefieres las series semanales?

En detalle

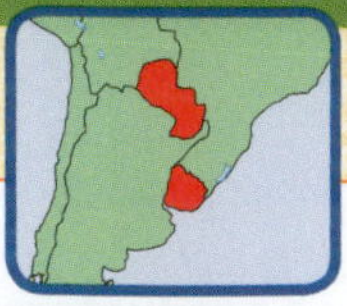
URUGUAY Y PARAGUAY

# EL MATE

**Si visitas Montevideo, vas a presenciar° una escena cotidiana° muy llamativa°: gente bebiendo de un extraño recipiente° con un tubito de metal.** Dentro del curioso recipiente (el mate), generalmente hecho de calabaza° seca, está la famosa **yerba mate**. Aunque Uruguay no produce yerba mate, es el principal consumidor per cápita del mundo. Millones de personas consumen esta infusión, que se ha convertido en el distintivo° cultural de Uruguay, Paraguay y Argentina. También se consume en el sur de Brasil y en Chile.

Una leyenda cuenta que el dios Tupá bajó del cielo y les enseñó a los guaraníes° cómo preparar y tomar la yerba mate. En tiempos de la Conquista, los jesuitas cultivaban yerba mate, pero preparaban la bebida como té. Creían que la forma tradicional (usando una calabaza y un tubito, la bombilla) era obra del demonio. Sin embargo, los intentos de prohibición no tuvieron éxito y la bebida se expandió rápidamente entre los gauchos° y los esclavos° africanos.

Tal vez el mate se haya convertido en un ritual debido a su efecto energético. La yerba contiene **mateína,** una sustancia similar a la cafeína, pero que no tiene los mismos efectos negativos sobre los patrones° de sueño. Además de ser antioxidante, aporta vitaminas y minerales importantes, como potasio, fósforo y magnesio.

Sin embargo, el mate se toma más por tradición que por sus propiedades. La bebida se ha arraigado° tanto en la rutina diaria de Uruguay y Paraguay que ya forma parte de la identidad popular. Según el renombrado antropólogo Daniel Vidart, el mate "empareja° las clases sociales", y en su preparación y consumo "hay una concepción del mundo y de la vida". ■

**El mate en Norteamérica**
Poco a poco, el mate está adquiriendo popularidad en Norteamérica. Pocas personas lo toman de la manera tradicional sino que lo preparan como té. Sin embargo, se puede comprar yerba mate en muchos supermercados y también se venden botellas de yerba mate para tomar como té helado. ¡En algunos cafés también puedes pedir un *mate latte*!

### Cómo preparar o "cebar" mate

- Calentar agua (¡No tan caliente como para el té!)
- Llenar ¾ del mate con yerba
- Verter° agua caliente
- Colocar la bombilla
- ¡Comenzar la mateada!

### La "mateada"

- Todos toman del mismo mate.
- La persona que ceba el mate —el cebador— va pasando el mate lleno a cada persona y toma último.

**presenciar** *witness* **cotidiana** *everyday* **llamativa** *striking* **recipiente** *container* **calabaza** *gourd* **distintivo** *symbol* **guaraníes** *Guarani (indigenous group)* **gauchos** *inhabitants of the flatlands of Uruguay and Argentina* **esclavos** *slaves* **patrones** *patterns* **arraigado** *rooted deeply* **empareja** *evens up* **Verter** *To pour*

ASÍ LO DECIMOS

## El mate y otras bebidas

**jugo (Amér. L.)** / **zumo (Esp.)** *juice*

**refresco (Esp. y Méx.)** / **fresco (Hon.)** *soft drink*

**infusión** *herbal tea*
**mate (Bol.)** *any kind of tea*
**tereré (Par. y Arg.)** *cold* ***mate***
**ser un(a) matero/a** *(of a person) to drink a lot of* ***mate***
**ser un mate amargo (Arg. y Uru.)** *to have no sense of humor / to be moody*

EL MUNDO HISPANOHABLANTE

## Bebidas y bailes

### Otras bebidas típicas

Introducida en 1910, **Inca Kola** es la gaseosa° más popular del Perú. Es de color amarillo brillante y se hace con **hierba luisa**. Eslóganes como "El sabor del Perú" la convirtieron en un símbolo nacional capaz de imponerse ante la Coca-Cola.

La **horchata** es una bebida típica salvadoreña y de otros países de Centroamérica, elaborada a base de arroz y agua. Se puede saborear con azúcar, canela°, vainilla o lima.

### Otros bailes típicos

Hoy la **cumbia** se escucha por toda Latinoamérica. Su origen proviene de ritmos bailados por esclavos africanos llevados a Colombia. Este ritmo contagioso se baila en discotecas, bailes y fiestas.

Comúnmente, se asocia la **salsa** con el Caribe y Centroamérica, pero este género nació en barrios hispanos neoyorquinos como resultado de una mezcla de influencias puertorriqueñas, cubanas, africanas, españolas y estadounidenses.

PERFIL

## LAS MURGAS Y EL CANDOMBE

La fusión de tradiciones españolas, africanas y americanas se convierte en protagonista del Carnaval de Montevideo a través de las **murgas**. La murga uruguaya, un género músico-teatral de finales del siglo XIX, es el principal atractivo del carnaval. Sus representaciones, en las que participan normalmente unas quince personas, suelen centrarse en dos temas: el propio carnaval y la crítica social. Hoy, es una de las expresiones con mayor poder de identidad uruguaya, pues combina un fuerte mensaje político con la influencia de las músicas populares más antiguas, como el **candombe.** Éste es un estilo musical, nacido en Uruguay, que proviene de los ritmos africanos traídos por los esclavos en la época colonial. Los grupos que tocan candombe se llaman **comparsas** y durante el carnaval toman las calles de Montevideo en el conocido **desfile de llamadas**, una celebración de la herencia mestiza y mulata de Uruguay. El Carnaval de Montevideo se inicia en enero y termina a principios de marzo.

"Un pueblo sin tradición es un pueblo sin porvenir." (Alberto Lleras Camargo, político colombiano)

### Conexión Internet

¿Cómo se festeja el carnaval en otros países hispanos?

Investiga sobre este tema en **vhlcentral.com.**

**gaseosa** *soda* **canela** *cinnamon*

# ¿Qué aprendiste?

**1 Comprensión** Indica si estas afirmaciones sobre el mate son **ciertas** o **falsas**. Corrige las falsas.

1. Es muy frecuente ver a gente bebiendo mate en Uruguay.
2. El recipiente para el mate suele ser de metal.
3. La bombilla es el tubo que se utiliza para beber el mate.
4. El mate se bebe principalmente en Argentina, Uruguay y Paraguay.
5. Los primeros en consumir la yerba mate como infusión fueron los indígenas guaraníes.
6. La bebida se hizo popular muy rápidamente entre la población no indígena.
7. Los jesuitas intentaron prohibir todo tipo de infusiones hechas con yerba mate.
8. La mateína altera los patrones del sueño más que la cafeína.
9. Cuando un grupo de personas toma mate, cada persona toma de un recipiente distinto.
10. El mate tiene minerales, pero no vitaminas.
11. La persona que sirve el mate se llama "cebador".
12. El mate es más popular por su larga tradición que por sus propiedades para la salud.

**2 Oraciones incompletas** Completa las oraciones.

1. La murga uruguaya es ________.
   a. un grupo de teatro clásico b. un ritmo africano c. un género músico-teatral
2. El Carnaval de Montevideo empieza en el mes de ________.
   a. enero b. febrero c. marzo
3. La horchata se prepara con ________.
   a. trigo b. café c. arroz
4. En España, le dicen *zumo* al ________.
   a. té frío b. tereré c. jugo

**3 Preguntas** Contesta las preguntas.

1. ¿Hay radioemisoras o discotecas en tu comunidad donde pongan salsa? ¿Qué bailes son populares en tu ciudad?
2. En tu opinión, ¿cuál es el mensaje del eslogan "El sabor del Perú", usado para promocionar Inca Kola?
3. ¿Alguna vez tomaste mate? ¿Lo harías? ¿Lo volverías a tomar?
4. En tu cultura, ¿es común que varias personas tomen del mismo recipiente?

**4 Opiniones** El candombe y la murga forman parte de la identidad cultural de Uruguay. En parejas, hagan una lista de cinco tradiciones norteamericanas que sean parte imprescindible de su cultura popular. Después, compartan su lista con la clase.

Practice more at **vhlcentral.com.**

## PROYECTO

### Raíces africanas

El candombe uruguayo tiene sus raíces en los ritmos que tocaban los esclavos africanos. Muchos otros ritmos populares de Latinoamérica también provienen de África o tienen una fuerte influencia africana. La lista incluye la cumbia, el merengue, la salsa, el mambo y hasta el tango. Elige e investiga uno de estos ritmos y prepara un afiche informativo y preséntalo.

Tu investigación debe incluir:

- el nombre del ritmo, su origen e historia
- dónde es popular y cuáles son sus características
- qué importancia/papel tiene el ritmo que elegiste en la cultura popular local
- otros datos importantes

Flash Cultura

Video

# Lo mejor de Argentina

Ya conoces el mate, una verdadera pasión en Argentina. Este episodio de **Flash Cultura** te llevará a descubrir otros aspectos que también son esenciales en este país para relacionarse, comunicarse y disfrutar.

## VOCABULARIO ÚTIL

**a las apuradas** *in a hurry*
**ajetreado/a** *hectic*
**chupar** *to suck*
**la caña** *straw*
**intercambiar** *to exchange*
**la parrilla** *grill*
**reconocido/a** *renowned*
**la tertulia** *gathering; literary roundtable*

**Preparación** ¿Te gusta bailar? ¿Alguna vez tomaste clases para aprender algún ritmo latinoamericano? ¿Te gustaría bailar tango?

**Comprensión** Indica si estas afirmaciones son **ciertas** o **falsas**. Después, en parejas, corrijan las falsas.

1. El Café Tortoni se encuentra en el centro de Buenos Aires.
2. Las tertulias del Tortoni eran reuniones de artistas que se hacían por las mañanas para conversar e intercambiar ideas.
3. Carlos Gardel fue un reconocido escritor argentino.
4. El instrumento más importante del tango es el bandoneón.
5. Actualmente, sólo los ancianos bailan en las milongas.
6. El mate es una bebida para compartir.

**Expansión** En parejas, contesten estas preguntas.

- Si fueran al Tortoni, ¿pedirían un café, un submarino o un agua tónica, como hacía Borges?
- ¿Se animarían a aprender a bailar tango en la Plaza Dorrego delante de todos? ¿Les gustaría probar el mate?
- Si viajaran a Argentina y tuvieran poco tiempo, ¿cuál de estas actividades preferirían hacer: visitar los cafés porteños, comprar antigüedades en San Telmo, ir a una milonga o comer un asado en una estancia? ¿Por qué?

Practice more at **vhlcentral.com.**

**Corresponsal:** Silvina Márquez
**País:** Argentina

La capital argentina tiene una de las culturas de café más famosas del mundo.

En la Plaza Dorrego… todos los domingos hay un mercado al aire libre° donde venden antigüedades… también se puede disfrutar… del tango.

En una estancia°… podemos… disfrutar un asado°… y… andar a caballo°.

**mercado al aire libre** *open-air market* **estancia** *ranch*
**asado** *barbecue* **andar a caballo** *ride horses*

## 9.1 The present perfect subjunctive

Me alegro de que hayas conseguido ese papel.

Espero que se hayan divertido a mis espaldas.


**TALLER DE CONSULTA**

**Manual de gramática**
**Más práctica**

9.1 The present perfect subjunctive, p. A48
9.2 Relative pronouns, p. A49
9.3 The neuter **lo**, p. A50

**Más gramática**

9.4 **Qué** vs. **cuál**, p. A51

To review the present and past subjunctive, see **4.1**, **5.2**, and **6.2**. The past perfect subjunctive is covered in **10.3**.

- The present perfect subjunctive (**el pretérito perfecto de subjuntivo**) is formed with the present subjunctive of **haber** and a past participle.

**The present perfect subjunctive**

| cerrar | perder | asistir |
|---|---|---|
| haya cerrado | haya perdido | haya asistido |
| hayas cerrado | hayas perdido | hayas asistido |
| haya cerrado | haya perdido | haya asistido |
| hayamos cerrado | hayamos perdido | hayamos asistido |
| hayáis cerrado | hayáis perdido | hayáis asistido |
| hayan cerrado | hayan perdido | hayan asistido |

- The present perfect subjunctive is used to refer to recently completed actions or past actions that still bear relevance in the present. It is used mainly in the subordinate clause of a sentence whose main clause expresses will, emotion, doubt, or uncertainty.

PRESENT PERFECT INDICATIVE

Luis me dijo que **ha dejado** de ver ese programa.

*Luis told me that he has stopped watching that show.*

PRESENT PERFECT SUBJUNCTIVE

Me alegro de que Luis **haya dejado** de ver ese programa.

*I'm glad that Luis has stopped watching that show.*

- Note the difference in meaning between the three subjunctive tenses you have learned so far.

PRESENT SUBJUNCTIVE

Las cadenas nacionales **buscan** corresponsales que **hablen** varios idiomas.

*The national networks are looking for correspondents who speak several languages.*

PRESENT PERFECT SUBJUNCTIVE

**Prefieren** contratar a los que **hayan trabajado** en el extranjero.

*They prefer to hire those who have worked abroad.*

PAST SUBJUNCTIVE

Antes, **insistían** en que los solicitantes **tuvieran** cinco años de experiencia.

*In the past, they insisted that applicants have five years of experience.*

**¡ATENCIÓN!**

In a multiple-clause sentence, the choice of tense for the verb in the subjunctive depends on when the action takes place in each clause. The present perfect subjunctive is used primarily when the action of the main clause is in the present tense, but the action in the subordinate clause is in the past.

# Práctica y comunicación

**1** **¿Indicativo o subjuntivo?** Elige entre el pretérito perfecto del indicativo y el pretérito perfecto del subjuntivo para completar las oraciones.

1. Necesito contratar un corresponsal que (ha / haya) estado en Paraguay.
2. Quiero conocer al actor que (ha / haya) trabajado en *Eclipse*.
3. Hasta que no (has / hayas) conocido a las personas que leen la prensa sensacionalista, no sabrás por qué la leen.
4. Estoy seguro de que todos los actores (han / hayan) estudiado el guión.
5. Cuando ustedes (han / hayan) leído esta noticia, estarán de acuerdo conmigo.
6. No creo que (has / hayas) escrito ese artículo sin la ayuda de Miguel.

**2** **Opuestas** Escribe la oración que expresa lo opuesto en cada ocasión. En algunos casos debes usar el pretérito perfecto del subjuntivo y en otros el pretérito perfecto del indicativo.

**MODELO** **No creo que ese actor haya aprendido a actuar bien.**
Creo que ese actor ha aprendido a actuar bien.

1. El corresponsal cree que los periodistas han hablado con el crítico.
2. No creo que el director les haya dado pocas órdenes a sus actores.
3. Estoy seguro de que la mayoría del público ha leído la noticia.
4. No es seguro que la prensa sensacionalista haya publicado esa noticia.
5. Pienso que ese actor ha sido el protagonista de *El hombre lobo*.

**3** **Competencia** Julieta y Marcela han estado juntas en una audición y Julieta ha conseguido el papel de la protagonista. En parejas, combinen los elementos de la lista y añadan detalles para escribir cinco quejas (*complaints*) de Marcela. Utilicen el pretérito perfecto del subjuntivo. Luego, dramaticen una conversación entre las dos actrices.

| | |
|---|---|
| dudo que | darme explicaciones |
| me molesta que | conseguir el papel |
| me sorprende que | tener suficiente experiencia |
| no creo que | trabajar con ese director |
| no es justo que | (no) darme otra oportunidad |
| quiero que | escoger la mejor actriz |

**4** **¡Despedido!** Hoy el dueño de la emisora ha despedido a Eduardo Storni, el famoso y controvertido locutor del programa *Storni, ¡sin censura!* En parejas, escriban su conversación. Utilicen por lo menos cinco oraciones con el pretérito perfecto del indicativo y del subjuntivo. Luego, represéntenla para la clase.

**MODELO**
**DUEÑO** Es una lástima que usted no haya escuchado nuestras advertencias. Usted ha violado casi todas las reglas de la cadena.
**STORNI** Pero mi público siempre me ha apoyado. Mis oyentes estarán furiosos de que usted no haya respetado la libertad de prensa.

Practice more at **vhlcentral.com.**

**TALLER DE CONSULTA**

**MANUAL DE GRAMÁTICA**
**Más práctica**

9.1 The present perfect subjunctive, p. A48

## 9.2 Relative pronouns

¡No puedo creer que hayas hecho eso!

Fue una de esas situaciones en las que uno tiene que mentir.


**TALLER DE CONSULTA**

See **Manual de gramática 9.4**, p. A51 to review the uses of **qué** and **cuál** in asking questions.

**¡ATENCIÓN!**

Relative pronouns are used to connect short sentences or clauses in order to create longer, smoother sentences. Unlike the interrogative words **qué, quién(es),** and **cuál(es)**, relative pronouns never carry accent marks.

### The relative pronoun *que*

- **Que** (*that, which, who*) is the most frequently used relative pronoun (**pronombre relativo**). It can refer to people or things, subjects or objects, and can be used in restrictive clauses (no commas) or nonrestrictive clauses (with commas). Note that although some relative pronouns may be omitted in English, they must always be used in Spanish.

  El reportaje **que** vi ayer me hizo cambiar de opinión sobre la guerra.
  *The report (that) I saw last night made me change my opinion on the war.*

  Las primeras diez personas **que** respondan correctamente ganarán una suscripción gratuita.
  *The first ten people who respond correctly will win a free subscription.*

  El desastre fue causado por la lluvia, **que** ha durado más de dos semanas.
  *The disaster was caused by the rain, which has lasted over two weeks.*

### El/La que

- After prepositions, **que** follows the definite article: **el que**, **la que**, **los que**, or **las que**. The article must agree in gender and number with the antecedent (the noun or pronoun it refers to). When referring to *things* (but not *people*), the article may be omitted after short prepositions, such as **en, de**, and **con**.

  **Los** periódicos **para los que** escribo son independientes.
  *The newspapers I write for are independent. (Lit: for which I write)*

  El edificio **en** (**el**) **que** viven es viejo.
  *The building they live in is old. (Lit: in which they live)*

  La fotógrafa **con la que** trabajo ganó varios premios.
  *The photographer with whom I work won several awards.*

- **El que, la que, los que**, and **las que** are also used for clarification in nonrestrictive clauses (with commas) when it might be unclear to *what* or *whom* the clause refers.

  Hablé con los periodistas de la revista, **los que** entrevistaron a Juanes.
  *I spoke with the reporters from the magazine, the ones who interviewed Juanes.*

  Hablé con los periodistas de la revista, **la que** entrevistó a Juanes.
  *I spoke with the reporters from the magazine, (the one) that interviewed Juanes.*

**¡ATENCIÓN!**

In colloquial Spanish, **en que** and **en el/la cual** are often replaced by **donde**.

La casa **donde** vivo es muy grande.

La universidad **donde** estudio es muy prestigiosa.

## El/La cual

- **El cual, la cual, los cuales**, and **las cuales** are generally interchangeable with **el que, la que, los que**, and **las que** after prepositions. They are often used in more formal speech or writing. Note that when **el cual** and its forms are used, the definite article is never omitted.

  Esa es la calle **por la cual** se va al teatro.
  *That is the street through which you can get to the theater.*

  La revista **para la cual** trabajo es muy influyente.
  *The magazine for which I work is very influential.*

## Quien/Quienes

- **Quien** (*singular*) and **quienes** (*plural*) only refer to people. **Quien(es)** can generally be replaced by forms of **el que** and **el cual**, although the reverse is not always true.

  Las periodistas de **quienes** te hablé son de Caracas.
  *The journalists (who) I told you about are from Caracas.*

  El investigador de **quien** (**del que/del cual**) hablaron era mi profesor.
  *The researcher (whom) they spoke about was my professor.*

- Although **que** and **quien(es)** may both refer to people, their use depends on the structure of the sentence.
- In restrictive clauses (no commas) that refer to people, **que** is used if no preposition or a personal **a** is present. If a preposition or the personal **a** is present, **quien** (or **el que/el cual**) is used instead. Below, **que** is equivalent to *who*, while **quien** expresses *whom*.

  La gente **que** quiere informarse lee la prensa.
  *People who want to be informed read the news.*

  Los políticos **a quienes** (**a los que/a los cuales**) queremos entrevistar creen en la libertad de prensa.
  *The politicians (who/that) we want to interview believe in the freedom of the press.*

- In nonrestrictive clauses (with commas) that refer to people, **quien** (or el **que/el cual**) is used. However, in spoken Spanish, **que** can also be used.

  Juan y María, **quienes** trabajan conmigo, escriben la sección deportiva.
  *Juan and María, who work with me, write the sports section.*

## The relative adjective *cuyo*

- The relative adjective **cuyo (cuya, cuyos, cuyas)** means *whose* and agrees in number and gender with the noun it precedes. Remember that **de quién(es)**, not **cuyo**, is used in questions to express *whose*.

  El reportero, **cuyo** artículo ganó el premio Pullitzer, viajará a Chiapas.
  *The reporter, whose article won the Pullitzer prize, will travel to Chiapas.*

  La fotógrafa Daniela Pérez, **cuyas** fotos de Medellín fueron publicadas en El País, viajará con él.
  *Photographer Daniela Pérez, whose photos of Medellín were published in El País, will travel with him.*

**TALLER DE CONSULTA**

The neuter forms **lo que** and **lo cual** are used when referring to a whole situation or idea. See **9.3**, p. 342.

**¿Qué es lo que te molesta?**
*What is it that's bothering you?*

**Ella habla sin parar, lo cual me enoja mucho.**
*She won't stop talking, which is making me really angry.*

**¡ATENCIÓN!**

When used with **a** or **de**, the contractions **al que/cual** and **del que/cual** are formed.

**¡ATENCIÓN!**

In colloquial Spanish, the formal rules for using relative pronouns are not always followed.

**Formal:**
**La mujer a quien conocí ayer...**

**Informal:**
**La mujer que conocí ayer...**

# Práctica

**TALLER DE CONSULTA**

**MANUAL DE GRAMÁTICA**
**Más práctica**

9.2 Relative pronouns, p. A49

**1 Oraciones incompletas** Selecciona la palabra o expresión adecuada para completar las oraciones.

1. El señor Castillo, _____ revista se dedica a la moda, se fue de viaje a París.
   a. cuya  b. cuyo  c. cuyos
2. Los músicos _____ conociste ayer han grabado la banda sonora de la película.
   a. a quien  b. a quienes  c. quien
3. El corto _____ te hablé no está doblado.
   a. del que  b. de quien  c. el cual
4. El reportaje de anoche, _____ se transmitió en el canal 7, me pareció muy sensacionalista.
   a. el cual  b. la cual  c. los que
5. Los artículos _____ se publican en esa revista son puro chisme.
   a. los cuales  b. los que  c. que

**2 El tereré** Completa este artículo sobre el tereré con los pronombres relativos de la lista. Algunos pronombres pueden repetirse.

## EL TERERÉ

que
en el que
con quien
cuyo
en la que

Existe un país (1) _____ el mate tuvo (2) _____ adaptarse a su clima: Paraguay. En este país, (3) _____ clima subtropical presenta calurosos veranos, el tradicional mate caliente debió convertirse en una bebida fría y refrescante (4) _____ ayudara a atenuar el calor. Así, el tereré, (5) _____ nombre proviene del guaraní, es la bebida más popular de los paraguayos.

Para prepararlo, se coloca yerba en el recipiente llamado mate. En lugar de agua caliente en un termo o pava (*kettle*), se usa una jarra (6) _____ se coloca agua y/o jugo de limón con mucho hielo. La bebida se bebe con una bombilla (*straw*), (7) _____ generalmente es de metal. En Paraguay, se dice (8) _____ el tereré es como un amigo (9) _____ se comparten alegrías y tristezas, momentos cotidianos y toda una vida.

**3 Definiciones** Escribe una definición para cada término. Usa pronombres relativos.

**MODELO** **el redactor**
Es la persona cuyo trabajo es preparar artículos para publicar.

1. la prensa sensacionalista ______________________
2. los subtítulos ______________________
3. la portada ______________________
4. el titular ______________________
5. los televidentes ______________________
6. la fama ______________________

Practice more at **vhlcentral.com.**

# Comunicación

**4 Tendencias** Piensa en las tendencias actuales y completa el recuadro con tus preferencias. En parejas, compartan esta información. Luego, informen a sus compañeros/as de lo que hayan aprendido sobre la otra persona, usando pronombres relativos. Sigan el modelo.

**MODELO** Ana Sofía mira todo el tiempo videos musicales en su iPod. Es una persona a quien le encanta llevar su iPod a todos lados.

| | Sí | No | Depende |
|---|---|---|---|
| 1. Me aburren los videos musicales en la tele. Prefiero verlos en un iPod. | ☐ | ☐ | ☐ |
| 2. Siempre escucho música alternativa y pienso que el *hip-hop* no es arte. | ☐ | ☐ | ☐ |
| 3. Yo sólo compro ropa cara a la que se le ve el logotipo impreso en grande. | ☐ | ☐ | ☐ |
| 4. ¿Documentales? ¿Qué es eso? Sólo miro los éxitos de taquilla de Hollywood. | ☐ | ☐ | ☐ |
| 5. ¡Puaj! Los *reality shows* son horribles y deberían prohibirse. | ☐ | ☐ | ☐ |
| 6. Me puedo pasar horas leyendo revistas de moda y de chismes sobre famosos. | ☐ | ☐ | ☐ |
| 7. ¡Qué chévere (*How cool*)! ¡Un restaurante con platos innovadores! Los restaurantes de comidas tradicionales ya pasaron de moda. | ☐ | ☐ | ☐ |
| 8. ¡Nada de salsa! No me gusta la música latina. Prefiero escuchar los 40 principales (*top 40*) de la radio. | ☐ | ☐ | ☐ |

**5 ¿Quién es quién?** La clase se divide en dos equipos. Un integrante del equipo A piensa en un(a) compañero/a y da tres pistas. El equipo B tiene que adivinar de quién se trata. Si lo adivina con la primera pista, obtiene 3 puntos; con la segunda, obtiene 2 puntos; y con la tercera, obtiene 1 punto.

**MODELO** Estoy pensando en alguien con quien almorzamos.
Estoy pensando en alguien cuyos ojos son marrones.
Estoy pensando en alguien que lleva pantalones azules.

**6 Fama** En parejas, preparen una entrevista entre un reportero y una estrella de televisión. Utilicen por lo menos seis pronombres relativos.

**MODELO**
**REPORTERO** Díganos, ¿dónde encontró este vestido tan divino?
**ESTRELLA** Gracias, me lo regaló un amigo muy talentoso, cuya tienda siempre tiene lo mejor de la moda.
**REPORTERO** Y me he enterado de que está usted con un nuevo amor, quien trabajó con usted en su última telenovela...

## 9.3 The neuter *lo*

- The definite articles **el, la, los**, and **las** modify masculine or feminine nouns. The neuter article **lo** is used to refer to concepts that have no gender.

¿Es todo lo que tienes que decir?

¡Lo sabía! Ni es lo suficientemente hombre para...


- In Spanish, the construction **lo** + [*masculine singular adjective*] is used to express general characteristics and abstract ideas. The English equivalent of this construction is *the* + [*adjective*] + *thing*.

  Cuando leo las noticias, **lo difícil** es diferenciar entre el hecho y la opinión.
  *When I read the news, the difficult thing is differentiating between fact and opinion.*

  **Lo bueno** de ser periodista es que te pagan por decir la verdad.
  *The good thing about being a journalist is that you get paid to tell the truth.*

- To express the idea of *the most* or *the least*, **más** and **menos** can be added after **lo**. **Lo mejor** and **lo peor** mean *the best/worst* (*thing*).

  Para ser un buen reportero, **lo más importante** es ser imparcial.
  *The most important thing about being a good reporter is to be unbiased.*

  ¡Aún no te he contado **lo peor**!
  *I still haven't told you the worst part!*

- The construction **lo** + [*adjective or adverb*] + **que** is used to express the English *how* + [*adjective*]. In these cases, the adjective agrees in number and gender with the noun it modifies.

| **lo + [*adjective*] + que** | **lo + [*adverb*] + que** |
|---|---|
| ¿No te das cuenta de **lo bella que** eres, María Fernanda? | Recuerda **lo bien que** te fue el año pasado en su clase. |
| *María Fernanda, don't you realize how beautiful you are?* | *Remember how well you did last year in his class.* |

- **Lo que** is equivalent to the English *what*, *that*, or *which*. It is used to refer to an idea, or to a previously mentioned situation or concept.

  ¿Qué fue **lo que** más te gustó de tu viaje a Uruguay?
  *What was the thing that you enjoyed most about your trip to Uruguay?*

  **Lo que** más me gustó fue el Carnaval de Montevideo.
  *What I liked best was the Montevideo Carnival.*

**¡ATENCIÓN!**

The phrase **lo** + [*adjective or adverb*] + **que** may be replaced by **qué** + [*adjective or adverb*].

**No sabes qué difícil es hablar con él.**
*You don't know how difficult it is to talk to him.*

**Fíjense en qué pronto se entera la prensa.**
*Pay attention to how quickly the press finds out.*

# Práctica y comunicación

**1** **Chisme** La gran estrella pop, Estela Moreno, responde a las críticas que han aparecido en medios periodísticos sobre su súbita (*sudden*) boda con Ricardo Rubio. Completa las oraciones con **lo**, **lo que** o **qué**.

"Repito que es completamente falso (1) ____________ ha salido en la prensa sensacionalista. Siempre habíamos querido una ceremonia pequeña y privada para mantener (2) ____________ romántico de la ocasión. El lugar, la fecha, los pocos invitados… pues todo (3) ____________ tuvimos planeado desde hace meses. ¡Ay, (4) ____________ difícil fue guardar el secreto para que el público no se diera cuenta de (5) ____________ estábamos planeando! (6) ____________ más me molesta es que la prensa nos acuse de un romance súbito. (7) ____________ nuestro es un amor que comenzó hace dos años y que durará para toda la vida. ¡Ya (8) ____________ verán con el tiempo!"

**2** **Reacciones** Combina las frases para formar oraciones con **lo** + [*adjetivo/adverbio*] + **que**.

**MODELO** **parecer mentira / qué poco Juan se preocupa por el chisme**
Parece mentira lo poco que Juan se preocupa por el chisme.

1. asombrarme / qué lejos está el centro comercial
2. sorprenderme / qué obediente es tu gato
3. no poder creer / qué influyente es la publicidad
4. ser una sorpresa / qué bien se vive en este pueblo
5. ser increíble / qué rápido se hizo famoso aquel cantante

**3** **Ser o no ser** En parejas, conversen sobre las ventajas y desventajas de cada una de estas profesiones. Luego escriban oraciones completas para describir **lo bueno**, **lo malo**, **lo mejor** o **lo peor** de cada profesión. Compartan sus ideas con la clase.

| | | |
|---|---|---|
| actor/actriz | crítico/a de cine | redactor(a) |
| cantante | locutor(a) de radio | reportero/a |

**4** **Síntesis** En parejas, escriban una carta al periódico universitario dando su opinión sobre un tema de actualidad. Usen por lo menos tres verbos en pretérito perfecto de subjuntivo, tres oraciones con **lo** o **lo que** y tres oraciones con pronombres relativos. Usen algunas frases de la lista o inventen otras. Lean su carta a la clase y debatan el tema.

| | | |
|---|---|---|
| me molesta que... | lo importante... | que |
| me alegra que... | lo que más/menos... | el/la cual |
| no puedo creer que... | lo que pienso sobre... | quien(es) |

Practice more at **vhlcentral.com.**

**TALLER DE CONSULTA**

**Manual de gramática**
**Más práctica**

9.3 The neuter **lo**, p. A50

# Antes de ver el corto

## SINTONÍA

**país** España
**duración** 9 minutos
**director** Jose Mari Goenaga
**protagonistas** el hombre, la mujer, el locutor

### Vocabulario

**aclarar** *to clarify*
**dar la gana** *to feel like*
**darse cuenta (de)** *to realize*
**darse por aludido/a** *to assume that one is being referred to*
**embalarse** *to get carried away*
**fijarse en** *to notice*
**el maletero** *trunk*
**la nuca** *back of the neck*
**parar el carro** *to hold one's horses*
**pillar(se)** *to catch*
**la sintonía** *synchronization; tuning; connection*

**1 Definiciones** Escribe la palabra adecuada para cada definición.

1. la parte del carro en la que guardas las compras: ________
2. la parte de atrás de la cabeza: ________
3. el hecho de explicar algo para evitar confusiones: ________
4. comprender o entender algo: ________
5. dejarse llevar por un impulso ________

**2 Preguntas** Contesta las preguntas.

1. ¿Prefieres escuchar programas de radio o sólo música cuando vas en autobús o en carro?
2. Si tuvieras un problema que no supieras solucionar, ¿llamarías a un programa de radio o de televisión? ¿Por qué?
3. Imagina que te sientes atraído/a por alguien que ves en la calle. ¿Le pedirías una cita?
4. Si escuchas a dos personas que parecen hablar de ti sin decir tu nombre, ¿te das por aludido/a enseguida o tardas en darte cuenta?

**3 ¿Qué sucederá?** En parejas, miren los fotogramas e imaginen lo que va a ocurrir en la historia. ¿Cuál es la relación entre el locutor y las personas que esperan para pagar el peaje (*toll*)? Compartan sus ideas con la clase. Incluyan tres o cuatro datos o conjeturas sobre cada fotograma.

Practice more at **vhlcentral.com.**

UN CORTOMETRAJE DE MORIARTI PROD.
97
104
JOSEAN BENGOETXEA
SINTONIA
LW MW SW FM
190
TANIA DE LA CRUZ
260
moriarti produkzioak PRESENTA A JOSEAN BENGOETXEA TANIA DE LA CRUZ UNAI GARCÍA
FOTOGRAFÍA RITA NORIEGA MÚSICA PASCAL GAIGNE SONIDO IÑAKI DÍEZ MEZCLAS AURELIO MARTÍNEZ MONTAJE RAÚL LÓPEZ DIRECCIÓN ARTÍSTICA MENÓ VESTUARIO LEIRE ORELLA MAQUILLAJE MARI RODRÍGUEZ
PRODUCCIÓN AITOR ARREGI GUIÓN Y DIRECCIÓN JOSE MARI GOENAGA
Ayuntamiento de Vitoria-Gasteiz Vitoria-Gasteizko Udala
MONTEHERMOSO
DOLBY
IN SELECTED THEATRES
moriart prod.

# Escenas

**ARGUMENTO** Un joven, atrapado en un atasco en la carretera, se siente atraído por la chica que maneja el carro de al lado.

**LOCUTOR** Última oportunidad para llamar... No os cortéis° y decidle a quien queráis lo que os dé la gana y no lo dejéis para otro momento. El número, el número es el 943365482... Tenemos una nueva llamada. Hola, ¿con quién hablamos?

**HOMBRE** Manuel Ezeiza. Manolo, Manolo de Donosti.
**LOCUTOR** Muy bien, Manolo de Donosti. ¿Y a quién quieres enviar tu mensaje?
**HOMBRE** La verdad es que no lo sé, pero sé que nos está oyendo.

**LOCUTOR** Bueno, igual el mensaje puede darnos alguna pista°.
**HOMBRE** Sí, bueno, llamaba porque me he fijado que te has dejado parte del vestido fuera del coche. Y, bueno, yo no te conozco pero... te he visto cantando y querría, quedar contigo... o tomar algo...

**LOCUTOR** Bueno, para el carro... Esto es un poco surrealista. Le estás pidiendo una cita a una cantante que va en un coche con el abrigo fuera. ¿Y cómo sabe que te diriges a ella?
**HOMBRE** Todavía no lo sabe. Está sonriendo, como si esto no fuera con ella.

**LOCUTOR** Pues dale una pista para que se aclare. ¿Cómo es ella? ¿Qué hace?
**HOMBRE** Pues lleva algo rojo... ahora se toca la nuca con su mano y ahora el pelo... que es muy oscuro. Y ahora parece que empieza a darse cuenta. Sí, sí, definitivamente se ha dado cuenta.

**LOCUTOR** A ver, ¿quién le dice a ella que tú no eres, no sé, un psicópata?
**HOMBRE** ¿Y quién me dice a mí que no es ella la psicópata? Se trata de asumir riesgos. Yo tampoco te conozco. Pensaba que estaría bien quedar contigo.

**No os cortéis** *Don't be shy* **pista** *clue*

# Después de ver el corto

**1 Comprensión** Contesta las preguntas con oraciones completas.

1. ¿Dónde está el hombre?
2. ¿A quién llama por teléfono?
3. ¿Qué tipo de programa de radio es?
4. ¿Por qué llama el hombre al programa de radio?
5. ¿Cómo sabe que la mujer está oyendo ese programa de radio?
6. ¿Por qué le dice el locutor al hombre que la mujer a lo mejor no quiere salir con él?
7. ¿Dónde se conocen el hombre y la mujer en persona?
8. ¿Qué le dice la mujer al hombre?

**2 Ampliación** Contesta las preguntas con oraciones completas.

1. ¿El hombre le habla siempre al locutor o le habla también a la mujer directamente? Explica tu respuesta.
2. ¿Qué harías tú si vieras que alguien en el carro de al lado se ha pillado la ropa en la puerta?
3. La mujer apaga la radio, pero después la vuelve a encender. ¿Qué crees que está pensando en ese momento?
4. ¿Por qué crees que para la mujer en la gasolinera?

**3 Imagina**

**A.** En parejas, preparen la conversación entre el hombre y la mujer en la gasolinera. Cada uno debe tener por lo menos tres intervenciones en la conversación. Luego, representen la conversación frente a la clase.

**B.** Imaginen qué ocurre después. ¿Siguen en contacto? ¿Tienen una cita? ¿Qué ocurre en sus vidas? Compartan su final con la clase.

**4 Relaciones mediáticas** Escribe una historia de amor sobre dos personas que se conocen a través de uno de los medios de la lista. Incluye detalles sobre cómo se conoció la pareja, por qué fue a través de ese medio específico y cuál fue el desenlace (*outcome*) de la historia.

| | |
|---|---|
| una revista | un programa de radio |
| un programa de televisión | Internet |

Practice more at **vhlcentral.com.**

*Automóvil vestido*, 1941
Salvador Dalí, España

"Modestamente, la televisión no es culpable de nada. Es un espejo en el que nos miramos todos, y al mirarnos nos reflejamos."

— Manuel Campo Vidal

# Antes de leer

## Dos palabras (fragmento)

Isabel Allende

### Sobre el autor

**Isabel Allende** nació en 1942, en Lima, Perú, aunque es de nacionalidad chilena. Inició su carrera como periodista en la televisión y la prensa de Chile. En 1975 se exilió con su familia en Venezuela cuando el general Pinochet llegó al poder. En 1981, al saber que su abuelo estaba por morir, comenzó a escribirle una carta que luego se convertiría en la novela *La casa de los espíritus*, de enorme éxito internacional. Continuó publicando libros de gran popularidad como *Eva Luna*, *De Amor y de sombra* y *El plan infinito*. Dos de sus novelas fueron llevadas al cine. Desde 1987 vive en California y en 1993 obtuvo la ciudadanía estadounidense.

**Vocabulario**

| | | |
|---|---|---|
| **atónito/a** *astonished* | **comerciar** *to trade* | **el/la fulano/a** *so-and-so* |
| **el bautismo** *baptism* | **de corrido** *fluently* | **el oficio** *trade* |
| **burlar** *to trick* | **descarado/a** *rude* | **pregonar** *to hawk* |

**Vocabulario** Completa las oraciones.

1. El ____________ es un rito religioso de los cristianos.
2. No sé cómo se llama ese ____________, pero no me cae bien.
3. El ____________ del vendedor consiste en ____________ con todo tipo de productos.
4. Espero que Juan no piense que soy ____________ por contestarle así.
5. El actor no pudo recitar ____________ su monólogo; se le olvidó.

**Conexión personal** ¿Qué poder crees que tienen las palabras en la sociedad actual? ¿Piensas que pueden suceder cosas prodigiosas en la vida real o que todo tiene una explicación racional?

### Análisis literario: Desarrollo del personaje

La acción de una novela depende de la capacidad de sus personajes para llevarla a cabo. Por ejemplo, para contar una historia sobre un viaje a la Luna, es necesario desarrollar personajes valientes y aventureros; y para escribir una historia de amor, es necesario crear personajes sensibles, capaces de enamorarse y de tener sentimientos sublimes. En el fragmento de *Cuentos de Eva Luna* que vas a leer, la autora desarrolla un misterioso personaje llamado Belisa Crepusculario. Mientras lees el fragmento, fíjate en las claves que da la autora sobre ese personaje para determinar qué tipo de acción tendrá lugar en el resto de la narración.

Practice more at **vhlcentral.com.**

# Dos palabras (fragmento)

**Isabel Allende**

Tenía el nombre de Belisa Crepusculario, pero no por fe de bautismo o acierto de su madre, sino porque ella misma lo buscó hasta encontrarlo y se vistió con él. Su oficio era vender palabras. Recorría el país, desde las regiones más altas y frías hasta las costas calientes, instalándose° en las ferias y en los mercados, donde montaba cuatro palos con un toldo° de lienzo, bajo el cual se protegía del sol y de la lluvia para atender a su clientela. No necesitaba pregonar su mercadería, porque de tanto caminar por aquí y por allá, todos la conocían. Había quienes la aguardaban de un año para otro, y cuando aparecía por la aldea con su atado° bajo el brazo hacían cola

setting up

canopy

bundle

Audio: Dramatic Reading

frente a su tenderete°. Vendía a precios justos. Por cinco centavos entregaba versos de memoria, por siete mejoraba la calidad de los sueños, por nueve escribía cartas de enamorados, por doce inventaba insultos para enemigos irreconciliables. También vendía cuentos, pero no eran cuentos de fantasía, sino largas historias verdaderas que recitaba de corrido, sin saltarse nada. Así llevaba las nuevas de un pueblo a otro. La gente le pagaba por agregar una o dos líneas: nació un niño, murió fulano, se casaron nuestros hijos, se quemaron las cosechas°. En cada lugar se juntaba una pequeña multitud a su alrededor para oírla cuando comenzaba a hablar y así se enteraban de las vidas de otros, de los parientes lejanos, de los pormenores° de la Guerra Civil. A quien le comprara cincuenta centavos, ella le regalaba una palabra secreta para espantar° la melancolía. No era la misma para todos, por supuesto, porque eso habría sido un engaño colectivo. Cada uno recibía la suya con la certeza de que nadie más la empleaba para ese fin en el universo y más allá.

Belisa Crepusculario había nacido en una familia tan mísera°, que ni siquiera poseía nombres para llamar a sus hijos. Vino al mundo y creció en la región más inhóspita, donde algunos años las lluvias se convierten en avalanchas de agua que se llevan todo, y en otros no cae ni una gota del cielo, el sol se agranda hasta ocupar el horizonte entero y el mundo se convierte en un desierto. Hasta que cumplió doce años no tuvo otra ocupación ni virtud que sobrevivir al hambre y la fatiga de siglos. Durante una interminable sequía° le tocó enterrar a cuatro hermanos menores y cuando comprendió que llegaba su turno, decidió echar a andar por las llanuras° en dirección al mar, a ver si en el viaje lograba burlar a la muerte. La tierra estaba erosionada, partida en profundas grietas°, sembrada de piedras, fósiles de árboles y de arbustos espinudos°, esqueletos de animales blanqueados por el calor. De vez en cuando tropezaba con familias que, como ella, iban hacia el sur siguiendo el espejismo° del agua. Algunos habían iniciado la marcha llevando sus pertenencias al hombro o en carretillas, pero apenas podían mover sus propios huesos y a poco andar debían abandonar sus cosas. Se arrastraban° penosamente, con la piel convertida en cuero de lagarto y los ojos quemados por la reverberación de la luz. Belisa los saludaba con un gesto al pasar, pero no se detenía, porque no podía gastar sus fuerzas en ejercicios de compasión. Muchos cayeron por el camino, pero ella era tan tozuda° que consiguió atravesar el infierno y arribó por fin a los primeros manantiales°, finos hilos de agua, casi invisibles, que alimentaban una vegetación raquítica°, y que más adelante se convertían en riachuelos y esteros°.

Belisa Crepusculario salvó la vida y además descubrió por casualidad la escritura. Al llegar a una aldea en las proximidades de la costa, el viento colocó a sus pies una hoja de periódico. Ella tomó aquel papel amarillo y quebradizo° y estuvo largo rato observándolo sin adivinar su uso, hasta que la curiosidad pudo más que su timidez. Se acercó a un hombre que lavaba un caballo en el mismo charco turbio° donde ella saciara su sed.

— ¿Qué es esto? —preguntó.

—La página deportiva del periódico — replicó el hombre sin dar muestras de asombro ante su ignorancia.

La respuesta dejó atónita a la muchacha, pero no quiso parecer descarada y se limitó a inquirir el significado de las patitas de mosca dibujadas sobre el papel.

—Son palabras, niña. Allí dice que Fulgencio Barba noqueó° al Negro Tiznao en el tercer round.

Ese día Belisa Crepusculario se enteró que las palabras andan sueltas sin dueño y cualquiera con un poco de maña° puede apoderárselas para comerciar con ellas. Consideró su situación y concluyó que aparte de prostituirse o emplearse como sirvienta en las cocinas de los ricos, eran pocas las ocupaciones que podía desempeñar. Vender palabras le pareció una alternativa decente. A partir de ese momento ejerció esa profesión y nunca le interesó otra. Al principio ofrecía su mercancía sin sospechar que las palabras podían también escribirse fuera de los periódicos. Cuando lo supo calculó las infinitas proyecciones de su negocio, con sus ahorros le pagó veinte pesos a un cura para que le enseñara a leer y escribir y con los tres que le sobraron se compró un diccionario. Lo revisó desde la A hasta la Z y luego lo lanzó° al mar, porque no era su intención estafar° a los clientes con palabras envasadas°. [...] ■

*market stall* · *harvests* · *details* · *to scare off* · *poor* · *drought* · *prairies* · *cracks* · *prickly* · *mirage* · *dragged themselves* · *stubborn* · *springs* · *stunted* · *estuaries* · *brittle* · *muddy puddle* · *knocked-out* · *skill* · *threw* · *to swindle* · *canned*

# Después de leer

## Dos palabras (fragmento)

Isabel Allende

1 **Comprensión** Indica si las oraciones son **ciertas** o **falsas**. Corrige las falsas.

1. La familia de Belisa Crepusculario era muy pobre.
2. Ella se marchó de su pueblo con cuatro de sus hermanos.
3. La protagonista aprendió a leer y a escribir en su casa.
4. A Belisa no le gustaba engañar ni estafar a la gente.
5. Belisa anunciaba sus servicios en los periódicos.
6. La gente le pagaba a Belisa por contar lo que pasaba en el pueblo.

2 **Interpretación** Contesta las preguntas.

1. ¿En qué trabaja Belisa Crepusculario?
2. ¿La autora dice que Belisa se "vistió con su nombre". ¿Qué quiere decir eso?
3. ¿Qué hizo Belisa para "burlar a la muerte"?
4. ¿Cómo descubrió las palabras Belisa?
5. ¿Por qué crees que Belisa arrojó el diccionario al mar?

3 **Análisis** En parejas, digan si están de acuerdo o no con estas afirmaciones sobre Belisa Crepusculario. Justifiquen sus respuestas con ejemplos del texto.

1. Le cobraba demasiado dinero a la gente.
2. Era una mujer valiente.
3. Era muy popular y la gente creía en ella.
4. Nació en una familia de clase media.
5. Era inteligente y tenía un interés natural por todo.

4 **La autora y su personaje** En parejas, busquen en Internet información adicional sobre la vida de Isabel Allende. Después, discutan sobre el tipo de relación que puede existir entre la autora y Belisa Crepusculario. Usen las siguientes preguntas a modo de guía.

1. ¿Qué semejanzas creen que existen entre Belisa Crepusculario e Isabel Allende?
2. ¿En qué aspectos creen que la autora se identifica con su personaje?

5 **Ampliación** En parejas, creen su propia descripción de Belisa Crepusculario. Puede ser una descripción de su personalidad o de su apariencia física. Después, preséntenla ante la clase.

6 **Perspectiva** En grupos, imaginen que son periodistas y escriban una entrevista a Belisa Crepusculario.

- determinen el tipo de publicación donde aparecerá la entrevista
- determinen si Belisa será un personaje realista o si tendrá elementos fantásticos
- describan los gestos y la comunicación no verbal de la entrevista
- la entrevista puede incluir preguntas personales

Practice more at **vhlcentral.com.**

# Antes de leer

**Vocabulario**

| | |
|---|---|
| **aislar** *to isolate* | **el idioma** *language* |
| **bilingüe** *bilingual* | **la lengua** *language; tongue* |
| **el guaraní** *Guarani* | **monolingüe** *monolingual* |
| **el/la hablante** *speaker* | **vencer** *to conquer* |

**Idiomas de Bolivia** Completa las oraciones con el vocabulario de la tabla.

1. Gran parte de los ciudadanos de Bolivia son ________ de español.
2. Aunque los conquistadores españoles trataron de imponer el ________ de su tierra, no se puede decir que los habitantes de Bolivia son ________.
3. La ________ materna de muchos bolivianos no viene de los españoles, sino de los indígenas.
4. Hay muchos bolivianos ________ que se comunican en español y quechua o en español y aymara.
5. El ________ se habla en Paraguay y en partes de Bolivia, Argentina y Brasil.

**Conexión personal** ¿De dónde vienen tus antepasados? ¿Han preservado algo de otra cultura? ¿Qué? ¿Te identificas con esa(s) cultura(s)?

## Contexto cultural

Los ríos, las montañas y la historia se han juntado (*come together*) para aislar a algunos pueblos de Latinoamérica y, en el proceso, permitir la supervivencia (*survival*) de cientos de idiomas indígenas. Suramérica manifiesta una diversidad lingüística casi incomparable. De hecho, en la época anterior a la conquista europea, existían más de 1.500 idiomas. En la actualidad, suramericanos bilingües y monolingües conversan en más de 350 lenguas de raíces (*roots*) no relacionadas. Entre las más de 500 lenguas que se calcula que existen en Latinoamérica, se encuentran 56 familias lingüísticas y 73 idiomas aislados, es decir, idiomas sin relación aparente. En comparación, los idiomas de Europa provienen de (*come from*) tres familias lingüísticas y hay sólo un idioma aislado, el vasco.

Algunas lenguas indígenas disponen de pocos hablantes y están en peligro de extinción, pero muchas otras prosperan y mantienen un papel central. Por ejemplo, el quechua, idioma de los incas, tiene diez millones de hablantes, sobre todo en Perú y Bolivia, y también en zonas de Colombia, Ecuador, Argentina y Chile. En Bolivia, Paraguay y Perú, por lo menos una lengua indígena comparte con el español el rango de lengua oficial del país.

Practice more at **vhlcentral.com.**

Audio: Reading

# Guaraní: la lengua vencedora

Es más probable que un habitante de Asunción, capital de Paraguay, salude a un amigo con las palabras **Mba'éichapa reiko?** que con la pregunta *¿Qué tal?* Lo más lógico es que el compañero responda **Iporânte ha nde?** en vez de *Bien, ¿y tú?* También es más probable que un niño paraguayo comience la escuela (o **mbo'ehao**) sin hablar español que sin saber comunicarse en guaraní.

Hay cientos de idiomas en Latinoamérica, pero el caso del guaraní en el Paraguay es único. Más que una lengua oficial, el guaraní es la lengua del pueblo paraguayo. Cuando los españoles invadieron lo que ahora se conoce como Hispanoamérica, trajeron e impusieron° su lengua como parte de la conquista cultural. Aunque muchas personas se resistieron a aprenderlo, el español se convirtió° en lengua del gobierno y de las instituciones oficiales en casi todas partes. En la actualidad, el hecho de conversar en español o en uno de los múltiples idiomas indígenas depende frecuentemente del origen de un individuo, de su contexto social y de sus raíces familiares, entre otras cosas. El uso de una lengua autóctona° típicamente se limita a las poblaciones indígenas, sobre todo a las que viven aisladas. En el Paraguay, aunque la mayoría de la población es mestiza°, actualmente las comunidades indígenas de origen guaraní son una minoría sumamente° pequeña. Sin embargo, el guaraní se ha adoptado universalmente como lengua oral de todas las personas y en todos los lugares.

El conocido escritor uruguayo Eduardo Galeano afirma que no hay otro país más que el Paraguay en el que "la lengua de los vencidos se haya convertido en lengua de los vencedores". Las estadísticas cuentan una historia impresionante: casi el 40% de la población paraguaya es monolingüe en guaraní, más del 50% es bilingüe y sólo el 5% es monolingüe en español. Es decir, la lengua de la minoría nativa ha conquistado el país. Casi todos los hablantes del guaraní se expresan en *jopara*, una versión híbrida del idioma que toma prestadas palabras del español.

Aunque la predominancia° del guaraní es innegable°, los defensores de la lengua han observado que el español ha mantenido hasta hace poco una posición privilegiada en el gobierno y en la educación. La falta de equilibrio se debe a una variedad de razones complejas, incluyendo algunos factores sociales, diferentes oportunidades económicas y el uso del español para comunicarse con la comunidad global. No obstante, en las últimas décadas se reconoce cada vez más la importancia del guaraní y su prestigio aumenta°. En 1992 se cambió la constitución paraguaya para incluir la declaración: "El Paraguay es un país pluricultural y bilingüe. Son idiomas oficiales el castellano y el guaraní." El guaraní prospera también en las artes y en los medios de comunicación. Existe una larga tradición popular de narrativa oral que en las últimas décadas se ha incorporado a la escritura y ha inspirado a jóvenes poetas. El célebre novelista paraguayo Augusto Roa Bastos (1917–2005) introdujo expresiones y sonidos del guaraní en sus cuentos. Aunque la presencia en los medios escritos aún es escasa°, los nuevos medios de comunicación del siglo XX y XXI contribuyen a la promoción del idioma y permiten, por ejemplo, que se estudie guaraní y que se publiquen narrativas en Internet.

¿Cómo logró una lengua indígena superar al español y convertirse en el idioma más hablado del Paraguay? ¿Se debe a alguna particularidad del lenguaje? ¿O es la consecuencia de factores históricos, como la decisión de los jesuitas de predicar° el catolicismo en guaraní? ¿Qué papel tiene el aislamiento del Paraguay, ubicado en el corazón del continente y sin salida al mar? Nunca se podrá identificar una sola razón, pero es evidente que con su capacidad de supervivencia y adaptación a los nuevos tiempos, el guaraní comienza a conquistar el futuro. ■

*impusieron°* imposed · *convirtió°* became · *autóctona°* indigenous · *mestiza°* of Spanish and Native American descent · *sumamente°* extremely · *predominancia°* prevalence · *innegable°* undeniable · *aumenta°* is growing · *escasa°* limited · *predicar°* preach

### El guaraní

- En Paraguay, más del 90% de la población se comunica en guaraní. Junto con el español, es lengua oficial del país.
- También se habla guaraní en partes de Brasil, Bolivia y Argentina.
- La moneda de Paraguay se llama guaraní.

# Después de leer

## Guaraní: la lengua vencedora

**1 Comprensión** Decide si las oraciones son **ciertas** o **falsas**. Corrige las falsas.

| Cierto | Falso | |
|---|---|---|
| ☐ | ☐ | 1. Suramérica manifiesta poca variedad lingüística. |
| ☐ | ☐ | 2. Por lo general, en Suramérica sólo las poblaciones indígenas hablan una lengua indígena. |
| ☐ | ☐ | 3. La mayoría de la población paraguaya es de origen guaraní. |
| ☐ | ☐ | 4. El 50% de la población de Paraguay es monolingüe en español. |
| ☐ | ☐ | 5. La Constitución de 1992 declaró que Paraguay es un país pluricultural y bilingüe. |
| ☐ | ☐ | 6. Existe una larga tradición popular de narrativa oral en guaraní. |
| ☐ | ☐ | 7. Augusto Roa Bastos escribió sus cuentos completamente en español. |
| ☐ | ☐ | 8. La moneda de Paraguay se llama asunción. |

**2 Análisis** Contesta las preguntas utilizando oraciones completas.

1. ¿Cuáles son algunas de las señales de que una lengua prospera?
2. ¿De qué manera es especial el caso del guaraní?
3. ¿Por qué se dice que el guaraní es el lenguaje del pueblo paraguayo?
4. ¿A quiénes se refiere Eduardo Galeano cuando habla de los "vencedores" y los "vencidos"?
5. ¿Qué es el *jopara* y quién lo utiliza?

**3 Reflexión** En grupos de tres, expliquen el significado y el posible contexto de los tres dichos populares del recuadro. ¿Hay algún dicho en español o en inglés que tenga un mensaje similar? ¿Qué elementos característicos de la cultura local se hacen evidentes en los dichos?

**Dichos populares en guaraní**

*Hetárõ machu kuéra, mbaipy jepe nahatãi.*
Si hay muchas cocineras, ni la polenta se puede hacer.

*Ñande rógape mante japytu'upa.*
Sólo descansamos bien en nuestra casa.

*Ani rerovase nde ajaka ava ambue akã ári.*
No pongas tu canasto en la cabeza de otra persona.

**4 Ensayo** ¿Por qué crees que el gobierno de Paraguay cambió su constitución en 1992? ¿El cambio protege a una minoría o refleja la realidad de la mayoría? ¿Cuáles son las ventajas de vivir en un país pluricultural y bilingüe? ¿Hay alguna complicación? Escribe una composición de por lo menos tres párrafos dando tu opinión sobre estas preguntas.

Practice more at **vhlcentral.com.**

# Atando cabos

## ¡A conversar!

**¿Telenovelas educativas?**

**A.** Lean la cita y, en grupos de tres, compartan sus respuestas a estas preguntas.

"Todo programa [de televisión] educa, sólo que —lo mismo que la escuela, lo mismo que el hogar— puede educar bien o mal." (Mario Kaplún, periodista)

1. ¿Están de acuerdo con esta cita? ¿O creen que sólo los programas propiamente educativos pueden enseñar algo al público?
2. Si "educar" significa "aumentar los conocimientos", ¿de qué manera un programa de televisión puede educar "mal"? ¿Están de acuerdo con esa definición?

**B.** Los participantes de un debate tuvieron que dar su opinión sobre el valor de las telenovelas teniendo en cuenta lo dicho por Mario Kaplún. Lean las dos opiniones y decidan con cuál están de acuerdo. Agreguen más argumentos para defender sus posturas. Usen **que**, **cual** y **cuyo**.

### El debate de hoy: las telenovelas

**En la cita, Mario Kaplún se refiere a la televisión en general. ¿Qué pasa en el caso particular de las telenovelas? ¿Creen que las telenovelas educan "bien" o "mal"?**

**Carlos Moreira** (52)
Colonia, Uruguay

¡Estoy de acuerdo! Incluso las peores telenovelas pueden educar "bien". En primer lugar, siempre educan indirectamente. Los personajes suelen ser estereotipos, lo cual es importante porque permite que los televidentes se identifiquen con los deseos y los temores de personajes que se muestran como modelos positivos. Además, en países como México se producen telenovelas con fines específicamente educativos, los cuales incluyen enseñar al público acerca de enfermedades, problemas sociales, etc.

**Sonia Ferrero** (37)
Ciudad del Este, Paraguay

Las telenovelas siempre educan mal, lo que es igual que decir que no educan. ¿Qué puede tener de educativo un melodrama exagerado con personajes que se engañan constantemente? ¿Qué pueden tener de positivo historias que muestran relaciones personales retorcidas (*twisted*)? Yo no veo nada educativo en melodramas que perpetúan estereotipos sobre buenos, malos, ricos y pobres. Me gustaría ver telenovelas más realistas, cuyos personajes sean personas comunes.

## ¡A escribir!

**Televisión en guaraní** Imagina que vives en Paraguay y tu telenovela favorita sólo se transmite en español. Escribe una carta al periódico pidiendo que se haga una versión doblada o subtitulada al guaraní. Incluye tu opinión sobre estas preguntas:

- ¿Quiénes se beneficiarían? ¿Por qué?
- ¿Quién debería cubrir el costo de la versión en guaraní: los productores de la telenovela o el gobierno?
- ¿Debería ser obligatorio ofrecer versiones de programas en los dos idiomas?

# VOCABULARIO

Vocabulary Tools

## La televisión, la radio y el cine

| | |
|---|---|
| **la banda sonora** | *soundtrack* |
| **la cadena** | *network* |
| **el canal** | *channel* |
| **el/la corresponsal** | *correspondent* |
| **el/la crítico/a de cine** | *film critic* |
| **el documental** | *documentary* |
| **los efectos especiales** | *special effects* |
| **el episodio (final)** | *(final) episode* |
| **el/la locutor(a) de radio** | *radio announcer* |
| **el/la oyente** | *listener* |
| **la (radio)emisora** | *radio station* |
| **el reportaje** | *news report* |
| **el/la reportero/a** | *reporter* |
| **los subtítulos** | *subtitles* |
| **la telenovela** | *soap opera* |
| **el/la televidente** | *television viewer* |
| **la temporada** | *season* |
| **el video musical** | *music video* |
| **grabar** | *to record* |
| **rodar (o:ue)** | *to film* |
| **transmitir** | *to broadcast* |
| **doblado/a** | *dubbed* |
| **en directo/vivo** | *live* |

## La cultura popular

| | |
|---|---|
| **la celebridad** | *celebrity* |
| **el chisme** | *gossip* |
| **la estrella (pop)** | *(pop) star [m/f]* |
| **la fama** | *fame* |
| **la moda pasajera** | *fad* |
| **la tendencia/ la moda** | *trend* |
| **hacerse famoso/a** | *to become famous* |
| **tener buena/ mala fama** | *to have a good/ bad reputation* |
| **actual** | *current* |
| **de moda** | *popular; in fashion* |
| **influyente** | *influential* |
| **pasado/a de moda** | *unfashionable; outdated* |

## Los medios de comunicación

| | |
|---|---|
| **el acontecimiento** | *event* |
| **la actualidad** | *current events* |
| **el anuncio** | *advertisement; commercial* |
| **la censura** | *censorship* |
| **la libertad de prensa** | *freedom of the press* |
| **los medios de comunicación** | *media* |
| **la parcialidad** | *bias* |
| **la publicidad** | *advertising* |
| **el público** | *public; audience* |
| **enterarse (de)** | *to become informed (about)* |
| **estar al tanto/al día** | *to be informed, to be up-to-date* |
| **actualizado/a** | *updated* |
| **controvertido/a** | *controversial* |
| **de último momento** | *up-to-the-minute* |
| **destacado/a** | *prominent* |
| **(im)parcial** | *(un)biased* |

## La prensa

| | |
|---|---|
| **el/la lector(a)** | *reader* |
| **las noticias locales/ nacionales/ internacionales** | *local/national/ international news* |
| **el periódico/ el diario** | *newspaper* |
| **el/la periodista** | *journalist* |
| **la portada** | *front page; cover* |
| **la prensa** | *press* |
| **la prensa sensacionalista** | *tabloid(s)* |
| **el/la redactor(a)** | *editor* |
| **la revista (electrónica)** | *(online) magazine* |
| **la sección de sociedad** | *lifestyle section* |
| **la sección deportiva** | *sports section* |
| **la tira cómica** | *comic strip* |
| **el titular** | *headline* |
| **imprimir** | *to print* |
| **publicar** | *to publish* |
| **suscribirse (a)** | *to subscribe (to)* |

## Cinemateca

| | |
|---|---|
| **el maletero** | *trunk* |
| **la nuca** | *back of the neck* |
| **la sintonía** | *synchronization; tuning; connection* |
| **aclarar** | *to clarify* |
| **dar la gana** | *to feel like* |
| **darse cuenta (de)** | *to realize* |
| **darse por aludido/a** | *to assume that one is being referred to* |
| **embalarse** | *to get carried away* |
| **fijarse en** | *to notice* |
| **parar el carro** | *to hold one's horses* |
| **pillar(se)** | *to catch* |

## Literatura

| | |
|---|---|
| **el bautismo** | *baptism* |
| **el/la fulano/a** | *so-and-so* |
| **el oficio** | *trade* |
| **burlar** | *to trick* |
| **comerciar** | *to trade* |
| **pregonar** | *to hawk* |
| **atónito/a** | *astonished* |
| **descarado/a** | *rude* |
| **de corrido** | *fluently* |

## Cultura

| | |
|---|---|
| **el guaraní** | *Guarani* |
| **el/la hablante** | *speaker* |
| **el idioma** | *language* |
| **la lengua** | *language; tongue* |
| **aislar** | *to isolate* |
| **vencer** | *to conquer* |
| **bilingüe** | *bilingual* |
| **monolingüe** | *monolingual* |

## Más vocabulario

| | |
|---|---|
| **Expresiones útiles** | *Ver p. 329* |
| **Estructura** | *Ver pp. 336, 338–339 y 342* |

# La literatura y el arte

# 10

**Communicative Goals**

**You will expand your ability to…**
- say what will have happened
- say what would have happened
- make contrary-to-fact statements about the past

Vocabulary Tools

# La literatura y el arte

## La literatura

Carolina está terminando su segunda novela, que **narra** la historia de una divertida familia de actores en Chile. La historia está narrada desde el **punto de vista** del hijo mayor, **protagonista** de esta **obra literaria.**

**el argumento** *plot*
**la caracterización** *characterization*
**la estrofa** *stanza*
**el/la lector(a)** *reader*
**el/la narrador(a)** *narrator*
**la obra literaria** *literary work*
**el personaje** *character*
**el/la protagonista** *protagonist*
**el punto de vista** *point of view*
**la rima** *rhyme*
**el verso** *line (of poetry)*

**desarrollarse** *to develop*
**hojear** *to skim*
**narrar** *to narrate*
**tratarse de** *to be about*

## Los géneros literarios

**la (auto)biografía** *(auto)biography*
**la ciencia ficción** *science fiction*
**la literatura infantil/juvenil** *children's literature*
**la novela rosa** *romance novel*
**la poesía** *poetry*
**la prosa** *prose*

**clásico/a** *classic*
**de terror** *horror (story/novel)*
**didáctico/a** *educational*
**histórico/a** *historical*
**humorístico/a** *humorous*
**policíaco/a** *detective (story/novel)*
**satírico/a** *satirical*
**trágico/a** *tragic*

## Los artistas

**el/la artesano/a** *artisan*
**el/la dramaturgo/a** *playwright*
**el/la ensayista** *essayist*
**el/la escultor(a)** *sculptor*
**el/la muralista** *muralist*
**el/la novelista** *novelist*
**el/la pintor(a)** *painter*
**el/la poeta/poetisa** *poet*

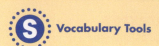

## El arte

En la clase de **bellas artes**, Mario y Lucía tienen que pintar una **naturaleza muerta**. Mario eligió usar **óleo** y Lucía **acuarela**.

**la acuarela** *watercolor*
**el autorretrato** *self-portrait*
**las bellas artes** *fine arts*
**el cuadro** *painting*
**la escultura** *sculpture*
**la naturaleza muerta** *still life*
**la obra (de arte)** *work (of art)*
**el óleo** *oil painting*
**el pincel** *paintbrush*
**la pintura** *paint; painting*
**la tela** *canvas*

**dibujar** *to draw*
**diseñar** *to design*
**esculpir** *to sculpt*
**reflejar** *to reflect; to depict*

**abstracto/a** *abstract*
**contemporáneo/a** *contemporary*
**inquietante** *disturbing*
**intrigante** *intriguing*
**llamativo/a** *striking*
**luminoso/a** *bright*
**realista** *realistic; realist*

**al estilo de** *in the style of*
**de buen/mal gusto** *in good/bad taste*

## Las corrientes artísticas

**la corriente/el movimiento** *movement*
**el cubismo** *cubism*
**el expresionismo** *expressionism*
**el impresionismo** *impressionism*
**el realismo** *realism*
**el romanticismo** *romanticism*
**el surrealismo** *surrealism*

# Práctica

### 1 Escuchar

**A.** Escucha el programa de televisión y después completa las oraciones con la opción correcta.

1. Se ha organizado una exposición en el Museo de Arte (Contemporáneo / Moderno).
2. La exposición trata de los movimientos artísticos desde el (romanticismo / realismo).
3. En la exposición se pueden ver las obras de escultores y (muralistas / pintores) del país.
4. Muchos creen que la obra de José Ortiz es de (buen / mal) gusto.
5. Al presentador, la obra de José Ortiz le parece muy (intrigante / abstracta).

**B.** Escucha la entrevista del programa *ArteDifusión* y contesta las preguntas.

1. ¿A qué género literario pertenece la novela *El viento?*
2. ¿De qué otros géneros tiene elementos?
3. ¿Desde qué punto de vista se ha escrito esta novela?
4. ¿Qué personajes son los más frecuentes en la obra de Mayka Ledesma?
5. ¿Qué tienen que hacer los lectores para darse cuenta de que es una obra divertida?

**C.** En parejas, inventen una entrevista a un(a) escritor(a) o artista famoso/a y represéntenla para la clase.

### 2 Relaciones

Conecta las palabras de forma lógica.

| | |
|---|---|
| ___ 1. estrofa | a. corriente artística |
| ___ 2. cubismo | b. obra de teatro |
| ___ 3. tela | c. pincel |
| ___ 4. esculpir | d. artesano |
| ___ 5. dramaturgo | e. escultor |
| ___ 6. novela policíaca | f. verso |
| ___ 7. artesanía | g. realismo |
| ___ 8. realista | h. género literario |

# Práctica

**3 Un crítico sin inspiración** Completa las oraciones de un crítico con las palabras y expresiones de la lista.

| | |
|---|---|
| **acuarela** | **de mal gusto** |
| **al estilo de** | **inquietante** |
| **argumento** | **llamativo** |

1. Sus obras son muy ___________; en todas usa muchos colores brillantes.
2. La ___________ escena en la que aparece el fantasma del padre está inspirada en su novela anterior.
3. Vi un par de óleos interesantes en su nueva exhibición, pero lo que más impresiona son las ___________.
4. El ___________ de la novela es tan complicado que confunde al lector.
5. La joven artista pinta ___________ Mario Toral, un pintor chileno.

**4 Géneros** En parejas, lean los fragmentos de estas obras e indiquen a qué género literario pertenecen. Luego, elijan uno de los fragmentos y desarrollen un breve argumento.

1. María Fernanda del Olmo estaba locamente enamorada de Roberto Castro, pero vivía su amor en silencio. ___________
2. Una intensísima luz lo despertó. Al mirar por la ventana vio cientos de robots caminando por la calle. ___________
3. El detective Mora estaba seguro de que el criminal que buscaba estaba muy cerca. ___________
4. Sólo tenía doce años cuando nos fuimos a vivir a Chile. Todavía lo recuerdo como uno de los momentos más importantes de mi vida. ___________

**5 Preferencias** Contesta las preguntas con oraciones completas. Después, comparte tus respuestas con un(a) compañero/a.

1. ¿Cuál es tu género literario favorito? ¿Y tu personaje favorito? ¿Por qué?
2. ¿Crees que hay arte de mal gusto? Justifica tu respuesta.
3. Imagina que eres artista. ¿Qué serías: muralista, poeta, escultor(a), otro? ¿Por qué?
4. ¿Qué tipo de arte te interesa más, el realista o el abstracto?
5. ¿Qué influye más en la sociedad, la literatura o el arte? ¿Por qué?
6. ¿Qué corriente artística te parece más interesante? ¿Por qué?
7. Imagina que eres novelista. ¿Prefieres vender muchos libros o ser respetado por la crítica?

Practice more at **vhlcentral.com.**

# Comunicación

**6** **Corrientes artísticas** En grupos de tres, describan estos cuadros y respondan las preguntas. Utilicen términos de la lista en sus respuestas.

- ¿A qué corriente artística pertenece la obra?
- ¿Cómo es el estilo del pintor?
- ¿Qué adjetivos usarías para describir el cuadro?
- ¿Hay otras obras u otros artistas que sean comparables?

| | |
|---|---|
| abstracto | llamativo |
| contemporáneo | luminoso |
| cubismo | realismo |
| expresionismo | realista |
| impresionismo | romanticismo |
| intrigante | surrealismo |

*Pop Monalisa*
Margarita María Vélez Cuervo

*Rostros*
Juan Manrique

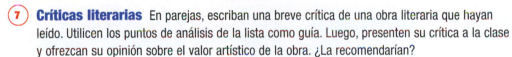

*Montón de heno,*
Claude Monet

**7** **Críticas literarias** En parejas, escriban una breve crítica de una obra literaria que hayan leído. Utilicen los puntos de análisis de la lista como guía. Luego, presenten su crítica a la clase y ofrezcan su opinión sobre el valor artístico de la obra. ¿La recomendarían?

| | |
|---|---|
| **Género** | ¿A qué género literario pertenece la obra? |
| **Tema** | ¿Cuál es el tema de la obra? |
| **Punto de vista** | ¿Quién narra la historia: uno de los personajes o un narrador omnisciente? |
| **Caracterización** | ¿Están bien desarrollados los personajes? ¿Te sentiste identificado/a con el/la protagonista? |
| **Argumento** | ¿Tiene un argumento interesante y entretenido? ¿Se hace lento el desarrollo? |
| **Ambiente** | ¿En qué época se desarrolla la historia? ¿En qué lugar? ¿Son realistas las descripciones? |
| **Tono** | ¿Cuál es el tono de la obra? ¿Es humorística? ¿Trágica? ¿Qué quiere expresar el/la autor(a)? |

# 10 FOTONOVELA

Video

**Johnny enseña a sus compañeros de trabajo cómo criticar una obra de arte.**

**JOHNNY** Chicos, ésas son las pinturas de las que les hablé. Las conseguí muy baratas. Voy a escribir un artículo sobre ellas. ¿Les dicen algo?

**MARIELA** Sí, me dicen *iahhgg.*

**JOHNNY** ¿Cómo que son feas? Es arte. No pueden criticarlo así.

**MARIELA** Es lo que la gente hace con el arte. Sea modernismo, surrealismo o cubismo, si es feo es feo.

**JOHNNY** Les mostraré cómo se critica una obra de arte correctamente. Hagamos como si estuviésemos observando las pinturas en una galería. ¿Quieren?

**ÉRIC** Bien.

*Fingiendo que están en una galería...*

**JOHNNY** Me imagino que habrán visto toda la exposición. ¿Qué les parece?

**ÉRIC** Habría preferido ir al cine. Estas pinturas son una porquería.

**JOHNNY** No puedes decir eso en una exposición. Si las obras no te gustan, tú debes decir algo más artístico, como que son primitivas o son radicales.

**MARIELA** Si hubiera pensado que son primitivas o que son radicales, lo habría dicho. Pero son horribles.

**JOHNNY** Mariela, *horrible* ya no se usa.

*Diana pasa y ve las pinturas.*

**DIANA** Esas pinturas son... ¡horribles!

*Luego, en la cocina...*

**JOHNNY** El artista jamás cambiará los colores. ¿Por qué me hiciste decirle que sí?

**MARIELA** No hubieras vendido ni una sola pieza.

**JOHNNY** No quiero venderlas, tengo que escribir sobre ellas.

**MARIELA** No está de más. Podrías llegar a ser un gran vendedor de arte.

**JOHNNY** (*imaginando...*) Nadie hubiera imaginado un final mejor para esta subasta. Les presento una obra maestra: la *Mona Lisa.*

**AGUAYO** Quinientos millones de pesos.

**JOHNNY** ¿Quién da más?

**FABIOLA** Mil millones de pesos.

**JOHNNY** Se lo lleva la señorita.

**FABIOLA** ¿Podría hablar con el artista para que le acentúe un poco la sonrisa?

*Más tarde, en la oficina...*

**JOHNNY** Me alegra que hayas decidido no cambiar la obra.

**FABIOLA** Hubiera sido una falta de respeto.

**JOHNNY** Claro. Bueno, que la disfrutes.

**Personajes**

AGUAYO

DIANA

ÉRIC

FABIOLA

JOHNNY

MARIELA

*Fabiola llega a la oficina...*

**FABIOLA** ¡Qué hermoso! Es como el verso de un poema. Habré visto arte antes, pero esto es especial. ¿Está a la venta?

**MARIELA** ¡Claro!

**FABIOLA** Hay un detalle. No tiene amarillo. ¿Podrías hablar con el artista para que le cambie algunos colores?

**JOHNNY** ¡Imposible!

**FABIOLA** Son sólo pinceladas.

**JOHNNY** Está bien. Voy a hablar con el artista para que le haga los cambios.

**FABIOLA** Gracias. Pero recuerda que es ésta. Las otras dos son algo...

**MARIELA** ¿Radicales?

**ÉRIC** ¿Primitivas?

**FABIOLA** No, horribles.

*En el escritorio de Mariela...*

**ÉRIC** Perdiste la apuesta. Págame.

**MARIELA** Todavía no puedo creer que haya comprado esa pintura.

**ÉRIC** Oye, si lo prefieres, en vez de pagar la apuesta, puedes invitarme a cenar.

**MARIELA** *(sonriendo)* Ni que me hubiera vuelto loca.

*Entra Aguayo...*

**AGUAYO** ¿Son las obras para tu artículo?

**JOHNNY** Sí. ¿Qué le parecen, jefe?

**AGUAYO** Diría que éstas dos son… primitivas. Pero la del medio *(mirando el cuadro de Fabiola)* definitivamente es… horrible.

## Expresiones útiles

### Speculating about the past

**Me imagino que habrán visto toda la exposición.**
*I gather you've seen the whole exhibition.*

**Si hubiera pensado que son primitivas o que son radicales, lo habría dicho.**
*If I had thought they were primitive or radical, I would have said so.*

**Nadie hubiera imaginado un final mejor.**
*No one could have imagined a better ending.*

### Reacting to an idea or opinion

**¿Cómo que son feos/as?**
*What do you mean they're ugly?*

**Habría preferido...**
*I would have preferred...*

**Si hubiera pensado que..., lo habría dicho.**
*If I had thought that..., I would have said so.*

**¡Ni que me hubiera vuelto loco/a!**
*Not even if I'd gone insane!*

### Additional vocabulary

**acentuar** *to accentuate*
**criticar** *to critique*
**estar a la venta** *to be for sale*
**la galería** *gallery*
**la pieza** *piece*
**la pincelada** *brushstroke*
**la porquería** *garbage*
**la subasta** *auction*

# Comprensión

**1 ¿Qué pasó?** Indica el orden en el que ocurrieron estos hechos.

___ a. Diana dice que los cuadros son horribles.
___ b. Aguayo opina sobre las pinturas de Johnny.
___ c. Johnny les enseña a sus compañeros cómo criticar una obra de arte.
___ d. Mariela y Éric hablan de su apuesta (*bet*).
___ e. Fabiola quiere comprar una de las pinturas de Johnny.
___ f. Johnny sueña con ser un gran vendedor de arte.

**2 ¿Realidad o fantasía?** Indica cuáles de estos acontecimientos ocurrieron y cuáles son imaginarios.

| Realidad | Fantasía | |
|---|---|---|
| ☐ | ☐ | 1. Los empleados de *Facetas* fueron a una galería de arte. |
| ☐ | ☐ | 2. Fabiola compró un cuadro que a Mariela le parecía horrible. |
| ☐ | ☐ | 3. El pintor agregó amarillo a su cuadro para que Fabiola lo comprara. |
| ☐ | ☐ | 4. Johnny vendió la *Mona Lisa* en una subasta. |
| ☐ | ☐ | 5. Mariela y Éric salieron a cenar. |
| ☐ | ☐ | 6. Aguayo dijo que dos de las piezas eran primitivas. |

**3 ¿Quién?** Decide quién dijo, o podría haber dicho, cada una de estas oraciones.

**Éric**

**Johnny**

**Fabiola**

**Mariela**

1. No pueden criticar el arte diciendo que es feo. __________
2. A esta pintura le falta color amarillo. __________
3. Todavía no puedo creer que Fabiola haya comprado la pintura. __________
4. ¿Por qué no me invitas a cenar, Mariela? __________
5. Podrías llegar a ser un gran vendedor de arte. __________

**4 Conversaciones** En parejas, improvisen una de estas situaciones.

- Mariela y Éric hacen la apuesta. ¿Qué dicen?
- Johnny le pide al pintor que cambie los colores del cuadro. ¿Cómo reacciona el pintor?
- Fabiola le muestra el cuadro a su novio. ¿Qué opina él?

Practice more at **vhlcentral.com.**

# Ampliación

**5** **Sueños** Johnny sueña que llega a ser un famoso vendedor de arte. En parejas, escojan a otros dos personajes de la **Fotonovela** e inventen sus sueños y fantasías.

**MODELO** Diana sueña que está en un museo y conoce a Leonardo da Vinci. ¡Da Vinci le pregunta a Diana si puede hacer un retrato de ella!...

**6** **Apuntes culturales** En parejas, lean los párrafos y contesten las preguntas.

Salvador Dalí

### ¿Una exposición o una película?

Según Éric, el cine es más divertido que una exposición surrealista. Uno de los máximos íconos del surrealismo fue **Salvador Dalí**, excéntrico pintor español (ver **p. 348** ) que también incursionó en el cine y en la escultura, entre otros. En *Un perro andaluz*, película clásica del cine español de Luis Buñuel y Salvador Dalí, no hay idea ni imagen que tenga aparente explicación lógica. ¡Quizás a Éric le resulte interesante!

### Hablar con precisión

Para Johnny, hay pinturas radicales, primitivas, pero jamás feas o bonitas. Por ejemplo, si Johnny criticara la obra del famoso pintor figurativo chileno **Gonzalo Cienfuegos,** diría: "Como se observa en su obra *El trofeo*, su arte es radical aunque las figuras aparezcan con cierto realismo. El pintor crea su propio lenguaje con humor e ironía..." ¿Entenderán Éric y Mariela lo que quiere decir Johnny?

*El trofeo*

Museo MALBA

### Por amor al arte

Fabiola se enamoró de una pintura y decidió comprarla. Como ella, el argentino **Eduardo Constantini** compró dos pinturas en 1970. Su colección privada fue creciendo hasta transformarse en el **MALBA**, Museo de Arte Latinoamericano de Buenos Aires, que posee más de doscientas obras en su colección permanente.

1. El surrealismo fue un movimiento de vanguardia. ¿Qué otros movimientos artísticos conoces? ¿Cómo son?
2. ¿Qué tipo de arte te gusta más: el arte renacentista, como la *Mona Lisa* de Leonardo da Vinci; el surrealismo de Dalí, o la pintura realista de Cienfuegos?
3. ¿Has visitado algún museo recientemente? ¿Cuál? Cuenta lo que viste.
4. ¿Cuál es tu opinión sobre los coleccionistas de arte? ¿Piensas que malgastan su dinero o, por el contrario, realizan una inversión?
5. ¿Qué opinas del arte digital?
6. ¿Crees que el grafiti debería ser legal? ¿Por qué?
7. ¿Qué obra de arte te gustaría tener en la sala de tu casa? ¿Por qué?

En detalle

CHILE

# LAS CASAS DE NERUDA

Isla Negra

**Pablo Neruda, además de poeta, fue un asiduo° viajero.** Sus continuos viajes como cónsul y su posterior exilio político lo llevaron a una veintena de países. La distancia marcó, sin duda, su eterno deseo de crear refugios personales en sus casas de Chile, y le dio la oportunidad de coleccionar una gran variedad de objetos curiosos. A lo largo de los años, Neruda compró y luego mandó construir y remodelar tres casas en su país natal: "La Sebastiana", en Valparaíso; "La Chascona", en Santiago; y la "Isla Negra", en la ciudad costera del mismo nombre. Para él, estas construcciones eran mucho más que simples casas; eran, como su poesía, creaciones personales y, muchas veces, una proyección de sus universos poéticos. Las iba construyendo sin prisa, con gran dedicación y eligiendo hasta el más mínimo detalle.

Isla Negra era la favorita del poeta, y allí fue enterrado° junto a Matilde Urrutia, su gran amor. Hoy día, las tres residencias son casas-museo y reciben más de 100.000 visitantes al año. La Fundación Pablo Neruda, creada por voluntad° expresa del poeta, las administra. Aparte de conservar su patrimonio artístico y encargarse del mantenimiento° de las casas, la fundación también organiza actividades culturales y exposiciones.

Actualmente, gracias al deseo de Neruda de mantener las casas como legado° para el pueblo chileno, todos sus admiradores pueden visitarlas y sentir, por un momento, que forman parte del particular mundo creativo del escritor. ■

### Isla Negra

Neruda compró una pequeña cabaña en 1939 y la fue ampliando a lo largo de los años. La reconstruyó de tal manera que pareciera el interior de un barco. En su interior se destacan las colecciones de conchas marinas, botellas y mascarones de proa°.

### La Chascona

Está situada en un terreno empinado° en Santiago de Chile. Se inició su construcción en 1953 y fue bautizada "La Chascona" en honor a Matilde Urrutia. *Chascona*, en Chile, significa "despeinada°".

### La Sebastiana

La casa, llamada así en honor al arquitecto Sebastián Collado, está en la ciudad de Valparaíso. Se inauguró el 18 de septiembre de 1961. Decorada también con motivos marinos, y con una vista panorámica de la ciudad y la bahía, era el lugar favorito de Neruda para pasar la Nochevieja°.

**asiduo** *frequent* **enterrado** *buried* **voluntad** *wish* **mantenimiento** *maintenance* **legado** *legacy* **mascarones de proa** *figureheads* **empinado** *steep* **despeinada** *with tousled hair* **Nochevieja** *New Year's Eve*

## ASÍ LO DECIMOS

# Artes visuales

**el arte digital** *digital art*
**el arte gráfico** *graphic art*
**el videoarte** *video art*

**la cerámica** / **la alfarería (Esp.)** *pottery*

**el dibujo** *drawing*
**el grabado** *engraving*
**el grafiti** *graffiti*
**la orfebrería** *goldwork*
**el tapiz** *tapestry*

## EL MUNDO HISPANOHABLANTE

# Otros creadores

**Frida Kahlo** es una de las figuras más representativas de la pintura introspectiva mexicana del siglo XX. Su vida estuvo marcada por enfermedades y un matrimonio tortuoso con el muralista Diego Rivera. Es conocida principalmente por sus autorretratos, en los que expresa el dolor de su vida personal (ver **p. 232**).

**Santiago Calatrava** es el arquitecto español de más fama internacional en la actualidad. En sus creaciones predomina el color blanco. El Museo de las Artes y las Ciencias y el Hemisfèric de Valencia (España) son algunas de sus obras más destacadas.

**Ariel Lacayo Argueñal** es un famoso chef nicaragüense. Estudió administración y cursó una maestría en enología en los Estados Unidos. En el restaurante neoyorquino Patria cocinó para celebridades como los Clinton, Nicole Kidman y los príncipes de Mónaco. Hoy, junto a su padre, deleita paladares° en un restaurante criollo en Nicaragua.

## PERFIL

# NERUDA EN EL CINE

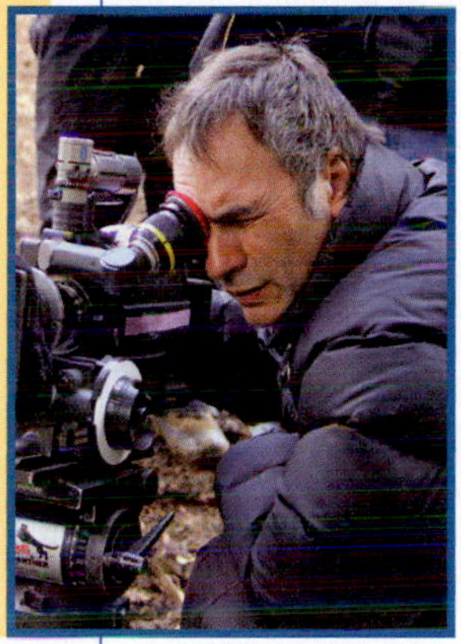

Manuel Basoalto, director de *Neruda*

Se ha dicho muchas veces que Pablo Neruda tuvo una vida de cine. Sin embargo, durante décadas nadie pensó en hacer una película sobre el poeta más universal del Nuevo Mundo. Un día el sobrino de Neruda, Manuel Basoalto, se dio cuenta de esta deuda del cine chileno. Tres años más tarde, en 2014, Basoalto estrenó la primera película de ficción sobre su vida. El filme se centra en los meses después de que Neruda criticara al presidente de Chile, Gabriel González Videla. Después, el poeta tiene que cambiar de identidad y huir a Argentina.

El guión° está basado en entrevistas, cartas y otros documentos inéditos° sobre el poeta. "Es una película de suspenso", dice el director. El actor chileno, José Secall, es quien interpreta al poeta. Basoalto lo eligió porque quería un actor bueno y poco conocido. "Finalmente vi que José podía ser un Neruda muy creíble", aseguró.

José Secall

> "La eternidad es una de las raras virtudes de la literatura."
> (Adolfo Bioy Casares, escritor argentino)

### Conexión Internet

¿Qué papel tuvo el arquitecto español Germán Rodríguez Arias en las casas de Neruda? | Investiga sobre este tema en **vhlcentral.com.**

**guion** *script* **inéditos** *unpublished* **deleita paladares** *pleases the palate*

# ¿Qué aprendiste?

**1 ¿Cierto o falso?** Indica si estas afirmaciones son **ciertas** o **falsas**. Corrige las falsas.

1. Neruda no salió nunca de Chile.
2. Neruda coleccionó una gran variedad de objetos curiosos.
3. Neruda tenía dos casas en Chile: Isla Negra y La Chascona.
4. La casa La Chascona se llama así porque está ubicada en un pueblo que también tiene ese nombre.
5. Neruda intervenía muy activamente en la construcción y decoración de sus casas.
6. El poeta está enterrado junto a su esposa en La Sebastiana.
7. Hoy día, las tres casas más famosas del poeta son museos.
8. La Fundación Pablo Neruda se creó por deseo e iniciativa de los admiradores del poeta.
9. La casa Isla Negra está decorada como si fuera un barco.
10. A Pablo Neruda le gustaba pasar la Nochevieja en la casa La Sebastiana.
11. En la Chascona se destaca una colección de conchas marinas.
12. La Sebastiana tiene una vista privilegiada de la ciudad de Santiago.

**2 Oraciones incompletas** Completa las oraciones con la información correcta.

1. El director de la película *Neruda* se llama ___________.
2. José Secall es un actor de teatro que ___________.
3. En las creaciones de Santiago Calatrava predomina ___________.
4. Frida Kahlo se casó con el artista mexicano ___________.

**3 Preguntas** Contesta las preguntas.

1. ¿Qué forma de artes visuales preferirías hacer, la alfarería, la orfebrería o el grabado? ¿Por qué?
2. ¿Has practicado alguna vez alguna de las técnicas de **Así lo decimos**? ¿Qué hiciste? ¿Te gustó? ¿Por qué?
3. ¿Crees que la gastronomía se puede considerar una forma de arte? Explica tu respuesta.

**4 Opiniones** En parejas, elijan otro artista o creador hispano que no haya sido mencionado en esta lección. Expliquen por qué les interesa ese artista o sus obras.

**MODELO** Hemos elegido al pintor y escultor colombiano Fernando Botero. Nos interesan sus esculturas voluminosas porque...

Practice more at **vhlcentral.com.**

## PROYECTO

### Artistas

Elige una obra en particular de uno de los artistas que se han presentado en **El mundo hispanohablante**. Busca información y prepara una presentación breve para la clase. No olvides mostrar una fotografía o ilustración de la obra. Usa las preguntas como guía.

- ¿Quién es el/la artista?
- ¿Cómo se llama la obra?
- ¿Cuáles son las características de la obra?
- ¿Por qué es famosa la obra y por qué la elegiste?

Flash CULTURA

Video

# Arquitectura modernista

Ahora que ya sabes acerca de las casas de Pablo Neruda en Chile, mira este episodio de **Flash Cultura**. Conocerás los diferentes tipos de la singular arquitectura modernista en Barcelona y a sus máximos representantes.

### VOCABULARIO ÚTIL

**brillar** *to shine*
**la calavera** *skull*
**el encargo** *job*
**la fachada** *front of building*
**el hierro forjado** *wrought iron*
**el tejado** *tile roof*
**el tranvía** *streetcar*
**redondeado/a** *rounded*

**Preparación** ¿Qué tipo de arquitectura te gusta? ¿Prefieres los edificios modernos o los edificios más tradicionales? ¿Cuál es tu monumento favorito? ¿Por qué es especial para ti?

**Comprensión** Indica si estas afirmaciones son **ciertas** o **falsas**. Después, en parejas, corrijan las falsas.

1. La zona de Barcelona donde está la Casa Batlló se conoce como La Gran Manzana.
2. En el Paseo de Gracia hay casas con estilos muy diferentes y contrastantes.
3. Los arquitectos modernistas catalanes dieron poca importancia a la estética y a los materiales.
4. Lluís Domènech i Montaner fue el creador de la Sagrada Familia.
5. Puig i Cadafalch tuvo influencia de las arquitecturas holandesa y flamenca.
6. La sala de las cien columnas está en el Parque Güell.

**Expansión** En parejas, contesten estas preguntas.

- ¿Qué obra del video les ha gustado más? ¿Por qué?
- ¿Dónde preferirían vivir: en la Casa Amatller, en la Casa Batlló o en una de las casas de Neruda? ¿Por qué?
- ¿Conocen otros monumentos que contengan algunas de las características del modernismo? ¿Cuáles?

Practice more at **vhlcentral.com.**

**Corresponsal:** Mari Carmen Ortiz
**País:** España

Entre 1880 y 1930, surge° el modernismo en Cataluña de forma radicalmente diferente al resto de Europa.

El Parque Güell posee los toques y detalles característicos de Gaudí. El uso de baldosines° irregulares… formas curvas… contrastes sorpresivos…

Desgraciadamente, su inesperada muerte paralizó las obras, y el edificio sigue todavía inacabado a pesar de los muchos esfuerzos de continuación.

**surge** *emerges* **baldosines** *ceramic tiles*

## 10.1 The future perfect

- The future perfect tense (**el futuro perfecto**) is formed with the future of **haber** and a past participle.

| The future perfect | | |
|---|---|---|
| **pintar** | **vender** | **salir** |
| habré pintado | habré vendido | habré salido |
| habrás pintado | habrás vendido | habrás salido |
| habrá pintado | habrá vendido | habrá salido |
| habremos pintado | habremos vendido | habremos salido |
| habréis pintado | habréis vendido | habréis salido |
| habrán pintado | habrán vendido | habrán salido |

**TALLER DE CONSULTA**

**MANUAL DE GRAMÁTICA**
**Más práctica**

10.1 The future perfect, p. A53

10.2 The conditional perfect, p. A54

10.3 The past perfect subjunctive, p. A55

**Más gramática**

10.4 **Si** clauses with compound tenses, p. A56

- The future perfect is used to express what *will have happened* at a certain point. The phrase **para** + [*time expression*] is often used with the future perfect.

Ya **habré leído** la novela para el lunes.
*I will have already read the novel by Monday.*

Para el año que viene, los arquitectos **habrán diseñado** el nuevo museo.
*By next year, the architects will have designed the new museum.*

- **Antes de (que), (para) cuando, dentro de**, and **hasta (que)** are also used with time expressions or other verb forms to indicate when the action in the future perfect will have happened.

**Cuando** lleguemos al teatro, ya **habrá empezado** la obra.
*When we get to the theater, the play will have already started.*

Lo **habré terminado dentro de** dos horas.
*I will have finished it within two hours.*

**TALLER DE CONSULTA**

To review irregular past participles, see 7.1, pp. 256–257.

To review the subjunctive after conjunctions of time or concession, see 6.2, pp. 220–221.

To express probability regarding present or future occurrences, use the future tense. See 6.1, pp. 216–217.

- The future perfect may also express speculation regarding a past action.

¿**Habrá tenido** éxito la exposición de este fin de semana?
*I wonder if this weekend's exhibition was a success.*

No lo sé, pero **habrá ido** mucha gente a verla.
*I don't know, but a lot of people will have gone to see it.*

Me imagino que habrán visto toda la exposición.

# Práctica y comunicación

**TALLER DE CONSULTA**

**MANUAL DE GRAMÁTICA**
**Más práctica**

10.1 The future perfect, p. A53

**1 Artes y letras** Completa las oraciones con el futuro perfecto.

1. Me imagino que ustedes ya __________ (leer) el poema para mañana.
2. ¿__________ (conocer) Juan a la famosa autora?
3. Para la próxima semana, Ana y yo __________ (terminar) de leer el cuento.
4. El pintor dice que __________ (conseguir) la modelo que busca para el jueves.
5. Me imagino que las obras ya se __________ (vender).

**2 Planes** Tus amigos no han llegado a una cita contigo y tú no sabes por qué. Escribe suposiciones con la información del cuadro. Sigue el modelo.

**MODELO** **Entendí mal los planes.**
Habré entendido mal los planes.

| | |
|---|---|
| Me dejaron un mensaje telefónico. | 1. |
| Uno de mis amigos tuvo un accidente. | 2. |
| Me equivoqué de día. | 3. |
| Fue una broma. | 4. |
| Lo soñé. | 5. |

**3 Excusas** Mónica siempre responde con excusas a su profesora. En parejas, utilicen el futuro perfecto para completar la conversación. Después, inventen un final.

devolver    entregar    escribir    ir    pedir    ver

**PROFESORA** Buenos días. ¿Todos (1) __________ el ensayo para el final del día?
**MÓNICA** Yo lo (2) __________ para el viernes, profesora.
**PROFESORA** Pero me imagino que tú ya (3) __________ la exposición del escultor, ¿verdad?
**MÓNICA** Pues... estuve con fiebre... todo el fin de semana. Pero voy mañana.
**PROFESORA** Por lo menos (4) __________ a la biblioteca a hacer las investigaciones necesarias, ¿no?
**MÓNICA** Pues, fui, pero otro estudiante ya había sacado los libros sobre el escultor. Según la bibliotecaria, él los (5) __________ para mañana.

**4 El futuro** Hazles estas preguntas a tres de tus compañeros/as.

- Cuando terminen las próximas vacaciones de verano, ¿qué habrás hecho?
- Antes de terminar tus estudios universitarios, ¿qué aventuras habrás tenido?
- Dentro de diez años, ¿dónde habrás estado y a quién habrás conocido?
- Cuando tengas cuarenta años, ¿qué decisiones importantes habrás tomado?
- Cuando seas anciano/a, ¿qué lecciones habrás aprendido de la vida?

Practice more at **vhlcentral.com.**

# 10.2 The conditional perfect

Habría preferido ir
al cine. Estas pinturas
son una porquería.

**TALLER DE CONSULTA**

To review irregular past participles, see 7.1, pp. 256–257.

The conditional perfect is frequently used after **si** clauses that contain the past perfect subjunctive. See **Manual de gramática, 10.4,** p. A56.

- The conditional perfect tense (**el condicional perfecto**) is formed with the conditional of **haber** and a past participle.

**The conditional perfect**

| pensar | tener | sentir |
|---|---|---|
| habría pensado | habría tenido | habría sentido |
| habrías pensado | habrías tenido | habrías sentido |
| habría pensado | habría tenido | habría sentido |
| habríamos pensado | habríamos tenido | habríamos sentido |
| habríais pensado | habríais tenido | habríais sentido |
| habrían pensado | habrían tenido | habrían sentido |

- The conditional perfect tense is used to express what *might have occurred* but did not.

**Habría ido** al museo, pero mi novia tenía otros planes.
*I would have gone to the museum, but my girlfriend had other plans.*

Seguramente tú no **habrías vendido** la acuarela de papá.
*In all likelihood, you wouldn't have sold Dad's watercolor.*

Salma Hayek **habría representado** mejor el rol de la madre.
*Salma Hayek would have played the part of the mother much better.*

Creo que Andrés **habría sido** un gran pintor.
*I think Andrés would have been a great painter.*

Habría dicho
que es... horrible.

- The conditional perfect may also express probability or conjecture about the past.

¿Crees que los críticos **habrían apreciado** su talento?
*Do you think the critics would have appreciated his talent?*

Seguro que los **habría sorprendido** con su técnica.
*I'm sure his technique would have surprised them.*

# Práctica y comunicación

**TALLER DE CONSULTA**

**MANUAL DE GRAMÁTICA**
**Más práctica**

10.2 The conditional perfect, p. A54

1 **Lo que habrían hecho** Completa las oraciones con el condicional perfecto.

1. No me gustó la obra de teatro. Incluso yo mismo ________ (imaginar) un protagonista más interesante.
2. Yo, en su lugar, lo ________ (dibujar) de modo más abstracto.
3. A la autora le ________ (gustar) escribir ficción histórica, pero el público sólo quería más novelas rosas.
4. Nosotros ________ (escribir) ese cuento desde otro punto de vista.
5. ¿Tú ________ (hacer) lo mismo en esa situación?

2 **Otro final** En parejas, conecten las historias con sus finales. Luego, utilicen el condicional perfecto para inventar otros finales. Sigan el modelo.

**MODELO** ***Titanic* / El barco se hunde (*sinks*).**
En nuestra historia, el barco no se habría hundido. Los novios se habrían casado y...

| | |
|---|---|
| *La Bella y la Bestia* | El monstruo mata a su creador. |
| *Frankenstein* | Se casa con el príncipe. |
| *El Señor de los Anillos* | Frodo destruye el anillo. |
| *Romeo y Julieta* | Regresa a su hogar en Kansas. |
| *El Mago de Oz* | Los novios se mueren. |

3 **¿Y ustedes?** En parejas, miren los dibujos y túrnense para decir lo que habrían hecho en cada situación. Utilicen el condicional perfecto y sean creativos/as.

1. 

2. 

3. 

4. 

5. 

6. 

4 **Autobiografías** Utiliza el condicional perfecto para escribir un párrafo de tu autobiografía. Menciona tres cosas que no cambiarías de tu vida y tres cosas que habrías hecho de forma diferente.

Practice more at **vhlcentral.com.**

# 10.3 The past perfect subjunctive

Me molestó que hubieras pedido ese cambio.

Quizás hubiera sido una falta de respeto.


**TALLER DE CONSULTA**

The alternative past subjunctive forms of **haber** may also be used with the past participle to form the past perfect subjunctive. See 8.2, pp. 298–299.

**Ojalá hubieras/hubieses participado más en el proyecto.**
*I wish you had participated more in the project.*

The past perfect subjunctive is also frequently used in **si** clauses. See **Manual de gramática, 10.4,** p. A56.

**Si me hubieran invitado, habría ido a la exposición.**
*If they had invited me, I would have gone to the exhibition.*

- The past perfect subjunctive (**el pluscuamperfecto del subjuntivo**) is formed with the past subjunctive of **haber** and a past participle.

**The past perfect subjunctive**

| cambiar | poder | influir |
|---|---|---|
| hubiera cambiado | hubiera podido | hubiera influido |
| hubieras cambiado | hubieras podido | hubieras influido |
| hubiera cambiado | hubiera podido | hubiera influido |
| hubiéramos cambiado | hubiéramos podido | hubiéramos influido |
| hubierais cambiado | hubierais podido | hubierais influido |
| hubieran cambiado | hubieran podido | hubieran influido |

- The past perfect subjunctive is used in subordinate clauses under the same conditions for other subjunctive forms. It refers to actions or conditions that had taken place before another past occurrence.

Le molestó que los escritores no **hubieran asistido** a su conferencia.
*It annoyed her that the writers hadn't attended her lecture.*

No era cierto que la galería **hubiera cerrado** sus puertas definitivamente.
*It was not true that the gallery had closed its doors permanently.*

- When the action in the main clause is in the past, both the past subjunctive and the past perfect subjunctive can be used in the subordinate clause. However, the meaning of each sentence may be different.

PAST SUBJUNCTIVE

Esperaba que me **compraras** esta novela. ¡Qué bien!
*I was hoping you would get me this novel. It's great!*

Deseaba que me **ayudaras**.
*I wished that you would help me.*

PAST PERFECT SUBJUNCTIVE

Esperaba que me **hubieras comprado** una novela, no una biografía.
*I wished that you would have bought me a novel, not a biography.*

Deseaba que me **hubieras ayudado**.
*I wished that you would have helped me.*

# Práctica y comunicación

**1 Hubiera...** Completa las oraciones con el pluscuamperfecto del subjuntivo.

1. Habría ido al teatro si no __________ (llover).
2. Si yo __________ (lograr) publicar mi libro, habría sido un superventas.
3. Me molestó que ellos no le __________ (dar) el premio al otro poeta.
4. Si nosotros __________ (pensar) eso, lo habríamos dicho.
5. Si ella __________ (pedir) más por sus cuadros, habría ganado millones.
6. ¡Qué lástima que sus padres no __________ (apoyar) su interés por las artes!

**2 Oraciones** Une los elementos de las columnas para crear cinco oraciones con el pluscuamperfecto del subjuntivo.

| | | |
|---|---|---|
| Dudaba de que | yo | escribir cuentos policíacos |
| Esperábamos que | tú | ganar un premio literario |
| Me sorprendió que | el artista | tener talento |
| Ellos querían que | nosotros | venir a la exposición |
| No creías que | los poetas | vender ese autorretrato |

**3 ¡A quejarse!** Daniel es escritor y Graciela es pintora. En parejas, utilicen el pluscuamperfecto del subjuntivo para escribir una conversación en la que se quejan de las oportunidades que perdieron.

**MODELO** **GRACIELA** No fue justo que le hubieran dado ese premio literario a García Márquez. Tienes mucho más talento que él..

- No fue justo que....
- No podía creer que...
- Si hubiera logrado...
- Si tú sólo hubieras...

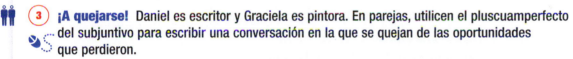

**4 Síntesis** En grupos de tres, interpreten esta situación: una universidad en Sevilla, España, invita a uno de ustedes a estudiar bellas artes durante un año, pero no sabe si aceptar. Sus amigos/as intentan persuadirlo de que es buena idea. Utilicen el futuro perfecto, el condicional perfecto y el pluscuamperfecto del subjuntivo.

**MODELO**

**INVITADO** Un año es demasiado tiempo. Cuando vuelva todos ustedes se habrán olvidado de mí.
**ESTUDIANTE 1** Por supuesto que no nos habremos olvidado de ti.
**ESTUDIANTE 2** Yo en tu lugar habría aceptado ya.
**INVITADO** Yo esperaba que me hubieran invitado el año que viene, no éste.

Practice more at **vhlcentral.com.**

**TALLER DE CONSULTA**

**MANUAL DE GRAMÁTICA**
**Más práctica**

10.3 The past perfect subjunctive, p. A55

# Antes de ver el corto

## LAS VIANDAS

**país** España
**duración** 19 minutos
**director** José Antonio Bonet

**protagonistas** Papandreu (chef), el comensal, empleados del restaurante, otros comensales

### Vocabulario

**acompañar** *to come with*
**la barbaridad** *outrageous thing*
**el cochinillo** *suckling pig*
**el/la comensal** *dinner guest*
**el compromiso** *awkward situation*
**contundente** *filling*
**el jabalí** *wild boar*
**la ofensa** *insult*

**1 Definiciones** Completa las oraciones con las palabras apropiadas.

1. Cuando un plato es muy caro, podemos decir que cuesta una ______.
2. Si un plato te llena inmediatamente, significa que es un plato ______.
3. Alguien que está sentado en una mesa para comer es un ______.
4. Un ______ es una especie de cerdo salvaje.
5. En algunas culturas, rechazar la comida es una ______.
6. Meter a alguien en un ______ significa ponerlo en una situación incómoda.
7. Yo nunca probaré ______, porque es muy pequeño y me da lástima.
8. ¿Me puedes ______ al médico?

**2 Preguntas** En parejas, contesten las preguntas.

1. ¿Te gusta cocinar? ¿Por qué?
2. ¿Qué profesiones consideras que son arte? ¿Por qué?
3. ¿Conoces a alguien que sea o que se considere artista? ¿Cómo es?
4. Según tu opinión, ¿tienen los artistas una personalidad especial? Explica tu respuesta.

**3 ¿Qué sucederá?** En parejas, miren los fotogramas e imaginen lo que va a ocurrir en la historia. Compartan sus ideas con la clase.

Practice more at **vhlcentral.com.**

Short Film

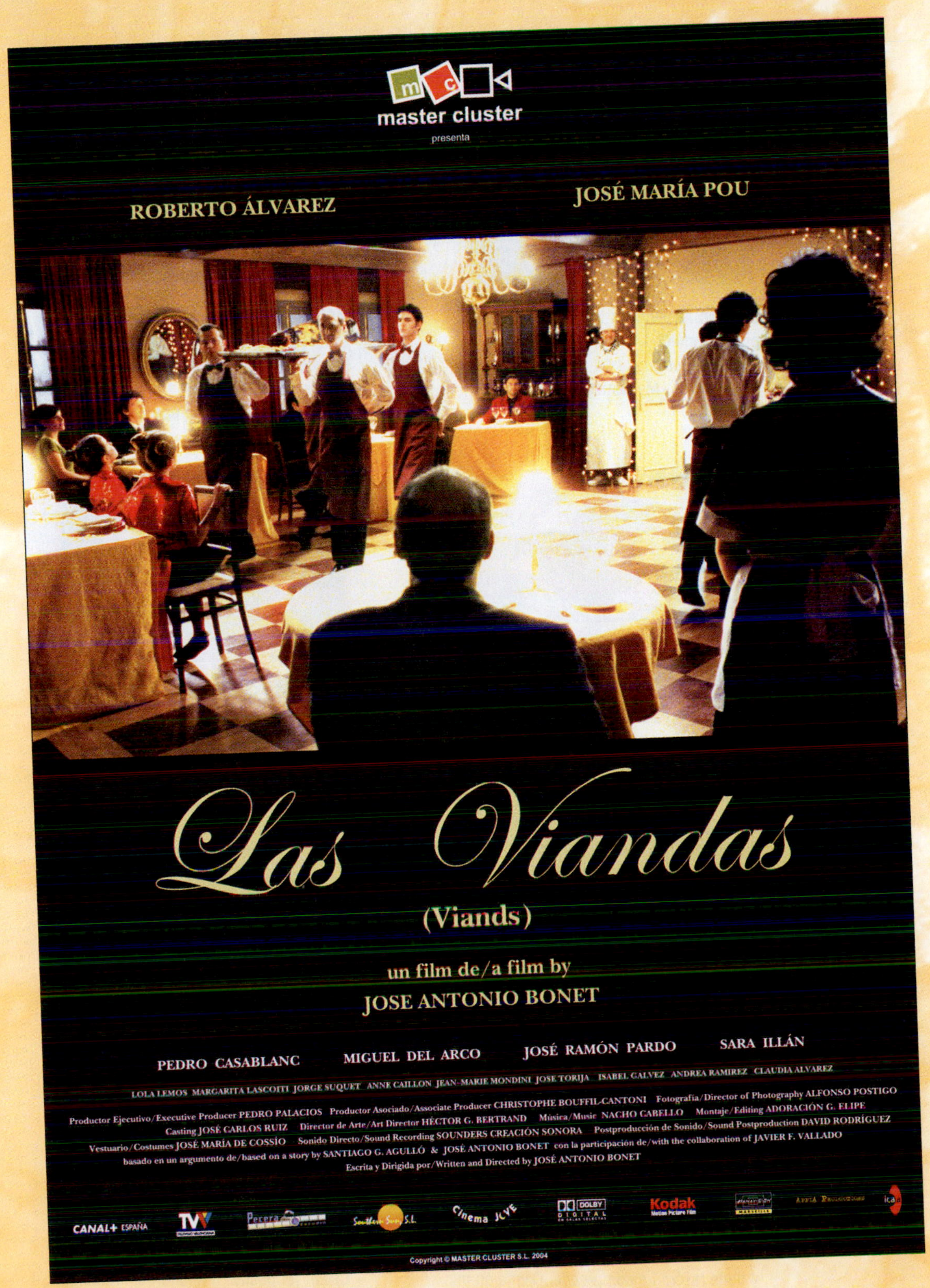
master cluster
presenta
ROBERTO ÁLVAREZ
JOSÉ MARÍA POU
Las Viandas
(Viands)
un film de/a film by
JOSE ANTONIO BONET
PEDRO CASABLANC
MIGUEL DEL ARCO
JOSÉ RAMÓN PARDO
SARA ILLÁN
LOLA LEMOS MARGARITA LASCOITI JORGE SUQUET ANNE CAILLON JEAN-MARIE MONDINI JOSE TORIJA ISABEL GALVEZ ANDREA RAMIREZ CLAUDIA ALVAREZ
Productor Ejecutivo/Executive Producer PEDRO PALACIOS Productor Asociado/Associate Producer CHRISTOPHE BOUFFIL-CANTONI Fotografía/Director of Photography ALFONSO POSTIGO
Casting JOSÉ CARLOS RUIZ Director de Arte/Art Director HÉCTOR G. BERTRAND Música/Music NACHO CABELLO Montaje/Editing ADORACIÓN G. ELIPE
Vestuario/Costumes JOSÉ MARÍA DE COSSÍO Sonido Directo/Sound Recording SOUNDERS CREACIÓN SONORA Postproducción de Sonido/Sound Postproduction DAVID RODRÍGUEZ
basado en un argumento de/based on a story by SANTIAGO G. AGULLÓ & JOSÉ ANTONIO BONET con la participación de/with the collaboration of JAVIER F. VALLADO
Escrita y Dirigida por/Written and Directed by JOSÉ ANTONIO BONET
Copyright © MASTER CLUSTER S.L. 2004

# Escenas

**ARGUMENTO** Un hombre va a un restaurante perdido en las montañas, donde probará los platos de un chef extranjero muy especial.

**COMENSAL** Buenas tardes. ¿Todavía se puede comer?
**MAITRE** Por supuesto. Leonora, el abrigo del señor… ¿Me acompaña, por favor?

**MAITRE** El primer plato del menú: sopa de judiones° con tocino° y salchicha vienesa°. El señor Papandreu, nuestro chef, ganó un premio con este plato.
**COMENSAL** ¿No le parece un poco contundente?

*(Murmullos)*
**CHEF** ¿El nuevo devuelve [la] comida?
**CAMARERO** Sí, sí, sí.
**CHEF** ¡Esto es una ofensa! ¡Nadie devuelve nunca [la] comida a Papandreu! ¡Papandreu es un artista! ¡Papandreu es [el] número uno! *(gritos)* Un artista.

**MAITRE** Señor, nos está poniendo a todos en un serio compromiso. Debe comerse el cochinillo de inmediato.
**COMENSAL** ¿Pero es que no lo entiende? ¡No puedo más!

**COMENSAL** Perdóneme, señor, pero ¡tengo que pedirle ayuda! Bueno, usted mismo lo está viendo. ¡Quieren que me coma un cochinillo! ¿Pero están locos?
**HOMBRE** No se preocupe. Lo he visto todo y tiene razón. Le comprendo. Confíe en mí. Hablaré con Papandreu.

**COMENSAL** *(gritando)* ¡No quiero comer más! ¡No quiero comer este jabalí!
**CHEF** ¡Quieto! ¡Vas a comer jabalí como [un] niño bueno! ¡Come!
*(Después de que el cliente come el jabalí.)*
**CHEF** ¡El postre! ¡Papandreu, artista genial!

**judiones** *butter beans* **tocino** *bacon* **salchicha vienesa** *Viennese sausage*

# Después de ver el corto

**1 Comprensión** Contesta las preguntas con oraciones completas.

1. ¿Dónde está el restaurante?
2. ¿Qué ocurre cuando el cliente dice que no puede comer más sopa?
3. ¿Por qué se enoja el chef cuando regresa el camarero a la cocina?
4. ¿Para qué va el comensal al baño?
5. En el baño, ¿qué le promete el otro comensal al protagonista?
6. ¿Qué hace el protagonista al ver que el otro comensal no lo ha ayudado?
7. ¿Qué hacen los camareros y el chef cuando lo detienen?

**2 Ampliación** Contesta las preguntas con oraciones completas.

1. ¿Por qué dice el chef que todo el mundo debe probar su comida?
2. ¿Por qué crees que los otros clientes no ayudan al protagonista?
3. ¿Qué temas se tratan en *Las viandas*, además de la cocina?
4. ¿Crees que Papandreu es un artista? ¿Por qué?
5. ¿Es común que los artistas se comporten de una forma tan extravagante?
6. ¿Qué sucede al final de la historia? ¿Podrá el protagonista irse del restaurante? ¿Y los demás comensales?
7. ¿Qué habrías hecho tú si fueras el protagonista?

**3 Los comensales** En parejas, elijan un fotograma y describan la vida del personaje o los personajes que aparecen en cada uno de ellos. Usen las preguntas como guía y escriban por lo menos cinco oraciones.

- ¿Cómo son?
- ¿Por qué están en el restaurante?
- ¿Cómo son sus vidas?
- ¿Qué opinan de Papandreu?

**4 ¡Soy un artista!** Escribe una historia surreal, similiar a *Las viandas*. Puedes utilizar alguno de los personajes y lugares elegidos.

- **un hospital y un cirujano de gran renombre**
- **una pasarela (*runway*) y una supermodelo**
- **un estudio de diseño y un diseñador premiado**
- **una peluquería y un estilista famoso**

Practice more at **vhlcentral.com.**

*Dos mujeres leyendo,* 1934
Pablo Picasso, España

"La literatura nace del paso entre lo que el hombre es y lo que quisiera ser."

— Mario Vargas Llosa

# Antes de leer

## Continuidad de los parques

### Sobre el autor

**Julio Cortázar** nació en Bruselas, Bélgica, en 1914. Llegó a Argentina cuando tenía cuatro años. En 1932 se graduó como maestro de escuela y luego comenzó sus estudios en la Universidad de Buenos Aires, los cuales no pudo terminar por motivos económicos. Desde 1951 hasta su muerte en 1984 vivió en París. A pesar de vivir muchos años fuera de Argentina, Cortázar siempre se mostró interesado en la realidad sociopolítica de América Latina. En sus textos, representa al mundo como un gran laberinto del que el ser humano debería escapar. Su obra se caracteriza por el uso magistral (*masterful*) del lenguaje y el juego constante entre la realidad y la fantasía. Por esta última característica se lo considera uno de los creadores del "realismo fantástico". Sus obras más conocidas son la novela *Rayuela* (1963) y libros de cuentos como *Historias de cronopios y de famas* (1962).

### Vocabulario

| | |
|---|---|
| **acariciar** *to caress* | **la mejilla** *cheek* |
| **al alcance** *within reach* | **el pecho** *chest* |
| **el arroyo** *stream* | **el/la testigo** *witness* |
| **la coartada** *alibi* | **la trama** *plot* |

**Oraciones incompletas** Completa las oraciones.

1. Esa película tiene una ________ muy complicada.
2. La niña ________ la cara del bebé; tiene la ________ muy suave.
3. Decidimos acampar junto al ________.
4. El otro día fui ________ de un hecho extraordinario.

**Conexión personal** ¿Leíste alguna vez un libro tan interesante y fascinante que simplemente no podías dejar de leerlo? ¿Cuál? ¿Tuviste una experiencia similar con una película o serie de televisión?

### Análisis literario: el realismo fantástico

Entretejer (*Weaving*) la ficción y la realidad se ha convertido en un recurso frecuente en la literatura latinoamericana. Este recurso es particularmente común en la obra de escritores argentinos como Jorge Luis Borges y Julio Cortázar. A diferencia del realismo mágico, que se caracteriza por mostrar lo maravilloso como normal, en el realismo fantástico se confunden realidad y fantasía. Se presenta un hecho real y se le agrega un elemento ilusorio o fantástico sin nunca marcar claramente los límites entre uno y otro. Esto lleva a historias dentro de historias y el lector debe darse cuenta, o a veces elegir conscientemente, en qué historia está o qué está sucediendo. A medida que leas *Continuidad de los parques,* busca elementos del realismo fantástico.

Practice more at **vhlcentral.com**

Audio: Dramatic Reading

# Continuidad

Julio Cortázar

# de los parques

Había empezado a leer la novela unos días antes. La abandonó por negocios urgentes, volvió a abrirla cuando regresaba en tren a la finca°; se dejaba interesar lentamente por la trama, por el dibujo de los personajes. Esa tarde, después de escribir una carta a su apoderado° y discutir con el mayordomo° una cuestión de aparcerías°, volvió al libro en la tranquilidad del estudio que miraba hacia el parque de los robles°. Arrellanado° en su sillón favorito, de espaldas a la puerta que lo hubiera molestado como una irritante posibilidad de intrusiones, dejó que su mano izquierda acariciara una y otra vez el terciopelo° verde y se puso a leer los últimos capítulos. Su memoria retenía sin esfuerzo los nombres y las imágenes de los protagonistas; la ilusión novelesca lo ganó casi enseguida. Gozaba del placer casi perverso de irse desgajando° línea a línea de lo que lo rodeaba, y sentir a la vez que su cabeza descansaba cómodamente en el terciopelo del alto respaldo°, que los cigarrillos seguían al alcance de la mano, que más allá de los ventanales danzaba el aire del atardecer bajo los robles. Palabra a palabra, absorbido por la sórdida disyuntiva° de los héroes, dejándose ir hacia las imágenes que se concertaban y adquirían color y movimiento, fue testigo del último encuentro en la cabaña del monte°.

Primero entraba la mujer, recelosa°; ahora llegaba el amante, lastimada la cara por el chicotazo° de una rama°. Admirablemente restañaba° ella la sangre con sus besos, pero él rechazaba sus caricias, no había venido para repetir las ceremonias de una pasión secreta, protegida por un mundo de hojas secas y senderos furtivos. El puñal° se entibiaba° contra su pecho y debajo latía° la libertad agazapada°. Un diálogo anhelante° corría por las páginas como un arroyo de serpientes, y se sentía que todo estaba decidido desde siempre. Hasta esas caricias que enredaban° el cuerpo del amante como queriendo retenerlo y disuadirlo, dibujaban abominablemente la figura de otro cuerpo que era necesario destruir. Nada había sido olvidado: coartadas, azares, posibles errores. A partir de esa hora cada instante tenía su empleo minuciosamente atribuido. El doble repaso despiadado° se interrumpía apenas para que una mano acariciara una mejilla. Empezaba a anochecer.

Sin mirarse ya, atados rígidamente a la tarea que los esperaba, se separaron en la puerta de la cabaña. Ella debía seguir por la senda° que iba al norte. Desde la senda opuesta él se volvió un instante para verla correr con el pelo suelto. Corrió a su vez, parapetándose° en los árboles y los setos°, hasta distinguir en la bruma malva° del crepúsculo° la alameda° que llevaba a la casa. Los perros no debían ladrar°, y no ladraron. El mayordomo no estaría a esa hora, y no estaba. Subió los tres peldaños° del porche y entró. Desde la sangre galopando° en sus oídos le llegaban las palabras de la mujer: primero una sala azul, después una galería, una escalera alfombrada°. En lo alto, dos puertas. Nadie en la primera habitación, nadie en la segunda. La puerta del salón, y entonces el puñal en la mano, la luz de los ventanales, el alto respaldo de un sillón de terciopelo verde, la cabeza del hombre en el sillón leyendo una novela. ■

*country house*
*agent*
*butler*
*sharecropping*
*oak trees / Settled*
*velvet*
*tearing off*
*back (of chair or sofa)*
*dilemma*
*the cabin in the woods*
*suspicious(ly)*
*lash / branch*
*stopped the flow of*
*dagger / was becoming warm*
*was beating*
*crouched (in wait) / wistful*
*were entangling*
*ruthless*
*trail*
*taking cover*
*hedges / mauve mist*
*twilight / tree-lined path*
*bark*
*steps*
*pounding*
*carpeted*

# Después de leer

## Continuidad de los parques

Julio Cortázar

**1 Comprensión** Ordena los hechos que suceden en el cuento.

____ a. Sentado en su sillón de terciopelo verde, volvió al libro en la tranquilidad del estudio.

____ b. Finalmente, ella se fue hacia el norte y él llegó hasta la casa del bosque.

____ c. Un hombre regresó a su finca después de haber terminado unos negocios urgentes.

____ d. Llegó hasta el salón y se dirigió hacia el hombre que, sentado en el sillón de terciopelo verde, estaba leyendo una novela.

____ e. Ese día los perros no ladraron y el mayordomo no estaba.

____ f. En la novela, una mujer y su amante se encontraban en una cabaña.

____ g. Él subió los tres peldaños del porche y entró en la casa.

____ h. Se habían reunido allí para terminar de planear un asesinato.

**2 Interpretación** Contesta las preguntas.

1. Según se deduce de sus costumbres, ¿cómo crees que es la personalidad del hombre que estaba sentado en el sillón? Presenta ejemplos del cuento.
2. ¿Por qué crees que el mayordomo no trabajaba ese día?
3. ¿Qué relación hay entre la pareja de la cabaña y el hombre que está leyendo la novela?
4. ¿Quién crees que es la víctima? Haz una lista de las claves que hay en el cuento.
5. ¿Qué elementos visuales del cuento son propios de la novela de misterio?
6. ¿Cómo logra el escritor mantener la atención de sus lectores?

**3 Análisis** En parejas, conversen sobre estas preguntas.

1. ¿Qué habría pasado si el hombre del sillón hubiera cerrado el libro antes?
2. Imaginen que la novela que está leyendo el hombre es de otro género: humor, romance, ciencia ficción, etc. ¿Cuál habría sido el final en ese caso? Escríbanlo y, luego, compártanlo con la clase.
3. Expliquen por qué creen que este cuento se titula "Continuidad de los parques".
4. ¿Por qué dirías que esta obra de Julio Cortázar es un cuento imposible?

**4 Un nuevo final** Escribe un párrafo que describa lo que sucede después del final del cuento. Decide si el final será sobre el hombre que lee la novela o sobre la segunda historia que parece estar dentro de la primera.

Practice more at **vhlcentral.com.**

# Antes de leer

**Vocabulario**

| | |
|---|---|
| **la alusión** *allusion* | **la narrativa** *narrative work* |
| **el canon (literario)** *(literary) canon* | **el relato** *story* |
| **editar** *to publish* | **transcurrir** *to take place* |
| **el estereotipo** *stereotype* | **tratar (sobre/acerca de)** *to be about* |
| **estético/a** *aesthetic* | |

**La muerte y la doncella** Completa las oraciones con el vocabulario de la tabla.

1. El argentino-chileno Ariel Dorfman se considera representante del ________ literario de Latinoamérica, en parte por el éxito de su obra de teatro *La muerte y la doncella.*
2. La ________ de Dorfman incluye géneros como la novela y el ensayo.
3. *La muerte y la doncella* ________ los efectos de la tortura en una mujer que cree encontrarse con su torturador.
4. La obra es interesante porque los personajes no son ________, sino que son individuos complejos.
5. La acción ________ en un lugar que no se identifica, pero podría ser el Chile de Pinochet.

**Conexión personal** ¿Puede haber estereotipos positivos? ¿O son todos, por definición, negativos? ¿Cómo puede un estereotipo aparentemente positivo afectar negativamente a un individuo?

**Contexto cultural**

Gabriel García Márquez

En 1967, Gabriel García Márquez (1927-2014) escribió una obra que se ha convertido en el símbolo más reconocible de la literatura de América Latina (ver **pp. 192–195**). *Cien años de soledad* es uno de los mayores ejemplos del *realismo mágico* y nos transporta al pueblo mítico de Macondo, donde objetos comunes como el hielo (*ice*) se presentan como maravillosos, mientras las cosas más sorprendentes —como una lluvia de flores que caen del cielo— se narran como si fueran normales. Incluso en el siglo XXI, las obras de García Márquez dominan el mercado literario y se siguen estudiando como ejemplos de un género innovador y sorprendente. Lo que es más notable aún, han conseguido definir un estilo que se reconoce mundialmente como latinoamericano y que todavía inspira a nuevos escritores. Isabel Allende y Laura Esquivel son dos escritoras destacadas que emplean la técnica del realismo mágico para combinar lo cotidiano con lo sobrenatural. Las muy exitosas novelas *La casa de los espíritus* (1982) y *Como agua para chocolate* (1989) son claros ejemplos de este género.

Practice more at **vhlcentral.com.**

# De Macondo a McOndo

Audio: Reading

En Santiago de Chile, ¿es típico observar una tormenta de flores? ¿Es sorprendente encontrar un cubito de hielo° en una Coca-Cola en Buenos Aires? Un grupo de jóvenes escritores, encabezado° por el chileno Alberto Fuguet, responde rotundamente° que no. Estos escritores afirman que tienen más en común con la generación estadounidense que creció con los videojuegos y MTV que con el mundo mágico y mítico de Macondo. Por eso, transformando el nombre del pueblo ficticio de las novelas de García Márquez, el grupo tomó el nombre "McOndo" en un guiño de ojo° al

*ice cube*
*led*
*emphatically*
*wink*

omnipresente McDonald's, a las pioneras computadoras Macintosh y a los *condos*.

El grupo McOndo escribe una literatura intensamente personal, urbana y llena de alusiones a la cultura popular. Fuguet describe a su grupo como apolítico, adicto a la televisión por cable y aficionado a Internet. La televisión, la radio, el cine e Internet se infiltran en sus obras e introducen temas globales y muy corrientes°. Las obras de Fuguet revelan más huellas de Hollywood que de García Márquez o Borges, y mayor influencia de videos musicales estadounidenses que de *Cien años de soledad*.

current

¿Qué hay de latinoamericano en las obras de McOndo?, se preguntan algunos lectores que identifican América Latina con el realismo mágico. ¿No podrían transcurrir en cualquier sitio?, es otra pregunta habitual. Justamente, el editor de una revista literaria estadounidense muy prestigiosa le hizo esta pregunta a Fuguet después de que la revista rechazara° uno de sus cuentos. Las novelas de Isabel Allende y Laura Esquivel, por ejemplo, llevan al lector a un lugar exótico cuyos olores y colores son a la vez extraños y familiares. ¿Pueden tener éxito en el mercado literario relatos en los que nada es exótico para los lectores acostumbrados a la vida urbana de la gran ciudad?

rejected

Los escritores de McOndo tampoco se identifican con los productos de sus contemporáneos más realistas como, por ejemplo, Sandra Cisneros, Julia Álvarez y Esmeralda Santiago, que cuentan la difícil experiencia de los latinos en los Estados Unidos. Los personajes de McOndo son latinos en un mundo globalizado. Esto se ve como un hecho normal y no como una experiencia especial o traumática. Según los autores de McOndo, su literatura es tan latinoamericana como las otras porque sus obras tratan acerca de la realidad de muchas personas: una existencia moderna, comercial, confusa y sin fronteras. En su opinión, la noción de que la realidad latinoamericana está constituida por hombres de fuerza descomunal°, tormentas de flores y muchachas que suben al cielo no sólo es estereotípica sino empobrecedora°. En un ensayo muy conocido de salon.com que se ha convertido en el manifiesto de los escritores de McOndo, Fuguet escribe: "Es una injusticia reducir la esencia de América Latina a hombres con ponchos y sombreros, zares de la droga° que portan armas° y señoritas sensuales que se menean° al ritmo de la salsa." Fuguet prefiere representar el mundo reconocible de Internet, la comida rápida y la música popular. Sólo con el tiempo sabremos si su propuesta° estética tendrá la presencia duradera°, la influencia y la importancia indiscutida del realismo mágico. ■

enormous
damaging
drug lords / gun-toting
sway
proposal
long-lasting

## Los escritores de McOndo

Algunos escritores que se identifican con **Alberto Fuguet** y el mundo de McOndo son Rodrigo Fresán y Martín Rejtman de Argentina, Jaime Bayly del Perú, Sergio Gómez de Chile, Edmundo Paz Soldán de Bolivia y Naief Yehya de México. En 1997, Sergio Gómez y Alberto Fuguet editaron una antología de cuentos titulada *McOndo*, que incluye relatos de escritores latinoamericanos menores de treinta y cinco años.

# Después de leer

## De Macondo a McOndo

**1 Comprensión** Responde las preguntas con oraciones completas.

1. En el siglo XXI, ¿tienen éxito las obras de realismo mágico?
2. ¿De dónde viene el nombre McOndo?
3. ¿Cuáles son algunas de las influencias importantes en la literatura de Fuguet?
4. ¿Cuáles son algunas de las críticas que reciben los escritores de McOndo?
5. ¿Por qué se identifican más los escritores de McOndo con algunos jóvenes estadounidenses que con García Márquez u otros escritores?

**2 Reflexión** En parejas, respondan las preguntas.

1. ¿Qué opinan los jóvenes de McOndo de las representaciones de hombres con ponchos y de las señoritas sensuales que bailan salsa?
2. ¿Qué opinas del uso de estereotipos en la literatura y en el cine?
3. ¿Crees que el estilo de los escritores de McOndo es incompatible con el realismo mágico? ¿Se podrían combinar en una obra? ¿Cuál sería el resultado?

**3 Comparación** En grupos de tres, comparen las dos citas. La primera es de la lectura de García Márquez de la **Lección 5** y la segunda de Augusto Monterroso de la **Lección 6**. Las dos narran un cambio clave dentro de cada historia.

Un chorro (*spurt*) de luz dorada y fresca como el agua empezó a salir de la bombilla (*light bulb*) rota, y lo dejaron correr hasta que el nivel llegó a cuatro palmos. Entonces cortaron la corriente (*electricity*), sacaron el bote, y navegaron a placer (*leisurely*) por entre las islas de la casa.

Entonces floreció en él una idea que tuvo por digna de su talento y de su cultura universal y de su arduo conocimiento de Aristóteles. Recordó que para ese día se esperaba un eclipse total de sol. Y dispuso [...] valerse de (*to make use of*) aquel conocimiento para engañar (*deceive*) a sus opresores y salvar la vida.

1. ¿Qué es lo que puede suceder después de cada una de las citas? ¿Cuál de los sucesos que pueden ocurrir es más "maravilloso"?
2. ¿Qué diferencias pueden observar en el estilo de los dos escritores? ¿Cuál es más directo? ¿Cuál usa más recursos literarios, por ejemplo, metáforas?
3. ¿Qué estilo prefieren? ¿Por qué?

**4 Realismo mágico tecnológico** Elige una de las situaciones y escribe el primer párrafo de un cuento en el que el autor decide recurrir al realismo mágico para describir objetos y situaciones que se relacionan con la tecnología, la vida urbana y la cultura pop.

- un virus infectó la computadora
- tu celular hace llamadas por sí solo
- tu iPad lee tus pensamientos
- tu Wii quiere jugar al aire libre

Practice more at **vhlcentral.com.**

# Atando cabos

## ¡A conversar!

**Literatura y arte** En grupos de cuatro, preparen una presentación sobre un(a) artista que les interese.

**Tema:** Preparen una presentación sobre alguno de los artistas famosos de esta lección o elijan otro.

**Preparación:** Investiguen en Internet o en la biblioteca. Una vez tengan la información sobre el/la artista, elijan los puntos más importantes que van a tratar. Busquen o preparen material audiovisual para ofrecer una visión más amplia del tema.

**Organización:** Escriban un esquema que les ayude a organizar su presentación. Pueden guiarse respondiendo las siguientes preguntas.

1. ¿Dónde nació el/la artista?
2. ¿A qué se dedicó o dedica?
3. ¿Cómo llegó a ser conocido/a?
4. ¿Qué logros alcanzó con su obra?

### Estrategia de comunicación

**Cómo hablar de arte**

1. No habríamos elegido a este/a artista si su obra no fuera...
2. Se hizo famoso/a gracias a...
3. Uno de los rasgos que caracteriza a este/a artista es...
4. A veces, los temas que trata son...
5. En esta obra podemos ver ciertos rasgos del movimiento cubista/surrealista/indigenista...
6. Actualmente, sus obras...

## ¡A escribir!

**Obras maestras culinarias** Imagina que eres un chef que, al igual que el chef de *Las viandas*, se considera un(a) verdadero/a artista. Todas las semanas escribes una columna con críticas de restaurantes para una revista de arte. Elige un plato que te guste cocinar o que siempre comas en tu restaurante favorito y escribe un párrafo en el que describes el plato como si fuera una obra de arte. Usa el vocabulario que aprendiste en esta lección.

**MODELO** Hoy quiero presentarles una obra radical: empanadillas de cochinillo con salsa Dalí. Es un verdadero festival de los sentidos.

Vocabulary Tools

## La literatura

| | |
|---|---|
| el argumento | plot |
| la caracterización | characterization |
| la estrofa | stanza |
| el/la lector(a) | reader |
| el/la narrador(a) | narrator |
| la obra literaria | literary work |
| el personaje | character |
| el/la protagonista | protagonist |
| el punto de vista | point of view |
| la rima | rhyme |
| el verso | line (of poetry) |
| desarrollarse | to develop |
| hojear | to skim |
| narrar | to narrate |
| tratarse de | to be about |

## Los géneros literarios

| | |
|---|---|
| la (auto)biografía | (auto)biography |
| la ciencia ficción | science fiction |
| la literatura infantil/juvenil | children's literature |
| la novela rosa | romance novel |
| la poesía | poetry |
| la prosa | prose |
| clásico/a | classic |
| de terror | horror (story/novel) |
| didáctico/a | educational |
| histórico/a | historical |
| humorístico/a | humorous |
| policíaco/a | detective (story/novel) |
| satírico/a | satirical |
| trágico/a | tragic |

## Los artistas

| | |
|---|---|
| el/la artesano/a | artisan |
| el/la dramaturgo/a | playwright |
| el/la ensayista | essayist |
| el/la escultor(a) | sculptor |
| el/la muralista | muralist |
| el/la novelista | novelist |
| el/la pintor(a) | painter |
| el/la poeta/poetisa | poet |

## El arte

| | |
|---|---|
| la acuarela | watercolor |
| el autorretrato | self-portrait |
| las bellas artes | fine arts |
| el cuadro | painting |
| la escultura | sculpture |
| la naturaleza muerta | still life |
| la obra (de arte) | work (of art) |
| el óleo | oil painting |
| el pincel | paintbrush |
| la pintura | paint; painting |
| la tela | canvas |
| dibujar | to draw |
| diseñar | to design |
| esculpir | to sculpt |
| reflejar | to reflect; to depict |
| abstracto/a | abstract |
| contemporáneo/a | contemporary |
| inquietante | disturbing |
| intrigante | intriguing |
| llamativo/a | striking |
| luminoso/a | bright |
| realista | realistic; realist |
| al estilo de | in the style of |
| de buen/mal gusto | in good/bad taste |

## Las corrientes artísticas

| | |
|---|---|
| la corriente/el movimiento | movement |
| el cubismo | cubism |
| el expresionismo | expressionism |
| el impresionismo | impressionism |
| el realismo | realism |
| el romanticismo | romanticism |
| el surrealismo | surrealism |

## Más vocabulario

| | |
|---|---|
| Expresiones útiles | Ver p. 365 |
| Estructura | Ver pp. 372, 374 y 376 |

## Cinemateca

| | |
|---|---|
| la barbaridad | outrageous thing |
| el cochinillo | suckling pig |
| el/la comensal | dinner guest |
| el compromiso | awkward situation |
| el jabalí | wild boar |
| la ofensa | insult |
| acompañar | to come with |
| contundente | filling |

## Literatura

| | |
|---|---|
| el arroyo | stream |
| la coartada | alibi |
| la mejilla | cheek |
| el pecho | chest |
| el/la testigo | witness |
| la trama | plot |
| acariciar | to caress |
| al alcance | within reach |

## Cultura

| | |
|---|---|
| la alusión | allusion |
| el canon (literario) | (literary) canon |
| el estereotipo | stereotype |
| la narrativa | narrative work |
| el relato | story; account |
| editar | to publish |
| transcurrir | to take place |
| tratar (sobre/acerca de) | to be about; to deal with |
| estético/a | aesthetic |

# La política y la religión

# 11

**Communicative Goals**

**You will expand your ability to…**
- describe actions in the passive voice
- make impersonal or generalized statements
- talk about unexpected or accidental events
- describe time and space relationships

Vocabulary Tools

# La política y la religión

## La religión

Durante la Semana Santa en Antigua, Guatemala, los **creyentes** muestran su **fe** en **Dios** y sus tradiciones con coloridas procesiones en las que cargan imágenes **religiosas.**

**la creencia** *belief*
**el/la creyente** *believer*
**Dios** *God*
**la fe** *faith*
**la iglesia** *church*
**la mezquita** *mosque*
**la sinagoga** *synagogue*
**el templo** *temple*

**bendecir (e:i)** *to bless*
**creer en** *to believe in*
**meditar** *to meditate*
**rechazar** *to reject*
**rezar** *to pray*

**espiritual** *spiritual*
**(in)moral** *(im)moral*
**religioso/a** *religious*
**sagrado/a** *sacred; holy*

## Las creencias religiosas

**agnóstico/a** *agnostic*
**ateo/a** *atheist*
**budista** *Buddhist*
**católico/a** *Catholic*

**cristiano/a** *Christian*
**hindú** *Hindu*
**judío/a** *Jewish*
**musulmán/musulmana** *Muslim*

## Los cargos públicos

**el alcalde/la alcaldesa** *mayor*

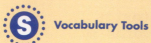

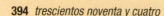

**el/la diputado/a** *representative*
**el/la embajador(a)** *ambassador*
**el/la gobernador(a)** *governor*
**el/la juez(a)** *judge*
**el/la primer(a) ministro/a** *prime minister*
**el/la senador(a)** *senator*

## La política

Rosario Dawson, actriz y **activista**, fundó la organización Voto Latino, que realiza una **campaña** para aumentar el número de **ciudadanos** latinos que **se inscriben** para **votar** y participan en las **elecciones** estadounidenses.

**el/la activista** *activist*
**la campaña** *campaign*
**el/la candidato/a** *candidate*
**el/la ciudadano/a** *citizen*
**los derechos (humanos/civiles)** *(human/civil) rights*
**el exilio político** *political exile*
**la guerra (civil/mundial)** *(civil/world) war*
**la ideología** *ideology*
**la inmigración** *immigration*
**la libertad** *freedom*
**el/la líder** *leader*
**la manifestación** *protest*
**la mayoría** *majority*
**la minoría** *minority*
**el partido político** *political party*
**la polémica** *controversy*
**el/la político/a** *politician*
**el proyecto de ley** *bill*
**el terrorismo** *terrorism*

**aprobar (o:ue) una ley** *to pass a law*
**elegir (e:i)** *to elect*
**emigrar** *to emigrate*
**ganar/perder (e:ie) las elecciones** *to win/lose an election*
**gobernar (e:ie)** *to govern*
**inscribirse** *to register*
**luchar** *to fight*
**pronunciar un discurso** *to give a speech*
**protestar** *to protest*
**votar** *to vote*

**conservador(a)** *conservative*
**(des)igual** *(un)equal*
**(in)justo/a** *(un)just*
**liberal** *liberal*

# Práctica

### 1 Escuchar

**A.** Escucha la presentación y después completa las oraciones con la opción correcta.

1. Los asistentes a la reunión son ____.
   a. compañeros de oficina
   b. miembros de un partido
2. Ana Lozano es ____.
   a. una candidata b. la presidenta del país
3. El partido piensa que ____ están en peligro.
   a. las leyes b. los derechos civiles
4. Según el presentador, el proyecto de ley es ____.
   a. inmoral b. obsoleto
5. El partido tiene planes para luchar contra ____.
   a. la corrupción b. el terrorismo y la injusticia

**B.** Escucha la conversación entre Tony y José Manuel, y contesta las preguntas.

1. ¿Por qué está tan ocupado José Manuel?
2. ¿Qué piensa Tony de Ana Lozano?
3. ¿Qué opina José Manuel de la candidata?
4. ¿Qué va a hacer Tony en las elecciones?
5. ¿Adónde va José Manuel?
6. ¿Qué decide hacer Tony al final?

**C.** En parejas, conversen sobre estas preguntas.

1. ¿Te pareces más a Tony o a José Manuel? Justifica tu respuesta.
2. ¿Has votado en unas elecciones? ¿Cuáles? ¿Ganó tu candidato/a?
3. ¿Alguna vez participaste en una campaña política o manifestación? ¿Por qué?

### 2 No pertenece

Identifica la palabra que no pertenece.

1. mezquita–iglesia–sinagoga–budista
2. ciudadano–sagrado–religioso–espiritual
3. meditar–rezar–emigrar–creer
4. desigual–discurso–injusto–inmoral
5. creyente–campaña–elecciones–candidato
6. luchar–protestar–bendecir–rechazar

# Práctica

**3 Los políticos** Empareja las personas de la primera columna con sus funciones políticas.

| | |
|---|---|
| ____ 1. activistas | a. Representan estados o provincias y aprueban leyes. |
| ____ 2. alcaldes | b. Son responsables de los asuntos del pueblo o ciudad. |
| ____ 3. candidatos | c. Trabajan en un tribunal (*court*) y dictan sentencias. |
| ____ 4. embajadores | d. Representan un país ante otros países. |
| ____ 5. jueces | e. Hacen campañas porque quieren asumir un cargo público. |
| ____ 6. senadores | f. Organizan manifestaciones y luchan por sus ideales. |

**4 ¿Quién es?**

**A.** Identifica a qué personaje se refieren estas situaciones.

**activista** **agnóstico/a** **ateo/a** **creyente**

____ 1. Va al templo siempre que puede. Eso lo/la ayuda a encontrar la paz espiritual. Una vez allí, reza y medita sobre los temas que le preocupan.

____ 2. Él/Ella y un grupo de amigos/as se manifestaron delante de la residencia presidencial para pedir el fin de la guerra. No tiene miedo de crear polémica, con tal de conseguir su objetivo.

____ 3. Sus padres van mucho a la iglesia, pero él/ella no tiene ninguna creencia religiosa. Durante las fiestas religiosas, siempre terminan peleándose.

____ 4. No tiene fe, pero no niega la existencia de un ser superior. Nunca habla de religión, pero no le importa tener amigos religiosos.

**B.** Escribe tres situaciones más sobre otros personajes de **Contextos** e intercámbialas con un(a) compañero/a para que adivine a qué personaje se refiere cada situación.

**5 Antónimos** Identifica ocho palabras de **Contextos** que sean antónimos de estas palabras.

| | |
|---|---|
| 1. conservador: ________ | 5. justo: ________ |
| 2. igual: ________ | 6. paz: ________ |
| 3. ateo: ________ | 7. mayoría: ________ |
| 4. creer: ________ | 8. moral: ________ |

**6 Oraciones** En parejas, utilicen las palabras de la lista para escribir seis titulares (*headlines*) sobre la religión y la política para el periódico *El País*. ¡Sean creativos/as!

| | | |
|---|---|---|
| **espiritual** | **(in)moral** | **ministro** |
| **fe** | **libertad** | **polémica** |
| **gobernador** | **luchar** | **religioso** |
| **ideología** | **meditar** | **sagrado** |

Practice more at **vhlcentral.com.**

# Comunicación

**7 Estereotipos** Lee estos estereotipos sobre la política. Luego, en grupos de tres, cada persona debe añadir otro estereotipo a la lista. Conversen sobre todas las oraciones. ¿Están de acuerdo? ¿Por qué? Den ejemplos de la actualidad para defender sus opiniones.

"Las personas que no votan no tienen derecho a quejarse."

"Los senadores y diputados prometen mucho y hacen poco."

"Los conservadores no se preocupan por el medio ambiente."

"Los liberales no se preocupan por la defensa del país."

"La política no es más que polémica y escándalo."

**8 Elecciones**

**A.** En parejas, miren los carteles electorales y decidan por cuál de los dos candidatos votarían en las elecciones. ¿Por qué? Compartan sus opiniones con la clase.

**B.** Ahora, imaginen que ustedes quieren presentarse como candidatos/as a presidente/a y vicepresidente/a de su gobierno estudiantil. Diseñen su propio cartel y preparen un discurso para la clase utilizando por lo menos ocho palabras de **Contextos**. Luego, la clase votará por los/las mejores candidatos/as.

**9 Creencias religiosas** Muchas religiones tienen aspectos en común. En parejas, escriban un párrafo breve sobre aspectos en común de las religiones que conocen. Utilicen por lo menos seis palabras de la lista y añadan sus propias ideas.

| | |
|---|---|
| creencia | líder |
| creyente | meditar |
| Dios | moral |
| espiritual | rezar |
| fe | sagrado |

# 11 FOTONOVELA

Video

**La diputada Tere Zamora visita la redacción de *Facetas* para dar una rueda de prensa.**

**AGUAYO** ¿Y la diputada?

**MARIELA** La esperé frente a la salida, pero nunca llegó.

**DIANA** ¿Dejaste a la señora Zamora en el aeropuerto?

**MARIELA** ¿Cómo dijiste que se llama?

**AGUAYO** Zamora. Tere Zamora.

**MARIELA** Pensé que me habían dicho *Teresa Mora.*

**AGUAYO** Por la constitución de este país, si no regresas con la diputada, estás despedida.

**MARIELA** No se preocupe, jefe. La encontraré.

**DIANA** Recuerda, es una mujer cuarentona con ojeras y de aspecto militar. (*Mariela se va.*) No puedo creer que se haya equivocado de nombre.

**AGUAYO** No sólo eso, sino que dejó a la diputada en el aeropuerto.

**JOHNNY** Todo se arreglará. Tómenlo con calma.

**AGUAYO** Invito a la política más prominente y controversial del norte del país para una entrevista en exclusiva, y una de mis empleadas la deja en el aeropuerto, y ¿debo tomarlo con calma?

**ÉRIC** Ya la encontrará. Son políticos. Aparecen sin que nadie los llame.

**DIANA** No se moleste. Yo se la leeré. “Por su aportación a la democracia, los derechos humanos, la justicia y la libertad. De la revista *Facetas* para la honorable diputada Teresa Mora.” (*Se le cae de las manos.*) ¡Uy!... Tengo las manos tan resbaladizas. Debe ser por el hambre... ¿Almorzamos?

*Diana y la diputada se van.*

**FABIOLA** ¿Viste a todos esos periodistas allá fuera?

*Están viendo televisión.*

**ÉRIC** Cualquier político que luche contra la corrupción se convierte en un fenómeno publicitario.

**FABIOLA** ¿Quién es ése que corre? (*Señala la tele.*)

**FABIOLA Y ÉRIC** ¡Es Johnny!

**JOHNNY** (*Entra corriendo.*) ¡Me acaban de confundir con Ricky Martin!

*En la oficina, dando una rueda de prensa...*

**PERIODISTA** Hacer cumplir la ley le ha dado una posición de liderazgo en el gobierno. ¿Cuándo sabremos si será candidata a senadora, señora diputada?

**DIPUTADA** Se enterarán de los detalles de mi futuro político en la próxima edición de la revista *Facetas*.

**Personajes**

AGUAYO | DIANA | ÉRIC | FABIOLA | JOHNNY | MARIELA | LA DIPUTADA TERE ZAMORA | PERIODISTA

**AGUAYO** (*furioso, seguro de que es Mariela*) ¡Qué... (*Entra la diputada.*) gusto saludarla, señora diputada! Disculpe los inconvenientes, señora Zamora. Envié a una persona a recogerla, pero, como ve, nunca se encontraron.

**DIPUTADA** Son cosas que pasan, pero no se preocupen; lo importante es hacer la entrevista.

**DIANA** Pero antes queremos darle un regalo de bienvenida.

**JOHNNY** Como muestra de nuestro agradecimiento, le hacemos este humilde obsequio.

**DIPUTADA** ¡El calendario azteca!

**FABIOLA** Y tiene una dedicatoria en la parte de atrás, escrita en caligrafía por nuestra artista gráfica.

**DIANA** (*pálida*) ¿Por Mariela?

*Diana toma el calendario.*

**PERIODISTA** Eso es favoritismo.

**DIPUTADA** Favoritismo ¡no!, sino que los periodistas de *Facetas* son los únicos que tratan la política con respeto.

*Más tarde, en la sala de conferencias...*

**MARIELA** Lo siento, pero no encontré a ninguna cuarentona con ojeras y con aspecto militar. (*Se entera de que la diputada está presente.*) Aunque ahora mismo regreso a ver si encuentro a la guapa diputada que estaba buscando.

*Mariela se va avergonzada.*

## Expresiones útiles

### Presenting gifts and expressing gratitude

**Como muestra de nuestro agradecimiento...**
*As a sign of our gratitude...*

**Por su aportación a...**
*For your contribution to...*

**Le hacemos este humilde obsequio.**
*We present this humble gift.*

### Talking about accidents

**¡Se me cayó! / ¡Se le cayó!**
*I dropped it! / She/He dropped it!*

**Todo se arreglará.**
*Everything will work out.*

**Tómenlo con calma.**
*Take it easy.*

**Son cosas que pasan. No se preocupen.**
*These things happen. Don't worry.*

### Additional vocabulary

**el aspecto** *look; appearance*
**cuarentón/cuarentona** *someone in his/her forties*
**cumplir la ley** *to abide by the law*
**la dedicatoria** *dedication*
**la democracia** *democracy*
**el favoritismo** *favoritism*
**la justicia** *justice*
**el liderazgo** *leadership*
**militar** *military*
**las ojeras** *bags under one's eyes*
**prominente** *prominent*
**resbaladizo/a** *slippery*
**la rueda de prensa** *press conference*

# Comprensión

**1 ¿Cierto o falso?** Indica si estas afirmaciones son **ciertas** o **falsas**. Corrige las falsas.

| Cierto | Falso | |
|---|---|---|
| ☐ | ☐ | 1. La diputada se llama Teresa Mora. |
| ☐ | ☐ | 2. Cuando Mariela no encuentra a la diputada, Aguayo lo toma con calma. |
| ☐ | ☐ | 3. La diputada viene a la oficina a dar una rueda de prensa. |
| ☐ | ☐ | 4. Los empleados de *Facetas* le dan un regalo de bienvenida a la diputada. |
| ☐ | ☐ | 5. Diana no quiere que la diputada vea la dedicatoria. |
| ☐ | ☐ | 6. Johnny llega corriendo porque quiere hacer ejercicio. |
| ☐ | ☐ | 7. La diputada dice que se va a presentar como candidata a senadora. |
| ☐ | ☐ | 8. La diputada dice que los periodistas de *Facetas* tratan la política con respeto. |

**2 ¿Por qué?** Contesta las preguntas con oraciones completas y explica tus respuestas.

1. ¿Por qué Mariela no encontró a la diputada en el aeropuerto?
2. Cuando se le cayó el plato a Diana, ¿qué explicación le dio a la diputada? ¿Crees que fue un accidente o que lo hizo a propósito? ¿Por qué?
3. ¿Cómo se habrá sentido la diputada después de lo que dijo Mariela? ¿Por qué?
4. ¿Cómo se habrá sentido Aguayo? ¿Y Mariela?
5. ¿Qué les habrá dicho la diputada sobre su futuro político? ¿Fue justo que ella no revelara ninguna información sobre el asunto a los demás periodistas? ¿Por qué?
6. ¿Qué habrá pasado al día siguiente en la oficina de *Facetas*? ¿Crees que Mariela fue despedida? ¿Por qué?

**3 Opiniones** Cuando se trata de política, la gente suele tener opiniones muy fuertes. Primero, identifica cuál de los personajes expresa cada una de estas opiniones. Luego, en parejas, conversen sobre qué quieren decir y den sus propias opiniones.

"Son políticos. Aparecen sin que nadie los llame."

*"Eso es favoritismo."*

"Los periodistas de *Facetas* son los únicos que tratan la política con respeto."

**"Todo se arreglará."**

"Cualquier político que luche contra la corrupción se convierte en un fenómeno publicitario."

Practice more at **vhlcentral.com.**

# Ampliación

**4 Un buen político** En parejas, debatan sobre cuáles son las características de un(a) buen(a) político/a. Lean las acciones de la lista y escojan las cuatro más importantes. Luego, reúnanse con otra pareja y compartan sus opiniones.

| | |
|---|---|
| cumplir con sus promesas | no aumentar los impuestos |
| decir lo que piensa | ocuparse del medio ambiente |
| defender los derechos humanos | pelear contra la discriminación |
| luchar contra la corrupción | proteger la seguridad del país |

**5 Apuntes culturales** En parejas, lean los párrafos y contesten las preguntas.

### Mujeres al poder

Tere Zamora es una política prominente de su país. Otra política destacada del mundo hispano es **Michelle Bachelet**, presidenta de Chile en dos ocasiones. Antes de asumir su primera presidencia en 2006, esta doctora trabajó por los derechos humanos. Ocho años después, en 2014, Bachelet volvió a proclamarse presidenta, tras ganar en las elecciones a Evelyn Matthei.

### La Piedra del Sol

¡Ay, Dios mío! ¡Diana dejó caer nada menos que una réplica del calendario azteca! Para los aztecas, el calendario, también llamado **Piedra del Sol**, era un objeto sagrado que encerraba la clave de sus creencias y celebraciones religiosas. El calendario original es una piedra de 25 toneladas. ¿Qué pensará Aguayo de la estrategia de Diana?

### Las capitales de Bolivia

Aguayo y la diputada conversarán sobre política y democracia. Casi todos los países hispanos tienen gobiernos democráticos, y el gobierno nacional se asienta en una ciudad capital. Bolivia presenta la particularidad de tener dos capitales: **Sucre**, la capital oficial y sede de la Justicia, y **La Paz**, capital administrativa.

1. ¿Conoces otras figuras políticas femeninas? ¿Quiénes son? ¿Qué cargos públicos ocupan?
2. En tu comunidad, ¿participan las mujeres activamente en la política? ¿Estás de acuerdo con el nivel actual de participación femenina?
3. En tu cultura, ¿tenían tus antepasados (*ancestors*) objetos sagrados? ¿Cómo eran? ¿Para qué servían?
4. ¿Visitaste alguna vez la capital de algún país? ¿Qué capitales te gustaría visitar? ¿Por qué?

En detalle

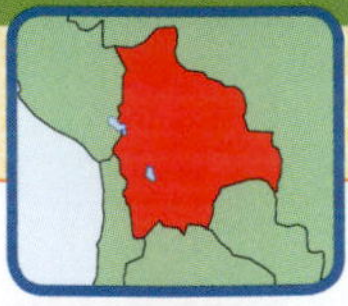
BOLIVIA

# EL CARNAVAL DE ORURO

**Durante los cuarenta días de fiesta del Carnaval de Oruro, generalmente a fines de febrero, los grupos folclóricos llenan las calles de música y baile.** Los espectáculos cuentan las historias de la Conquista y honran a la Virgen del Socavón, protectora de la ciudad. Los habitantes les dan gran importancia a las coreografías y a la confección° de los disfraces° que preparan a lo largo de todo el año. Uno de los elementos más famosos de este carnaval son las máscaras° de diablo. Estas piezas de artesanía son originales y contienen símbolos de la mitología andina, como la serpiente o el cóndor. Hoy día, son consideradas verdaderas creaciones artísticas y se han convertido en objetos de colección.

El desfile° más celebrado, y el que muestra la fusión de tradiciones católicas e indígenas, es el de las *diabladas*. En él, los participantes se visten con elaboradísimos disfraces de diablos y realizan bailes en honor de la Virgen. Tanto la figura del diablo como la de la Virgen del Socavón tienen elementos de la tradición indígena. El Tío Supay es una figura ancestral andina que con el tiempo pasó a identificarse con el diablo de la tradición cristiana. Otro personaje de la mitología andina, la diosa benefactora de los urus°, se integró plenamente con la Virgen del Socavón.

Con el paso de los años el Carnaval de Oruro se ha convertido también en visita obligada para los turistas. En 2001 fue proclamado "Obra maestra del patrimonio oral e inmaterial de la humanidad" por la UNESCO. ■

### Otros desfiles del Carnaval de Oruro

- **Morenadas** Desfile de personajes que representan a los esclavos africanos, a los indígenas y a los conquistadores españoles
- **Caporales** Desfile que representa la brutalidad de los capataces° que vigilaban° a los trabajadores indígenas y africanos

### Leyendas

Según la leyenda, el Tío Supay, dios de las minas° bolivianas, protege las riquezas que se esconden bajo la tierra. Esta divinidad andina no tiene clemencia y, por siglos, se ha cobrado° la vida de los mineros° que no reconocen su poder. Según cuenta la mitología andina, una deidad femenina bajó del cielo a proteger a los urus del Tío Supay, y éste, tras la derrota°, tuvo que irse a vivir bajo tierra.

**confección** *making* **disfraces** *costumes* **máscaras** *masks* **desfile** *parade* **urus** *indigenous people* **minas** *mines* **se ha cobrado** *he has claimed* **mineros** *miners* **derrota** *defeat* **capataces** *foremen* **vigilaban** *watched over*

ASÍ LO DECIMOS

## La religión y la política

**cada muerte de obispo°** *once in a blue moon*

**estar en capilla°** *to be punished*

**mano de santo° (Esp.)** *miracle cure*

**ojalá°** *I hope so*

**ser más viejo/a que Matusalén°** *to be very old*

**ajustarse el cinturón** *to tighten one's belt*

**medir con doble vara** *to have double standards*

**un(a) ñoqui (Arg.)** *a person getting paid for a government position he/she doesn't hold*

**un(a) politiquillo/a (Esp. y Méx.)** (*pej.*) *minor politician*

EL MUNDO HISPANOHABLANTE

## Campañas y elecciones

**La ley seca**, común en varios países de Latinoamérica, prohíbe la venta de bebidas alcohólicas el día de las elecciones, que generalmente es un domingo. En Costa Rica, esta ley, introducida en 1952, rige° desde el viernes a la medianoche hasta el lunes siguiente.

**Las escuelas** son los lugares comunes para votar en Argentina. Los votantes van a las escuelas y realizan la votación en las aulas°, llamadas *cuartos oscuros* porque las ventanas se cubren para que nadie pueda observar al votante. Las elecciones son el domingo y, generalmente, el lunes siguiente no hay clases.

**El cierre de campaña** ocurre unos días previos al día de la votación, según la ley de algunos países. En Ecuador, por ejemplo, los candidatos políticos y los medios de comunicación no pueden hacer propaganda ni expresar opiniones políticas un cierto número de días antes de las elecciones.

PERFIL

# EVO MORALES

En diciembre de 2009, Evo Morales ganó las elecciones presidenciales de Bolivia por segunda vez. Nació en 1959, en un pequeño pueblo marcado por la pobreza. Su familia, de ascendencia aymara, vivía en condiciones tan precarias que cuatro de sus hermanos murieron antes de los dos años. De muy joven, el presidente indígena comenzó a trabajar en el campo y se inscribió en un sindicato de campesinos, donde no tardó en demostrar sus dotes° de líder. Su carrera política dio un gran salto en 1997, cuando ganó las elecciones para la Cámara de los Diputados con un setenta por ciento de los votos. A partir de allí, y no libre de controversia por sus posturas políticas, se transformó en uno de los mayores protagonistas del panorama político de Latinoamérica. Su discurso político se centra en la nacionalización de los recursos mineros del país y en la lucha por los derechos de los campesinos.

“No vivir tan deprisa, valorar lo que tenemos y dedicarnos más a los demás”
(Evo Morales, presidente de Bolivia)

### Conexión Internet

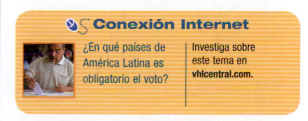

¿En qué países de América Latina es obligatorio el voto?

Investiga sobre este tema en **vhlcentral.com.**

**dotes** *skills* **cada muerte...** *(lit.) every time a bishop dies* **estar en...** *(lit.) to be in a chapel* **mano de santo** *(lit.) saint's hand* **ojalá** *(from Arabic* law šá lláh*) God willing* **ser más viejo...** *(lit.) to be older than Methuselah* **rige** *is in effect* **aulas** *classrooms*

# ¿Qué aprendiste?

**1** **¿Cierto o falso?** Indica si las oraciones son **ciertas** o **falsas**. Corrige las falsas.

1. El Carnaval de Oruro combina historias de la Conquista con elementos religiosos.
2. La Virgen del Socavón es la protectora de la ciudad.
3. Las máscaras de diablo tienen símbolos de la mitología indígena.
4. Las máscaras son todas iguales.
5. El desfile más famoso es el de las morenadas.
6. El diablo de los carnavales tiene elementos del Tío Supay de la mitología andina.
7. El desfile de las morenadas se realiza en conmemoración a la Virgen del Socavón.
8. El Carnaval de Oruro ha sido declarado "Obra maestra del patrimonio oral e inmaterial de la humanidad".

**2** **Oraciones** Completa las oraciones con la información correcta.

1. En diciembre de 2009, Evo Morales ______________________.
2. La familia de Morales era ______________.
3. De joven, Morales se inscribió en _______.
4. Uno de los temas principales de su discurso político es ______________________.

**3** **Las elecciones** Contesta las preguntas con oraciones completas.

1. ¿En qué situación se usa el dicho "cada muerte de obispo"? ¿Existen en tu cultura otros dichos con referencias religiosas?
2. ¿Crees que debería ser obligatorio votar? ¿Por qué?
3. ¿Qué día se suelen celebrar las elecciones en Latinoamérica? ¿Qué opinas de que las elecciones sean un día no laborable?
4. ¿Por qué se llaman "cuartos oscuros" las salas usadas en Argentina para votar?
5. ¿Qué harías para promover la participación en las elecciones en tu comunidad?

**4** **Opiniones** En parejas, den su opinión sobre la importancia del dinero en la política. Usen las preguntas como guía.

- ¿Es positivo o negativo que un(a) político/a tenga dinero antes de llegar al poder? Justifiquen su respuesta.
- ¿Cómo deben ser los salarios de los políticos?
- ¿Creen que está bien que los políticos reciban donaciones de empresas?
- ¿De qué manera el origen y el nivel social de un gobernante pueden marcar su ideología?

Practice more at **vhlcentral.com.**

## PROYECTO

Carnaval en República Dominicana

### Carnavales

Muchos lugares de Latinoamérica tienen celebraciones de carnaval. Elige una región o ciudad latinoamericana —aparte de Oruro y Montevideo (**Lección 9**)— que tenga celebraciones especiales de carnaval. Describe la celebración y explica las similitudes y diferencias con el Carnaval de Oruro.

Puedes elegir una región o ciudad de la lista o investigar otra que desees.

- Carnaval de San Miguel, El Salvador
- Carnaval de Barranquilla, Colombia
- Carnaval de Gualeguaychú, Argentina
- Carnaval Cimarrón, República Dominicana

Flash Cultura

Video

# Puerto Rico: ¿nación o estado?

Ya has leído sobre la importancia de la política y los gobiernos en la historia de los países y la vida de sus ciudadanos. En este episodio de **Flash Cultura**, conocerás la situación actual de Puerto Rico y las distintas opiniones que tienen sobre el tema sus habitantes.

## VOCABULARIO ÚTIL

**la aduana** *customs*
**el buzón** *mailbox*
**el comercio** *trade*
**los impuestos** *taxes*
**permanecer** *to remain*
**los recursos** *resources*
**las relaciones exteriores** *foreign relations*
**la tarjeta postal** *postcard*

**Preparación** ¿Hablas de política con tus amigos? ¿Lees el periódico o escuchas las noticias? ¿Te interesa conocer la situación política de tu país? ¿Y la de otros países? ¿Qué sabes de la política de Puerto Rico?

**Comprensión** Indica si estas afirmaciones son **ciertas** o **falsas**. Después, en parejas, corrijan las falsas.

1. Los ciudadanos de Puerto Rico son estadounidenses.
2. La moneda de Puerto Rico es el peso.
3. En Puerto Rico se pagan impuestos federales y locales.
4. El gobierno de Estados Unidos se ocupa de las relaciones exteriores, el comercio y la aduana de Puerto Rico.
5. A los puertorriqueños también se les dice *boricuas*.
6. Los puertorriqueños quieren que su país sea independiente.

**Expansión** En parejas, contesten estas preguntas.

- ¿Te gusta enviar tarjetas postales cuando viajas? ¿Por qué? ¿A quién le enviarías una desde Puerto Rico?
- ¿Piensas que el debate sobre política puede convertirse realmente en un deporte nacional? ¿Podría pasar algo parecido en tu país con algún tema? ¿Con cuál?
- De las tres opciones planteadas en el video (que Puerto Rico permanezca como estado asociado, que se convierta en un estado o que sea un país independiente), ¿cuál te parece a ti la más acertada? ¿Por qué?

Practice more at **vhlcentral.com.**

**Corresponsal:** Diego Palacios
**País:** Puerto Rico

Cuando estás aquí, no sabes si estás en un país latinoamericano o si estás en los Estados Unidos.

En Puerto Rico, puedes tomar el sol en la playa, beber agua de coco y enviarles tarjetas postales a tus amigos.

El debate se ha convertido en el deporte nacional de Puerto Rico.

## 11.1 The passive voice

La política es tratada con respeto por los periodistas de Facetas.

La dedicatoria fue escrita por nuestra artista gráfica.

**TALLER DE CONSULTA**

**Manual de gramática**
**Más práctica**

11.1 The passive voice, p. A58
11.2 Uses of **se**, p. A59
11.3 Prepositions: **de, desde, en, entre, hasta, sin**, p. A60

**Más gramática**

11.4 Past participles used as adjectives, p. A61

• • • • •

To review irregular past participles, see **7.1**, pp. 256–257.

• • • • •

Passive statements may also be expressed with the passive **se**. See **11.2**, pp. 408–409.

**¡ATENCIÓN!**

The person performing the action (the agent) is not always explicit.

**La ciudad fue fundada en 1883.**

*The city was founded in 1883.*

• In the active voice (**la voz activa**), a person or thing (agent) performs an action on an object (recipient). The agent is emphasized as the subject of the sentence. Statements in the active voice usually follow the pattern [*agent*] + [*verb*] + [*recipient*].

| AGENT = SUBJECT | VERB | RECIPIENT |
|---|---|---|
| Los senadores | **discutieron** | el proyecto de ley. |
| *The senators* | *discussed* | *the bill.* |
| El presidente | **ha nombrado** | a los miembros del comité. |
| *The president* | *has nominated* | *the members of the committee.* |

• In the passive voice (**la voz pasiva**), the recipient of the action becomes the subject of the sentence. Passive statements emphasize the thing that was done or the person that was acted upon. They follow the pattern [*recipient*] + **ser** + [*past participle*] + **por** + [*agent*].

| RECIPIENT = SUBJECT | SER + PAST PARTICIPLE | POR + AGENT |
|---|---|---|
| El proyecto de ley | **fue discutido** | por los senadores. |
| *The bill* | *was discussed* | *by the senators.* |
| Los miembros del comité | **han sido nombrados** | por el presidente. |
| *The members of the committee* | *have been nominated* | *by the president.* |

• Note that singular forms of **ser** (**es, ha sido, fue**, etc.) are used with singular subjects and plural forms (**son, han sido, fueron**, etc.) are used with plural subjects.

La manifestación **fue organizada** por un grupo de activistas.
*The protest was organized by a group of activists.*

Los dos candidatos **fueron rechazados** por el comité.
*Both candidates were rejected by the committee.*

• In addition, the past participle must agree in number and gender with the subject.

**El discurso** fue **escrito** por el presidente mismo.
*The speech was written by the president himself.*

Tres **nuevas leyes** serán **aprobadas** por el senado este año.
*Three new laws will be passed by the senate this year.*

Dos **tratados** han sido **firmados** por la primera ministra.
*Two treaties have been signed by the prime minister.*

**La disminución** de empleos fue **prevista** por el ministro de Economía.
*The decline in jobs was predicted by the Secretary of the Treasury.*

**TALLER DE CONSULTA**

Past participles used as adjectives also agree in gender and number. See **Manual de gramática 11.4**, p. A61.

# Práctica y comunicación

**TALLER DE CONSULTA**

**MANUAL DE GRAMÁTICA**
**Más práctica**

11.1 The passive voice, p. A58

**1 Oraciones** Completa las oraciones con la forma adecuada del participio pasado.

1. La presidenta es ______ (querer) por todos los ciudadanos.
2. El discurso fue ______ (pronunciar) por la ministra.
3. La seguridad de las ciudades va a ser ______ (discutir) por los senadores.
4. Las leyes van a ser ______ (revisar) por el nuevo gobierno.
5. Aquellos dos senadores fueron ______ (elegir) el mes pasado.
6. La ley fue ______ (defender) por todos.
7. El nuevo proyecto de ley fue ______ (aceptar) por todos los líderes sindicales.
8. Ni los derechos humanos ni los civiles son ______ (respetar) por las dictaduras.

**2 Decirlo de otra manera** Cambia cada oración de voz activa a voz pasiva siguiendo el modelo. ¡Presta atención a los tiempos verbales!

**MODELO** **El líder sindical va a proponer una huelga.**
Una huelga va a ser propuesta por el líder sindical.

1. El general ya ha recibido las órdenes.
2. El juez suspendió la sentencia.
3. Los ciudadanos elegirán a dos senadores.
4. La diputada recibe al embajador.
5. El secretario organizó la campaña electoral.
6. La candidata promete cambios drásticos.
7. El ejército ha mandado a tres mil soldados a la zona del conflicto.
8. Los manifestantes no apoyan las nuevas leyes de inmigración.

**3 Concurso**

### Primer paso: Escribir oraciones en voz activa y pasiva

Formen grupos de tres o cuatro. Cada grupo escribe cinco oraciones en voz activa y cinco oraciones en voz pasiva en papelitos. Luego, mezclen los papelitos con las oraciones de todos los grupos.

### Segundo paso: Cambiar la oración

Dividan la clase en dos equipos. Primero, un miembro de un equipo toma un papelito con una oración y el equipo contrario debe cambiar la oración de activa a pasiva o de pasiva a activa en diez segundos y sin cometer errores. Luego, le toca hacer lo mismo al otro equipo.

### Tercer paso: ¿Cuál es el equipo ganador?

Cuando hayan usado todos los papelitos que escribieron, cuenten las oraciones correctas de cada equipo. Gana el equipo con más oraciones correctas.

Practice more at **vhlcentral.com.**

## 11.2 Uses of *se*

¡Se nos perdió la diputada!

¿Se permite tomar una foto?


### The impersonal *se*

- **Se** is used with third-person singular verbs in impersonal constructions where the subject of the sentence is indefinite. In English, the words *one*, *people*, *you*, or *they* are often used instead. The impersonal **se** is used with intransitive verbs (verbs that can't take a direct object).

**Se habla** mucho de la crisis.
*They're talking a lot about the crisis.*

**Se dice** que es mejor prestar que pedir prestado.
*They say it is better to lend than to borrow.*

**Se está** muy bien aquí.
*It's pretty good here.*

No **se debe** votar sin informarse sobre los candidatos.
*One shouldn't vote without becoming informed about the candidates.*

- However, the impersonal **se** can also be used with transitive verbs when it refers to a specific person or persons. In this case, the personal **a** is used and the verb is always singular.

En las elecciones pasadas, **se eligió al** alcalde casi por unanimidad.
*In the last election, the mayor was elected almost unanimously.*

**Se eligió a** los ganadores del concurso.
*The winners of the contest were chosen.*

### The passive *se*

- In Spanish, the reflexive pronoun **se** is often used as a substitute for the passive voice when the person performing the action is not stated. The third-person singular verb form is used with singular nouns, and the third-person plural form is used with plural nouns. The passive **se** is only used with transitive verbs (verbs that can take a direct object in the active voice).

**Se necesitan** más policías en Madrid.
*More police officers are needed in Madrid.*

**Se ve** el monumento desde la catedral.
*The monument is visible from the cathedral.*

- When referring to an indefinite person or persons, the passive **se** is used and the verb needs to agree with the object.

**Se busca** contador.
*Accountant wanted.*

**Se aprobaron** dos propuestas de ley.
*Two law proposals were approved.*

**TALLER DE CONSULTA**

In passive constructions with **se**, just like in the passive voice, the object of a verb becomes the subject of the sentence.

Active: **La compañía necesita más fondos.**
*The company needs more funds.*

Passive: **Se necesitan más fondos.**
*More funds are needed.*

For more on the passive voice, see **11.1,** p. 406.

**¡ATENCIÓN!**

The passive **se** is commonly used on signs and warnings.

**Se buscan** camareros con experiencia.

**Se prohíbe** fumar en los baños.

## *Se* to express unexpected events

- **Se** is also used in statements that describe accidental or unplanned incidents. In this construction, the person who performs the action is de-emphasized, so as to imply that the incident is not his or her direct responsibility.

| | INDIRECT OBJECT PRONOUN | VERB | SUBJECT |
|---|---|---|---|
| **Se** | **me** | **perdió** | **el reloj.** |

- These verbs are frequently used with **se** to describe unplanned events.

| | |
|---|---|
| **acabar** *to run out of* | **olvidar** *to forget* |
| **caer** *to fall; to drop* | **perder (e:ie)** *to lose* |
| **dañar** *to damage; to break* | **quedar** *to leave (behind)* |
| **lastimar** *to hurt* | **romper** *to break* |

¡**Se nos quedaron** las bolsas en la tienda!
*We left our bags at the store!*

**Se me rompió** el celular.
*My cell phone broke.*

- In this construction, the person *to whom the event happened* is expressed as an indirect object. The thing that would normally be the direct object of the sentence becomes the subject.

| | INDIRECT OBJECT PRONOUN | VERB | SUBJECT |
|---|---|---|---|
| **Se** | **me** | **acabó** | **el dinero.** |
| | **te** | **cayeron** | **las gafas.** |
| | **le** | **ocurrió** | **una idea.** |
| | **nos** | **dañó** | **la radio.** |
| | **os** | **olvidaron** | **las llaves.** |
| | **les** | **perdió** | **el documento.** |

- To clarify or emphasize the person to whom the unexpected occurrence happened, the construction commonly begins with **a** + [*noun*] or **a** + [*prepositional pronoun*].

**A María** siempre se le olvida inscribirse para votar.
*María always forgets to register to vote.*

**A mí** se me cayeron todos los documentos en medio de la calle.
*I dropped all the documents in the middle of the street.*

# Práctica

**TALLER DE CONSULTA**

**MANUAL DE GRAMÁTICA**
**Más práctica**
11.2 Uses of **se**, p. A59

**1 ¿Cuál corresponde?** Une las frases para formar oraciones lógicas.

| | |
|---|---|
| _____ 1. A mí | a. se te rompieron los vasos. |
| _____ 2. A nosotros | b. se les pidió una explicación. |
| _____ 3. A ti | c. se me olvidó la dirección de la embajadora. |
| _____ 4. A la ministra | d. se nos pidió que leyéramos el proyecto de ley. |
| _____ 5. A los diputados | e. se le cayeron los papeles. |

**2 Opciones**

**A.** Selecciona la opción correcta para completar cada oración.

1. A Carmen se le cayó _____.
   a. la cartera  b. los libros  c. los lentes
2. Se me quemaron _____.
   a. la comida  b. las papas  c. el documento
3. Siempre se te rompe _____.
   a. los platos  b. la computadora  c. las sillas
4. Nunca se nos olvida _____.
   a. ir a votar  b. los informes  c. las leyes
5. A mis padres nunca se les pierden _____.
   a. las llaves  b. la memoria  c. el reloj
6. Se me acabó _____.
   a. los libros  b. la sal  c. las pizzas

**B.** Utiliza las oraciones que acabas de completar como modelo para escribir tres cosas inesperadas que te hayan pasado.

**3 Titulares** Completa las oraciones con el pretérito del verbo.

1. Se _______ (criticar) duramente el discurso del presidente.
2. Se _______ (prohibir) las reuniones públicas.
3. Se _______ (aprobar) las nuevas leyes.
4. Se _______ (informar) al pueblo sobre la difícil situación.
5. Se _______ (llamar) a los líderes para hablar del conflicto.
6. Se _______ (pedir) a los candidatos evitar los ataques personales.

**4 Decisiones** Hoy el jefe informó a los empleados de algunas decisiones importantes. Forma cinco oraciones con los elementos de la lista y añade tus propios detalles.

| | | |
|---|---|---|
| se decidió | contratar | llamadas personales |
| se me acabó | tres candidatos | para los sueldos |
| se despidió | el dinero | dos recepcionistas |
| se necesitan | hacer | perezosos |
| no se puede | dos empleados | para el puesto |

Practice more at **vhlcentral.com.**

# Comunicación

**5** **La escuela** Al terminar su primer día de clase, Marcos y Marta vuelven a su casa y les cuentan a sus padres qué se hace en la escuela. En parejas, describan lo que se hace, usando el pronombre **se** y las notas de Marcos y Marta.

**MODELO** —¿Qué deportes se practican en tu nueva escuela?
—Se practica fútbol y baloncesto.

| | |
|---|---|
| Aprender a escribir | Hablar con los amigos |
| Comer en la cafetería | Jugar fútbol |
| Estudiar español | Usar la computadora |
| Hacer excursiones | Practicar deportes |
| Compartir experiencias | Tocar instrumentos |

**6** **Leyes** En grupos de cuatro, imaginen que gobiernan un nuevo país. ¿Qué leyes aprobarían? Utilicen los elementos de la lista para escribir seis oraciones completas con el **se** impersonal. Luego, escriban sus leyes en la pizarra. La clase votarápor las diez leyes más importantes del país.

**MODELO** En nuestro país, se permite manejar un carro a los quince años de edad.

| | |
|---|---|
| (no) se puede | (no) se permite |
| (no) se debe | (no) se prohíbe |
| (no) se necesita | (no) se tiene que |

**7** **Carteles** En parejas, lean los carteles e imaginen una historia para cada uno. Utilicen el pronombre **se** en sus historias. Después, presenten su mejor historia frente a la clase.

Se necesitan
estudiantes
de español.

Se prohíbe
hablar.

Se venden insectos.

Se leen
las manos.

## 11.3 Prepositions: *de, desde, en, entre, hasta, sin*

### The prepositions *de, desde,* and *hasta*

La diputada es la política más prominente del norte del país.

De la revista *Facetas*, para la honorable diputada...

**¡ATENCIÓN!**

**De** is often used in prepositional phrases of location: **al lado de, a la derecha/izquierda de, cerca de, debajo de, detrás de, encima de.**

- **De** often corresponds to *of* or the possessive endings *'s/s'* in English.

| Uses of *de* | | | | | |
|---|---|---|---|---|---|
| **Possession** | **Description** | **Material** | **Position** | **Origin** | **Contents** |
| las leyes **del** gobierno | el hombre **de** cuarenta años | el recipiente **de** vidrio | la torre **de** atrás | La embajadora es **de** España. | el vaso **de** agua |
| *the government's laws* | *the forty-year-old man* | *the glass container* | *the tower at the back* | *The ambassador is from Spain.* | *the glass of water* |

- **De** is also used frequently in idioms and adverbial phrases.

| | |
|---|---|
| **de cierta manera** *in a certain way* | **de repente** *suddenly* |
| **de nuevo** *again* | **de todos modos** *in any case* |
| **de paso** *on the way* | **de vacaciones** *on vacation* |
| **de pie** *standing up* | **de vuelta** *back* |

**De repente**, la jueza entró en el tribunal, y todos se pusieron **de pie**.
*Suddenly, the judge entered the courtroom, and everyone stood up.*

¿Es verdad que Miguel se va **de vacaciones** a La Paz? ¡Qué envidia!
*Is Miguel really going to La Paz on vacation? I am so jealous!*

**¡ATENCIÓN!**

To express *from... to*, use **desde... hasta** or **de... a**.

**Hay cinco horas de Madrid a Barcelona.**

**Fue caminando desde su casa hasta la mía.**

- **Desde** expresses direction (*from*) and time (*since*).

La candidata viajó **desde** Florida hasta Alaska.       No hay novedades **desde** el martes.
*The candidate traveled from Florida to Alaska.*       *There hasn't been any news since Tuesday.*

- **Hasta** corresponds to *as far as* in spatial relationships, *until* in time relationships, and *up to* for quantities. It can also be used as an adverb to mean *even*, *as much/many as*, or *including*.

El ejército ruso avanzó **hasta** la frontera con Ucrania.       Pilar tiene que estudiar **hasta** cuatro horas al día.
*The Russian army advanced to the Ukrainian border.*       *Pilar has to study up to four hours a day.*

**Hasta** 1898, Cuba fue una colonia de España.       **Hasta** el presidente quedó sorprendido.
*Until 1898, Cuba was a colony of Spain.*       *Even the president was surprised.*

## The prepositions *en*, *entre*, and *sin*

- **En** corresponds to several English prepositions, such as *in*, *on*, *into*, *onto*, *by*, and *at*.

El libro está **en** la mesa.
*The book is on the table.*

El profesor entró **en** la clase.
*The professor went into the classroom.*

Escribí todo **en** mi cuaderno.
*I wrote it all down in my notebook.*

Se encontraron **en** el museo.
*They met at the museum.*

Teresa Mora
¿Dejaste a la señora Zamora en el aeropuerto?

Hacer cumplir la ley le ha dado una posición de liderazgo en el gobierno.

- **En** is also used frequently in idioms and adverbial phrases.

| | |
|---|---|
| **en cambio** *on the other hand* | **en realidad** *actually* |
| **en contra de** *against* | **en serio** *seriously* |
| **en cuanto a** *regarding* | **en tren/bicicleta/avión** *by train/bicycle/plane* |
| **en fila** *in a row* | **en vano** *in vain* |

**En realidad**, yo nunca he estado **en contra de** ese partido.
*Actually, I've never been against that political party.*

Tres mil activistas llegaron **en tren** y marcharon **en fila** hasta el parlamento.
*Three thousand activists arrived by train and marched in rows to the parliament.*

- **Entre** generally corresponds to the English prepositions *between* and *among*.

**Entre** 2012 y 2014, tomé cursos de arte e historia, **entre** otros.
*Between 2012 and 2014, I took art and history courses, among others.*

No debemos entrar en el conflicto; es mejor que lo resuelvan **entre** ellos.
*We shouldn't enter the conflict; it is better that they resolve it among themselves.*

Las cataratas del Niágara están **entre** Canadá y los Estados Unidos.
*Niagara Falls is located between Canada and the United States.*

- **Entre** is not followed by **ti** and **mí**, the usual pronouns that serve as objects of prepositions. Instead, the subject pronouns **tú** and **yo** are used.

**Entre tú** y **yo**, creo que la mayoría de las religiones comparten los mismos valores.
*Between you and me, I think the majority of religions share the same values.*

- **Sin** corresponds to *without* in English. It is often followed by a noun, but it can also be followed by the infinitive form of a verb.

No veo nada **sin** los lentes.
*I can't see a thing without glasses.*

Lo hice **sin** pensar.
*I did it without thinking.*

# Práctica

**TALLER DE CONSULTA**

**MANUAL DE GRAMÁTICA**
**Más práctica**

11.3 Prepositions: **de**, **desde**, **en**, **entre**, **hasta**, **sin**, p. A60

**1 Oraciones** Completa cada oración con la opción correcta.

1. _____ el apoyo de los diputados, el presidente no logrará hacer las reformas.
   a. En  b. Hasta  c. Sin
2. Una computadora como ésta puede costar _____ tres mil dólares.
   a. hasta  b. sin  c. en
3. El avión va a aterrizar _____ el aeropuerto de Lima.
   a. de  b. en  c. sin
4. Nos vemos a las once en la oficina _____ la senadora.
   a. entre  b. de  c. desde
5. _____ mi ventana veo el mar.
   a. Desde  b. En  c. Hasta
6. Este secreto debe quedar sólo _____ tú y yo.
   a. entre  b. de  c. desde

**2 El poder del Sol** Completa este artículo con las preposiciones **de(l)**, **desde** o **en**.

(1) _____ la Tierra se pueden ver hasta 3.000 estrellas. La estrella que está más cerca (2) _____ la Tierra es el Sol. (3) _____ el Sol hasta la Tierra hay 149 millones (4) _____ kilómetros.

¿Sabías que (5) _____ los inicios de la humanidad los hombres creen que el Sol es una pelota (6) _____ fuego? Los chinos, por ejemplo, pensaban que el Sol había salido (7) _____ la boca (8) _____ un dragón. Además, el Sol fue descrito (9) _____ los antiguos textos sagrados (10) _____ varias civilizaciones como un dios, con el poder (11) _____ influir (12) _____ la vida humana.

(13) _____ cierta manera, tenían razón, pues hoy (14) _____ día, los agujeros (15) _____ la capa (16) _____ ozono y el calentamiento global se estudian con el mismo fervor. ¿Las civilizaciones (17) _____ hoy serán capaces de hacer los sacrificios necesarios para protegernos (18) _____ poder (19) _____ Sol?

**3 Viajero perdido**

**A.** Juan ha ido a Jerusalén a visitar los templos más importantes de la ciudad, pero se ha perdido. Completa las oraciones con las preposiciones **entre**, **hasta** o **sin**.

1. Perdón, estoy _____ mapa. ¿Me podría explicar cómo llegar al templo?
2. Sé que la sinagoga está _____ una avenida y un parque, pero no la encuentro...
3. Disculpe, señora... un señor me dijo que caminara _____ la próxima cuadra, y aquí estoy, pero no veo ninguna mezquita por aquí...
4. ¿Usted también anda perdida? Pues, _____ los dos encontraremos la iglesia.
5. Pensé que por lo menos podría encontrar una pirámide _____ pedir ayuda, pero ¡ando más perdido que nunca!
6. Gracias por la ayuda, pero mejor busco un mapa. ¡_____ luego!

**B.** En parejas, elijan una de las oraciones y dramaticen la conversación completa entre Juan y el/la residente local. Utilicen las preposiciones **de**, **desde**, **en**, **entre**, **hasta** y **sin**.

Practice more at **vhlcentral.com.**

# Comunicación

**4** **A contar historias** En parejas, elijan una de las frases e inventen una historia con ella. Utilicen por lo menos cuatro de estas preposiciones: **de, desde, en, entre, hasta, sin.**

1. Juan está esperando en su jardín...
2. El libro de cocina estaba abierto...
3. Estaba observándolo desde la ventana...
4. Hasta ese momento, nunca me había dado cuenta de que...
5. Sin ella, su vida no tenía sentido...
6. Entre las sombras, veía la figura de...

**5** **Síntesis**

**A.** Cada vez que quería tomar decisiones importantes, el rey Arturo se reunía con los Caballeros de la Mesa Redonda. En parejas, estudien las pistas (*clues*) para descubrir quién es quién.

Datos:

- Parsifal caminó hasta la puerta. Le prohíbe pasar a la reina Ginebra.
- Galahad tiene entre 18 y 20 años. Es el caballero más joven del grupo.
- Bedivere se hizo caballero entre los años 450 y 452. Es el caballero más viejo de la mesa.
- Kay es un típico guerrero. Lleva su espada hasta a las reuniones con el rey.
- Erec está sentado entre Kay y Lancelot.
- El rey Arturo está entre Gawain y la silla vacía de Parsifal.

**B.** Ahora, escriban un resumen de su reunión. ¿Qué cosas fueron decididas? ¿Discutieron entre ellos? ¿De qué se habló en la reunión? Utilicen por lo menos tres oraciones en voz pasiva, tres construcciones con **se** y cinco preposiciones de **Estructura 11.3**. Compartan su historia con la clase.

# Antes de ver el corto

## LA AUTORIDAD

**país** España
**duración** 10 minutos
**director** Xavi Sala
**protagonistas** padre, madre, niños, policías

### Vocabulario

**el carné de conducir** *driver's license*
**denunciar** *to report*
**descargar** *to unload*
**jurar** *to swear*
**¡Menuda paliza!** *What a beating! (fig.)*
**¿Me permite?** *May I?*
**ni se le ocurra** *don't even think about it*
**el permiso de circulación** *car registration*
**sin novedad** *no news*

**1 Un largo viaje** Completa el diálogo entre Juan y Andrea con las palabras y expresiones del vocabulario.

**JUAN** Andrea, ¿me ayudas a (1) __________ el coche? Acabo de hacer las compras para mi viaje en coche a Nuevo México.

**ANDREA** ¡Vaya! (2) __________ Esos son casi dos mil kilómetros. Oye, ¿pero tú tienes (3) __________?

**JUAN** Claro, lo tengo desde hace dos años. No tendré problemas, te lo (4) __________. El que no tiene carné es Javier.

**ANDREA** ¿Ah, no? Oye, ¡pues espero que (5) __________ ponerse detrás del volante!

**JUAN** ¡No te preocupes! Él es muy responsable.

**2 Respeto a la autoridad** En parejas, túrnense para hacerse estas preguntas.

1. Los ciudadanos están obligados a obedecer a la policía. ¿Por qué?
2. ¿Cómo debe actuar la policía con los ciudadanos?
3. ¿En qué circunstancias sería legítimo no obedecer a la autoridad? ¿Por qué?
4. ¿Conoces algún caso en que la policía haya abusado de los derechos de los ciudadanos?
5. Si un ciudadano y un policía van a un juicio, ¿quién tiene más probabilidades de ganarlo? ¿Por qué?

**3 ¿Qué está pasando?** En parejas, miren la escena del cortometraje e imaginen quién está dentro del vehículo y qué pasará a continuación.

Practice more at **vhlcentral.com.**

Short Film

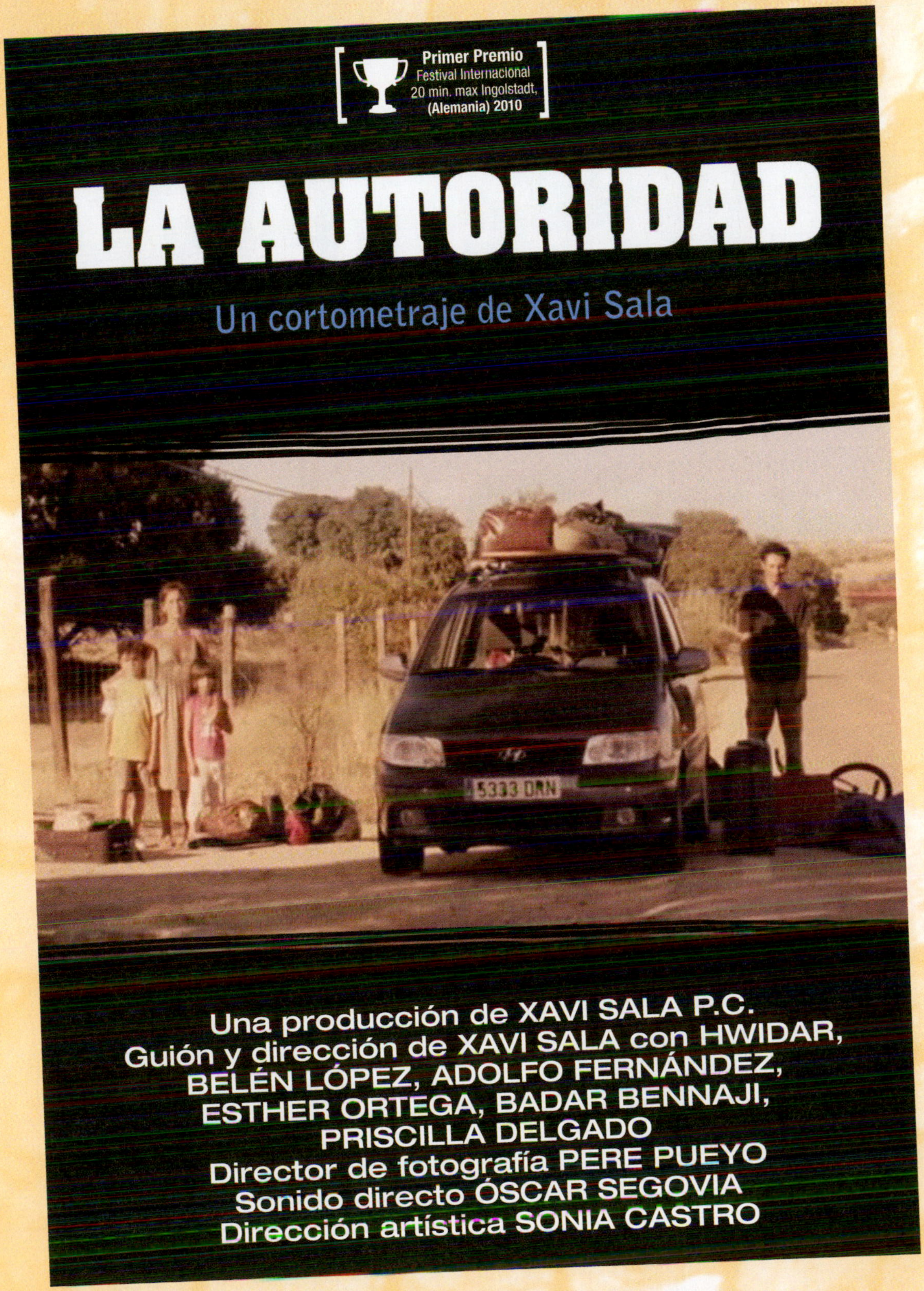
Primer Premio
Festival Internacional
20 min. max Ingolstadt,
(Alemania) 2010
LA AUTORIDAD
Un cortometraje de Xavi Sala
Una producción de XAVI SALA P.C.
Guión y dirección de XAVI SALA con HWIDAR,
BELÉN LÓPEZ, ADOLFO FERNÁNDEZ,
ESTHER ORTEGA, BADAR BENNAJI,
PRISCILLA DELGADO
Director de fotografía PERE PUEYO
Sonido directo ÓSCAR SEGOVIA
Dirección artística SONIA CASTRO

## Escenas

**ARGUMENTO** Una familia se enfrenta a los prejuicios y agravios° de dos policías al regresar de sus vacaciones en Marruecos.

**NIÑOS** *Mon pare no té nas, mon pare no té nas, ma mare és xata.°*

**POLICÍA** El permiso de circulación, por favor.
**PADRE** Sí.
**POLICÍA** Y el carné de conducir.
**PADRE** Sí. Ahí tiene.
**POLICÍA** ¿Sois españoles?

**PADRE** Venimos de Marruecos, de visitar a la familia.

**POLICÍA** Le agradecería que lo sacara todo. Pura rutina, ya sabe.
**PADRE** ¿Todo?
**POLICÍA** Mejor.

**PADRE** Le juro que no llevo nada.

**MADRE** No hay derecho a que nos traten así.
**PADRE** ¡Sara!
**POLICÍA** Entiendo que se sienta así pero, ¿qué quiere? ¿Que nos echen?

**agravios** *insults* **Mon pare...** *Mi padre no tiene nariz, mi padre no tiene nariz, mi madre es chata.*

# Después de ver el corto

**1 Comprensión** Contesta las preguntas con oraciones completas.

1. ¿Quiénes son las personas que van en el coche?
2. ¿Adónde van?
3. ¿Por qué paran el coche en la carretera?
4. ¿De dónde es la familia?
5. ¿Cómo lo sabes?
6. Según el padre, ¿qué llevan encima del coche?
7. ¿Qué le pide que haga el policía al padre de la familia?
8. ¿Qué le sugiere la mujer policía a la madre? ¿Por qué?
9. ¿Qué busca la policía en el coche de la familia?
10. ¿Qué pasa cuando la familia continúa su viaje hacia Alicante?

**2 Interpretación** Responde las siguientes preguntas sobre el cortometraje.

1. ¿Por qué crees que los policías hacen parar a la familia?
2. El policía se sorprende al comprobar que es una familia española. ¿Por qué?
3. ¿Crees que la familia se sentía segura durante el incidente con la policía? ¿Por qué?
4. En un momento del cortometraje el policía dice: "¿qué quiere?, ¿que nos echen?". ¿A qué se refiere?
5. Después del incidente con la policía, vemos a la familia comiendo en silencio. ¿Por qué crees que no hablan?

**3 Ampliación** En parejas, contesten las preguntas.

1. ¿Creen que este tipo de incidentes pasan con frecuencia en la vida real? ¿Por qué?
2. ¿Cómo es el trato hacia las personas, según su raza o su religión, en el lugar en dónde viven?
3. ¿Cómo se hubieran sentido si los trataran de manera diferente a como se trata a otras personas por su raza o religión?
4. ¿Han tenido alguna vez un prejuicio hacia otra persona? ¿Cómo se sintieron?

**4 Reacciones** En el cortometraje la familia debe enfrentarse a los prejuicios y al maltrato de los dos policías. En grupos de tres, discutan sobre los siguientes temas. Luego, compartan sus ideas con la clase.

- ¿Cómo describirían las reacciones de la madre y del padre ante esta situación?
- ¿Son similares o diferentes sus reacciones?
- ¿Qué creen que sintió cada uno?

**5 ¿Qué harías tú?** Al final del cortometraje el padre de la familia se queda paralizado sin saber qué hacer. Escribe un párrafo en el que cuentes qué habrías hecho tú en su situación y por qué.

Practice more at **vhlcentral.com.**

*San Antonio de Oriente,* 1957
José Antonio Velásquez, Honduras

"Yo no sé si Dios existe, pero si existe, sé que no le va a molestar mi duda."

— Mario Benedetti

# Antes de leer

## La noche de Tlatelolco (fragmento)

### Sobre la autora

**Elena Poniatowska** nació en París en 1932. Su padre era un aristócrata polaco y su madre era mexicana. Llegó a los nueve años a México, país donde ha vivido la mayor parte de su vida dedicada al periodismo y a la literatura, dos disciplinas que con frecuencia se mezclan en su obra. *La noche de Tlatelolco*, por ejemplo, es una recreación literaria de lo ocurrido el 2 de octubre de 1968, cuando el ejército mexicano abrió fuego contra estudiantes, profesores, obreros, padres y madres de familia que se manifestaban pacíficamente en la Plaza de las Tres Culturas. En 2013 recibe el Premio Cervantes, el mayor reconocimiento literario en español.

**Vocabulario**

| | | |
|---|---|---|
| **la alegría** *joy* | **despreocupado/a** *carefree* | **el fusil** *rifle* |
| **apuntar** *to aim* | **disparar** *to shoot* | **la sangre** *blood* |
| **boquiabierto/a** *openmouthed; stunned* | **el ejército** *army* | **unirse** *to join* |
| | **el estallido** *explosion* | |

**Vocabulario** Completa las oraciones.

1. El general Zapata fue un líder histórico del __________ mexicano.
2. Amelia estaba en la playa, tranquila y __________.
3. ¡Qué __________! Por fin llegaron las vacaciones.
4. José quiere __________ a la organización que cuida el medio ambiente.
5. Alejandro se quedó __________; ¡nunca había visto nada igual!
6. Se escuchó un fuerte __________, pero todo fue una falsa alarma.

**Conexión personal** ¿Cómo vives tú la política? ¿Participas de alguna manera en la política de tu ciudad, de tu estado o de tu país? ¿Qué piensas de las manifestaciones pacíficas? ¿Participarías en una? ¿Lo has hecho alguna vez? ¿Cómo fue la experiencia?

### Análisis literario: El nuevo periodismo

En la década de 1960 se cuestionó la capacidad de la prensa tradicional, neutral y objetiva, para retratar las dictaduras y los abusos contra los derechos humanos. Inspirado en la obra de Truman Capote *In Cold Blood,* nació el llamado **nuevo periodismo** hispanoamericano. En el fragmento de *La noche de Tlatelolco* que vas a leer, Elena Poniatowska utiliza este nuevo enfoque de la realidad para denunciar la brutalidad del gobierno mexicano de la época. En esta obra, la autora describe la matanza de estudiantes en una manifestación pacífica como una barraca de tiro al blanco (*shooting stall*) en una feria. Por medio de esta metáfora extendida, Poniatowska representa una idea con otra y mantiene la comparación a lo largo del texto.

Practice more at **vhlcentral.com.**

# La noche de Tlatelolco

(fragmento)

Elena Poniatowska

Son muchos. Vienen a pie, vienen riendo. Bajaron por Melchor Ocampo, la Reforma, Juárez, Cinco de Mayo, muchachos y muchachas estudiantes que van del brazo° en la manifestación con la misma alegría con que hace apenas unos días iban a la feria; jóvenes despreocupados que no saben que mañana, dentro de dos días, dentro de cuatro estarán allí hinchándose° bajo la lluvia, después de una feria en donde el centro del tiro al blanco° lo serán ellos, niños-blanco, niños que todo lo maravillan, niños para quienes todos los días son día-de-fiesta, hasta que el dueño de la barraca del tiro al blanco les dijo que se formaran así el uno junto al otro como la tira de pollitos plateados° que avanza en los juegos, click, click, click, click y pasa a la altura de los ojos, ¡Apunten, fuego!, y se doblan para atrás rozando la cortina de satén rojo.

*arm in arm*

*becoming bloated*

*target shooting*

*silver*

El dueño de la barraca les dio los fusiles a los cuícos°, a los del ejército, y les ordenó que dispararan, que dieran en el blanco y allí estaban los monitos plateados con el azoro° en los ojos, boquiabiertos ante el cañón de los fusiles. ¡Fuego! El relámpago verde de una luz de bengala°. ¡Fuego! Cayeron pero ya no se levantaban de golpe impulsados° por un resorte° para que los volvieran a tirar al turno siguiente; la mecánica de la feria era otra; los resortes no eran de alambre sino de sangre; una sangre lenta y espesa° que se encharcaba°, sangre joven pisoteada° en este reventar de vidas por toda la Plaza de las Tres Culturas.

Aquí vienen los muchachos, vienen hacia mí, son muchos, ninguno lleva las manos en alto, ninguno trae los pantalones caídos entre los pies mientras los desnudan para cachearlos°, no hay puñetazos° sorpresivos ni macanazos°, ni vejaciones°, ni vómitos por las torturas, ni zapatos amontonados°, respiran hondo, caminan seguros, pisando fuerte, obstinados; vienen cercando la Plaza de las Tres Culturas y se detienen junto al borde donde la Plaza cae a pico dos o tres metros para que se vean las ruinas prehispánicas; reanudan° la marcha, son muchos, vienen hacia mí con sus manos que levantan la pancarta°, manos aniñadas° porque la muerte aniña las manos; todos vienen en filas apretadas, felices, andan felices, pálidos, sí, y un poco borroneados° pero felices; ya no hay muros de bayonetas que los rechacen violentamente, ya no hay violencia; los miro a través de una cortina de lluvia, o será de lágrimas, igual a la de Tlatelolco; no alcanzo a distinguir sus heridas, qué bueno, ya no hay orificios°, ni bayonetazos, ni balas° expansivas; los veo nublados° pero sí oigo sus voces, oigo sus pasos, pas, pas, pas, paaaaas, paaaaaas, como en la manifestación del silencio, toda la vida oiré esos pasos que avanzan; muchachas de mini° con sus jóvenes piernas quemadas por el sol, maestros sin corbata, muchachos con el suéter amarrado° a la cintura, al cuello, vienen a pie, vienen riendo, son muchos, vienen con esa loca alegría que se siente al caminar juntos en esta calle, nuestra calle, rumbo° al Zócalo, nuestro Zócalo; aquí vienen; 5 de agosto, 13 de agosto, 27 de agosto, 13 de septiembre, el padre Jesús Pérez echó a vuelo las campanas de la catedral para recibirlos, toda la Plaza de la Constitución está iluminada; constelada° con millares de cempazúchitl°, millares de veladoras; los muchachos están en el corazón de una naranja, son el estallido más alto del fuego de artificio°, ¿no que México era triste? Yo lo veo alegre, qué loca alegría; suben por Cinco de Mayo, Juárez, cuántos aplausos, la Reforma, se les unen trescientas mil personas que nadie acarrea°, Melchor Ocampo, Las Lomas, se remontan a la sierra, los bosques, las montañas, Mé-xi-co, Li-ber-tad, Mé-xi-co, Li-ber-tad, Mé-xi-co, Li-bertad, Mé-xi-co, Li-ber-tad, Mé-xi-co, Li-ber-tad. ■

“... reanudan la marcha, son muchos, vienen hacia mí con sus manos que levantan la pancarta, manos aniñadas porque la muerte aniña las manos; todos vienen en filas apretadas, felices, andan felices, pálidos, sí, y un poco borroneados pero felices...”

police (Mex.)
fear
flare
propelled
spring
thick / puddled
stepped on
to frisk them
punches
blows
humilliations
piled up
resume
sign / childlike
smudged
holes / bullets
blurry
mini skirt
tied
in the direction of
starry
marigolds (náhuatl)
fireworks
carries

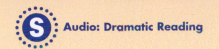

# Después de leer

## La noche de Tlatelolco (fragmento)

Elena Poniatowska

**1 Comprensión** Indica si las oraciones son **ciertas** o **falsas**. Corrige las falsas.

1. La manifestación empezó siendo alegre y acabó en tragedia.
2. Los estudiantes se manifestaron en una feria.
3. Los soldados dispararon contra los estudiantes.
4. Los estudiantes pudieron esconderse y no hubo víctimas.
5. Los estudiantes se manifestaban por la calle pacíficamente.
6. Muy pocas personas participaron en la manifestación.
7. En la manifestación participaron solamente ancianos y madres de estudiantes.

**2 Interpretación** Contesta las preguntas con oraciones completas.

1. Según el texto, ¿qué pasó en la Plaza de las Tres Culturas?
2. ¿Por qué crees que los jóvenes llegan felices a la marcha?
3. ¿A quién se refiere la autora con "el dueño de la barraca"?
4. ¿Cómo describirías la reacción de los estudiantes ante los disparos de los soldados?
5. ¿A qué crees que se refiere la autora cuando dice que los manifestantes andan "pálidos y un poco borroneados"?
6. ¿Qué crees que evoca la repetición "Mé-xi-co, Li-ber-tad" que finaliza el texto?
7. ¿Cómo interpretas tú el final del texto? ¿Te parece realidad o ficción? ¿Por qué?

**3 Análisis** En parejas, respondan a las preguntas.

1. ¿Cuál es la "mecánica de la feria"? ¿A qué hace alusión?
2. ¿Por qué crees que la autora decide comparar a los estudiantes con figuras en una barraca de tiro al blanco?
3. ¿Qué elementos de periodismo tiene este texto? ¿Qué elementos tiene de ficción literaria?

**4 Ampliación** Diez días después de los hechos narrados en *La noche de Tlatelolco*, se inauguraron los Juegos Olímpicos en México. Un periódico citó a un atleta italiano que dijo: "Ninguna Olimpiada, ni todas juntas, valen la vida de un estudiante". En grupos, comenten si los Juegos Olímpicos de México debieron haberse realizado o no.

**5 Información y opinión** En parejas, hagan una investigación en Internet sobre la famosa matanza de Tlatelolco. Escriban un breve informe que responda a las siguientes preguntas. Luego compartan el informe con la clase.

- ¿quién?
- ¿cuándo?
- ¿dónde?

Practice more at **vhlcentral.com.**

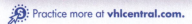

# Antes de leer

## Vocabulario

| | |
|---|---|
| **el altiplano** *high plateau* | **el límite** *border* |
| **árido/a** *arid* | **la pérdida** *loss* |
| **la armada** *navy* | **reclamar** *to claim; to demand* |
| **ceder** *to give up* | **el territorio** *territory* |

**El salar de Uyuni** Completa el párrafo con el vocabulario de la tabla.

El salar de Uyuni, uno de los lugares más impresionantes de Bolivia, se encuentra a una altura de 3.650 metros (11.975 pies) en un (1) ________ en el suroeste de Bolivia, no muy lejos del (2) ________ con Chile. Es un lugar (3) ________, de poca lluvia, donde se secó un lago prehistórico. Este (4) ________ tan blanco impresiona a los turistas porque parece nieve. El salar de Uyuni es un desierto de sal, en vez de arena.

**Conexión personal** ¿Has perdido alguna vez una cosa que significaba muchísimo para ti? Explica lo que ocurrió y cómo reaccionaste.

### Contexto cultural

El **desierto de Atacama** está ubicado en un altiplano al borde del océano Pacífico. Es uno de los desiertos más áridos del mundo: sólo recibe tres milímetros de lluvia al año. El paisaje de Atacama es tan impresionante y peculiar que la revista estadounidense *Science* lo ha comparado con el planeta Marte. Parece vacío (*empty*), pero Atacama es muy rico en algunos minerales que dependen de la sequía. En el siglo XIX se descubrió que en el territorio había abundante salitre y guano. El salitre (o nitrato de sodio) es un tipo de sal, y el guano (del quechua *wanu*) consiste en excrementos de pájaros marinos y murciélagos (*bats*). Ambos comparten la característica principal de ser ingredientes para fertilizantes y explosivos. Estos recursos naturales, tan atractivos por su precio en el mercado internacional de la época, hicieron del desierto un oasis económico.

Practice more at **vhlcentral.com.**

# Cómo Bolivia perdió su mar

Lago Titicaca, Bolivia

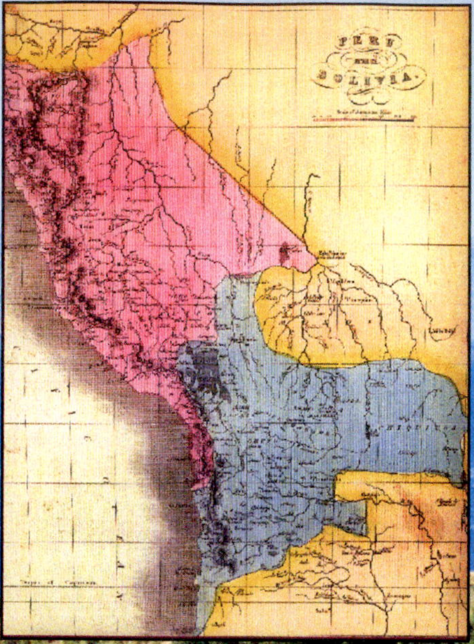

Mapa antiguo de Bolivia.

Hay países que se asocian indiscutiblemente° con un paisaje natural. Algunos son Nepal con las montañas blancas del Himalaya, Arabia Saudita con el desierto, y Bolivia con... ¿el mar? Así debería ser, piensan muchos bolivianos con nostalgia y mucho anhelo° desde que Bolivia —durante la Guerra del Pacífico (1879–1883)— cedió a Chile el desierto de Atacama con su costa, el único acceso al océano que tenían los bolivianos.

*indisputably*

*longing*

Audio: Reading

La guerra no surgió° por el acceso al mar, sino por cuestiones económicas y por el control de los depósitos de minerales en el desierto de Atacama. Sin embargo, es la desaparición de la salida al mar lo que ha dejado una cicatriz° profunda. Cuenta el escritor peruano Mario Vargas Llosa, quien vivió de niño en la ciudad boliviana de Cochabamba, que todas las semanas los estudiantes de su escuela cantaban un himno reclamando el mar. Muchos bolivianos siguen sin aceptar la pérdida de hace más de cien años. Se sienten mutilados porque se creen legítimamente un país marítimo. Así lo había decidido su fundador, Simón Bolívar, al fijar los límites del país en 1825.

*didn't arise*
*scar*

**"Se sienten mutilados porque se creen legítimamente un país marítimo. Así lo había decidido su fundador, Simón Bolívar..."**

Cuando Simón Bolívar estableció las fronteras de Bolivia, incluyó parte del desierto de Atacama, que llegaba hasta el mar. Chile tenía ya el control económico de la región y, a pesar de los deseos de Bolívar, lo siguió manteniendo. Cuando se descubrieron los ricos recursos naturales del desierto de Atacama, Chile comenzó a explotar las minas de salitre y guano. La tensión sobre las exportaciones chilenas y los impuestos que Bolivia quería cobrar por la extracción de estos productos provocó un conflicto inevitable en 1878. Las fuerzas armadas de Bolivia —a pesar de la ayuda de su aliado, el Perú— no pudieron contender ni en tierra ni en mar con la moderna armada chilena. La guerra terminó en 1883 con la concesión de varios territorios a Chile. En 1904, Bolivia abandonó permanentemente el control del desierto de Atacama, con sus depósitos de minerales y su única salida al Pacífico. A cambio, Chile construyó un ferrocarril° para que Bolivia tuviera acceso al mar.

*railroad*

No obstante, Bolivia no dio por finalizada la cuestión°. En el centenario de 2004, el presidente Carlos Mesa pidió de nuevo el acceso marítimo durante una reunión en la Cumbre de las Américas. Aunque le fue negado en aquella ocasión, en julio de 2006 los dos países decidieron reanudar las negociaciones°. Sea cual sea el resultado de las negociaciones, algo está claro: los bolivianos quieren su mar y su costa, no un viaje en tren. ■

*did not think that the matter was over*
*to resume talks*

### La batalla de Arica

La batalla de Arica de 1880 fue una de las más duras para los dos bandos. Las tropas chilenas subieron a una colina escarpada (*steep hill*), el Morro de Arica, para atacar al enemigo que esperaba. Los dos lados perdieron muchas vidas, incluyendo un coronel peruano que se tiró al mar desde un acantilado (*cliff*) con su caballo en un intento fallido (*failed*) de engañar a las tropas chilenas, invitándolas a caer al Pacífico.

### ¿Una armada en Bolivia?

A pesar de su distancia con el Pacífico, Bolivia mantiene una armada desde 1963 a la espera del día en que vuelvan a tener salida al mar. La Fuerza Naval Boliviana cuenta con doscientas embarcaciones (*boats*) y un buque de guerra (*warship*). Se entrena en el agua dulce del inmenso lago Titicaca.

# Después de leer

## Cómo Bolivia perdió su mar

**1 Comprensión** Después de leer el texto, decide si las oraciones son **ciertas** o **falsas**. Corrige las falsas.

1. No hay ningún recurso natural de valor en el desierto de Atacama.
2. Bolivia no ha tenido nunca acceso al mar.
3. La causa de la guerra fue el conflicto económico relacionado con el control de los depósitos de minerales.
4. La armada chilena era más potente que las fuerzas de Bolivia y su aliado, Perú.
5. Después de la guerra, Bolivia construyó un ferrocarril para tener acceso al mar.
6. Bolivia ya no tiene armada.
7. Cuando Simón Bolívar estableció sus planes para las fronteras de Bolivia, había incluido acceso al mar.
8. La armada boliviana hoy en día entrena en el lago Titicaca.

**2 Interpretación** Contesta las preguntas con oraciones completas.

1. ¿Qué valor tenía el desierto de Atacama para Chile? ¿Y para Bolivia?
2. ¿Por qué sienten muchos ciudadanos que Bolivia es legítimamente un país marítimo? ¿Crees que tienen razón?
3. ¿De qué maneras muestran algunos bolivianos su deseo de volver a tener salida al mar?
4. ¿Crees que es importante tener salida directa al mar? ¿Por qué?
5. ¿Ha traído el ferrocarril tranquilidad a los bolivianos?

**3 Discurso** En parejas, preparen un discurso para ser leído por una de estas personas. Luego, represéntenlo ante la clase.

- Un descendiente de una tribu indígena quiere reclamar la tierra de sus antepasados, ahora convertida en un centro comercial.
- Una anciana mexicana reclama el terreno donde nacieron sus abuelos. El terreno se encuentra ahora en tierras estadounidenses.
- Un excéntrico historiador asegura ser descendiente de un rey inca y reclama que le entreguen Machu Picchu.

**4 Opiniones** Imagina que recientemente los periódicos han publicado artículos acerca de las negociaciones entre Chile y Bolivia sobre una salida al Pacífico para Bolivia. Elige una de las dos situaciones y escribe una carta a un periódico para dar tu opinión. Usa la voz pasiva.

1. Eres boliviano/a, pero crees que, como Bolivia perdió la guerra, ya no tiene derecho a la salida al mar. En tu opinión, Chile es el dueño legítimo del desierto de Atacama.
2. Eres chileno/a, pero crees que Chile se está apoderando de tierras que no le corresponden. Crees que la decisión de Simón Bolívar debe respetarse y que parte del desierto de Atacama, con salida al mar, debe pertenecer a Bolivia.

Practice more at **vhlcentral.com.**

# Atando cabos

## ¡A conversar!

### ¿Qué opinas de las religiones?

**A.** La revista *Opinión Abierta* ha dedicado un número (*issue*) al tema de la religión. En una página se han publicado las cartas de los lectores. Lee estas cartas y selecciona una que exprese una opinión diferente a la tuya.

**Estimado director de *Opinión Abierta*:**

Les daré mi opinión sobre el tema. No sólo creo que Dios existe, sino que también creo que hay muchas religiones para elegir. Además, pienso que todas las religiones son buenas. En todas se habla del bien y se dice que debemos amar y perdonar a los demás.

Muchas gracias por permitirme opinar.
Gustavo

**Queridos amigos de *Opinión Abierta*:**

Algunos dicen que hay muchas religiones verdaderas, pero esto es falso. Hay una sola religión verdadera, porque enseña los verdaderos valores morales. Los ateos no son felices. Tampoco son felices quienes tienen fe en religiones falsas. Sólo son felices quienes tienen fe en mis creencias.

Muchas gracias por publicar mi carta.
José Luis

**Editores de *Opinión Abierta*:**

Estoy sorprendida de que se discuta este tema en el siglo XXI. No hay duda de que las religiones no sirven. No sólo nos hablan del pecado (*sin*), sino que también nos hacen tener miedo. La gente elige hacer el bien porque tiene miedo. Las personas somos tratadas por las religiones como niños miedosos.
Andrea

**Sr. Director de *Opinión Abierta*:**

Yo creo en Dios, pero no creo en las religiones. Todas tienen gente que manda y gente que obedece. Eso no es bueno. Todos somos iguales para Dios: tenemos conciencia y valores morales. Todos sabemos lo que es bueno y lo que es malo.

Felicitaciones por su revista.
Ana María

**B.** Reúnete con los/las compañeros/as que seleccionaron la misma carta. En el grupo, relean la carta. Luego debatan: ¿Qué le dirían a la persona que escribió esa carta? Pueden buscar ideas en las otras cartas. Después, compartan sus ideas con la clase.

**MODELO** Andrea dice que las religiones no sirven, pero nosotros creemos que…

## ¡A escribir!

**Nuevos votantes** Imagina que trabajas para la alcaldía (*mayor's office*) de tu ciudad. Te han encargado que prepares un folleto para explicar el proceso electoral a una nueva generación de votantes. Debes explicarles cómo inscribirse para votar y qué deben hacer el día de la votación. Escribe las explicaciones y las instrucciones principales que vas a incluir en tu folleto. Incluye por lo menos dos ejemplos de voz pasiva y dos usos de **se**.

**MODELO** La inscripción para votar es realizada varios meses antes de las elecciones. Se debe completar un formulario para inscribirse…

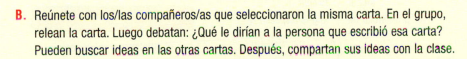

Vocabulary Tools

## La religión

| | |
|---|---|
| la creencia | belief |
| el/la creyente | believer |
| Dios | God |
| la fe | faith |
| la iglesia | church |
| la mezquita | mosque |
| la sinagoga | synagogue |
| el templo | temple |
| bendecir (e:i) | to bless |
| creer en | to believe in |
| meditar | to meditate |
| rechazar | to reject |
| rezar | to pray |
| espiritual | spiritual |
| (in)moral | (im)moral |
| religioso/a | religious |
| sagrado/a | sacred; holy |

## Las creencias religiosas

| | |
|---|---|
| agnóstico/a | agnostic |
| ateo/a | atheist |
| budista | Buddhist |
| católico/a | Catholic |
| cristiano/a | Christian |
| hindú | Hindu |
| judío/a | Jewish |
| musulmán/ musulmana | Muslim |

## Los cargos públicos

| | |
|---|---|
| el alcalde/ la alcaldesa | mayor |
| el/la diputado/a | representative |
| el/la embajador(a) | ambassador |
| el/la gobernador(a) | governor |
| el/la juez(a) | judge |
| el/la primer(a) ministro/a | prime minister |
| el/la senador(a) | senator |

## La política

| | |
|---|---|
| el/la activista | activist |
| la campaña | campaign |
| el/la candidato/a | candidate |
| el/la ciudadano/a | citizen |
| los derechos (humanos/civiles) | (human/civil) rights |
| el exilio político | political exile |
| la guerra (civil/mundial) | (civil/world) war |
| la ideología | ideology |
| la inmigración | immigration |
| la libertad | freedom |
| el/la líder | leader |
| la manifestación | protest |
| la mayoría | majority |
| la minoría | minority |
| el partido político | political party |
| la polémica | controversy |
| el/la político/a | politician |
| el proyecto de ley | bill |
| el terrorismo | terrorism |
| aprobar (o:ue) una ley | to pass a law |
| elegir (e:i) | to elect |
| emigrar | to emigrate |
| ganar/perder (e:ie) las elecciones | to win/lose an election |
| gobernar (e:ie) | to govern |
| inscribirse | to register |
| luchar | to fight |
| pronunciar un discurso | to give a speech |
| protestar | to protest |
| votar | to vote |
| conservador(a) | conservative |
| (des)igual | (un)equal |
| (in)justo/a | (un)just |
| liberal | liberal |

## Cinemateca

| | |
|---|---|
| el carné de conducir | driver's license |
| el permiso de circulación | car registration |
| denunciar | to report |
| descargar | to unload |
| jurar | to swear |
| ¡Menuda paliza! | What a beating! (fig.) |
| ¿Me permite? | May I? |
| ni se le ocurra | don't even think about it |
| sin novedad | no news |

## Literatura

| | |
|---|---|
| la alegría | joy |
| el ejército | army |
| el estallido | explosion |
| el fusil | rifle |
| la sangre | blood |
| apuntar | to aim |
| disparar | to shoot |
| unirse | to join |
| boquiabierto/a | openmouthed; stunned |
| despreocupado/a | carefree |

## Cultura

| | |
|---|---|
| el altiplano | high plateau |
| la armada | navy |
| el límite | border |
| la pérdida | loss |
| el territorio | territory |
| ceder | to give up |
| reclamar | to claim; to demand |
| árido/a | arid |

## Más vocabulario

| | |
|---|---|
| Expresiones útiles | Ver p. 399 |
| Estructura | Ver pp. 406, 408–409 y 412–413 |

# La historia y la civilización 12

### Communicative Goals
**You will expand your ability to…**
- use verbs in their infinitive forms
- express ideas about the past, the present, and the future
- determine when and how to use the indicative and the subjunctive

Vocabulary Tools

# La historia y la civilización

## La historia y la civilización

De la **antigua** ciudad de Quilmes, en el norte de Argentina, sólo quedan ruinas. En el **siglo** XVII, los **habitantes** fueron obligados a **establecerse** cerca de Buenos Aires.

**la civilización** *civilization*
**la década** *decade*
**la época** *era*
**el/la habitante** *inhabitant*
**la historia** *history*
**el/la historiador(a)** *historian*
**la humanidad** *humankind*
**el imperio** *empire*
**el reino** *kingdom*
**el siglo** *century*

**establecer(se)** *to establish (oneself)*
**habitar** *to inhabit*
**integrarse (a)** *to become part (of)*
**pertenecer (a)** *to belong (to)*
**poblar (o:ue)** *to settle; to populate*

**antiguo/a** *ancient*
**(pre)histórico/a** *(pre)historic*

## Los conceptos

**el aprendizaje** *learning*
**el conocimiento** *knowledge*
**la enseñanza** *teaching*
**la herencia (cultural)** *(cultural) heritage*
**la (in)certidumbre** *(un)certainty*
**la (in)estabilidad** *(in)stability*
**la sabiduría** *wisdom*

## Las características

**adelantado/a** *advanced*
**culto/a** *cultured; educated*
**derrotado/a** *defeated*
**desarrollado/a** *developed*
**forzado/a** *forced*

**pacífico/a** *peaceful*
**poderoso/a** *powerful*
**victorioso/a** *victorious*

## Los gobernantes

**el/la cacique** *tribal chief*
**el/la conquistador(a)** *conqueror*
**el/la dictador(a)** *dictator*
**el emperador/la emperatriz** *emperor/empress*
**el/la gobernante** *ruler*
**el/la monarca** *monarch*
**el rey/la reina** *king/queen*
**el/la soberano/a** *sovereign; ruler*

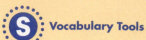

## La conquista y la independencia

Con la abolición de la **esclavitud** en 1810 por decisión de Miguel Hidalgo, México **encabeza** la lista de naciones americanas que **suprimieron** esta práctica y **liberaron** a los **esclavos**.

**la batalla** *battle*
**la colonia** *colony*
**la conquista** *conquest*
**el ejército** *army*
**la esclavitud** *slavery*
**el/la esclavo/a** *slave*
**las fuerzas armadas** *armed forces*
**el/la guerrero/a** *warrior*
**la independencia** *independence*
**la soberanía** *sovereignty*
**el/la soldado** *soldier*
**la tribu** *tribe*

**colonizar** *to colonize*
**conquistar** *to conquer*
**derribar/derrocar** *to overthrow*
**derrotar** *to defeat*
**encabezar** *to lead*
**explotar** *to exploit*
**expulsar** *to expel*
**invadir** *to invade*
**liberar** *to liberate*
**oprimir** *to oppress*
**rendirse (e:i)** *to surrender*
**suprimir** *to abolish; to suppress*

# Práctica

## 1 Escuchar

**A.** Escucha la conversación entre dos historiadores y completa las oraciones con la opción correcta.

1. La especialidad de Mónica es ____.
   a. la época colonial de Hispanoamérica
   b. la guerra de la Independencia
2. A Mónica le interesa mucho ____.
   a. la conquista  b. la monarquía
3. El artículo que le gustó a Franco trataba de ____.
   a. civilizaciones prehistóricas
   b. antiguas colonias
4. Franco, en sus clases, cuenta historias personales de ____.
   a. reyes y guerreros  b. reyes y gobernantes

**B.** Escucha parte de una de las clases de Mónica y después contesta las preguntas.

1. ¿Quién era Álvar Núñez Cabeza de Vaca?
2. ¿A qué lugar lo llevaron las tormentas?
3. ¿Qué ocurrió durante los años que Cabeza de Vaca vivió con los indígenas?
4. ¿En qué se tranformó Cabeza de Vaca después de ser soldado?
5. ¿Qué hizo después de habitar diez años en América?
6. ¿En qué se basaba el gobierno que intentó establecer en el Paraguay?

## 2 Definiciones

Escribe la palabra adecuada para cada definición.

1. pensamiento expresado con palabras ______
2. persona que sube al poder y elimina los derechos democráticos de los ciudadanos ______
3. gobernante de un imperio ______
4. cien años ______
5. persona que forma parte de las fuerzas armadas ______
6. tranquilo; que busca la paz ______
7. vivir en un lugar ______
8. conocimiento profundo ______

# Práctica

**3 Sinónimos y antónimos** Completa cada cuadro con las palabras de la lista.

| | | |
|---|---|---|
| adelantado | derrotado | liberar |
| antiguo | esclavitud | poderoso |
| culto | habitar | rey |

**Sinónimos**

1. fuerte: ___________
2. avanzado: ___________
3. monarca: ___________
4. educado: ___________

**Antónimos**

5. libertad: ___________
6. victorioso: ___________
7. moderno: ___________
8. oprimir: ___________

**4 Latinoamérica** Completa la conversación con las palabras de la lista.

| | | |
|---|---|---|
| batallas | emperadores | herencia cultural |
| colonias | época | independencia |
| conquista | habitantes | reyes |

**IGNACIO** Después de que Cristóbal Colón llegara a América, ¿ordenaron los (1) ___________ de España la colonización de "Las Indias"?

**PROFESORA** Sí, y así se inició la (2) ___________ de los pueblos indígenas, los (3) ___________ nativos de los territorios.

**IGNACIO** Siglos más tarde, las (4) ___________ lucharon contra España por su (5) ___________. ¿Correcto?

**PROFESORA** Sí, Ignacio. Hoy en día, la (6) ___________ de Latinoamérica refleja la mezcla de costumbres españolas e indígenas.

**5 Preguntas** Responde a las preguntas con oraciones completas. Luego, comparte tus opiniones con las de un(a) compañero/a.

1. ¿Te interesa la historia mundial? ¿Qué época te interesa más? ¿Por qué?
2. ¿Es posible contar la historia sin expresar una opinión? ¿Por qué?
3. Según tu opinión, ¿cuáles fueron las civilizaciones antiguas más adelantadas?
4. ¿Qué gobernante famoso te hubiera gustado ser? ¿Por qué?
5. Espartaco, un esclavo y gladiador del Imperio romano, supuestamente dijo: "No hay peor esclavo que el que ignora que lo es." ¿Qué quiere decir esta cita?
6. ¿Qué papel deben tener los ejércitos en las sociedades modernas?
7. ¿A qué das más valor de tu herencia cultural?
8. ¿Crees que la humanidad ha progresado en el transcurso de la historia? ¿Estamos más adelantados que nuestros antepasados? ¿Somos más cultos? ¿Más pacíficos?

Practice more at **vhlcentral.com.**

# Comunicación

## 6 De historia

**A.** En parejas, escojan una novela o película histórica que conozcan y escriban un breve resumen de la obra. Incluyan una descripción del período histórico, los personajes y el argumento.

**B.** Ahora, imaginen que tienen la oportunidad de rodar su propia película histórica. ¿De qué tema tratará? Escriban una descripción de la película. Pueden escoger entre los elementos de la lista o inventar sus propios detalles.

| | | |
|---|---|---|
| **Contexto** | • período de la conquista<br>• lucha por la independencia<br>• dictadura | la historia tiene lugar en una época de inestabilidad política |
| **Protagonistas** | • soberano/a<br>• esclavo/a<br>• soldado | deben tener un papel importante en el desarrollo del conflicto |
| **Argumento** | • derrotar<br>• encabezar<br>• integrarse | la historia tiene que ver con una de estas acciones |

## 7 Discusión

En grupos de tres, lean las citas y comenten su significado. ¿Están de acuerdo con lo que dicen?

"En la pelea, se conoce al soldado; sólo en la victoria, se conoce al caballero." *Jacinto Benavente*

"Puede juzgarse el grado de civilización de un pueblo por la posición social de la mujer." *Domingo Faustino Sarmiento*

"No hay hombre tan cobarde a quien el amor no haga valiente y transforme en héroe." *Platón*

"Así como de la noche nace el claro del día, de la opresión nace la libertad." *Benito Pérez Galdós*

## 8 La reacción de los indígenas

En parejas, imaginen que son dos de los indígenas que vieron llegar a los conquistadores a América. ¿Qué habrían pensado de aquellos hombres? ¿Cómo habrían reaccionado? Compartan sus opiniones utilizando el vocabulario de **Contextos**.

Video

**El equipo de *Facetas* va a asistir a la ceremonia de premios para los mejores periodistas del año.**

**MARIELA** ¿Qué haces vestido así tan temprano?

**DIANA** La ceremonia no comienza hasta las siete.

**JOHNNY** Tengo que practicar con el traje puesto.

**AGUAYO** ¿Practicar qué?

**JOHNNY** Ponerme de pie, subir las escaleras, sentarme, saludar y todo eso. Imagínense…

*Johnny imagina que recibe un premio...*

**JOHNNY** Quisiera dar las gracias a mis amigos, a mis padres, a mi compadre, a mis familiares, a Dios por este premio que me han dado. De verdad, muchas gracias, los quiero a todos. ¡Muchas gracias! ¡Gracias!

*Aguayo sale corriendo de su oficina.*

**AGUAYO** ¡Llegó la lista! ¡Llegó la lista! (*Lee.*) "En la categoría de mejor serie de fotos, por las fotos de las pirámides de Teotihuacán, Éric Vargas."

**JOHNNY** Felicidades.

**AGUAYO** (*Lee.*) "En la categoría de mejor diseño de revista, por la revista *Facetas*, Mariela Burgos."

**MARIELA** Gracias.

*Al mismo tiempo, en la cocina...*

**JOHNNY** ¿Con quién vas a ir esta noche?

**ÉRIC** ¿Estás loco? Entre boletos, comida y todo lo demás, me arruinaría. Mejor voy solo.

**JOHNNY** No creo que debas ir solo. ¿Y qué tal si invitas a alguien que *ya* tiene boleto?

**ÉRIC** ¿A quién?

**JOHNNY** A Mariela.

**ÉRIC** ¿A Mariela?

**JOHNNY** Éric, es esta noche o nunca. ¿En qué otra ocasión te va a ver vestido con traje? Además, tienes que aprovechar que ella está de buen humor. Creo que antes te estaba mirando de una manera diferente…

**ÉRIC** No sé…

*Más tarde, en el escritorio de Mariela...*

**ÉRIC** ¿Qué tal?

**MARIELA** Todo bien.

**ÉRIC** Muy bonitos zapatos.

**MARIELA** Gracias.

**ÉRIC Y MARIELA** (*al mismo tiempo*) Quería preguntarte si…

**ÉRIC** Disculpa, tú primero…

**MARIELA** No, tú primero…

**Personajes**

AGUAYO

DIANA

ÉRIC

FABIOLA

JOHNNY

MARIELA

4

**AGUAYO** (*Lee.*) "En la categoría de mejor artículo, por 'Historia y civilización en América Latina', José Raúl Aguayo." No lo puedo creer. ¡Tres nominaciones!

*Todos están muy contentos, pero Johnny tiene cara de triste.*

**DIANA** Johnny, ¿cómo te van a nominar para un premio?... ¡si no presentaste ningún trabajo!

**JOHNNY** (*riéndose*) Claro... pues, es verdad.

5

*Más tarde, en el escritorio de Mariela...*

**MARIELA** Mira qué zapatos tan bonitos voy a llevar esta noche.

**FABIOLA** Pero... ¿tú sabes andar con eso?

**MARIELA** ¡Llevo toda mi vida andando con tacón alto!

**FABIOLA** Mira, de todas formas, te aconsejo que no te los pongas sin probártelos antes.

9

*Esa noche...*

**DIANA** ¡Qué nervios!

**FABIOLA** ¿Qué fue eso?

**JOHNNY** (*con una herradura en la mano*) Es todo lo que necesitamos esta noche.

10

*Éric y Mariela hablan a solas.*

**ÉRIC** ¿Estás preparada para la gran noche?

**MARIELA** Lista.

*Todos entran al ascensor, esperando a Aguayo.*

**ÉRIC** (*Grita.*) ¡Jefe!

*Aguayo se queda solo, mirando la oficina emocionado. Por fin, apaga la luz, entra al ascensor y todos se van.*

## Expresiones útiles

### Degrees of formality in expressing wishes

***Direct***

**Quiero invitarte a venir conmigo a la ceremonia.**
*I want to ask you to come with me to the ceremony.*

***More formal***

**Quería invitarte a venir conmigo a la ceremonia.**
*I wanted to ask you to come with me to the ceremony.*

***Most formal***

**Quisiera invitarte a venir conmigo a la ceremonia.**
*I would like to invite you to come with me to the ceremony.*

### Expressing anticipation and excitement

**¿Estás preparado/a para la gran noche?**
*Are you ready for the big night?*

**¡Qué nervios!/¡Qué emoción!**
*I'm so nervous!/I'm so excited!*

**Es hoy o nunca.**
*It's now or never.*

**¡No lo puedo creer!**
*I can't believe it!*

### Additional vocabulary

**arruinarse** *to go bankrupt*
**de todas formas** *in any case*
**la herradura** *horseshoe*
**la nominación** *nomination*
**ponerse de pie** *to stand up*
**el premio** *award; prize*
**el tacón (alto)** *(high) heel*

# Comprensión

**1 La trama** Primero, indica con una **X** los hechos que no ocurrieron en este episodio. Después, indica con números el orden correcto de los hechos que sí ocurrieron.

____ a. Diana le explica a Johnny por qué no fue nominado.
____ b. Aguayo va con su esposa y le aconseja a Éric que invite a Mariela.
____ c. Cuando llega la lista, el equipo de *Facetas* descubre que los nominados son Aguayo, Mariela y Éric.
____ d. Mariela quiere ir a la ceremonia con tacón alto.
____ e. Fabiola no va a ir a la ceremonia.
____ f. Éric y Mariela hablan.
____ g. Johnny va al trabajo vestido elegantemente.
____ h. Johnny gana un premio.

**2 Preguntas** Responde a las preguntas con oraciones completas.

1. ¿Adónde iba a ir el equipo de *Facetas* esa noche?
2. ¿Por qué se vistió Johnny con un traje elegante tan temprano?
3. ¿Por qué no fue nominado Johnny?
4. ¿Por qué cree Johnny que Éric debe invitar a Mariela?
5. ¿Crees que Mariela y Éric serán novios? ¿Por qué?

**3 La ceremonia** En parejas, piensen en lo que va a pasar en la ceremonia. Escriban cuatro oraciones con sus predicciones. Luego, compartan sus ideas con la clase. Utilicen por lo menos tres palabras de la lista.

| | |
|---|---|
| **emoción** | **ponerse de pie** |
| **nervios** | **premio** |
| **nominación** | **preparado/a** |

**4 Gracias, muchas gracias** En las ceremonias de entregas de premios, los ganadores dicen unas palabras. En grupos de tres, preparen los posibles discursos de Éric, Aguayo y Mariela. El discurso de Aguayo debe ser adecuado y formal. El discurso de Éric, aburrido y nervioso. El de Mariela, gracioso e informal. Luego representen la situación ante la clase.

**MODELO**

*Acepto este premio de parte de la revista* Facetas *y todos sus empleados. Primero, me gustaría agradecer a…*

Practice more at **vhlcentral.com.**

# Ampliación

**5** **Éric y Mariela** La **Fotonovela** tiene un final abierto porque es casi al final cuando Éric y Mariela tratan de invitarse el uno al otro para ir a la ceremonia de gala. En parejas, preparen la continuación de la conversación entre Éric y Mariela, y representen la situación.

**6** **El futuro de *Facetas*** En parejas, imaginen cómo será la vida de cada uno de los personajes de la **Fotonovela** dentro de veinte años.

AGUAYO

DIANA

ÉRIC

FABIOLA

JOHNNY

MARIELA

**7** **Apuntes culturales** En parejas, lean los párrafos y contesten las preguntas.

### Teotihuacán vs. Walmart

Éric ha sido nominado por sus fotos de las pirámides de **Teotihuacán**. Este complejo arquitectónico de más de 2.000 años de antigüedad es el legado (*heritage*) histórico y cultural más preciado de los mexicanos. En 2005, la cadena de supermercados **Walmart** generó una gran controversia cuando se instaló muy cerca de allí, a la vista de los visitantes.

### Escritor, periodista y político

¡Bravo, Aguayo, por la nominación! Otro escritor destacado en literatura y periodismo es el peruano **Mario Vargas Llosa**, quien ha realizado una prolífica carrera como escritor, periodista, profesor y político. Llegó a ser candidato a presidente. Colabora con el diario *El País* y entre sus novelas se destaca *La fiesta del chivo*. ¿Se dedicará Aguayo a la política?

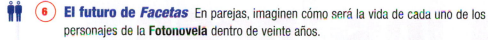

### El mejor periodista

Johnny se entristeció cuando se enteró de que no recibiría ningún premio. Un periodista que sí ha obtenido muchos es el mexicano **Claudio Sánchez** de *NPR* (*National Public Radio*). El premio más prestigioso fue el *Alfred I. duPont-Columbia University*, uno de los más altos honores periodísticos. ¡Todavía hay esperanza, Johnny!

1. ¿Qué opinas sobre la apertura de *Walmart* en Teotihuacán? ¿Te parece un hecho positivo para la economía de México o es una ofensa a su cultura?
2. ¿Cuáles son los sitios históricos más antiguos o importantes de tu comunidad? ¿Ha habido alguna controversia acerca de su preservación? ¿Cómo se resolvió?
3. El diario español *El País* es uno de los más importantes del mundo hispanohablante. ¿Cuáles son los diarios más importantes de tu país? ¿Los lees tú?
4. ¿Conoces a otros periodistas hispanos famosos? ¿En qué medios trabajan?

En detalle

# La herencia de los incas

**El Imperio inca duró sólo trescientos años (del siglo XIII al XVI).** Esta civilización nunca conoció la rueda°, el hierro° o el caballo, elementos que en otras culturas estuvieron directamente relacionados con el progreso. Sin embargo, los incas dejaron huellas° indelebles° en la lengua, la cultura, la agricultura, la ingeniería, la planificación urbana y la industria textil en Perú, Ecuador y el resto de la región andina.

El centro del Imperio inca era la ciudad de Cuzco, en el actual Perú. La red° de caminos establecida por los incas tenía una extensión de aproximadamente 20.000 kilómetros (12.500 millas), y recorría el territorio que ahora ocupan seis países: Argentina, Bolivia, Chile, Colombia, Ecuador y Perú. La ruta principal, de unos 5.000 kilómetros de extensión, recorría los Andes desde el norte de Ecuador hasta el centro de Chile. No se trataba de simples caminos de tierra°: muchos eran caminos empedrados° y a veces incluían puentes colgantes° o flotantes°, puentes de piedra o terraplenes°. Miles de turistas de todo el mundo recorren el tramo más conocido de este sistema de rutas: el Camino del Inca, que llega a Machu Picchu; mientras que millones de suramericanos recorren —quizás sin saberlo— viejos caminos incas, ya que muchas rutas de Suramérica siguen el mismo trazado° marcado por los incas hace seiscientos años.

Los incas se destacaron por el uso de la ingeniería agrícola°. Convirtieron zonas montañosas en áreas productivas a través de la construcción de sistemas de terrazas de cultivo. También construyeron canales que llevaban agua para regar° plantaciones en zonas desérticas. Algunas de estas innovaciones tecnológicas siguen en uso actualmente.

El principal legado° cultural del Imperio inca son sus dos lenguas: el aymara y el quechua. La presencia inca también se percibe en la vida cotidiana: costumbres y tradiciones que pasan de generación en generación. Su expresión más visible es la industria textil tradicional, que sigue usando las mismas técnicas de antaño°. ■

**El correo inca**

Un avanzado sistema de rutas no sería de mucha utilidad sin un sistema de comunicación eficiente. Los incas usaban un sistema de **chasquis**, o mensajeros, para llevar órdenes y noticias por todo el imperio. El sistema utilizado por los chasquis era similar al de las carreras de relevos°. Se dice que fue el sistema de mensajería más rápido hasta la invención del telégrafo. Los chasquis podían llevar un mensaje de Quito a Cuzco (aproximadamente 2.000 kilómetros) en unos cinco o seis días.

**rueda** *wheel* **hierro** *iron* **huellas** *marks* **indelebles** *permanent* **red** *network* **caminos de tierra** *dirt roads* **empedrados** *cobbled* **colgantes** *suspension* **flotantes** *floating* **terraplenes** *embankments* **trazado** *route* **agrícola** *agricultural* **regar** *to water* **legado** *legacy* **de antaño** *from the past* **carreras de relevos** *relay races*

ASÍ LO DECIMOS

## Palabras de lenguas indígenas

**el cacao (náhuatl)** *cacao; cocoa*
**el charqui (quechua)** *jerky*
**el chicle (náhuatl)** *gum*
**el chocolate (náhuatl)** *chocolate*
**el cóndor (quechua)** *condor*
**el coyote (náhuatl)** *coyote*
**la guagua (quechua)** *baby boy/girl*
**el huracán (taíno)** *hurricane*
**la llama (quechua)** *llama*
**el poncho (mapuche)** *poncho*
**el puma (quechua)** *cougar*

EL MUNDO HISPANOHABLANTE

## Curiosidades

Situada en el istmo de Tehuantepec, en México, **Juchitán** es una comunidad mayoritariamente indígena cuyos mitos y creencias resisten la influencia del exterior. Se dice que aquí todavía subsiste el **matriarcado°** porque las mujeres tienen una presencia vital en la economía y en la sociedad.

La **Catedral de Sal** en Zipaquirá, cerca de Bogotá, Colombia, es una obra única de ingeniería y arte. Esta construcción subterránea fue realizada en una mina de sal que los **indígenas muiscas** de esa zona ya explotaban° antes de la llegada de los españoles al continente americano.

La sociedad **Rapa Nui**, desarrollada en condiciones de aislamiento° extremo en la Isla de Pascua, Chile, presenta numerosos interrogantes° que se resisten a ser descifrados. Sus famosas esculturas monolíticas, o moáis, sus altares megalíticos y su escritura jeroglífica siguen siendo un misterio para los investigadores.

PERFIL

# MACHU PICCHU

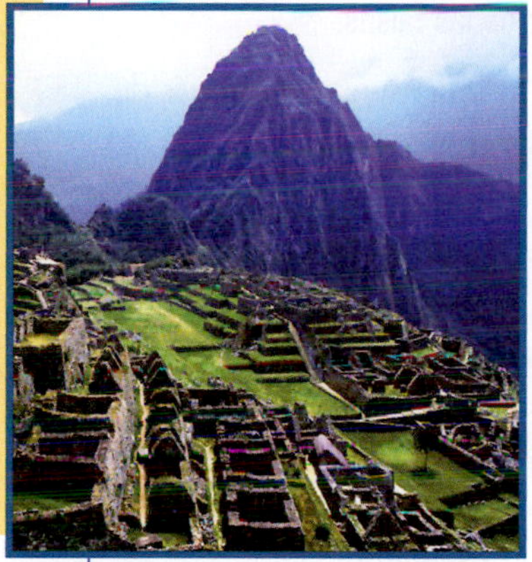

La ciudad de Machu Picchu es el ejemplo más famoso de las sofisticadas técnicas arquitectónicas de la civilización inca. Las ruinas están a unos 112 kilómetros (70 millas) de Cuzco, Perú, en una zona montañosa desde la que se pueden disfrutar unas vistas espectaculares del valle del Urubamba. En el corazón de Machu Picchu está la plaza central, en la que se pueden ver los templos y los edificios del gobierno. Uno de los monumentos más famosos es el *intihuatana*, un observatorio astronómico inca, utilizado para observar el Sol, y para medir° las estaciones del año y el transcurso del tiempo. También se realizaban allí ceremonias en honor al Sol, y la elevación del terreno permitía que todos los habitantes las presenciaran.

“Una cosa es continuar la historia y otra repetirla.” (Jacinto Benavente, dramaturgo español)

### Conexión Internet

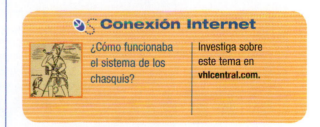

¿Cómo funcionaba el sistema de los chasquis?

Investiga sobre este tema en **vhlcentral.com.**

**medir** *to measure* **matriarcado** *matriarchy* **explotaban** *operated* **aislamiento** *isolation* **interrogantes** *mysteries*

# ¿Qué aprendiste?

**1 ¿Cierto o falso?** Indica si las oraciones son **ciertas** o **falsas**. Corrige las falsas.

1. El Imperio inca alcanzó su auge después de la llegada de los españoles.
2. El Imperio inca se extendía hasta Panamá.
3. La principal ruta inca recorría la costa atlántica de Suramérica.
4. Algunos caminos actuales siguen el trazado de viejas rutas incas.
5. Los incas cultivaban los desiertos con un sistema de terrazas.
6. Todavía se siguen utilizando algunas de las técnicas agrícolas de los incas.
7. Todavía se usan las dos lenguas habladas por los incas.
8. Un solo chasqui se encargaba de llevar los mensajes de Quito a Cuzco.

**2 Oraciones incompletas** Elige la opción correcta.

1. Machu Picchu es (el templo inca más famoso / el ejemplo más famoso de arquitectura inca).
2. El *intihuatana* era un (templo / observatorio).
3. El charqui es (una comida / un tipo de poncho).
4. La palabra *llama* viene de la lengua (mapuche / quechua).

**3 Preguntas** Contesta las preguntas con oraciones completas.

1. ¿Dónde está Juchitán?
2. ¿Por qué se dice que en Juchitán subsiste el matriarcado?
3. ¿Dónde se construyó la Catedral de Sal de Zipaquirá?
4. ¿Qué grupo indígena explotaba la mina de sal de Zipaquirá?
5. ¿Qué isla chilena tiene esculturas monolíticas?

**4 Opiniones** En parejas, hablen de la importancia de mantener los usos y las costumbres tradicionales, y del posible efecto de las tradiciones en el desarrollo económico de las sociedades. Usen las preguntas como guía:

- ¿Es importante mantener las tradiciones? ¿Por qué?
- ¿Qué tradiciones conocen que tengan un impacto económico positivo para la comunidad?
- ¿Creen que las tradiciones pierden su significado si se explota su potencial económico?
- ¿Hay tradiciones que sea mejor no mantener? ¿Cuáles?

Contesten las preguntas, den ejemplos de sus puntos de vista y, después, compartan su opinión con la clase.

Practice more at **vhlcentral.com.**

## PROYECTO

*Monolitos, Isla de Pascua*

### Monumentos antiguos

Elige uno de los lugares de la lista u otra construcción antigua importante en un país de habla hispana. Busca información sobre el lugar y prepara una presentación para tus compañeros. No olvides incluir información sobre la época en la que se construyó, quién lo hizo y, si se sabe, con qué objetivo. Incluye una fotografía o una ilustración de la obra o construcción.

- Monolitos de la Isla de Pascua
- Líneas de Nazca
- Catedral de Sal
- Monte Albán

Flash CULTURA

Video

# Machu Picchu: encanto y misterio

Ya has leído sobre la maravillosa herencia de los incas en Suramérica. Este episodio de **Flash Cultura** te lleva a conocer las ruinas de Machu Picchu en Perú para descubrir sus misterios y saber qué piensan de ellas los visitantes de todo el mundo.

## VOCABULARIO ÚTIL

**el borde** *edge*
**la bruma** *mist*
**la ciudadela** *citadel*
**la cordillera** *mountain range*
**el depósito** *warehouse*
**evitar** *to prevent*
**la intrepidez** *fearlessness*
**tallado/a** *carved*

**Preparación** ¿Te interesan las antiguas civilizaciones? ¿Te parece que es mejor visitar un lugar histórico que leer sobre él? ¿Estarías dispuesto/a a hacer un viaje de aventura a un país lejano? ¿Qué cosas pueden ser difíciles o peligrosas en un viaje así?

**Comprensión** Indica si estas afirmaciones son **ciertas** o **falsas**. Después, en parejas, corrijan las falsas.

1. Machu Picchu se encuentra en un lugar muy accesible a los turistas.
2. Se sabe que Miguel Ángel vivió en la ciudadela.
3. Las ruinas fueron descubiertas por un explorador estadounidense.
4. Cada una de las piedras de Machu Picchu fue cuidadosamente tallada.
5. Las terrazas servían como almacén de alimentos.
6. La ubicación geográfica de Machu Picchu evitó que la ciudadela fuera invadida por la conquista española.

**Expansión** En parejas, contesten estas preguntas.

- Si visitaran las ruinas, ¿contratarían un(a) guía local? ¿Les parece que sería importante conversar con un(a) heredero/a de la cultura andina? ¿Por qué?
- A Machu Picchu se puede llegar a pie o, en mucho menos tiempo, en tren. ¿Qué opción elegirían? ¿Por qué?
- ¿Qué les atrae más de Machu Picchu: el misterio, el entorno de la naturaleza, la maravilla de su construcción o su importancia histórica? Expliquen su elección.

**Corresponsal:** Omar Fuentes
**País:** Perú

Un lugar remoto, sagrado y misterioso que fue descubierto apenas hace cien años.

Para cuando los españoles obtuvieron el control del Perú en 1532, todos los habitantes de Machu Picchu habían desaparecido.

Esta cultura quechua hizo muchas grandes obras y, actualmente, podemos ver esta maravilla del mundo que es Machu Picchu.

Practice more at **vhlcentral.com.**

## 12.1 Uses of the infinitive

¿Tú sabes andar con eso?

**TALLER DE CONSULTA**

**MANUAL DE GRAMÁTICA**
**Más práctica**

12.1 Uses of the infinitive, p. A63
12.2 Summary of the indicative, p. A64
12.3 Summary of the subjunctive, p. A65

**Más gramática**

12.4 **Pedir/preguntar** and **conocer/saber**, p. A66

**¡ATENCIÓN!**

An infinitive is the unconjugated form of a verb and ends in **-ar**, **-er**, or **-ir**.

**¡ATENCIÓN!**

The gerund form may also be used after verbs of perception.

**Te escuché hablando con él.**
*I heard you talking to him.*

- The infinitive (**el infinitivo**) is commonly used after other conjugated verbs, especially when there is no change of subject. **Deber**, **decidir**, **desear**, **necesitar**, **pensar**, **poder**, **preferir**, **querer**, and **saber** are all frequently followed by infinitives.

Después de tres décadas de guerra, el rey **decidió rendirse**.
*After three decades of war, the king decided to surrender.*

No **quisimos viajar** a esa región durante este período de inestabilidad.
*We did not want to travel to that region during this period of instability.*

- Use the infinitive after verbs of perception, such as **escuchar**, **mirar**, **oír**, **sentir**, and **ver**, even if there is a change of subject. The use of an object pronoun with the conjugated verb distinguishes the two subjects and eliminates the need for a subordinate clause.

Te **oigo hablar**, ¡pero no entiendo nada!
*I hear you speaking, but I don't understand anything!*

Si la **ven salir**, avísenme enseguida, por favor.
*If you see her leave, please let me know immediately.*

- Many verbs of influence, such as **dejar**, **hacer**, **mandar**, **pedir**, **permitir**, and **prohibir**, may also be followed by the infinitive. As with verbs of perception, the object pronoun makes a subordinate clause unnecessary.

La profesora **nos hizo leer** artículos sobre la conquista.
*The teacher made us read articles about the conquest.*

El comité **me ha dejado continuar** con las investigaciones.
*The committee has allowed me to continue with my research.*

- The infinitive may be used with impersonal expressions, such as **es importante**, **es fácil**, and **es bueno**. It is required after **hay que** and **tener que**.

**Es importante celebrar** nuestra herencia cultural.
*It's important to celebrate our cultural heritage.*

**Hay que hacer** todo lo posible para lograr una solución pacífica.
*We must do everything possible to reach a peaceful solution.*

Tengo que practicar con el traje puesto.

- After prepositions, the infinitive is used.

Se cree que las estatuas fueron construidas **para proteger** al templo.
*It is believed that the statues were built in order to protect the temple.*

El arqueólogo las miró con cuidado, **sin decir** nada.
*The archeologist looked at them carefully, without saying a word.*

- Many Spanish verbs follow the pattern of [*conjugated verb*] + [*preposition*] + [*infinitive*]. The prepositions for this pattern are **de**, **a**, **con**, or **en**.

¿Con quién vas a ir esta noche?

| | |
|---|---|
| **acabar de** *to have just (done something)* | **enseñar a** *to teach (to)* |
| **aprender a** *to learn (to)* | **quedar en** *to agree (to)* |
| **contentarse con** *to be happy with* | **tardar en** *to take time (to)* |
| **dejar de** *to stop (doing something)* | **tratar de** *to try (to)* |

**Acabo de hablar** con el profesor López.
*I have just spoken with Professor López.*

**Trato de estudiar** todos los días.
*I try to study every day.*

Su computadora **tarda mucho en encenderse.**
*His computer takes a while to start.*

**Quedamos en hacerlo.**
*We agreed to do it.*

- While **deber** + [*infinitive*] suggests obligation, **deber** + **de** + [*infinitive*] suggests probability.

El pueblo **debe saber** la verdad.
*The people need to know the truth.*

El pueblo **debe de saber** la verdad.
*The people probably know the truth.*

- In Spanish, unlike in English, the gerund form of a verb (*talking, working,* etc.) may not be used as a noun or in giving instructions. The infinitive form is used instead.

**Ver** es creer.
*Seeing is believing.*

No **fumar**.
*No smoking.*

El arte de **mirar**.
*The art of seeing.*

- The perfect infinitive is formed by combining the infinitive **haber** and a past participle. It expresses an action completed before the action of the main verb.

Después de **haber terminado** sus negociaciones con Austria, Napoleón regresó a París.
*After having concluded his negotiations with Austria, Napoleon returned to Paris.*

Los mexicanos estaban orgullosos de **haber conseguido** la independencia de España.
*Mexicans were proud of having gained their independence from Spain.*

# Práctica

**TALLER DE CONSULTA**

**MANUAL DE GRAMÁTICA**
**Más práctica**

12.1 Uses of the infinitive, p. A63

**1 Oraciones** Forma oraciones completas con los elementos dados. Sigue el modelo y añade preposiciones cuando sea necesario.

MODELO **la arqueóloga / esperar / descubrir / tesoros antiguos**
La arqueóloga espera descubrir tesoros antiguos.

1. Luis / pensar / ser / historiador
2. él / querer / especializarse / la historia suramericana
3. el profesor Sánchez / le /enseñar / hablar / lenguas indígenas
4. sus padres / le / aconsejar / estudiar / extranjero
5. Luis / acabar / pedir información / programa en el Ecuador

**2 Mi abuelo** Completa las oraciones con el infinitivo perfecto.

1. Después de ________ (luchar) en la guerra, mi abuelo emigró a Argentina.
2. Tras ________ (cruzar) el Atlántico, llegó al puerto de Buenos Aires.
3. Cansado de ________ (vivir) siempre en el campo, se instaló en la ciudad.
4. A los pocos días de ________ (llegar) a Buenos Aires, conoció a su futura esposa, mi abuela.
5. Al poco tiempo de ________ (nacer) mi padre, mi abuelo construyó una casa más grande.
6. A pesar de ________ (tener) que trabajar mucho, mi abuelo siempre tuvo tiempo para dedicarse a su pasatiempo favorito: la pintura.
7. Con el tiempo, se convirtió en un pintor famoso a pesar de no ________ (realizar) estudios formales de arte.
8. Con el dinero que ganó en Argentina, mi abuelo podría ________ (volver) a España, pero prefirió quedarse en Buenos Aires.

**3 Una profesora exigente** Hay una nueva profesora de historia en el departamento. Lee las instrucciones que ella dio a su clase. Luego, escribe oraciones completas desde el punto de vista de los estudiantes, y describe lo que ella les pidió. Sigue el modelo.

MODELO **Lean cien páginas del texto para mañana. (hacer)**
Nos hizo leer cien páginas del texto para mañana.

1. Escriban un trabajo de cincuenta páginas. (obligar a)
2. No coman en clase. (prohibir)
3. Busquen diez libros sobre el tema. (hacer)
4. Vayan hoy mismo al museo para ver la exhibición africana. (mandar)
5. No vengan a clase sin leer el material. (no permitir)
6. Utilicen el libro para hacer su examen. (dejar)

Practice more at **vhlcentral.com.**

# Comunicación

**4** **Documental** En parejas, lean las preguntas de esta entrevista con Fabián Mateos, director del documental histórico *Bolívar*. Luego, inventen sus respuestas. Contesten con oraciones completas y utilicen verbos en infinitivo (simple o perfecto). Después, representen la entrevista frente a la clase.

**REPORTERO** Me dijeron que la filmación acaba de terminar. ¿Es así?

**FABIÁN** (1) ______________________________

**REPORTERO** ¿Te acostumbraste a vivir en Suramérica? ¿Piensas volver?

**FABIÁN** (2) ______________________________

**REPORTERO** ¿Crees que el documental nos hará cambiar de idea sobre los héroes de la independencia suramericana?

**FABIÁN** (3) ______________________________

**REPORTERO** ¿Fue difícil escoger al actor que representa a Simón Bolívar?

**FABIÁN** (4) ______________________________

**REPORTERO** ¿Piensas hacer otro documental histórico? ¿Hay otro tema histórico que te gustaría explorar?

**FABIAN** (5) ______________________________

**5** **Recomendaciones** En parejas, háganse estas preguntas sobre sus planes para el futuro. Luego, túrnense para hacerse cinco recomendaciones para lograr sus metas. Utilicen las frases de la lista y el infinitivo, y añadan sus propias ideas.

1. ¿Qué clases quieres tomar?
2. ¿Qué profesión deseas tener?
3. ¿Esperas viajar a otros países? ¿Cuáles?
4. ¿Qué cosas nuevas quieres aprender a hacer?
5. ¿Qué metas deseas alcanzar?

| | |
|---|---|
| es bueno | tener que |
| es fácil | estudiar |
| es importante | explorar |
| hay que | viajar |

**6** **Viajes maravillosos**

**A.** En grupos de cuatro, imaginen que ustedes son científicos/as y han creado una máquina para viajar en el tiempo. Quieren comenzar un negocio con su invento, vendiendo pasajes y siendo guías históricos. Escriban un anuncio breve, utilizando por lo menos seis frases de la lista.

| | |
|---|---|
| acabar de | quedar en |
| aprender a | querer |
| es fácil | tardar en |
| es increíble | tratar de |

**B.** Ahora, imaginen que son los/las turistas que compraron pasajes y que acaban de volver de su primer viaje al pasado. Escojan un período histórico y luego escriban una descripción de lo que vieron e hicieron, utilizando por lo menos seis verbos en infinitivo. Sigan el modelo.

**MODELO** Acabamos de regresar de nuestro primer viaje al pasado. ¡Aún no podemos creer que anduviéramos con los dinosaurios! El primer día...

## 12.2 Summary of the indicative

### Indicative verb forms

- This chart provides a summary of indicative verb forms for regular **-ar**, **-er**, and **-ir** verbs.

**Indicative verb forms**

| -ar verbs | | -er verbs | | -ir verbs | |
|---|---|---|---|---|---|
| | | **PRESENT** | | | |
| canto | cantamos | bebo | bebemos | recibo | recibimos |
| cantas | cantáis | bebes | bebéis | recibes | recibís |
| canta | cantan | bebe | beben | recibe | reciben |
| | | **PRETERITE** | | | |
| canté | cantamos | bebí | bebimos | recibí | recibimos |
| cantaste | cantasteis | bebiste | bebisteis | recibiste | recibisteis |
| cantó | cantaron | bebió | bebieron | recibió | recibieron |
| | | **IMPERFECT** | | | |
| cantaba | cantábamos | bebía | bebíamos | recibía | recibíamos |
| cantabas | cantabais | bebías | bebíais | recibías | recibíais |
| cantaba | cantaban | bebía | bebían | recibía | recibían |
| | | **FUTURE** | | | |
| cantaré | cantaremos | beberé | beberemos | recibiré | recibiremos |
| cantarás | cantaréis | beberás | beberéis | recibirás | recibiréis |
| cantará | cantarán | beberá | beberán | recibirá | recibirán |
| | | **CONDITIONAL** | | | |
| cantaría | cantaríamos | bebería | beberíamos | recibiría | recibiríamos |
| cantarías | cantaríais | beberías | beberíais | recibirías | recibiríais |
| cantaría | cantarían | bebería | beberían | recibiría | recibirían |

| PRESENT PERFECT | PAST PERFECT | FUTURE PERFECT | CONDITIONAL PERFECT |
|---|---|---|---|
| he | había | habré | habría |
| has | habías | habrás | habrías |
| ha | había | habrá | habría |
| hemos | habíamos | habremos | habríamos |
| habéis | habíais | habréis | habríais |
| han | habían | habrán | habrían |
| + cantado / bebido / recibido | + cantado / bebido / recibido | + cantado / bebido / recibido | + cantado / bebido / recibido |

**TALLER DE CONSULTA**

To review indicative verb forms, see:


The present tense 1.1, pp. 14–15

The preterite 3.1, pp. 94–95

The imperfect 3.2, pp. 98–99

The future 6.1, pp. 216–217

The conditional 8.1, pp. 294–295

The present perfect 7.1, pp. 256–257

The past perfect 7.2, p. 260

The future perfect 10.1, p. 372

The conditional perfect 10.2, p. 374

## Uses of indicative verb tenses

¡Llegó la lista!

¡Es todo lo que necesitamos esta noche!


- This chart explains when each of the indicative verb tenses is appropriate.

**Uses of indicative verb tenses**

**PRESENT**

| | |
|---|---|
| • timeless events: | La gente **quiere** vivir en paz. |
| • habitual events that still occur: | Mi madre **sale** del trabajo a las cinco. |
| • events happening right now: | Ellos **están** enojados. |
| • future events expected to happen: | Te **llamo** este fin de semana. |

**PRETERITE**

| | |
|---|---|
| • actions or states beginning/ending at a definite point in the past: | Ayer **firmamos** el contrato. |

**IMPERFECT**

| | |
|---|---|
| • past events without focus on beginning, end, or completeness: | Yo **leía** mientras ella **estudiaba**. |
| • habitual past actions: | Ana siempre **iba** a ese restaurante. |
| • mental, physical, and emotional states: | Mi abuelo **era** alto y fuerte. |

**FUTURE**

| | |
|---|---|
| • future events: | **Iré** a Madrid en dos semanas. |
| • probability about the present: | ¿**Estará** en su oficina ahora? |

**CONDITIONAL**

| | |
|---|---|
| • what would happen: | Él **lucharía** por sus ideales. |
| • future events in past-tense narration: | Me dijo que lo **haría** él mismo. |
| • conjecture about the past: | ¿Qué hora **sería** cuando regresaron? |

**PRESENT PERFECT**

| | |
|---|---|
| • what has occurred: | **Han cruzado** la frontera. |

**PAST PERFECT**

| | |
|---|---|
| • what had occurred: | Lo **habían hablado** hace tiempo. |

**FUTURE PERFECT**

| | |
|---|---|
| • what will have occurred: | Para la próxima semana, ya **se habrá estrenado** la película. |

**CONDITIONAL PERFECT**

| | |
|---|---|
| • what would have occurred: | Juan **habría sido** un gran atleta. |

**¡ATENCIÓN!**

Use the progressive forms to narrate an action in progress. These are the main progressive forms.

PRESENT
Emilia **está estudiando** historia.

PAST (IMPERFECT)
Emilia **estaba estudiando** historia cuando sonó el teléfono.

PAST (PRETERITE)
Ayer Emilia **estuvo estudiando** historia.

FUTURE
Cuando regreses a casa, Emilia **estará estudiando** historia.

CONDITIONAL
Si no estuviera de vacaciones, **estaría estudiando** historia.

# Práctica

**TALLER DE CONSULTA**

**Manual de gramática**
**Más práctica**

12.2 Summary of the indicative, p. A64

**1 Declaración** En 1948, la ONU (Organización de las Naciones Unidas) aprobó la *Declaración Universal de los Derechos Humanos.* A continuación se presentan algunos de los derechos básicos del hombre. Selecciona la forma adecuada del verbo entre paréntesis.

1. Todas las personas (nacen / nacían) libres e iguales.
2. No se (discriminó / discriminará) por ninguna razón: ni nacionalidad, ni raza, ni ideas políticas, ni sexo, ni edad, ni otras.
3. Todas las personas (tendrían / tendrán) derecho a la vida y a la libertad.
4. No (habría / habrá) esclavos.
5. Toda persona (tiene / tendría) derecho a una nacionalidad.
6. Nadie (sufre / sufrirá) torturas ni tratos crueles.
7. Todos (son / eran) iguales ante la ley y (tienen / tuvieron) los mismos derechos legales.
8. La discriminación (era / será) castigada.
9. Nadie (va / irá) a la cárcel sin motivo.
10. Se (juzga / juzgará) de una manera justa a todos los presos.

**2 Pasado, presente y futuro** David y Sandra son novios. Antes de conocerse tenían vidas muy distintas. Escribe diez oraciones completas sobre el pasado, el presente y el futuro de esta pareja. Utiliza las ideas de la lista o inventa tus propios detalles.

| PASADO | PRESENTE | FUTURO |
|---|---|---|
| vivir en la ciudad/campo | estudiar en la universidad | trabajar |
| viajar con la familia | salir con amigos | casarse |
| hacer deportes | ir al cine | tener hijos |
| divertirse | viajar | vivir en los suburbios |

**3 Rey por un día** Hoy, por un sólo día, te has convertido en rey/reina de un dominio extenso. Primero, lee la descripción e identifica el tiempo verbal de cada verbo en indicativo. Luego, contesta las preguntas con oraciones completas.

**8:00** Te despiertas en el palacio. ¿Qué te gustaría hacer? ¿Disfrutarás del lujo?

**12:00** Tus asesores te dicen que las fuerzas armadas del enemigo han invadido y que habrán llegado hasta el palacio antes de las cuatro. ¿Qué haces?

**4:00** Cuando tus soldados por fin llegaron al palacio, las fuerzas enemigas ya habían entrado. Te han secuestrado y están exigiendo la mitad de tu reino. ¿Qué les dices?

**6:00** ¿Lograste resolver el conflicto? ¿Habrías preferido convertirte en otra cosa?

Practice more at **vhlcentral.com.**

# Comunicación

**4** **La historia** **En parejas, háganse estas preguntas sobre la historia.**

1. ¿Crees que la vida era mejor hace cincuenta años? ¿Crees que será mejor o peor en el futuro?
2. ¿Cuál fue el acontecimiento más importante de toda la historia de la humanidad?
3. ¿Qué suceso histórico te habría gustado cambiar?
4. ¿Qué habrá pasado en el mundo en cincuenta años?
5. ¿Crees que hemos aprendido de los errores humanos del pasado?

**5** **¿Quién es?** **En parejas, escojan una persona famosa. Escriban una lista de los acontecimientos de su vida (pasados, presentes y los que puedan ocurrir en el futuro). Cuando hayan terminado, lean en voz alta la lista y el resto de la clase tendrá que adivinar de quién se trata.**

**6** **Historias extrañas** **En grupos de tres, lean las historias y contesten las preguntas. Luego, compartan sus respuestas con la clase.**

1. Un rey regresó victorioso a su reino. Había conquistado enormes territorios y había traído muchas riquezas. Dos días después, desapareció.
   - ¿Qué le pasó?
2. Un emperador guerrero y poderoso derrotó a los integrantes de una tribu indígena. Durante años los explotó cruelmente como esclavos. Un buen día, les dio a todos la libertad.
   - ¿Por qué habrá liberado el emperador a los esclavos?

**7** **Acontecimientos** **Lee la lista de acontecimientos históricos y ordénalos según su importancia. Luego, en parejas, expliquen por qué ordenaron los acontecimientos de esa manera. Compartan sus ideas con la clase.**

_______ la independencia de los Estados Unidos
_______ la llegada de Cristóbal Colón al continente americano
_______ la invención del automóvil
_______ la invención del teléfono
_______ la Segunda Guerra Mundial
_______ la llegada del hombre a la Luna
_______ la caída del muro de Berlín
_______ la invención de Internet
_______ el descubrimiento de la penicilina
_______ la invención de la computadora

# 12.3 Summary of the subjunctive

## Subjunctive verb forms

- This chart provides a summary of subjunctive verb forms for regular **-ar**, **-er**, and **-ir** verbs.

No creo que debas ir solo.

No creo que Mariela esté interesada en ir conmigo.


**TALLER DE CONSULTA**

To review subjunctive verb forms, see:


The subjunctive in noun clauses 4.1, pp. 134–136

The past subjunctive 8.2, pp. 298–299

The present perfect subjunctive 9.1, p. 336

The past perfect subjunctive 10.3, p. 376


**Subjunctive verb forms**

| -ar verbs | | -er verbs | | -ir verbs | |
|---|---|---|---|---|---|
| **PRESENT SUBJUNCTIVE** | | | | | |
| hable | hablemos | beba | bebamos | viva | vivamos |
| hables | habléis | bebas | bebáis | vivas | viváis |
| hable | hablen | beba | beban | viva | vivan |
| **PAST SUBJUNCTIVE** | | | | | |
| hablara | habláramos | bebiera | bebiéramos | viviera | viviéramos |
| hablaras | hablarais | bebieras | bebierais | vivieras | vivierais |
| hablara | hablaran | bebiera | bebieran | viviera | vivieran |
| **PRESENT PERFECT SUBJUNCTIVE** | | | | | |
| haya hablado | | haya bebido | | haya vivido | |
| hayas hablado | | hayas bebido | | hayas vivido | |
| haya hablado | | haya bebido | | haya vivido | |
| hayamos hablado | | hayamos bebido | | hayamos vivido | |
| hayáis hablado | | hayáis bebido | | hayáis vivido | |
| hayan hablado | | hayan bebido | | hayan vivido | |
| **PAST PERFECT SUBJUNCTIVE** | | | | | |
| hubiera hablado | | hubiera bebido | | hubiera vivido | |
| hubieras hablado | | hubieras bebido | | hubieras vivido | |
| hubiera hablado | | hubiera bebido | | hubiera vivido | |
| hubiéramos hablado | | hubiéramos bebido | | hubiéramos vivido | |
| hubierais hablado | | hubierais bebido | | hubierais vivido | |
| hubieran hablado | | hubieran bebido | | hubieran vivido | |

## Uses of subjunctive verb tenses

Me hubiera gustado ser nominado.

Te aconsejo que no te los pongas sin probártelos.


- The subjunctive is used mainly in multiple clause sentences. This chart explains when each of the subjunctive verb tenses is appropriate.

**Uses of subjunctive verb tenses**

| | |
|---|---|
| **PRESENT** | |
| • main clause is in the present: | Quiero que **hagas** un esfuerzo. |
| • main clause is in the future: | Ganará las elecciones a menos que **cometa** algún error. |
| **PAST** | |
| • main clause is in the past: | Esperaba que **vinieras**. |
| • hypothetical statements about the present: | Si **tuviéramos** boletos, iríamos al concierto. |
| **PRESENT PERFECT** | |
| • main clause is in the present while subordinate clause is in the past: | ¡Es imposible que te **hayan despedido** de tu trabajo! |
| **PAST PERFECT** | |
| • main clause is in the past and subordinate clause refers to earlier event: | Me molestó que mi madre me **hubiera despertado** tan temprano. |
| • hypothetical statements about the past: | Si me **hubieras llamado**, habría salido contigo anoche. |

Es importante que **estudiemos** nuestra propia historia.
*It is important that we study our own history.*

Los indígenas querían que los conquistadores **abandonaran** sus tierras.
*The indigenous people wanted the conquistadors to abandon their lands.*

Cristóbal Colón no **hubiera llegado** a América sin el apoyo de la reina.
*Christopher Columbus wouldn't have arrived in America without the queen's support.*

Es increíble que el arqueólogo **haya descubierto** tantas ruinas.
*It's incredible that the archeologist has discovered so many ruins.*

**TALLER DE CONSULTA**

To review the uses of the subjunctive, see:

The subjunctive in noun clauses
4.1 pp. 134–136

The subjunctive in adjective clauses
5.3 pp. 184–185

The subjunctive in adverbial clauses
6.2 pp. 220–221

**¡ATENCIÓN!**

**Ojalá (que)** is always followed by the subjunctive.

**Ojalá (que) se mejore pronto.**

Impersonal expressions of will, emotion, or uncertainty are followed by the subjunctive unless there is no change of subject.

**Es terrible que tú fumes.**
**Es terrible fumar.**

## The subjunctive vs. the indicative and the infinitive

- This chart contrasts the uses of the subjunctive with those of the indicative or infinitive.

| Subjunctive | Indicative or infinitive |
|---|---|
| • after expressions of will and influence when there are two different subjects: Quieren que **vuelvas** temprano. | • after expressions of will and influence when there is only one subject (infinitive): Quieren **volver** temprano. |
| • after expressions of emotion when there are two different subjects: La profesora temía que sus estudiantes no **aprobaran** el examen. | • after expressions of emotion when there is only one subject (infinitive): Los estudiantes temían no **aprobar** el examen. |
| • after expressions of doubt, disbelief, or denial when there are two different subjects: Es imposible que Javier **haya salido** por esa puerta. | • after expressions of doubt, disbelief, or denial when there is only one subject (infinitive): Es imposible **salir** por esa puerta; siempre está cerrada. |
| • when the person or thing in the main clause is uncertain or indefinite: Buscan un empleado que **haya estudiado** administración de empresas. | • when the person or thing in the main clause is certain or definite (indicative): Contrataron a un empleado que **estudió** administración de empresas. |
| • after **a menos que, antes (de) que, con tal (de) que, en caso (de) que, para que,** and **sin que**: El abogado hizo todo lo posible para que su cliente no **fuera** a la cárcel. | • after **a menos de, antes de, con tal de, en caso de, para**, and **sin** when there is no change in subject (infinitive): El abogado hizo todo lo posible para **defender** a su cliente. |
| • after the conjuctions **cuando, después (de) que, en cuanto, hasta que**, and **tan pronto como** when they refer to future actions: Compraré otro teléfono celular cuando me **ofrezcan** un plan adecuado a mis necesidades. | • after the conjuctions **cuando, después (de) que, en cuanto, hasta que**, and **tan pronto como** when they do not refer to future actions (indicative): Compré otro teléfono celular en cuanto me **ofrecieron** un plan adecuado a mis necesidades. |
| • after **si** in hypothetical or contrary-to-fact statements about the present: Si **tuviera** tiempo, iría al cine. | • after **si** in hypothetical statements about possible or probable future events (indicative): Si **tengo** tiempo, iré al cine. |
| • after **si** in hypothetical or contrary-to-fact statements about the past: Si **hubiera tenido** tiempo, habría ido al cine. | • after **si** in statements that express habitual past actions (indicative): Si **tenía tiempo**, siempre iba al cine. |

# Práctica

**1 Oraciones incompletas** **Empareja las frases para formar oraciones lógicas.**

| | |
|---|---|
| ____ 1. Gabi no irá a la fiesta a menos que... | a. limpiara mi cuarto. |
| ____ 2. Habríamos llegado antes si... | b. me hayan comprado algo bonito. |
| ____ 3. Hoy es mi cumpleaños. Espero que mis padres... | c. no hubieras manejado tan lento. |
| ____ 4. Iría a Europa si... | d. termine de hacer su tarea. |
| ____ 5. Mis padres siempre exigían que... | e. tuviera más tiempo. |

**TALLER DE CONSULTA**

**Manual de gramática**
**Más práctica**

12.3 Summary of the subjunctive, p. A65

**2 Cita perdida** **Selecciona la forma adecuada del verbo entre paréntesis para completar la conversación.**

**ROSA** Viajes Albatros, ¿en qué le puedo ayudar?

**EMA** Buenos días. Me gustaría hablar con Miguel Pérez. Tengo una entrevista telefónica con él.

**ROSA** Qué lástima que ya (1) ________ (salga / haya salido / hubiera salido). No creo que (2) ________ (vuelva / volviera / haya vuelto) hasta las cuatro.

**EMA** Le había dicho que yo llamaría el martes, pero él me dijo que lo (3) ________ (llamara / haya llamado / hubiera llamado) hoy.

**ROSA** No veo nada en su agenda. Y no creo que al señor Pérez se le (4) ________ (olvide / haya olvidado / hubiera olvidado) la entrevista. Si él le (5) ________ (pida / haya pedido / hubiera pedido) una entrevista, me lo habría mencionado. Si quiere, le digo que la (6) ________ (llame / llamara / haya llamado) tan pronto como (7) ________ (llegue / llegara / hubiera llegado). A menos que usted (8) ________ (quiera / haya querido / hubiera querido) llamarlo al celular...

**3 ¿En qué tiempo?** **Completa las oraciones con el subjuntivo (presente, imperfecto, pretérito perfecto o pluscuamperfecto) de los verbos entre paréntesis.**

1. Antes de que los primeros españoles ________ (pisar) suelo americano, los vikingos ya habían viajado a América.
2. El profesor Gómez viajará al Amazonas. Cuando ________ (llegar) allí, investigará algunas tribus aisladas.
3. Siempre que ________ (haber) democracia, habrá libertad de prensa.
4. No habrá progreso hasta que ________ (terminar) la guerra civil.
5. El cacique les habló a sus guerreros para que ________ (luchar) sin miedo.
6. La historia del país habría sido muy distinta si la monarquía no ________ (caer).
7. La fundación humanitaria prefiere contratar a personas que ya ________ (viajar) al país donde trabajarán.
8. Si el general lo ________ (saber) antes, no habría empezado la batalla.

# Práctica

**4 Los pueblos americanos** **Selecciona la forma adecuada de los verbos entre paréntesis.**

1. La ley venezolana les prohibía a los militares que (votaron / votaran / votar) en las elecciones presidenciales.
2. Te recomiendo que (estudias / estudies / estudiar) los cambios políticos en el Perú.
3. Me gustaría (lucho / luche / luchar) por los derechos de los indígenas.
4. Los primeros hombres que (poblaron / poblaran / poblar) América llegaron desde Asia.
5. Es una lástima que los conquistadores (destruyeron / destruyeran / destruir) algunas culturas americanas.
6. No es cierto que todos los indígenas americanos (se han rendido / se hayan rendido / rendirse) pacíficamente.
7. Sé que la dictadura (es / sea / ser) la peor forma de gobierno.
8. ¡Ojalá los pueblos americanos (habían luchado / hubieran luchado / luchar) más por sus derechos!

**5 Las formas verbales** **Conecta las frases de las columnas. Usa las formas y los tiempos verbales apropiados.**

**A.**
1. El historiador busca el libro que
2. El historiador busca un libro que
3. El historiador buscó un libro que

a. explicara los últimos cambios políticos.
b. explique los últimos cambios políticos.
c. explica los últimos cambios políticos.

**B.**
1. En su viaje, el historiador no conoció a ningún indígena que
2. En su viaje, el historiador había conocido a un solo indígena que
3. En su viaje, el historiador conoció a un solo indígena que

a. tenía contacto con tribus vecinas.
b. había tenido contacto con tribus vecinas.
c. tuviera contacto con tribus vecinas.

**C.**
1. Eva no conocía a nadie que
2. Eva conocía a un solo profesor que
3. Eva conoce a un solo profesor que

a. había estudiado la cultura china.
b. ha estudiado la cultura china.
c. hubiera estudiado la cultura china.

**6 ¿Indicativo o subjuntivo?** **Completa las oraciones con verbos en subjuntivo o en indicativo.**

1. Me gustaría que mis hijos ________ (tener) más tiempo para leer los diarios que escribió mi abuelo al emigrar.
2. El profesor me recomendó que yo ________ (preservar) mi herencia cultural.
3. Me molestaba que ella ________ (hablar) de esa manera sobre los inmigrantes.
4. Mi abuela hizo todo lo posible para que todos nosotros ________ (visitar) su país de origen.
5. Cada día ________ (llegar) al país nuevos inmigrantes llenos de sueños.
6. La situación ________ (cambiar) en los últimos años porque los habitantes de mi país ya no emigran tanto como en el pasado.

Practice more at **vhlcentral.com.**

# Comunicación

## 7 La historia

**A.** En parejas, inventen una conversación entre dos personas de una de estas épocas, utilizando todos los tiempos verbales del indicativo y subjuntivo que sean apropiados. Recuerden que la conversación debe reflejar el contexto sociopolítico de aquella época.

**Períodos históricos**

| | |
|---|---|
| La Prehistoria | La guerra de la Independencia |
| La Edad Media | La primera mitad del siglo XX |
| La época de la colonia | El nuevo milenio |

**B.** Ahora, representen su conversación a otra pareja para que adivine el período histórico en que viven los personajes.

## 8 Personajes históricos

**Personajes históricos** En parejas, escriban diez oraciones sobre un personaje histórico famoso, sin decir el nombre. Cinco oraciones deben usar el indicativo y cinco el subjuntivo. Luego, lean las oraciones a la clase para que sus compañeros/as adivinen quién es esa persona. Utilicen las expresiones de la lista u otras.

| | |
|---|---|
| A menos que... | Tan pronto como... |
| Después de que... | Para... |
| Leí que... | Si... |
| No sabía que... | Sin... |

## 9 Síntesis

**A.** En grupos de cuatro, lean la lista de temas. ¿Cuáles eran sus pensamientos, deseos y opiniones acerca de estos temas cuando eran niños/as? ¿Qué piensan ahora? Después de esta clase, ¿siguen teniendo las mismas ideas y opiniones? ¿Creen que sus pensamientos cambiarán en el futuro?

| | |
|---|---|
| la historia y la civilización | la naturaleza |
| la política y la religión | los viajes |
| la literatura y el arte | la salud y el bienestar |
| la cultura popular y los medios de comunicación | la vida diaria |
| la economía y el trabajo | las diversiones |
| la tecnología y la ciencia | las relaciones personales |

**B.** Ahora, escojan uno de los temas de la lista y escriban un breve resumen de sus respuestas a las preguntas de la parte A. Utilicen por lo menos tres tiempos verbales en indicativo, tres en subjuntivo y tres verbos en infinitivo. Compartan sus pensamientos con la clase.

Practice more at **vhlcentral.com.**

# Antes de ver el corto

## UN PEDAZO DE TIERRA

**país** Arg./Méx./EE.UU.
**duración** 24 minutos
**director** Jorge Gaggero
**protagonistas** don Aurelio (tatarabuelo), Irene (madre), Ramiro y Agustín (hijos), Pedro

### Vocabulario

**el cura** *priest*
**engañar** *to betray*
**enterrar (e:ie)/sepultar** *to bury*
**jurar** *to promise*
**el rancho** *ranch*
**reconocer** *to recognize*
**el/la tatarabuelo/a** *great-great-grandfather/great-great-grandmother*

**1 Mis antepasados** Completa el párrafo con las palabras apropiadas.

Mi (1) __________ está enterrado cerca del (2) __________ donde nació. Antes de morir, le hizo (3) __________ a mi (4) __________ que lo iban a (5) __________ allí. Tuvieron dos hijos en esa vieja casa de campo. El mayor fue mi bisabuelo. El menor, que era muy religioso, decidió ser (6) __________.

**2 Preguntas** En parejas, contesten las preguntas.

1. ¿Dónde pasaron la infancia y la juventud tus abuelos y tus padres?
2. ¿Recuerdas algún lugar de tu infancia que haya cambiado o ya no exista? ¿Cómo te sentiste al ver que el lugar había cambiado?
3. ¿Escribirías un testamento (*will*)? ¿Qué instrucciones dejarías en él?
4. ¿Alguna vez ayudaste a alguien a cumplir un deseo? ¿Qué hiciste?

**3 Otros países** En parejas, imaginen que tienen que ir a vivir a otro país. Hagan una lista de tres países donde les gustaría vivir. Expliquen por qué han elegido esos países y digan qué aspectos positivos y negativos tiene vivir allí. Compartan su lista con la clase.

**4 Personajes** En parejas, observen los fotogramas y respondan a las preguntas.

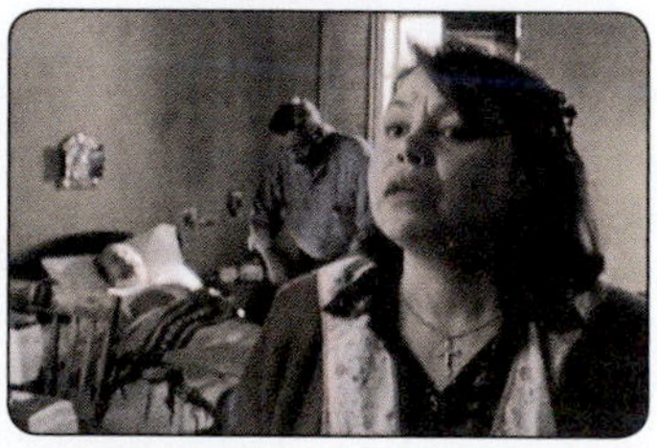

- ¿Quiénes podrían ser esos personajes?
- ¿Qué relación podría haber entre ellos?
- ¿De qué crees que trata el cortometraje?

Practice more at **vhlcentral.com.**

Short Film

UN PEDAZO DE TIERRA
PRIMER PREMIO: Academy of Television Arts & Sciences College Television Awards
MEJOR CORTO: Festival Internacional de Cortometrajes de Bilbao
PREMIO AL MEJOR CORTOMETRAJE: San Francisco Latino Film Fest
Una producción de KOO KOO PRODUCTIONS Guión y Dirección JORGE GAGGERO Fotografía HILDA MERCADO
Montaje JOSÉ PULIDO Música XAVIER ASALI/MARCELO BERESTOVOY
Actores RUBÉN MORENO/ROBERTO ENTIQUE/ERICK CARRILLO/ART BONILLA

## Escenas

**ARGUMENTO** Don Aurelio, muy enfermo, le pide a su familia que lo entierren en el mismo lugar donde está enterrada su esposa.

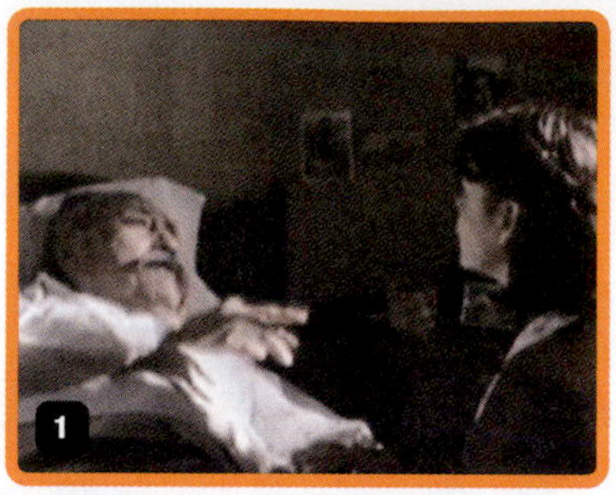

**DON AURELIO** Palos Verdes...
**IRENE** Sí.
**DON AURELIO** ... quiero que me entierren en Palos Verdes.
**IRENE** Se lo juramos. Tranquilo, tranquilo, abuelo. Ya viene el cura.

**RAMIRO** Oye, ¿tú crees que llegue? Son como 400 kilómetros.
**AGUSTÍN** Sí, le cambié las bujías°, los cables, tapa del distribuidor. Sí, quedó como nuevo.
**RAMIRO** ¿Y el abuelo?
**AGUSTÍN** Sólo Dios sabe.

**DON AURELIO** Esto no es Palos Verdes, no. Ustedes me quieren engañar.
**RAMIRO** Sí, es Palos Verdes, abuelo.
**DON AURELIO** No hay ranchos. Aquí no hay ranchos.

**DON AURELIO** Aquí mismo me casé con tu tatarabuela. Fue una linda ceremonia. Merceditas bajó del carro con su largo vestido blanco. Dos meses tardaron con las puntillas° y esas bobadas°.

**PEDRO** No reconozco ningún lugar.
**AGUSTÍN** ¿No?
**PEDRO** No, nada. A ver, a ver, a ver, espérenme tantito... ¡este lugar yo lo conozco! Digo, conozco el árbol. Sí, es de los más viejos de acá.
**RAMIRO** Ahí nació el abuelo y está sepultada la abuela Mercedes.

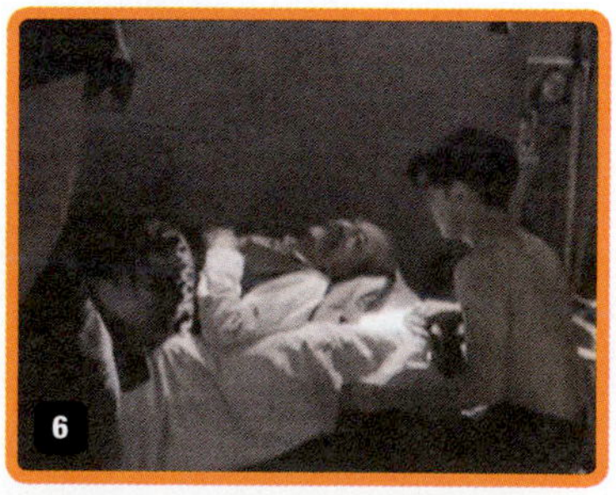

*(Ramiro se acerca por el pasillo° al cuarto que está con la puerta abierta. Puede ver a su hermano de espaldas°. Al entrar, encuentra al abuelo recostado° con los ojos entreabiertos° y una sonrisa.)*
**AGUSTÍN** Está muerto.

**bujías** *spark plugs* **puntillas** *lace trim* **bobadas** *nonsense* **pasillo** *hallway* **de espaldas** *from behind* **recostado** *lying down* **entreabiertos** *half-open*

# Después de ver el corto

**1 Comprensión** Contesta las preguntas con oraciones completas.

1. ¿Por qué está en la cama don Aurelio?
2. ¿Adónde van en el carro? ¿Por qué?
3. ¿Dónde está enterrada Merceditas, la esposa de don Aurelio?
4. ¿En qué trabaja Pedro?
5. ¿Qué le ocurre al abuelo mientras duerme?
6. ¿Dónde lo entierran?

**2 Interpretación** Contesta las preguntas y explica tus respuestas.

1. ¿Cuál es la actitud de Irene hacia don Aurelio al comienzo del corto?
2. ¿Crees que la actitud inicial de los jóvenes está influenciada por Irene?
3. ¿Cambia la actitud de los jóvenes hacia su abuelo?
4. ¿Por qué crees que Ramiro se quiere quedar en Palos Verdes?
5. En tu opinión, ¿por qué se titula el corto *Un pedazo de tierra*?

**3 El pasado y el futuro** En parejas, hablen de estas citas. Expliquen la importancia que tienen dentro de la historia. ¿Cuál es la actitud de cada uno de los personajes hacia el pasado? ¿Y hacia el futuro?

"Ándele, don Aurelio, déjese ir… déjese ir…" *Irene*

"Si se nos va antes, pues lo dejamos acá y con la platita que nos dieron pues disfrutamos de las playas de California." *Ramiro*

"Mire, don Aurelio, Palos Verdes cambió. Ya no es territorio mexicano y su rancho ya no existe. Mírese usted en las fotos, no es igual. Ya nada es igual." *Agustín*

"¡Quién hubiera dicho que le arreglaría la tumba en cada cambio de estación!" *Agustín*

**4 Mensaje** Imagina que eres Ramiro. Tu hermano regresó a México y tú te quedaste en Palos Verdes. Escribe un mensaje de correo electrónico a un amigo contándole cómo es tu experiencia en Palos Verdes. Cuéntale qué te gusta de los Estados Unidos, qué extrañas de la vida en México y cómo va tu trabajo, y háblale sobre las personas que estás conociendo en California. Explica cómo te sientes con respecto a tu decisión de no volver a México con tu hermano.

Practice more at **vhlcentral.com.**

*El indio alcalde de Chincheros: Varayoc*, 1925
José Sabogal, Perú

"Los que no creen en la inmortalidad creen en la historia."

— José Martí

# Antes de leer

## El milagro secreto

### Sobre el autor

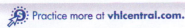

**Jorge Luis Borges** nació en Buenos Aires en 1899. En 1923 publicó su libro de poemas *Fervor de Buenos Aires*, al que seguiría una importante obra de cuentos y ensayos breves; nunca escribió una novela. Alguna vez afirmó: "El hecho central de mi vida ha sido la existencia de las palabras y la posibilidad de entretejer *(interweave)* y transformar las palabras en poesía". Sus obras fundamentales son *Ficciones* (1944) y *El Aleph* (1949), que le ganaron fama mundial. Sus temas principales son la muerte, el tiempo, el "yo", el mundo como sueño y Buenos Aires. Sus símbolos recurrentes son el laberinto, la biblioteca, los libros, los espejos, el azar y el ajedrez. En 1961 compartió el Premio del Congreso Internacional de Escritores con Samuel Beckett y, en 1980, recibió el prestigioso Premio Cervantes. Viajó extensamente por Europa y murió en Ginebra en 1986. Es considerado uno de los escritores más importantes del siglo XX.

**Vocabulario**

**el ajedrez** *chess*
**el azar** *chance*
**la biblioteca** *library*
**la demora** *delay*
**disputar** *to play against*
**fusilar** *to execute by firing squad*
**impostergable** *impossible to postpone*
**inconcluso/a** *unfinished*
**la jugada** *move*
**la partida** *game*
**el reloj** *clock*
**el tablero** *chessboard*

**Completar** Completa las oraciones con el vocabulario.

1. Cuando el campeón ruso inició la __________, las miradas de todos los espectadores quedaron fijas en el __________. El __________ que marcaba el tiempo mientras la __________ que habían __________ durante muchas horas se acercaba a su fin. El que ganara, sería el nuevo campeón del mundo de __________.
2. El terrible incendio significó la pérdida de muchos libros valiosos. Los diarios le echaron la culpa a la __________ de los bomberos. Otras personas, más poéticas o más trágicas, culparon al __________ de haber jugado en contra de la __________.

**Conexión personal** ¿Alguna vez soñaste algo que luego te ocurrió en la vida real? ¿Crees que los sueños tienen el poder para revelarnos cosas? ¿Por qué?

### Análisis literario: la metáfora

La metáfora consiste en nombrar una cosa con el nombre de otra, más expresiva, con la que tiene semejanza real o ficticia. En la metáfora, una cosa se equipara con otra sin usar la palabra **como:** "tus labios son como rubíes" es una comparación, pero "tus labios son rubíes" es una metáfora. Éste es un recurso que Borges usa a menudo; sus metáforas a veces tienen connotaciones religiosas y mágicas. Cuando leas el cuento, presta atención para buscar ejemplos.

Practice more at **vhlcentral.com.**

# El milagro *secreto*

**Jorge Luis Borges**

Audio: Dramatic Reading

*Y Dios lo hizo morir durante cien años*
*y luego lo animó y le dijo:*
*—¿Cuánto tiempo has estado aquí?*
*—Un día o parte de un día, respondió.*
*Alcorán, II, 261*

La noche del catorce de marzo de 1939, en un departamento de la Zeltnergasse de Praga, Jaromir Hladík, autor de la inconclusa tragedia *Los enemigos*, de una *Vindicación de la eternidad* y de un examen de las indirectas fuentes° judías de Jakob Boehme, soñó con un largo ajedrez. No lo disputaban dos individuos sino dos familias ilustres; la partida había sido entablada° hace muchos siglos; nadie era capaz de nombrar el olvidado premio, pero se murmuraba que era enorme y quizá infinito; las piezas y el tablero estaban en una torre secreta; Jaromir (en el sueño) era el primogénito° de una de las familias hostiles; en los relojes resonaba la hora de la impostergable jugada; el soñador corría por las arenas de un desierto lluvioso y no lograba recordar las figuras ni las leyes del ajedrez. En ese punto, se despertó. Cesaron los estruendos° de la lluvia y de los terribles relojes. Un ruido acompasado° y unánime, cortado por algunas voces de mando, subía de la Zeltnergasse. Era el amanecer, las blindadas° vanguardias del Tercer Reich entraban en Praga.

sources
set up
firstborn child
thunder
rhythmic
armored

El diecinueve, las autoridades recibieron una denuncia°; el mismo diecinueve, al atardecer, Jaromir Hladík fue arrestado. Lo condujeron a un cuartel° aséptico y blanco, en la ribera° opuesta del Moldau. No pudo levantar uno solo de los cargos de la Gestapo: su apellido materno era Jaroslavski, su sangre era judía, su estudio sobre Boehme era judaizante, su firma delataba el censo final de una protesta contra el Anschluss. En 1928, había traducido el *Sepher Yezirah* para la editorial Hermann Barsdorf; el efusivo catálogo de esa casa había exagerado comercialmente el renombre del traductor; ese catálogo fue hojeado° por Julius Rothe, uno de los jefes en cuyas manos estaba la suerte de Hladík. No hay hombre que, fuera de su especialidad, no sea crédulo; dos o tres adjetivos en letra gótica bastaron para que Julius Rothe admitiera la preeminencia de Hladík y dispusiera que lo condenaran a

official complaint
barracks
riverside
leafed through

muerte, *pour encourager les autres°*. Se fijó el día veintinueve de marzo, a las nueve a.m. Esa demora (cuya importancia apreciará después el lector) se debía al deseo administrativo de obrar impersonal y pausadamente, como los vegetales y los planetas.

El primer sentimiento de Hladík fue de mero terror. Pensó que no lo hubieran arredrado° la horca°, la decapitación o el degüello°, pero que morir fusilado era intolerable. En vano se redijo que el acto puro y general de morir era lo temible, no las circunstancias concretas. No se cansaba de imaginar esas circunstancias: absurdamente procuraba agotar° todas las variaciones. Anticipaba infinitamente el proceso, desde el insomne amanecer hasta la misteriosa descarga. Antes del día prefijado por Julius Rothe, murió centenares de muertes, en patios cuyas formas y cuyos ángulos fatigaban la geometría, ametrallado° por soldados variables, en número cambiante, que a veces lo ultimaban° desde lejos; otras, desde muy cerca. Afrontaba con verdadero temor (quizá con verdadero coraje) esas ejecuciones imaginarias; cada simulacro° duraba unos pocos segundos; cerrado el círculo, Jaromir interminablemente volvía a las trémulas° vísperas de su muerte. Luego reflexionó que la realidad no suele coincidir con las previsiones°; con lógica perversa infirió que prever° un detalle circunstancial es impedir que éste suceda. Fiel a esa débil magia, inventaba, *para que no sucedieran*, rasgos atroces; naturalmente, acabó por temer

> **"Miserable en la noche, procuraba afirmarse de algún modo en la sustancia fugitiva del tiempo."**

que esos rasgos fueran proféticos. Miserable en la noche, procuraba afirmarse de algún modo en la sustancia fugitiva del tiempo. Sabía que éste se precipitaba hacia el alba del día veintinueve; razonaba en voz alta: *Ahora estoy en la noche del veintidós; mientras dure esta noche (y seis noches más) soy invulnerable, inmortal*. Pensaba que las noches de sueño eran piletas° hondas y oscuras en las que podía sumergirse. A veces anhelaba° con impaciencia la definitiva descarga, que lo redimiría, mal o bien, de su vana tarea de imaginar. El veintiocho, cuando el último ocaso° reverberaba en los altos barrotes°, lo desvió de esas consideraciones abyectas la imagen de su drama *Los enemigos*.

Hladík había rebasado° los cuarenta años. Fuera de algunas amistades y de muchas costumbres, el problemático ejercicio de la literatura constituía su vida; como todo escritor, medía las virtudes de los otros por lo ejecutado por ellos y pedía que los otros lo midieran por lo que vislumbraba o planeaba. Todos los libros que había dado a la estampa° le infundían un complejo arrepentimiento°. En sus exámenes de la obra de Boehme, de Abnesra y de Flood, había intervenido esencialmente la mera aplicación; en su traducción del *Sepher Yezirah*, la negligencia, la fatiga y la conjetura. Juzgaba menos deficiente, tal vez, la *Vindicación de la eternidad*: el primer volumen historia las diversas eternidades que han ideado los hombres, desde el inmóvil Ser de Parménides hasta el pasado modificable de Hinton; el

**Side glosses (left column):**
- (French) to encourage others
- frightened/gallows
- throat slitting
- to exhaust
- executed by machine gun
- they killed him
- simulation
- trembling
- predictions
- to foresee

**Side glosses (right column):**
- swimming pools
- he yearned (for)
- sunset/ bars (of a cell)
- surpassed
- printer
- regret

segundo niega (con Francis Bradley) que todos los hechos del universo integran una serie temporal. Arguye que no es infinita la cifra de las posibles experiencias del hombre y que basta una sola "repetición" para demostrar que el tiempo es una falacia... Desdichadamente, no son menos falaces los argumentos que demuestran esa falacia; Hladík solía recorrerlos con cierta desdeñosa° perplejidad. También había redactado una serie de poemas expresionistas; éstos, para confusión del poeta, figuraron en una antología de 1924 y no hubo antología posterior que no los heredara. De todo ese pasado equívoco y lánguido quería redimirse Hladík con el drama en verso *Los enemigos*. (Hladík preconizaba el verso, porque impide que los espectadores olviden la irrealidad, que es condición del arte.)

> **"Para llevar a término ese drama, que puede justificarme y justificarte, requiero un año más. Otórgame esos días, Tú de Quien son los siglos y el tiempo."**

Este drama observaba las unidades de tiempo, de lugar y de acción; transcurría en Hradcany, en la biblioteca del barón de Roemerstadt, en una de las últimas tardes del siglo diecinueve. En la primera escena del primer acto, un desconocido visita a Roemerstadt. (Un reloj da las siete, una vehemencia de último sol exalta los cristales, el aire trae una arrebatada y reconocible música húngara.) A esta visita siguen otras; Roemerstadt no conoce las personas que lo importunan, pero tiene la incómoda impresión de haberlos visto ya, tal vez en un sueño. Todos exageradamente lo halagan°, pero es notorio —primero para los espectadores del drama, luego para el mismo barón— que son enemigos secretos, conjurados° para perderlo. Roemerstadt logra detener o burlar sus complejas intrigas; en el diálogo, aluden a su novia, Julia de Weidenau, y a un tal Jaroslav Kubin, que alguna vez la importunó° con su amor. Éste, ahora, se ha enloquecido y cree ser Roemerstadt... Los peligros arrecian°; Roemerstadt, al cabo del segundo acto, se ve en la obligación de matar a un conspirador. Empieza el tercer acto, el último. Crecen gradualmente las incoherencias: vuelven actores que parecían descartados° ya de la trama; vuelve, por un instante, el hombre matado por Roemerstadt. Alguien hace notar que no ha atardecido: el reloj da las siete, en los altos cristales reverbera el sol occidental, el aire trae la arrebatada música húngara. Aparece el primer interlocutor° y repite las palabras que pronunció en la primera escena del primer acto. Roemerstadt le habla sin asombro; el espectador entiende que Roemerstadt es el miserable Jaroslav Kubin. El drama no ha ocurrido: es el delirio circular que interminablemente vive y revive Kubin.

Nunca se había preguntado Hladík si esa tragicomedia de errores era baladí° o admirable, rigurosa o casual. En el argumento que he bosquejado° intuía la invención más apta para disimular sus defectos y para ejercitar sus felicidades, la posibilidad de

*disdainful*
*flatter*
*conspired*
*bothered*
*get worse*
*eliminated*
*speaker*
*trivial*
*outlined*

rescatar° (de manera simbólica) lo fundamental de su vida. Había terminado ya el primer acto y alguna escena del tercero; el carácter métrico de la obra le permitía examinarla continuamente, rectificando los hexámetros, sin el manuscrito a la vista. Pensó que aun le faltaban dos actos y que muy pronto iba a morir. Habló con Dios en la oscuridad. *Si de algún modo existo, si no soy una de tus repeticiones y erratas, existo como autor de* Los enemigos. *Para llevar a término ese drama, que puede justificarme y justificarte, requiero un año más. Otórgame esos días, Tú de Quien son los siglos y el tiempo.* Era la última noche, la más atroz, pero diez minutos después el sueño lo anegó como un agua oscura.

*to salvage*

Hacia el alba, soñó que se había ocultado en una de las naves de la biblioteca del Clementinum. Un bibliotecario de gafas negras le preguntó: ¿Qué busca? Hladík le replicó: *Busco a Dios.* El bibliotecario le dijo: *Dios está en una de las letras de una de las páginas de uno de los cuatrocientos mil tomos del Clementinum. Mis padres y los padres de mis padres han buscado esa letra; yo me he quedado ciego, buscándola.* Se quitó las gafas y Hladík vio los ojos, que estaban muertos. Un lector entró a devolver un atlas. Este atlas es inútil, dijo, y se lo dio a Hladík. Éste lo abrió al azar. Vio un mapa de la India, vertiginoso. Bruscamente seguro, tocó una de las mínimas letras. Una voz ubicua le dijo: *El tiempo de tu labor ha sido otorgado.* Aquí Hladík se despertó.

**"Una voz ubicua le dijo: *El tiempo de tu labor ha sido otorgado.*"**

Recordó que los sueños de los hombres pertenecen a Dios y que Maimónides ha escrito que son divinas las palabras de un sueño, cuando son distintas y claras y no se puede ver quien las dijo. Se vistió; dos soldados entraron en la celda y le ordenaron que los siguiera.

Del otro lado de la puerta, Hladík había previsto un laberinto de galerías, escaleras y pabellones°. La realidad fue menos rica: bajaron a un traspatio por una sola escalera de fierro°. Varios soldados —alguno de uniforme desabrochado°— revisaban una motocicleta y la discutían. El sargento miró el reloj: eran las ocho y cuarenta y cuatro minutos. Había que esperar que dieran las nueve. Hladík, más insignificante que desdichado°, se sentó en un montón de leña. Advirtió° que los ojos de los soldados rehuían° los suyos. Para aliviar la espera, el sargento le entregó un cigarrillo. Hladík no fumaba; lo aceptó por cortesía o por humildad. Al encenderlo, vio que le temblaban las manos. El día se nubló; los soldados hablaban en voz baja como si él ya estuviera muerto. Vanamente, procuró recordar a la mujer cuyo símbolo era Julia de Weidenau...

*pavilions*
*iron*
*undone*
*unhappy*
*He noticed*
*avoided*

El piquete° se formó, se cuadró. Hladík, de pie contra la pared del cuartel, esperó la descarga. Alguien temió que la pared quedara maculada° de sangre; entonces le ordenaron al reo° que avanzara unos pasos. Hladík, absurdamente, recordó las vacilaciones preliminares de los fotógrafos. Una pesada gota de lluvia rozó° una de las sienes° de Hladík y rodó lentamente por su mejilla; el sargento vociferó la orden final.

*squad*
*stained*
*convict*
*grazed/temples*

El universo físico se detuvo.

Las armas convergían sobre Hladík, pero los hombres que iban a matarlo estaban inmóviles. El brazo del sargento eternizaba un ademán° inconcluso. En una baldosa del patio una abeja proyectaba una sombra° fija. El viento había cesado, como en un cuadro. Hladík ensayó un grito, una sílaba, la torsión de una mano. Comprendió que estaba paralizado. No le llegaba ni el más tenue rumor del impedido mundo. Pensó *estoy en el infierno, estoy muerto*. Pensó *estoy loco*. Pensó *el tiempo se ha detenido*. Luego reflexionó que en tal caso, también se hubiera detenido su pensamiento. Quiso ponerlo a prueba: repitió (sin mover los labios) la misteriosa cuarta égloga de Virgilio. Imaginó que los ya remotos soldados compartían su angustia°: anheló comunicarse con ellos. Le asombró no sentir ninguna fatiga, ni siquiera el vértigo de su larga inmovilidad. Durmió, al cabo de un plazo indeterminado. Al despertar, el mundo seguía inmóvil y sordo. En su mejilla perduraba la gota de agua; en el patio, la sombra de la abeja; el humo° del cigarrillo que había tirado no acababa nunca de dispersarse. Otro "día" pasó, antes que Hladík entendiera.

Un año entero había solicitado de Dios para terminar su labor: un año le otorgaba su omnipotencia. Dios operaba para él un milagro secreto: lo mataría el plomo° alemán, en la hora determinada, pero en su mente un año transcurría entre la orden y la ejecución de la orden. De la perplejidad pasó al estupor, del estupor a la resignación, de la resignación a la súbita° gratitud.

No disponía de otro documento que la memoria; el aprendizaje de cada hexámetro que agregaba le impuso un afortunado rigor que no sospechan quienes aventuran y olvidan párrafos interinos y vagos. No trabajó para la posteridad ni aun para Dios, de cuyas preferencias literarias poco sabía. Minucioso°, inmóvil, secreto, urdió° en el tiempo su alto laberinto invisible. Rehizo el tercer acto dos veces. Borró algún símbolo demasiado evidente: las repetidas campanadas, la música. Ninguna circunstancia lo importunaba. Omitió, abrevió, amplificó; en algún caso, optó por la versión primitiva. Llegó a querer el patio, el cuartel; uno de los rostros que lo enfrentaban modificó su concepción del carácter de Roemerstadt. Descubrió que las arduas cacofonías que alarmaron tanto a Flaubert son meras supersticiones visuales: debilidades y molestias de la palabra escrita, no de la palabra sonora... Dio término a su drama: no le faltaba ya resolver sino un solo epíteto. Lo encontró; la gota de agua resbaló° en su mejilla. Inició un grito enloquecido, movió la cara, la cuádruple descarga lo derribó.

Jaromir Hladík murió el veintinueve de marzo, a las nueve y dos minutos de la mañana. ■

*gesture*
*shadow*
*anguish*
*smoke*
*lead*
*sudden*
*Meticulous/ he devised*
*slid*

# Después de leer

## El milagro secreto

Jorge Luis Borges

**1 Comprensión** Ordena los acontecimientos del cuento.

_____ a. Hladík es arrestado por la Gestapo y condenado a muerte.
_____ b. El tiempo se detiene.
_____ c. Hladík sueña que encuentra la letra donde está Dios, quien le dice que su deseo le será concedido.
_____ d. Hladík es ejecutado.
_____ e. Hladík es llevado al patio del cuartel para ser fusilado.
_____ f. Hladík termina de componer su obra.
_____ g. El ejército del Tercer Reich entra en Praga.
_____ h. Hladík imagina muchas veces su muerte.
_____ i. Hladík sueña con una enorme partida de ajedrez entre dos familias.
_____ j. Hladík le pide a Dios que le conceda el tiempo para terminar su obra *Los enemigos*.

**2 Análisis** Responde a las preguntas.

1. ¿Qué sabemos sobre Jaromir Hladík por el relato? ¿A qué le teme más? ¿Por qué?
2. ¿Cuáles son las razones para condenarlo a muerte? ¿Ha cometido algún crimen contra la ley?
3. ¿Qué intenta hacer Hladík con cada simulacro imaginado de su ejecución? ¿Lo logra? ¿Por qué?
4. Para Borges la literatura es “uno de los muchos destinos del ser humano”. ¿Cómo representa esto su personaje?
5. ¿Por qué es secreto el milagro del título? ¿Sirve ese milagro para salvar a Hladík?

**3 Interpretación** En parejas, respondan a las preguntas.

1. ¿Cuántos de los temas recurrentes de Borges se pueden encontrar en *El milagro secreto?*
2. La frase final del segundo párrafo dice: “Esa demora se debía al deseo administrativo de obrar impersonal y pausadamente, como los vegetales o los planetas”. ¿Por qué dirías que los vegetales y los planetas actúan de esa manera?
3. ¿Qué piensas que significa la metáfora “las noches de sueño eran piletas hondas y oscuras en las que podía sumergirse”? ¿Reaparece la misma imagen en alguna otra parte del cuento?
4. En el cuento hay muchas referencias al tiempo, como relojes, fechas, etc. ¿Qué indican? ¿Por qué son importantes?

**4 Escribir** Escribe un obituario de Jaromir Hladík para un periódico; incluye una breve biografía.

Practice more at **vhlcentral.com.**

# Antes de leer

### Vocabulario

**aristocrático/a** *aristocratic*
**el/la descendiente** *descendant*
**el dominio** *rule*
**erudito/a** *scholarly*
**heroico/a** *heroic*
**la lealtad** *loyalty*
**el/la mestizo/a** *person of mixed ethnicity (part indigenous)*
**el puente** *bridge*
**la traición** *betrayal*
**el/la traidor(a)** *traitor*

**Un viaje épico** Completa el párrafo con el vocabulario de la tabla.

Álvar Núñez Cabeza de Vaca era un español (1) ________ de una familia (2) ________ de la nobleza española. Demostró su (3) ________ al Rey luchando con el ejército español contra Francia y otros enemigos de la Corona. Según los (4) ________ de la Conquista, la aventura de Cabeza de Vaca al sur de Norteamérica fue verdaderamente (5) ________. Cabeza de Vaca salió para América en 1527, pero su barco se hundió en las costas de Florida. El conquistador y los demás sobrevivientes entraron en territorios bajo el (6) ________ de reinos indígenas. Durante ocho años sufrieron hambre, sed y una terrible soledad. Finalmente, Cabeza de Vaca entró en contacto con los españoles en el norte de México. Cuando desapareció, algunos lo acusaron de (7) ________, pero regresó a España con valiosa información, demostrando así su lealtad.

**Conexión personal** ¿Cuáles son las mayores influencias en tu vida? ¿Tus padres, tus amigos/as, tu comunidad? ¿Un(a) político/a o alguien de la cultura popular? ¿Qué efecto han tenido otras personas en tus grandes decisiones y en tu forma de ver la vida?

### Contexto cultural

En 1532, el conquistador español **Francisco Pizarro** llegó a Cajamarca, en el norte de Perú, con unos veinticinco caballos y menos de 200 soldados para reunirse con Atahualpa, el emperador inca. Hijo del anterior emperador Huayna Cápac, Atahualpa había alcanzado el poder del Imperio inca tras una guerra civil contra su hermano Huáscar. Pizarro y los españoles trataron de convertir al nuevo emperador al cristianismo, pero cuando Atahualpa se negó, tirando una Biblia al suelo, Pizarro le declaró la guerra. Pizarro condenó a Atahualpa a muerte. Luego, Atahualpa quiso comprar su libertad: le prometió a Pizarro que si lo dejaba libre llenaría dos habitaciones de oro y plata. Pizarro aceptó y el emperador mandó traer oro de todo el imperio. Después de cumplir su palabra, Pizarro lo mandó ejecutar. Muchos poetas han escrito sobre la terrible traición de Pizarro al emperador de los incas. Según los eruditos, es uno de los episodios más oscuros de la Conquista.

Practice more at **vhlcentral.com.**

# El Inca Garcilaso: un puente entre dos imperios

Durante esta época de conquista y choque de culturas, existía una persona con un pie en cada mundo, un miembro de dos familias aristocráticas pero muy distintas, una figura dividida. Brillante escritor, el Inca Garcilaso de la Vega nació en 1539 con el nombre de Gómez Suárez de Figueroa. Era hijo ilegítimo del capitán Sebastián Garcilaso de la Vega, conquistador español de sangre noble de la facción de Pizarro, y de la princesa inca Isabel Chimpu Ocllo.

Audio: Reading

El Inca Garcilaso de la Vega, como quiso llamarse más tarde, combinando en su nombre sus dos vínculos°, fue miembro de la primera generación de mestizos del Perú. Aprendió a hablar primero en quechua y después en español. Sintió un gran amor por la cultura y la herencia de los incas, ya que se crio entre descendientes de los emperadores, escuchando sus relatos y fábulas°. Su madre era nieta del emperador Huayna Cápac.

> **"El Inca Garcilaso sirvió de puente entre las dos culturas, la materna y la paterna, y de modelo para gran parte de la generación que le siguió."**

Su libro más famoso, los *Comentarios reales*, tiene la intención de corregir a los historiadores españoles en muchos puntos. Desde su posición privilegiada, el Inca Garcilaso aprovechó° su conocimiento íntimo para aclarar° cuestiones sobre la lengua y cultura de los incas. El orgullo°

## Figura literaria

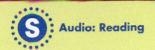

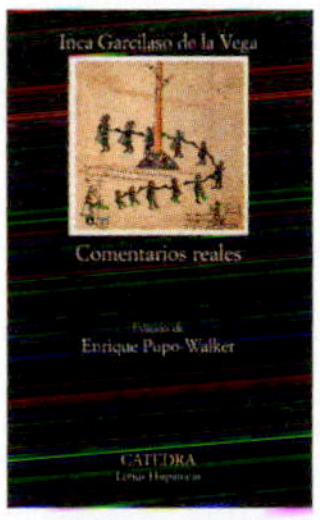


La obra del Inca es diversa y enormemente erudita. Consiste en tres libros mayores: una traducción de los *Diálogos de amor* de León Hebreo, que el Inca tradujo del italiano al español (1590); *La Florida* (1605), que relata las exploraciones españolas en el sureste de América del Norte, principalmente la expedición de Hernando de Soto; y los *Comentarios reales*, una descripción minuciosa del imperio y de la cultura de los incas, y también de la conquista española del Perú (1609, 1617).

y la inteligencia del Inca, y su identificación cultural, se revelan abiertamente en esta obra, donde hace referencia a sí mismo diciendo "como indio que soy".

No obstante, el Inca fue marcado° por no una, sino dos familias. La cultura de su madre forma sólo una parte, muy significativa por cierto, de la identidad compleja del hombre, que también sentía una enorme lealtad hacia su padre. A pesar de describir y explicar las creencias de los incas cuidadosamente, el Inca Garcilaso fue un ferviente católico que llamaba "vana religión" a aquellas creencias. También consideraba a los conquistadores españoles valientes y heroicos. A los veintiún años, salió para España para continuar sus estudios y se hizo° militar. Participó en la guerra de las Alpujarras contra los musulmanes y llegó a ser capitán como su padre. En España escribió obras literarias de gran mérito. También se presentó en la Corte del Rey para defender el nombre y el honor de su padre ante las acusaciones de que era un traidor.

Sus puntos de vista y acciones hacen del Inca un sujeto contradictorio e inusual en su época. Comprendía muy bien que los incas habían perdido su dominio y que padecían° profunda nostalgia. Cuenta que algunos de sus parientes decían con lágrimas° en los ojos: "trocósenos el reinar en vasallaje"°. Sin embargo, el Inca Garcilaso también aceptaba como suya la cultura española. La segunda parte de los *Comentarios reales*, conocida como *Historia general del Perú*, está dedicada a la Virgen María.

No ha quedado evidencia de las dificultades personales que su doble lealtad le pudo costar o de una preferencia íntima por una de ellas. El Inca Garcilaso sirvió de puente entre las dos culturas, la materna y la paterna, y de modelo para gran parte de la generación que le siguió. Vivió, como él mismo declaró, "obligado a ambas° naciones". ■

- *family ties*
- *tales and legends*
- *used*
- *to clarify*
- *pride*
- *marked*
- *he became*
- *they suffered*
- *tears*
- *our dominance has turned into servitude*
- *both*

# Después de leer

## El Inca Garcilaso: un puente entre dos imperios

**1 Comprensión** Responde a las preguntas con oraciones completas.

1. ¿Quiénes eran los padres del Inca Garcilaso de la Vega?
2. ¿Cómo aprendió tanto el Inca Garcilaso sobre la cultura de su madre?
3. ¿Qué opinaba el Inca sobre los conquistadores españoles?
4. ¿Cuál es la intención del libro *Comentarios reales*?
5. ¿Qué temas trata el libro *Comentarios reales*?

**2 Interpretación** En parejas, respondan a las preguntas. Luego, compartan sus respuestas con la clase.

1. ¿Por qué Pizarro es considerado un traidor en la historia de la Conquista?
2. ¿Por qué prefirió Gómez Suárez de Figueroa llamarse el Inca Garcilaso de la Vega?
3. ¿Qué evidencia sugiere que el Inca se sentía miembro de dos culturas?
4. ¿Por qué es la obra literaria del Inca inusual y muy importante?
5. ¿Qué significa la frase "trocósenos el reinar en vasallaje"?

**3 Entre dos culturas** En parejas, elijan una de las dos situaciones. Imaginen que uno/a de ustedes es el Inca Garcilaso cuando tenía veintiún años y partió rumbo a (*headed for*) España para estudiar y la otra persona es la madre o la tía paterna. Preparen la conversación entre los dos personajes y represéntenla delante de la clase.

- El Inca habla con su madre para explicarle su decisión de ir a España y su lealtad a la Corte, religión y cultura españolas. Al principio, la madre no está muy segura de la decisión de su hijo y le hace muchas preguntas.
- El Inca habla con una tía paterna en España y le explica su deseo de llamarse "Inca" y su orgullo hacia la cultura de su madre. La tía no sabe nada sobre los incas y tiene muchas preguntas.

**4 Multiculturalismo** El Inca Garcilaso de la Vega vivió inmerso en dos culturas. Hoy, más que nunca, ésa es la realidad de muchas personas.

**A.** Prepara un borrador escrito con tus opiniones sobre las ventajas y las desventajas del multiculturalismo.

**B.** En parejas, debatan sus opiniones. Después del debate, resuman los puntos que tienen en común y compártanlos con la clase.

**MODELO**

**ESTUDIANTE 1** El multiculturalismo es bueno, pero también puede tener efectos negativos. Si se mezclan demasiado las culturas, terminan desapareciendo.

**ESTUDIANTE 2** No estoy totalmente de acuerdo. Cuando las culturas se mezclan, la cultura en general se enriquece.

**C.** Utiliza las ideas surgidas en el debate para escribir un breve artículo para el periódico estudiantil en el que describas tu experiencia personal con el multiculturalismo.

Practice more at **vhlcentral.com.**

# Atando cabos

## ¡A conversar!

### La escritura y la civilización

**A.** ¿Qué pasaría si no hubiera escritura? En grupos, intercambien opiniones sobre estas preguntas.

- ¿Qué efecto ha tenido la escritura en la humanidad?
- ¿Qué cosas no podríamos hacer sin escritura?

**B.** Imaginen que la siguiente situación ocurre en la Edad Media. Coméntenla con sus compañeros/as y contesten las preguntas.

Un hombre tiene una vaca y un vecino se la pide por un mes. Cuando el primer hombre le pide que se la devuelva, el vecino no quiere, e insiste en que él se la había regalado.

- ¿Cómo solucionarían ustedes el problema?
- ¿Cómo habría sido la situación si el acuerdo (*agreement*) se hubiera hecho por escrito?

**C.** En grupos pequeños, imaginen otras dos situaciones en las que no se pueda solucionar un problema por la falta de escritura. Intercambien las nuevas situaciones con otros grupos y compartan las soluciones a los problemas planteados.

## ¡A escribir!

**Testamento cultural** Imagina que debes escribir un testamento (*will*) en el que dejas cinco elementos de tu cultura para las futuras generaciones. Usa las preguntas como guía:

- ¿Qué características de tu cultura y de tu comunidad vale la pena preservar?
- ¿Qué elementos prefieres no dejar como legado?

Para cada elemento, explica por qué has decidido dejarlo como legado.

**MODELO** Les dejo la tradición de mi barrio de hacer fiestas en la calle una vez por año. Esta tradición ayuda a que los vecinos se conozcan...

# 12 VOCABULARIO

Vocabulary Tools

## La historia y la civilización

| | |
|---|---|
| **la civilización** | *civilization* |
| **la década** | *decade* |
| **la época** | *era; epoch* |
| **el/la habitante** | *inhabitant* |
| **la historia** | *history* |
| **el/la historiador(a)** | *historian* |
| **la humanidad** | *humankind* |
| **el imperio** | *empire* |
| **el reino** | *kingdom* |
| **el siglo** | *century* |
| **establecer(se)** | *to establish (oneself)* |
| **habitar** | *to inhabit* |
| **integrarse (a)** | *to become part (of)* |
| **pertenecer (a)** | *to belong (to)* |
| **poblar (o:ue)** | *to settle; to populate* |
| **antiguo/a** | *ancient* |
| **(pre)histórico/a** | *(pre)historic* |

## Los conceptos

| | |
|---|---|
| **el aprendizaje** | *learning* |
| **el conocimiento** | *knowledge* |
| **la enseñanza** | *teaching* |
| **la herencia (cultural)** | *(cultural) heritage* |
| **la (in)certidumbre** | *(un)certainty* |
| **la (in)estabilidad** | *(in)stability* |
| **la sabiduría** | *wisdom* |

## Las características

| | |
|---|---|
| **adelantado/a** | *advanced* |
| **culto/a** | *cultured; educated* |
| **derrotado/a** | *defeated* |
| **desarrollado/a** | *developed* |
| **forzado/a** | *forced* |
| **pacífico/a** | *peaceful* |
| **poderoso/a** | *powerful* |
| **victorioso/a** | *victorious* |

## Los gobernantes

| | |
|---|---|
| **el/la cacique** | *tribal chief* |
| **el/la conquistador(a)** | *conqueror* |
| **el/la dictador(a)** | *dictator* |
| **el emperador/ la emperatriz** | *emperor/empress* |
| **el/la gobernante** | *ruler* |
| **el/la monarca** | *monarch* |
| **el rey/la reina** | *king/queen* |
| **el/la soberano/a** | *sovereign; ruler* |

## La conquista y la independencia

| | |
|---|---|
| **la batalla** | *battle* |
| **la colonia** | *colony* |
| **la conquista** | *conquest* |
| **el ejército** | *army* |
| **la esclavitud** | *slavery* |
| **el/la esclavo/a** | *slave* |
| **las fuerzas armadas** | *armed forces* |
| **el/la guerrero/a** | *warrior* |
| **la independencia** | *independence* |
| **la soberanía** | *sovereignty* |
| **el/la soldado** | *soldier* |
| **la tribu** | *tribe* |
| **colonizar** | *to colonize* |
| **conquistar** | *to conquer* |
| **derribar/derrocar** | *to overthrow* |
| **derrotar** | *to defeat* |
| **encabezar** | *to lead* |
| **explotar** | *to exploit* |
| **expulsar** | *to expel* |
| **invadir** | *to invade* |
| **liberar** | *to liberate* |
| **oprimir** | *to oppress* |
| **rendirse (e:i)** | *to surrender* |
| **suprimir** | *to abolish; to suppress* |

## Más vocabulario

| | |
|---|---|
| **Expresiones útiles** | *Ver p. 437* |
| **Estructura** | *Ver pp. 444–445, 448–449 y 452–454* |

## Cinemateca

| | |
|---|---|
| **el cura** | *priest* |
| **el rancho** | *ranch* |
| **el/la tatarabuelo/a** | *great-great-grandfather/mother* |
| **engañar** | *to betray* |
| **enterrar (e:ie)/ sepultar** | *to bury* |
| **jurar** | *to promise* |
| **reconocer** | *to recognize* |

## Literatura

| | |
|---|---|
| **el ajedrez** | *chess* |
| **el azar** | *chance* |
| **la biblioteca** | *library* |
| **la demora** | *delay* |
| **la jugada** | *move* |
| **la partida** | *game* |
| **el reloj** | *clock* |
| **el tablero** | *chessboard* |
| **disputar** | *to play against* |
| **fusilar** | *to execute by firing squad* |
| **impostergable** | *impossible to postpone* |
| **inconcluso/a** | *unfinished* |

## Cultura

| | |
|---|---|
| **el/la descendiente** | *descendant* |
| **el dominio** | *rule* |
| **la lealtad** | *loyalty* |
| **el/la mestizo/a** | *person of mixed ethnicity (part indigenous)* |
| **el puente** | *bridge* |
| **la traición** | *betrayal* |
| **el/la traidor(a)** | *traitor* |
| **aristocrático/a** | *aristocratic* |
| **erudito/a** | *scholarly* |
| **heroico/a** | *heroic* |

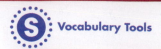

# Manual de gramática

## Supplementary Grammar Coverage

The **Manual de gramática** is an invaluable tool for both students and instructors of Intermediate Spanish. For each lesson of **ENFOQUES**, the **Manual** provides additional practice of the three core grammar concepts, as well as supplementary grammar instruction and practice.

The **Más práctica** pages of the **Manual** contain additional practice activities for every grammar point in **Enfoques**. The **Más gramática** pages present supplementary grammar concepts and practice. Both sections of the **Manual** are correlated to the core grammar points in **Estructura** by means of **Taller de consulta** sidebars, which provide the exact page numbers for additional practice and supplementary coverage.

This special supplement allows for great flexibility in planning and tailoring courses to suit the needs of whole classes and/or individual students. It also serves as a useful and convenient reference tool for students who wish to review previously learned material.

# Contenido

# Más práctica

**TALLER DE CONSULTA**

**MÁS PRÁCTICA**
To see the explanation corresponding to this additional practice, see p. 14.

## 1.1 The present tense

**1 Mi nuevo compañero de cuarto** Completa el párrafo con la forma apropiada de los verbos entre paréntesis.

¿Cómo es mi nuevo compañero de cuarto? (1) ______ (Ser) muy simpático. Siempre que (2) ______ (salir), me invita a salir con él, por lo que yo ya (3) ______ (conocer) a mucha gente en la universidad. Él siempre (4) ______ (parecer) pasarlo bien, hasta cuando nosotros (5) ______ (estar) en la clase de matemáticas. Por la tarde, después de clase, él (6) ______ (proponer) actividades —por ejemplo, a veces (7) ______ (ir) al parque a jugar al fútbol— así que nunca nos aburrimos. Yo ya (8) ______ (saber) que nos vamos a llevar bien durante todo el año. (9) ______ (Pensar) invitarlo a mi casa para las fiestas, así mis padres lo (10) ______ (poder) conocer también.

**2 Tus actividades** Escribe cuatro actividades que realizas normalmente en cada uno de estos momentos del día: la mañana, la tarde y la noche.

*Mañana:*

*Tarde:*

*Noche:*

**3 Diez preguntas** Trabaja con un(a) compañero/a a quien no conozcas muy bien. Primero, cada persona debe escribir diez preguntas para conocer a su compañero/a. Luego, háganse las preguntas. Por último, intercambien sus listas y háganse las preguntas de la otra persona. Compartan sus respuestas con la clase.

# Más práctica

## 1.2 *Ser* and *estar*

**1** **Correo** Completa el mensaje de correo electrónico con la forma adecuada de **ser** o **estar**.

De: Susana <susana_cruz@estudiantil.es>
Para: Carlos <carlos_cano@estudiantil.es>
Asunto: Novedades

¡Hola, Carlos!

Yo (1) ________ muy preocupada porque mañana tenemos un examen en la clase de español y el profesor (2) ________ muy exigente. Ahora mismo mi amiga Ana (3) ________ estudiando en la biblioteca y voy a encontrarme con ella para que me ayude. Ella (4) ________ una estudiante muy buena y sus notas siempre (5) ________ excelentes.

Este fin de semana hay un concierto en la universidad. Mis amigos y yo (6) ________ muy contentos porque el grupo que toca (7) ________ muy famoso. Elena también quería ir al concierto, pero no puede porque (8) ________ enferma y debe quedarse en cama.

Bueno, antes de ir a la biblioteca voy a almorzar en la cafetería porque (9) ________ muerta de hambre.
¡Hasta pronto!
Susana

**2** **En el parque** Mira la ilustración y contesta las preguntas usando **ser** y **estar**. Puedes inventar las respuestas para algunas de las preguntas.

1. ¿Quién es cada una de estas personas?
2. ¿Qué están haciendo?
3. ¿Cómo están?
4. ¿Cómo son?

**3** **Una cita** Mañana vas a tener una cita con una persona maravillosa. Quieres contárselo a tu mejor amigo/a y pedirle consejos. Tu amigo/a es muy curioso/a y te va a hacer muchas preguntas. En parejas, representen la conversación. Éstos son algunos de los aspectos que pueden incluir.

**Tu amigo/a quiere saber:**
- cómo te sientes antes de la cita
- qué crees que va a pasar
- cómo es el lugar adonde van a ir
- cómo es la persona con quien vas a tener la cita

**Tú quieres consejos sobre:**
- qué ropa ponerte
- los temas de los que hablar
- adónde ir
- quién debe pagar la cuenta

**TALLER DE CONSULTA**

**MÁS PRÁCTICA**
To see the explanation corresponding to this additional practice, see p. 18.

# Más práctica

**TALLER DE CONSULTA**

**MÁS PRÁCTICA**
To see the explanation corresponding to this additional practice, see p. 22.

## 1.3 Progressive forms

1 **¿Qué están haciendo?** Escribe cinco oraciones explicando qué está haciendo cada persona. Usa elementos de las tres columnas.

**MODELO** David Ortiz está jugando al béisbol.

| | | |
|---|---|---|
| tú | | divertirse |
| el presidente de los EE.UU. | | viajar en avión |
| tus padres | | comer en un restaurante |
| tu mejor amigo/a | (no) estar | asistir a un estreno (*premiere*) |
| Penélope Cruz | | bailar en una discoteca |
| nosotros | | hablar por teléfono |
| yo | | estudiar física |

2 **Seguimos escribiendo** Vuelve a escribir las oraciones usando los verbos **andar, continuar, ir, llevar, seguir** o **venir**. La oración resultante debe expresar la misma idea.

1. José siempre dice que es tímido, pero no deja de coquetear con las chicas del trabajo.
   ______________________________
2. Mi esposa y yo llevamos diez años de casados, pero nuestro amor es tan intenso como siempre.
   ______________________________
3. Hace cinco meses que Carlos se pelea con su novia todos los días y todavía habla de ella como si fuera la única mujer del planeta.
   ______________________________
4. Daniel siempre se queja de que los estudios lo agobian y hace meses que su mamá le dice que tiene que relajarse.
   ______________________________
5. Mis padres repiten todos los días que pronto van a mudarse a una casa más pequeña que han visto en otro pueblo.
   ______________________________
6. Conversamos todo el tiempo mientras ellos se marchaban.
   ______________________________

3 **Adivina qué estoy haciendo** En grupos de cuatro, jueguen a las adivinanzas con mímica (*charades*). Túrnense para hacer gestos que representen una acción sencilla. Adivinen cada acción usando el presente progresivo. Sigan el modelo.

**MODELO**
**ESTUDIANTE 1** *(Sin decir nada, hace gestos para mostrar que está manejando un carro.)*
**ESTUDIANTE 2** ¿Estás peleando con alguien?
**ESTUDIANTE 3** ¿Estás manejando un carro?
**ESTUDIANTE 1** ¡Sí! Estoy manejando un carro.

## 1.4 Nouns and articles

### Nouns

- In Spanish, nouns (**sustantivos**) ending in **-o, -or, -l,** and **-s** are usually masculine, and nouns ending in **-a, -ora, -ión, -d,** and **-z** are usually feminine. Some nouns ending in **-ma** are masculine.

| Masculine nouns | Feminine nouns |
|---|---|
| **el amigo, el cuaderno** | **la amiga, la palabra** |
| **el escritor, el color** | **la escritora, la computadora** |
| **el control, el papel** | **la relación, la ilusión** |
| **el autobús, el paraguas** | **la amistad, la fidelidad** |
| **el problema, el tema** | **la luz, la paz** |

- Most nouns form the plural by adding **-s** to nouns ending in a vowel, and **-es** to nouns ending in a consonant. Nouns that end in **-z** change to **-c** before adding **-es**.

**el hombre → los hombres**    **la mujer → las mujeres**

**la novia → las novias**    **el lápiz → los lápices**

- If a singular noun ends in a stressed vowel, the plural form ends in **-es.** If the last syllable of a singular noun ending in **-s** is unstressed, the plural form does not change.

**el tabú → los tabúes**    **el lunes → los lunes**

**el israelí → los israelíes**    **la crisis → las crisis**

### Articles

- Spanish definite and indefinite articles (**artículos definidos** e **indefinidos**) agree in gender and number with the nouns they modify.

| | Definite articles | | Indefinite articles | |
|---|---|---|---|---|
| | **singular** | **plural** | **singular** | **plural** |
| MASCULINE | **el compañero** | **los compañeros** | **un compañero** | **unos compañeros** |
| FEMININE | **la compañera** | **las compañeras** | **una compañera** | **unas compañeras** |

- In Spanish, when an abstract noun is the subject of a sentence, a definite article is always used.

**El** amor es eterno.
*Love is eternal.*

but

Para ser modelo, necesitas belleza y altura.
*In order to be a model, you need beauty and height.*

- An indefinite article is not used before nouns that indicate profession or place of origin, unless they are followed by an adjective.

Juan García es profesor.
*Juan García is a professor.*

Juan García es **un** profesor excelente.
*Juan García is an excellent professor.*

Ana María es neoyorquina.
*Ana María is a New Yorker.*

Ana María es **una** neoyorquina orgullosa.
*Ana María is a proud New Yorker.*

**MÁS GRAMÁTICA**

This is an additional grammar point for **Lección 1 Estructura.** You may use it for review or as required by your instructor.

**¡ATENCIÓN!**

Some nouns may be either masculine or feminine, depending on whether they refer to a male or a female.

**el/la artista** *artist*
**el/la estudiante** *student*

Occasionally, the masculine and feminine forms have different meanings.

**el capital** *capital (money)*
**la capital** *capital (city)*

**¡ATENCIÓN!**

Accent marks are sometimes dropped or added to maintain the stress in the singular and plural forms.

**canción → canciones**
**margen → márgenes**

**¡ATENCIÓN!**

The prepositions **de** and **a** contract with the article **el**.

**de + el = del**
**a + el = al**

**¡ATENCIÓN!**

Singular feminine nouns that begin with a stressed **a** take **el**.

**el alma → las almas**
**el área → las áreas**

# Práctica

**TALLER DE CONSULTA**

These activities correspond to the additional grammar point on the preceding page.

## 1.4 Nouns and articles

**1 Cambiar** Escribe en plural las palabras que están en singular y viceversa.

1. la compañera ____________
2. unos amigos ____________
3. el novio ____________
4. una crisis ____________
5. unas parejas ____________
6. un corazón ____________
7. las amistades ____________
8. el tabú ____________

**2 Un chiste** Completa el chiste con los artículos apropiados. Recuerda que en algunos casos no debes poner ningún artículo.

(1) ____ pareja se va a casar. Él tiene 90 años. Ella tiene 85. Entran en (2) ____ farmacia y (3) ____ novio le pregunta al farmacéutico (*pharmacist*):
—¿Tiene (4) ____ remedios para (5) ____ corazón?
—Sí —contesta (6) ____ farmacéutico.
—¿Tiene (7) ____ remedios para (8) ____ presión y (9) ____ colesterol?
—Sí —contesta nuevamente (10) ____ farmacéutico.
—¿Y (11) ____ remedios para (12) ____ artritis? y (13) ____ reumatismo?
—Sí. Ésta es (14) ____ farmacia completa. Tenemos de todo.
Entonces (15) ____ novio mira a (16) ____ novia y le dice:
—Querida, ¿qué te parece si hacemos aquí (17) ____ lista de regalos para (18) ____ boda?

**3 La cita** Completa el párrafo con la forma correcta de los artículos definidos e indefinidos.

Ayer tuve (1) _____ cita con Leonardo. Fuimos a (2) _____ restaurante muy romántico que está junto a (3) _____ bonito lago. Desde nuestra mesa, podíamos ver (4) _____ lago y (5) _____ barcos que navegaban por allí. Comimos (6) _____ platos muy originales. (7) _____ pescado que yo pedí estaba delicioso. Nos divertimos mucho, pero al salir tuvimos (8) _____ problema. Una de (9) _____ ruedas (*tires*) del carro estaba pinchada (*punctured*). ¿Puedes creer que tuve que cambiar (10) _____ rueda yo porque Leonardo no sabía hacerlo?

**4 Escribir** Escribe oraciones completas con las siguientes palabras; utiliza los artículos definidos e indefinidos que correspondan y haz los cambios necesarios.

**MODELO** **Elisa - ser - buena periodista**
Elisa es una buena periodista.

1. revistas del corazón - afirmar - amor -ser - eterno
2. ayer - astrólogo - predecir - desgracia
3. lunes pasado - comprar - flores - tía juanita
4. capital - venezuela - ser - caracas
5. personas optimistas - soñar - mundo mejor
6. Rodrigo - ser - alma - fiesta

## 1.5 Adjectives

- Spanish adjectives (**adjetivos**) agree in gender and number with the nouns they modify. Most adjectives ending in **-e** or a consonant have the same masculine and feminine forms.

| Adjectives | | | | | | |
|---|---|---|---|---|---|---|
| | **singular** | **plural** | **singular** | **plural** | **singular** | **plural** |
| MASCULINE | **rojo** | **rojos** | **inteligente** | **inteligentes** | **difícil** | **difíciles** |
| FEMININE | **roja** | **rojas** | **inteligente** | **inteligentes** | **difícil** | **difíciles** |

- Descriptive adjectives generally follow the noun they modify. If a single adjective modifies more than one noun, the plural form is used. If at least one of the nouns is masculine, then the adjective is masculine.

un libro **apasionante**
*a great book*

las parejas **contentas**
*the happy couples*

un carro y una casa **nuevos**
*a new car and house*

la literatura y la cultura **ecuatorianas**
*Ecuadorean literature and culture*

- A few adjectives have shortened forms when they precede a masculine singular noun.

**bueno → buen** | **alguno → algún** | **primero → primer**
**malo → mal** | **ninguno → ningún** | **tercero → tercer**

- Some adjectives change their meaning depending on their position. When the adjective follows the noun, the meaning is more literal. When it precedes the noun, the meaning is more figurative.

| | after the noun | before the noun |
|---|---|---|
| **antiguo/a** | el edificio **antiguo**<br>*the ancient building* | mi **antiguo** novio<br>*my old/former boyfriend* |
| **cierto/a** | una respuesta **cierta**<br>*a right answer* | una **cierta** actitud<br>*a certain attitude* |
| **grande** | una ciudad **grande**<br>*a big city* | un **gran** país<br>*a great country* |
| **mismo/a** | el artículo **mismo**<br>*the article itself* | el **mismo** problema<br>*the same problem* |
| **nuevo/a** | un carro **nuevo**<br>*a (brand) new car* | un **nuevo** profesor<br>*a new/different professor* |
| **pobre** | los estudiantes **pobres**<br>*the students who are poor* | los **pobres** estudiantes<br>*the unfortunate students* |
| **viejo/a** | un libro **viejo**<br>*an old book* | una **vieja** amiga<br>*a long-time friend* |

**MÁS GRAMÁTICA**

This is an additional grammar point for **Lección 1 Estructura.** You may use it for review or as required by your instructor.

**¡ATENCIÓN!**

Adjectives ending in **-án**, **-ín**, **-ón**, and **-or**, like most others, vary in both gender and number.

**dormilón → dormilona**
**dormilones → dormilonas**

Adjectives ending in **-ior** and the comparatives **mayor, menor, mejor**, and **peor** do not vary in gender.

el **niño** mayor
la **niña** mayor

Adjectives indicating nationality vary in both gender and number (except those ending in **-a**, **-í**, and **-e**, which vary only in number).

**español → española**
**españoles → españolas**
**marroquí → marroquí**
**marroquíes → marroquíes**

**¡ATENCIÓN!**

Before any singular noun (masculine or feminine), **grande** changes to **gran**.

**un gran esfuerzo**
*a great effort*

**una gran autora**
*a great author*

# Práctica

**TALLER DE CONSULTA**

These activities correspond to the additional grammar point on the preceding page.

## 1.5 Adjectives

**1 Descripciones** Completa cada oración con la forma correcta de los adjetivos.

1. Mi mejor amiga es ________ (guapo) y muy ________ (gracioso).
2. Los novios de mis hermanas son ________ (alto) y ________ (moreno).
3. Javier es ________ (bueno) compañero, pero es bastante ________ (antipático).
4. Mi prima Susana es ________ (sincero), pero mi primo Luis es ________ (falso).
5. Sandra es una ________ (grande) amiga, pero ayer tuvimos una pelea muy ________ (fuerte).
6. No sé por qué Marcos y María son tan ________ (inseguro) y ________ (tímido).

**2 La vida de Marina** Completa cada oración con los cuatro adjetivos.

1. Marina busca una compañera de cuarto ________________.
(tranquilo, ordenado, honesto, puntual)
2. Se lleva bien con las personas ________________.
(sincero, serio, alegre, trabajador)
3. Los padres de Marina son ________________.
(maduro, simpático, inteligente, conservador)
4. Marina quiere ver programas de televisión más ________________.
(emocionante, divertido, dramático, didáctico)
5. Marina tiene un novio ________________.
(talentoso, simpático, creativo, sensible)

Marina

**3 Correo sentimental** La revista *Ellas y ellos* tiene una sección de anuncios personales. Completa este anuncio con la forma corta o larga de los adjetivos de la lista. Puedes usar los adjetivos más de una vez.

| | | | | |
|---|---|---|---|---|
| buen | gran | mal | ningún | tercer |
| bueno/a | grande | malo/a | ninguno/a | tercero/a |

### Mi perrito y yo buscamos amor

Tengo 43 años y estoy viudo desde hace tres años. Soy un (1) ________ hombre: tranquilo y trabajador. Me gustan las plantas y no tengo (2) ________ problema con mis vecinos. Cocino y plancho. Me gusta ir al cine y no me gusta el fútbol. Tengo (3) ________ humor por las mañanas y mejor humor por las noches. Vivo en un apartamento (4) ________ en el (5) ________ piso de un edificio de Montevideo. Sólo tengo un pequeño problema: mi perro. Algunos dicen que tiene (6) ________ carácter. Otros dicen que es un (7) ________ animal. Yo creo que es (8) ________, pero se siente solo, como su dueño, y nos hacemos compañía. Busco una señora viuda o soltera que también se sienta sola. ¡Si tiene un perrito, mejor!

# Más práctica

## 2.1 Object pronouns

**1 La televisión** Completa la conversación con el pronombre adecuado.

**JUANITO** Mamá, ¿puedo ver televisión?

**MAMÁ** ¿Y la tarea? ¿Ya (1) _____ hiciste?

**JUANITO** Ya casi (2) _____ termino. ¿Puedo ver el programa de dibujos animados (*cartoons*)?

**MAMÁ** (3) _____ puedes ver hasta las siete.

**JUANITO** De acuerdo.

**MAMÁ** Pero antes de que te pongas a ver televisión, tengo algunas preguntas. ¿(4) _____ vas a entregar mi carta a tu profesora?

**JUANITO** Sí mamá, (5) _____ (6) _____ voy a entregar mañana.

**MAMÁ** ¿Quién va a trabajar contigo en el proyecto de historia?

**JUANITO** No sé; nadie (7) _____ quiere hacer conmigo.

**MAMÁ** Bueno, y antes de ver la tele, ¿me puedes ayudar a poner la mesa?

**JUANITO** ¡Cómo no, mamá! (8) _____ ayudo ahora mismo.

**2 Confundido** Tu compañero/a de cuarto va a dar una fiesta este fin de semana, pero no recuerda bien algunos detalles. Contesta sus preguntas con la información que está entre paréntesis. Utiliza pronombres en tus respuestas.

**MODELO** **¿Quién va a traer las sillas? (Carlos y Pedro)**
Carlos y Pedro las van a traer.

1. ¿Cuándo vamos a comprar la comida? (mañana)
_______________________________________________
2. ¿Quién nos prepara el pastel (*cake*)? (la pastelería de la Plaza Mayor)
_______________________________________________
3. ¿Ya enviamos todas las invitaciones? (sí)
_______________________________________________
4. ¿Quién trae los discos compactos de música latina? (Lourdes y Sara)
_______________________________________________
5. ¿Vamos a decorar el salón? (sí)
_______________________________________________

**3 Tres deseos** En parejas, imaginen que encuentran a un genio (*genie*) en una botella. Él les va a hacer realidad tres deseos a cada uno. Haz una lista de los deseos que le vas a pedir. Después, díselos a tu compañero/a. Háganse preguntas sobre por qué quieren estos deseos. Utilicen por lo menos seis pronombres de complemento directo e indirecto.

**MODELO** —Yo quiero un jeep cuatro por cuatro.
—¿Para qué lo quieres?
—Lo quiero para manejar en cualquier tipo de terreno.

**TALLER DE CONSULTA**

**MÁS PRÁCTICA**
To see the explanation corresponding to this additional practice, see p. 54.

# Más práctica

TALLER DE CONSULTA

**MÁS PRÁCTICA**
To see the explanation corresponding to this additional practice, see p. 58.

## 2.2 *Gustar* and similar verbs

**1 En otras palabras** Vuelve a escribir las frases subrayadas usando los verbos de la lista.

MODELO **Mis padres adoran las novelas de García Márquez, especialmente *Cien años de soledad.***
A mis padres les encantan las novelas de García Márquez, especialmente *Cien años de soledad.*

| | |
|---|---|
| aburrir | (no) gustar |
| caer bien/mal | (no) interesar |
| (no) doler | molestar |
| encantar | quedar |
| faltar | |

1. Estoy muy interesado en el cine y por eso veo el programa de espectáculos todas las noches.
2. Necesito ir al médico porque tengo dolor de cabeza desde hace dos días.
3. Pablo y Roberto son muy antipáticos. No soporto hablar con ellos.
4. Nos aburrimos cuando vemos películas románticas.
5. Detesto el boliche.
6. Has gastado casi todo tu dinero. Sólo tienes diez dólares.
7. Carlos está a punto de completar su colección de monedas españolas anteriores al euro. Necesita conseguir tres más.
8. No soporto escuchar música cuando estudio. No puedo concentrarme.

**2 El fin de semana** Escribe ocho oraciones sobre qué te gusta y qué te molesta hacer el fin de semana. Utiliza **gustar** y otros verbos parecidos, como **interesar, importar** y **molestar.**

| | | |
|---|---|---|
| estar en casa | hacer ejercicio | ir al circo |
| festejar | hacer un picnic | jugar al billar |
| hacer cola | ir al cine | salir a comer |

**3 Gustos** Utiliza la información suministrada y los verbos parecidos a **gustar** para investigar los gustos de tus compañeros/as de clase. Toma nota de las respuestas de cada compañero/a que entrevistes y comparte la información con la clase.

MODELO **molestar / tener clase a las ocho de la mañana**
—A Juan y a Marcela no les molesta tener clase a las ocho de la mañana. En cambio, a Carlos le molesta porque...

1. encantar / fiestas de cumpleaños
2. fascinar / el mundo de Hollywood
3. disgustar / leer las noticias
4. molestar / conocer a personas nuevas
5. interesar / saber lo que mis amigos piensan de mí
6. aburrir / escuchar música todo el día

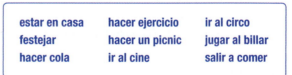

# Más práctica

## 2.3 Reflexive verbs

**TALLER DE CONSULTA**

**MÁS PRÁCTICA**
To see the explanation corresponding to this additional practice, see p. 62

1 **¿Qué hacen estas personas?** Escribe cinco oraciones combinando elementos de las tres columnas.

**MODELO** Yo me acuesto a las once de la noche.

| | | |
|---|---|---|
| mis padres | aburrirse | a las 6 de la mañana |
| yo | acostarse | a las 9 de la mañana |
| mis amigos y yo | afeitarse | a las 3 de la tarde |
| tú | divertirse | por la tarde |
| mi compañero/a de cuarto | dormirse | el viernes por la noche |
| ustedes | levantarse | a las once de la noche |
| mi hermano/a | maquillarse | todos los días |

2 **Reflexivos** Algunos verbos cambian de significado cuando se usan en forma reflexiva. Completa las oraciones con la forma adecuada del verbo indicado.

**MODELO** Yo me acuesto a las once de la noche.

1. Yo siempre ________ (dormir/dormirse) bien cuando estoy en mi casa de verano.
2. Carlos, ¿________ (acordar/acordarse) de cuando fuimos de vacaciones a Cancún hace dos años?
3. Si estamos tan cansados de la ciudad, ¿por qué no ________ (mudar/mudarse) a una casa junto al lago?
4. No me gusta esta fiesta. Quiero ________ (ir/irse) cuanto antes.
5. Cristina y Miguel ________ (llevar/llevarse) tortillas a la fiesta.
6. Mi abuela va a ________ (poner/ponerse) una foto de todos sus nietos en el salón.

3 **Los sábados** Sigue los pasos para determinar si tú y tus compañeros/as participan en actividades parecidas (*similar*) los sábados. Comparte tus conclusiones con el resto de la clase. Usa verbos reflexivos en las preguntas y respuestas.

- **Paso 1** Haz una lista detallada de las cosas que normalmente haces los sábados.
- **Paso 2** Entrevista a un(a) compañero/a para ver si comparten alguna actividad.
- **Paso 3** Compara la información con el resto de la clase. ¿Siguen los estudiantes la misma rutina durante los fines de semana?

**MÁS GRAMÁTICA**

This is an additional grammar point for **Lección 2 Estructura.** You may use it for review or as required by your instructor.

## 2.4 Demonstrative adjectives and pronouns

- Demonstrative adjectives (**adjetivos demostrativos**) specify to which noun a speaker is referring. They precede the nouns they modify and agree in gender and number.

| | | |
|---|---|---|
| **este** torneo<br>*this tournament* | **esa** entrenadora<br>*that coach* | **aquellos** deportistas<br>*those athletes (over there)* |

**Demonstrative adjectives**

| singular | | plural | | |
|---|---|---|---|---|
| **masculine** | **feminine** | **masculine** | **feminine** | |
| **este** | **esta** | **estos** | **estas** | *this; these* |
| **ese** | **esa** | **esos** | **esas** | *that; those* |
| **aquel** | **aquella** | **aquellos** | **aquellas** | *that; those (over there)* |

- Spanish has three sets of demonstrative adjectives. Forms of **este** are used to point out nouns that are close to the speaker and the listener. Forms of **ese** modify nouns that are not close to the speaker, though they may be close to the listener. Forms of **aquel** refer to nouns that are far away from both the speaker and the listener.

No me gustan **estos** zapatos.

Prefiero **esos** zapatos.

**Aquel** carro es de Ana.

- Demonstrative pronouns (**pronombres demostrativos**) are identical to demonstrative adjectives, except that they traditionally carry an accent mark on the stressed vowel. They agree in gender and number with the nouns they replace.

¿Quieres comprar esta **radio**?
*Do you want to buy this radio?*

No, no quiero **ésta**. Quiero **ésa**.
*No, I don't want this one. I want that one.*

¿Leíste estos **libros**?
*Did you read these books?*

No leí **éstos**, pero sí leí **aquéllos**.
*I didn't read these, but I did read those (over there).*

- There are three neuter demonstrative pronouns: **esto, eso,** and **aquello**. These forms refer to unidentified or unspecified things, situations, or ideas. They do not vary in gender or number and they never carry an accent mark.

| | | |
|---|---|---|
| ¿Qué es **esto**?<br>*What is this?* | **Eso** es interesante.<br>*That's interesting.* | **Aquello** es bonito.<br>*That's pretty.* |

# Práctica

## 2.4 Demonstrative adjectives and pronouns

**TALLER DE CONSULTA**

These activities correspond to the additional grammar point on the preceding page.

**1 En el centro comercial** Completa las oraciones con la forma correcta de los adjetivos entre paréntesis.

1. Quiero comprar ______ (*that*) videojuego.
2. Nosotros queremos comprar ______ (*that over there*) computadora.
3. ______ (*These*) pantalones son muy baratos.
4. Yo voy a escoger ______ (*this*) falda que está a mitad de precio.
5. También quiero comprar alguna de ______ (*those*) películas en DVD.
6. Antes de irnos, vamos a comer algo en ______ (*that over there*) restaurante.

**2 Pronombres** Completa cada oración con la forma correcta de los pronombres demostrativos de acuerdo con la traducción que aparece entre paréntesis.

1. Esta campeona es muy humilde, pero ______ (*that one*) es muy arrogante.
2. Este deportista juega bien, no como ______ (*those*) del otro equipo.
3. Esos dardos no tienen punta; usa ______ (*the ones over there*).
4. No conozco a esta entrenadora, pero sí conozco a ______ (*that one over there*).
5. Aquellos asientos son muy buenos, pero de todas formas, yo prefiero sentarme en ______ (*this one*).
6. Esta cancha de fútbol está muy mojada. ¿Podemos jugar en ______ (*that one*)?

**3 ¿Adjetivos o pronombres?**

**A.** Elige los adjetivos o los pronombres apropiados.

A mi hermano Esteban no le gustan las películas de acción y a mí, sí. (1) ______ (Ese / Ése) es el problema que siempre tenemos cuando queremos ir al cine. (2) ______ (Este / Éste) fin de semana, por ejemplo, estrenan la película *Persecución sin fin* en (3) ______ (ese / ése) cine nuevo que abrió enfrente de (4) ______ (ese / ése) restaurante que tanto me gusta. Cuando le mandé un mensaje por correo electrónico a mi hermano, enseguida respondió: "(5) ______ (Esa / Ésa) no la veo ni loco. (6) ______ (Esas / Ésas) películas de acción son siempre iguales. El bueno y el malo pelean y el bueno siempre gana. Por (7) ______ (ese / ése / eso), yo prefiero las películas históricas o los dramas. Por lo menos en (8) ______ (esas / ésas) suele haber diálogos inteligentes y no persecuciones tontas y peleas exageradas". ¡Cómo cambiaron los gustos de mi hermano desde (9) ______ (aquella / aquélla) época en la que íbamos a ver todas las películas de superhéroes!

**B.** En parejas, imaginen que los dos hermanos hablan por teléfono. El hermano de Esteban todavía tiene esperanzas de convencerlo para ir a ver *Persecución sin fin*. Improvisen la conversación entre los dos hermanos. Usen por lo menos cinco adjetivos o pronombres demostrativos.

**MÁS GRAMÁTICA**

This is an additional grammar point for **Lección 2 Estructura.** You may use it for review or as required by your instructor.

## 2.5 Possessive adjectives and pronouns

- Possessive adjectives (**adjetivos posesivos**) are used to express ownership or possession. Spanish has two types: the short, or unstressed, forms and the long, or stressed, forms. Both forms agree in gender, when applicable, and number with the object owned, and not with the owner.

**Possessive adjectives**

| short forms (unstressed) | | long forms (stressed) | |
|---|---|---|---|
| **mi(s)** | *my* | **mío/a(s)** | *my; (of) mine* |
| **tu(s)** | *your* | **tuyo/a(s)** | *your; (of) yours* |
| **su(s)** | *your; his; her; its* | **suyo/a(s)** | *your; (of) yours; his; (of) his; hers; (of) hers; its; (of) its* |
| **nuestro/a(s)** | *our* | **nuestro/a(s)** | *our; (of) ours* |
| **vuestro/a(s)** | *your* | **vuestro/a(s)** | *your; (of) yours* |
| **su(s)** | *your; their* | **suyo/a(s)** | *your; (of) yours; their; (of) theirs* |

- Short possessive adjectives precede the nouns they modify.

En **mi** opinión, esa película es pésima.
*In my opinion, that movie is awful.*

**Nuestras** revistas favoritas son *Vanidades* y *Latina*.
*Our favorite magazines are* Vanidades *and* Latina.

- Stressed possessive adjectives follow the nouns they modify. They are used for emphasis or to express the phrases of mine, of yours, etc. The nouns are usually preceded by a definite or indefinite article.

mi amigo → **el** amigo **mío**
*my friend* — *friend of mine*

tus amigas → **las** amigas **tuyas**
*your friends* — *friends of yours*

**¡ATENCIÓN!**

After the verb **ser**, stressed possessives are used without articles.

**¿Es tuya la calculadora?**
*Is the calculator yours?*

**No, no es mía.**
*No, it is not mine.*

- Because **su(s)** and **suyo/a(s)** have multiple meanings (your, his, her, its, their), the construction [article] + [noun] + **de** + [subject pronoun] is commonly used to clarify meaning.

**su casa**
**la casa suya**
→
**la casa de él/ella** — *his/her house*
**la casa de usted/ustedes** — *your house*
**la casa de ellos/ellas** — *their house*

- Possessive pronouns (**pronombres posesivos**) have the same forms as stressed possessive adjectives and are preceded by a definite article. Possessive pronouns agree in gender and number with the nouns they replace.

No encuentro mi **libro**. ¿Me prestas **el tuyo**?
*I can't find my book. Can I borrow yours?*

Si la **fotógrafa** suya no llega, **la nuestra** está disponible.
*If your photographer doesn't arrive, ours is available.*

**¡ATENCIÓN!**

The neuter form **lo** + [*singular stressed possessive*] is used to refer to abstract ideas or concepts such as *what is mine* and *what belongs to you.*

**Quiero lo mío.**
*I want what is mine.*

# Práctica

## 2.5 Possessive adjectives and pronouns

**1 ¿De quién hablan?** En un programa de entrevistas, varias personas famosas hacen comentarios. Completa sus oraciones con los adjetivos posesivos que faltan.

1. La actriz Fernanda Lora habla sobre su esposo: "_______ esposo siempre me acompaña a los estrenos, aunque _______ trabajo le exija estar en otro sitio".
2. Los integrantes del famoso dúo Maite y Antonio hablan sobre su hijo: "_______ hijo empezó a cantar a los dos años".
3. El actor Saúl Mar habla de su ex esposa, la modelo Serafina: "_______ ex ya no es tan guapa como antes, aunque _______ *fans* piensen lo contrario".

**2 ¿Es tuyo...?** Escribe preguntas con ser y contéstalas usando el pronombre posesivo que corresponde a la(s) persona(s) indicada(s). Sigue el modelo.

**MODELO** **tú / libro / yo**
—¿Es tuyo este libro?
—Sí, es mío.

1. ustedes / cartas / nosotros
_______________
_______________
2. ella / bicicleta / ella
_______________
_______________
3. yo / café / tú
_______________
_______________
4. nosotros / periódicos / yo
_______________
_______________
5. tú / disco compacto / ellos
_______________
_______________
6. él / ideas / nosotros
_______________
_______________

**3 Durante el almuerzo** Durante la hora del almuerzo, tres compañeros de trabajo tratan de conocerse mejor. Completa la conversación con los posesivos adecuados. Cuando sea necesario, añade también el artículo definido correspondiente.

**MANUEL** (1) _________ películas favoritas son las de acción. ¿Y (2) _________?
**JUAN** A mí no me gusta el cine.
**AGUSTÍN** A mí tampoco, pero a (3) _________ esposa le gustan las películas clásicas. Lo mío es el deporte.
**JUAN** Yo detesto el deporte. (4) _________ pasatiempo favorito es la música.
**MANUEL** ¡Ahh! ¿Es (5) _________ la guitarra que vi en la oficina?
**JUAN** Sí, es (6) _________. Después del trabajo, nos reunimos en la casa de un amigo (7) _________ y tocamos un poco. A (8) _________ amigos y a mí nos gusta el rock. (9) _________ músicos preferidos son...
**AGUSTÍN** ¡No te molestes en nombrarlos! No sé nada de música.
**MANUEL** Parece que (10) _________ gustos son muy distintos.

**TALLER DE CONSULTA**

These activities correspond to the additional grammar point on the preceding page.

# Más práctica

TALLER DE CONSULTA

**MÁS PRÁCTICA**
To see the explanation corresponding to this additional practice, see p. 94.

## 3.1 The preterite

**1 Conversación telefónica** La mamá de Andrés lo llama para saber cómo fue su semana. Completa la conversación con el pretérito de los verbos de la lista. Algunos verbos se repiten.

| | | | |
|---|---|---|---|
| andar | dar | ir | ser |
| barrer | hacer | quitar | tener |

**MAMÁ** Hola, Andrés, ¿cómo te va?
**ANDRÉS** Bien, mamá. ¿Y a ti?
**MAMÁ** También estoy bien. ¿Qué tal las clases?
**ANDRÉS** En la clase de historia (1) ________ un examen el lunes. En la clase de química, el profesor nos (2) ________ una demostración en el laboratorio.
**MAMÁ** ¿Y el resto de las clases?
**ANDRÉS** (3) ________ muy fáciles, pero los profesores nos (4) ________ mucha tarea.
**MAMÁ** ¿Cómo está tu apartamento? ¿Está muy sucio (*dirty*)?
**ANDRÉS** ¡Está perfecto! Ayer (5) ________ la limpieza: (6) ________ el piso y (7) ________ el polvo de los muebles.
**MAMÁ** ¿Qué hiciste con tus amigos el sábado por la noche?
**ANDRÉS** Nosotros (8) ________ por el centro de la ciudad y (9) ________ a un restaurante. (10) ________ una noche muy divertida.

**2 Vienen los abuelitos** Tus abuelos vienen a tu casa para pasar el fin de semana. Tu mamá quiere saber si ya hiciste todo lo que te pidió, pero tú ya sabes lo que te va a preguntar. Completa sus preguntas y después contéstalas.

**MODELO** **¿Ya... (conseguir las entradas para el concierto)?**
—¿Ya conseguiste las entradas para el concierto?
—Sí, mamá, ya conseguí las entradas para el concierto.

1. ¿Ya... (lavar los platos)? ________________
2. ¿Ya... (ir al supermercado)? ________________
3. ¿Ya... (pasar la aspiradora)? ________________
4. ¿Ya... (quitar tus cosas de la mesa)? ________________
5. ¿Ya... (hacer las reservaciones en el restaurante)? ________________
6. ¿Ya... (limpiar el baño)? ________________

**3 Un problema** Quieres devolver unos zapatos que te compraste hace dos semanas y pedir un reembolso, pero la zapatería no acepta cambios después de una semana. En parejas, improvisen una conversación en la que el/la cliente trata de convencer al/a la gerente (*manager*) de que le devuelva el dinero.

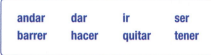

# Más práctica

## 3.2 The imperfect

**1 Antes** Forma oraciones con estos elementos para explicar qué hacían antes estas personas.

**MODELO** mi tía / siempre / cocinar / una sopa deliciosa
Antes, mi tía siempre cocinaba una sopa deliciosa.

1. yo / barrer / la escalera de mi casa / a menudo
_______________________________________________
2. mi hermano pequeño / casi nunca / apagar / la luz de su habitación
_______________________________________________
3. la ropa / ser / más barata
_______________________________________________
4. mis amigas / apenas / ir / al centro comercial.
_______________________________________________
5. tú / quitar / el polvo de los muebles / a veces
_______________________________________________

**2 Oraciones incompletas** Termina las oraciones con el imperfecto.

1. Cuando yo era niño/a, _______________________.
2. Todos los veranos mi familia y yo _______________________.
3. En la escuela primaria mis maestros nunca _______________________.
4. Mis hermanos y yo siempre _______________________.
5. Mi abuela siempre _______________________.

**3 Un robo** El sábado unos jóvenes le robaron el bolso a una anciana en el parque. Tú eres uno de los testigos. Contesta las preguntas de la policía usando el imperfecto.

1. ¿Dónde estabas alrededor de las dos de la tarde?
_______________________________________________
2. ¿Qué llevabas puesto (*were you wearing*)?
_______________________________________________
3. ¿Qué hacías en el parque?
_______________________________________________
4. ¿Quiénes estaban contigo?
_______________________________________________
5. ¿Qué otras personas había en el parque? ¿Qué hacían estas personas?
_______________________________________________

**4 ¿Cómo ha cambiado tu vida?** En parejas, comparen la escuela secundaria con la universidad. Escriban una lista de las responsabilidades que tienen ahora y las que tenían antes.

**MODELO** Cuando estaba en la escuela secundaria no tenía mucha tarea, pero ahora tengo muchísima. Me paso el día entero en la biblioteca.

**TALLER DE CONSULTA**

**MÁS PRÁCTICA**
To see the explanation corresponding to this additional practice, see p. 98.

# Más práctica

**TALLER DE CONSULTA**

**MÁS PRÁCTICA**
To see the explanation corresponding to this additional practice, see p. 102.

## 3.3 The preterite vs. the imperfect

**1** **¿Pretérito o imperfecto?** Indica si normalmente debes usar el pretérito (P) o el imperfecto (I) con estas expresiones de tiempo. Después, escribe cinco oraciones completas que contengan estas expresiones.

| | |
|---|---|
| ___ el año pasado | ___ ayer por la noche |
| ___ todos los días | ___ el domingo pasado |
| ___ siempre | ___ todas las tardes |
| ___ mientras | ___ una vez |

**2** **Distintos significados** Completa las oraciones con el pretérito o el imperfecto de los verbos entre paréntesis. Recuerda que cuando se usan estos verbos en el pretérito tienen un significado distinto al del imperfecto.

1. Cuando yo era niño, nunca ________ (querer) limpiar mi habitación, pero mis padres me obligaban a hacerlo.
2. Mi amigo ya ________ (poder) hablar chino y japonés cuando tenía siete años.
3. Finalmente, después de preguntar por todos lados, Ana ________ (saber) cómo solicitar una tarjeta de crédito.
4. Mis padres ________ (querer) comprarse una aspiradora. Estaban cansados de barrer.
5. Se rompió el timbre. Por suerte, mi amigo Juan Carlos ________ (poder) venir enseguida a arreglarlo.
6. Mi hermano ________ (conocer) a su novia en el centro comercial.
7. Mi abuela ________ (saber) cocinar muy bien.
8. Miguel y Roberto completaron el formulario, pero no ________ (querer) contestar la última pregunta.

**3** **Mi mejor año** ¿Cuál fue tu mejor año en la escuela? Escribe una historia breve sobre ese año especial. Recuerda que para narrar series de acciones completas debes usar el pretérito y para describir el contexto o acciones habituales en el pasado debes usar el imperfecto. Comparte tu historia con la clase.

**MODELO** Creo que mi mejor año fue el segundo grado. Yo vivía con mi familia en Toronto, pero ese año nos mudamos a Vancouver.

**4** **Cuentos populares** En grupos de tres, escojan un cuento popular que conozcan. Escríbanlo cambiando completamente el papel (*role*) de los personajes y los hechos. Utilicen el pretérito y el imperfecto. Después, representen una escena de su cuento para la clase.

**MODELO** Había una vez tres cerditos muy malos que querían atacar a un lobito muy bueno…

## 3.4 Telling time

**MÁS GRAMÁTICA**

This is an additional grammar point for **Lección 3 Estructura.** You may use it for review or as required by your instructor.

- The verb **ser** is used to tell time in Spanish. The construction **es + la** is used with **una,** and **son + las** is used with all other hours.

| | |
|---|---|
| **¿Qué hora es?** | **Es la una.** |
| | *It is one o'clock.* |
| *What time is it?* | **Son las tres.** |
| | *It is three o'clock.* |

- The phrase **y +** [*minutes*] is used to tell time from the hour to the half-hour. The phrase **menos +** [*minutes*] is used to tell time from the half-hour to the hour, and is expressed by subtracting minutes from the next hour.

Son las once **y veinte.**

Es la una **menos cuarto.**

Son las doce **menos diez.**

- To ask at what time an event takes place, the phrase **¿A qué hora (...)?** is used. To state at what time something takes place, use the construction **a la(s) +** [*time*].

**¿A qué hora** es la fiesta?
*(At) what time is the party?*

La fiesta es **a las ocho.**
*The party is at eight.*

- The following expressions are used frequently for telling time.

Son las siete **en punto.**
*It's seven o'clock on the dot/sharp.*

Son **las doce del mediodía.**/Es **(el) mediodía.**
*It's 12 p.m./It's noon.*

Son **las doce de la noche.** /Es **(la) medianoche.**
*It's 12 a.m./It's midnight.*

Son las nueve **de la mañana.**
*It's 9 a.m./in the morning.*

Son las cuatro y cuarto **de la tarde.**
*It's 4:15 p.m./in the afternoon.*

Son las once y media **de la noche.**
*It's 11:30 p.m./at night.*

- The imperfect is generally used to tell time in the past. However, the preterite may be used to describe an action that occurred at a particular time.

¿Qué hora **era** cuando llegaste?
*What time was it when you arrived?*

**Eran** las cuatro de la mañana.
*It was four o'clock in the morning.*

¿A qué hora **fueron** al cine?
*At what time did you go to the movies?*

**Fuimos** a las nueve.
*We went at nine o'clock.*

**¡ATENCIÓN!**

The phrases **y media** (*half past*) and **y/menos cuarto** (*quarter past/of*) are usually used instead of **treinta** and **quince**.

**Son las doce y media.**
*It's 12:30/half past twelve.*

**Son las nueve menos cuarto.**
*It's 8:45/quarter to nine.*

**¡ATENCIÓN!**

Note that **es** is used to state the time at which a single event takes place.

**Son las dos.**
*It is two o'clock.*

**Mi clase es a las dos.**
*My class is at two o'clock.*

**TALLER DE CONSULTA**

These activities correspond to the additional grammar point on the preceding page.

## 3.4 Telling time

**1 La hora** Escribe la hora que aparece en cada reloj usando oraciones completas.

1. ____________________

2. ____________________

3. ____________________

4. ____________________

5. ____________________

6. ____________________

**2 ¿Qué hora es?** Da la hora usando oraciones completas.

1. 1:10 p.m. ______________________________
2. 6:30 a.m. ______________________________
3. 8:45 p.m. ______________________________
4. 11:00 a.m. ______________________________
5. 2:55 p.m. ______________________________
6. 12:00 a.m. ______________________________

**3 Retraso** Hoy tienes un mal día y estás atrasado/a en todo. Usa la información para explicar a qué hora hiciste cada cosa y por qué te retrasaste. Sigue el modelo.

**MODELO** **ir al centro comercial – 9 a.m. (15 minutos)**
Tenía que ir al centro comercial a las nueve de la mañana, pero llegué a las nueve y cuarto porque el autobús se retrasó.

1. levantarme – 7 a.m. (30 minutos)
2. desayunar – 8 a.m. (2 horas y media)
3. reunirme con la profesora de química – 11 a.m. (1 hora)
4. escribir el ensayo para la clase de literatura – 3 p.m. (2 horas y cuarto)
5. llamar a mis padres – 5 p.m. (3 horas y media)
6. limpiar mi casa – 3 p.m. (¡Todavía no has empezado!)

# Más práctica

## 4.1 The subjunctive in noun clauses

**1 El doctor** El doctor González escribe informes con el diagnóstico y las recomendaciones para cada paciente. Completa los informes con el indicativo o el subjuntivo de los verbos entre paréntesis.

**Informe 1**

Don José, creo que usted (1) ________ (sufrir) de mucho estrés. Usted (2) ________ (trabajar) demasiado y no (3) ________ (cuidarse) lo suficiente. Es necesario que usted (4) ________ (dormir) más horas. No creo que usted (5) ________ (necesitar) tomar medicinas, pero es importante que (6) ________ (controlar) su alimentación y (7) ________ (mantener) una dieta más equilibrada.

**Informe 2**

Carlitos, no hay duda de que tú (8) ________ (tener) varicela (*chicken pox*). Es una enfermedad muy contagiosa y por eso es necesario que (9) ________ (quedarse) en casa una semana. Como no podrás asistir a la escuela, te recomiendo que (10) ________ (hablar) con uno de tus compañeros y que (11) ________ (hacer) la tarea regularmente. Quiero que (12) ________ (aplicarse) (*to apply*) esta crema si te pica (*itches*) mucho la piel.

**Informe 3**

Susana y Pedro, es obvio que ustedes (13) ________ (tener) gripe. Para aliviar la tos, les recomiendo que (14) ________ (tomar) este jarabe por la mañana y estas pastillas por la noche. No creo que (15) ________ (necesitar) quedarse en cama. Les recomiendo que (16) ________ (beber) mucho líquido y que (17) ________ (comer) muchas frutas y verduras. Estoy seguro de que en unos días (18) ________ (ir) a sentirse mejor.

**2 ¿Cómo terminan?** Escribe un final original para cada oración. Recuerda usar el subjuntivo cuando sea necesario.

1. Es imposible que hoy...
2. Dudo mucho que el profesor...
3. No es cierto que mis amigos y yo...
4. Es muy probable que yo...
5. Es evidente que en el hospital...
6. Los médicos recomiendan que...

**3 Reacciones** En grupos de cinco, digan cómo reaccionarían ante estas situaciones. Deben usar el subjuntivo en sus respuestas para mostrar emoción, incredulidad, alegría, rechazo, insatisfacción, etc.

**MODELO** **Acabas de ganar un millón de dólares.**
¡Es imposible que sea verdad! No puedo creer que...

1. Un día vas al banco y te dicen que ya no te queda ni un centavo. No vas a poder comer esta semana.
2. Oyes que el agua que tomas del grifo (*tap*) está contaminada y que todos los habitantes de la ciudad se van a enfermar.
3. Llegas a la universidad el primer día y te dicen que no hay espacio para ti en la residencia estudiantil. Vas a tener que dormir en un hotel.
4. Tu novio/a te declara su amor e insiste en que se casen este mismo mes.
5. Tu nuevo/a compañero/a de cuarto te dice que tiene la gripe aviar (*bird flu*). Es muy contagiosa.
6. Acabas de ver a tu ex hablando mal de ti enfrente de millones de televidentes.

**TALLER DE CONSULTA**

**MÁS PRÁCTICA**
To see the explanation corresponding to this additional practice, see p. 134.

# Más práctica

**TALLER DE CONSULTA**

**MÁS PRÁCTICA**
To see the explanation corresponding to this additional practice, see p. 140.

## 4.2 Commands

**1 Las indicaciones del médico** Lee los problemas de estos pacientes. Luego, completa las órdenes y recomendaciones que su médico les da.

| | |
|---|---|
| Don Mariano y doña Teresa no duermen bien y sufren de mucha presión en el trabajo. | 1. _______ (tomar) té de manzanilla y _______ (acostarse) siempre a la misma hora.<br>2. No _______ (trabajar) los domingos. |
| Juan come muchos dulces y tiene caries (*cavities*). | 3. (Tú) _______ (cepillarse) los dientes dos veces por día.<br>4. No _______ (comer) más dulces. |
| La señora Ortenzo se lastimó jugando al tenis. Le duele el pie derecho. | 5. (Usted) _______ (quedarse) en cama dos días.<br>6. No _______ (mover) el pie y no _______ (caminar) sin muletas (*crutches*). |
| Carlos y Antonio trasnochan con frecuencia y no llevan una dieta sana. | 7. _______ (dormir) por lo menos ocho horas cada noche.<br>8. No _______ (ir) a clase sin antes comer un desayuno saludable. |

**2 Antes y ahora** ¿Te daban órdenes tus padres cuando eras niño/a? ¿Te siguen dando órdenes? Escribe cinco mandatos que te daban cuando eras niño/a y cinco que te dan ahora. Utiliza mandatos informales afirmativos y negativos.

Los mandatos de antes

_______________________________
_______________________________
_______________________________
_______________________________
_______________________________

Los mandatos de ahora

_______________________________
_______________________________
_______________________________
_______________________________
_______________________________

**3 El viernes por la noche** Tú y tus amigos están pensando en qué hacer este viernes. Tú sugieres actividades (usa mandatos con **nosotros/as**), pero tus compañeros/as rechazan (*reject*) tus ideas y sugieren otras. En grupos de tres, representen la conversación.

**MODELO**
**ESTUDIANTE 1** Vayamos al cine esta noche.
**ESTUDIANTE 2** No quiero porque no tengo dinero. Quedémonos en casa y veamos la tele.
**ESTUDIANTE 3** Pues, alquilemos una película entonces...

# Más práctica

## 4.3 *Por* and *para*

**TALLER DE CONSULTA**

**MÁS PRÁCTICA**
To see the explanation corresponding to this additional practice, see p. 144.

**1 El viaje de Carla** Carla está planeando pasar el verano en Bogotá para tomar cursos en la Universidad Nacional de Colombia. Une las frases para completar sus comentarios sobre el viaje.

___ 1. Este verano viajaré a Bogotá
___ 2. Es un programa de intercambio organizado
___ 3. Estudiantes de varias universidades nos reuniremos en Miami y de allí saldremos
___ 4. Extrañaré a mi familia, pero prometen llamarme
___ 5. Quisiera pasar un año allá, pero sólo puedo ir
___ 6. Antes de volver a Nueva York, espero viajar
___ 7. Quiero perfeccionar el español
___ 8. En el futuro, espero trabajar

a. para Bogotá.
b. para estudiar español.
c. para la embajada (*embassy*).
d. para trabajar en Latinoamérica después de graduarme.
e. por mi universidad en Nueva York.
f. por teléfono una vez por semana.
g. por todo el país.
h. por tres meses.

**2 Instrucciones para cuidar al perro** Este fin de semana te toca cuidar al perro de tus vecinos y ellos están muy preocupados. Completa su lista de instrucciones con **por** o **para**.

1. *Si el perro está muy deprimido, llama al veterinario ________ teléfono.*
2. *Si está un poco triste, haz todo lo que puedas ________ darle ánimo.*
3. *Últimamente tiene problemas de digestión y debe tomar una medicina ________ el estómago.*
4. *________ ver si el perro tiene fiebre, usa este termómetro.*
5. *No es ________ tanto si no te saluda cuando entras en la casa; cuando te conozca mejor y te tenga más confianza comenzará a saludarte.*
6. *Sácalo a pasear todos los días de la semana: el ejercicio es bueno ________ los perros.*
7. *Nuestra rutina es caminar media hora ________ el parque.*
8. *Dale su medicina tres veces ________ día.*

**3 Un acontecimiento increíble** ¿Alguna vez te ha ocurrido algo inusual o difícil de creer? Cuéntale a tu compañero/a un acontecimiento increíble que te haya ocurrido, o inventa uno. Incluye al menos cuatro expresiones de la lista.

| | | | |
|---|---|---|---|
| para colmo | no estar para bromas | por casualidad | por más/mucho que |
| para que sepas | no ser para tanto | por fin | por supuesto |

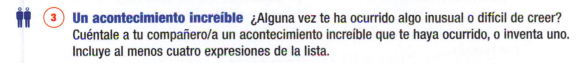

**MÁS GRAMÁTICA**

This is an additional grammar point for **Lección 4 Estructura.** You may use it for review or as required by your instructor.

## 4.4 The subjunctive with impersonal expressions

- The subjunctive is frequently used in subordinate clauses following impersonal expressions.

| IMPERSONAL EXPRESSION | CONNECTOR | SUBORDINATE CLAUSE |
|---|---|---|
| **Es urgente** | **que** | **vayas al hospital.** |

- Impersonal expressions that indicate will, desire, or emotion are usually followed by the subjunctive.

| | |
|---|---|
| **es bueno** *it's good* | **es necesario** *it's necessary* |
| **es extraño** *it's strange* | **es ridículo** *it's ridiculous* |
| **es importante** *it's important* | **es terrible** *it's terrible* |
| **es imposible** *it's impossible* | **es una lástima** *it's a shame* |
| **es malo** *it's bad* | **es una pena** *it's a pity* |
| **es mejor** *it's better* | **es urgente** *it's urgent* |

**Es una lástima** que **estés** con gripe.
*It's a shame you have the flu.*

**Es mejor** que te **acompañen.**
*It's better that they go with you.*

- Impersonal expressions that indicate certainty trigger the indicative in the subordinate clause. When they express doubt about the action or condition in the subordinate clause, the subjunctive is used.

| indicative | subjunctive |
|---|---|
| **es cierto** *it's true* | **no es cierto** *it's untrue* |
| **es obvio** *it's obvious* | **no es obvio** *it's not obvious* |
| **es seguro** *it's certain* | **no es seguro** *it's not certain* |
| **es verdad** *it's true* | **no es verdad** *it's not true* |

Es verdad que Juan está triste, pero **no es cierto** que **esté** deprimido.
*It's true that Juan is sad, but it's not true that he is depressed.*

Es obvio que usted tiene una infección, pero **es improbable** que **sea** contagiosa.
*It's obvious that you have an infection, but it's unlikely that it's contagious.*

- When an impersonal expression is used to make a general statement or suggestion, the infinitive is used in the subordinate clause. When a new subject is introduced, the subjunctive is used instead.

**Es importante hacer** ejercicio.
*It's important to exercise.*

**No es seguro caminar** solo por la noche.
*It's not safe to walk around alone at night.*

**Es importante** que los niños **hagan** ejercicio.
*It's important for children to exercise.*

**No es seguro** que **camines** solo por la noche.
*It's not safe for you to walk around alone at night.*

# Práctica

## 4.4 The subjunctive with impersonal expressions

**TALLER DE CONSULTA**

These activities correspond to the additional grammar point on the preceding page.

**1 Pórtate bien** Los padres de Álvaro se van de viaje y le dejan una nota a su hijo con algunas cosas que tiene que hacer. Completa la nota con el presente del subjuntivo de los verbos entre paréntesis.

¡No te olvides!

Sabemos que es imposible que (1) ______ (acostarse) temprano, pero es importante que (2) ______ (levantarse) antes de las 8:00 y que (3) ______ (llevar) el carro al mecánico. El martes es necesario que (4) ______ (ir) a casa de tu tía Julia y le (5) ______ (llevar) nuestro regalo. Como la pastelería queda cerca del mecánico, es mejor que (6) ______ (pasar) a recoger el pastel de cumpleaños cuando vayas a recoger el carro el lunes por la tarde. Y, bueno, hijo, es una lástima que no (7) ______ (poder) venir con nosotros.

¡Cuídate mucho!
Mamá y papá

**2 Obligaciones** Piensa en las obligaciones de los padres para con los hijos y viceversa. Completa el cuadro con frases impersonales que requieran el subjuntivo.

**Las obligaciones de los padres y de los hijos**

| padres | hijos |
|---|---|
| Es importante que los padres escuchen a sus hijos. | |
| | |
| | |
| | |

**3 Pareja ideal** En grupos de cuatro, piensen en su pareja ideal y comenten cómo debe ser. Cada uno/a de ustedes debe escribir por lo menos cinco oraciones con frases impersonales.

| | |
|---|---|
| es bueno | es mejor |
| es importante | es necesario |
| es malo | es ridículo |

# Más práctica

**TALLER DE CONSULTA**

**MÁS PRÁCTICA**
To see the explanation corresponding to this additional practice, see p. 176.

## 5.1 Comparatives and superlatives

**1 Los medios de transporte** Escribe seis oraciones completas para comparar los medios de transporte de la lista. Utiliza por lo menos tres comparativos y tres superlativos. Debes hacer comparaciones con respecto a estos aspectos:

- la rapidez
- la comodidad
- la diversión
- el precio

| medios de transporte |
|---|
| autobús, avión, bicicleta, carro, metro, taxi, tren |

**MODELO** Para viajar por la ciudad, el taxi es más caro que el autobús. / El avión es el medio más rápido de todos.

**2 El absoluto** Utiliza el superlativo absoluto (**-ísimo/a**) para escribir oraciones completas. Sigue el modelo.

**MODELO** **elefantes / animales / grande**
Los elefantes son unos animales grandísimos.

1. diamantes / joyas / caro
2. avión / medio de transporte / rápido
3. Bill Gates / persona / rico
4. el puente de Brooklyn / largo
5. la clase de inglés / fácil
6. Elle Fanning / actriz / joven
7. El F.C. Barcelona / equipo de fútbol español / famoso
8. el Río de la Plata / ancho

**3 Un pariente especial** ¿Hay alguien en tu familia que consideras especial? ¿Te pareces a esa persona? ¿Es mayor o menor que tú? ¿Qué similitudes y diferencias tienen? Trabaja con un(a) compañero/a: dile quién es tu pariente favorito y cuéntale en qué se parecen y en qué se diferencian. Usa comparativos en tu descripción. Incluye algunos de estos aspectos:

| | |
|---|---|
| altura | gustos |
| apariencia física | personalidad |
| edad | vida académica |

**MODELO** Mi primo Juan es mi primo favorito. Es mayor que yo, pero yo soy mucho más alto que él...

# Más práctica

## 5.2 Negative, affirmative, and indefinite expressions

**1** **De compras** **Has desembarcado de un crucero en una isla remota. Quieres comprar algo típico para tus amigos, pero el empleado te hace mil preguntas sobre lo que quieres. Elige las opciones correctas para completar la conversación.**

**EMPLEADO** ¡Hola! ¿Quieres (1) ________ (algo / nada) extraordinario para tus amigos?

**TÚ** No, no quiero (2) ________ (algo / nada) extraordinario, quiero (3) ________ (algo / nada) típico de la isla.

**EMPLEADO** Tenemos unos recuerdos muy especiales por aquí. (4) ________ (Siempre / Nunca) es mejor regalar (5) ________ (algo / nada) que llegar con las manos vacías (empty)…

**TÚ** Sí, pero (6) ________ (también / tampoco) es bueno comprar cosas que no quepan en la maleta. Necesito un recuerdo que no sea muy grande, pero (7) ________ (también / tampoco) muy pequeño, por favor.

**EMPLEADO** Es que no tenemos (8) ________ (algo / nada) así. Todo lo que tenemos (9) ________ (o / ni) es muy chiquito (10) ________ (o / ni) es muy grande. No tenemos (11) ________ (algo / nada) de tamaño mediano.

**TÚ** Bueno, señor, el barco ya se va… Si usted no tiene (12) ________ (algo / nada) que yo pueda comprar ahora mismo, me tendré que ir.

**EMPLEADO** Lo siento. (13) ________ (Alguien / Nadie) compra recuerdos aquí (14) ________ (siempre / jamás). No entiendo por qué será.

**2** **En el avión** **Marcos, un viajero, es un poco caprichoso; nada le viene bien. Escribe o… o, ni… ni, o ni siquiera para completar sus quejas.**

1. Le pedí una bebida al asistente de vuelo, pero no me trajo ______ café ______ agua.
2. ¡Qué día fatal! No pude ______ empacar la última maleta ______ despedirme de mis amigos.
3. Por favor, ______ sean puntuales ______ avisen si van a llegar tarde.
4. Hoy me siento enfermo. No puedo ______ dormir ______ hablar. ______ puedo moverme.
5. Me duele la cabeza. No quiero ______ escuchar música ______ ver la tele.

**3** **Opiniones** **En grupos de cuatro, hablen sobre estas opiniones y digan si están de acuerdo. Por turnos, expliquen sus razones. Usen expresiones negativas, afirmativas e indefinidas.**

1. Es más costoso viajar en primera clase, pero vale la pena.
2. Conocer otros países y culturas es más importante que aprender de un libro.
3. Hacer un intercambio te abre más a otras maneras de pensar.
4. Es mejor ir de vacaciones durante el verano que durante el invierno.
5. Ir de viaje es la mejor manera de gastar los ahorros.
6. Es más peligroso viajar hoy en día. Antes era muchísimo más seguro.

**TALLER DE CONSULTA**

**MÁS PRÁCTICA**
To see the explanation corresponding to this additional practice, see p. 180.

# Más práctica

**TALLER DE CONSULTA**

**MÁS PRÁCTICA**

To see the explanation corresponding to this additional practice, see p. 184.

## 5.3 The subjunctive in adjective clauses

**1 Unir los elementos** Escribe cinco oraciones lógicas combinando elementos de las tres columnas.

**MODELO** Juan busca un libro que esté escrito en español.

| | | |
|---|---|---|
| Juan (estudiante de español) | buscar un tutor | pagar bien |
| Pedro (tiene un carro viejo) | buscar un libro | ser divertida |
| Ana (tiene muy poco dinero) | necesitar un carro | ayudarme |
| mis amigos (están aburridos) | tener que ir a una fiesta | ser nuevo y rápido |
| yo (tengo problemas con la clase de cálculo) | querer un trabajo | poder ayudarnos |
| nosotros (no sabemos qué clases tomar el próximo semestre) | necesitar hablar con un consejero | estar escrito en español |

**2 En el aeropuerto** Mientras esperas en el aeropuerto, escuchas todo lo que dicen los empleados de la aerolínea y los agentes de seguridad. Usa el subjuntivo para completar las oraciones de manera lógica.

1. Deben pasar por aquí las personas que ____________________.
2. ¿Tiene usted algo en su bolsa que ____________________?
3. Debe sacar del bolsillo todo lo que ____________________.
4. No cuente chistes que ____________________.
5. Pueden pasar los viajeros que ____________________.
6. No se pueden llevar maletas que ____________________.

**3 Anuncios personales** En grupos de tres, escriban anuncios personales para una persona que busca novio/a. Los anuncios deben ser detallados y creativos, y deben usar el subjuntivo y el indicativo. Después, compartan el anuncio con la clase para ver si encuentran a alguien que se parezca a la persona de su anuncio.

## 5.4 *Pero* and *sino*

El viaje no es de excursión, sino de trabajo.

Sí, ¡pero en el Amazonas, Fabiola!

**MÁS GRAMÁTICA**

This is an additional grammar point for **Lección 5 Estructura.** You may use it for review or as required by your instructor.

- In Spanish, both **pero** and **sino** are used to introduce a contrast or a clarification, but the two words are not interchangeable.

- **Pero** means *but* (in the sense of *however*). It may be used after either affirmative or negative clauses.

   Iré contigo a ver las ruinas, **pero** mañana quiero pasar el día entero en la playa.
   *I'll go with you to see the ruins, but tomorrow I want to spend the whole day on the beach.*

   La habitación del hotel es pequeña, **pero** cómoda.
   *The hotel room is small, but comfortable.*

- **Sino** also means *but* (in the sense of *but rather* or *on the contrary*). It is used only after negative clauses. **Sino** introduces an idea that clarifies, corrects, or excludes the previous information.

   **No** me gustan estos zapatos, **sino** los de la otra tienda.
   *I don't like these shoes, but rather the ones from the other store.*

   La casa **no** está en el centro de la ciudad, **sino** en las afueras.
   *The house is not in the center of the city, but rather in the outskirts.*

- When **sino** is used before a conjugated verb, the conjunction **que** is added.

   No quiero que vayas a la fiesta, **sino que** hagas tu tarea.
   *I want you to do your homework rather than go to the party.*

   No iba a casa, **sino que** se quedaba en la capital.
   *She was not going home, but instead staying in the capital.*

- *Not only… but also* is expressed with the phrase **no sólo… sino (que) también/además**.

   Quiero **no sólo** pastel, **sino también** helado.
   *I want not only cake but also icecream.*

   **No sólo** disfruté del viaje, **sino que además** hice nuevos amigos.
   *Not only did I enjoy the trip; I also made new friends.*

- The phrase **pero tampoco** means *but neither* or *but not either*.

   A Celia no le interesaba la excursión, **pero tampoco** quería quedarse en el crucero.
   *Celia wasn't interested in the excursion, but she didn't want to stay on the cruise ship either.*

**¡ATENCIÓN!**

To express surprise or admiration, use **pero qué** at the beginning of a sentence.

**¡Pero qué turista tan amable!**
*What a nice tourist!*

**¡ATENCIÓN!**

**Pero también** (*But also*) is used after affirmative clauses.

**Pedro es inteligente, pero también es cabezón.**
*Pedro is smart, but he is also stubborn.*

# Práctica

**TALLER DE CONSULTA**

These activities correspond to the additional grammar point on the preceding page.

## 5.4 *Pero* and *sino*

**1 Columnas** Completa cada oración con la opción correcta.

1. Sofía no quiere viajar mañana y Marta, ____.
2. Mi compañero de cuarto no es de Madrid, ____ de Barcelona.
3. Mis padres quieren que yo trabaje este verano, ____ yo prefiero irme de viaje a Europa.
4. No fui al partido de fútbol, ____ fui al concierto de rock. Tuve que estudiar para un examen.
5. No queremos que usted nos cancele la reservación, ____ nos cambie la fecha de salida.

a. pero
b. pero tampoco
c. sino
d. sino que
e. tampoco

**2 Completar** Completa cada oración con **no sólo, pero, sino (que)** o **tampoco**.

1. Las cartas no llegaron el miércoles, ________ el jueves.
2. Mis amigos no quieren alojarse en el albergue y yo ________.
3. No me gusta manejar por la noche, ________ iré a la fiesta si tú manejas.
4. Carlos no me llamaba por teléfono, ________ me enviaba mensajes de texto.
5. Yo ________ esperaba aprobar el examen, ________ también sacar una A.
6. Quiero aclarar que Juan no llegó temprano, ________ muy tarde.

**3 Oraciones incompletas** Cuando tú y tu familia llegan al lugar donde pasarán sus vacaciones, se dan cuenta de que han dejado en casa a Juan José, tu hermano menor. Utiliza frases con **pero** y **sino** para completar las oraciones.

1. Yo no hablé con Juan José esta mañana ________________.
2. No vamos a poder regresar para buscarlo ________________.
3. No es aconsejable que regresemos ________________.
4. Me gusta la idea de llamar a un vecino ________________.
5. Creo que no debemos ________________.
6. Juan José no tiene cinco años ________________.
7. Si tiene algún problema no va a poder avisarnos ________________.
8. Está claro que Juan José ________________.

**4 Opiniones contrarias** En parejas, imaginen que son dos personas totalmente diferentes. Nunca están de acuerdo en nada. Túrnense para hacer afirmaciones. Uno/a de ustedes debe usar **pero, sino, sino que** y **no sólo... sino** para contradecir lo que dice el/la otro/a. Sigan el modelo.

**MODELO**

— Creo que hoy hace un día estupendo.
— ¡Estás equivocado! No hace un día estupendo, sino que hace mucho frío. Y no sólo hace frío, sino que también...

# Más práctica

## 6.1 The future

**1 ¿Qué pasará?** Usa el futuro para explicar qué puede estar ocurriendo en cada una de las situaciones. Puedes utilizar las ideas de la lista o inventar otras.

**MODELO** **Hoy tu carro no arranca (*doesn't start*). Hay algo que no funciona.**
El carro no tendrá gasolina. / La batería estará descargada.

| | |
|---|---|
| (su gato/su conejo) estar perdido | tener otros planes |
| (él/ella/su perro) estar enfermo/a | no tener ganas |
| haber un huracán | doler la pierna |

1. María siempre llega a la clase de español puntualmente, pero la clase ya empezó y ella no está.
2. Carlos es el presidente del club ecologista, pero hoy no vino a la reunión.
3. Sara y María son dos personas muy alegres y optimistas, pero hoy están tristes y no quieren hablar con nadie.
4. He invitado a Juan a ir al cine con nosotros, pero no quiere ir.
5. Mañana vas a viajar a una zona tropical. Te acaban de avisar que se canceló tu vuelo.
6. Cristina tiene un partido de fútbol hoy, pero todavía no está aquí.

**2 Campaña informativa** En parejas, imaginen que trabajan para una organización que se dedica a proteger el medio ambiente. Les han pedido que preparen una campaña informativa para concienciar a la gente sobre (*make people aware of*) los problemas ecológicos. Contesten las preguntas y después compartan la información con la clase.

1. ¿Cómo se llamará la campaña?
2. ¿Qué problemas del medio ambiente tratará?
3. ¿Qué actividades harán?
4. ¿Qué consejos darán?
5. ¿Qué harán para distribuir la información?
6. ¿Creen que su campaña tendrá éxito? ¿Por qué?

**3 Horóscopo** En parejas, escriban el horóscopo de su compañero/a para el mes que viene. Utilicen verbos en futuro y algunas frases de la lista. Luego, compártanlo con sus compañeros/as.

| | | |
|---|---|---|
| decir secretos | haber sorpresa | recibir una visita |
| empezar una relación | hacer daño | tener suerte |
| festejar | hacer un viaje | venir amigos |
| ganar/perder dinero | poder solucionar problemas | viajar al extranjero |

**TALLER DE CONSULTA**

**MÁS PRÁCTICA**
To see the explanation corresponding to this additional practice, see p. 216.

# Más práctica

**TALLER DE CONSULTA**

**MÁS PRÁCTICA**
To see the explanation corresponding to this additional practice, see p. 220.

## 6.2 The subjunctive in adverbial clauses

**1 En el parque** **Javier quiere leer los carteles (*signs*) del parque nacional, pero Sol no cree que sean importantes. Completa la conversación con el subjuntivo del verbo indicado.**

**JAVIER** Espera, Sol, quiero leer los carteles.

**SOL** Es que son muy obvios. No dicen nada que yo no (1) ________ (saber). "Tan pronto como usted (2) ________ (escuchar) un trueno, aléjese de las zonas altas." ¡Qué tontería! ¡Eso es obvio!

**JAVIER** Sí, pero son importantes para que los visitantes (3) ________ (ser) conscientes de la seguridad.

**SOL** ¿Y qué tiene que ver este otro cartel con la seguridad? "Para que no (4) ________ (haber) erosión, camine sólo por el sendero."

**JAVIER** Bueno, es que algunos carteles son para que la gente (5) ________ (ayudar) a cuidar el parque. Por ejemplo, este otro...

**SOL** Basta, Javier, estoy harta de estos carteles tan obvios. Si realmente quieren cuidar el parque, ¿por qué no ponen cestos (*bins*) para la basura?

**JAVIER** Bueno, justamente el cartel dice: "No tenemos cestos para la basura para que los visitantes nos (6) ________ (ayudar) llevándose su propia basura del parque."

**SOL** Bueno, yo no he dicho que todos los carteles (7) ________ (ser) inútiles.

**2 En casa** **Tu hermana insiste en que tu familia colabore para proteger el medio ambiente. Tiene una lista de órdenes que quiere que ustedes cumplan. Escribe cada orden de otra forma, usando el subjuntivo y las palabras que están entre paréntesis. Haz los cambios necesarios.**

**MODELO** **Usen el aire acondicionado lo mínimo posible. (siempre que)**
Siempre que sea posible, no usen el aire acondicionado.

1. Cierren bien el grifo (*faucet*) y no dejen escapar ni una gota de agua. (para que)
2. Apaguen las luces al salir de un cuarto. (tan pronto como)
3. No boten las botellas. Hay que averiguar primero si se pueden reciclar. (antes de que)
4. Vayan a la escuela en bicicleta. Usen el carro sólo si hace mal tiempo. (a menos que)
5. En lugar de encender la calefacción (*heating*), pónganse otro suéter. (siempre que)

**3 Conversaciones** **En parejas, representen estas dos conversaciones. Usen conjunciones de la lista y recuerden que algunas de estas construcciones exigen un verbo en subjuntivo.**

| | | | | |
|---|---|---|---|---|
| a menos que | aunque | cuando | hasta que | sin (que) |
| antes de (que) | con tal de (que) | en caso de (que) | para (que) | tan pronto como |

1. Una pareja de recién casados está planeando su luna de miel (*honeymoon*): Ella quiere ir a una isla remota. Él quiere ir a París.
2. Una madre y su hijo: Él tiene su licencia de conducir y quiere una motocicleta.

# Más práctica

## 6.3 Prepositions: *a*, *hacia*, and *con*

**TALLER DE CONSULTA**

**MÁS PRÁCTICA**
To see the explanation corresponding to this additional practice, see p. 224.

**1 Un día horrible** Completa el texto con las preposiciones **a**, **hacia** o **con**.

Hola, Miguel:

Ayer tuve un día horrible. Casi prefiero no acordarme. Puse el despertador para que sonara (1) ________ las seis de la mañana, pero me dormí y me levanté (2) ________ las siete. Mi clase de ecología empezaba a las ocho, así que iba a llegar tarde. El profesor es bastante estricto y siempre se enoja (3) ________ los estudiantes que no llegan a tiempo.

Mi día había comenzado mal e iba a seguir peor. Salí de casa y comencé (4) ________ correr (5) ________ la universidad. Cuando estaba (6) ________ mitad de camino, algo terrible ocurrió. Una señora que estaba (7) ________ mi izquierda no vio la farola (*streetlight*) y chocó (8) ________ ella. Fue un golpe tremendo. Fui (9) ________ ayudarla, pues se había caído. Tuve que levantarla (10) ________ mucho cuidado porque estaba mareada. Cuando llegó la policía, yo comencé (11) ________ correr otra vez. Entré a clase muy tarde, (12) ________ las ocho y media. ¡Qué locura!

Un abrazo,
Lupe

**2 Carta** Imagina que estás de vacaciones en otro país y le escribes una carta a tu familia contándoles los detalles de tu viaje. Puedes incluir información sobre el horario de las actividades, los lugares que has visitado, las cosas que has hecho y los planes para el resto del viaje. Utiliza por lo menos seis expresiones de la lista.

**MODELO** Al llegar a San Juan, fui al hotel con Marta.

| | | |
|---|---|---|
| al llegar | estaba(n) conmigo | con un guía turístico |
| a veinte (millas) | con cuidado/anticipación | hacia/a las (nueve y media) |
| ayudar a | con mi cámara | hacia la playa/el bosque |

**3 El guardaparques** Trabajen en grupos de cuatro. Una persona es el/la guardaparques (*park ranger*) y las otras tres son turistas. Algunos turistas no respetaron las reglas del parque y el/la guardaparques quiere saber quiénes fueron. Representen la situación usando la información de la lista y las preposiciones **a**, **hacia** y **con**.

| | |
|---|---|
| estar / las dos de la tarde | hablar / otras personas |
| ir / tanta prisa | contaminar / combustible |
| dar de comer / los animales salvajes | ir / sacar plantas |
| envenenar / una sustancia tóxica | ir / otra gente |
| dirigir / la salida | ver / alguien sospechoso |

**MÁS GRAMÁTICA**

This is an additional grammar point for **Lección 6 Estructura.** You may use it for review or as required by your instructor.

## 6.4 Adverbs

- Adverbs (**adverbios**) describe *how, when,* and *where* actions take place. They usually follow the verbs they modify and precede adjectives or other adverbs.

Habla **bien.**

Ana es **muy** interesante.

¡Escribe **tan** bien!

Te lo digo **fácilmente**.

Eso es **absolutamente** cierto.

Lo hizo **completamente** mal.

- Many Spanish adverbs are formed by adding the suffix **-mente** to the feminine singular form of an adjective. The **-mente** ending is equivalent to the English *-ly*.

| ADJECTIVE | FEMININE FORM | SUFFIX | ADVERB |
|---|---|---|---|
| **básico** | **básica** | **-mente** | **básicamente** *basically* |
| **cuidadoso** | **cuidadosa** | **-mente** | **cuidadosamente** *carefully* |
| **enorme** | **enorme** | **-mente** | **enormemente** *enormously* |
| **hábil** | **hábil** | **-mente** | **hábilmente** *cleverly; skillfully* |

**¡ATENCIÓN!**

If an adjective has a written accent, it is kept when the suffix **-mente** is added.

If an adjective does not have a written accent, no accent is added to the adverb ending in **-mente**.

- If two or more adverbs modify the same verb, only the final adverb uses the suffix **-mente**.

Se marchó **lenta** y **silenciosamente**.
*He left slowly and silently.*

- The construction **con** + [*noun*] is often used instead of long adverbs that end in **-mente**.

**cuidadosamente → con cuidado** **frecuentemente → con frecuencia**

- Here are some common adverbs and adverbial phrases:

| | | |
|---|---|---|
| **a menudo** *frequently; often* | **así** *like this; so* | **mañana** *tomorrow* |
| **a tiempo** *on time* | **ayer** *yesterday* | **más** *more* |
| **a veces** *sometimes* | **casi** *almost* | **menos** *less* |
| **adentro** *inside* | **de costumbre** *usually* | **muy** *very* |
| **afuera** *outside* | **de repente** *suddenly* | **por fin** *finally* |
| **apenas** *hardly; scarcely* | **de vez en cuando** *now and then* | **pronto** *soon* |
| **aquí** *here* | | **tan** *so* |

**A veces** salimos a tomar un café.
*Sometimes we go out for coffee.*

**Casi** terminé el libro.
*I almost finished the book.*

- The adverbs **poco** and **bien** frequently modify adjectives. In these cases, **poco** is often the equivalent of the English prefix *un-*, while **bien** means *well*, *very*, *rather*, or *quite*.

La situación está **poco** clara.
*The situation is unclear.*

La cena estuvo **bien** rica.
*Dinner was very tasty.*

**¡ATENCIÓN!**

Some adverbs and adjectives have the same forms.

ADJ: **bastante dinero** *enough money*
ADV: **bastante difícil** *rather difficult*

ADJ: **poco tiempo** *little time*
ADV: **habla poco** *speaks very little*

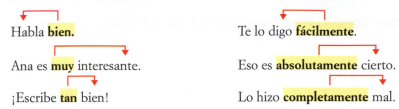

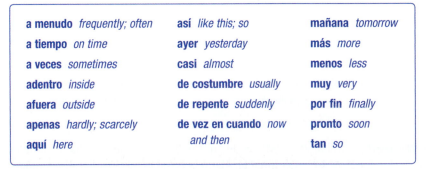

# Práctica

## 6.4 Adverbs

**TALLER DE CONSULTA**

These activities correspond to the additional grammar point on the preceding page.

**1 Adverbios** Escribe el adverbio que deriva de cada adjetivo.

1. básico ________
2. feliz ________
3. fácil ________
4. inteligente ________
5. alegre ________
6. común ________
7. injusto ________
8. asombroso ________
9. insistente ________
10. silencioso ________

**2 Instrucciones para ser feliz** Elige el adjetivo apropiado para cada ocasión y después completa la oración, convirtiendo ese adjetivo en el adverbio correspondiente. Hay tres adjetivos que no se usan.

| | | | |
|---|---|---|---|
| claro | frecuente | malo | triste |
| cuidadoso | inmediato | tranquilo | último |

1. Expresa tus opiniones ________.
2. Tienes que salir por la noche ________.
3. Debes gastar el dinero ________.
4. Si eres injusto/a con alguien, debes pedir perdón ________.
5. Después de almorzar, disfruta ________ de la siesta.

**3 Recomendaciones** Los padres de Mario y Paola salieron de viaje por dos semanas. Completa las instrucciones que les dejaron pegadas en el refrigerador.

| | | | |
|---|---|---|---|
| a menudo | adentro | así | mañana |
| a tiempo | afuera | de vez en cuando | tan |

*lunes, 19 de octubre*

1. Pasar la aspiradora ________. (¡Todos los días!)
2. Llegar a la escuela ________.
3. ________, llevar a Botitas al veterinario para su cita.
4. Dejar que el gato juegue ________ todos los días si no llueve.
5. Si llueve, meter los muebles del jardín ________.
6. Sólo ir ________ al centro comercial.

# Más práctica

TALLER DE CONSULTA

**MÁS PRÁCTICA**
To see the explanation corresponding to this additional practice, see p. 256.

## 7.1 The present perfect

**1 Oraciones** Cambia las oraciones del pretérito al pretérito perfecto.

1. Juan y yo vimos una estrella fugaz.
2. Yo hice la tarea en el laboratorio.
3. La científica le dijo la verdad a su colega.
4. El astronauta volvió de su viaje.
5. Ustedes encontraron la solución al problema.
6. Nosotros clonamos unas células.
7. Vendiste tu computadora portátil.
8. Comprobaron la teoría.

TALLER DE CONSULTA

To review direct object pronouns, see p. 54.

**2 Primer día** Es el primer día de la clase de informática y la profesora expone las reglas del curso. Contéstale usando el pretérito perfecto.

MODELO **Abran el sitio web de la clase.**
Ya lo hemos abierto.

1. Apaguen los teléfonos celulares.
2. Inventen una contraseña para su trabajo.
3. Descarguen el programa de Internet que vamos a usar.
4. Guarden todo su trabajo en su archivo personal.
5. Añadan sus direcciones de correo electrónico a la lista de la clase.
6. Antes de entregar su trabajo, revísenlo con el corrector ortográfico.

**3 Viaje** Imaginen que uno/a de ustedes es un(a) astronauta que acaba de volver de su primer viaje a otro planeta. El/La otro/a es reportero/a y hace preguntas sobre lo que ha visto y lo que ha hecho el/la astronauta en el viaje. Utilicen el pretérito perfecto de los verbos del recuadro.

MODELO **REPORTERO/A** ¿Que ha aprendido de la cultura de los extraterrestres?
**ASTRONAUTA** He aprendido que…

| | |
|---|---|
| aprender | explorar |
| comer | hacer |
| descubrir | ver |

**4 Extraterrestres** En grupos de tres, imaginen que son unos extraterrestres que acaban de visitar el planeta Tierra. Escriban lo que han descubierto sobre los seres humanos y sus teorías sobre esta especie. Usen el pretérito perfecto y sean creativos.

MODELO Hemos averiguado que los seres humanos se sientan enfrente de pantallas gigantes todo el día. Pensamos que es una forma de comunicarse con los espíritus de otro mundo…

# Más práctica

## 7.2 The past perfect

**TALLER DE CONSULTA**

**MÁS PRÁCTICA**
To see the explanation corresponding to this additional practice, see p. 260.

**1 Blog del futuro** Ésta es la entrada de un blog que Rubén escribe en el año 4000. Completa su blog usando el pluscuamperfecto y escribe dos datos adicionales.

Hola, queridos amigos:

Soy Rubén, un apasionado historiador. He descubierto que antes del año 2050, los científicos ya (1) __________ (clonar) al ser humano. Antes de 2060, los inventores ya (2) __________ (fabricar) un automóvil volador. Antes de 2070, los investigadores ya (3) __________ (descubrir) una cura para todo tipo de enfermedad. Antes de 2080, un biólogo extraordinario ya (4) __________ (inventar) una semilla (*seed*) resistente a todo tipo de insecto y que no necesita ni agua ni tierra para crecer. Antes de 2090, nuestro presidente ya (5) __________ (crear) un sistema de gobierno justo que funciona para el bien de todos. Antes del año 3000, ya (nosotros) (6) __________ (investigar) los orígenes del universo. Antes de 3005, ya (nosotros) (7) __________ (terminar) con las guerras en la Tierra. Antes de 3010, ya (nosotros) (8) __________ (comprobar) que sí hay vida en otros planetas...

**2 ¿Qué hiciste ayer?** Seguro que tienes una vida muy ocupada. Escribe oraciones completas para contar lo que ya habías hecho ayer antes de las situaciones indicadas. Utiliza el pluscuamperfecto.

**MODELO** **antes del desayuno**
Antes del desayuno, ya me había afeitado.

1. antes del desayuno
2. antes de ir a clase
3. antes del almuerzo
4. antes de la cena
5. antes de acostarte

**3 Tus logros** Piensa en cuatro cosas que ya habías logrado antes de ir a la universidad y cuéntaselas a tu compañero/a. También debes preguntarle por sus logros (*achievements*).

**MODELO** Antes de ir a la universidad, ya había conseguido mi licencia de conducir. ¿Y tú?

# Más práctica

**TALLER DE CONSULTA**

**MÁS PRÁCTICA**
To see the explanation corresponding to this additional practice, see p. 262.

## 7.3 Diminutives and augmentatives

**1 Diminutivos** Carlos siempre habla usando diminutivos. Completa sus descripciones con el diminutivo (**-ito/a**) de las palabras entre paréntesis.

Ayer fui al (1) ____________ (mercado) de antigüedades que está muy (2) ____________ (cerca) de mi (3) ____________ (casa) y compré algunas (4) ____________ (cosas) muy valiosas. En el primer puesto, un (5) ____________ (hombre) muy simpático me aconsejó comprar un (6) ____________ (libro) viejo y muy bonito. Cuando regresé a casa, tenía mucho frío y me tomé un (7) ____________ (café) para calentarme. Me senté en mi (8) ____________ (silla) favorita y empecé a leer. Fue una mañana muy divertida.

**2 Los cuentos infantiles**

**A.** El señor Ordóñez odia los diminutivos. Por eso ha cambiado todos los títulos en el libro de cuentos infantiles que le lee a su hijo. Lee el índice y escribe los títulos en su forma original. Usa el diminutivo (**-ito/a**).

### Cuentos Infantiles

1. Blancanieves (*Snow White*) y los siete enanos [redacted] (*dwarves*)........2
2. Caperuza [redacted] (*Little Hood*) Roja........8
3. La gallina [redacted] (*little hen*) colorada........16
4. El pato [redacted] (*duckling*) feo........22
5. La sirena [redacted] (*little mermaid*)........26
6. Los tres cerdos [redacted] (*little pigs*)........34
7. El soldado [redacted] de plomo (*tin soldier*)........40
8. Pulgar [redacted] (*Thumb*)........46

1. ____________ 3. ____________ 5. ____________ 7. ____________
2. ____________ 4. ____________ 6. ____________ 8. ____________

**B.** Ahora, en parejas, escriban las primeras diez oraciones de un cuento infantil. Pueden narrar alguno de los cuentos tradicionales o inventar uno. Incluyan el mayor número posible de aumentativos y diminutivos.

**3 Opiniones** En parejas, imaginen que uno/a de ustedes cree en los ovnis. Discutan el tema. Usen aumentativos y diminutivos.

**MODELO** —Sé que los ovnis existen porque una noche vi unas lucecitas extrañas...
—Estás un poco loquito. Seguramente viste lucecitas en tu cabezota.

## 7.4 Expressions of time with *hacer*

- In Spanish, the verb **hacer** is used to describe how long something has been happening or how long ago an event occurred.

| Time expressions with *hacer* | |
|---|---|
| **present** | **hace + [***period of time***] + que + [***verb in present tense***]**<br>**Hace tres semanas que busco otro apartamento.**<br>*I've been looking for another apartment for three weeks.* |
| **preterite** | **Hace + [***period of time***] + que + [***verb in the preterite***]**<br>**Hace seis meses que fueron a Buenos Aires.**<br>*They went to Buenos Aires six months ago.* |
| **imperfect** | **hacía + [***period of time***] + que + [***verb in the imperfect***]**<br>**Hacía treinta años que trabajaba con nosotros cuando por fin se jubiló.**<br>*He had been working with us for thirty years when he finally retired.* |

- To express the duration of an event that continues into the present, Spanish uses the construction **hace** + [*period of time*] + **que** + [*present tense verb*]. Note that **hace** does not change form.

¿Cuánto tiempo **hace que vives** en Buenos Aires?
*How long have you lived in Buenos Aires?*

**Hace** siete años **que vivo** en Buenos Aires.
*I've lived in Buenos Aires for seven years.*

- To make a sentence negative, add **no** before the conjugated verb. Negative time expressions with **hacer** often translate as *since* in English.

¿**Hace** mucho tiempo que **no** actualiza su página web?
*Has it been a long time since you updated your web page?*

¡Uy, **hace** años que **no** consulto mi página web!
*It's been years since I checked my web page!*

- To tell how long ago an event occurred, use **hace** + [*period of time*] + **que** + [*preterite tense verb*].

¿Cuánto tiempo **hace** que me **mandaste** el mensaje de texto?
*How long ago did you send me the text message?*

**Hace** cuatro días que te **mandé** el mensaje.
*I sent you the message four days ago.*

- **Hacer** is occasionally used in the imperfect to describe how long an event had been happening before another event occurred. Note that both **hacer** and the conjugated verb in the **hacer** construction use the imperfect.

**Hacía** dos años que no **estudiaba** español cuando decidió tomar otra clase.
*She hadn't studied Spanish for two years when she decided to take another class.*

**MÁS GRAMÁTICA**

This is an additional grammar point for **Lección 7 Estructura.** You may use it for review or as required by your instructor.

**¡ATENCIÓN!**

The construction [*present tense verb*] + **desde hace** + [*period of time*] may also be used. **Desde** can be omitted.

**Estudia español (desde) hace un año.**
*He's been studying Spanish for a year.*

**No come chocolate (desde) hace un mes.**
*It's been a month since he ate chocolate.*

**¡ATENCIÓN!**

Expressions of time with **hacer** can also be used without **que**.

**¿Hace cuánto (tiempo) me llamó Carlos?**

**Te llamó hace dos horas.**

# Práctica

TALLER DE CONSULTA

These activities correspond to the additional grammar point on the preceding page.

## 7.4 Expressions of time with *hacer*

1 **Oraciones** Escribe oraciones utilizando expresiones de tiempo con **hacer**. Usa el presente en las oraciones 1 a 3 y el pretérito en las oraciones 4 y 5.

MODELO **Ana / hablar por teléfono / veinte minutos**
Hace veinte minutos que Ana habla por teléfono. /
Ana habla por teléfono (desde) hace veinte minutos.

1. Roberto y Miguel / estudiar / tres horas
______________________________
2. nosotros / estar enfermos / una semana
______________________________
3. tú / trabajar en el centro / seis meses
______________________________
4. Sergio / visitar a sus abuelos / un mes
______________________________
5. yo / ir a la Patagonia / un año
______________________________

2 **Conversaciones** Completa las conversaciones con las palabras adecuadas.

1. **GRACIELA** ¿______ tiempo hace que vives en esta ciudad?
   **SUSANA** Mmm... ______ dos años que ______ aquí.
2. **GUSTAVO** Hacía veinte años que ______ con nosotros cuando Miguel decidió jubilarse (*to retire*), ¿verdad?
   **ARMANDO** No, ______ quince años que trabajaba con nosotros cuando se jubiló.
3. **MARÍA** ______ a visitar a tu novia hace dos meses, ¿no?
   **PEDRO** Sí, ______ dos meses que fui a visitar a mi novia. ¡La extraño mucho!
4. **PACO** ¿Cuánto tiempo ______ que ______ español?
   **ANA** Estudio español ______ hace tres años.

3 **Preguntas** Responde a las preguntas con oraciones completas. Utiliza las palabras entre paréntesis.

1. ¿Cuánto tiempo hace que fuiste de vacaciones a la playa? (cinco años)
______________________________
2. ¿Hace cuánto tiempo que estudias economía? (dos semanas)
______________________________
3. ¿Cuánto tiempo hace que rompiste con Nicolás? (un mes)
______________________________
4. ¿Cuánto tiempo hace que Irene y Natalia llegaron? (una hora)
______________________________
5. ¿Hace cuánto tiempo que ustedes viven aquí? (cuatro días)
______________________________

# Más práctica

## 8.1 The conditional

**1 Oraciones incompletas** Completa las oraciones con el condicional del verbo entre paréntesis.

1. María ____________ (salir) con Juan porque le cae muy bien.
2. Si no llevara tantos libros, todo ____________ (caber) en una sola maleta.
3. La comida no tiene sabor. Nosotros le ____________ (poner) un poco más de sal.
4. No sé cuál ____________ (ser) el mejor momento para llamar al gerente.
5. Le pregunté al médico cuánto ____________ (valer) los medicamentos para la tos que él me recetó la semana pasada.

**2 El futuro en el pasado** Usa el condicional para expresar el pasado de cada oración. Usa el pretérito o el imperfecto en las cláusulas principales. Sigue el modelo.

**MODELO** **Juan dice que llegará pronto.**
Juan dijo que llegaría pronto.

1. Los empleados creen que recibirán un aumento el mes que viene.
2. El gerente afirma que la reunión será muy breve.
3. Carlos dice que nevará mañana y que suspenderán el viaje de negocios.
4. María nos cuenta que ella se jubilará dentro de cinco años.
5. Muchas personas piensan que la globalización crecerá en el futuro próximo.
6. Los vendedores están seguros de que venderán el doble este año.

**3 Bien educado** ¿Cómo pedirías algo de manera educada en estas situaciones? Escribe una pregunta apropiada para cada situación usando el condicional.

1. Estás en un restaurante y te das cuenta de que no tienes servilleta.
2. Eres un(a) turista en Caracas y no sabes cómo llegar a la Plaza Venezuela.
3. Quieres que tu profesor(a) te diga cuál es tu nota en su clase.
4. Tienes un billete de $5 y necesitas monedas para hacer una llamada telefónica.
5. Estás en la biblioteca y no puedes encontrar el libro que necesitas. Le pides ayuda al bibliotecario.

**4 Profesiones misteriosas** Elige tres profesiones interesantes. Luego, reúnete con tres compañeros/as y, sin mencionar cuáles son, diles lo que harías hoy si trabajaras en cada una de esas profesiones. Tus compañeros/as deben adivinar cuáles elegiste.

**MODELO**
**ESTUDIANTE 1** Hoy me levantaría temprano y después desayunaría con mi esposa. Por la mañana trabajaría en mi oficina y almorzaría con el presidente de Francia. Por la tarde asistiría a una sesión de la Cámara de Representantes... ¿Quién soy?
**ESTUDIANTE 2** Eres el presidente de los Estados Unidos.

**TALLER DE CONSULTA**

**MÁS PRÁCTICA**
To see the explanation corresponding to this additional practice, see p. 294.

# Más práctica

**TALLER DE CONSULTA**

**MÁS PRÁCTICA**
To see the explanation corresponding to this additional practice, see p. 298.

## 8.2 The past subjunctive

**1** **Un robo** Tu amiga Francisca acaba de volver del banco y te cuenta lo que le pasó: ¡alguien intentó atracar el banco! Completa su historia con el imperfecto del subjuntivo de los verbos entre paréntesis.

Un hombre que llevaba una máscara entró al banco y nos dijo a todos que (1) __________ (ponerse) las manos sobre la cabeza. Después les ordenó a todos los empleados que (2) __________ (sacar) todo el dinero de la caja y que lo (3) __________ (meter) en una mochila. El gerente vino en ese momento y le pidió al ladrón que (4) __________ (irse) del banco sin hacerle daño a nadie. El hombre empezó a gritar e insistió en que todos nosotros le (5) __________ (prestar) atención. Nos prohibió que (6) __________ (hablar) entre nosotros. Empezó a quitarnos los relojes y las joyas, y nos exigió que (7) __________ (quedarse) en el piso. De repente, una mujer se paró y regañó (*scolded*) al ladrón como si él (8) __________ (ser) su propio hijo. El hombre dejó caer todo lo que tenía en la mochila y se fue para la salida. Nos sorprendió que esa mujer (9) __________ (tener) tanto valor. ¡Ella dijo que dudaba que su hijo (10) __________ (volver) a robar de nuevo y que ella misma se encargaría de llevarlo ante un juez!

**2** **Oraciones** Completa las oraciones de manera lógica. En algunos casos, tendrás que usar el imperfecto del subjuntivo.

1. Yo sabía que el gerente __________.
2. Era imposible que yo __________.
3. María y Penélope hicieron todo para que la reunión __________.
4. La empresa buscaba una persona que __________.
5. El vendedor estaba seguro de que el cliente __________.
6. En la conferencia, conociste a alguien que __________.
7. Sentí mucho que ustedes __________.
8. La empresa prohibió que sus empleados __________.

**3** **La reunión** En parejas, imaginen que trabajan para la misma empresa. Uno/a de sus colegas no estuvo ayer y no asistió a una reunión muy importante. Túrnense para contarle lo que se dijo en la reunión. Utilicen los verbos de la lista y el imperfecto del subjuntivo.

| | |
|---|---|
| aconsejar | pedir |
| estar seguro/a | proponer |
| exigir | recomendar |
| insistir en | sugerir |

# Más práctica

## 8.3 *Si* clauses with simple tenses

**1 Muy mandona** Tu jefa es muy mandona (*bossy*). Elige el tiempo verbal correcto para completar sus órdenes.

1. Si usted no __________ (termina / terminaría) este reportaje antes de las dos, no va a cobrar su sueldo este mes.
2. Si yo no tengo en mis manos el archivo hoy mismo, usted __________ (quedará / quedaría) despedido/a.
3. Si usted __________ (trabajara / trabajaría) un poco más y __________ (hablara / hablaría) menos, terminaría su trabajo antes de Año Nuevo.
4. Si no __________ (estaba / estuviera) tan atrasado/a, tendría más tiempo para salir a festejar su cumpleaños esta noche.
5. Si usted no __________ (limpia / limpiara) su oficina, va a trabajar en el pasillo.
6. Si usted tiene algún problema con alguien en la oficina, no me __________ (dice / diga) nada, pues no tengo tiempo.

**2 Volver a vivir** Imagina que puedes volver a vivir un año de tu vida. Decide qué año quieres repetir y contesta las preguntas con oraciones completas.

1. Si pudieras elegir un año para vivirlo de nuevo, ¿qué año elegirías?
2. Si tuvieras que cambiar algo de ese año, ¿qué cambios harías?
3. Si pudieras llevar a alguien contigo, ¿a quién llevarías?
4. Si pudieras hacer algo que antes no pudiste hacer, ¿qué te gustaría hacer?
5. Si pudieras decirle a alguien lo que pasaría en el futuro, ¿qué le dirías?

**3 Consejos** Trabajen en grupos de cuatro. Cada uno debe escoger una de estas difíciles situaciones y luego explicar su problema al grupo. Los demás deben darle al menos cinco consejos para solucionar el problema. Utilicen oraciones con **si**.

"No tengo trabajo, pero sí tengo muchas deudas. Soy muy joven para tener tantos problemas. Estoy dispuesto/a a aceptar cualquier puesto. ¿Qué puedo hacer?"

"Estoy cansado/a de trabajar más horas que un reloj y cobrar el sueldo mínimo. Tengo tres hijos pequeños. Mi esposo/a es ejecutivo/a y gana mucho dinero, pero siempre está fuera de casa. ¡Estoy muy agotado/a!"

"Soy un(a) vendedor(a) exitoso/a, pero mi trabajo consiste en vender un producto defectuoso. Odio tener que mentir a los clientes. Quiero renunciar, pero temo no poder ganarme la vida en otro trabajo."

"Ayer fui al cajero automático y me di cuenta de que todos mis ahorros habían desaparecido. Creo que alguien robó mi identidad. ¡Me iré a la bancarrota!"

**TALLER DE CONSULTA**

**MÁS PRÁCTICA**
To see the explanation corresponding to this additional practice, see p. 302.

MÁS GRAMÁTICA

This is an additional grammar point for **Lección 8 Estructura.** You may use it for review or as required by your instructor.

# 8.4 Transitional expressions

- Transitional words and phrases express the connections between ideas and details.

Antes de apagar las velas, quiero que cierren los ojos y luego pidan un deseo.

Hay tres compañías que andan detrás de mí. Por lo tanto, merezco otro aumento.


- Many transitional expressions function to narrate time and sequence.

| | |
|---|---|
| **al final** *at the end; in the end* | **hoy** *today* |
| **al mismo tiempo** *at the same time* | **luego** *then; next* |
| **al principio** *in the beginning* | **mañana** *tomorrow* |
| **anteayer** *the day before yesterday* | **mientras** *while* |
| **antes (de)** *before* | **pasado mañana** *the day after tomorrow* |
| **ayer** *yesterday* | **por fin** *finally* |
| **después (de)** *after; afterward* | **primero** *first* |
| **entonces** *then; at that time* | **segundo** *second* |
| **finalmente** *finally* | **siempre** *always* |

- Several other transitional expressions compare or contrast ideas and details.

| | |
|---|---|
| **además** *furthermore* | **ni... ni** *neither... nor* |
| **al contrario** *on the contrary* | **o... o** *either... or* |
| **al mismo tiempo** *at the same time* | **por otra parte / otro lado** *on the other hand* |
| **aunque** *although* | **por un lado... por el otro...** *on one hand. . . on the other. . .* |
| **con excepción de** *with the exception of* | **por una parte... por la otra...** *on one hand. . . on the other. . .* |
| **de la misma manera** *similarly* | **sin embargo** *however; yet* |
| **del mismo modo** *similarly* | **también** *also* |
| **igualmente** *likewise* | |
| **mientras que** *meanwhile; whereas* | |

- Transitional expressions are also used to express cause and effect relationships.

| | |
|---|---|
| **así que** *so; therefore* | **por consiguiente** *therefore* |
| **como** *since* | **por eso** *therefore* |
| **como resultado (de)** *as a result (of)* | **por esta razón** *for this reason* |
| **dado que** *since* | **por lo tanto** *therefore* |
| **debido a** *due to* | **porque** *because* |

# Práctica

## 8.4 Transitional expressions

**1 Ordena los hechos** Ordena cronológicamente estas seis acciones. Escribe el número correspondiente al lado de cada una. Ten en cuenta las expresiones de transición.

_____ a. Primero envié mi currículum por correo.
_____ b. Después de la entrevista, el gerente se despidió muy contento.
_____ c. Antes de la entrevista, tuve que escribir una carta de presentación.
_____ d. Durante la entrevista, él leyó la carta.
_____ e. Mañana empiezo a trabajar.
_____ f. Dos semanas después, me citaron para una entrevista con el gerente.

**2 Escoger** Completa las oraciones con una de las opciones entre paréntesis.

1. Tenía una entrevista de trabajo hoy, pero no llegué a la hora indicada y ______________ (sin embargo / por eso) no me escogieron.
2. Eres muy trabajador y, ______________, (por esta razón / por otra parte) no te importa quedarte en la oficina hasta las once de la noche.
3. Yo prefiero poder jubilarme antes de los cincuenta años; ______________ (mientras que / por consiguiente) mi padre quiere seguir trabajando hasta los ochenta.
4. Me despidieron ______________ (como resultado / con excepción) de mi actitud.
5. Después de dos años, ______________ (como / por fin) conseguí un buen puesto.
6. Nunca terminé mis estudios y, ______________, (mientras que / por consiguiente) sólo gano el sueldo mínimo.
7. No me gusta cómo trabaja. ______________, (Además / Tampoco) no me gusta su actitud.

**3 El viaje** Marcos acaba de regresar de un viaje por Venezuela. Completa su relato con las expresiones de la lista. Puedes usar algunas expresiones más de una vez.

| | | |
|---|---|---|
| además | del mismo modo | por eso |
| al contrario | mientras que | por un lado |
| debido a eso | por el otro | sin embargo |

Hoy estoy muy contento; (1) ___________, ven en mi cara una sonrisa. ¡Hice un viaje maravilloso por Venezuela! (2) ___________, no fue estresante; (3) ___________, descansé mucho. Mi viaje fue muy variado; (4) ___________, pasé varios días en los Andes, y (5) ___________ recorrí la costa caribeña, donde hice muchos amigos. Caracas es una ciudad llena de historia, (6) ___________ su carácter contemporáneo la mantiene entre las capitales más activas de Suramérica. (7) ___________, todo lo que empieza tiene que acabar, y mi viaje terminó antes de lo que esperaba; (8) ___________, pienso volver el próximo año.

**TALLER DE CONSULTA**

These activities correspond to the additional grammar point on the preceding page.

# Más práctica

**TALLER DE CONSULTA**

**MÁS PRÁCTICA**
To see the explanation corresponding to this additional practice, see p. 336.

## 9.1 The present perfect subjunctive

**1 La prensa sensacionalista** Completa las oraciones con la forma adecuada del verbo entre paréntesis: el presente del subjuntivo o el pretérito perfecto del subjuntivo.

1. Dudo que los actores __________ (casarse) anoche como anuncian las revistas.
2. No es posible que __________ (ser) un error; todo lo que se publica es verdad.
3. Estoy seguro de que muy pronto los actores negarán que __________ (separarse).
4. No puedo creer que ustedes __________ (comprar) esas revistas llenas de mentiras.
5. Es necesario que nosotros __________ (mantenerse) al tanto de las noticias.
6. No pienso que las revistas __________ (publicar) información verdadera.
7. Es poco probable que lo que sale en las revistas __________ (pasar) en la vida real.
8. Es muy importante que todos __________ (tener) la oportunidad de saber cómo vive la gente famosa.
9. No me gusta que ya __________ (mostrar) fotos de los bebés de los actores.
10. Todavía no puedo creer que Bullock y James __________ (divorciarse).

**2 Deseos** Escribe tres deseos para el presente o el futuro utilizando el presente del subjuntivo, y tres deseos de que algo ya haya ocurrido utilizando el pretérito perfecto del subjuntivo. Comienza tus oraciones con **Ojalá**.

**MODELO** Ojalá mis padres disfruten de sus vacaciones el mes que viene.
Ojalá mi cheque haya llegado ya, pues necesito el dinero cuanto antes.

**3 Noticias increíbles** En parejas, inventen cuatro noticias increíbles. Luego, léanselas a otra pareja y túrnense para expresar su sorpresa o incredulidad. Utilicen el pretérito perfecto del subjuntivo.

**MODELO** **PAREJA 1** En California han conseguido que un mono lea revistas.
**PAREJA 2** No creemos que hayan logrado eso. Es imposible que los monos lean.

**4 Un día fatal** Piensa en el peor día que has tenido este mes. Luego, en grupos de tres, túrnense para compartir lo que les ha pasado. Deben responder a sus compañeros/as con el pretérito perfecto del subjuntivo. Utilicen frases de la lista.

| | |
|---|---|
| Es una lástima que... | No puedo creer que... |
| Es una pena que... | Qué terrible que... |
| Espero que... | No me digas que... |
| Siento que... | No puede ser que... |

**MODELO** **ESTUDIANTE 1** Hace una semana fui al dentista y me dijo que tenía que sacarme tres dientes.
**ESTUDIANTE 2** ¡Qué horrible que te haya pasado eso!
**ESTUDIANTE 3** Espero que no te haya dolido mucho.

# Más práctica

## 9.2 Relative pronouns

**1 En la radio** Completa este informe con las palabras apropiadas.

¡Hola a todos mis radioyentes! Soy yo, Pancho, el hombre (1) ________ (el que / que) siempre está listo para ayudarlos a festejar el fin de semana. A ver… (2) ________ (El que / Los que) no conozcan a este cantante (3) ________ (cuyo / que) les voy a presentar ahora, escuchen bien. Se llama Matías Ruiz y apareció hace dos días en la revista *Moda*, en (4) ________ (la cual / el cual) supimos que es soltero y que está buscando… Chicas, ¡apúrense, que este guapo soltero no va a estar disponible para siempre! Matías, (5) ________ (el cual / cuyo) nuevo álbum se titula *Rayas*, va a actuar en vivo en la plaza central el mes que viene. No se lo pierdan. (6) ________ (Los que / Quien) no puedan ir, no se preocupen, porque sin duda este cantante volverá. Y ahora, vamos a escuchar la canción *Azul* de su nuevo álbum, (7) ________ (quienes / del cual) ya se han vendido ¡un millón de copias!

**2 Conexiones** Escribe cinco oraciones combinando elementos de las tres columnas y los pronombres relativos necesarios.

| | | |
|---|---|---|
| el periodista | que | hablar conmigo |
| el lector | en la que | es ciego |
| el público | el cual | no tiene mucha información |
| la sección deportiva | en el que | no sabe nada |
| la crítica de cine | la cual | me molesta |

**3 Adivinanzas** Piensa en una persona famosa y descríbela para que tu compañero/a adivine de quién se trata. Usa pronombres relativos en tu descripción.

**MODELO** —Es una mujer que es muy popular en el mundo de los deportes. Su hermana, con quien ella practica un deporte, es también muy famosa. Ella es la mayor de las dos. Su padre, quien es su entrenador (*coach*), es un hombre bastante controvertido. Los torneos que ella ha ganado son muy importantes. ¿Quién es?
—Es Venus Williams.

**4 Encuesta** Entrevista a tus compañeros/as de clase y anota los nombres de los que respondan que sí a estas preguntas. Introduce cada pregunta con una oración que incluya pronombres relativos. Sigue el modelo. Al finalizar, presenta los resultados a la clase.

**MODELO** **¿Tus padres son extranjeros?**
Estoy buscando a alguien cuyos padres sean extranjeros/que tenga padres extranjeros. ¿Tus padres son extranjeros?

- ¿Viajaste al extranjero recientemente?
- ¿Te gusta el cine en español?
- ¿Te gustan las películas de terror?
- ¿Te gustan los documentales?
- ¿Conoces a alguna persona famosa?
- ¿Tus hermanos/as escuchan hip hop?

**TALLER DE CONSULTA**

**MÁS PRÁCTICA**
To see the explanation corresponding to this additional practice, see p. 338.

# Más práctica

**TALLER DE CONSULTA**

**MÁS PRÁCTICA**
To see the explanation corresponding to this additional practice, see p. 342.

## 9.3 The neuter *lo*

**1 Chisme** Dos fanáticas de Fabio, un famoso actor de telenovelas, hablan de su nuevo corte de pelo. Completa la conversación usando expresiones con lo. Puedes usar las opciones más de una vez.

| | |
|---|---|
| lo bonito | lo peor |
| lo difícil | lo que |
| lo feo | lo ridículo |

**INÉS** ¿Has leído las noticias hoy? No vas a creer (1) ________ hizo Fabio.

**ANGELINA** Bueno, ¡cuéntame! (2) ________ es ser la última en saber.

**INÉS** ¿Recuerdas (3) ________ que tenía el pelo? Ahora...

**ANGELINA** ¿Qué hizo? (4) ________ no soporto es un hombre rapado (*shaved*)...

**INÉS** Sí, lo adivinaste. Y, para colmo, ahora no sabes (5) ________ que es reconocerlo en las fotos.

**ANGELINA** Su pelo era (6) ________ más me gustaba.

**INÉS** (7) ________ dicen en las noticias es que va a perder todos sus contratos por este corte de pelo. El pobre se va a quedar sin trabajo.

**ANGELINA** El mundo del espectáculo... Siempre me asombra (8) ________ que es. ¿No saben acaso que el pelo crece enseguida?

**INÉS** Me pregunto si (9) ________ esto significa es que nosotras también somos unas ridículas por preocuparnos por estas cosas.

**2 Positivo y negativo** Escribe un aspecto positivo y otro negativo de cada uno de los elementos de la lista. Usa expresiones con **lo**.

| | |
|---|---|
| la vida estudiantil | mi mejor amigo/a |
| el trabajo | la comida de la cafetería |
| mis padres | mis clases |

**MODELO** Lo mejor de la vida estudiantil es que los estudiantes son muy simpáticos, pero lo peor es la tarea.

**3 Comentarios** En grupos de tres, preparen una lista de seis situaciones o acontecimientos que ustedes consideran extraordinarios o increíbles. Después, cada compañero/a debe reaccionar a esa situación o acontecimiento. Expresen sus opiniones usando **lo** + [*adjetivo*]. Sigan el modelo.

**MODELO** —El precio de la gasolina ha subido otra vez.
—Es increíble lo cara que está la gasolina. Voy a tener que dejar de usar el carro.

## 9.4 *Qué vs. cuál*

MÁS GRAMÁTICA

This is an additional grammar point for **Lección 9 Estructura.** You may use it for review or as required by your instructor.

- The interrogative words **¿qué?** and **¿cuál(es)?** can both mean *what/which*, but they are not interchangeable.
- **Qué** is used to ask for general information, explanations, or definitions.

¿**Qué** es la censura?
*What is censorship?*

¿**Qué** dijo?
*What did she say?*

- **Cuál(es)** is used to ask for specific information or to choose from a limited set of possibilities. When referring to more than one item, the plural form **cuáles** is used.

¿**Cuál** es el problema?
*What is the problem?*

¿**Cuál** de las dos prefieres, la radio o la televisión?
*Which of these (two) do you prefer, radio or television?*

¿**Cuáles** son tus revistas favoritas?
*What are your favorite magazines?*

¿**Cuáles** escogieron, los rojos o los azules?
*Which ones did they choose, the red or the blue?*

- Often, either **qué** or **cuál(es)** may be used in the same sentence, but the meaning is different.

Es hora de cenar. ¿**Qué** quieres comer primero?
*It's dinner time. What would you like as a first course?*

Esta noche dan *CSI* y *Law & Order*. ¿**Cuál** quieres ver?
CSI *and* Law & Order *are on tonight. Which one do you want to watch?*

- **Qué** may be used before any noun, regardless of the type of information requested.

¿**Qué** ideas tienen ustedes?
*What ideas do you have?*

¿**Qué** regalo te gusta más?
*Which gift do you like better?*

¿Peligro? ¿**Qué** peligro?
*Danger? What danger?*

¿**Qué** revistas son tus favoritas?
*What are your favorite magazines?*

- **Qué** and **cuál(es)** are sometimes used in declarative sentences that imply a question or unknown information.

¡No sabía qué decir!

No sé cuál de las dos escoger.


Elena se pregunta **qué** pasó esta mañana.
*Elena wonders what happened this morning.*

Juan me preguntó **cuál** de las dos películas prefería.
*Juan asked me which of the two movies I preferred.*

- **Qué** is also used frequently in exclamations. In this case it means *What...!* or *How...!*

¡**Qué** niño más irresponsable!
*What an irresponsible child!*

¡**Qué** triste te ves!
*How sad you look!*

# Práctica

**TALLER DE CONSULTA**

These activities correspond to the additional grammar point on the preceding page.

## 9.4 *Qué* vs. *cuál*

**1 ¿Qué o cuál?** Completa las preguntas con **¿qué?** o **¿cuál(es)?**, según el contexto.

1. ¿_____ de las dos revistas es tu favorita?
2. ¿_____ piensas de la prensa sensacionalista?
3. ¿_____ son tus canales de televisión preferidos?
4. ¿_____ haces para estar a la moda?
5. ¿_____ sección del periódico es más importante para ti?
6. ¿_____ son tus videos, los musicales o los documentales?
7. ¿_____ es tu opinión sobre la censura?
8. ¿_____ tiras cómicas lees?

**2 Completar** Completa estos anuncios de radio con **qué** o **cuál(es)**.

¿No sabe (1) __________ hacer este fin de semana? ¿Tiene que elegir entre una cena elegante y un concierto? ¿(2) __________ de los dos prefiere? La buena noticia es que no tiene que elegir. Lo invitamos a participar en una cena y un concierto inolvidables este viernes en la Sinfónica de San José.

Si tuviera que elegir entre el mar o la montaña, ¿con (3) __________ se quedaría? Visite el nuevo complejo Costa Brava, que le ofrece playas tranquilas y verdes montañas. ¡(4) __________ más se puede pedir para disfrutar de unas vacaciones inolvidables!

¿(5) __________ son sus películas favoritas? ¿Las de acción? ¿Las de misterio? ¿Las románticas? ¡Hágase socio de *La casa de las pelis* y por sólo veinte pesos al mes podrá alquilar todas las películas que quiera! ¿Y (6) __________ le parece la idea de recibir las películas a domicilio? Sólo tiene que llamarnos. ¡Garantizamos la entrega en sólo treinta minutos!

**3 Preguntas** Usa **¿qué?** o **¿cuál(es)?** para escribir la pregunta correspondiente a cada respuesta.

1. ¿__________________________________________?
   El programa que más me gusta es *American Idol.*
2. ¿__________________________________________?
   Este fin de semana quiero ir al cine.
3. ¿__________________________________________?
   Mis pasatiempos favoritos son nadar, leer revistas y salir con amigos.
4. ¿__________________________________________?
   Opino que la prensa sensacionalista no informa a los lectores.
5. ¿__________________________________________?
   Mi clase de historia es la más difícil.
6. ¿__________________________________________?
   Éstos son los libros que nos tenemos que comprar.

# Más práctica

## 10.1 The future perfect

**1 Oraciones** Combina los elementos y haz los cambios necesarios para formar oraciones con el futuro perfecto. Sigue el modelo.

MODELO **septiembre / autora / publicar / novela**
Para septiembre, la autora habrá publicado su novela.

1. el año que viene / los directores / seleccionar / actor principal
2. el próximo semestre / yo / estudiar / estilo realista
3. mañana / el poeta y yo / terminar / estrofa final
4. dentro de cinco años / tú / pintar / autorretrato famoso
5. finales de este año / la escultora / esculpir / obra maestra

**2 Probabilidad** Escribe oraciones para indicar lo que pudo haber pasado en estas situaciones. Usa el futuro perfecto y la información indicada.

MODELO **Hoy cancelaron la obra de teatro. (actriz principal / sentirse enferma)**
La actriz principal se habrá sentido enferma.

1. El novelista no pudo llegar a la conferencia. (su avión / retrasarse)
2. El escultor decidió no vender la escultura. (ellos / no ofrecerle suficiente dinero)
3. La pintora estaba muy contenta. (ella / vender un cuadro)
4. Juan no quiso seguir leyendo la novela. (no interesarle el argumento)
5. Ellas se marcharon antes de que terminara la obra de teatro. (tener un problema)
6. La gente aplaudió cuando inauguraron la exposición. (gustarles la exposición)

**3 ¿Qué habrás hecho?** Imagina todo lo que harás entre este año y el año 2040. ¿Qué habrá sido de tu vida? ¿Qué habrás hecho? Escribe un párrafo describiendo lo que habrás hecho para entonces. Usa el futuro perfecto de seis verbos de la lista.

MODELO Para el año 2040, habré vivido en el extranjero y habré aprendido cinco idiomas.

| | | | |
|---|---|---|---|
| aprender | estar | publicar | trabajar |
| celebrar | ganar | ser | ver |
| conocer | poder | tener | vivir |

**4 Predicciones** En parejas, túrnense para hacer predicciones sobre lo que su compañero/a habrá logrado en cada década (*decade*) de su vida. Luego, respondan a las predicciones. ¿Quién de los dos conoce mejor a su compañero/a?

MODELO —Para cuando cumplas treinta años, habrás recibido un doctorado en español.
—No creo. Habré recibido un doctorado, pero en bioquímica.

**TALLER DE CONSULTA**

**MÁS PRÁCTICA**
To see the explanation corresponding to this additional practice, see p. 374.

# Más práctica

**TALLER DE CONSULTA**

**MÁS PRÁCTICA**
To see the explanation corresponding to this additional practice, see p. 376.

## 10.2 The conditional perfect

**1 Oraciones relacionadas** Escribe los verbos de la segunda columna en el condicional perfecto para completar cada oración. Luego, empareja las oraciones de manera lógica.

_____ 1. Carmen no logró vender ni un solo cuadro.
_____ 2. Miguel ya se había ido cuando se anunció que él era el ganador del premio de poesía.
_____ 3. En la fiesta, Julia puso una música muy aburrida.
_____ 4. El videojuego era muy violento.
_____ 5. Por fin se estrenó la película.

a. El director se preguntaba si le _____________ (gustar) al público.
b. De saberlo, Bárbara no se lo _____________ (comprar) a su nieto.
c. Yo, en su lugar, no _____________ (pedir) tanto por los cuadros.
d. Yo _____________ (poner) música bailable.
e. ¡Miguel no lo _____________ (creer)!

**2 Pues yo...** Eres una persona muy crítica. Escribe oraciones con el condicional perfecto explicando qué habrías hecho tú en cada situación. Sigue el modelo.

**MODELO** **El final de la novela es demasiado cómico.**
Yo habría escrito un final trágico.

1. El pintor usó colores muy oscuros. Yo...
2. La escultura es demasiado grande. Yo...
3. El cuadro no tiene mucha luz. Yo...
4. El argumento de la novela es demasiado complicado. Yo...
5. No entiendo por qué la artista pintó con acuarela. Yo...
6. Estas esculturas son surrealistas. Yo...

**3 Cuidar a los niños** Tu vecina te pide que cuides a sus hijos, pero primero quiere saber qué habrías hecho tú en cada una de las situaciones que tuvieron lugar con el niñero anterior. En parejas, representen una conversación. Utilicen el condicional perfecto.

**MODELO** **dejar / los platos sucios**
—El chico que cuidaba a los niños dejó todos los platos sucios en la cocina.
—Pues, yo los habría lavado antes de irme.

1. no darle de comer / el perro
2. perder / las llaves de la casa
3. mirar / la televisión toda la noche
4. escuchar / música muy fuerte
5. no jugar / los niños
6. cobrar / demasiado

# Más práctica

## 10.3 The past perfect subjunctive

TALLER DE CONSULTA

**MÁS PRÁCTICA**
To see the explanation corresponding to this additional practice, see p. 378.

**1 Completar** Ignacio y Teresa acaban de salir de un museo. Completa su conversación con el pluscuamperfecto del subjuntivo.

**IGNACIO** Nunca me habría imaginado que Picasso (1) __________ (pintar) algo tan impresionista.

**TERESA** Esa obra no la hizo Picasso, Ignacio. Si (2) __________ (fijarse) con más cuidado, te habrías dado cuenta de que la pintó Monet.

**IGNACIO** Pues, también me sorprendió que Velázquez (3) __________ (hacer) algo tan contemporáneo.

**TERESA** Te equivocas de nuevo, Ignacio. Si (4) __________ (escuchar) con atención al guía del museo, habrías aprendido un poco más sobre el arte.

**IGNACIO** Y si tú (5) __________ (prestar) atención (*pay attention*) cuando ayer te dije que odio los museos, no estaríamos teniendo esta discusión.

**TERESA** Si me lo (6) __________ (decir) otra vez, me habría enterado. Ya sabes que soy muy distraída.

**2 Preocupados** Termina las oraciones de forma lógica. Utiliza el pluscuamperfecto del subjuntivo.

1. El escultor tenía miedo de que sus esculturas __________.
2. A la novelista le molestó que los críticos __________.
3. El escritor no estaba seguro de que su obra __________.
4. El ensayista dudaba que el manuscrito __________.
5. La poetisa temía que el público __________.
6. La artista no quería que __________.

**3 En otro ambiente** ¿Qué habría pasado si en vez de asistir a esta universidad hubieras escogido otra? ¿Qué cosas habrían sido diferentes? En parejas, háganse preguntas sobre este tema. Después, compartan sus ideas con la clase. Utilicen el pluscuamperfecto del subjuntivo y el condicional perfecto.

**MODELO** —¿Qué habría sido distinto si no hubieras estudiado aquí?
—Si hubiera escogido otra universidad, no habría conocido a mi mejor amigo y no me habría divertido tanto...

MÁS
GRAMÁTICA

This is an additional grammar point for **Lección 10 Estructura.** You may use it as expansion or as required by your instructor.

## 10.4 *Si* clauses with compound tenses

- **Si** clauses are used with compound tenses to describe what *would have happened* if another event or condition *had occurred*. In hypothetical statements about contrary-to-fact situations in the past, the **si** clause uses the past perfect subjunctive and the main clause uses the conditional perfect.

Si hubiera pensado que son primitivas o radicales, lo habría dicho.

Si le hubieras pedido al pintor que cambiara la obra, habría sido una falta de respeto.

**¡ATENCIÓN!**

Simple tenses include present, preterite, imperfect, imperative (commands), future, conditional, and present and past subjunctive. Compound ("perfect") tenses make use of the auxiliary verb **haber.** For detailed information about **si** clauses with simple tenses, see **Estructura 8.3,** p. 302.

| *Si* Clause (Past Perfect Subjunctive) | Main Clause (Conditional Perfect) |
|---|---|
| **Si ella no hubiera restaurado la pintura,** *If she had not restored the painting,* | **no la habríamos comprado.** *we wouldn't have bought it.* |
| **Si ellos hubieran conocido al autor,** *If they had known the author,* | **la historia les habría parecido más interesante.** *they would have found the story more interesting.* |

- The chart below is a summary of the **si** clauses you learned in **Lección 8** and in this grammar point.

**¡ATENCIÓN!**

The **si** clause may be the first or second clause in a sentence. A comma is used only when the **si** clause comes first.

**No habríamos comprado la pintura si ella no la hubiera restaurado.**

| Review of *si* clauses | | |
|---|---|---|
| **Condition** | **Main clause** | ***Si* clause** |
| **Possible or likely** Ella compra el cuadro si no es caro. | **Present** | **si** + present |
| **Possible or likely** Voy a comprar el cuadro si no es caro. | **Near future (*ir* + a)** | **si** + present |
| **Possible or likely** Comprará el cuadro si no es caro. | **Future** | **si** + present |
| **Possible or likely** Por favor, compra el cuadro si no es caro. | **Command** | **si** + present |
| **Habitual in the past** Compraba cuadros si no eran caros. | **Imperfect** | **si** + imperfect |
| **Hypothetical** Compraría el cuadro si no fuera caro. | **Conditional** | **si** + past subjunctive |
| **Hypothetical / Contrary-to-fact** Habría comprado el cuadro si hubiera tenido dinero. | **Conditional perfect** | **si** + past perfect subjunctive |

# Práctica

## 10.4 *Si* clauses with compound tenses

**1 La actriz** Dos amigas conversan sobre la vida de una actriz famosa. Completa la conversación con el pluscuamperfecto del subjuntivo o el condicional perfecto de los verbos entre paréntesis.

**MATILDE** Si Ana Colmenar no (1) __________ (casarse) tan joven, (2) __________ (comenzar) a actuar mucho antes.

**ANDREA** Ella (3) __________ (comenzar) a actuar antes si sus padres (4) __________ (descubrir) su talento para el teatro.

**MATILDE** Si sus padres lo (5) __________ (querer), ella (6) __________ (ser) una estrella a los quince años.

**ANDREA** Ana nunca (7) __________ (tener) éxito si le (8) __________ (permitir) empezar tan joven. Actuar en el teatro requiere mucha experiencia y madurez.

**MATILDE** Si tú (9) __________ (estar) en su lugar, quizá también (10) __________ (tener) mucho éxito.

**2 Si el poeta...** Unos amigos se reunieron en un café después de una recepción en honor de un poeta famoso. Utiliza el pluscuamperfecto del subjuntivo o el condicional perfecto para completar sus oraciones.

1. Si Juan Carlos hubiera sabido que iban a servir comida en la recepción, ...
2. El poeta habría recitado más poemas si...
3. Si el poeta hubiera hablado más fuerte, ...
4. Yo me habría ido de la recepción antes si...
5. Si esos dos señores no hubieran hablado tanto mientras el poeta recitaba el poema, ...
6. Habría invitado a mi compañera de cuarto si...
7. Si hubiera sabido que la recepción era tan larga, ...
8. Si Juan Carlos hubiera venido antes, ...

**3 ¿Qué habrías hecho tú?** En parejas, túrnense para hacerse preguntas sobre lo que habrían hecho si hubieran sido las personas en estos dibujos. Utilicen frases con **si**.

**MODELO** Si hubiera visto al ladrón huir con el dinero, le habría sacado una foto con mi celular y se la habría entregado a la policía.

**TALLER DE CONSULTA**

These activities correspond to the additional grammar point on the preceding page.

# Más práctica

**TALLER DE CONSULTA**

**MÁS PRÁCTICA**
To see the explanation corresponding to this additional practice, see p. 408.

## 11.1 The passive voice

**1** **La edición de mañana** Imagina que trabajas para un periódico. Uno/a de tus colegas tenía que escribir los titulares de la edición de mañana, pero no los terminó. Completa los titulares con la voz pasiva de cada verbo entre paréntesis.

**El próximo presupuesto ________ (anunciar) mañana por el ministro de economía**

**Una nueva ley de inmigración ________ (debatir) muy pronto**

**Un nuevo récord de los 800 metros ________ (establecer) el domingo pasado**

**La iglesia Santa María ________ (renovar) el año pasado y ahora se está derrumbando**

Dos vacunas nuevas ________ (descubrir) ayer en Japón

**2** **Ayer, hoy y mañana** Escribe nueve oraciones en voz pasiva. Debes añadir artículos y preposiciones en algunos casos. Debes usar distintos tiempos verbales para las oraciones en pasado, presente y futuro.

**MODELO** **la nueva ley / aprobar / el senado**
La nueva ley fue aprobada por el senado.

**Ayer**

1. el proyecto de ley / rechazar / senado
2. los informes / enviar / secretario
3. el gobernador / elegir / ciudadanos

**Hoy**

4. los programas / presentar / candidatos
5. el asunto / debatir / parlamento
6. el acusado / interrogar / juez

**Mañana**

7. la nueva iglesia / inaugurar / cura
8. las fiestas religiosas / celebrar / creyentes
9. el discurso / pronunciar / candidato a senador

**3** **Periodistas** En parejas, imaginen que trabajan para un periódico local y tienen que redactar los titulares para la edición de mañana. Utilicen la voz pasiva para escribir un titular para cada sección del periódico.

1. sección internacional
2. sección nacional
3. sección local
4. sección de espectáculos
5. sección deportiva
6. sección política

# Más práctica

## 11.2 Uses of *se*

**1** ***Se* pasivo y *se* impersonal** Elige la forma apropiada del verbo.

1. Se (estudia / estudian) varias propuestas para la reforma de la ley de empleo.
2. Se (enviará / enviarán) a un nuevo embajador a Guatemala.
3. Se (cree / creen) que la crisis económica se solucionará pronto.
4. Se (debatirá / debatirán) varias enmiendas (*amendments*) en el Senado.
5. Se (estipuló / estipularon) que no se podía fumar en edificios públicos.
6. Se (eligió / eligieron) al nuevo gobernador la semana pasada.
7. Se (vive / viven) bien en España.
8. Se (vio / vieron) que era necesario tomar medidas urgentes.

**2** **Oraciones** Termina cada frase de la columna A con la frase más lógica de la columna B.

| A | B |
|---|---|
| _____ 1. Se me cayó | a. las llaves de casa. |
| _____ 2. Se me rompieron | b. el bolígrafo que tenía en la bolsa. |
| _____ 3. A Juan se le perdieron | c. los anteojos. |
| _____ 4. Se me dañó | d. el dinero para ir a cenar. |
| _____ 5. Se te borraron | e. los archivos para tu reunión. |
| _____ 6. Se te olvidó | f. el carro nuevo. |

**3** **Lo que me ocurrió**

**A.** Escribe seis oraciones —tres verdaderas y tres ficticias— sobre sucesos inesperados que te han ocurrido. Utiliza expresiones con **se**.

**MODELO** Ayer se me perdieron las llaves y tuve que romper una ventana para entrar en mi casa.

**B.** Ahora, comparte tus oraciones con tres compañeros/as. El grupo debe adivinar cuáles son las oraciones verdaderas.

**4** **Anuncios de trabajo** Estas personas e instituciones necesitan contratar personal (*personnel*). En parejas, escriban los anuncios de trabajo. Recuerden que en estos casos es muy frecuente usar tanto el **se** impersonal como el **se** pasivo.

**MODELO** Se buscan ingenieros industriales. Se espera que los candidatos tengan experiencia previa. Se debe enviar currículum y solicitud a…

1. El partido político *Progreso ahora* busca empleados de relaciones públicas para trabajar con la campaña de su candidato a gobernador del estado.
2. La escuela *Cervantes* busca dos profesores de ciencias políticas.
3. La señora Solís busca una persona que pueda cuidar a sus hijos por las tardes.

**TALLER DE CONSULTA**

**MÁS PRÁCTICA**
To see the explanation corresponding to this additional practice, see p. 410.

# Más práctica

**TALLER DE CONSULTA**

**MÁS PRÁCTICA**
To see the explanation corresponding to this additional practice, see p. 414

## 11.3 Prepositions: *de, desde, en, entre, hasta, sin*

**1 La política** Termina cada frase de la columna A con la frase más lógica de la columna B.

| A | B |
|---|---|
| _____ 1. La guerra civil continuaba | a. de los obreros para protestar contra la reducción de los salarios. |
| _____ 2. El terrorismo seguirá | b. en voz alta durante la manifestación. |
| _____ 3. Los ciudadanos hablaron | c. sin parar entre el norte y el sur. |
| _____ 4. Hubo una manifestación | d. hasta que todos los países decidan colaborar. |
| _____ 5. El país ha tenido autonomía y libertad | e. desde que logró la independencia en 1955. |

**2 Campaña** Eres un(a) estudiante nuevo/a, pero quieres ser presidente/a de tu clase. Escribe ocho oraciones completas con tus ideas para la campaña. Usa las preposiciones **de, desde, en, entre, hasta** y **sin**.

1. Creo que es buena idea no empezar las clases ______________________.
2. Necesitamos más variedad en la comida ______________________.
3. Deben contratar a profesores ______________________.
4. No hay que tomar clases ______________________.
5. Los carros se deben estacionar ______________________.
6. Si llegas tarde, puedes entrar a clase ______________________.
7. Debe haber un recreo de media hora ______________________.
8. Se debe permitir comida ______________________.

**3 Adivinanzas** En grupos de tres, cada estudiante debe escribir una descripción de tres miembros de la clase sin mencionar sus nombres. Una vez que hayan terminado, compartan las descripciones y los demás deben intentar adivinar de quiénes se tratan. Usen las preposiciones **de, desde, en, entre, hasta** y **sin**.

**MODELO** Esta persona siempre se sienta entre dos chicas. Le gusta sentarse cerca de la profesora y a veces hasta se sienta en primera fila. Entre los demás estudiantes tiene fama de ser una persona muy inteligente y simpática. ¿Quién es?

**4 Acontecimientos importantes** Conversa con un(a) compañero/a sobre algunos acontecimientos importantes de tu vida. Haz una lista de cinco acontecimientos que quieres compartir y trata de usar por lo menos diez preposiciones en tu conversación.

**MODELO**
—El semestre pasado fui a Granada y me quedé en la residencia estudiantil.
—¿Y hasta cuándo te quedaste ahí?
—Me quedé desde enero hasta abril.

## 11.4 Past participles used as adjectives

- Past participles are used with **haber** to form compound tenses, such as the present perfect and the past perfect, and with **ser** to express the passive voice. They are also frequently used as adjectives.

| | | | |
|---|---|---|---|
| **aburrido/a** | **confundido/a** | **enojado/a** | **muerto/a** |
| **(des)cansado/a** | **enamorado/a** | **estresado/a** | **sorprendido/a** |

- When a past participle is used as an adjective, it agrees in number and gender with the noun it modifies.

un proceso **complicado**
*a complicated process*
los políticos **destacados**
*the prominent politicians*

una campaña bien **organizada**
*a well-organized campaign*
las reuniones **aburridas**
*the boring meetings*

- Past participles are often used with the verb **estar** to express a state or condition that results from the action of another verb. They frequently express physical or emotional states.

No puedo creer que se haya equivocado de nombre.


¿Felicia, **estás despierta**?
*Felicia, are you awake?*

No, **estoy dormida**.
*No, I'm asleep.*

Marco, **estoy enojado**. ¿Por qué no depositaste los cheques?
*Marco, I'm furious. Why didn't you deposit the checks?*

Perdón, don Humberto. Es que el banco ya **estaba cerrado**.
*I'm sorry, Don Humberto. The bank was already closed.*

- Past participles may be used as adjectives with other verbs, as well.

Empezó a llover y **llegué empapada** a la reunión.
*It started to rain and I arrived at the meeting soaking wet.*

Ese libro **es** tan **aburrido**.
*That book is so boring.*

Después de las vacaciones, **nos sentimos descansados**.
*After the vacation, we felt rested.*

¿Los documentos? Ya los **tengo corregidos**.
*The documents? I already have them corrected.*

**MÁS GRAMÁTICA**

This is an additional grammar point for **Lección 11 Estructura.** You may use it for review or as required by your instructor.

**¡ATENCIÓN!**

With verbs that have two participles, such as **atender** (**atento, atendido**), the irregular forms are the ones used as adjectives. With the verbs **freír**, **imprimir,** and **proveer**, both the regular form (**freído**, **imprimido, proveído**) and the irregular form (**frito**, **impreso, provisto**) can be used as adjectives. However, the latter is more common.

# Práctica

**TALLER DE CONSULTA**

These activities correspond to the additional grammar point on the preceding page.

## 11.4 Past participles used as adjectives

**1** **Entrevista de trabajo** Julieta está preparando preguntas para los candidatos que va a entrevistar para un puesto en la empresa. Completa cada pregunta de Julieta con el participio pasado del verbo entre paréntesis.

1. ¿Por qué crees que estás ____________ (preparar) para este puesto?
2. ¿Estás ____________ (informar) sobre nuestros productos?
3. ¿Estás ____________ (sorprender) de todos los beneficios que ofrecemos?
4. ¿Por qué estás ____________ (interesar) en este puesto en particular?
5. ¿Trajiste tu currículum ____________ (escribir) en español y en inglés?
6. ¿Cómo manejarás el estrés cuando ya estés ____________ (contratar)?

**2** **¿Cómo están ellos?** Mira las imágenes y relaciónalas con los verbos de la lista. Después, completa cada oración usando **estar** + [*participio pasado*].

| | | |
|---|---|---|
| cansar | enojar | sorprender |
| enamorar | esconder | |

1. Ellos ____________ .

2. Juanito ____________ .

3. Eva ____________ .

4. Ellos ____________ .

5. Marta ____________ .

**3** **De otra forma** Transforma las oraciones usando **estar** y el participio pasado del verbo correspondiente. Sigue el modelo.

**MODELO** Los estudiantes abrieron los libros.
Los libros están abiertos.

1. El paciente murió ayer.
2. No abren la tienda los domingos.
3. Este pasaporte venció el mes pasado.
4. Los estudiantes escribieron las composiciones.
5. Ya resolvieron los problemas.
6. Hicieron los planes.
7. Ellos imprimieron sus trabajos.
8. El niño se curó de su enfermedad.

# Más práctica

## 12.1 Uses of the infinitive

**1 La investigación** **Completa la conversación con el infinitivo o con el presente del indicativo de los verbos entre paréntesis.**

**ANTONIO** ¿Cómo estás, Leopoldo? Tengo muchas ganas de (1) ________ (saber) cómo va todo.

**LEOPOLDO** No muy bien. No sé si podremos terminar de (2) ________ (preparar) todo.

**ANTONIO** ¿No (3) ________ (haber) suficiente tiempo para terminar la investigación?

**LEOPOLDO** El problema lo (4) ________ (tener) con Amelia.

**ANTONIO** Dicen que ella (5) ________ (ser) muy profesional y tiene buen conocimiento de las civilizaciones antiguas.

**LEOPOLDO** Es muy buena en su especialidad y creo que puede llegar a (6) ________ (ser) muy importante para este proyecto. Pero no (7) ________ (tener) una buena comunicación con ella.

**ANTONIO** ¿Cómo puede (8) ________ (ser)? ¿Le has ofrecido tu ayuda con el proyecto?

**LEOPOLDO** Sí, la (9) ________ (ayudar) en todo. Le (10) ________ (dar) consejos y trato de (11) ________ (tener) una buena relación con ella, pero a ella le (12) ________ (molestar) todo lo que digo.

**ANTONIO** ¿Por qué no la invitas a (13) ________ (almorzar)? Quizás hablando en un ambiente informal puedan (14) ________ (encontrar) una solución.

**LEOPOLDO** Podría ser. Esta tarde la (15) ________ (llamar).

**ANTONIO** ¡Perfecto! Verás cómo se solucionan los problemas.

**2 Tu opinión** **Completa las oraciones. Utiliza verbos en infinitivo y añade tus propios detalles.**

**MODELO** Cuando tengo tiempo libre, prefiero...
Cuando tengo tiempo libre, prefiero leer el periódico.

1. Mi hermano/a siempre tarda en…
2. Ahora mismo, quiero…
3. En mi opinión, nunca es bueno…
4. No sé…
5. Para mí es fácil…
6. No me gusta…

**3 Historiadores** **En parejas, escriban oraciones sobre los acontecimientos del año pasado en su universidad. Usen el infinitivo.**

**MODELO** el club de ajedrez / querer
El club de ajedrez quería participar en el torneo de Florida, pero no pudo reunir el dinero suficiente para viajar.

1. los profesores / mandar
2. los estudiantes / querer
3. el equipo de fútbol / lograr
4. el departamento de ciencia / pedir
5. las nuevas reglas / obligar

**TALLER DE CONSULTA**

**MÁS PRÁCTICA**
To see the explanation corresponding to this additional practice, see p. 450.

# Más práctica

**TALLER DE CONSULTA**

**MÁS PRÁCTICA**
To see the explanation corresponding to this additional practice, see p. 454

## 12.2 Summary of the indicative

### 1 La narración histórica

**A.** **Para narrar acontecimientos históricos es frecuente usar el presente del indicativo. Completa el párrafo usando el presente del indicativo de los verbos entre paréntesis.**

Cuando los primeros conquistadores españoles (1) _________ (llegar) al Nuevo Mundo, (2) _________ (encontrarse) con numerosos problemas. La realidad del Nuevo Mundo (3) _________ (ser) muy distinta a la realidad que ellos (4) _________ (conocer) y pronto (5) _________ (descubrir) que no (6) _________ (tener) las palabras necesarias para designar (*to name*) esa nueva realidad. Para solucionar el problema, los españoles (7) _________ (decidir) tomar prestadas palabras que (8) _________ (escuchar) de las lenguas nativas. Es por eso que muchas de las palabras del español actual vienen del taíno, del náhuatl o del quechua.

**B.** **Ahora, vuelve a completar el párrafo anterior, pero esta vez con el tiempo adecuado del pasado, ya sea el pretérito o el imperfecto.**

### 2 Los verbos perfectos

**Elige la forma apropiada (pretérito perfecto, pluscuamperfecto, futuro perfecto o condicional perfecto) para conjugar los verbos entre paréntesis.**

1. Los conquistadores ___________ (aprender) mucho de los nativos, pero todavía tenían problemas de comunicación.
2. El rey le ___________ (construir) un palacio a la reina, pero ella no lo quiso.
3. Para el año 2050, la mayoría de los gobiernos de Asia y África ___________ (convertir) en gobiernos democráticos.
4. El pueblo ___________ (derrocar) al emperador y ahora hay otro gobernante que tiene el apoyo de la gente.
5. El joven ___________ (ser) un gran guerrero si no hubiera sido por su falta de disciplina.
6. Para el mes entrante, ya ___________ (expulsar) al soldado de las fuerzas armadas.
7. ¡___________ (Liberar) al pueblo! ¡Salgamos a celebrar!
8. ___________ (Establecerse) en la costa si no fuera porque odian el calor.

### 3 Pasado, presente y futuro

**Cuéntale a un(a) compañero/a cuáles han sido los tres acontecimientos que han marcado tu pasado, los tres que están marcando tu presente y los tres acontecimientos que tú crees serán más importantes en tu futuro.**

**MODELO**
**(pasado)** Fui al Perú para las vacaciones de primavera hace dos años.
**(presente)** Salgo con un chico de Salamanca, España.
**(futuro)** Trabajaré en la Ciudad de México por un año para mejorar mi español.

### 4 Las noticias más importantes

**En grupos de cuatro, decidan cuáles han sido las tres noticias más importantes de los últimos 50 años. Piensen en otras tres noticias que creen que ocurrirán en los próximos 50 años. Escriban estas noticias en forma de titulares. Utilicen todos los tiempos verbales que sean apropiados.**

# Más práctica

## 12.3 Summary of the subjunctive

**1 La clase de historia** Escoge la forma adecuada del subjuntivo (presente, pretérito perfecto, imperfecto o pluscuamperfecto) o del infinitivo para completar las oraciones.

1. Los estudiantes querían que el profesor les ______ más sobre los Incas.
   a. explicara b. explique c. hubiera explicado
2. A los chicos les gustaba ______ las historias de los conquistadores.
   a. escuchen b. escuchar c. hayan escuchado
3. Dudaba que los españoles ______ interesados únicamente en el oro de los Aztecas.
   a. estén b. estar c. hubieran estado
4. A los españoles les sorprendió que los Aztecas ______ ciudades tan sofisticadas.
   a. hubieran construido b. construyan c. construyen
5. A algunas personas les parece sorprendente que el ser humano ______ a la Luna.
   a. llegara b. llegar c. haya llegado
6. Algunas personas dudan que el ser humano ______ vivir en otros planetas.
   a. pudiera b. pueda c. haya podido
7. Era improbable que esas piedras ______ restos de una antigua civilización.
   a. sean b. fueran c. ser
8. En el futuro, será posible que algunos turistas ______ al espacio.
   a. hubieran viajado b. viajaran c. viajen
9. Carlos espera ______ a ser historiador algún día.
   a. llegar b. llegue c. llegara
10. Si el rey ______ eso, lo habría dicho.
    a. hubiera pensado b. haya pensado c. piense

**2 El mono en el espacio** Es el año 3000. Completa esta carta que un mono escribió durante su primer viaje por el espacio. Utiliza las formas apropiadas del subjuntivo.

No puedo creer que el espacio (1) ________ (tener) tantos planetas. Ahora voy a buscarme uno para establecer el planeta de los monos. Nadie pensaba que (2) ________ (ser) posible, pero, ahora, libres de los seres humanos, podemos desarrollar nuestra cultura. Antes, los seres humanos siempre exigían que (3) ________ (quedarse) en jaulas (*cages*). Si (4) ________ (saber) que somos criaturas pacíficas, no lo habrían hecho. Prefiero poblar un planeta nuevo con monos que ya (5) ________ (ser) vacunados porque no se sabe lo que vamos a encontrar, y quiero que nosotros (6) ________ (estar) listos para todo.

**3 Inventos y descubrimientos** Algunos inventos y descubrimientos han sido esenciales para el desarrollo de la humanidad. En parejas, hagan una lista de los cinco inventos y descubrimientos más importantes. Después, escriban oraciones para decir qué habría ocurrido si tales inventos no se hubieran producido.

**MODELO** Alexander Graham Bell inventó el teléfono. Si no hubiera inventado el teléfono, las comunicaciones serían/habrían sido mucho más complicadas.

**TALLER DE CONSULTA**

**MÁS PRÁCTICA**
To see the explanation corresponding to this additional practice, see p. 458.

MÁS GRAMÁTICA

This is an additional grammar point for **Lección 12 Estructura.** You may use it for review or as required by your instructor.

## 12.4 *Pedir/preguntar* and *conocer/saber*

- **Pedir** and **preguntar** both mean *to ask*, while **conocer** and **saber** mean *to know*. Since these verbs are frequently used in Spanish, it is important to know the circumstances in which to use them.

¿Tú sabes andar con eso?

Quería preguntarte si...

### *Pedir* vs. *preguntar*

- **Pedir** means *to ask for/to request (something)* or *to ask (someone to do something)*.

El profesor **pidió** los resultados.
*The professor asked for the results.*

El director le **pide** que lo investigue.
*The director asks him/her to investigate it.*

- **Preguntar** means *to ask (a question)*.

Los estudiantes **preguntaron** acerca de la esclavitud.
*The students asked about slavery.*

Le **preguntaré** a Miguel si quiere venir.
*I'll ask Miguel if he wants to come.*

- **Preguntar por** means *to ask about (someone)* or *to inquire (about something)*.

¿**Preguntaste por** el historiador famoso?
*Did you ask about the famous historian?*

**Pregunté por** el anuncio.
*I inquired about the ad.*

### *Saber* vs. *conocer*

- **Saber** means *to know (a fact or piece of information)*.

¿**Sabías** que el Primer Ministro fue derrocado ayer?
*Did you know that the Prime Minister was overthrown yesterday?*

No **sé** quién es el rey de España. ¿Lo **sabes** tú?
*I don't know who the king of Spain is. Do you know?*

- **Saber** + [*infinitive*] means *to know how (to do something)*.

Para el examen, lo importante es que **sepan analizar** las causas y efectos de la guerra.
*For the exam, the important thing is that you know how to analyze the causes and effects of the war.*

María Luisa sabe hacer investigaciones, pero aún no **sabe organizar** toda la información.
*María Luisa knows how to do research, but she still doesn't know how to organize all the information.*

- **Conocer** means *to know, to meet*, or *to be familiar/acquainted with (a person, place, or thing)*.

**Conocen** los riesgos.
*They know the risks.*

**Conocí** al científico famoso.
*I met the famous scientist.*

## 12.4 *Pedir/preguntar* and *conocer/saber*

**TALLER DE CONSULTA**

These activities correspond to the additional grammar point on the preceding page.

1 **Juan y la universidad** Completa el párrafo con la forma adecuada de **saber** y **conocer**. Presta atención a los tiempos verbales.

Juan es un estudiante de primer año de la universidad y por eso todavía no (1) __________ muy bien el campus. Sólo (2) __________ dónde están su residencia y la cafetería. Ayer (3) __________ a su compañero de cuarto y le cayó bien, pero aún (*still*) no (4) __________ mucho de él. Como no lleva mucho tiempo en la universidad, aún no (5) __________ a mucha gente. Juan ya (6) __________ qué clases va a tomar este semestre, pero no (7) __________ si serán muy difíciles. Ayer (8) __________ al profesor de historia y piensa que no tendrá problemas con esa clase.

2 **Alejandra en su nuevo trabajo** Completa el párrafo con la forma adecuada de **pedir, preguntar** y **preguntar por.** Presta atención a los tiempos verbales.

Alejandra Ruiz es licenciada en bioquímica y hoy fue su primer día de trabajo en un laboratorio farmacéutico. No conocía muy bien el camino al laboratorio, y por eso tuvo que parar para (1) __________ indicaciones sobre cómo llegar. Cuando finalmente llegó, (2) __________ el doctor Santos, el director. Alejandra le (3) __________ muchísimas cosas sobre el laboratorio y él le respondió amablemente. Finalmente, el doctor Santos le (4) __________ que comenzara a trabajar en un experimento. Después de varias horas, ella (5) __________ si podía tener un rato de descanso. Cuando salió del trabajo y su novio le (6) __________ su día, ella le respondió que le fue muy bien.

3 **Entrevista** Lee la lista y escribe tres oraciones más utilizando los verbos **saber, conocer, pedir** y **preguntar.** Luego, entrevista a tus compañeros/as de clase hasta que encuentres a ocho personas diferentes que respondan afirmativamente a tus preguntas. Comparte la información con la clase.

| | Nombres |
|---|---|
| 1. Sabe tocar el piano. | __________ |
| 2. Conoció a su novio/a recientemente. | __________ |
| 3. Nunca les pide dinero a sus padres. | __________ |
| 4. Le ha preguntado al/a la profesor(a) sobre el examen final. | __________ |
| 5. Sabe cocinar tacos. | __________ |
| 6. __________ | __________ |
| 7. __________ | __________ |
| 8. __________ | __________ |

# Glossary of Grammatical Terms

**ADJECTIVE** A word that modifies, or describes, a noun or pronoun.

| | |
|---|---|
| **muchos** libros<br>***many*** *books* | un hombre **rico**<br>*a **rich** man* |

**Demonstrative adjective** An adjective that specifies which noun a speaker is referring to.

| | |
|---|---|
| **esta** fiesta<br>***this*** *party* | **ese** chico<br>***that*** *boy* |
| **aquellas** flores<br>***those*** *flowers* | |

**Possessive adjective** An adjective that indicates ownership or possession.

| | |
|---|---|
| **su** mejor vestido<br>***her*** *best dress* | Éste es **mi** hermano.<br>*This is **my** brother.* |

**Stressed possessive adjective** A possessive adjective that emphasizes the owner or possessor.

| | |
|---|---|
| un libro **mío**<br>*a **book of mine*** | una amiga **tuya**<br>*a friend **of yours*** |

**ADVERB** A word that modifies, or describes, a verb, adjective, or other adverb.

Pancho escribe **rápidamente**.
*Pancho writes **quickly**.*

Este cuadro es **muy** bonito.
*This picture is **very** pretty.*

**ANTECEDENT** The noun to which a pronoun or dependent clause refers.

El **libro** que compré es interesante.
*The book that I bought is interesting.*

Le presté cinco dólares a **Diego**.
*I loaned Diego five dollars.*

**ARTICLE** A word that points out a noun in either a specific or a non-specific way.

**Definite article** An article that points out a noun in a specific way.

| | |
|---|---|
| **el** libro<br>***the*** *book* | **la** maleta<br>***the*** *suitcase* |
| **los** diccionarios<br>***the*** *dictionaries* | **las** palabras<br>***the*** *words* |

**Indefinite article** An article that points out a noun in a general, non-specific way.

| | |
|---|---|
| **un** lápiz<br>***a*** *pencil* | **una** computadora<br>***a*** *computer* |
| **unos** pájaros<br>***some*** *birds* | **unas** escuelas<br>***some*** *schools* |

**CLAUSE** A group of words that contains both a conjugated verb and a subject, either expressed or implied.

**Main (or Independent) clause** A clause that can stand alone as a complete sentence.

**Pienso ir a cenar pronto.**
***I plan to go to dinner soon.***

**Subordinate (or Dependent) clause** A clause that does not express a complete thought and therefore cannot stand alone as a sentence.

Trabajo en la cafetería **porque necesito dinero para la escuela.**
*I work in the cafeteria **because I need money for school.***

**Adjective clause** A dependent clause that functions to modify or describe the noun or direct object in the main clause. When the antecedent is uncertain or indefinite, the verb in the adjective clause is in the subjunctive.

Queremos contratar al candidato **que mandó su currículum ayer.**
*We want to hire the candidate **who sent his résumé yesterday.***

¿Conoce un buen restaurante **que esté cerca del teatro?**
*Do you know of a good restaurant **that's near the theater?***

**Adverbial clause** A dependent clause that functions to modify or describe a verb, an adjective, or another adverb. When the adverbial clause describes an action that has not yet happened or is uncertain, the verb in the adverbial clause is usually in the subjunctive.

Llamé a mi mamá **cuando me dieron la noticia.**
*I called my mom **when they gave me the news.***

El ejército está preparado **en caso de que haya un ataque.**
*The army is prepared **in case there is an attack.***

**Noun clause** A dependent clause that functions as a noun, often as the object of the main clause. When the main clause expresses will, emotion, doubt, or uncertainty, the verb in the noun clause is in the subjunctive (unless there is no change of subject).

José sabe **que mañana habrá un examen.**
*José knows **that tomorrow there will be an exam.***

Luisa dudaba **que la acompañáramos.**
*Luisa doubted **that we would go with her.***

**COMPARATIVE** A grammatical construction used with nouns, adjectives, verbs, or adverbs to compare people, objects, actions, or characteristics.

Tus clases son **menos interesantes** que las mías.
*Your classes are **less interesting** than mine.*

Como **más frutas** que verduras.
*I eat **more fruits** than vegetables.*

**CONJUGATION** A set of the forms of a verb for a specific tense or mood or the process by which these verb forms are presented.

PRETERITE CONJUGATION OF CANTAR:

| | |
|---|---|
| cant**é** | cant**amos** |
| cant**aste** | cant**asteis** |
| cant**ó** | cant**aron** |

**CONJUNCTION** A word used to connect words, clauses, or phrases.

Susana es de Cuba **y** Pedro es de España.
*Susana is from Cuba **and** Pedro is from Spain.*

No quiero estudiar, **pero** tengo que hacerlo.
*I don't want to study, **but** I have to.*

**CONTRACTION** The joining of two words into one. The only contractions in Spanish are **al** and **del**.

Mi hermano fue **al** concierto ayer.
*My brother went **to the** concert yesterday.*

Saqué dinero **del** banco.
*I took money **from the** bank.*

**DIRECT OBJECT** A noun or pronoun that directly receives the action of the verb.

Tomás lee **el libro**.
*Tomás reads **the book**.*

**La** pagó ayer.
*She paid **it** yesterday.*

**GENDER** The grammatical categorizing of certain kinds of words, such as nouns and pronouns, as masculine, feminine, or neuter.

MASCULINE
*articles* **el, un**
*pronouns* **él, lo, mío, éste, ése, aquél**
*adjective* **simpático**

FEMININE
*articles* **la, una**
*pronouns* **ella, la, mía, ésta, ésa, aquélla**
*adjective* **simpática**

**IMPERSONAL EXPRESSION** A third-person expression with no expressed or specific subject.

**Es muy importante**.
***It's very important**.*

**Llueve** mucho.
***It's raining** hard.*

Aquí **se habla** español.
*Spanish **is spoken** here.*

**INDIRECT OBJECT** A noun or pronoun that receives the action of the verb indirectly; the object, often a living being, to or for whom an action is performed.

Eduardo **le** dio un libro **a Linda**.
*Eduardo gave a book **to Linda**.*

La profesora **me** puso una C en el examen.
*The professor gave **me** a C on the test.*

**INFINITIVE** The basic form of a verb. Infinitives in Spanish end in **-ar**, **-er**, or **-ir**.

| | | |
|---|---|---|
| **hablar** | **correr** | **abrir** |
| ***to speak*** | ***to run*** | ***to open*** |

**INTERROGATIVE** An adjective or pronoun used to ask a question.

**¿Quién** habla?
***Who** is speaking?*

**¿Cuántos** compraste?
***How many** did you buy?*

**¿Qué** piensas hacer hoy?
***What** do you plan to do today?*

**MOOD** A grammatical distinction of verbs that indicates whether the verb is intended to make a statement or command, or to express doubt, emotion, or condition contrary to fact.

**Imperative mood** Verb forms used to make commands.

**Di** la verdad.
***Tell** the truth.*

**Caminen** ustedes conmigo.
***Walk** with me.*

**¡Comamos** ahora!
***Let's eat** now!*

¡No lo **hagas**!
***Don't do** it!*

**Indicative mood** Verb forms used to state facts, actions, and states considered to be real.

**Sé** que **tienes** el dinero.
***I know** that **you have** the money.*

**Subjunctive mood** Verb forms used principally in subordinate (dependent) clauses to express wishes, desires, emotions, doubts, and certain conditions, such as contrary-to-fact situations.

Prefieren que **hables** en español.
*They prefer that **you speak** in Spanish.*

**NOUN** A word that identifies people, animals, places, things, and ideas.

| | |
|---|---|
| **hombre** | **gato** |
| ***man*** | ***cat*** |
| **México** | **casa** |
| ***Mexico*** | ***house*** |
| **libertad** | **libro** |
| ***freedom*** | ***book*** |

**NUMBER** A grammatical term that refers to singular or plural. Nouns in Spanish and English have number. Other parts of a sentence, such as adjectives, articles, and verbs, can also have number.

| SINGULAR | PLURAL |
|---|---|
| **una** cosa<br>***a*** *thing* | **unas** cosas<br>***some*** *things* |
| **el** profesor<br>***the*** *professor* | **los** profesor**es**<br>***the*** *professor**s*** |

**PASSIVE VOICE** A sentence construction in which the recipient of the action becomes the subject of the sentence. Passive statements emphasize the thing that was done or the person that was acted upon. They follow the pattern [*recipient*] + **ser** + [*past participle*] + **por** + [*agent*].

ACTIVE VOICE:
Juan **entregó** la tarea.
*Juan **turned in** the assignment.*

PASSIVE VOICE:
La tarea **fue entregada por** Juan.
*The assignment **was turned in by** Juan.*

**PAST PARTICIPLE** A past form of the verb used in compound tenses. The past participle may also be used as an adjective, but it must then agree in number and gender with the word it modifies.

Han **buscado** por todas partes.
*They have **searched** everywhere.*

Yo no había **estudiado** para el examen.
*I hadn't **studied** for the exam.*

Hay una ventana **abierta** en la sala.
*There is an **open** window in the living room.*

**PERSON** The form of the verb or pronoun that indicates the speaker, the one spoken to, or the one spoken about. In Spanish, as in English, there are three persons: first, second, and third.

| PERSON | SINGULAR | PLURAL |
|---|---|---|
| 1st | **yo** *I* | **nosotros/as** *we* |
| 2nd | **tú, Ud.** *you* | **vosotros/as, Uds.** *you* |
| 3rd | **él, ella** *he, she* | **ellos, ellas** *they* |

**PREPOSITION** A word or words that describe(s) the relationship, most often in time or space, between two other words.

Anita es **de** California.
*Anita is **from** California.*

La chaqueta está **en** el carro.
*The jacket is **in** the car.*

**PRESENT PARTICIPLE** In English, a verb form that ends in *-ing*. In Spanish, the present participle ends in **-ndo**, and is often used with **estar** to form a progressive tense.

Está **hablando** por teléfono ahora mismo.
*He is **talking** on the phone right now.*

**PRONOUN** A word that takes the place of a noun or nouns.

**Demonstrative pronoun** A pronoun that takes the place of a specific noun.

Quiero **ésta**.
*I want **this one**.*

¿Vas a comprar **ése**?
*Are you going to buy **that one**?*

Juan prefirió **aquéllos**.
*Juan preferred **those** (over there).*

**Object pronoun** A pronoun that functions as a direct or indirect object of the verb.

**Te** digo la verdad.
*I'm telling **you** the truth.*

**Me lo** trajo Juan.
*Juan brought **it** to **me**.*

**Possessive pronoun** A pronoun that functions to show ownership or possession. Possessive pronouns are preceded by a definite article and agree in gender and number with the nouns they replace.

Perdí mi libro. ¿Me prestas el **tuyo**?
*I lost my book. Will you loan me **yours**?*

Las clases suyas son aburridas, pero **las nuestras** son buenísimas.
*Their classes are boring, but **ours** are great.*

**Prepositional pronoun** A pronoun that functions as the object of a preposition. Except for **mí, ti,** and **sí**, these pronouns are the same as subject pronouns. The adjective **mismo/a** may be added to express *myself, himself*, etc. After the preposition **con**, the forms **conmigo, contigo,** and **consigo** are used.

¿Es **para mí?**
*Is this **for me**?*

Juan habló **de ella.**
*Juan spoke **about her.***

Iré **contigo**.
*I will go **with you.***

Se lo regaló **a sí mismo.**
*He gave it **to himself.***

**Reflexive pronoun** A pronoun that indicates that the action of a verb is performed by the subject on itself. These pronouns are often expressed in English with *-self: myself, yourself,* etc.

Yo **me bañé**.
*I **took a bath.***

Elena **se acostó**.
*Elena **went to bed.***

**Relative pronoun** A pronoun that connects a subordinate clause to a main clause.

El edificio **en el cual** vivimos es antiguo.
*The building **that** we live in is ancient.*

La mujer **de quien** te hablé acaba de renunciar.
*The woman **(whom)** I told you about just quit.*

**Subject pronoun** A pronoun that replaces the name or title of a person or thing, and acts as the subject of a verb.

**Tú** debes estudiar más.
***You** should study more.*

**Él** llegó primero.
***He** arrived first.*

**SUBJECT** A noun or pronoun that performs the action of a verb and is often implied by the verb.

**María** va al supermercado.
***María** goes to the supermarket.*

**(Ellos)** Trabajan mucho.
***They** work hard.*

**Esos libros** son muy caros.
***Those books** are very expensive.*

**SUPERLATIVE** A grammatical construction used to describe the most or the least of a quality when comparing a group of people, places, or objects.

Tina es **la menos simpática** de las chicas.
*Tina is **the least pleasant** of the girls.*

Tu coche es **el más rápido** de todos.
*Your car is **the fastest** one of all.*

Los restaurantes en Calle Ocho son **los mejores** de todo Miami.
*The restaurants on Calle Ocho are **the best** in all of Miami.*

**Absolute superlatives** Adjectives or adverbs combined with forms of the suffix **ísimo/a** in order to express the idea of extremely or very.

¡Lo hice **facilísimo!**
*I did it **so easily!***

Ella es **jovencísima.**
*She is **very, very young.***

**TENSE** A set of verb forms that indicates the time of an action or state: past, present, or future.

**Compound tense** A two-word tense made up of an auxiliary verb and a present or past participle. In Spanish, there are two auxiliary verbs: **estar** and **haber**.

En este momento, **estoy estudiando**.
*At this time, **I am studying**.*

El paquete no **ha llegado** todavía.
*The package **has** not **arrived** yet.*

**Simple tense** A tense expressed by a single verb form.

María **estaba** mal anoche.
*María **was** ill last night.*

Juana **hablará** con su mamá mañana.
*Juana **will speak** with her mom tomorrow.*

**VERB** A word that expresses actions or states of being.

**Auxiliary verb** A verb used with a present or past participle to form a compound tense. **Haber** is the most commonly used auxiliary verb in Spanish.

Los chicos **han** visto los elefantes.
*The children **have** seen the elephants.*

Espero que **hayas** comido.
*I hope you **have** eaten.*

**Reflexive verb** A verb that describes an action performed by the subject on itself and is always used with a reflexive pronoun.

**Me compré** un carro nuevo.
***I bought myself** a new car.*

Pedro y Adela **se levantan** muy temprano.
*Pedro and Adela **get (themselves) up** very early.*

**Spelling-change verb** A verb that undergoes a predictable change in spelling, in order to reflect its actual pronunciation in the various conjugations.

| | | | |
|---|---|---|---|
| **practicar** | **c→qu** | practico | practi**qu**é |
| **dirigir** | **g→j** | dirigí | diri**j**o |
| **almorzar** | **z→c** | almorzó | almor**c**é |

**Stem-changing verb** A verb whose stem vowel undergoes one or more predictable changes in the various conjugations.

| | | |
|---|---|---|
| entender | **(e:ie)** | ent**ie**ndo |
| pedir | **(e:i)** | p**i**den |
| dormir | **(o:ue, u)** | d**ue**rmo, d**u**rmieron |

# Verb conjugation tables

## Guide to the Verb List and Tables

Below you will find the infinitive of the verbs introduced as active vocabulary in **ENFOQUES**, as well as other common verbs. Each verb is followed by a model verb conjugated on the same pattern. The number in parentheses indicates where in the verb tables, pages A74–A81, you can find the conjugated forms of the model verb.

**abrazar** (z:c) like cruzar (37)
**aburrir** like vivir (3)
**acabar** like hablar (1)
**acariciar** like hablar (1)
**acentuar** (acentúo) like graduar (40)
**acercar** (c:qu) like tocar (43)
**aclarar** like hablar (1)
**acompañar** like hablar (1)
**aconsejar** like hablar (1)
**acordar** (o:ue) like contar (24)
**acostar** (o:ue) like contar (24)
**acostumbrar** like hablar (1)
**actualizar** (z:c) like cruzar (37)
**adelgazar** (z:c) like cruzar (37)
**adjuntar** like hablar (1)
**adorar** like hablar (1)
**afeitar** like hablar (1)
**agotar** like hablar (1)
**ahorrar** like hablar (1)
**aislar** (aíslo) like enviar (39)
**alargar** (g:gu) like llegar (41)
**alojar** like hablar (1)
**amar** like hablar (1)
**amenazar** (z:c) like cruzar (37)
**anotar** like hablar (1)
**apagar** (g:gu) like llegar (41)
**aparecer** (c:zc) like conocer (35)
**aplaudir** like vivir (3)
**apoyar** like hablar (1)
**apreciar** like hablar (1)
**apuntar** like hablar (1)
**arreglar** like hablar (1)
**arrepentir** (e:ie) like sentir (33)
**ascender** (e:ie) like entender (27)
**asustar** like hablar (1)
**aterrizar** (z:c) like cruzar (37)
**atraer** like traer (21)
**atrapar** like hablar (1)
**atrever** like comer (2)
**averiguar** like hablar (1)
**bailar** like hablar (1)
**bañar** like hablar (1)
**barrer** like comer (2)
**beber** like comer (2)
**bendecir** (e:i) like decir (8)
**besar** like hablar (1)
**borrar** like hablar (1)
**botar** like hablar (1)
**brindar** like hablar (1)
**burlar** like hablar (1)
**caber** (4)
**caer** (y) (5)
**calentar** (e:ie) like pensar (30)
**cancelar** like hablar (1)
**cazar** (z:c) like cruzar (37)
**celebrar** like hablar (1)
**cepillar** like hablar (1)
**clonar** like hablar (1)
**cobrar** like hablar (1)
**cocinar** like hablar (1)
**coger** (g:j) like proteger (42)
**colocar** (c:qu) like tocar (43)
**colonizar** (z:c) like cruzar (37)
**comer** (2)
**comerciar** like hablar (1)
**componer** like poner (15)
**comprobar** (o:ue) like contar (24)
**conducir** (c:zc) (6)
**conocer** (c:zc) (35)
**conquistar** like hablar (1)
**conseguir** (e:i) like seguir (32)
**conservar** like hablar (1)
**contagiar** like hablar (1)
**contaminar** like hablar (1)
**contar** (o:ue) (24)
**contentar** like hablar (1)
**contraer** like traer (21)
**contratar** like hablar (1)
**contribuir** (y) like destruir (38)
**convertir** (e:ie) like sentir (33)
**coquetear** like hablar (1)
**correr** like comer (2)
**crear** like hablar (1)
**crecer** (c:zc) like conocer (35)
**creer** (y) (36)
**criar** (crío) like enviar (39)
**criticar** (c:qu) like tocar (43)
**cruzar** (z:c) (37)
**cuidar** like hablar (1)
**cumplir** like vivir (3)
**curar** like hablar (1)
**dar** (7)
**deber** like comer (2)
**decir** (e:i) (8)
**delatar** like hablar (1)
**denunciar** like hablar (1)
**depositar** like hablar (1)
**derribar** like hablar (1)
**derrocar** (c:qu) like tocar (43)
**derrotar** like hablar (1)
**desafiar** (desafío) like enviar (39)
**desaparecer** (c:zc) like conocer (35)
**desarrollar** like hablar (1)
**descansar** like hablar (1)
**descargar** (g:gu) like llegar (41)
**descubrir** like vivir (3) *except* past participle is descubierto
**descuidar** like hablar (1)
**desear** like hablar (1)
**deshacer** like hacer (11)
**deshojar** like hablar (1)
**despedir** (e:i) like pedir (29)
**despegar** (g:gu) like llegar (41)
**despertar** (e:ie) like pensar (30)
**destruir** (y) (38)
**devolver** (o:ue) like volver (34)
**dibujar** like hablar (1)
**dirigir** (g:j) like proteger (42) for endings only
**disculpar** like hablar (1)
**discutir** like vivir (3)
**diseñar** like hablar (1)
**disfrutar** like hablar (1)
**disgustar** like hablar (1)
**disparar** like hablar (1)
**disponer** like poner (15)
**disputar** like hablar (1)
**distinguir** (gu:g) like seguir (32) for endings only
**distraer** like traer (21)
**divertir** (e:ie) like sentir (33)
**doler** (o:ue) like volver (34) *except* past participle is regular
**dormir** (o:ue) (25)
**duchar** like hablar (1)
**echar** like hablar (1)
**editar** like hablar (1)
**educar** (c:qu) like tocar (43)
**elegir** (e:i) (g:j) like proteger (42) for endings only
**embalar** like hablar (1)
**emigrar** like hablar (1)
**empatar** like hablar (1)
**empeorar** like hablar (1)
**empezar** (e:ie) (z:c) (26)
**enamorar** like hablar (1)
**encabezar** (z:c) like cruzar (37)
**encantar** like hablar (1)
**encargar** (g:gu) like llegar (41)
**encender** (e:ie) like entender (27)
**enfermar** like hablar (1)
**engañar** like hablar (1)
**engordar** like hablar (1)
**ensayar** like hablar (1)
**entender** (e:ie) (27)
**enterar** like hablar (1)
**enterrar** (e:ie) like pensar (30)
**entretener** (e:ie) like tener (20)
**enviar** (envío) (39)
**equivocar** like tocar (43)
**esclavizar** (z:c) like cruzar (37)
**escoger** (g:j) like proteger (42)
**esculpir** like vivir (3)
**establecer** (c:zc) like conocer (35)
**estar** (9)

**exigir** (g:j) like proteger (42) for endings only
**explotar** like hablar (1)
**exportar** like hablar (1)
**expulsar** like hablar (1)
**extinguir** like destruir (38)
**fabricar** (c:qu) like tocar (43)
**faltar** like hablar (1)
**fascinar** like hablar (1)
**festejar** like hablar (1)
**fijar** like hablar (1)
**financiar** like hablar (1)
**florecer** (c:zc) like conocer (35)
**flotar** like hablar (1)
**formular** like hablar (1)
**freír** (e:i) (frío) like reír (31)
**funcionar** like hablar (1)
**fusilar** like hablar (1)
**gastar** like hablar (1)
**gobernar** (e:ie) like pensar (30)
**grabar** like hablar (1)
**graduar** (gradúo) (40)
**guardar** like hablar (1)
**gustar** like hablar (1)
**haber** (10)
**habitar** like hablar (1)
**hablar** (1)
**hacer** (11)
**herir** (e: ie) like sentir (33)
**hervir** (e:ie) like sentir (33)
**hojear** like hablar (1)
**huir** (y) like destruir (38)
**humillar** like hablar (1)
**importar** like hablar (1)
**impresionar** like hablar (1)
**imprimir** like vivir (3)
**inscribir** like vivir (3)
**insistir** like vivir (3)
**instalar** like hablar (1)
**integrar** like hablar (1)
**interesar** like hablar (1)
**invadir** like vivir (3)
**inventar** like hablar (1)
**invertir** (e:ie) like sentir (33)
**investigar** (g:gu) like llegar (41)
**ir** (12)
**jubilar** like hablar (1)
**jugar** (u:ue) (g:gu) (28)
**jurar** like hablar (1)
**lastimar** like hablar (1)
**latir** like vivir (3)
**lavar** like hablar (1)
**levantar** like hablar (1)
**liberar** like hablar (1)
**lidiar** like hablar (1)
**limpiar** like hablar (1)
**llegar** (g:gu) (41)
**llevar** like hablar (1)
**llorar** like hablar (1)
**lograr** like hablar (1)
**luchar** like hablar (1)
**madrugar** (g:gu) like llegar (41)
**malgastar** like hablar (1)
**manipular** like hablar (1)
**maquillar** like hablar (1)
**meditar** like hablar (1)
**mejorar** like hablar (1)
**merecer** (c:zc) like conocer (35)
**meter** like comer (2)
**molar** like hablar (1)
**molestar** like hablar (1)
**morder** (o:ue) like volver (34)
**morir** (o:ue) like dormir (25) *except* past participle is muerto
**mudar** like hablar (1)
**narrar** like hablar (1)
**navegar** (g:gu) like llegar (41)
**necesitar** like hablar (1)
**obedecer** (c:zc) like conocer (35)
**ocultar** like hablar (1)
**odiar** like hablar (1)
**oír** (y) (13)
**olvidar** like hablar (1)
**opinar** like hablar (1)
**oponer** like poner (15)
**oprimir** like vivir (3)
**oscurecer** (c:zc) like conocer (35)
**parar** like hablar (1)
**parecer** (c:zc) like conocer (35)
**parpadear** like hablar (1)
**pedir** (e:i) (29)
**peinar** like hablar (1)
**pensar** (e:ie) (30)
**permanecer** (c:zc) like conocer (35)
**pertenecer** (c:zc) like conocer (35)
**pillar** like hablar (1)
**pintar** like hablar (1)
**poblar** (o:ue) like contar (24)
**poder** (o:ue) (14)
**poner** (15)
**preferir** (e:ie) like sentir (33)
**pregonar** like hablar (1)
**preocupar** like hablar (1)
**prestar** like hablar (1)
**prevenir** (e:ie) like venir (22)
**prever** like ver (23)
**probar** (o:ue) like contar (24)
**producir** (c:sz) like conducir (6)
**prohibir** (prohíbo) like enviar (39) for endings only
**proponer** like poner (15)
**proteger** (g:j) (42)
**protestar** like hablar (1)
**publicar** (c:qu) like tocar (43)
**quedar** like hablar (1)
**quejar** like hablar (1)
**querer** (e:ie) (16)
**quitar** like hablar (1)
**rascar** like hablar (1)
**recetar** like hablar (1)
**rechazar** (z:c) like cruzar (37)
**reciclar** like hablar (1)
**reclamar** like hablar (1)
**recomendar** (e:ie) like pensar (30)
**reconocer** (c:zc) like conocer (35)
**recorrer** like comer (2)
**recuperar** like hablar (1)
**reducir** (c:zc) like conducir (6)
**reflejar** like hablar (1)
**regresar** like hablar (1)
**rehacer** like hacer (11)
**reír** (e:i) (31)
**relajar** like hablar (1)
**rendir** (e:i) like pedir (29)
**renunciar** like hablar (1)
**reservar** like hablar (1)
**resolver** (o:ue) like volver (34)
**respirar** like hablar (1)
**retratar** like hablar (1)
**reunir** like vivir (3)
**rezar** (z:c) like cruzar (37)
**rociar** like hablar (1)
**rodar** (o:ue) like contar (24)
**rogar** (o:ue) like contar (24) for stem changes; (g:gu) like llegar (41) for endings
**romper** like comer (2) except past participle is roto
**saber** (17)
**sacrificar** (c:qu) like tocar (43)
**salir** (18)
**salvar** like hablar (1)
**sanar** like hablar (1)
**secar** (c:qu) like tocar (43)
**seguir** (e:i) (gu:g) (32)
**seleccionar** like hablar (1)
**sentir** (e:ie) (33)
**señalar** like hablar (1)
**sepultar** like hablar (1)
**ser** (19)
**soler** (o:ue) like volver (34)
**solicitar** like hablar (1)
**sonar** (o:ue) like contar (24)
**soñar** (o:ue) like contar (24)
**sorprender** like comer (2)
**suceder** like comer (2)
**sufrir** like vivir (3)
**sugerir** (e:ie) like sentir (33)
**superar** like hablar (1)
**suponer** like poner (15)
**suprimir** like vivir (3)
**suscribir** like vivir (3)
**tener** (e:ie) (20)
**tirar** like hablar (1)
**titular** like hablar (1)
**tocar** (c:qu) (43)
**tomar** like hablar (1)
**torear** like hablar (1)
**toser** like comer (2)
**traducir** (c:zc) like conducir (6)
**traer** (21)
**transcurrir** like vivir (3)
**transmitir** like vivir (3)
**trasnochar** like hablar (1)
**tratar** like hablar (1)
**unir** like vivir (3)
**vacunar** like hablar (1)
**valer** like salir (18) only for endings; imperative is vale
**vencer** (c:z) (44)
**venir** (e:ie) (22)
**ver** (23)
**vestir** (e:i) like pedir (29)
**vivir** (3)
**volar** (o:ue) like contar (24)
**volver** (o:ue) (34)
**votar** like hablar (1)

# Verb conjugation tables

## Regular verbs: simple tenses

| | | INDICATIVE | | | | | SUBJUNCTIVE | | IMPERATIVE |
|---|---|---|---|---|---|---|---|---|---|
| | Infinitive | Present | Imperfect | Preterite | Future | Conditional | Present | Past | |
| 1 | hablar<br><br>**Participles:**<br>hablando<br>hablado | hablo<br>hablas<br>habla<br>hablamos<br>habláis<br>hablan | hablaba<br>hablabas<br>hablaba<br>hablábamos<br>hablabais<br>hablaban | hablé<br>hablaste<br>habló<br>hablamos<br>hablasteis<br>hablaron | hablaré<br>hablarás<br>hablará<br>hablaremos<br>hablaréis<br>hablarán | hablaría<br>hablarías<br>hablaría<br>hablaríamos<br>hablaríais<br>hablarían | hable<br>hables<br>hable<br>hablemos<br>habléis<br>hablen | hablara<br>hablaras<br>hablara<br>habláramos<br>hablarais<br>hablaran | habla tú (no hables)<br>hable Ud.<br>hablemos<br>hablad (no habléis)<br>hablen Uds. |
| 2 | comer<br><br>**Participles:**<br>comiendo<br>comido | como<br>comes<br>come<br>comemos<br>coméis<br>comen | comía<br>comías<br>comía<br>comíamos<br>comíais<br>comían | comí<br>comiste<br>comió<br>comimos<br>comisteis<br>comieron | comeré<br>comerás<br>comerá<br>comeremos<br>comeréis<br>comerán | comería<br>comerías<br>comería<br>comeríamos<br>comeríais<br>comerían | coma<br>comas<br>coma<br>comamos<br>comáis<br>coman | comiera<br>comieras<br>comiera<br>comiéramos<br>comierais<br>comieran | come tú (no comas)<br>coma Ud.<br>comamos<br>comed (no comáis)<br>coman Uds. |
| 3 | vivir<br><br>**Participles:**<br>viviendo<br>vivido | vivo<br>vives<br>vive<br>vivimos<br>vivís<br>viven | vivía<br>vivías<br>vivía<br>vivíamos<br>vivíais<br>vivían | viví<br>viviste<br>vivió<br>vivimos<br>vivisteis<br>vivieron | viviré<br>vivirás<br>vivirá<br>viviremos<br>viviréis<br>vivirán | viviría<br>vivirías<br>viviría<br>viviríamos<br>viviríais<br>vivirían | viva<br>vivas<br>viva<br>vivamos<br>viváis<br>vivan | viviera<br>vivieras<br>viviera<br>viviéramos<br>vivierais<br>vivieran | vive tú (no vivas)<br>viva Ud.<br>vivamos<br>vivid (no viváis)<br>vivan Uds. |

## All verbs: compound tenses

| PERFECT TENSES | | | | | | | | | | | |
|---|---|---|---|---|---|---|---|---|---|---|---|
| INDICATIVE | | | | | | | | SUBJUNCTIVE | | | |
| Present Perfect | | Past Perfect | | Future Perfect | | Conditional Perfect | | Present Perfect | | Past Perfect | |
| he<br>has<br>ha<br>hemos<br>habéis<br>han | hablado<br>comido<br>vivido | había<br>habías<br>había<br>habíamos<br>habíais<br>habían | hablado<br>comido<br>vivido | habré<br>habrás<br>habrá<br>habremos<br>habréis<br>habrán | hablado<br>comido<br>vivido | habría<br>habrías<br>habría<br>habríamos<br>habríais<br>habrían | hablado<br>comido<br>vivido | haya<br>hayas<br>haya<br>hayamos<br>hayáis<br>hayan | hablado<br>comido<br>vivido | hubiera<br>hubieras<br>hubiera<br>hubiéramos<br>hubierais<br>hubieran | hablado<br>comido<br>vivido |

## PROGRESSIVE TENSES

| INDICATIVE | | | | SUBJUNCTIVE | |
|---|---|---|---|---|---|
| **Present Progressive** | **Past Progressive** | **Future Progressive** | **Conditional Progressive** | **Present Progressive** | **Past Progressive** |
| estoy<br>estás<br>está<br>estamos<br>estáis<br>están } hablando / comiendo / viviendo | estaba<br>estabas<br>estaba<br>estábamos<br>estabais<br>estaban } hablando / comiendo / viviendo | estaré<br>estarás<br>estará<br>estaremos<br>estaréis<br>estarán } hablando / comiendo / viviendo | estaría<br>estarías<br>estaría<br>estaríamos<br>estaríais<br>estarían } hablando / comiendo / viviendo | esté<br>estés<br>esté<br>estemos<br>estéis<br>estén } hablando / comiendo / viviendo | estuviera<br>estuvieras<br>estuviera<br>estuviéramos<br>estuvierais<br>estuvieran } hablando / comiendo / viviendo |

## Irregular verbs

| | Infinitive | INDICATIVE Present | Imperfect | Preterite | Future | Conditional | SUBJUNCTIVE Present | Past | IMPERATIVE |
|---|---|---|---|---|---|---|---|---|---|
| 4 | caber<br><br>**Participles:**<br>cabiendo<br>cabido | **quepo**<br>cabes<br>cabe<br>cabemos<br>cabéis<br>caben | cabía<br>cabías<br>cabía<br>cabíamos<br>cabíais<br>cabían | **cupe**<br>**cupiste**<br>**cupo**<br>**cupimos**<br>**cupisteis**<br>**cupieron** | **cabré**<br>**cabrás**<br>**cabrá**<br>**cabremos**<br>**cabréis**<br>**cabrán** | **cabría**<br>**cabrías**<br>**cabría**<br>**cabríamos**<br>**cabríais**<br>**cabrían** | **quepa**<br>**quepas**<br>**quepa**<br>**quepamos**<br>**quepáis**<br>**quepan** | **cupiera**<br>**cupieras**<br>**cupiera**<br>**cupiéramos**<br>**cupierais**<br>**cupieran** | cabe tú (no **quepas**)<br>**quepa** Ud.<br>**quepamos**<br>cabed (no **quepáis**)<br>**quepan** Uds. |
| 5 | caer<br><br>**Participles:**<br>**cayendo**<br>**caído** | **caigo**<br>caes<br>cae<br>caemos<br>caéis<br>caen | caía<br>caías<br>caía<br>caíamos<br>caíais<br>caían | caí<br>**caíste**<br>**cayó**<br>**caímos**<br>**caísteis**<br>**cayeron** | caeré<br>caerás<br>caerá<br>caeremos<br>caeréis<br>caerán | caería<br>caerías<br>caería<br>caeríamos<br>caeríais<br>caerían | **caiga**<br>**caigas**<br>**caiga**<br>**caigamos**<br>**caigáis**<br>**caigan** | **cayera**<br>**cayeras**<br>**cayera**<br>**cayéramos**<br>**cayerais**<br>**cayeran** | cae tú (no **caigas**)<br>**caiga** Ud. (no **caiga**)<br>**caigamos**<br>caed (no **caigáis**)<br>**caigan** Uds. |
| 6 | conducir<br>(c:zc)<br>**Participles:**<br>conduciendo<br>conducido | **conduzco**<br>conduces<br>conduce<br>conducimos<br>conducís<br>conducen | conducía<br>conducías<br>conducía<br>conducíamos<br>conducíais<br>conducían | **conduje**<br>**condujiste**<br>**condujo**<br>**condujimos**<br>**condujisteis**<br>**condujeron** | conduciré<br>conducirás<br>conducirá<br>conduciremos<br>conduciréis<br>conducirán | conduciría<br>conducirías<br>conduciría<br>conduciríamos<br>conduciríais<br>conducirían | **conduzca**<br>**conduzcas**<br>**conduzca**<br>**conduzcamos**<br>**conduzcáis**<br>**conduzcan** | **condujera**<br>**condujeras**<br>**condujera**<br>**condujéramos**<br>**condujerais**<br>**condujeran** | conduce tú (no **conduzcas**)<br>**conduzca** Ud. (no **conduzca**)<br>**conduzcamos**<br>conducid (no **conduzcáis**)<br>**conduzcan** Uds. |

| | | INDICATIVE | | | | | SUBJUNCTIVE | | IMPERATIVE |
|---|---|---|---|---|---|---|---|---|---|
| | Infinitive | Present | Imperfect | Preterite | Future | Conditional | Present | Past | |
| 7 | dar<br><br>**Participles:**<br>dando<br>dado | **doy**<br>das<br>da<br>damos<br>**dais**<br>dan | daba<br>dabas<br>daba<br>dábamos<br>dabais<br>daban | **di**<br>**diste**<br>**dio**<br>**dimos**<br>**disteis**<br>**dieron** | daré<br>darás<br>dará<br>daremos<br>daréis<br>darán | daría<br>darías<br>daría<br>daríamos<br>daríais<br>darían | **dé**<br>des<br>**dé**<br>demos<br>**deis**<br>den | **diera**<br>**dieras**<br>**diera**<br>**diéramos**<br>**dierais**<br>**dieran** | da tú (no des)<br>**dé** Ud.<br>demos<br>dad (no **deis**)<br>den Uds. |
| 8 | decir (e:i)<br><br>**Participles:**<br>**diciendo**<br>**dicho** | **digo**<br>**dices**<br>**dice**<br>decimos<br>decís<br>**dicen** | decía<br>decías<br>decía<br>decíamos<br>decíais<br>decían | **dije**<br>**dijiste**<br>**dijo**<br>**dijimos**<br>**dijisteis**<br>**dijeron** | **diré**<br>**dirás**<br>**dirá**<br>**diremos**<br>**diréis**<br>**dirán** | **diría**<br>**dirías**<br>**diría**<br>**diríamos**<br>**diríais**<br>**dirían** | **diga**<br>**digas**<br>**diga**<br>**digamos**<br>**digáis**<br>**digan** | **dijera**<br>**dijeras**<br>**dijera**<br>**dijéramos**<br>**dijerais**<br>**dijeran** | **di** tú (no **digas**)<br>**diga** Ud.<br>**digamos**<br>decid (no **digáis**)<br>**digan** Uds. |
| 9 | estar<br><br>**Participles:**<br>estando<br>estado | **estoy**<br>**estás**<br>**está**<br>estamos<br>estáis<br>**están** | estaba<br>estabas<br>estaba<br>estábamos<br>estabais<br>estaban | **estuve**<br>**estuviste**<br>**estuvo**<br>**estuvimos**<br>**estuvisteis**<br>**estuvieron** | estaré<br>estarás<br>estará<br>estaremos<br>estaréis<br>estarán | estaría<br>estarías<br>estaría<br>estaríamos<br>estaríais<br>estarían | **esté**<br>**estés**<br>**esté**<br>estemos<br>estéis<br>**estén** | **estuviera**<br>**estuvieras**<br>**estuviera**<br>**estuviéramos**<br>**estuvierais**<br>**estuvieran** | **está** tú (no **estés**)<br>**esté** Ud.<br>estemos<br>estad (no estéis)<br>**estén** Uds. |
| 10 | haber<br><br>**Participles:**<br>habiendo<br>habido | **he**<br>**has**<br>**ha**<br>**hemos**<br>habéis<br>**han** | había<br>habías<br>había<br>habíamos<br>habíais<br>habían | **hube**<br>**hubiste**<br>**hubo**<br>**hubimos**<br>**hubisteis**<br>**hubieron** | **habré**<br>**habrás**<br>**habrá**<br>**habremos**<br>**habréis**<br>**habrán** | **habría**<br>**habrías**<br>**habría**<br>**habríamos**<br>**habríais**<br>**habrían** | **haya**<br>**hayas**<br>**haya**<br>**hayamos**<br>**hayáis**<br>**hayan** | **hubiera**<br>**hubieras**<br>**hubiera**<br>**hubiéramos**<br>**hubierais**<br>**hubieran** | |
| 11 | hacer<br><br>**Participles:**<br>haciendo<br>**hecho** | **hago**<br>haces<br>hace<br>hacemos<br>hacéis<br>hacen | hacía<br>hacías<br>hacía<br>hacíamos<br>hacíais<br>hacían | **hice**<br>**hiciste**<br>**hizo**<br>**hicimos**<br>**hicisteis**<br>**hicieron** | **haré**<br>**harás**<br>**hará**<br>**haremos**<br>**haréis**<br>**harán** | **haría**<br>**harías**<br>**haría**<br>**haríamos**<br>**haríais**<br>**harían** | **haga**<br>**hagas**<br>**haga**<br>**hagamos**<br>**hagáis**<br>**hagan** | **hiciera**<br>**hicieras**<br>**hiciera**<br>**hiciéramos**<br>**hicierais**<br>**hicieran** | **haz** tú (no **hagas**)<br>**haga** Ud.<br>**hagamos**<br>haced (no **hagáis**)<br>**hagan** Uds. |
| 12 | ir<br><br>**Participles:**<br>**yendo**<br>**ido** | **voy**<br>**vas**<br>**va**<br>**vamos**<br>**vais**<br>**van** | **iba**<br>**ibas**<br>**iba**<br>**íbamos**<br>**ibais**<br>**iban** | **fui**<br>**fuiste**<br>**fue**<br>**fuimos**<br>**fuisteis**<br>**fueron** | **iré**<br>**irás**<br>**irá**<br>**iremos**<br>**iréis**<br>**irán** | **iría**<br>**irías**<br>**iría**<br>**iríamos**<br>**iríais**<br>**irían** | **vaya**<br>**vayas**<br>**vaya**<br>**vayamos**<br>**vayáis**<br>**vayan** | **fuera**<br>**fueras**<br>**fuera**<br>**fuéramos**<br>**fuerais**<br>**fueran** | **ve** tú (no **vayas**)<br>**vaya** Ud.<br>**vamos** (no **vayamos**)<br>**id** (no **vayáis**)<br>**vayan** Uds. |
| 13 | oír (y)<br><br>**Participles:**<br>**oyendo**<br>**oído** | **oigo**<br>**oyes**<br>**oye**<br>**oímos**<br>oís<br>**oyen** | oía<br>oías<br>oía<br>oíamos<br>oíais<br>oían | oí<br>**oíste**<br>**oyó**<br>**oímos**<br>**oísteis**<br>**oyeron** | oiré<br>oirás<br>oirá<br>oiremos<br>oiréis<br>oirán | oiría<br>oirías<br>oiría<br>oiríamos<br>oiríais<br>oirían | **oiga**<br>**oigas**<br>**oiga**<br>**oigamos**<br>**oigáis**<br>**oigan** | **oyera**<br>**oyeras**<br>**oyera**<br>**oyéramos**<br>**oyerais**<br>**oyeran** | **oye** tú (no **oigas**)<br>**oiga** Ud.<br>**oigamos**<br>**oíd** (no **oigáis**)<br>**oigan** Uds. |

| | Infinitive | INDICATIVE | | | | | SUBJUNCTIVE | | IMPERATIVE |
|---|---|---|---|---|---|---|---|---|---|
| | | Present | Imperfect | Preterite | Future | Conditional | Present | Past | |
| 14 | poder (o:ue) | **puedo** | podía | **pude** | **podré** | **podría** | **pueda** | **pudiera** | |
| | | **puedes** | podías | **pudiste** | **podrás** | **podrías** | **puedas** | **pudieras** | **puede** tú (no **puedas**) |
| | **Participles:** | **puede** | podía | **pudo** | **podrá** | **podría** | **pueda** | **pudiera** | **pueda** Ud. |
| | **pudiendo** | podemos | podíamos | **pudimos** | **podremos** | **podríamos** | podamos | **pudiéramos** | podamos |
| | podido | podéis | podíais | **pudisteis** | **podréis** | **podríais** | podáis | **pudierais** | poded (no podáis) |
| | | **pueden** | podían | **pudieron** | **podrán** | **podrían** | **puedan** | **pudieran** | **puedan** Uds. |
| 15 | poner | **pongo** | ponía | **puse** | **pondré** | **pondría** | **ponga** | **pusiera** | |
| | | pones | ponías | **pusiste** | **pondrás** | **pondrías** | **pongas** | **pusieras** | **pon** tú (no **pongas**) |
| | **Participles:** | pone | ponía | **puso** | **pondrá** | **pondría** | **ponga** | **pusiera** | **ponga** Ud. |
| | poniendo | ponemos | poníamos | **pusimos** | **pondremos** | **pondríamos** | **pongamos** | **pusiéramos** | **pongamos** |
| | **puesto** | ponéis | poníais | **pusisteis** | **pondréis** | **pondríais** | **pongáis** | **pusierais** | poned (no **pongáis**) |
| | | ponen | ponían | **pusieron** | **pondrán** | **pondrían** | **pongan** | **pusieran** | **pongan** Uds. |
| 16 | querer (e:ie) | **quiero** | quería | **quise** | **querré** | **querría** | **quiera** | **quisiera** | |
| | | **quieres** | querías | **quisiste** | **querrás** | **querrías** | **quieras** | **quisieras** | **quiere** tú (no **quieras**) |
| | **Participles:** | **quiere** | quería | **quiso** | **querrá** | **querría** | **quiera** | **quisiera** | **quiera** Ud. |
| | queriendo | queremos | queríamos | **quisimos** | **querremos** | **querríamos** | queramos | **quisiéramos** | queramos |
| | querido | queréis | queríais | **quisisteis** | **querréis** | **querríais** | queráis | **quisierais** | quered (no queráis) |
| | | **quieren** | querían | **quisieron** | **querrán** | **querrían** | **quieran** | **quisieran** | **quieran** Uds. |
| 17 | saber | **sé** | sabía | **supe** | **sabré** | **sabría** | **sepa** | **supiera** | |
| | | sabes | sabías | **supiste** | **sabrás** | **sabrías** | **sepas** | **supieras** | sabe tú (no **sepas**) |
| | **Participles:** | sabe | sabía | **supo** | **sabrá** | **sabría** | **sepa** | **supiera** | **sepa** Ud. |
| | sabiendo | sabemos | sabíamos | **supimos** | **sabremos** | **sabríamos** | **sepamos** | **supiéramos** | **sepamos** |
| | sabido | sabéis | sabíais | **supisteis** | **sabréis** | **sabríais** | **sepáis** | **supierais** | sabed (no **sepáis**) |
| | | saben | sabían | **supieron** | **sabrán** | **sabrían** | **sepan** | **supieran** | **sepan** Uds. |
| 18 | salir | **salgo** | salía | salí | **saldré** | **saldría** | **salga** | saliera | |
| | | sales | salías | saliste | **saldrás** | **saldrías** | **salgas** | salieras | **sal** tú (no **salgas**) |
| | **Participles:** | sale | salía | salió | **saldrá** | **saldría** | **salga** | saliera | **salga** Ud. |
| | saliendo | salimos | salíamos | salimos | **saldremos** | **saldríamos** | **salgamos** | saliéramos | **salgamos** |
| | salido | salís | salíais | salisteis | **saldréis** | **saldríais** | **salgáis** | salierais | salid (no **salgáis**) |
| | | salen | salían | salieron | **saldrán** | **saldrían** | **salgan** | salieran | **salgan** Uds. |
| 19 | ser | **soy** | **era** | **fui** | seré | sería | **sea** | **fuera** | |
| | | **eres** | **eras** | **fuiste** | serás | serías | **seas** | **fueras** | **sé** tú (no **seas**) |
| | **Participles:** | **es** | **era** | **fue** | será | sería | **sea** | **fuera** | **sea** Ud. |
| | siendo | **somos** | **éramos** | **fuimos** | seremos | seríamos | **seamos** | **fuéramos** | **seamos** |
| | sido | **sois** | **erais** | **fuisteis** | seréis | seríais | **seáis** | **fuerais** | sed (no **seáis**) |
| | | **son** | **eran** | **fueron** | serán | serían | **sean** | **fueran** | **sean** Uds. |
| 20 | tener (e:ie) | **tengo** | tenía | **tuve** | **tendré** | **tendría** | **tenga** | **tuviera** | |
| | | **tienes** | tenías | **tuviste** | **tendrás** | **tendrías** | **tengas** | **tuvieras** | **ten** tú (no **tengas**) |
| | **Participles:** | **tiene** | tenía | **tuvo** | **tendrá** | **tendría** | **tenga** | **tuviera** | **tenga** Ud. |
| | teniendo | tenemos | teníamos | **tuvimos** | **tendremos** | **tendríamos** | **tengamos** | **tuviéramos** | **tengamos** |
| | tenido | tenéis | teníais | **tuvisteis** | **tendréis** | **tendríais** | **tengáis** | **tuvierais** | tened (no **tengáis**) |
| | | **tienen** | tenían | **tuvieron** | **tendrán** | **tendrían** | **tengan** | **tuvieran** | **tengan** Uds. |

| | Infinitive | INDICATIVE Present | Imperfect | Preterite | Future | Conditional | SUBJUNCTIVE Present | Past | IMPERATIVE |
|---|---|---|---|---|---|---|---|---|---|
| 21 | traer | **traigo** | traía | **traje** | traeré | traería | **traiga** | **trajera** | |
| | | traes | traías | **trajiste** | traerás | traerías | **traigas** | **trajeras** | trae tú (no **traigas**) |
| | **Participles:** | trae | traía | **trajo** | traerá | traería | **traiga** | **trajera** | **traiga** Ud. |
| | **trayendo** | traemos | traíamos | **trajimos** | traeremos | traeríamos | **traigamos** | **trajéramos** | **traigamos** |
| | **traído** | traéis | traíais | **trajisteis** | traeréis | traeríais | **traigáis** | **trajerais** | traed (no **traigáis**) |
| | | traen | traían | **trajeron** | traerán | traerían | **traigan** | **trajeran** | **traigan** Uds. |
| 22 | venir (e:ie) | **vengo** | venía | **vine** | **vendré** | **vendría** | **venga** | **viniera** | |
| | | **vienes** | venías | **viniste** | **vendrás** | **vendrías** | **vengas** | **vinieras** | **ven** tú (no **vengas**) |
| | **Participles:** | **viene** | venía | **vino** | **vendrá** | **vendría** | **venga** | **viniera** | **venga** Ud. |
| | **viniendo** | venimos | veníamos | **vinimos** | **vendremos** | **vendríamos** | **vengamos** | **viniéramos** | **vengamos** |
| | venido | venís | veníais | **vinisteis** | **vendréis** | **vendríais** | **vengáis** | **vinierais** | venid (no **vengáis**) |
| | | **vienen** | venían | **vinieron** | **vendrán** | **vendrían** | **vengan** | **vinieran** | **vengan** Uds. |
| 23 | ver | **veo** | **veía** | **vi** | veré | vería | **vea** | viera | |
| | | ves | **veías** | viste | verás | verías | **veas** | vieras | ve tú (no **veas**) |
| | **Participles:** | ve | **veía** | **vio** | verá | vería | **vea** | viera | **vea** Ud. |
| | viendo | vemos | **veíamos** | vimos | veremos | veríamos | **veamos** | viéramos | **veamos** |
| | **visto** | **veis** | **veíais** | visteis | veréis | veríais | **veáis** | vierais | ved (no **veáis**) |
| | | ven | **veían** | vieron | verán | verían | **vean** | vieran | **vean** Uds. |

## Stem-changing verbs

| | Infinitive | INDICATIVE Present | Imperfect | Preterite | Future | Conditional | SUBJUNCTIVE Present | Past | IMPERATIVE |
|---|---|---|---|---|---|---|---|---|---|
| 24 | contar (o:ue) | **cuento** | contaba | conté | contaré | contaría | **cuente** | contara | |
| | | **cuentas** | contabas | contaste | contarás | contarías | **cuentes** | contaras | **cuenta** tú (no **cuentes**) |
| | **Participles:** | **cuenta** | contaba | contó | contará | contaría | **cuente** | contara | **cuente** Ud. |
| | contando | contamos | contábamos | contamos | contaremos | contaríamos | contemos | contáramos | contemos |
| | contado | contáis | contabais | contasteis | contaréis | contaríais | contéis | contarais | contad (no contéis) |
| | | **cuentan** | contaban | contaron | contarán | contarían | **cuenten** | contaran | **cuenten** Uds. |
| 25 | dormir (o:ue) | **duermo** | dormía | dormí | dormiré | dormiría | **duerma** | **durmiera** | |
| | | **duermes** | dormías | dormiste | dormirás | dormirías | **duermas** | **durmieras** | **duerme** tú (no **duermas**) |
| | **Participles:** | **duerme** | dormía | **durmió** | dormirá | dormiría | **duerma** | **durmiera** | **duerma** Ud. |
| | **durmiendo** | dormimos | dormíamos | dormimos | dormiremos | dormiríamos | **durmamos** | **durmiéramos** | **durmamos** |
| | dormido | dormís | dormíais | dormisteis | dormiréis | dormiríais | **durmáis** | **durmierais** | dormid (no **durmáis**) |
| | | **duermen** | dormían | **durmieron** | dormirán | dormirían | **duerman** | **durmieran** | **duerman** Uds. |
| 26 | empezar | **empiezo** | empezaba | **empecé** | empezaré | empezaría | **empiece** | empezara | |
| | (e:ie) (z:c) | **empiezas** | empezabas | empezaste | empezarás | empezarías | **empieces** | empezaras | **empieza** tú (no **empieces**) |
| | **Participles:** | **empieza** | empezaba | empezó | empezará | empezaría | **empiece** | empezara | **empiece** Ud. |
| | empezando | empezamos | empezábamos | empezamos | empezaremos | empezaríamos | **empecemos** | empezáramos | **empecemos** |
| | empezado | empezáis | empezabais | empezasteis | empezaréis | empezaríais | **empecéis** | empezarais | empezad (no **empecéis**) |
| | | **empiezan** | empezaban | empezaron | empezarán | empezarían | **empiecen** | empezaran | **empiecen** Uds. |

| | | INDICATIVE | | | | | SUBJUNCTIVE | | IMPERATIVE |
|---|---|---|---|---|---|---|---|---|---|
| | **Infinitive** | **Present** | **Imperfect** | **Preterite** | **Future** | **Conditional** | **Present** | **Past** | |
| 27 | entender<br>(e:ie)<br><br>**Participles:**<br>entendiendo<br>entendido | **entiendo**<br>**entiendes**<br>**entiende**<br>entendemos<br>entendéis<br>**entienden** | entendía<br>entendías<br>entendía<br>entendíamos<br>entendíais<br>entendían | entendí<br>entendiste<br>entendió<br>entendimos<br>entendisteis<br>entendieron | entenderé<br>entenderás<br>entenderá<br>entenderemos<br>entenderéis<br>entenderán | entendería<br>entenderías<br>entendería<br>entenderíamos<br>entenderíais<br>entenderían | **entienda**<br>**entiendas**<br>**entienda**<br>entendamos<br>entendáis<br>**entiendan** | entendiera<br>entendieras<br>entendiera<br>entendiéramos<br>entendierais<br>entendieran | **entiende** tú (no **entiendas**)<br>**entienda** Ud.<br>entendamos<br>entended (no entendáis)<br>**entiendan** Uds. |
| 28 | jugar (u:ue)<br>(g:gu)<br><br>**Participles:**<br>jugando<br>jugado | **juego**<br>**juegas**<br>**juega**<br>jugamos<br>jugáis<br>**juegan** | jugaba<br>jugabas<br>jugaba<br>jugábamos<br>jugabais<br>jugaban | **jugué**<br>jugaste<br>jugó<br>jugamos<br>jugasteis<br>jugaron | jugaré<br>jugarás<br>jugará<br>jugaremos<br>jugaréis<br>jugarán | jugaría<br>jugarías<br>jugaría<br>jugaríamos<br>jugaríais<br>jugarían | **juegue**<br>**juegues**<br>**juegue**<br>**juguemos**<br>**juguéis**<br>**jueguen** | jugara<br>jugaras<br>jugara<br>jugáramos<br>jugarais<br>jugaran | **juega** tú (no **juegues**)<br>**juegue** Ud.<br>**juguemos**<br>jugad (no **juguéis**)<br>**jueguen** Uds. |
| 29 | pedir (e:i)<br><br>**Participles:**<br>**pidiendo**<br>pedido | **pido**<br>**pides**<br>**pide**<br>pedimos<br>pedís<br>**piden** | pedía<br>pedías<br>pedía<br>pedíamos<br>pedíais<br>pedían | pedí<br>pediste<br>**pidió**<br>pedimos<br>pedisteis<br>**pidieron** | pediré<br>pedirás<br>pedirá<br>pediremos<br>pediréis<br>pedirán | pediría<br>pedirías<br>pediría<br>pediríamos<br>pediríais<br>pedirían | **pida**<br>**pidas**<br>**pida**<br>**pidamos**<br>**pidáis**<br>**pidan** | **pidiera**<br>**pidieras**<br>**pidiera**<br>**pidiéramos**<br>**pidierais**<br>**pidieran** | **pide** tú (no **pidas**)<br>**pida** Ud.<br>**pidamos**<br>pedid (no **pidáis**)<br>**pidan** Uds. |
| 30 | pensar (e:ie)<br><br>**Participles:**<br>pensando<br>pensado | **pienso**<br>**piensas**<br>**piensa**<br>pensamos<br>pensáis<br>**piensan** | pensaba<br>pensabas<br>pensaba<br>pensábamos<br>pensabais<br>pensaban | pensé<br>pensaste<br>pensó<br>pensamos<br>pensasteis<br>pensaron | pensaré<br>pensarás<br>pensará<br>pensaremos<br>pensaréis<br>pensarán | pensaría<br>pensarías<br>pensaría<br>pensaríamos<br>pensaríais<br>pensarían | **piense**<br>**pienses**<br>**piense**<br>pensemos<br>penséis<br>**piensen** | pensara<br>pensaras<br>pensara<br>pensáramos<br>pensarais<br>pensaran | **piensa** tú (no **pienses**)<br>**piense** Ud.<br>pensemos<br>pensad (no penséis)<br>**piensen** Uds. |
| 31 | reír (e:i)<br><br>**Participles:**<br>**riendo**<br>**reído** | **río**<br>**ríes**<br>**ríe**<br>**reímos**<br>reís<br>**ríen** | reía<br>reías<br>reía<br>reíamos<br>reíais<br>reían | reí<br>**reíste**<br>**rio**<br>**reímos**<br>**reísteis**<br>**rieron** | reiré<br>reirás<br>reirá<br>reiremos<br>reiréis<br>reirán | reiría<br>reirías<br>reiría<br>reiríamos<br>reiríais<br>reirían | **ría**<br>**rías**<br>**ría**<br>**riamos**<br>**riáis**<br>**rían** | **riera**<br>**rieras**<br>**riera**<br>**riéramos**<br>**rierais**<br>**rieran** | **ríe** tú (no **rías**)<br>**ría** Ud.<br>**riamos**<br>**reíd** (no **riáis**)<br>**rían** Uds. |
| 32 | seguir (e:i)<br>(gu:g)<br><br>**Participles:**<br>**siguiendo**<br>seguido | **sigo**<br>**sigues**<br>**sigue**<br>seguimos<br>seguís<br>**siguen** | seguía<br>seguías<br>seguía<br>seguíamos<br>seguíais<br>seguían | seguí<br>seguiste<br>**siguió**<br>seguimos<br>seguisteis<br>**siguieron** | seguiré<br>seguirás<br>seguirá<br>seguiremos<br>seguiréis<br>seguirán | seguiría<br>seguirías<br>seguiría<br>seguiríamos<br>seguiríais<br>seguirían | **siga**<br>**sigas**<br>**siga**<br>**sigamos**<br>**sigáis**<br>**sigan** | **siguiera**<br>**siguieras**<br>**siguiera**<br>**siguiéramos**<br>**siguierais**<br>**siguieran** | **sigue** tú (no **sigas**)<br>**siga** Ud.<br>**sigamos**<br>seguid (no **sigáis**)<br>**sigan** Uds. |
| 33 | sentir (e:ie)<br><br>**Participles:**<br>**sintiendo**<br>sentido | **siento**<br>**sientes**<br>**siente**<br>sentimos<br>sentís<br>**sienten** | sentía<br>sentías<br>sentía<br>sentíamos<br>sentíais<br>sentían | sentí<br>sentiste<br>**sintió**<br>sentimos<br>sentisteis<br>**sintieron** | sentiré<br>sentirás<br>sentirá<br>sentiremos<br>sentiréis<br>sentirán | sentiría<br>sentirías<br>sentiría<br>sentiríamos<br>sentiríais<br>sentirían | **sienta**<br>**sientas**<br>**sienta**<br>**sintamos**<br>**sintáis**<br>**sientan** | **sintiera**<br>**sintieras**<br>**sintiera**<br>**sintiéramos**<br>**sintierais**<br>**sintieran** | **siente** tú (no **sientas**)<br>**sienta** Ud.<br>**sintamos**<br>sentid (no **sintáis**)<br>**sientan** Uds. |

| | Infinitive | INDICATIVE | | | | | SUBJUNCTIVE | | IMPERATIVE |
|---|---|---|---|---|---|---|---|---|---|
| | | Present | Imperfect | Preterite | Future | Conditional | Present | Past | |
| 34 | volver (o:ue)<br><br>**Participles:**<br>volviendo<br>**vuelto** | **vuelvo**<br>**vuelves**<br>**vuelve**<br>volvemos<br>volvéis<br>**vuelven** | volvía<br>volvías<br>volvía<br>volvíamos<br>volvíais<br>volvían | volví<br>volviste<br>volvió<br>volvimos<br>volvisteis<br>volvieron | volveré<br>volverás<br>volverá<br>volveremos<br>volveréis<br>volverán | volvería<br>volverías<br>volvería<br>volveríamos<br>volveríais<br>volverían | **vuelva**<br>**vuelvas**<br>**vuelva**<br>volvamos<br>volváis<br>**vuelvan** | volviera<br>volvieras<br>volviera<br>volviéramos<br>volvierais<br>volvieran | **vuelve** tú (no **vuelvas**)<br>**vuelva** Ud.<br>volvamos<br>volved (no volváis)<br>**vuelvan** Uds. |

## Verbs with spelling changes only

| | Infinitive | INDICATIVE | | | | | SUBJUNCTIVE | | IMPERATIVE |
|---|---|---|---|---|---|---|---|---|---|
| | | Present | Imperfect | Preterite | Future | Conditional | Present | Past | |
| 35 | conocer<br>(c:zc)<br><br>**Participles:**<br>conociendo<br>conocido | **conozco**<br>conoces<br>conoce<br>conocemos<br>conocéis<br>conocen | conocía<br>conocías<br>conocía<br>conocíamos<br>conocíais<br>conocían | conocí<br>conociste<br>conoció<br>conocimos<br>conocisteis<br>conocieron | conoceré<br>conocerás<br>conocerá<br>conoceremos<br>conoceréis<br>conocerán | conocería<br>conocerías<br>conocería<br>conoceríamos<br>conoceríais<br>conocerían | **conozca**<br>**conozcas**<br>**conozca**<br>**conozcamos**<br>**conozcáis**<br>**conozcan** | conociera<br>conocieras<br>conociera<br>conociéramos<br>conocierais<br>conocieran | conoce tú (no **conozcas**)<br>**conozca** Ud.<br>**conozcamos**<br>conoced (no **conozcáis**)<br>**conozcan** Uds. |
| 36 | creer (y)<br><br>**Participles:**<br>**creyendo**<br>**creído** | creo<br>crees<br>cree<br>creemos<br>creéis<br>creen | creía<br>creías<br>creía<br>creíamos<br>creíais<br>creían | creí<br>**creíste**<br>**creyó**<br>**creímos**<br>**creísteis**<br>**creyeron** | creeré<br>creerás<br>creerá<br>creeremos<br>creeréis<br>creerán | creería<br>creerías<br>creería<br>creeríamos<br>creeríais<br>creerían | crea<br>creas<br>crea<br>creamos<br>creáis<br>crean | **creyera**<br>**creyeras**<br>**creyera**<br>**creyéramos**<br>**creyerais**<br>**creyeran** | cree tú (no creas)<br>crea Ud.<br>creamos<br>creed (no creáis)<br>crean Uds. |
| 37 | cruzar (z:c)<br><br>**Participles:**<br>cruzando<br>cruzado | cruzo<br>cruzas<br>cruza<br>cruzamos<br>cruzáis<br>cruzan | cruzaba<br>cruzabas<br>cruzaba<br>cruzábamos<br>cruzabais<br>cruzaban | **crucé**<br>cruzaste<br>cruzó<br>cruzamos<br>cruzasteis<br>cruzaron | cruzaré<br>cruzarás<br>cruzará<br>cruzaremos<br>cruzaréis<br>cruzarán | cruzaría<br>cruzarías<br>cruzaría<br>cruzaríamos<br>cruzaríais<br>cruzarían | **cruce**<br>**cruces**<br>**cruce**<br>**crucemos**<br>**crucéis**<br>**crucen** | cruzara<br>cruzaras<br>cruzara<br>cruzáramos<br>cruzarais<br>cruzaran | cruza tú (no **cruces**)<br>**cruce** Ud.<br>**crucemos**<br>cruzad (no **crucéis**)<br>**crucen** Uds. |
| 38 | destruir (y)<br><br>**Participles:**<br>**destruyendo**<br>destruido | **destruyo**<br>**destruyes**<br>**destruye**<br>destruimos<br>destruís<br>**destruyen** | destruía<br>destruías<br>destruía<br>destruíamos<br>destruíais<br>destruían | destruí<br>destruiste<br>**destruyó**<br>destruimos<br>destruisteis<br>**destruyeron** | destruiré<br>destruirás<br>destruirá<br>destruiremos<br>destruiréis<br>destruirán | destruiría<br>destruirías<br>destruiría<br>destruiríamos<br>destruiríais<br>destruirían | **destruya**<br>**destruyas**<br>**destruya**<br>**destruyamos**<br>**destruyáis**<br>**destruyan** | **destruyera**<br>**destruyeras**<br>**destruyera**<br>**destruyéramos**<br>**destruyerais**<br>**destruyeran** | **destruye** tú (no **destruyas**)<br>**destruya** Ud.<br>**destruyamos**<br>destruid (no **destruyáis**)<br>**destruyan** Uds. |
| 39 | enviar<br><br>**Participles:**<br>enviando<br>enviado | **envío**<br>**envías**<br>**envía**<br>enviamos<br>enviáis<br>**envían** | enviaba<br>enviabas<br>enviaba<br>enviábamos<br>enviabais<br>enviaban | envié<br>enviaste<br>envió<br>enviamos<br>enviasteis<br>enviaron | enviaré<br>enviarás<br>enviará<br>enviaremos<br>enviaréis<br>enviarán | enviaría<br>enviarías<br>enviaría<br>enviaríamos<br>enviaríais<br>enviarían | **envíe**<br>**envíes**<br>**envíe**<br>enviemos<br>enviéis<br>**envíen** | enviara<br>enviaras<br>enviara<br>enviáramos<br>enviarais<br>enviaran | **envía** tú (no **envíes**)<br>**envíe** Ud.<br>enviemos<br>enviad (no enviéis)<br>**envíen** Uds. |

| | Infinitive | INDICATIVE | | | | | SUBJUNCTIVE | | IMPERATIVE |
|---|---|---|---|---|---|---|---|---|---|
| | | Present | Imperfect | Preterite | Future | Conditional | Present | Past | |
| 40 | graduar | **gradúo** | graduaba | gradué | graduaré | graduaría | **gradúe** | graduara | |
| | | **gradúas** | graduabas | graduaste | graduarás | graduarías | **gradúes** | graduaras | **gradúa** tú (no **gradúes**) |
| | **Participles:** | **gradúa** | graduaba | graduó | graduará | graduaría | **gradúe** | graduara | **gradúe** Ud. |
| | graduando | graduamos | graduábamos | graduamos | graduaremos | graduaríamos | graduemos | graduáramos | graduemos |
| | graduado | graduáis | graduabais | graduasteis | graduaréis | graduaríais | graduéis | graduarais | graduad (no graduéis) |
| | | **gradúan** | graduaban | graduaron | graduarán | graduarían | **gradúen** | graduaran | **gradúen** Uds. |
| 41 | llegar (g:gu) | llego | llegaba | **llegué** | llegaré | llegaría | **llegue** | llegara | |
| | | llegas | llegabas | llegaste | llegarás | llegarías | **llegues** | llegaras | llega tú (no **llegues**) |
| | **Participles:** | llega | llegaba | llegó | llegará | llegaría | **llegue** | llegara | **llegue** Ud. |
| | llegando | llegamos | llegábamos | llegamos | llegaremos | llegaríamos | **lleguemos** | llegáramos | **lleguemos** |
| | llegado | llegáis | llegabais | llegasteis | llegaréis | llegaríais | **lleguéis** | llegarais | llegad (no **lleguéis**) |
| | | llegan | llegaban | llegaron | llegarán | llegarían | **lleguen** | llegaran | **lleguen** Uds. |
| 42 | proteger (g:j) | **protejo** | protegía | protegí | protegeré | protegería | **proteja** | protegiera | |
| | | proteges | protegías | protegiste | protegerás | protegerías | **protejas** | protegieras | protege tú (no **protejas**) |
| | **Participles:** | protege | protegía | protegió | protegerá | protegería | **proteja** | protegiera | **proteja** Ud. |
| | protegiendo | protegemos | protegíamos | protegimos | protegeremos | protegeríamos | **protejamos** | protegiéramos | **protejamos** |
| | protegido | protegéis | protegíais | protegisteis | protegeréis | protegeríais | **protejáis** | protegierais | proteged (no **protejáis**) |
| | | protegen | protegían | protegieron | protegerán | protegerían | **protejan** | protegieran | **protejan** Uds. |
| 43 | tocar (c:qu) | toco | tocaba | **toqué** | tocaré | tocaría | **toque** | tocara | |
| | | tocas | tocabas | tocaste | tocará | tocarías | **toques** | tocaras | toca tú (no **toques**) |
| | **Participles:** | toca | tocaba | tocó | tocarás | tocaría | **toque** | tocara | **toque** Ud. |
| | tocando | tocamos | tocábamos | tocamos | tocaremos | tocaríamos | **toquemos** | tocáramos | **toquemos** |
| | tocado | tocáis | tocabais | tocasteis | tocaréis | tocaríais | **toquéis** | tocarais | tocad (no **toquéis**) |
| | | tocan | tocaban | tocaron | tocarán | tocarían | **toquen** | tocaran | **toquen** Uds. |
| 44 | vencer (c:z) | **venzo** | vencía | vencí | venceré | vencería | **venza** | venciera | |
| | | vences | vencías | venciste | vencerás | vencerías | **venzas** | vencieras | vence tú (no **vezas**) |
| | **Participles:** | vence | vencía | venció | vencerá | vencería | **venza** | venciera | **venza** Ud. |
| | venciendo | vencemos | vencíamos | vencimos | venceremos | venceríamos | **venzamos** | venciéramos | **venzamos** |
| | vencido | vencéis | vencíais | vencisteis | venceréis | venceríais | **venzáis** | vencierais | venced (no **venzáis**) |
| | | vencen | vencían | vencieron | vencerán | vencerían | **venzan** | vencieran | **venzan** Uds. |
| 45 | esparcir (c:z) | esparzo | esparcía | esparcí | esparciré | esparciría | **esparza** | esparciera | |
| | | esparces | esparcías | esparciste | esparcirás | esparcirías | **esparzas** | esparcieras | esparce tú (no **esparzas**) |
| | **Participles:** | esparce | esparcía | esparció | esparcirá | esparciría | **esparza** | esparciera | **esparza** Ud. |
| | esparciendo | esparcimos | esparcíamos | esparcimos | esparciremos | esparciríamos | **esparzamos** | esparciéramos | **esparzamos** |
| | esparcido | esparcís | esparcíais | esparcisteis | esparciréis | esparciríais | **esparzáis** | esparcierais | esparcid (no **esparzáis**) |
| | | esparcen | esparcían | esparcieron | esparcirán | esparcirían | **esparzan** | esparcieran | **esparzan** Uds. |
| 46 | extinguir (gu:g) | **extingo** | extinguía | extinguí | extinguiré | extinguiría | **extinga** | extinguiera | |
| | | extingues | extinguías | extinguiste | extinguirás | extinguirías | **extingas** | extinguieras | extingue tú (no **extingas**) |
| | **Participles:** | extingue | extinguía | extinguió | extinguirá | extinguiría | **extinga** | extinguiera | **extinga** Ud. |
| | extinguiendo | extinguimos | extinguíamos | extinguimos | extinguiremos | extinguiríamos | **extingamos** | extinguiéramos | **extingamos** |
| | extinguido | extinguís | extinguíais | extinguisteis | extinguiréis | extinguiríais | **extingáis** | extinguierais | extinguid (no **extingáis**) |
| | | extinguen | extinguían | extinguieron | extinguirán | extinguirían | **extingan** | extinguieran | **extingan** Uds. |

# Guide to Vocabulary

This glossary contains the words and expressions listed on the **Vocabulario** page found at the end of each lesson in **ENFOQUES** as well as other useful vocabulary. A numeral following an entry indicates the lesson where the word or expression was introduced. Check the **Estructura** sections of each lesson for words and expressions related to those grammar topics.

### Abbreviations used in this glossary

| | | | | | | | | | |
|---|---|---|---|---|---|---|---|---|---|
| *adj.* | adjective | *f.* | feminine | *interj.* | interjection | *p.p.* | past participle | *sing.* | singular |
| *adv.* | adverb | *fam.* | familiar | *m.* | masculine | *prep.* | preposition | *v.* | verb |
| *conj.* | conjunction | *form.* | formal | *pl.* | plural | *pron.* | pronoun | | |

### Note on alphabetization

For purposes of alphabetization, **ch** and **ll** are not treated as separate letters, but **ñ** follows **n.**

## Español–Inglés

### A

**abogado/a** *m., f.* lawyer
**abrazar** *v.* to hug; to hold 1
**abrir(se)** *v.* to open; **abrirse paso** to make one's way
**abrocharse** *v.* to fasten; **abrocharse el cinturón de seguridad** to fasten one's seatbelt
**abstracto/a** *adj.* abstract 10
**aburrir** *v.* to bore 2
**aburrirse** *v.* to get bored 2
**acabarse** *v.* to run out; to come to an end 6
**acantilado** *m.* cliff
**acariciar** *v.* to caress 10
**acaso** *adv.* perhaps
**accidente** *m.* accident; **accidente automovilístico** *m.* car accident 5
**acentuar** *v.* to accentuate 10
**acercarse (a)** *v.* to approach 2
**aclarar** *v.* to clarify 9
**acoger** *v.* to welcome; to take in; to receive
**acogido/a** *adj.* received; **bien acogido/a** well received 8
**acompañar** *v.* to come with 10
**aconsejar** *v.* to advise; to suggest 4
**acontecimiento** *m.* event 9
**acordar** (o:ue) *v.* to agree 2
**acordarse** (o:ue) **(de)** *v.* to remember 2
**acostarse** (o:ue) *v.* to go to bed 2
**acostumbrado/a** *adj.* accustomed to; **estar acostumbrado/a a** *v.* to be used to
**acostumbrarse (a)** *v.* to get used to; to grow accustomed (to) 3
**activista** *m., f.* activist 11
**acto: en el acto** immediately; on the spot 3
**actor** *m.* actor 9
**actriz** *f.* actress 9
**actual** *adj.* current 9
**actualidad** *f.* current events 9
**actualizado/a** *adj.* up-to-date 9
**actualizar** *v.* to update 7
**actualmente** *adv.* currently
**acuarela** *f.* watercolor 10
**adelantado/a** *adj.* advanced 12
**adelanto** *m.* improvement 4
**adelgazar** *v.* to lose weight 4
**adinerado/a** *adj.* wealthy
**adivinar** *v.* to guess
**adjuntar** *v.* to attach 7; **adjuntar un archivo** to attach a file 7
**administrar** *v.* to manage; to run 8
**ADN (ácido desoxirribonucleico)** *m.* DNA 7
**adorar** *v.* to adore 1
**adornado/a** *adj.* embellished 7
**aduana** *f.* customs; **agente de aduanas** customs agent 5
**advertencia** *f.* warning 8
**afeitarse** *v.* to shave 2
**aficionado/a (a)** *adj.* fond of; a fan (of) 2; **ser aficionado/a de** to be a fan of
**afligirse** *v.* to get upset 3
**afortunado/a** *adj.* lucky
**agenda** *f.* datebook 3
**agente** *m., f.* agent; officer; **agente de aduanas** *m., f.* customs agent 5
**agnóstico/a** *adj.* agnostic 11
**agobiado/a** *adj.* overwhelmed 1
**agotado/a** *adj.* exhausted 4
**agotar** *v.* to use up 6
**agradecimiento** *m.* gratitude
**¡Aguas!** *interj.* Watch out! *(Méx.)*
**aguja** *f.* needle 4
**agujero** *m.* hole; **agujero en la capa de ozono** *m.* hole in the ozone layer; **agujero negro** *m.* black hole 7; **agujerito** *m.* small hole 7
**ahogado/a** *adj.* drowned 5
**ahogarse** *v.* to smother; to drown
**ahorrar** *v.* to save 8
**ahorrarse** *v.* to save oneself 7
**ahorro** *m.* savings 8
**aislado/a** *adj.* isolated 6
**aislar** *v.* to isolate 9
**ajedrez** *m.* chess 2, 12
**ala** *m.* wing
**alargar** *v.* to drag out 1
**alba** *f.* dawn; daybreak
**albergue** *m.* hostel 5
**álbum** *m.* album 2
**alcalde/alcaldesa** *m., f.* mayor 11
**alcance** *m.* reach 7; **al alcance** within reach 10; **al alcance de la mano** within reach
**alcanzar** *v.* to reach; to achieve; to succeed in
**aldea** *f.* village 4, 12
**alegría** *f.* joy 11
**alimentación** *f.* diet (nutrition) 4
**allá** *adv.* there
**alma (el)** *f.* soul 1
**alojamiento** *m.* lodging 5
**alojarse** *v.* to stay 5
**alquilar** *v.* to rent; **alquilar una película** to rent a movie 2
**alta definición: de alta definición** *adj.* high definition 7
**alterar** *v.* to modify; to alter
**alternativas** *f. pl.* options 3
**altiplano** *m.* high plateau 11
**altoparlante** *m.* loudspeaker
**alusión** *f.* allusion 10
**amable** *adj.* nice; kind
**amado/a** *m., f.* loved one; sweetheart 1
**amanecer** *m.* sunrise; morning
**amar** *v.* to love 1
**ambiental** *adj.* environmental 6
**ambos/as** *pron., adj.* both
**amenaza** *f.* threat 8
**amenazar** *v.* to threaten 3
**amor** *m.* love; **amor (no) correspondido** (un)requited love
**amueblado/a** *adj.* furnished
**analgésico** *m.* painkiller 2
**anciano/a** *adj.* elderly
**anciano/a** *m., f.* elderly gentleman/lady
**andar** *v.* to walk; **andar** + *pres. participle* to be (doing something)
**anfitrión/anfitriona** *m.* host(ess)
**anillo** *m.* ring
**animado/a** *adj.* lively 2
**animar** *v.* to cheer up; to encourage; **¡Anímate!** Cheer up! *(sing.)* 2; **¡Anímense!** Cheer up! *(pl.)* 2
**ánimo** *m.* spirit 1
**anotar (un gol/un punto)** *v.* to score (a goal/a point) 2
**ansia** *f.* anxiety 1
**ansioso/a** *adj.* anxious 1
**antemano: de antemano** *beforehand*
**antena** *f.* antenna; **antena parabólica** satellite dish
**anterior** *adj.* previous 8
**antes que nada** first and foremost
**antigüedad** *f.* antiquity
**antiguo/a** *adj.* ancient 12

**antipático/a** *adj.* mean; unpleasant
**anuncio** *m.* advertisement; commercial 9
**añadir** *v.* to add
**apagado/a** *adj.* turned off 7
**apagar** *v.* to turn off 3; **apagar las velas** to blow out the candles 8
**aparecer** *v.* to appear 1
**apenas** *adv.* hardly; scarcely 3
**aplaudir** *v.* to applaud 2
**apogeo** *m.* height; highest level 5
**aportación** *f.* contribution 11
**apostar** (o:ue) *v.* to bet
**apoyar** *v.* to support 8
**apoyarse (en)** *v.* to lean (on)
**apuntar** *v.* to aim 11
**apreciado/a** *adj.* appreciated
**apreciar** *v.* to appreciate 1
**aprendizaje** *m.* learning 12
**aprobación** *f.* approval 9
**aprobar** (o:ue) *v.* to approve; to pass (*a class*); **aprobar una ley** to pass a law 11
**aprovechar** *v.* to make good use of; to take advantage of
**apuesta** *f.* bet
**apuro: tener apuro** to be in a hurry; to be in a rush
**araña** *f.* spider 6
**árbitro/a** *m., f.* referee 2
**árbol** *m.* tree 6
**archivo** *m.* file; **bajar un archivo** to download a file
**arduo** *adj.* hard
**arepa** *f.* cornmeal cake
**argumento** *m.* plot 10
**árido/a** *adj.* arid 11
**aristocrático/a** *adj.* aristocratic 12
**arma** *f.* weapon 5
**armada** *f.* navy 11
**armado/a** *adj.* armed
**arqueología** *f.* archaeology
**arqueólogo/a** *m., f.* archaeologist
**arrancar** *v.* to start (*a car*)
**arrastrar** *v.* to drag
**arrecife** *m.* reef 6
**arreglarse** *v.* to get ready 3
**arrepentirse (de)** (e:ie) *v.* to repent 2
**arriesgado/a** *adj.* risky 5
**arriesgar** *v.* to risk
**arriesgarse** *v.* to risk; to take a risk
**arroba** *f.* @ symbol 7
**arroyo** *m.* stream 10
**arruga** *f.* wrinkle
**artefacto** *m.* artifact 5
**artesano/a** *m., f.* artisan 10
**asaltar** *v.* to rob 10
**ascender** (e:ie) *v.* to rise; to be promoted 8
**asco** *m.* revulsion; **dar asco** to be disgusting
**asegurar** *v.* to assure; to guarantee
**asegurarse** *v.* to make sure
**aseo** *m.* cleanliness; hygiene; **aseo personal** *m.* personal care
**asesor(a)** *m., f.* consultant; advisor 8
**así** *adv.* like this; so 3
**asiento** *m.* seat 2
**asombrar** *v.* to amaze
**asombrarse** *v.* to be astonished
**asombro** *m.* amazement; astonishment
**asombroso/a** *adj.* astonishing
**aspecto** *m.* appearance; look; **tener buen/mal aspecto** to look healthy/sick 4
**aspirina** *f.* aspirin 4
**astronauta** *m., f.* astronaut 7
**astrónomo/a** *m., f.* astronomer 7
**asunto** *m.* matter; topic
**asustado/a** *adj.* frightened; scared
**asustar** *v.* to scare 7
**atar** *v.* to tie (up)
**ataúd** *m.* casket
**ateísmo** *m.* atheism
**ateo/a** *adj.* atheist 11
**aterrizar** *v.* to land (an airplane) 5
**atletismo** *m.* track-and-field events
**atónito/a** *adj.* astonished 9
**atracción** *f.* attraction
**atraer** *v.* to attract 1
**atrapar** *v.* to trap; to catch 6
**atrasado/a** *adj.* late 3
**atrasar** *v.* to delay
**atreverse (a)** *v.* to dare (to) 2
**atropellar** *v.* to run over
**audiencia** *f.* audience
**aumento** *m.* increase; raise; **aumento de sueldo** *m.* raise in salary 8
**auricular** *m.* telephone receiver 7
**ausente** *adj.* absent
**auténtico/a** *adj.* real; genuine 3
**autobiografía** *f.* autobiography 10
**autoestima** *f.* self esteem 4
**autoritario/a** *adj.* strict; authoritarian 1
**autorretrato** *m.* self-portrait 10
**auxiliar de vuelo** *m., f.* flight attendant
**auxilio** *m.* help; aid; **primeros auxilios** *m. pl.* first aid 4
**avance** *m.* advance; breakthrough 7
**avanzado/a** *adj.* advanced 7
**avaro/a** *m., f.* miser
**ave** *f.* bird 6
**aventura** *f.* adventure 5
**aventurero/a** *m., f.* adventurer 5
**avergonzado/a** *adj.* ashamed; embarrassed
**avergonzar** *v.* to embarrass 8
**averiguar** *v.* to find out 1
**avisar** *v.* to inform; to warn
**aviso** *m.* notice; warning 5
**ayer (el)** *m.* past 3
**azar** *m.* chance 12

## B

**bahía** *f.* bay 5
**bailar** *v.* to dance 1
**bailarín/bailarina** *m., f.* dancer
**bajar** *v.* to lower
**bajos recursos** *m., pl.* low-income 8
**balcón** *m.* balcony 3
**balón** *m.* ball
**bancario/a** *adj.* banking
**bancarrota** *f.* bankruptcy 8
**banda sonora** *f.* soundtrack 9
**bandera** *f.* flag
**bañarse** *v.* to take a bath 2
**barato/a** *adj.* cheap; inexpensive 3
**barbaridad** *f.* outrageous thing 10
**barrer** *v.* to sweep 3
**barrio** *m.* neighborhood
**bastante** *adv.* quite; enough 3
**batalla** *f.* battle 4, 12
**bautismo** *m.* baptism 9
**beber** *v.* to drink 1
**bellas artes** *f., pl* fine arts 10
**belleza** *f.* beauty 8
**bendecir** (e:i) *v.* to bless 11
**bendito/a** *adj.* blessed 2
**beneficios** *m. pl.* benefits
**besar** *v.* to kiss 1
**biblioteca** *f.* library 12
**bien acogido/a** *adj.* well-received 8
**bienestar** *m.* well-being 4
**bienvenida** *f.* welcome 5
**bilingüe** *adj.* bilingual 9
**billar** *m.* billiards 2
**biografía** *f.* biography 10
**biólogo/a** *m., f.* biologist 7
**bioquímico/a** *adj.* biochemical 7
**bitácora** *f.* travel log; weblog 7
**blog** *m.* blog 7
**blogonovela** *f.* blognovel 7
**blogosfera** *f.* blogosphere 7
**bobo/a** *m., f.* silly, stupid person 7
**boleto** *m.* ticket
**boliche** *m.* bowling 2
**bolsa** *f.* bag; sack; stock market; **bolsa de valores** *f.* stock market 8
**bombardeo** *m.* bombing 6
**bondad** *f.* goodness; **¿Tendría usted la bondad de** + *inf*.... ? Could you please ...? *(form.)*
**boquiabierto/a** *adj.* openmouthed 11
**bordo: a bordo** *adv.* on board 5
**borrar** *v.* to erase 7
**bosque** *m.* forest; **bosque lluvioso** *m.* rain forest 6
**bostezar** *v.* to yawn
**botar** *v.* to throw… out
**botarse** *v.* to outdo oneself (*P. Rico; Cuba*)
**bote** *m.* boat 5
**brindar** *v.* to make a toast 2
**brindis** *m.* toast 3
**broma** *f.* joke
**bromear** *v* to joke
**brújula** *f.* compass 5
**buceo** *m.* scuba diving 5
**budista** *adj.* Buddhist 11
**bueno/a** *adj.* good; **estar bueno/a** *v.* to (still) be good (i.e., *fresh*); **ser bueno/a** *v.* to be good (*by nature*); **¡Buen fin de semana!** Have a nice weekend!; **Buen provecho.** Enjoy your meal.
**búfalo** *m.* buffalo
**burla** *f.* mockery
**burlar** *v.* to outsmart 9
**burlarse (de)** *v.* to make fun (of)
**burocracia** *f.* bureaucracy
**buscador** *m.* search engine 7
**búsqueda** *f.* search
**buzón** *m.* mailbox

## C

**caber** *v.* to fit 1; **no caber duda** to be no doubt
**cabina** *f.* cockpit 5
**cabo** *m.* cape; end (*rope, string*); **al fin y al cabo** sooner or later, after all; **llevar a cabo** to carry out (*an activity*)
**cabra** *f.* goat
**cacique** *m.* tribal chief 12
**cadena** *f.* network 9; **cadena de televisión** *f.* television network
**caducar** *v* to expire

**caer(se)** *v.* to fall **1**; **caer bien/mal** to get along well/badly with **2**
**caja** *f.* box; **caja de herramientas** toolbox
**cajero/a** *m., f.* cashier; **cajero automático** *m.* ATM
**calentamiento global** *m.* global warming **6**
**calentar** (e:ie) *v.* to warm up **3**
**calidad** *f.* quality
**callado/a** *adj.* quiet/silent
**callarse** *v.* to be quiet, silent
**calmante** *m.* tranquilizer **4**
**calmarse** *v.* to calm down; to relax
**calzoncillos** *m. pl.* underwear (men's)
**camarero/a** *m., f.* waiter; waitress
**cambiar** *v* to change
**cambio** *m.* change; **a cambio de** in exchange for
**camerino** *m.* star's dressing room **9**
**campamento** *m.* campground **5**
**campaña** *f.* campaign **11**
**campeón/campeona** *m., f.* champion **2**
**campeonato** *m.* championship
**campo** *m.* ball field **5**
**campo** *m.* countryside; field **6**
**canal** *m.* channel **9**; **canal de televisión** *m.* television channel
**cancelar** *v.* to cancel **5**
**cáncer** *m.* cancer
**cancha** *f.* field
**candidato/a** *m., f.* candidate **11**
**canon literario** *m.* literary canon **10**
**cansancio** *m.* exhaustion **3**
**cansarse** *v.* to become tired
**cantante** *m., f.* singer **2**
**capa** *f.* layer; **capa de ozono** *f.* ozone layer **6**
**capaz** *adj.* competent; capable **8**
**capilla** *f.* chapel
**capitán** *m.* captain
**capítulo** *m.* chapter
**caracterización** *f.* characterization **10**
**cargo** *m.* position; **estar a cargo de** to be in charge of **1**
**cariño** *m.* affection **1**
**cariñoso/a** *adj.* affectionate **1**
**carne** *f.* meat; flesh
**carné de conducir** *m.* driver's license **11**
**caro/a** *adj.* expensive **3**
**cartas** *f. pl.* (playing) cards **2**
**casado/a** *adj.* married **1**
**cascada** *f.* cascade; waterfall **5**
**casi** *adv.* almost **3**
**casi nunca** *adv.* rarely **3**
**castigo** *m.* punishment
**casualidad** *f.* chance; coincidence; **por casualidad** by chance **3**
**catástrofe** *f.* catastrophe; disaster; **catástrofe natural** *f.* natural disaster
**categoría** *f.* category **5**; **de buena categoría** *adj.* high quality **5**
**católico/a** *adj.* Catholic **11**
**cazar** *v.* to hunt **6**
**ceder** *v.* give up **11**
**ceguera** *f.* blindness **4**
**celda** *f.* cell
**celebrar** *v.* to celebrate **2**
**celebridad** *f.* celebrity **9**
**celos** *m. pl.* jealousy; **tener celos de** to be jealous of **1**
**celoso/a** *adj.* jealous **1**
**célula** *f.* cell **7**
**cementerio** *m.* cemetery **12**
**censura** *f.* censorship **9**
**centavo** *m.* cent
**centro comercial** *m.* mall **3**
**cepillarse** *v.* to brush **2**
**cerdo** *m.* pig **6**
**cerro** *m.* hill
**certeza** *f.* certainty
**certidumbre** *f.* certainty **12**
**chiripazo** *m.* coincidence (*Col.*) **4**
**chisme** *m.* gossip **9**
**chiste** *m.* joke **1**
**choque** *m.* crash **3**
**choza** *f.* hut **12**
**cicatriz** *f.* scar
**ciclo vital** *m.* life cycle **4**
**ciencia ficción** *f.* science fiction **10**
**científico/a** *adj.* scientific
**científico/a** *m., f.* scientist **7**
**cierto/a** *adj.* certain, sure; **¡Cierto!** Sure!; **No es cierto.** That's not so.
**cima** *f.* height **1**
**cine** *m.* movie theater; cinema **2**
**cinta** *f.* tape **1**
**cinturón** *m.* belt; **cinturón de seguridad** *m.* seatbelt **5**; **abrocharse el cinturón de seguridad** *v.* to fasten one's seatbelt; **ponerse (el cinturón)** *v.* to fasten (the seatbelt) **5**; **quitarse (el cinturón)** *v.* to unfasten (the seatbelt) **5**
**circo** *m.* circus **2**
**cirugía** *f.* surgery **4**
**cirujano/a** *m., f.* surgeon **4**
**cisterna** *f.* cistern; underground tank **6**
**cita** *f.* date; quotation; **cita a ciegas** *f.* blind date **1**
**ciudadano/a** *m., f.* citizen **11**
**civilización** *f.* civilization **12**
**civilizado/a** *adj.* civilized
**claro** *interj.* of course **3**
**clásico/a** *adj.* classic **10**
**claustro** *m.* cloister
**clave** *f.* key **8**
**clima** *m.* climate
**clonar** *v.* to clone **7**
**club** *m.* club; **club deportivo** *m.* sports club **2**
**coartada** *f.* alibi **10**
**cobertura** *f.* (cell phone) service **5**
**cobrador(a)** *m., f.* debt collector **8**
**cobrar** *v.* to charge; to receive **8**
**cochinillo** *m.* suckling pig **10**
**cocinar** *v.* to cook **3**
**cocinero/a** *m., f.* chef; cook
**codo** *m.* elbow
**coger la caña** *v.* to accept (*Col.*) **2**
**cohete** *m.* rocket **7**
**cola** *f.* line; tail; **hacer cola** to wait in line **2**
**coleccionar** *v.* to collect
**coleccionista** *m., f.* collector
**colgar** (o:ue) *v.* to hang (up)
**colina** *f.* hill
**colmena** *f.* beehive **8**
**colocar** *v.* to place (*an object*) **2**
**colonia** *f.* colony **12**
**colonizar** *v.* to colonize **12**
**columnista** *m., f.* columnist
**combatiente** *m., f.* combatant
**combustible** *m.* fuel **6**
**comediante** *m., f.* comedian **1**
**comensal** *m., f.* dinner guest **10**
**comer** *v.* to eat **1, 2**
**comerciar** *v.* to trade **9**
**comerciante** *m., f.* storekeeper; trader
**comercio** *m.* commerce; trade **8**
**comerse** *v.* to eat up **2**
**comestible** *adj.* edible; **planta comestible** *f.* edible plant
**cometa** *m.* comet **7**
**comida** *f.* food **6**; **comida enlatada** *f.* canned food **6**; **comida rápida** *f.* fast food **4**
**cómo** *adv.* how; **¿Cómo así?** *expr.* How come? **2**; **¡Cómo no!** Of course!; **¿Cómo que son...?** What do you mean they are...?
**compañía** *f.* company **8**
**completo/a** *adj.* complete; filled up; **El hotel está completo.** The hotel is filled.
**componer** *v.* to compose **1**
**compositor(a)** *m., f.* composer
**comprobar** (o:ue) *v.* to prove **7**
**compromiso** *m.* awkward situation **10**
**compromiso** *m.* commitment; responsibility **1**
**computación** *f.* computer science
**computadora portátil** *f.* laptop **7**
**comunidad** *f.* community **4**
**conciencia** *f.* conscience
**concierto** *m.* concert **2**
**conducir** *v.* to drive **1**
**conductor(a)** *m., f.* announcer
**conejo** *m.* rabbit **6**
**conexión de satélite** *f.* satellite connection **7**
**conferencia** *f.* conference **8**
**confesar** (e:ie) *v.* to confess
**confianza** *f.* trust; confidence **1**
**confundido/a** *adj.* confused
**confundir (con)** *v.* to confuse (with)
**confuso/a** *adj.* blurred **1**
**congelado/a** *adj.* frozen
**congeniar** *v.* to get along
**congestionado/a** *adj.* congested
**congestionamiento** *m.* traffic jam **5**
**conjunto** *m.* collection; **conjunto (musical)** *m.* (musical) group, band
**conmovedor(a)** *adj.* moving
**conocer** *v.* to know **1**
**conocimiento** *m.* knowledge **12**
**conquista** *f.* conquest **12**
**conquistador(a)** *m., f.* conquistador; conqueror **12**
**conquistar** *v.* to conquer **12**
**conseguir** (e:) v. to obtain **8**; **conseguir boletos/entradas** *v.* to get tickets **2**
**conservador(a)** *adj.* conservative **11**
**conservador(a)** *m., f.* curator
**conservar** *v.* to conserve; to preserve **6**
**considerar** *v.* to consider; **Considero que...** In my opinion, ...
**consiguiente** *adj.* resulting; consequent; **por consiguiente** consequently; as a result
**consulado** *m.* consulate
**consulta** *f.* doctor's appointment **4**
**consultorio** *m.* doctor's office **4**
**consumo** *m.* consumption; **consumo de energía** *m.* energy consumption
**contador(a)** *m., f.* accountant **8**
**contagiarse** *v.* to become infected **4**

**contaminación** *f.* pollution; contamination **6**
**contaminar** *v.* to pollute; to contaminate **6**
**contar** (o:ue) *v.* to tell; to count **2**; **contar con** to count on
**contemporáneo/a** *adj.* contemporary **10**
**contentarse con** *v.* to be contented/satisfied with **1**
**continuación** *f.* sequel
**contra** *prep.* against; **en contra** *prep.* against
**contraer** *v.* to contract **1**
**contraseña** *f.* password **7**
**contratar** *v.* to hire **8**
**contrato** *m.* contract **8**
**contribuir (a)** *v.* to contribute **6**
**control remoto** *m.* remote control; **control remoto universal** *m.* universal remote control **7**
**controvertido/a** *adj.* controversial **9**
**contundente** *adj.* filling; heavy **10**
**convertirse (en)** (e:ie) *v.* to become **2**
**copa** *f.* (drinking) glass **3**; **Copa del mundo** World Cup
**coquetear** *v.* to flirt **1**
**coraje** *m.* courage
**corazón** *m.* heart **1**
**cordillera** *f.* mountain range **6**
**cordura** *f.* sanity **4**
**coro** *m.* choir; chorus
**corrector ortográfico** *m.* spell-checker **7**
**correr a cargo de** *v.* to be paid by **5**
**corresponsal** *m., f.* correspondent **9**
**corrida** *f.* bullfight **2**
**corrido (de)** *adv.* non-stop **9**
**corriente** *f.* movement **10**
**corrupción** *f.* corruption
**corte** *m.* cut; **de corte ejecutivo** of an executive nature
**corto** *m.* short film
**cortometraje** *m.* short film
**cosecha** *f.* harvest
**costa** *f.* coast **6**
**costoso/a** *adj.* costly; expensive
**costumbre** *f.* custom; habit **3**
**cotidiano/a** *adj.* everyday **3**; **vida cotidiana** *f.* everyday life
**crear** *v.* to create **7**
**creatividad** *f.* creativity
**crecer** *v.* to grow **1**
**crecimiento** *m.* growth
**creencia** *f.* belief **11**
**creer (en)** *v.* to believe (in) **11**; **No creas.** Don't you believe it.
**cretino/a** *adj.* idiot **5**
**creyente** *m., f.* believer **11**
**criar** *v.* to raise; **haber criado** to have raised **1**
**criarse** *v.* to grow up **1**
**crisis** *f.* crisis; **crisis económica** economic crisis **8**
**cristiano/a** *adj.* Christian **11**
**criticar** *v.* to critique **10**
**crítico/a** *m., f.* critic; *adj.* critical **crítico/a de cine** movie critic **9**
**crucero** *m.* cruise (ship) **5**
**cruzar** *v.* to cross
**cuadro** *m.* painting **3, 10**
**cuarentón/cuarentona** *adj.* forty-year-old; in her/his forties **11**
**cubismo** *m.* cubism **10**
**cucaracha** *f.* cockroach **6**
**cuenta** *f.* calculation, sum; bill; account; **a final de cuentas** after all; **cuenta corriente** *f.* checking account **8**; **cuenta de ahorros** *f.* savings account **8**; **tener en cuenta** to keep in mind
**cuento** *m.* short story
**cuerpo** *m.* body; **cuerpo y alma** heart and soul
**cueva** *f.* cave
**cuidado** *m.* care **1**; **bien cuidado/a** well-kept
**cuidadoso/a** *adj.* careful **1**
**cuidar** *v.* to take care of **1**
**cuidarse** *v.* to take care of oneself
**culpa** *f.* guilt
**culpable** *adj.* guilty
**cultivar** *v.* to grow
**culto** *m.* worship
**culto/a** *adj.* cultured; educated; refined **12**
**cultura** *f.* culture; **cultura popular** *f.* pop culture
**cumbre** *f.* summit; peak
**cumplir** *v.* to carry out, to fulfill **8**
**cura** *m.* priest **12**
**curarse** *v.* to heal; to be cured **4**
**curativo/a** *adj.* healing **4**
**currículum vitae** *m.* résumé **8**

## D

**dañino/a** *adj.* harmful **6**
**dar** *v.* to give; **dar a** to look out upon; **dar asco** to be disgusting; **dar de comer** to feed **6**; **dar el primer paso** to take the first step; **dar la gana** to feel like **9**; **dar la vuelta (al mundo)** to go around (the world); **dar paso a** to give way to; **dar un paseo** to take a stroll/walk **2**; **dar una vuelta** to take a walk/stroll; **darse cuenta** to realize **2, 9**; **darse por aludido/a** to realize/assume that one is being referred to **9**; **darse por vencido** to give up
**dardos** *m. pl.* darts **2**
**dato** *m.* piece of data
**de repente** *adv.* suddenly **3**
**de terror** *adj.* horror (*story/novel*) **10**
**deber** *m.* duty **8**
**deber** *v.* to owe **8**; **deber dinero** to owe money
**deber + inf.** *v.* ought + *inf.*
**década** *f.* decade **12**
**decir** (e:i) *v.* to say **1**
**dedicatoria** *f.* dedication
**deforestación** *f.* deforestation **6**
**dejar** *v.* to leave; to allow; **dejar a alguien** to leave someone **1**; **dejar de fumar** quit smoking **4**; **dejar en paz** to leave alone **8**
**delatar** *v.* to denounce **3**
**demás: los/las demás** *pron.* others; other people
**demasiado/a** *adj., adv.* too; too much
**democracia** *f.* democracy **11**
**demora** *f.* delay **12**
**demorar** *v.* to delay
**denunciar** *v.* to denounce **11**
**deportista** *m., f.* athlete **2**
**depositar** *v.* to deposit **8**
**depresión** *f.* depression **4**
**deprimido/a** *adj.* depressed **1**
**derecho** *m.* law; right; **derechos civiles** *m.* civil rights **11**; **derechos humanos** *m.* human rights **11**
**derramar** *v.* to spill
**derribar** *v.* to bring down; to overthrow **12**
**derrocar** *v.* to overthrow **12**
**derrota** *f.* defeat
**derrotado/a** *adj.* defeated **12**
**derrotar** *v.* to defeat **12**
**desafiante** *adj.* challenging **4**
**desafiar** *v.* to challenge **2**
**desafío** *m.* challenge **7**
**desanimado/a** *adj.* discouraged
**desanimarse** *v.* to get discouraged
**desánimo** *m.* the state of being discouraged **1**
**desaparecer** *v.* to disappear **1, 6**
**desarrollado/a** *adj.* developed **12**
**desarrollarse** *v.* to take place **10**
**desarrollo** *m.* development **6**; **país en vías de desarrollo** *m.* developing country
**desatar** *v.* to untie
**descansar** *v.* to rest **4**
**descanso** *m.* rest **8**
**descarado/a** *adj.* rude **9**
**descargar** *v.* to download **7**; to unload **11**
**descendiente** *m., f.* descendent **12**
**desconocido/a** *m., f.* stranger; *adj.* unknown
**descubridor(a)** *m., f.* discoverer
**descubrimiento** *m.* discovery **7**
**descubrir** *v.* discover
**descuidar(se)** *v.* to get distracted; to neglect **6**
**desear** *v.* to desire; to wish **4**
**desechable** *adj.* disposable **6**
**desempleado/a** *adj.* unemployed **8**
**desempleo** *m.* unemployment **8**
**desenlace** *m.* ending
**deseo** *m.* desire; wish; **pedir un deseo** to make a wish
**deshacer** *v.* to undo **1**
**deshecho/a** *adj.* devastated
**deshojar** *v.* to pull out petals **3**
**desierto** *m.* desert **6**
**desigual** *adj.* unequal **11**
**desilusión** *f.* disappointment
**desmayarse** *v.* to faint **4**
**desorden** *m.* disorder; mess **7**
**despacho** *m.* office
**despedida** *f.* farewell **5**
**despedido/a** *adj.* fired
**despedir** (e:i) *v.* to fire **8**
**despedirse** (e:i) *v.* to say goodbye **3**
**despegar** *v.* to take off **5**
**despertarse** (e:ie) *v.* to wake up **2**
**despreocupado/a** *adj.* carefree **11**
**destacado/a** *adj.* prominent **9**
**destacar** *v.* to emphasize; to point out
**destino** *m.* destination **5**
**destrozar** *v.* to destroy
**destruir** *v.* to destroy **6**
**detestar** *v.* to detest
**deuda** *f.* debt **8**
**devolver** (o:ue) *v.* to return (*items*) **3**
**devoto/a** *adj.* pious
**día** *m.* day; **estar al día con las noticias** to keep up with the news
**diamante** *m.* diamond
**diario** *m.* newspaper **9**

**diario/a** *adj.* daily **3**
**dibujar** *v.* to draw **10**
**dictador(a)** *m., f.* dictator **12**
**dictadura** *f.* dictatorship
**didáctico/a** *adj.* educational **10**
**dieta** *f.* diet; **estar a dieta** to be on a diet **4**
**digestión** *f.* digestion
**digital** *adj.* digital **7**
**digno/a** *adj.* worthy **6**
**diluvio** *m.* heavy rain
**dinero** *m.* money; **dinero en efectivo** cash **3**
**Dios** *m.* God **11**
**dios(a)** *m., f.* god/goddess **5**
**diputado/a** *m., f.* representative **11**
**disparar** *v.* to shoot **11**
**disputar** *v.* to play **12**
**dirección de correo electrónico** *f.* e-mail address **7**
**directo/a** *adj.* direct; **en directo** *adj.* live **9**
**director(a)** *m., f.* director
**dirigir** *v.* to direct; to manage **1**
**discoteca** *f.* discotheque; dance club **2**
**discriminación** *f.* discrimination
**discriminado/a** *adj.* discriminated
**disculpar** *v.* to excuse
**disculparse** *v.* to apologize **6**
**discurso** *m.* speech; **pronunciar un discurso** to give a speech **11**
**discutir** *v.* to argue **1**
**diseñar** *v.* to design **10**
**disfraz** *m.* costume
**disfrazado/a** *adj.* disguised; in costume
**disfrutar (de)** *v.* to enjoy **2**
**disgustado/a** *adj.* upset **1**
**disgustar** *v.* to upset **2**
**disminuir** *v* to decrease
**disponer (de)** *v.* to have; to make use of **3**
**disponerse a** *v.* to be about to **6**
**disponible** *adj.* available
**distinguido/a** *adj.* honored
**distinguir** *v.* to distinguish **1**
**distraer** *v.* to distract **1**
**distraído/a** *adj.* distracted
**disturbio** *m.* riot **8**
**diversidad** *f.* diversity **4**
**divertido/a** *adj.* fun **2**
**divertirse** (e:ie) *v.* to have fun **2**
**divorciado/a** *adj.* divorced **1**
**divorcio** *m.* divorce **1**
**doblado/a** *adj.* dubbed **9**
**doblaje** *m.* dubbing (film)
**doblar** *v.* to dub (film); to fold; to turn (*a corner*)
**doble** *m., f.* double (*in movies*) **9**
**documental** *m.* documentary **9**
**dolencia** *f.* illness; condition
**doler** (o:ue) *v.* to hurt; to ache **2**
**dominio** *m.* rule **12**
**dominó** *m.* dominoes
**dondequiera** *adv.* wherever **4**
**dormir** (o:ue) *v.* to sleep **2**
**dormirse** (o:ue) *v.* to go to sleep, to fall asleep **2**
**dramaturgo/a** *m., f.* playwright **10**
**ducharse** *v.* to take a shower **2**
**dueño/a** *m., f.* owner **8**
**duro/a** *adj.* hard; difficult

## E

**echar** *v.* to throw away; **echar un vistazo** to take a look; **echar a correr** to take off running
**ecosistema** *m.* ecosystem **6**
**ecoturismo** *m.* ecotourism **5**
**Edad Media** *f.* Middle Ages
**editar** *v.* to publish **10**
**educar** *v.* to raise; to bring up **1**
**efectivo** *m.* cash
**efectos especiales** *m., pl.* special effects **9**
**efectos secundarios** *m.pl.* side effects **4**
**eficiente** *adj.* efficient
**ejecutivo/a** *m., f.* executive **8**; **de corte ejecutivo** of an executive nature **8**
**ejército** *m.* army **11, 12**
**electoral** *adj.* electoral
**electrónico/a** *adj.* electronic
**elegido/a** *adj.* chosen; elected
**elegir** (e:i) *v.* to elect; to choose **11**
**embajada** *f.* embassy
**embajador(a)** *m., f.* ambassador **11**
**embalarse** *v.* to go too fast **9**
**embarcar** *v.* to board
**emigrar** *v.* to emigrate **11**
**emisión** *f.* broadcast; **emisión en vivo/directo** *f.* live broadcast
**emisora** *f.* (radio) station
**emocionado/a** *adj.* excited **1**
**empatar** *v.* to tie (*games*) **2**
**empate** *m.* tie (*game*) **2**
**empeorar** *v.* to deteriorate; to get worse **4**
**emperador** *m* emperor **12**
**emperatriz** *f.* empress **12**
**empezar** (e:ie) *v.* to begin
**empleado/a** *adj.* employed **8**
**empleado/a** *m., f.* employee **8**
**empleo** *m.* employment; job **8**
**empresa** *f.* company; **empresa multinacional** *f.* multinational company **8**
**empresario/a** *m., f.* entrepreneur **8**
**empujar** *v.* to push
**en línea** *adj.* online **7**
**enamorado/a (de)** *adj.* in love (with) **1**
**enamorarse (de)** *v.* to fall in love (with) **1**
**encabezar** *v.* to lead **12**
**encantar** *v.* to like very much **2**
**encargado/a** *m., f.* person in charge; **estar encargado/a de** to be in charge of **1**
**encargarse de** *v.* to be in charge of **1**
**encender** (e:ie) *v.* to turn on **3**
**encogerse** *v.* shrink; **encogerse de hombros** to shrug
**energía** *f.* energy; **energía eólica** *f.* wind energy; wind power; **energía nuclear** *f.* nuclear energy
**enérgico/a** *adj.* energetic
**enfermarse** *v.* to get sick **4**
**enfermedad** *f.* disease; illness **4**
**enfermero/a** *m., f.* nurse **4**
**enfrentar** *v.* to confront
**engañar** *v.* to betray **9, 12**
**engordar** *v.* to gain weight **4**
**enlace** *m.* link **7**
**enojo** *m.* anger
**enrojecer** *v.* to turn red; to blush
**ensayar** *v.* to rehearse **9**
**ensayista** *m., f.* essayist **10**
**ensayo** *m.* essay; rehearsal
**enseguida** right away **3**
**enseñanza** *f.* teaching; lesson **12**
**entender** (e:ie) *v.* to understand
**enterarse (de)** *v.* to become informed (about) **9**
**enterrado/a** *adj.* buried
**enterrar** (e:ie) *v.* to bury **12**
**entonces** *adv.* then; **en aquel entonces** at that time **3**
**entrada** *f.* admission ticket
**entrega** *f.* delivery
**entrenador(a)** *m., f.* coach; trainer **2**
**entretener(se)** (e:ie) *v.* to entertain, to amuse (oneself); to be held up **1, 2**
**entretenido/a** *adj.* entertaining **2**
**entrevista** *f.* interview; **entrevista de trabajo** *f.* job interview **8**
**envenenado/a** *adj.* poisoned **6**
**enviar** *v.* to send
**eólico/a** *adj.* related to the wind; **energía eólica** *f.* wind energy; wind power
**epidemia** *f.* epidemic **4**
**episodio** *m.* episode **9**; **episodio final** *m.* final episode **9**
**época** *f.* era; epoch; historical period **12**
**equipaje** *m.* luggage
**equipo** *m.* team **2**
**equivocarse** *v.* to be mistaken; to make a mistake **2**
**erosión** *f.* erosion **6**
**erudito/a** *adj.* learned **12**
**esbozar** *v.* to sketch
**esbozo** *m.* outline; sketch
**escalada** *f.* climb (*mountain*)
**escalador(a)** *m., f.* climber
**escalera** *f.* staircase **3**
**escena** *f.* scene
**escenario** *m.* scenery; stage **2**
**esclavitud** *f.* slavery **12**
**esclavizar** *v.* enslave **12**
**esclavo/a** *m., f.* slave **12**
**escoba** *f.* broom
**escoger** *v.* to choose **1**
**escritura** *f.* writing **9**
**esculpir** *v.* to sculpt **10**
**escultor(a)** *m., f.* sculptor **10**
**escultura** *f.* sculpture **10**
**esfuerzo** *m.* effort
**espacial** *adj.* related to space; **transbordador espacial** *m.* space shuttle **7**
**espacio** *m.* space **7**
**espacioso/a** *adj.* spacious
**espalda** *f.* back; **a mis espaldas** behind my back **9**; **estar de espaldas a** to have one's back to
**espantar** *v.* to scare
**especialista** *m., f.* specialist
**especializado/a** *adj.* specialized **7**
**especie** *f.* species **6**; **especie en peligro de extinción** *f.* endangered species
**espectáculo** *m.* show **2**
**espectador(a)** *m., f.* spectator **2**
**espejo retrovisor** *m.* rearview mirror
**espera** *f.* wait
**esperanza** *f.* hope **6**
**espuma** *f.* foam **5**
**espiritual** *adj.* spiritual **11**
**estabilidad** *f.* stability **12**
**establecer(se)** *v.* to establish (oneself) **12**
**estado de ánimo** *m.* mood **4**

**estallido** *m.* explosion **11**
**estar** *v.* to be; **estar al día** to be up-to-date **9**; **estar bajo presión** to be under stress/pressure; **estar bueno/a** to be good (i.e., *fresh*); **estar a cargo de** to be in charge of; **estar harto/a (de)** to be fed up (with); to be sick (of) **1**; **estar lleno** to be full **5**; **estar al tanto** to be informed **9**; **estar a la venta** to be for sale **10**; **estar resfriado/a** to have a cold **4**
**estatal** *adj.* public; pertaining to the state
**estereotipo** *m.* stereotype **10**
**estético/a** *adj.* aesthetic **10**
**estibador de puerto** *m.* longshoreman **4**
**estilo** *m.* style; **al estilo de…** in the style of … **10**
**estrecho/a** *adj.* narrow
**estrella** *f.* star; **estrella fugaz** *f.* shooting star; **estrella** *f.* (movie) star [m/f]; **estrella pop** *f.* pop star [m/f] **9**
**estreno** *m.* premiere; debut **2**
**estrofa** *f.* stanza **10**
**estudio** *m.* studio; **estudio de grabación** *m.* recording studio
**etapa** *f.* stage; phase
**eterno/a** *adj.* eternal
**ético/a** *adj.* ethical **7**; **poco ético/a** unethical
**etiqueta** *f.* label; tag
**excitante** *adj.* exciting
**excursión** *f.* excursion; tour **5**
**exigir** *v.* to demand **1, 4, 8**
**exilio político** *m.* political exile **11**
**éxito** *m.* success
**exitoso/a** *adj.* successful **8**
**exótico/a** *adj.* exotic
**expediente** *m.* investigation **5**
**experiencia** *f.* experience **8**
**experimentar** *v.* to experience; to feel
**experimento** *m.* experiment **7**
**exploración** *f.* exploration
**explorar** *v.* to explore
**explotación** *f.* exploitation
**explotar** *v.* to exploit **12**
**exportaciones** *f., pl.* exports
**exportar** *v.* to export **8**
**exposición** *f.* exhibition
**expresionismo** *m.* expressionism **10**
**expulsar** *v.* to expel **12**
**extinguir** *v.* to extinguish
**extinguirse** *v.* to become extinct **6**
**extrañar** *v.* to miss; **extrañar a (alguien)** to miss (someone); **extrañarse de algo** to be surprised about something
**extraterrestre** *m., f.* alien **7**

## F

**fábrica** *f.* factory
**fabricar** *v.* to manufacture; to make **7**
**facciones** *f.* facial features **3**
**factor** *m.* factor; **factores de riesgo** *m. pl.* risk factors
**factura** *f.* bill **8**
**falda** *f.* skirt
**fallecer** *v* to die
**falso/a** *adj.* insincere **1**
**faltar** *v.* to lack; to need **2**
**fama** *f.* fame **9**; **tener buena/mala fama** to have a good/bad reputation **9**
**famoso/a** *adj.* famous **9**; **hacerse famoso** *v.* to become famous **9**
**farándula** *f.* entertainment **1**
**faro** *m.* lighthouse; beacon **5**
**fascinar** *v.* to fascinate; to like very much **2**
**fatiga** *f.* fatigue; weariness **8**
**fatigado/a** *adj.* exhausted **3**
**favor** *m.* favor; **hacer el favor** to do someone the favor
**favoritismo** *m.* favoritism **11**
**fe** *f.* faith **11**
**felicidad** *f.* happiness; **¡Felicidades a todos!** Congratulations to all!
**feliz** *adj.* happy
**feria** *f.* fair **2**
**festejar** *v.* to celebrate **2**
**festival** *m.* festival **2**
**fiabilidad** *f.* reliability
**fiebre** *f.* fever **4**
**fijarse** *v.* to notice **9**; **fijarse en** to take notice of **2**
**fijo/a** *adj.* permanent; fixed **8**
**fin** *m.* end; **al fin y al cabo** sooner or later; after all
**final: al final de cuentas** after all
**financiar** *v.* to finance **8**
**financiero/a** *adj.* financial **8**
**finanza(s)** *f.* finance(s)
**firma** *f.* signature
**firmar** *v.* to sign
**físico/a** *m., f.* physicist **7**
**flexible** *adj.* flexible
**florecer** *v.* to flower **6**
**flotar** *v.* to float **5**
**fondo** *m.* bottom; **a fondo** *adv.* thoroughly
**forma** *f.* form; shape; **mala forma física** *f.* bad physical shape; **de todas formas** in any case **12**; **ponerse en forma** *v.* to get in shape **4**
**formular** *v.* to formulate **7**
**fortaleza** *f.* strength
**forzado/a** *adj.* forced **12**
**fraile** *m.* friar
**frasco** *m.* flask
**freír** (e:i) *v.* to fry **3**
**frontera** *f.* border **5**
**fuente** *f.* fountain; source; **fuente de energía** energy source **6**
**fuerza** *f.* force; power; **fuerza de voluntad** will power **4**; **fuerza laboral** labor force; **fuerzas armadas** *f., pl.* armed forces **12**
**fulano/a** *m., f.* so-and-so **9**
**función** *f.* performance (*theater/movie*) **2**
**funcionar** *v.* to work **7**
**fusil** *m.* rifle **11**
**fusilar** *v.* shoot, execute by firing squad **12**
**futurístico/a** *adj.* futuristic

## G

**galería** *f.* gallery **10**
**gana** *f.* desire; **sentir/tener ganas de** to want to; to feel like
**ganar** *v.* to win; **ganarse la vida** to earn a living **8**; **ganar bien/mal** to be well/poorly paid **8**; **ganar las elecciones** to win an election **11**; **ganar un partido** to win a game **2**
**ganga** *f.* bargain **3**
**gastar** *v.* to spend **8**
**gen** *m.* gene **7**
**generar** *v.* to produce; to generate
**generoso/a** *adj.* generous
**genética** *f.* genetics
**gerente** *m, f.* manager **8**
**gesto** *m.* gesture
**gimnasio** *m.* gymnasium
**globalización** *f.* globalization
**gobernador(a)** *m., f.* governor **11**
**gobernante** *m., f.* ruler **12**
**gobernar** (e:ie) *v.* to govern **11**
**grabar** *v.* to record **9**
**gracioso/a** *adj.* funny; pleasant **1**
**graduarse** *v.* to graduate
**gravedad** *f.* gravity **7**
**gripe** *f.* flu **4**
**gritar** *v.* to shout
**grupo** *m.* group; **grupo musical** *m.* musical group, band
**guaraní** *m.* Guarani **9**
**guardar** *v.* to save **7**
**guardarse (algo)** *v.* to keep (something) to yourself **1**
**guerra** *f.* war; **guerra civil** civil war; **guerra mundial** world war **11**
**guerrero/a** *m., f.* warrior **12**
**guía turístico/a** *m.,f.* tour guide **5**
**guión** *m.* screenplay; script **9**
**guita** *f.* cash; dough (*Arg.*)
**gusanos** *m. pl.* worms **4** **gustar** v. to like 2, 4; **¡No me gusta nada…!** I don't like … at all!
**gusto** *m.* taste **10** **con mucho gusto** gladly; **de buen/mal gusto** in good/bad taste **10**

## H

**habilidad** *f.* skill
**hábilmente** *adv.* skillfully
**habitación** *f.* room **5**; **habitación individual/doble** *f.* single/double room **5**
**habitante** *m., f.* inhabitant **12**
**habitar** *v.* to inhabit **12**
**hablante** *m., f.* speaker **9**
**hablar** *v.* to speak **1**; **Hablando de esto, …** Speaking of that, …
**hacer** *v.* to do; to make **1, 4**; **hacer algo a propósito** to do something on purpose; **hacer clic** to click; **hacer cola** to wait in line **2**; **hacerle caso a alguien** to pay attention to someone **1**; **hacerle daño a alguien** to hurt someone; **hacer el favor** do someone the favor; **hacerle gracia a alguien** to be funny to someone; **hacerse daño** to hurt oneself; **hacer las maletas** to pack **5**; **hacer mandados** to run errands **3**; **hacer transbordo** *v.* to change (pains, trains) **5**; **hacer un viaje** to take a trip **5**
**hallazgo** *m.* finding; discovery **4**
**hambriento/a** *adj.* hungry
**haragán/haragana** *adj.* lazy; idle **8**
**harto/a** *adj.* tired; fed up (with); **estar harto/a (de)** to be fed up (with); to be sick (of) **1**
**hasta** *adv.* until; **hasta la fecha** up until now
**hecho** *m.* fact **3**; **de hecho** in fact **4**
**helar** (e:ie) *v.* to freeze
**heredar** *v.* to inherit

**herencia** *f.* heritage; **herencia cultural** cultural heritage **12**
**herida** *f.* injury **4**
**herido/a** *adj.* injured
**herir** (e:ie) *v.* to hurt **1**
**heroico/a** *adj.* heroic **12**
**herradura** *f.* horseshoe **12**
**herramienta** *f.* tool; **caja de herramientas** *f.* toolbox
**hervir** (e:ie) *v.* to boil **3**
**hierba** *f.* grass
**higiénico/a** *adj.* hygienic
**hindú** *adj.* Hindu **11**
**hipoteca** *f.* mortgage **8**
**historia** *f.* history **12**
**historiador(a)** *m., f.* historian **12**
**histórico/a** *adj.* historic **12**
**histórico/a** *adj.* historical **10**
**hogar** *m.* home; fireplace **3**
**hojear** *v.* to skim **10**
**hombre de negocios** *m.* businessman **8**
**hombro** *m.* shoulder; **encogerse de hombros** to shrug
**hondo/a** *adj.* deep **2**
**hora** *f.* hour; **horas de visita** *f., pl.* visiting hours
**horario** *m.* schedule **3**
**hormiga** *f.* ant **6**
**hospedarse** *v.* to stay; to lodge
**huelga** *f.* strike (*labor*) **8**
**huella** *f.* trace; mark
**huerto** *m.* orchard
**huerteado** *m.* produce (*Col.*) **2**
**huir** *v.* to flee; to run away **3**
**humanidad** *f.* humankind **12**
**húmedo/a** *adj.* humid; damp **6**
**humillar** *v.* to humiliate **8**
**humorístico/a** *adj.* humorous **10**
**hundir** *v.* to sink
**huracán** *m.* hurricane **6**

## I

**ideología** *f.* ideology **11**
**idioma** *m.* language **9**
**iglesia** *f.* church **11**
**igual** *adj.* equal **11**
**igualdad** *f.* equality
**ilusión** *f.* illusion; hope
**imagen** *f.* image; picture **2, 7**
**imaginación** *f.* imagination
**imparcial** *adj.* unbiased **9**
**imperio** *m.* empire **12**
**importaciones** *f., pl.* imports
**importado/a** *adj.* imported **8**
**importante** *adj.* important **4**
**importar** *v.* to be important (to); to matter **2, 4**; to import **8**
**impostergable** *adj.* impossible to put off **12**
**impresionar** *v.* to impress **1**
**impresionismo** *m.* impressionism **10**
**imprevisto/a** *adj.* unexpected **3**
**imprimir** *v.* to print **9**
**improviso: de improviso** *adv.* unexpectedly
**impuesto** *m.* tax; **impuesto de ventas** *m.* sales tax **8**
**inalámbrico/a** *adj.* wireless **7**
**incapaz** *adj.* incompetent; incapable **8**
**incendio** *m.* fire **6**
**incertidumbre** *f.* uncertainty **12**
**incluido/a** *adj.* included **5**
**inconcluso/a** *adj.* unfinished **12**
**independencia** *f.* independence **12**
**índice** *m.* index; **índice de audiencia** *m.* ratings
**indígena** *adj.* indigenous **9**; *m., f.* indigenous person
**industria** *f.* industry
**inesperado/a** *adj.* unexpected **3**
**inestabilidad** *f.* instability **12**
**infancia** *f.* childhood
**inflamado/a** *adv.* inflamed **4**
**inflamarse** *v.* to become inflamed
**inflexible** *adj.* inflexible
**influyente** *adj.* influential **9**
**informarse** *v.* to get information
**informática** *f.* computer science **7**
**informativo** *m.* news bulletin
**ingeniero/a** *m., f.* engineer **7**
**ingresar** *v.* to enter; to enroll in; to become a member of; **ingresar datos** to enter data
**injusto/a** *adj.* unjust **11**
**inmaduro/a** *adj.* immature **1**
**inmigración** *f.* immigration **11**
**inmoral** *adj.* immoral **11**
**innovador(a)** *adj.* innovative **7**
**inquietante** *adj.* disturbing; unsettling **10**
**inscribirse** *v.* to register **11**
**inseguro/a** *adj.* insecure **1**
**insensatez** *f.* folly **4**
**insistir en** *v.* to insist on **4**
**inspirado/a** *adj.* inspired
**instalar** *v.* to install **7**
**instrucción** *f.* education **8**
**integrarse (a)** *v.* to become part (of) **12**
**inteligente** *adj.* intelligent
**intenciones** *f. pl.* intentions **7**
**interesar** *v.* to be interesting to; to interest **2**
**Internet** *m., f.* Internet **7**
**interrogante** *m.* question; doubt
**intrigante** *adj.* intriguing **10**
**inundación** *f.* flood **6**
**inundar** *v.* to flood
**inútil** *adj.* useless **2**
**invadir** *v.* to invade **12**
**inventar** *v.* to invent **7**
**invento** *m.* invention **7**
**inversión** *f.* investment; **inversión extranjera** *f.* foreign investment **8**
**inversor(a)** *m., f.* investor
**invertir** (e:ie) *v.* to invest **8**
**investigador(a)** *m., f.* researcher
**investigar** *v.* to investigate; to research **7**
**ir** *v.* to go **1, 2**; **¡Qué va!** Of course not!; **ir de compras** to go shopping **3**; **ir en serio** to mean it **7**; **irse (de)** to go away (from) **2**; **ir(se) de vacaciones** to take a vacation **5**
**irresponsable** *adj.* irresponsible
**isla** *f.* island **5**
**itinerario** *m.* itinerary **5**

## J

**jabalí** *m.* wild boar **10**
**jarabe** *m.* syrup **4**
**jaula** *f.* cage
**jornada** *f.* (work) day
**jubilación** *f.* retirement
**jubilarse** *v.* to retire **8**
**judío/a** *adj.* Jewish **11**
**juego** *m.* game **2**; **juego de mesa** board game **2**; **juego de pelota** *m.* ball game **5**
**juez(a)** *m., f.* judge **11**
**jugada** *f.* move **12**
**jugar** (u:ue) *v.* to play
**juicio** *m.* trial; judgment
**jurar** *v.* to swear **11;** to promise **12**
**justicia** *f.* justice **11**
**justo/a** *adj.* just **11**

## L

**laboratorio** *m.* laboratory; **laboratorio espacial** *m.* space lab
**ladrillo** *m.* brick
**ladrón/ladrona** *m., f.* thief
**lágrimas** *f. pl.* tears
**lanzar** *v.* to throw; to launch
**largo/a** *adj.* long; **a lo largo de** along; beside; **a largo plazo** long-term
**largometraje** *m.* full length film
**lastimar** *v.* to injure
**lastimarse** *v.* to get hurt **4**
**latir** *v.* to beat **4**
**lavar** *v.* to wash **3**
**lavarse** *v.* to wash (oneself) **2**
**lealtad** *f.* loyalty **12**
**lector(a)** *m., f.* reader **9**
**lejano/a** *adj.* distant **5**
**lengua** *f.* language; tongue **9**
**león** *m.* lion **6**
**lesión** *f.* wound
**levantar** *v.* to pick up
**levantarse** *v.* to get up **2**
**ley** *f.* law; **aprobar una ley** to approve a law; to pass a law; **cumplir la ley** to abide by the law **11**; **proyecto de ley** *m.* bill **11**
**leyenda** *f.* legend **5**
**liberal** *adj.* liberal **11**
**liberar** *v.* to liberate **12**
**libertad** *f.* freedom **11; libertad de prensa** freedom of the press **9**
**libre** *adj.* free; **al aire libre** outdoors **6**
**líder** *m., f.* leader **11**
**liderazgo** *m.* leadership **11**
**lidiar** *v.* to fight bulls **2**
**límite** *m.* border **11**
**limpiar** *v.* to clean **3**
**limpieza** *f.* cleaning **3**
**literatura** *f.* literature **10; literatura infantil/juvenil** *f.* children's literature **10**
**llamativo/a** *adj.* striking **10**
**llanto** *m.* weeping; crying
**llegada** *f.* arrival **5**
**llegar** *v.* to arrive
**llevar** *v.* to carry **2; llevar a cabo** to carry out (*an activity*); **llevar... años de (casados)** to be (married) for... years **1**; **llevarse** to carry away **2**; **llevarse bien/mal** to get along well/poorly **1**
**llorar** *v.* to cry
**loco/a: ¡Ni loco/a!** *adj.* No way! **9**
**locura** *f.* madness; insanity
**locutor(a)** *m., f.* announcer
**locutor(a) de radio** *m., f.* radio announcer **9**
**lograr** *v.* to manage; to achieve **3**
**loro** *m.* parrot
**lotería** *f.* lottery

**lucha** *f.* struggle; fight
**luchar** *v.* to fight; to struggle **8, 11**; **luchar por** to fight (for)
**lucir** *v.* to wear, to display
**lugar** *m.* place
**lujo** *m.* luxury; **de lujo** luxurious
**lujoso/a** *adj.* luxurious **5**
**luminoso/a** *adj.* bright **10**
**luna** *f.* moon; **luna llena** *f.* full moon
**luz** *f.* light **1;** power; electricity **7**

## M

**macho** *m.* male
**madera** *f.* wood
**madre soltera** *f.* single mother
**madriguera** *f.* burrow; den **3**
**madrugar** *v.* to wake up early **4**
**maduro/a** *adj.* mature **1**
**magia** *f.* magic
**maldición** *f.* curse
**malestar** *m.* discomfort **4**
**maleta** *f.* suitcase **5; hacer las maletas** to pack **5**
**maletero** *m.* trunk **9**
**malgastar** *v.* to waste **6**
**malhumorado/a** *adj.* ill tempered; in a bad mood
**manantial** *m.* spring
**mancha** *f.* stain
**manchar** *v.* to stain
**manejar** *v.* to drive
**manga** *f.* sleeve
**manifestación** *f.* protest; demonstration **11**
**manifestante** *m., f.* protester **6**
**manipular** *v.* to manipulate
**mano de obra** *f.* labor
**manta** *f.* blanket
**mantener** *v.* to maintain; to keep; **mantenerse en contacto** *v.* to keep in touch **1**; **mantenerse en forma** to stay in shape **4**
**manuscrito** *m.* manuscript
**mañana (el)** *m.* future **3**
**maquillaje** *m.* make-up
**maquillarse** *v* to put on makeup **2**
**mar** *m.* sea **6**
**maratón** *m.* marathon
**marca** *f.* brand
**marcar** *v.* to mark; **marcar (un gol/ punto)** to score (a goal/point) **2**
**marcharse** *v* to leave
**marco** *m.* frame
**mareado/a** *adj.* dizzy **4**
**marido** *m.* husband
**marinero** *m.* sailor
**mariposa** *f.* butterfly
**marítimo/a** *adj.* maritime
**más** *adj., adv.* more; **más allá de** beyond; **más bien** rather
**masticar** *v.* to chew
**matador/a** *m., f.* bullfighter who kills the bull **2**
**matemático/a** *m., f.* mathematician **7**
**matiz** *m.* subtlety
**matrimonio** *m.* marriage
**mayor** *m.* elder **12**
**mayor de edad** *adj.* of age
**mayoría** *f.* majority **11**
**mazorca** *f.* ear of corn **2**
**mecánico/a** *adj.* mechanical
**mecanismo** *m.* mechanism
**medicina alternativa** *f.* alternative medicine
**medida** *f.* means; measure; **medidas de seguridad** *f. pl.* security measures **5**
**medio** *m.* half; middle; means; **medio ambiente** *m.* environment **6; medios de comunicación** *m. pl.* media **9**
**medir** (e:i) *v.* to measure
**meditar** *v.* to meditate **11**
**mejilla** *f.* cheek **10**
**mejor** *adj.* better, best; **a lo mejor** *adv.* maybe
**mejorar** *v.* to improve **4**
**mejorarse** *v.* to get better **2**
**mendigo/a** *m., f.* beggar
**mensaje** *m.* message; **mensaje de texto** *m.* text message **7**
**mentira** *f.* lie **1; de mentiras** pretend **5**
**mentiroso/a** *adj.* lying **1**
**¡Menuda paliza!** *(Esp.)* What a beating! **11**
**menudo: a menudo** *adv.* frequently; often **3**
**¿Me permite?** *expr.* May I? **11**
**mercadeo** *m.* marketing **1**
**mercado** *m.* market **8**
**mercado al aire libre** *m.* open-air market
**mercancía** *f.* merchandise
**merced (su)** *f., form.* you **2**
**merecer** *v.* to deserve **8**
**mesero/a** *m., f.* waiter; waitress
**mestizo/a** *m., f.* person of mixed ethnicity (part indigenous) **12**
**meta** *f.* finish line
**meterse** *v.* to break in (*to a conversation*) **1; meterse en un lío** *v.* to get into a mess **5**
**mezcla** *f.* mixture
**mezquita** *f.* mosque **11**
**miel** *f.* honey **8**
**milagro** *m.* miracle
**militar** *m., f.* military **11**
**mina** *f.* mine **7**
**ministro/a** *m., f.* minister; **ministro/a protestante** *m., f.* Protestant minister
**minoría** *f.* minority **11**
**mirada** *f.* gaze **1**
**misa** *f.* mass
**mismo/a** *adj.* same; **Lo mismo digo yo.** The same here.; **él/ella mismo/a** himself; herself
**mitad** *f.* half
**mito** *m.* myth **5**
**moda** *f.* fashion; trend; **de moda** *adj.* popular; in fashion **9**; **moda pasajera** *f.* fad **9**
**modelo** *m., f.* model (*fashion*)
**moderno/a** *adj.* modern
**modificar** *v.* to modify; to reform
**modo** *m.* means; manner
**mojar** *v.* to moisten
**mojarse** *v.* to get wet
**molar** *v.* to be cool (*Esp.*) **5**
**molestar** *v.* to bother; to annoy **2, 5**
**momento** *m.* moment; **de último momento** *adj.* up-to-the-minute **9; noticia de último momento** *f.* last-minute news
**monarca** *m., f.* monarch **12**
**monja** *f.* nun
**mono** *m.* monkey **6**
**monolingüe** *adj.* monolingual **9**
**montaña** *f.* mountain **6**
**monte** *m.* mountain **6**
**moral** *adj.* moral **11**
**morder** (o:ue) *v.* to bite **5, 6**
**morirse** (o:ue) **de** *v.* to die of **2**
**moroso/a** *m., f.* debtor **8**
**mosca** *f.* fly **4, 6**
**motosierra** *f.* power saw **7**
**móvil** *m.* cell phone **7**
**movimiento** *m.* movement **10**
**mudar** *v.* to change **2**
**mudarse** *v.* to move (*change residence*) **2**
**mueble** *m.* furniture **3**
**muelle** *m.* pier **5**
**muerte** *f.* death
**muestra** *f.* sample; example
**mujer** *f.* woman; wife; **mujer de negocios** *f.* businesswoman **8**
**mujeriego** *m.* womanizer
**multa** *f.* fine
**multinacional** *f.* multinational company
**multitud** *f.* crowd
**Mundial** *m.* World Cup
**muralista** *m., f.* muralist **10**
**museo** *m.* museum
**músico/a** *m., f.* musician **2**
**musulmán/musulmana** *adj.* Muslim **11**

## N

**naipes** *m. pl.* playing cards **2**
**narrador(a)** *m., f.* narrator **10**
**narrar** *v.* to narrate **10**
**narrativa** *f.* narrative work **10**
**nativo/a** *adj.* native
**naturaleza muerta** *f.* still life **10**
**nave espacial** *f.* spaceship
**navegante** *m., f.* navigator **7**
**navegar** *v.* to sail **5; navegar en Internet** to surf the web; **navegar en la red** to surf the web **7**
**necesario** *adj.* necessary **4**
**necesidad** *f.* need **5; de primerísima necesidad** of utmost necessity **5**
**necesitar** *v.* to need **4**
**necio/a** *adj.* stupid
**negocio** *m.* business
**nervioso/a** *adj.* nervous
**ni… ni…** *conj.* neither… nor… **ni se le ocurra** *expr.* don't you even think about it **11**
**nido** *m.* nest
**niebla** *f.* fog
**nítido/a** *adj.* sharp
**nivel** *m.* level; **nivel del mar** *m.* sea level
**nombrar** *v.* to name
**nombre artístico** *m.* stage name **1**
**nominación** *f.* nomination
**nominado/a** *m., f.* nominee
**noticia** *f.* news; **noticias locales/nacionales/ internacionales** *f. pl.* local/domestic/ international news **9**
**novedad (sin)** *expr.* no news **11**
**novela rosa** *f.* romance novel **10**
**novelista** *m., f.* novelist **7, 10**
**nuca** *f.* nape **9**
**nutritivo/a** *adj.* nutritious **4**

## O

**o... o...** *conj.* either... or...
**obedecer** *v.* to obey **1**
**obesidad** *f.* obesity **4**
**obra** *f.* work; **obra de arte** *f.* work of art **10**; **obra de teatro** *f.* play (*theater*) **2, 10**; **obra literaria** *f.* literay play **10**; **obra maestra** *f.* masterpiece **3**
**obsequio** *m.* gift **11**
**ocio** *m.* leisure
**ocultarse** *v.* to hide **3**
**ocurrírsele a alguien** *v.* to occur to someone
**odiar** *v.* to hate **1**
**ofensa** *f.* insult **10**
**oferta** *f.* offer; proposal
**oficio** *m.* trade **9**
**ofrecerse (a)** *v.* to offer (to)
**oír** *v.* to hear **1**
**ola** *f.* wave **5**
**óleo** *m.* oil painting **10**
**Olimpiadas** *f. pl.* Olympics
**olvidarse (de)** *v.* to forget (about) **2**
**olvido** *m.* forgetfulness; oblivion **1**
**ombligo** *m.* navel **4**
**onda** *f.* wave
**operación** *f.* operation **4**
**operar** *v.* to operate
**opinar** *v.* to think; to be of the opinion; **Opino que es fea/o.** In my opinion, it's ugly.
**oponerse a** *v.* to oppose **4**
**oportunidad** *f.* chance **8**
**oprimir** *v.* to oppress **12**
**organismo público** *m.* government agency
**orgulloso/a** *adj.* proud **1; estar orgulloso/a de** to be proud of
**orilla** *f.* shore; **a orillas de** on the shore of **6**
**ornamentado/a** *adj.* ornate
**oro** *m.* gold **4, 7**
**oscurecer** *v.* to darken **6**
**oso** *m.* bear
**oveja** *f.* sheep **6**
**ovni** *m.* UFO **7**
**oyente** *m., f.* listener **9**

## P

**pacífico/a** *adj.* peaceful **12**
**padre soltero** *m.* single father
**página** *f.* page; **página web** *f.* web page **7**
**país en vías de desarrollo** *m.* developing country
**paisaje** *m.* landscape; scenery **6**
**pájaro** *m.* bird **6**
**palmera** *f.* palm tree
**panfleto** *m.* pamphlet
**pantalla** *f.* screen **2; pantalla de computadora** *f.* computer screen; **pantalla de televisión** *f.* television screen **2**; **pantalla líquida** *f.* LCD screen **7**
**papel** *m.* role **9; desempeñar un papel** to play a role (*in a play*); to carry out
**para** *prep.* for **Para mí, ...** In my opinion, ...; **para nada** not at all
**paradoja** *f.* paradox
**parar el carro** *v.* to hold one's horses **9**
**parcial** *adj.* biased **9**
**parcialidad** *f.* bias **9**
**parecer** *v.* to seem **2; A mi parecer, ...** In my opinion, ...; **Al parecer, no le gustó**. It looks like he/she didn't like it. **6**; **Me parece hermosa/o.** I think it's pretty.; **Me pareció...** I thought.. **1**; **¿Qué te pareció Mariela?** What did you think of Mariela? **1**; **Parece que está triste/contento/a.** It looks like he/she is sad/happy. **6**
**parecerse** *v.* to look like **2, 3**
**pared** *f.* wall **5**
**pareja** *f.* couple; partner **1**
**parpadear** *v.* to blink **7**
**parque** *m.* park; **parque de atracciones** *m.* amusement park **2**
**parroquia** *f.* parish **12**
**parte** *f.* part; **de parte de** on behalf of; **Por mi parte,** ... As for me, ...
**particular** *adj.* private; personal; particular
**partida** *f.* game **12**
**partido** *m.* party (*politics*); game (*sports*); **partido político** *m.* political party **11**; **ganar/perder un partido** to win/lose a game **2**
**pasado/a de moda** *adj.* out-of-date; no longer popular **9**
**pasaje (de ida y vuelta)** *m.* (round-trip) ticket **5**
**pasajero/a** *adj.* fleeting; passing
**pasaporte** *m.* passport **5**
**pasar** *v.* to pass; to make pass (*across, through, etc.*); **pasar la aspiradora** to vacuum **3**; **pasarlo bien/mal** to have a good/bad/horrible time **1**; **Son cosas que pasan.** These things happen. **11**
**pasarse** *v.* to go too far
**pasatiempo** *m.* pastime **2**
**paseo** *m.* stroll
**paso** *m.* passage; pass; step; **abrirse paso** to make one's way
**pastilla** *f.* pill **4**
**pasto** *m.* grass
**pata** *f.* foot/leg of an animal
**patada** *f.* kick **3**
**patente** *f.* patent **7**
**payaso/a** *m., f.* clown **8**
**paz** *f.* peace
**pecado** *m.* sin
**pececillo de colores** *m.* goldfish
**pecho** *m.* chest **10**
**pedir** (e:i) *v* to ask **1, 4**; **pedir prestado/a** to borrow **8**; **pedir un deseo** to make a wish **8**
**pegar** *v.* to stick
**peinarse** *v.* to comb (one's hair) **2**
**pelear** *v.* to fight
**película** *f.* film
**peligro** *m.* danger; **en peligro de extinción** endangered **6**
**peligroso/a** *adj.* dangerous **5**
**pena** *f.* sorrow **4; ¡Qué pena!** What a pity!
**pensar** (e:ie) *v.* to think **1**
**pensión** *f.* bed and breakfast inn
**perder** (e:ie) *v.* to miss; to lose; **perder un vuelo** to miss a flight **5**; **perder las elecciones** to lose an election **11**; **perder un partido** to lose a game **2**
**pérdida** *f.* loss **11**
**perdonar** *v.* to forgive; **Perdona.** (*fam.*)/ **Perdone.** (*form.*) Pardon me.; Excuse me.
**perfeccionar** *v.* to improve; to perfect
**periódico** *m.* newspaper **9**
**periodista** *m., f.* journalist
**permanecer** *v.* to remain; to last **4**
**permisivo/a** *adj.* permissive; easy-going **1**
**permiso.** *m.* permission; **Con permiso** Pardon me.; Excuse me.; **permiso de circulación** *m.* registration **11**
**perseguir** (e:i) *v.* to pursue; to persecute
**personaje** *m.* character **10; personaje principal/secundario** *m.* main/secondary character
**pertenecer (a)** *v.* to belong (to) **3, 12**
**pesadilla** *f.* nightmare
**pésame (mi más sentido)** *m.* my deepest condolences **7**
**pesca** *f.* fishing **5**
**pesimista** *m., f.* pessimist
**peso** *m.* weight
**pez** *m.* fish (*live*) **6**
**picadura** *f.* insect bite **4**
**picar** *v.* to sting, to peck
**picnic** *m.* picnic
**pico** *m.* peak, summit
**piedad** *f.* mercy **8**
**piedra** *f.* stone **5**
**pieza** *f.* piece (*art*) **10**
**pillar(se)** *v.* to get (*catch*) **9**
**piloto** *m., f.* pilot
**pincel** *m.* paintbrush **10**
**pincelada** *f.* brush stroke **10**
**pintar** *v.* to paint **3**
**pintor(a)** *m., f.* painter **3, 10**
**pintura** *f.* paint; painting **10**
**pirámide** *f.* pyramid **5**
**plancha** *f.* iron
**planear** *v.* to plan
**planeta** *m.* planet **7**
**planeta** *m.* planet **7**
**plata** *f.* money (*L. Am.*) **2**
**plaza de toros** *f.* bullfighting stadium **2**
**plazo: a corto/largo plazo** short/long-term **8**
**población** *f.* population
**poblador(a)** *m., f.* settler; inhabitant
**poblar** (o:ue) *v.* to settle; to populate **12**
**pobreza** *f.* poverty **8**
**poder** (o:ue) *v.* to be able to **1**
**poderoso/a** *adj.* powerful **12**
**poesía** *f.* poetry **10**
**poeta** *m., f.* poet **10**
**polémica** *f.* controversy **11**
**polen** *m.* pollen **8**
**policíaco/a** *adj.* detective (*story/novel*) **10**
**política** *f.* politics
**político/a** *m., f.* politician **11**
**polvo** *m.* dust **3; quitar el polvo** to dust **3**
**poner** *v.* to put; to place **1, 2**; **poner a prueba** to test; to challenge; **poner cara (de hambriento/a)** to make a (hungry) face; **poner un disco compacto** to play a CD **2**; **poner una inyección** to give a shot **4**
**ponerse** *v.* to put on (*clothing*) **2**; **ponerse a dieta** to go on a diet **4**; **ponerse bien/mal** to get well/ill **4**; **ponerse de pie** to stand up **12**; **poner la mesa** to set the table **3**; **ponerse el cinturón** to fasten the seatbelt **5**; **ponerse en forma** to get in shape **4**; **ponerse pesado/a** to become annoying
**popa** *f.* stern **5**
**porquería** *f.* garbage; poor quality **10**
**portada** *f.* front page; cover **9**

**portarse bien** *v.* to behave well
**portátil** *adj.* portable
**posible** *adj.* possible; **en todo lo posible** as much as possible
**pozo** *m.* well; **pozo petrolero** *m.* oil well
**precioso/a** *adj.* lovely **1**
**precolombino/a** *adj.* pre-Columbian
**preferir** *(e:ie) v.* to prefer **4**
**pregonar** *v.* to hawk **9**
**preguntarse** *v.* to wonder
**prehistórico/a** *adj.* prehistoric **12**
**premiar** *v.* to give a prize
**premio** *m.* prize **12**
**prensa** *f.* press **9**; **prensa sensacionalista** *f.* tabloid(s) **9**; **rueda de prensa** *f.* press conference **11**
**preocupado/a (por)** *adj.* worried (about) **1**
**preocupar** *v.* to worry **2**
**preocuparse (por)** *v.* to worry (about) **2**
**presentador(a) de noticias** *m., f.* news reporter
**presentir** (e:ie) *v.* to foresee
**presionar** *v.* to pressure; to stress
**prestar** *v.* to lend **8**
**prestado/a** *adj.* borrowed **2**
**presupuesto** *m.* budget **8**
**prevenido/a** *adj.* cautious
**prevenir** *v.* to prevent **4**
**prever** *v.* to foresee **6**
**previsto/a** *adj., p.p.* planned **3**
**primer(a) ministro/a** *m., f.* prime minister **11**
**primeros auxilios** *m. pl.* first aid **4**
**prisa** *f.* hurry; rush **6**
**privilegio** *m.* privilege
**proa** *f.* bow **5**
**probador** *m.* dressing room **3**
**probar** (o:ue) **(a)** *v.* to try **3**
**probarse** (o:ue) *v.* to try on **3**
**procesión** *f.* procession **12**
**producir** *v.* to produce **1**
**productivo/a** *adj.* productive **8**
**profundo/a** *adj.* deep
**programa (de computación)** *m.* software **7**
**programador(a)** *m., f.* programmer
**prohibido/a** *adj.* prohibited **5**
**prohibir** *v.* to prohibit **4**
**prometido/a** *m., f.* fiancé(e) **7**
**prominente** *adj.* prominent **11**
**promover** (o:ue) *v.* to promote
**pronunciar** *v.* to pronounce; **pronunciar un discurso** to give a speech **11**
**propaganda** *f.* advertisement
**propensión** *f.* tendency
**propietario/a** *m., f.* (property) owner
**propio/a** *adj.* own **1**
**proponer** *v.* to propose **1, 4**; **proponer matrimonio** to propose (marriage) **1**
**proporcionar** *v.* to provide; to supply
**propósito: a propósito** *adv.* on purpose **3**
**prosa** *f.* prose **10**
**protagonista** *m., f.* protagonist; main character **10**
**proteger** *v.* to protect **1, 6**
**protegido/a** *adj.* protected **5**
**protestar** *v.* to protest **11**
**provecho** *m.* benefit; **Buen provecho.** Enjoy your meal. **6**
**proveniente (de)** *adj.* originating (in); coming from
**provenir (de)** *v.* to come from; to originate from
**proyecto** *m.* project; **proyecto de ley** *m.* bill **11**
**prueba** *f.* proof
**publicar** *v.* to publish **9**
**publicidad** *f.* advertising **9**
**público** *m.* public; audience **9**
**pueblo** *m.* people
**puente** *m.* bridge **12**
**puerta de embarque** *f.* (airline) gate **5**
**puerto** *m.* port **5**
**puesto** *m.* position; job **8**
**punto** *m.* period **2**
**punto de vista** *m.* point of view **10**
**pureza** *f.* purity **6**
**puro/a** *adj.* pure; clean

## Q

**quedar** *v.* to agree on **2**; to be left over; to fit (clothing) **2**
**quedarse** *v.* to stay **5**; **quedarse callado/a** to remain silent **1**; **quedarse sin** to run out of **6**; **quedarse sordo/a** to go deaf **4**; **quedarse viudo/a** to become widowed
**quehacer** *m.* chore **3**
**queja** *f.* complaint
**quejarse (de)** *v.* to complain (about) **2**
**querer** (e:ie) *v.* to love; to want **1, 4**
**químico/a** *adj.* chemical **7**
**químico/a** *m., f.* chemist **7**
**quirúrgico/a** *adj.* surgical
**quitar** *v.* to take away; to remove **2**; **quitar el polvo** to dust **3**; **quitar la mesa** to clear the table **3**
**quitarse** *v.* to take off (*clothing*) **2**; **quitarse (el cinturón)** to unfasten (the seatbelt) **5**

## R

**rabia** *f.* rabies **5**
**rabino/a** *m., f.* rabbi
**radiación** *f.* radiation
**radio** *f.* radio
**radioemisora** *f.* radio station **9**
**raíz** *f.* root
**rana** *f.* frog **6**
**rancho** *m.* ranch **12**
**rascarse** *v.* to scratch (oneself) **4**
**rasgo** *m.* trait; characteristic
**rata** *f.* rat
**ratos libres** *m. pl.* free time **2**
**raya** *f.* war paint; stripe **5**
**rayo** *m.* ray; lightning; **¿Qué rayos...?** What on earth...? **5**
**raza** *f.* race **12**
**reactor** *m.* reactor
**realismo** *m.* realism **10**
**realista** *adj.* realistic; realist **10**
**rebeldía** *f.* rebelliousness
**rebuscado/a** *adj.* complicated
**recepción** *f.* front desk **5**
**receta** *f.* prescription **4**
**recetar** *v.* prescribe
**rechazar** *v.* to turn down; to reject **1, 11**
**rechazo** *m.* refusal; rejection
**reciclable** *adj.* recyclable
**reciclar** *v.* to recycle **6**
**recital** *m.* recital
**reclamar** *v.* to claim; to demand **11**
**recomendable** *adj.* recommendable; advisable **5**; **poco recomendable** not advisable; inadvisable
**recomendar** (e:ie) *v.* to recommend **4**
**reconocer** *v.* to recognize **1, 12**
**reconocimiento** *m.* recognition
**recordar** (o:ue) *v.* to remember
**recorrer** *v.* to visit; to go around **5**
**recuerdo** *m.* memory
**recuperarse** *v.* to recover **4**
**recurso natural** *m.* natural resource **6**
**red** *f.* network **8**
**redactor(a)** *m., f.* editor **9**; **redactor(a) jefe** *m., f.* editor-in-chief
**redondo/a** *adj.* round **2**
**reducir (la velocidad)** *v.* to reduce (speed) **5**
**reembolso** *m.* refund **3**
**reflejar** *v.* to reflect; to depict **10**
**reforma** *f.* reform; **reforma económica** *f.* economic reform
**refugiarse** *v* to take refuge
**refugio** *m.* refuge **6**
**regla** *f.* rule
**regocijo** *m.* joy **4**
**regresar** *v.* to return **5**
**regreso** *m.* return (trip)
**rehacer** *v.* to re-make; to re-do **1**
**reina** *f.* queen
**reino** *m.* reign; kingdom **12**
**reírse** (e:i) *v.* to laugh
**relacionado/a** *adj.* related; **estar relacionado/a** to have good connections
**relajarse** *v.* to relax **4**
**relámpago** *m.* lightning **6**
**relato** *m.* story; account **10**
**religión** *f.* religion
**religioso/a** *adj.* religious **11**
**reloj** *m.* clock **12**
**remitente** *m.* sender
**remo** *m.* oar **5**
**remordimiento** *m.* remorse
**rendimiento** *m.* performance
**rendirse** (e:i) *v.* to surrender **12**
**renovable** *adj.* renewable **6**
**renunciar** *v.* to quit **8**; **renunciar a un cargo** to resign a post
**repaso** *m.* revision; review **10**
**repentino/a** *adj.* sudden **3**
**repertorio** *m.* repertoire
**reportaje** *m.* news report **9**
**reportero/a** *m., f.* reporter **9**
**reposo** *m.* rest; **estar en reposo** to be at rest
**repostería** *f.* pastry
**represa** *f.* dam
**reproducirse** *v.* to reproduce
**reproductor de CD/DVD/MP3** *m.* CD/DVD/MP3 player **7**
**resbaladizo/a** *adj.* slippery **11**
**resbalar** *v.* to slip
**rescatar** *v.* to rescue
**resentido/a** *adj.* resentful **6**
**reservación** *f.* reservation
**reservar** *v.* to reserve **5**
**resfriado** *m.* cold **4**
**residir** *v* to reside
**resolver** (o:ue) *v.* to solve **6**
**respeto** *m.* respect

**respiración** *f.* breathing 4
**respirar** *v.* to breath 1
**responsable** *adj.* responsible
**resumidas cuentas (en)** *expr.* in a nutshell 3
**retrasado/a** *adj.* delayed 5
**retrasar** *v* to delay
**retraso** *m.* delay
**retratar** *v.* to portray 3
**retrato** *m.* portrait 3
**reunión** *f.* meeting 8
**reunirse (con)** *v.* to get together (with) 2
**revista** *f.* magazine 9; **revista electrónica** *f.* online magazine 9
**revolucionario/a** *adj.* revolutionary 7
**revolver** (o:ue) *v.* to stir; to mix up
**rey** *m.* king 12
**rezar** *v.* to pray 11
**riesgo** *m.* risk
**rima** *f.* rhyme 10
**rincón** *m.* corner; nook
**río** *m.* river
**riqueza** *f.* wealth 8
**rociar** *v.* to spray 6
**rodar** (o:ue) *v.* to film 9
**rodeado/a** *adj.* surrounded 7
**rodear** *v.* to surround
**rogar** (o:ue) *v.* to beg; to plead 2, 4
**romanticismo** *m.* romanticism 10
**romper (con)** *v.* to break up (with) 1
**rozar** *v.* to brush against; to touch lightly
**ruedo** *m.* bull ring 2
**ruido** *m.* noise
**ruina** *f.* ruin 5
**ruta maya** *f.* Mayan Trail 5
**rutina** *f.* routine 3

## S

**saber** *v.* to know; to taste like/of 1; **¿Cómo sabe?** How does it taste? 4; **¿Y sabe bien?** And does it taste good? 4; **Sabe a ajo/menta/limón.** It tastes like garlic/mint/lemon. 4
**sabiduría** *f.* wisdom 12
**sabio/a** *adj.* wise
**sabor** *m.* taste; flavor; **¿Qué sabor tiene? ¿Chocolate?** What flavor is it? Chocolate? 4; **Tiene un sabor dulce/agrio/amargo/agradable.** It has a sweet/sour/bitter/pleasant taste. 4
**sacerdote** *m.* priest
**saciar** *v.* to satisfy; to quench
**sacrificar** *v.* to sacrifice 6
**sacrificio** *m.* sacrifice
**sacristán** *m.* sexton 11
**sagrado/a** *adj.* sacred; holy 11
**sala** *f.* room; hall; **sala de conciertos** *f.* concert hall; **sala de emergencias** *f.* emergency room 4
**salida** *f.* exit 6
**salir** *v.* to leave; to go out 1; **salir (a comer)** to go out (to eat) 2; **salir con** to go out with 1
**salto** *m.* jump
**salud** *f.* health 4; **¡A tu salud!** To your health!; **¡Salud!** Cheers! 8
**saludable** *adj.* healthy; nutritious 4
**salvaje** *adj.* wild 6
**salvar** *v.* to save 6
**sanar** *v.* to heal 4
**sangre** *f.* blood 11
**sano/a** *adj.* healthy 4
**satélite** *m.* satellite
**sátira** *f.* satire
**satírico/a** *adj.* satirical 10; **tono satírico/a** *m.* satirical tone
**secarse** *v.* to dry off 2
**sección** *f.* section 9; **sección de sociedad** *f.* lifestyle section 9; **sección deportiva** *f.* sports page/section 9
**seco/a** *adj.* dry 6
**secuestro** *m.* hijacking
**seguir** (i:e) *v.* to follow
**seguridad** *f.* safety; security 5; **cinturón de seguridad** *m.* seatbelt 5; **medidas de seguridad** *f. pl.* security measures 5
**seguro** *m.* insurance 5
**seguro/a** *adj.* sure; confident 1, 11
**seleccionar** *v.* to select; to pick out 3
**sello** *m.* seal; stamp
**selva** *f.* jungle 5
**semana** *f.* week
**semanal** *adj.* weekly
**semilla** *f.* seed
**senador(a)** *m., f.* senator 11
**sensato/a** *adj.* sensible 1
**sensible** *adj.* sensitive 1
**sentido** *m.* sense; **en sentido figurado** figuratively; **sentido común** *m.* common sense
**sentimiento** *m.* feeling; emotion 1
**sentirse** (e:ie) *v.* to feel 1
**señal** *f.* sign
**señalar** *v.* to point to; to signal 2
**separado/a** *adj.* separated 1
**sepultar** *v.* to bury 12
**sequía** *f.* drought 6
**ser** *v.* to be 1
**serpiente** *f.* snake 6
**servicio de habitación** *m.* room service 5
**servicios** *m., pl* facilities
**servidumbre** *f.* servants; servitude 3
**sesión** *f.* showing
**¡Siga!** *expr.* Come on in! 2
**siglo** *m.* century 12
**silbar** *v.* to whistle
**sillón** *m.* armchair
**simpático/a** *adj.* nice
**sin** *prep.* without; **sin ti** without you (*fam.*)
**sinagoga** *f.* synagogue 11
**sincero/a** *adj.* sincere
**sindicato** *m.* labor union 8
**síntoma** *m.* symptom
**sintonía** *f.* tuning; synchronization 9
**sintonizar** *v.* to tune into (radio or television)
**siquiera** *conj.* even; **ni siquiera** *conj.* not even 7
**sitio web** *m.* website 7
**situado/a** *adj.* situated; located; **estar situado/a en** to be set in
**soberanía** *f.* sovereignty 12
**soberano/a** *m., f.* sovereign; ruler 12
**sobre** *m.* envelope
**sobre todo** above all 6
**sobredosis** *f.* overdose
**sobrevivencia** *f.* survival
**sobrevivir** *v.* to survive
**sociable** *adj.* sociable
**sociedad** *f.* society
**socio/a** *m., f.* partner; member 8
**solar** *adj.* solar
**soldado** *m.* soldier 12
**soledad** *f.* solitude; loneliness 3
**soler** (o:ue) *v.* to be in the habit of; to be used to 3
**solicitar** *v.* to apply for 8
**solo/a** *adj.* alone; lonely 1
**soltero/a** *adj.* single 1; **madre soltera** *f.* single mother; **padre soltero** *m.* single father
**sonar** (o:ue) *v.* to ring 7
**soñar** (o:ue) **(con)** *v.* to dream (about) 1
**soplar** *v.* to blow
**soportar** *v.* to support; **soportar a alguien** to put up with someone 1
**sordo/a** *adj.* deaf; **quedarse sordo/a** to go deaf *v.* 4
**sorprender** *v.* to surprise 2
**sorprenderse (de)** *v.* to be surprised (about) 2
**sortija** *f.* ring
**sospecha** *f.* suspicion
**sospechar** *v.* to suspect
**sótano** *m.* basement 3
**suavidad** *f.* smoothness
**subasta** *f.* auction 10
**subdesarrollo** *m.* underdevelopment
**subida** *f.* ascent
**subtítulos** *m., pl.* subtitles 9
**suburbio** *m.* suburb
**suceder** *v.* to happen 1
**sucursal** *f.* branch
**sudores** *m. pl.* sweats 5
**sueldo** *m.* salary; **aumento de sueldo** raise in salary *m.* 8; **sueldo fijo** *m.* base salary 8; **sueldo mínimo** *m.* minimum wage 8
**suelo** *m.* floor
**suelto/a** *adj.* loose
**sueños** *m. pl.* dreams 1
**sufrimiento** *m.* pain; suffering
**sufrir (de)** *v.* to suffer (from) 4
**sugerir** (e:ie) *v.* to suggest 4
**superar** *v.* to exceed, **to** overcome 1
**superficie** *f.* surface
**supermercado** *m.* supermarket 3
**supervivencia** *f.* survival
**suponer** *v.* to suppose 1
**suprimir** *v.* to abolish; to suppress 12
**supuesto/a** *adj.* false; so-called; supposed; **Por supuesto.** Of course.
**surrealismo** *m.* surrealism 10
**suscribirse (a)** *v.* to subscribe (to) 9

## T

**tablero** *m.* chessboard 12
**tacaño/a** *adj.* cheap; stingy 1
**tacón** *m.* heel 12; **tacón alto** high heel
**tal como** *conj.* just as
**talento** *m.* talent 1
**talentoso/a** *adj.* talented 1
**taller** *m.* workshop
**tanque** *m.* tank 6
**tapa** *f.* lid, cover
**tapón** *m.* traffic jam
**taquilla** *f.* box office 2
**tarjeta** *f.* card; **tarjeta de crédito/débito** *f.* credit/debit card 3; **tarjeta de embarque** *f.* boarding card 5

**tatarabuelo/a** *m., f.* great-great-grandfather/mother **12**
**teatro** *m.* theater
**teclado** *m.* keyboard
**tela** *f.* canvas **10**
**teléfono celular** *m.* cell phone **7**
**telenovela** *f.* soap opera **9**
**telescopio** *m.* telescope **7**
**televidente** *m., f.* television viewer **9**
**televisión** *f.* television **2**
**televisor** *m.* television set **2**
**templo** *m.* temple **11**
**temporada** *f.* season **9** **temporada alta/baja** *f.* high/low season **5**
**tendencia** *f.* trend **9**; **tendencia izquierdista/derechista** *f.* left-wing/right-wing bias
**tener** (e:ie) *v.* to have **1**; **tener buen/mal aspecto** to look healthy/sick **4**; **tener buena/mala fama** to have a good/bad reputation **9**; **tener celos (de)** to be jealous (of) **1**; **tener fiebre** to have a fever **4**; **tener vergüenza (de)** to be ashamed (of) **1**
**tensión (alta/baja)** *f.* (high/low) blood pressure **4**
**teoría** *f.* theory **7**
**terapia intensiva** *f.* intensive care **4**
**térmico/a** *adj.* thermal
**terremoto** *m.* earthquake **6**
**terreno** *m.* land **6**
**territorio** *m.* territory **11**
**terrorismo** *m.* terrorism **11**
**testigo** *m., f.* witness **10**
**tiburón** *m.* shark **5**
**tiempo** *m.* time; **a tiempo** on time **3**; **tiempo libre** *m.* free time **2**
**tierra** *f.* land; earth **6**
**tigre** *m.* tiger **6**
**timbre** *m.* doorbell; tone; tone of voice **3**; **tocar el timbre** to ring the doorbell **3**
**timidez** *f.* shyness
**tímido/a** *adj.* shy **1**
**típico/a** *adj.* typical; traditional
**tiple** *m.* type of guitar **2**
**tipo** *m.* guy **2**
**tira cómica** *f.* comic strip **9**
**tirar** *v.* to throw
**titular** *m.* headline **9**
**titularse** *v.* to graduate **3**
**tocar + me/te/le, etc.** *v.* to be my/your/his turn; **¿A quién le toca pagar la cuenta?** Whose turn is it to pay the tab? **2**; **¿Todavía no me toca?** Is it my turn yet? **2**; **A Johnny le toca hacer el café.** It's Johnny's turn to make coffee. **2**; **Siempre te toca lavar los platos.** It's always your turn to wash the dishes. **2**; **tocar el timbre** to ring the doorbell **3**; **tocar (un instrumento)** to play **8**
**tomar** *v.* to take; **tomar en cuenta** *v.* to take into consideration **1**; **tomar en serio** to take seriously
**torear** *v.* to fight bulls in the bullring **2**
**toreo** *m.* bullfighting **2**
**torero/a** *m., f.* bullfighter **2**
**tormenta** *f.* storm; **tormenta tropical** *f.* tropical storm **6**
**torneo** *m.* tournament **2**
**tos** *f.* cough **4**
**toser** *v.* to cough **4**
**tóxico/a** *adj.* toxic **6**
**tozudo/a** *adj.* stubborn **8**
**trabajador(a)** *adj.* industrious; hard-working **8**
**trabajar duro** to work hard **8**
**tradicional** *adj.* traditional **1**
**traducir** *v.* to translate **1**
**traer** *v.* to bring **1**
**tráfico de esclavos** *m.* slave trade **4**
**tragar** *v.* to swallow
**trágico/a** *adj.* tragic **10**
**traición** *f.* betrayal **12**
**traidor(a)** *m., f.* traitor **12**
**traje de luces** *m.* bullfighter's outfit (*lit.* costume of lights) **2**
**trama** *f.* plot **10**
**tranquilo/a** *adj.* calm **1**; **Tranquilo/a.** Be calm.; Relax.
**transbordador espacial** *m.* space shuttle **7**
**transcurrir** *v.* to take place **10**
**tránsito** *m.* traffic
**transmisión** *f.* transmission
**transmitir** *v.* to broadcast **9**
**transplantar** *v.* to transplant
**transporte público** *m.* public transportation
**trasnochar** *v.* to stay up all night **4**
**trastorno** *m.* disorder
**tratado** *m.* treaty
**tratamiento** *m.* treatment **4**
**tratar** *v.* to treat **4**; **tratar (sobre/acerca de)** to be about; to deal with **4**
**tratarse de** *v.* to be about; to deal with **10**
**trayectoria** *f.* path; history **1**
**trazar** *v.* to trace
**tribu** *f.* tribe **12**
**tribunal** *m.* court
**tripa** *f.* belly **5**
**tripulación** *f.* crew **5**
**tropical** *adj.* tropical; **tormenta tropical** *f.* tropical storm **6**
**truco** *m.* trick **2**
**trueno** *m.* thunder **6**
**trueque** *m.* barter; exchange
**tubería** *f.* piping; plumbing **6**
**turbio/a** *adj.* murky **1**
**turismo** *m.* tourism **5**
**turista** *m., f.* tourist **5**
**turístico/a** *adj.* tourist **5**

## U

**ubicar** *v.* to put in a place; to locate
**ubicarse** *v* to be located
**único/a** *adj.* unique
**unirse** *v.* to join **11**
**uña** *f.* fingernail
**urbano/a** *adj.* urban
**urgente** *adj.* urgent **4**
**usuario/a** *m., f.* user **7**
**útil** *adj.* useful

## V

**vaca** *f.* cow **6**
**vacuna** *f.* vaccine **4**
**vacunar(se)** *v.* to vaccinate/to get vaccinated **4**
**vago/a** *m., f.* slacker
**vagón** *m.* carriage; coach **7**
**valer** *v.* to be worth **1**
**valiente** brave **5**
**valioso/a** *adj.* valuable **6**
**valor** *m.* bravery; value
**vándalo/a** *m., f.* vandal **6**
**vanguardia** *f.* vanguard; **a la vanguardia** at the forefront **7**
**vedado/a** *adj.* forbidden **3**
**vela** *f.* candle
**venado** *m.* deer
**vencer** *v.* to conquer; to defeat **2, 9**
**vencido/a** *adj.* expired **5**
**venda** *f.* bandage **4**
**vendedor(a)** *m., f.* salesperson **8**
**veneno** *m.* poison **6**
**venenoso/a** *adj.* poisonous **6**
**venir** (e:ie) *v.* to come **1**
**venta** *f.* sale; **estar a la venta** to be for sale
**ventaja** *f.* advantage
**ver** *v.* to see **1**; **Yo lo/la veo muy triste.** He/She looks very sad to me. **6**
**vergüenza** *f.* shame; embarrassment; **tener vergüenza (de)** to be ashamed (of) **1**
**verse** *v.* to look; to appear; **Se ve tan feliz.** He/She looks so happy. **6**; **¡Qué guapo/a te ves!** How attractive you look! (*fam.*) **6**; **¡Qué elegante se ve usted!** How elegant you look! (*form.*) **6**
**verso** *m.* line (*of poetry*) **10**
**vestidor** *m.* fitting room
**vestirse** (e:i) *v.* to get dressed **2**
**vez** *f.* time; **a veces** *adv.* sometimes **3**; **de vez en cuando** now and then; once in a while **3**; **por primera/última vez** for the first/last time **2**; **érase una vez** once upon a time
**viaje** *m.* trip **5**; **hacer un viaje** to take a trip **5**
**viajero/a** *m., f.* traveler **5**
**victoria** *f.* victory
**victorioso/a** *adj.* victorious **12**
**vida** *f.* life; **vida cotidiana** *f.* everyday life
**video musical** *m.* music video **9**
**videojuego** *m.* video game **2**
**vigente** *adj.* valid **5**
**vigilar** *v.* to watch
**virus** *m.* virus **4**
**vistazo** *m.* glance; **echar un vistazo** to take a look
**viudo/a** *adj.* widowed **1**
**viudo/a** *m., f.* widower/widow
**vivir** *v.* to live **1**
**vivo: en vivo** *adj.* live **9**
**volar** (o:ue) *v.* to fly **8**
**volver** (o:ue) *v.* to come back
**votar** *v.* to vote **11**
**vuelo** *m.* flight
**vuelta** *f.* return (trip)

## W

**web** *f.* (the) web **7**

## Y

**yeso** *m.* cast **4**

## Z

**zaguán** *m.* entrance hall; vestibule **3**
**zoológico** *m.* zoo **2**

# English–Spanish

## A

**@ symbol** arroba *f.* 7
**abolish** suprimir *v.* 12
**above all** sobre todo 6
**absent** ausente *adj.*
**abstract** abstracto/a *adj.* 10
**accentuate** acentuar *v.* 10
**accept** coger la caña *v.* (*Col.*) 2
**accident** accidente *m.;* **car accident** accidente automovilístico *m.* 5
**account** cuenta *f.;* **(story)** relato *m.* 10; **checking account** cuenta corriente *f.* 8; **savings account** cuenta de ahorros *f.*
**accountant** contador(a) *m., f.* 8
**accustomed to** acostumbrado/a *adj.;* **to grow accustomed (to)** acostumbrarse (a) *v.* 3
**ache** doler (o:ue) *v.* 2
**achieve** lograr *v.* 3; alcanzar *v.*
**activist** activista *m., f.* 11
**actor** actor *m.* 9
**actress** actriz *f.* 9
**add** añadir *v.*
**admission ticket** entrada *f.*
**adore** adorar *v.* 1
**advance** avance *m.* 7
**advanced** adelantado/a; avanzado/a *adj.* 7, 12
**advantage** ventaja *f.;* **to take advantage of** aprovechar *v*
**adventure** aventura *f.* 5
**adventurer** aventurero/a *m., f.* 5
**advertising** publicidad *f.* 9
**advertisement** anuncio *m.,* propaganda *f.*
**advisable** recomendable *adj.* 5; **not advisable, inadvisable** poco recomendable *adj.*
**advise** aconsejar *v.* 4
**advisor** asesor(a) *m., f.* 8
**aesthetic** estético/a *m., f.* 10
**affection** cariño *m.* 1
**affectionate** cariñoso/a *adj.* 1
**after all** al final de cuentas; al fin y al cabo
**against** contra *prep.;* **against** en contra *prep.* 1
**age: of age** mayor de edad
**agent** agente *m., f.;* **customs agent** agente de aduanas *m., f.* 5
**agnostic** agnóstico/a *adj.* 11
**agree** acordar (o:ue) *v.* 2; **to agree on** quedar *v.* 2
**aid** auxilio *m.;* **first aid** primeros auxilios *m. pl.* 4
**aim** apuntar *v.* 11
**album** álbum *m.* 2
**alibi** coartada *f.* 10
**alien** extraterrestre *m., f.* 7
**allusion** alusión *f.* 10
**almost** casi *adv.* 3
**alone** solo/a *adj.* 1
**alternative medicine** medicina alternativa *f.*
**amaze** asombrar *v.*
**amazement** asombro *m.*
**ambassador** embajador(a) *m., f.* 11
**amuse (oneself)** entretener(se) (e:ie) *v.* 2
**ancient** antiguo/a *adj.* 12
**anger** enojo *m.*
**announcer** conductor(a) *m., f.;* locutor(a) *m., f.*
**annoy** molestar *v.* 2, 5
**ant** hormiga *f.* 6
**antenna** antena *f.*
**antiquity** antigüedad *f.*
**anxiety** ansia *f.* 1
**anxious** ansioso/a *adj.* 1
**apologize** disculparse *v.* 6
**appear** aparecer *v.* 1
**appearance** aspecto *m.*
**applaud** aplaudir *v.* 2
**apply for** solicitar *v.* 8
**appreciate** apreciar *v.* 1
**appreciated** apreciado/a *adj.*
**approach** acercarse (a) *v.* 2
**approval** aprobación *f.* 9
**approve** aprobar (o:ue) *v.*
**archaeologist** arqueólogo/a *m., f.*
**archaeology** arqueología *f.*
**argue** discutir *v.* 1
**arid** árido/a *adj.* 11
**aristocratic** aristocrático/a *adj.* 12
**armchair** sillón *m.*
**armed** armado/a *adj.*
**army** ejército *m.* 11, 12
**arrival** llegada *f.* 5
**arrive** llegar *v.*
**artifact** artefacto *m.* 5
**artisan** artesano/a *m., f.* 10
**ascent** subida *f.*
**ashamed** avergonzado/a *adj.;* **to be ashamed (of)** tener vergüenza (de) *v.* 1
**ask** pedir (e:i) *v* 1, 4
**aspirin** aspirina *f.* 4
**assure** asegurar *v.*
**astonished: be astonished** asombrarse *v.*; atónito/a *adj.* 9
**astonishing** asombroso/a *adj.*
**astonishment** asombro *m.*
**astronaut** astronauta *m., f.* 7
**astronomer** astrónomo/a *m., f.* 7
**atheism** ateísmo *m.*
**atheist** ateo/a *adj.* 11
**athlete** deportista *m., f.* 2
**ATM** cajero automático *m.*
**attach** adjuntar *v.* 7; **to attach a file** adjuntar un archivo *v.* 7
**attract** atraer *v.* 1
**attraction** atracción *f.*
**auction** subasta *f.* 10
**audience** audiencia *f.*
**audience** público *m.* 9
**authoritarian** autoritario/a *adj.* 1
**autobiography** autobiografía *f.* 10
**available** disponible *adj.*
**awkward situation** compromiso *m.* 10

## B

**back** espalda *f.;* **behind my back** a mis espaldas 9; **to have one's back to** estar de espaldas a
**bag** bolsa *f.*
**balcony** balcón *m.* 3
**ball** balón *m.*
**ball field** campo *m.* 5
**ball game** juego de pelota *m.* 5
**band** conjunto (musical) *m.*
**bandage** venda *f.* 4
**banking** bancario/a *adj.*
**bankruptcy** bancarrota *f.* 8
**baptism** bautismo *m.* 9
**bargain** ganga *f.* 3
**barter** trueque *m.*
**basement** sótano *m.* 3
**battle** batalla *f.* 4, 12
**bay** bahía *f.* 5
**be able to** poder (o:ue) *v.* 1
**be about (deal with)** tratarse de *v.* 10 tratar (sobre/acerca de) *v.* 4
**be about to** disponerse a *v.* 6
**be cool** molar *v.* (*Esp.*) 5
**be held up** entretenerse *v.* 1
**be promoted** ascender (e:ie) *v.* 8
**bear** oso *m.*
**beat** latir *v.* 4
**beauty** belleza *f.* 8
**become** convertirse (en) (e:ie) *v.* 1; **to become annoying** ponerse pesado/a *v.*; **to become extinct** extinguirse *v.* 6; **to become infected** contagiarse *v.* 4; **to become inflamed** inflamarse *v.*; **to become informed (about)** enterarse (de) *v.* 9; **to become part (of)** integrarse (a) *v.* 12; **to become tired** cansarse *v.*
**bed and breakfast inn** pensión *f.*
**beehive** colmena *f.* 8
**beforehand** de antemano
**beg** rogar *v.* 2, 4
**beggar** mendigo/a *m., f.*
**begin** empezar (e:ie) *v.*
**behalf: on behalf of** de parte de
**behave well** portarse bien *v.*
**belief** creencia *f.* 11
**believe (in)** creer (en) *v.* 11; **Don't you believe it.** No creas.
**believer** creyente *m., f.* 11
**belly** tripa *f.* 5
**belong (to)** pertenecer (a) *v.* 3, 12
**belt** cinturón *m.;* **seatbelt** cinturón de seguridad *m.* 5
**benefits** beneficios *m. pl.*
**bet** apuesta *f.*
**bet** apostar (o:ue) *v.*
**betray** engañar *v.* 9, 12
**betrayal** traición *f.* 12
**better** mejor *adj.;* **maybe** a lo mejor *adv.* 1
**beyond** más allá de
**bias** parcialidad *f.* 9; **left-wing/right-wing bias** tendencia izquierdista/derechista *f.*
**biased** parcial *adj.* 9
**bilingual** bilingüe *adj.* 9
**bill** factura *f.* 8; cuenta *f.*; proyecto de ley *m.* 11
**billiards** billar *m.* 2
**biochemical** bioquímico/a *adj.* 7
**biography** biografía *f.* 10
**biologist** biólogo/a *m., f.* 7
**bird** ave *f.* 6; pájaro *m.* 6
**bite** morder (o:ue) *v.* 5, 6
**blanket** manta *f.*
**bless** bendecir *v.* 11
**blessed** bendito/a *adj.* 2
**blindness** ceguera *f.* 4

**blink** parpadear *v.* 7
**blog** blog *m.* 7
**blognovel** blogonovela *f.* 7
**blogosphere** blogosfera *f.* 7
**blood** sangre *f.* 4, 11; **(high/low) blood pressure** tensión (alta/baja) *f.* 4
**blow** soplar *v.*; **to blow out the candles** apagar las velas *v.* 8
**blurred** confuso/a *adj.* 1
**blush** enrojecer *v.*
**board** embarcar *v.*; **on board** a bordo *adj.* 5
**board game** juego de mesa *m.* 2
**boat** bote *m.* 5
**body** cuerpo *m.*
**boil** hervir (e:ie) *v.* 3
**bombing** bombardeo *m.* 6
**border** frontera *f.* 5
**border** límite *m.* 11
**bore** aburrir *v.* 2
**borrow** pedir prestado/a *v.* 8
**borrowed** prestado/a *adj.* 2
**both** ambos/as *pron., adj.*
**bother** molestar *v.* 2, 5
**bottom** fondo *m.*
**bow** proa *f.* 5
**bowling** boliche *m.* 2
**box** caja *f.*; **toolbox** caja de herramientas *f.*
**box office** taquilla *f.* 2
**branch** sucursal *f.*
**brand** marca *f.*
**brave** valiente 5
**bravery** valor *m.*
**break in (to a conversation)** meterse *v.* 1
**break up (with)** romper (con) *v.* 1
**breakthrough** avance *m.* 7
**breath** respirar *v.* 1
**breathing** respiración *f.* 4
**brick** ladrillo *m.*
**bridge** puente *m.* 12
**bright** luminoso/a *adj.* 10
**bring** traer *v.* 1; **to bring down** derribar *v.*; **to bring up (raise)** educar *v.* 1
**broadcast** emisión *f.*; **live broadcast** emisión en vivo/directo *f.*
**broadcast** transmitir *v.* 9
**broom** escoba *f.*
**brush** cepillarse *v.* 2; **to brush against** rozar *v.*
**brush stroke** pincelada *f.* 10
**Buddhist** budista *adj.* 11
**budget** presupuesto *m.* 8
**buffalo** búfalo *m.*
**bull ring** ruedo *m.* 2
**bullfight** corrida *f.* 2
**bullfighter** torero/a *m., f.* 2; **bullfighter who kills the bull** matador/a *m., f.* 2; **bullfighter's outfit** traje de luces *m.* 2
**bullfighting** toreo *m.* 2; **bullfighting stadium** plaza de toros *f.* 2
**bureaucracy** burocracia *f.*
**buried** enterrado/a *adj.*
**burrow** madriguera *f.* 3
**bury** enterrar (e:ie), sepultar *v.* 12
**business** negocio *m.*
**businessman** hombre de negocios *m.* 8
**businesswoman** mujer de negocios *f.* 8
**butterfly** mariposa *f.*

## C

**cage** jaula *f.*
**calculation, sum** cuenta *f.*
**calm** tranquilo/a *adj.* 1
**calm down** calmarse *v.*; **Calm down.** Tranquilo/a.
**campaign** campaña *f.* 11
**campground** campamento *m.* 5
**cancel** cancelar *v.* 5
**cancer** cáncer *m.*
**candidate** candidato/a *m., f.* 11
**candle** vela *f.*
**canon** canon *m.* 10
**canvas** tela *f.* 10
**capable** capaz *adj.* 8
**cape** cabo *m.*
**captain** capitán *m.*
**card** tarjeta *f.*; **boarding card** tarjeta de embarque *f.* 5; **credit/debit card** tarjeta de crédito/débito *f.* 3; **(playing) cards** cartas, *f. pl.* 2, naipes *m. pl.* 2
**care** cuidado *m.* 1; **personal care** aseo personal *m.*
**carefree** despreocupado/a *adj.* 11
**careful** cuidadoso/a *adj.* 1
**caress** acariciar *v.* 10
**carriage** vagón *m.* 7
**carry** llevar *v.* 2; **to carry away** llevarse *v.* 2; **to carry out** cumplir *v.* 8; **to carry out (an activity)** llevar a cabo *v.*
**cascade** cascada *f.* 5
**case: in any case** de todas formas 12
**cash** dinero en efectivo *m.*; (*Arg.*) guita *f.*
**cashier** cajero/a *m., f.*
**casket** ataúd *m.*
**cast** yeso *m.* 4
**catastrophe** catástrofe *f.*
**catch** atrapar *v.* 6
**catch** pillar *v.* 9
**category** categoría *f.* 5
**Catholic** católico/a *adj.* 11
**cautious** prevenido/a *adj.*
**cave** cueva *f.*
**celebrate** celebrar, festejar *v.* 2
**celebrity** celebridad *f.* 9
**cell** célula *f.* 7; celda *f.*
**cell phone** móvil *m.* 7, *teléfono celular m.* 7; **(cell phone) service** cobertura *f.* 5
**cemetery** cementerio *m.* 12
**censorship** censura *f.* 9
**cent** centavo *m.*
**century** siglo *m.* 12
**certain** cierto/a *adj.*
**certainty** certeza *f.* certidumbre *f.* 12
**challenge** desafío *m.* 7; desafiar *v.* 2; poner a prueba *v.*
**challenging** desafiante *adj.* 4
**champion** campeón/campeona *m., f.* 2
**championship** campeonato *m.*
**chance** azar, *m.* 12 casualidad *f.*; oportunidad *f.* 8; **by chance** por casualidad 3
**change** cambio *m.*; cambiar; mudar *v.* 2; **to change (plains, trains)** hacer transbordo *v.* 5
**channel** canal *m.* 9; **television channel** canal de televisión *m.*
**chapel** capilla *f.*
**chapter** capítulo *m.*

**character** personaje *m.* 10; **main/secondary character** personaje principal/secundario *m.*
**characteristic (trait)** rasgo *m.*
**characterization** caracterización *f.* 10
**charge** cobrar *v.* 8
**charge: be in charge of** encargarse de *v.* 1; estar a cargo de; estar encargado/a de; **person in charge** encargado/a *m., f.*
**cheap (stingy)** tacaño/a *adj.* 1; **(inexpensive)** barato/a *adj.* 3
**cheek** mejilla *f.* 10
**cheer up** animar *v.*; **Cheer up!** ¡Anímate!(*sing.*); ¡Anímense! (*pl.*) 2
**Cheers!** ¡Salud! 8
**chef** cocinero/a *m., f.*
**chemical** químico/a *adj.* 7
**chemist** químico/a *m., f.* 7
**chess** ajedrez *m.* 2, 12
**chessboard** tablero *m.* 12
**chest** pecho *m.* 10
**chew** masticar *v.*
**childhood** infancia *f.*
**choir** coro *m.*
**choose** elegir (e:i) *v.*; escoger *v.* 1
**chore** quehacer *m.* 3
**chorus** coro *m.*
**chosen** elegido/a *adj.*
**Christian** cristiano/a *adj.* 11
**church** iglesia *f.* 11
**cinema** cine *m.* 2
**circus** circo *m.* 2
**cistern** cisterna *f.* 6
**citizen** ciudadano/a *m., f.* 11
**civilization** civilización *f.* 12
**civilized** civilizado/a *adj.*
**claim** reclamar *v.* 11
**clarify** aclarar *v.* 9
**classic** clásico/a *adj.* 10
**clean** limpiar *v.* 3
**clean (pure)** puro/a *adj.*
**cleanliness** aseo *m.*
**clear (the table)** quitar (la mesa) *v.* 3
**clearing** limpieza *f.* 3
**click** hacer clic
**cliff** acantilado *m.*
**climate** clima *m.*
**climb (mountain)** escalada *f.*
**climber** escalador(a) *m., f.*
**clock** reloj *m.* 12
**cloister** claustro *m.*
**clone** clonar *v.* 7
**clown** payaso/a *m., f.* 8
**club** club *m.*; **sports club** club deportivo *m.* 2
**coach (train)** vagón *m.* 7; **coach (trainer)** entrenador(a) *m., f.* 2
**coast** costa *f.* 6
**cockpit** cabina *f.* 5
**cockroach** cucaracha *f.* 6
**coincidence** casualidad *f.*; **chiripazo** *m.* (*Col.*) 4
**cold** resfriado *m.* 4; **to have a cold** estar resfriado/a *v.* 4
**collect** coleccionar *v.*
**colonize** colonizar *v.* 12
**colony** colonia *f.* 12
**columnist** columnista *m., f.*
**comb one's hair** peinarse *v.* 2
**combatant** combatiente *m., f.*

**come** venir *v.* 1; **to come back** volver (o:ue) *v.*; **to come from** provenir (de) *v.*; **Come on in!** ¡Siga! *expr.* 2; **to come to an end** acabarse *v.* 6; **to come with** acompañar *v.* 10
**comedian** comediante *m., f.* 1
**comet** cometa *m.* 7
**comic strip** tira cómica *f.* 9
**commerce** comercio *m.* 8
**commercial** anuncio *m.* 9
**commitment** compromiso *m.* 1
**community** comunidad *f.* 4
**company** compañía *f.*, empresa *f.* 8; **multinational company** empresa multinacional *f.*, multinacional *f.* 8
**compass** brújula *f.* 5
**competent** capaz *adj.* 8
**complain (about)** quejarse (de) *v.* 2
**complaint** queja *f.*
**complicated** rebuscado/a *adj.*
**compose** componer *v.* 1
**composer** compositor(a) *m., f.*
**computer science** informática *f.* 7; computación *f.*
**concert** concierto *m.* 2
**condition (illness)** dolencia *f.*
**condolences (my deepest)** mi más sentido pésame *m.* 7
**conference** conferencia *f.* 8
**confess** confesar (e:ie) *v.*
**confidence** confianza *f.* 1
**confident** seguro/a *adj.* 1
**confront** enfrentar *v.*
**confuse (with)** confundir (con) *v.*
**confused** confundido/a *adj.*
**congested** congestionado/a *adj.*
**Congratulations!** ¡Felicidades!; **Congratulations to all!** ¡Felicidades a todos!
**connection** conexión *f.*; **to have good connections** estar relacionado *v.*
**conquer** conquistar, *v.* vencer *v.* 2, 9, 12
**conqueror** conquistador(a) *m., f.* 12
**conquest** conquista *f.* 12
**conscience** conciencia *f.*
**consequently** por consiguiente *adj.*
**conservative** conservador(a) *adj.* 11
**conserve** conservar *v.* 6
**consider** considerar *v.*
**consulate** consulado *m.*
**consultant** asesor(a) *m., f.* 8
**consumption** consumo *m.*; **energy consumption** consumo de energía *m.*
**contaminate** contaminar *v.* 6
**contamination** contaminación *f.* 6
**contemporary** contemporáneo/a *adj.* 10
**contented: be contented with** contentarse con *v.* 1
**contract** contrato *m.* 8; contraer *v.* 1
**contribute** contribuir (a) *v.* 6
**contribution** aportación *f.* 11
**controversial** controvertido/a *adj.* 9
**controversy** polémica *f.* 11
**cook** cocinero/a *m., f.*
**cook** cocinar *v.* 3
**corner** rincón *m.*
**cornmeal cake** arepa *f.*
**correspondent** corresponsal *m., f.* 9
**corruption** corrupción *f.*
**costly** costoso/a *adj.*
**costume** disfraz *m.*; **in costume** disfrazado/a *adj.*
**cough** tos *f.* 4
**cough** toser *v.* 4
**count** contar (o:ue) *v.* 2; **to count on** contar con *v.*
**countryside** campo *m.* 6
**couple** pareja *f.* 1
**courage** coraje *m.*
**course: of course** claro *interj.* 3; por supuesto; ¡cómo no!
**court** tribunal *m.*
**cover** portada *f.* 9 tapa *f.*
**cow** vaca *f.* 6
**crash** choque *m.* 3
**create** crear *v.* 7
**creativity** creatividad *f.*
**crew** tripulación *f.* 5
**crisis** crisis *f.*; **economic crisis** crisis económica *f.* 8
**critic** crítico/a *m., f.*; **movie critic** crítico/a de cine *m., f.* 9
**critical** crítico/a *adj.*
**critique** criticar *v.* 10
**cross** cruzar *v.*
**crowd** multitud *f.*
**cruise (ship)** crucero *m.* 5
**cry** llorar *v.*
**crying** llanto *m.*
**cubism** cubismo *m.* 10
**culture** cultura *f.*; **pop culture** cultura popular *f.*
**cultured** culto/a *adj.* 12
**currently** actualmente *adv.*
**curse** maldición *f.*
**custom** costumbre *f.* 3
**customs** aduana *f.*; **customs agent** agente de aduanas *m., f.* 5
**cut** corte *m.*

## D

**daily** diario/a *adj.* 3
**dam** represa *f.*
**damp** húmedo/a *adj.* 6
**dance** bailar *v.* 1
**dance club** discoteca *f.* 2
**dancer** bailarín/bailarina *m., f.*
**danger** peligro *m.*
**dangerous** peligroso/a *adj.* 5
**dare (to)** atreverse (a) *v.* 2
**darken** oscurecer *v.* 6
**darts** dardos *m. pl.* 2
**data** datos *m.*; **piece of data** dato *m.*
**date** cita *f.*; **blind date** cita a ciegas *f.* 1
**datebook** agenda *f.* 3
**dawn** alba *f.*
**day** día *m.*
**daybreak** alba *f.*
**deaf** sordo/a *adj.*; **to go deaf** quedarse sordo/a *v.* 4
**deal with (be about)** tratarse de *v.* 10
**death** muerte *f.*
**debt** deuda *f.* 8
**debt collector** cobrador(a) *m., f.* 8
**debtor** moroso/a *m., f.* 8
**debut (premiere)** estreno *m.* 2
**decade** década *f.* 12
**decrease** disminuir *v.*
**dedication** dedicatoria *f.* 11
**deep** hondo/a *adj.* 2; profundo/a *adj.*
**deer** venado *m.*
**defeat** vencer *v.* 2, 9
**defeat** derrota *f.*; derrotar *v.* 12
**defeated** derrotado/a *adj.* 12
**deforestation** deforestación *f.* 6
**delay** demora *f.* 12; retraso *m.*; atrasar *v.*; demorar *v.*; retrasar *v.*
**delayed** retrasado/a *adj.* 5
**delivery** entrega *f.*
**demand** reclamar *v.* 11; exigir *v.* 1, 4, 8
**democracy** democracia *f.* 11
**demonstration** manifestación *f.* 11
**den** madriguera *f.* 3
**denounce** delatar *v.* 3; denunciar *v.* 11
**depict** reflejar *v.* 10
**deposit** depositar *v.* 8
**depressed** deprimido/a *adj.* 1
**depression** depresión *f.* 4
**descendent** descendiente *m., f.* 12
**desert** desierto *m.* 6
**deserve** merecer *v.* 8
**design** diseñar *v.* 10
**desire** deseo *m.*; gana *f.*
**desire** desear *v.* 4
**destination** destino *m.* 5
**destroy** destruir *v.* 6
**detective (story/novel)** policíaco/a *adj.* 10
**deteriorate** empeorar *v.* 4
**detest** detestar *v.*
**devastated** deshecho *adj.*
**developed** desarrollado/a *adj.* 12
**developing** en vías de desarrollo *adj.*; **developing country** país en vías de desarrollo *m.*
**development** desarrollo *m.* 6
**diamond** diamante *m.*
**dictator** dictador(a) *m., f.* 12
**dictatorship** dictadura *f.*
**die** fallecer *v.*; **to die of** morirse (o:ue) de *v.* 2
**diet (nutrition)** alimentación *f.* 4; dieta *f.*; **to be on a diet** estar a dieta *v.* 4; **to go on a diet** ponerse a dieta *v.* 4
**difficult** duro/a *adj.*
**digestion** digestión *f.*
**digital** digital *adj.* 7
**dinner guest** comensal *m., f.* 10
**direct** dirigir *v.* 1
**director** director(a) *m., f.*
**disappear** desaparecer *v.* 1, 6
**disappointment** desilusión *f.*
**disaster** catástrofe *f.*; **natural disaster** catástrofe natural *f.*
**discomfort** malestar *m.* 4
**discotheque** discoteca *f.* 2
**discouraged** desanimado/a *adj.* **to get discouraged** desanimarse *v.*; **the state of being discouraged** desánimo *m.* 1
**discover** descubrir *v.*
**discoverer** descubridor(a) *m., f.*
**discovery** descubrimiento *m.* 7; hallazgo *m.* 4
**discriminated** discriminado/a *adj.*
**discrimination** discriminación *f.*
**disease** enfermedad *f.* 4
**disguised** disfrazado/a *adj.*
**disgusting: to be disgusting** dar asco *v.*
**disorder** desorden *m.* 7; **(condition)** trastorno *m.*

**display** lucir *v.*
**disposable** desechable *adj.* 6
**distant** lejano/a *adj.* 5
**distinguish** distinguir *v.* 1
**distract** distraer *v.* 1
**distracted** distraído/a *adj.;* **to get distracted** descuidar(se) *v.* 6
**disturbing** inquietante *adj.* 10
**diversity** diversidad *f.* 4
**divorce** divorcio *m.* 1
**divorced** divorciado/a *adj.* 1
**dizzy** mareado/a *adj.* 4
**DNA** ADN (ácido desoxirribonucleico) *m.* 7
**do** hacer *v.* 1, 4; **to be (doing something)** andar + *pres. participle v.;* **to do someone the favor** hacer el favor *v.;* **to do something on purpose** hacer algo a propósito *v.*
**doctor's appointment** consulta *f.* 4
**doctor's office** consultorio *m.* 4
**documentary** documental *m.* 9
**dominoes** dominó *m.*
**don't you even think about it** ni se le ocurra *expr.* 11
**doorbell** timbre *m.;* **to ring the doorbell** tocar el timbre *v.*
**double (*in movies*)** doble *m., f.* 9
**doubt** interrogante *m.*; **to be no doubt** no caber duda *v.*
**download** descargar *v.* 7
**drag** arrastrar *v.*; **drag out** alargar *v.* 1
**draw** dibujar *v.* 10
**dream (about)** soñar (o:ue) (con) *v.* 1
**dreams** sueños *m.* 1
**dressing room** probador *m.* 3; **(*star's*)** camerino *m.* 9
**drink** beber *v.* 1
**drinking glass** copa *f.* 3
**drive** conducir *v.* 1; manejar *v.*
**driver's license** carné de conducir *m.* 11
**drought** sequía *f.* 6
**drown** ahogarse *v.*
**drowned** ahogado/a *adj.* 5
**dry** seco/a *adj.* 6; secar *v.*; **to dry off** secarse *v.* 2
**dub (*film*)** doblar *v.*
**dubbed** doblado/a *adj.* 9
**dubbing** doblaje *m.*
**dust** polvo *m.* 3; **to dust** quitar el polvo *v.* 3
**duty** deber *m.* 8

## E

**ear of corn** mazorca *f.* 2
**earn** ganar *m.;* **to earn a living** ganarse la vida *v.* 8
**earth** tierra *f.* 6; **What on earth...?** ¿Qué rayos...? 5
**earthquake** terremoto *m.* 6
**easy-going (*permissive*)** permisivo/a *adj.* 1
**eat** comer *v.* 1, 2; **to eat up** comerse *v.* 2
**ecosystem** ecosistema *m.* 6
**ecotourism** ecoturismo *m.* 5
**edible** comestible *adj.*; **edible plant** planta comestible *f.*
**editor** redactor(a) *m., f.* 9
**editor-in-chief** redactor(a) jefe *m., f.*
**educate** educar *v.*
**educated (*cultured*)** culto/a *adj.* 12
**education** instrucción *f.* 8
**educational** didáctico/a *adj.* 10
**efficient** eficiente *adj.*
**effort** esfuerzo *m.*
**either... or...** o... o... *conj.*
**elbow** codo *m.*
**elder** mayor *m.* 12
**elderly** anciano/a *adj.;* **elderly gentleman/lady** anciano/a *m., f.*
**elect** elegir (e:i) *v.* 11
**elected** elegido/a *adj.*
**electoral** electoral *adj.*
**electricity** luz *f.* 7
**electronic** electrónico/a *adj.*
**e-mail address** dirección de correo electrónico *f.* 7
**embarrass** avergonzar *v.* 8
**embarrassed** avergonzado/a *adj.*
**embarrassment** vergüenza *f.*
**embassy** embajada *f.*
**embellished** adornado/a *adj.* 7
**emigrate** emigrar *v.* 11
**emotion** sentimiento *m.* 1
**emperor** emperador *m* 12
**emphasize** destacar *v.*
**empire** imperio *m.* 12
**employed** empleado/a *adj.* 8
**employee** empleado/a *m., f.* 8
**employment** empleo *m.* 8
**empress** emperatriz *f.* 12
**encourage** animar *v.*
**end** fin *m.*; **(*rope, string*)** cabo *m.*
**endangered** en peligro de extinción *adj.;* **endangered species** especie en peligro de extinción *f.*
**ending** desenlace *m.*
**energetic** enérgico/a *adj.*
**energy** energía *f.*; **nuclear energy** energía nuclear *f.*; **wind energy** energía eólica *f.*
**engineer** ingeniero/a *m., f.* 7
**enjoy** disfrutar (de) *v.* 2; **Enjoy your meal.** Buen provecho.
**enough** bastante *adv.* 3
**enslave** esclavizar *v.* 12
**enter** ingresar *v.;* **to enter data** ingresar datos *v.*
**entertain (oneself)** entretener(se) (e:ie) *v.* 2
**entertaining** entretenido/a *adj.* 2
**entertainment** farándula *f.* 1
**entrance hall** zaguán *m.* 3
**entrepreneur** empresario/a *m., f.* 8
**envelope** sobre *m.*
**environment** medio ambiente *m.* 6
**environmental** ambiental *adj.* 6
**epidemic** epidemia *f.* 4
**episode** episodio *m.* 9; **final episode** episodio final *m.* 9
**equal** igual *adj.* 11
**equality** igualdad *f.*
**era** época *f.* 12
**erase** borrar *v.* 7
**erosion** erosión *f.* 6
**errands** mandados *m. pl.* 3; **to run errands** hacer mandados *v.* 3
**essay** ensayo *m.*
**essayist** ensayista *m., f.* 10
**establish (oneself)** establecer(se) *v.* 12
**eternal** eterno/a *adj.*
**ethical** ético/a *adj.* 7; **unethical** poco ético/a *m., f.*
**even** siquiera *conj.;* **not even** ni siquiera *conj.* 7
**event** acontecimiento *m.* 9
**everyday** cotidiano/a *adj.* 3; **everyday life** vida cotidiana *f.*
**example (*sample*)** muestra *f.*
**exchange: in exchange for** a cambio de
**excited** emocionado/a *adj.* 1
**exciting** excitante *adj.*
**excursion** excursión *f.* 5
**excuse** disculpar *v.;* **Excuse me; Pardon me** Perdona (*fam.*)/Perdone (*form.*); Con permiso.
**executive** ejecutivo/a *m., f.* 8; **of an executive nature** de corte ejecutivo 8
**exhausted** agotado/a *adj.* 4; fatigado/a *adj.* 4
**exhaustion** cansancio *m.* 3
**exhibition** exposición *f.*
**exile** exilio *m.;* **political exile** exilio político *m.* 11
**exit** salida *f.* 6
**exotic** exótico/a *adj.*
**expel** expulsar *v.* 12
**expensive** caro/a *adj.* 3; costoso/a *adj.*
**experience** experiencia *f.* 8; experimentar *v.*
**experiment** experimento *m.* 7
**expire** caducar *v.*
**expired** vencido/a *adj.* 5
**exploit** explotar *v.* 12
**exploitation** explotación *f.*
**exploration** exploración *f.*
**explore** explorar *v.*
**explosion** estallido *m.* 11
**export** exportar *v.* 8
**exports** exportaciones *f., pl.*
**expressionism** expresionismo *m.* 10
**extinct: become extinct** extinguirse *v.* 6
**extinguish** extinguir *v.*

## F

**facial features** facciones *f., pl.* 3
**facilities** servicios *m., pl*
**fact** hecho *m.* 3; **in fact** de hecho 4
**factor** factor *m.;* **risk factors** factores de riesgo *m. pl.*
**factory** fábrica *f.*
**fad** moda pasajera *f.* 9
**faint** desmayarse *v.* 4
**fair** feria *f.* 2
**faith** fe *f.* 11
**fall** caer *v.* 1; **to fall in love (with)** enamorarse (de) *v.* 1
**fame** fama *f.* 9
**famous** famoso/a *adj.* 9; **to become famous** hacerse famoso *v.* 9
**fan (of)** aficionado/a (a) *adj.* 2; **to be a fan of** ser aficionado/a de *v.*
**farewell** despedida *f.* 5
**fascinate** fascinar *v.* 2
**fashion** moda *f.;* **in fashion, popular** de moda *adj.* 9
**fasten** abrocharse *v.;* **to fasten one's seatbelt** abrocharse el cinturón de seguridad *v.*; **to fasten (the seatbelt)** ponerse (el cinturón de seguridad) *v.* 5
**fatigue** fatiga *f.* 8

**favor** favor *m.;* **to do someone the favor** hacer el favor *v.*
**favoritism** favoritismo *m.* 11
**fed up (with)** harto/a *adj.;* **to be fed up (with); to be sick (of)** estar harto/a (de) *v.* 1
**feed** dar de comer *v.* 6
**feel** sentirse (e:ie) *v.* 1; **(experience)** experimentar *v.;* **to feel like** dar la gana *v.* 9; sentir/tener ganas de *v.*
**feeling** sentimiento *m.* 1
**festival** festival *m.* 2
**fever** fiebre *f.* 4; **to have a fever** tener fiebre *v.* 4
**fiancé(e)** prometido/a *m., f.* 7
**field** campo *m.* 6; cancha *f.*
**fight** lucha *f.*; pelear, luchar *v.* 8; **to fight (for)** luchar por *v.*; **to fight bulls** lidiar *v.* 2; **to fight bulls in the bullring** torear *v.* 2
**figuratively** en sentido figurado *m.*
**file** archivo *m.;* **to download a file** bajar un archivo *v.*
**filled up** completo/a *adj.;* **The hotel is filled.** El hotel está completo.
**filling** contundente *adj.* 10
**film** película *f.;* rodar (o:ue) *v.* 9
**finance(s)** finanzas *f. pl.;* financiar *v.* 8
**financial** financiero/a *adj.* 8
**find out** averiguar *v.* 1
**finding** hallazgo *m.* 4
**fine** multa *f.*
**fine arts** bellas artes *f., pl.* 10
**fingernail** uña *f.*
**finish line** meta *f.*
**fire** incendio *m.* 6; despedir (e:i) *v.* 8
**fired** despedido/a *adj.*
**fireplace** hogar *m.* 3
**first aid** primeros auxilios *m., pl.* 4
**first and foremost** antes que nada
**fish** pez *m.* 6
**fishing** pesca *f.* 5
**fit** caber *v.* 1; **(clothing)** quedar *v.* 2
**fitting room** vestidor *m.*
**flag** bandera *f.*
**flask** frasco *m.*
**flavor** sabor *m.;* **What flavor is it? Chocolate?** ¿Qué sabor tiene? ¿Chocolate? 4
**flee** huir *v.* 3
**fleeting** pasajero/a *adj.*
**flexible** flexible *adj.*
**flight** vuelo *m.*
**flight attendant** auxiliar de vuelo *m., f.*
**flirt** coquetear *v.* 1
**float** flotar *v.* 5
**flood** inundación *f.* 6; inundar *v.*
**floor** suelo *m.*
**flower** florecer *v.* 6
**flu** gripe *f.* 4
**fly** mosca *f.* 4, 6; volar (o:ue) *v.* 8
**foam** espuma *f.* 5
**fog** niebla *f.*
**fold** doblar *v.*
**follow** seguir (e:i) *v.*
**folly** insensatez *f.* 4
**fond of** aficionado/a (a) *adj.* 2
**food** comida *f.* 6; alimento *m.* **canned food** comida enlatada *f.* 6; **fast food** comida rápida *f.* 4
**foot (*of an animal*)** pata *f.*
**forbidden** vedado/a *adj.* 3
**force** fuerza *f.;* **armed forces** fuerzas armadas *f., pl.* 12; **labor force** fuerza laboral *f.*
**forced** forzado/a *adj.* 12
**forefront: at the forefront** a la vanguardia
**foresee** presentir (e:ie); prever *v.*
**forest** bosque *m.*
**forget (about)** olvidarse (de) *v.* 2
**forgetfulness;** olvido *m.* 1
**forgive** perdonar *v.*
**form** forma *f.*
**formulate** formular *v.* 7
**forty-year-old; in her/his forties** cuarentón/cuarentona *adj.* 11
**fountain** fuente *f.*
**frame** marco *m.*
**free time** tiempo libre *m.* 2; ratos libres *m. pl.* 2
**freedom** libertad *f.* 11; **freedom of the press** libertad de prensa *f.* 9
**freeze** helar (e:ie) *v.*
**frequently** a menudo *adv.* 3
**friar** fraile *m.*
**frightened** asustado/a *adj.*
**frog** rana *f.* 6
**front desk** recepción *f.* 5
**front page** portada *f.* 9
**frozen** congelado/a *adj.*
**fry** freír (e:i) *v.* 3
**fuel** combustible *m.* 6
**fulfill** *v.* cumplir 8
**full** lleno/a *adj.;* **full-length film** largometraje *m.*
**fun** divertido/a *adj.* 2
**funny** gracioso/a *adj.* 1; **to be funny (to someone)** hacerle gracia (a alguien)
**furnished** amueblado/a *adj.*
**furniture** mueble *m.* 3
**future** mañana (el) *m.* 3
**futuristic** futurístico/a *adj.*

## G

**gain weight** engordar *v.* 4
**gallery** galería *f.* 10
**game** juego *m.* 2; **ball game** juego de pelota *m.* 5; **board game** juego de mesa *m.* 2; partida *f.* 12; **(*sports*)** partido *m.*; **to win/lose a game** ganar/perder un partido *v.* 2
**garbage (*poor quality*)** porquería *f.* 10
**gate: airline gate** puerta de embarque *f.* 5
**gaze** mirada *f.* 1
**gene** gen *m.* 7
**generate** generar *v.*
**generous** generoso/a *adj.*
**genetics** genética *f.*
**genuine** auténtico/a *adj.* 3
**gesture** gesto *m.*
**get** obtener *v.;* **to get a movie** alquilar una película *v.* 2; **to get a shot** poner(se) una inyección *v.* 4; **to get along** congeniar *v.;* **to get along well/poorly** llevarse bien/mal *v.* 1; **to get better** mejorarse *v.* 2 **to get bored** aburrirse *v.* 2; **to get discouraged** desanimarse *v.*; **to get distracted; neglect** descuidar(se) *v.* 6; **to get dressed** vestirse (e:i) *v.* 2; **to get hurt** lastimarse *v.* 4; **to get in shape** ponerse en forma *v.* 4; **to get information** informarse *v.*; **to get ready** arreglarse *v.* 3; **to get into a mess** meterse en un lío *v.* 5 **to get sick** enfermarse *v.* 4; **to get tickets** conseguir (e:i) boletos/entradas *v.* 2; **to get together (with)** reunirse (con) *v.* 2; **to get up** levantarse *v.* 2; **to get upset** afligirse *v.* 3; **to get used to** acostumbrarse (a) *v.* 3; **to get vaccinated** vacunarse *v.* 4; **to get well/ill** *v.* ponerse bien/mal 4; **to get wet** mojarse *v.;* **to get worse** empeorar *v.* 4
**gift** obsequio *m.* 11
**give** dar *v.;* **to give a prize** premiar *v.*; **to give a shot** poner una inyección *v.* 4; **to give up** darse por vencido *v.* 6; ceder 11; **to give way to** dar paso a *v.*
**gladly** con mucho gusto 10
**glance** vistazo *m.*
**global warming** calentamiento global *m.* 6
**globalization** globalización *f.*
**go** ir *v.* 1, 2; **to go across** recorrer *v.* 5; **to go around (the world)** dar la vuelta (al mundo) *v.*; **to go away (from)** irse (de) *v.* 2; **to go out** salir *v.* 1; **to go out (to eat)** salir (a comer) *v.* 2; **to go out with** salir con *v.* 1; **to go shopping** ir de compras *v.* 3; **go to bed** acostarse (o:ue) *v.* 2; **go to sleep** dormirse (o:ue) *v.* 2; **go too far** pasarse *v.*; **go too fast** embalarse *v.* 9
**goat** cabra *f.*
**God** Dios *m.* 11
**god/goddess** dios(a) *m., f.* 5
**gold** oro *m.* 4, 7
**goldfish** pececillo de colores *m.*
**good** bueno/a *adj.* **to be good (i.e. *fresh*)** estar bueno *v.*; **to be good (*by nature*)** ser bueno *v.*
**goodness** bondad *f.*
**gossip** chisme *m.* 9
**govern** gobernar (e:ie) *v.* 11
**government** gobierno *m.;* **government agency** organismo público *m.*
**governor** gobernador(a) *m., f.* 11
**graduate** titularse *v.* 3
**grass** hierba *f.*; **pasto** *m.*
**gratitude** agradecimiento *m.*
**gravity** gravedad *f.* 7
**great-great-grandfather/mother** tatarabuelo/a *m., f.* 12
**group** grupo *m.;* **musical group** grupo musical *m.*
**grow** crecer *v.* 1; cultivar *v.* **to grow accustomed to;** acostumbrarse (a) *v.* 3; **grow up** criarse v. 1
**growth** crecimiento *m.*
**Guarani** guaraní *m.* 9
**guarantee** asegurar *v.*
**guess** adivinar *v.*
**guilt** culpa *f.*
**guilty** culpable *adj.*
**guitar (type of)** tiple *m.* 2
**guy** tipo *m.* 2
**gymnasium** gimnasio *m.*

## H

**habit** costumbre *f.* 3
**habit: be in the habit of** soler (o:ue) *v.* 3

**half** mitad *f.*
**hall** sala *f.* **concert hall** sala de conciertos *f.*
**hang (up)** colgar (o:ue) *v.*
**happen** suceder *v.* **1**; **These things happen.** Son cosas que pasan. **11**
**happiness** felicidad *f.*
**happy** feliz *adj.*
**hard** arduo *adj.*; duro/a *adj.*
**hardly** apenas *adv.* **3**
**hard-working** trabajador(a) *adj.* **8**
**harmful** dañino/a *adj.* **6**
**harvest** cosecha *f.*
**hate** odiar *v.* **1**
**have** tener, disponer (de) *v.* **1, 3**; **to have fun** divertirse (e:ie) *v.* **2**
**hawk** pregonar *v.* **9**
**headline** titular *m.* **9**
**heal** curarse; sanar *v.* **4**
**healing** curativo/a *adj.* **4**
**health** salud *f.* **4**; **To your health!** ¡A tu salud!
**healthy** saludable, sano/a *adj.* **4**
**hear** oír *v.* **1**
**heart** corazón *m.* **1**; **heart and soul** cuerpo y alma
**heavy (*filling*)** contundente *adj.* **10**; **heavy rain** diluvio *m.*
**heel** tacón *m.* **12**; **high heel** tacón alto *m.*
**height** cima *f.* **1**; ***(highest level)*** apogeo m. **5**
**help (aid)** auxilio *m.*
**heritage** herencia *f.*; **cultural heritage** herencia cultural *f.* **12**
**heroic** heroico/a *adj.* **12**
**hide** ocultarse *v.* **3**
**high definition** de alta definición *adj.* **7**
**highest level** apogeo *m.* **5**
**hijacking** *m.* secuestro **5**
**hill** cerro *m.*; colina *f.*
**Hindu** hindú *adj.* **11**
**hire** contratar *v.* **8**
**historian** historiador(a) *m., f.* **12**
**historic** histórico/a *adj.* **12**
**historical** histórico/a *adj.* **10**; **historical period** era *f.* **12**
**history** historia *f.* **12**
**hold (*hug*)** abrazar *v.* **1**; **hold your horses** parar el carro *v.* **9**
**hole** agujero *m.*; **black hole** agujero negro *m.* **7**; **hole in the ozone layer** agujero en la capa de ozono *m.*; **small hole** agujerito *m.* **7**
**holy** sagrado/a *adj.* **11**
**home** hogar *m.* **3**
**honey** miel *f.* **8**
**honored** distinguido/a *adj.*
**hope** esperanza *f.* **6**; ilusión *f.*
**horror (*story/novel*)** de terror *adj.* **10**
**horseshoe** herradura *f.* **12**
**host(ess)** anfitrión/anfitriona *m., f.*
**hostel** albergue *m.* **5**
**hour** hora *f.*
**how** cómo *adv.*; **How come?** ¿Cómo así? *expr.* **2**
**hug** abrazar *v.* **1**
**humankind** humanidad *f.* **12**
**humid** húmedo/a *adj.* **6**
**humiliate** humillar *v.* **8**
**humorous** humorístico/a *adj.* **10**
**hungry** hambriento/a *adj.*
**hunt** cazar *v.* **6**
**hurricane** huracán *m.* **6**
**hurry** prisa *f.* **6**; **to be in a hurry** tener apuro *v.*
**hurt** herir (e: ie) *v.* **1**; doler (o:ue) *v.* **2**; **to get hurt** lastimarse *v.* **4**; **to hurt oneself** hacerse daño; **to hurt someone** hacerle daño a alguien
**husband** marido *m.*
**hut** choza *f.* **12**
**hygiene** aseo *m.*
**hygienic** higiénico/a *adj.*

## I

**ideology** ideología *f.* **11**
**idiot** cretino/a *adj.* **5**
**illness** dolencia *f.*; enfermedad *f.*
**ill-tempered** malhumorado/a *adj.*
**illusion** ilusión *f.*
**image** imagen *f.* **2, 7**
**imagination** imaginación *f.*
**immature** inmaduro/a *adj.* **1**
**immediately** en el acto **3**
**immigration** inmigración *f.* **11**
**immoral** inmoral *adj.* **11**
**import** importar *v.* **8**
**important** importante *adj.* **4**; **be important (to); to matter** importar *v.* **2, 4**
**imported** importado/a **8**
**imports** importaciones *f., pl.*
**impossible (to put off)** impostergable *adj.* **12**
**impress** impresionar *v.* **1**
**impressionism** impresionismo *m.* **10**
**improve** mejorar *v.* **4**; perfeccionar *v.*
**improvement** adelanto *m.* **4**
**in love (with)** enamorado/a (de) *adj.* **1**
**inadvisable** poco recomendable *adj.* **5**
**incapable** incapaz *adj.* **8**
**included** incluido/a *adj.* **5**
**incompetent** incapaz *adj.* **8**
**increase** aumento *m.*
**independence** independencia *f.* **12**
**index** índice *m.*
**indigenous** indígena *adj.* **9**
**indigenous person** indígena *m., f.*
**industrious** trabajador(a) *adj.* **8**
**industry** industria *f.*
**inexpensive** barato/a *adj.* **3**
**infected: become infected** contagiarse *v.* **4**
**inflamed** inflamado/a *adv.* **4**; **become inflamed** inflamarse *v.*
**inflexible** inflexible *adj.*
**influential** influyente *adj.* **9**
**inform** avisar *v.*; **to be informed** estar al tanto *v.* **9**; **to become informed (about)** enterarse (de) *v.* **9**
**inhabit** habitar *v.* **12**
**inhabitant** habitante *m., f.* **12**; poblador(a) *m., f.*
**inherit** heredar *v.*
**injure** lastimar *v.*
**injured** herido/a *adj.*
**injury** herida *f.* **4**
**innovative** innovador(a) *adj.* **7**
**insanity** locura *f.*
**insect bite** picadura *f.* **4**
**insecure** inseguro/a *adj.* **1**
**insincere** falso/a *adj.* **1**
**insist on** insistir en *v.* **4**
**inspired** inspirado/a *adj.*
**instability** inestabilidad *f.* **12**
**install** instalar *v.* **7**
**insult** ofensa *f.* **10**
**insurance** seguro *m.* **5**
**intelligent** inteligente *adj.*
**intensive care** terapia intensiva *f.* **4**
**intentions** intenciones *f. pl.* **7**
**interest** interesar *v.* **2**
**interesting** interesante *adj.*; **to be interesting** interesar *v.* **2**
**Internet** Internet *m., f.* **7**
**interview** entrevista *f.*; entrevistar *v.*; **job interview** entrevista de trabajo *f.* **8**
**intriguing** intrigante *adj.* **10**
**invade** invadir *v.* **12**
**invent** inventar *v.* **7**
**invention** invento *m.* **7**
**invest** invertir (e:ie) *v.* **8**
**investigate** investigar *v.* **7**
**investigation** expediente *m.* **5**
**investment** inversión *f.*; **foreign investment** inversión extranjera *f.* **8**
**investor** inversor(a) *m., f.*
**iron** plancha *f.*
**irresponsible** irresponsable *adj.*
**island** isla *f.* **5**
**isolate** aislar *v.* **9**
**isolated** aislado/a *adj.* **6**
**itinerary** itinerario *m.* **5**

## J

**jealous** celoso/a *adj.*; **to be jealous of** tener celos de *v.* **1**
**jealousy** celos *m. pl.*
**Jewish** judío/a *adj.* **11**
**job** empleo *m.* **8**; **(*position*)** puesto *m.* **8**; **job interview** entrevista de trabajo *f.* **8**
**join** unirse *v.* **11**
**joke** broma *f.* **1**; chiste *m.* **1**
**joke** bromear *v*
**journalist** periodista *m., f.*
**joy** regocijo *m.* **4**; alegría *f.* **11**
**judge** juez(a) *m., f.* **11**
**judgment** juicio *m.*
**jump** salto *m.*
**jungle** selva *f.* **5**
**just** justo/a *adj.* **11**
**just as** tal como *conj.*
**justice** justicia *f.* **11**

## K

**keep** mantener *v.*; guardar *v.*; **to keep in mind** tener en cuenta *v.*; **to keep in touch** mantenerse en contacto *v.* **1**; **to keep (something) to yourself** guardarse (algo) *v.* **1**; **to keep up with the news** estar al día con las noticias *v.*
**key** clave *f.* **8**
**keyboard** teclado *m.*
**kick** patada *f.* **3**
**kind** amable *adj.*
**king** rey *m.* **12**
**kingdom** reino *m.* **12**
**kiss** besar *v.* **1**
**know** conocer *v.*; saber *v.* **1**
**knowledge** conocimiento *m.* **12**

## L

**label** etiqueta *f.*
**labor** mano de obra *f.*
**labor union** sindicato *m.* 8
**laboratory** laboratorio *m.*; **space lab** laboratorio espacial *m.*
**lack** faltar *v.* 2
**land** tierra *f.* 6; terreno *m.* 6
**land (*an airplane*)** aterrizar *v.* 5
**landscape** paisaje *m.* 6
**language** idioma *m.* 9; lengua *f.* 9
**laptop** computadora portátil *f.* 7
**late** atrasado/a *adj.* 3
**laugh** reír(se) (e:i) *v.*
**launch** lanzar *v.*
**law** derecho *m.*; ley *f.*; **to abide by the law** cumplir la ley *v.* 11 ; **to approve a law; to pass a law** aprobar (o:ue) una ley *v.*
**lawyer** abogado/a *m., f.*
**layer** capa *f.*; **ozone layer** capa de ozono *f.* 6
**lazy** haragán/haragana 8
**lead** encabezar *v.* 12
**leader** líder *m., f.* 11
**leadership** liderazgo *m.* 11
**lean (on)** apoyarse (en) *v.*
**learned** erudito/a *adj.* 12
**learning** aprendizaje *m.* 12
**leave** marcharse *v.* ; dejar *v.*; **to leave alone** dejar en paz *v.* 8; **to leave someone** dejar a alguien *v.*
**left over: to be left over** quedar *v.* 2
**leg (*of an animal*)** pata *f.*
**legend** leyenda *f.* 5
**leisure** ocio *m.*
**lend** prestar *v.* 8
**lesson (*teaching*)** enseñanza *f.* 12
**level** nivel *m.*; **sea level** nivel del mar *m.*
**liberal** liberal *adj.* 11
**liberate** liberar *v.* 12
**library** biblioteca *f.* 12
**lid** tapa *f.*
**lie** mentira *f.* 1
**life** vida *f.*; **everyday life** vida cotidiana *f.*; **life cycle** ciclo vital *m.* 4
**light** luz *f.* 1
**lighthouse** faro *m.* 5
**lightning** relámpago *m.* 6
**lightning** rayo *m.*
**like** gustar *v.* 2, 4; **I don't like ...at all!** ¡No me gusta nada… !; **to like very much** encantar, fascinar *v.* 2
**like this; so** así *adv.* 3
**line** cola *f.*; **to wait in line** hacer cola *v.* 2
**line (*of poetry*)** verso *m.* 10
**link** enlace *m.* 7
**lion** león *m.* 6
**listener** oyente *m., f.* 9
**literature** literatura *f.* 10; **children's literature** literatura infantil/juvenil *f.* 10
**live** en vivo, en directo *adj.* 9; **live broadcast** emisión en vivo/directo *f.*
**live** vivir *v.* 1
**lively** animado/a *adj.* 2
**locate** ubicar *v.*
**located** situado/a *adj.*; **to be located** ubicarse *v.*
**lodge** hospedarse *v.*
**lodging** alojamiento *m.* 5
**loneliness** soledad *f.* 3
**lonely** solo/a *adj.* 1
**long** largo/a *adj.*; **long-term** a largo plazo
**longshoreman** estibador de puerto *m.* 4
**look** aspecto *m.*; **to take a look** echar un vistazo *v.*
**look** verse *v.*; **to look healthy/sick** tener buen/mal aspecto *v.* 4; **to look like** parecerse *v.* 2, 3; **to look out upon** dar a *v.*; **He/She looks so happy.** Se ve tan feliz. 6; **How attractive you look!** (*fam.*) ¡Qué guapo/a te ves! 6; **How elegant you look!** (*form.*) ¡Qué elegante se ve usted! 6; **It looks like he/she didn't like it.** Al parecer, no le gustó. 6; **It looks like he/she is sad/happy.** Parece que está triste/contento/a. 6; **He/She looks very sad to me.** Yo lo/la veo muy triste. 6
**loose** suelto/a *adj.*
**lose** perder (e:ie) *v.*; **to lose an election** perder las elecciones *v.* 11; **to lose a game** perder un partido *v.* 2; **to lose weight** adelgazar *v.* 4
**loss** pérdida *f.* 11
**lottery** lotería *f.*
**loudspeaker** altoparlante *m.*
**love** amor *m.*; amar; querer (e:ie) *v.* 1; **(un)requited love** amor (no) correspondido *m.*
**lovely** precioso/a *adj.* 1
**lower** bajar *v.*
**low-income** bajos recursos *m., pl.* 8
**loyalty** lealtad *f.* 12
**lucky** afortunado/a *adj.*
**luggage** equipaje *m.*
**luxurious** lujoso/a 5; de lujo
**luxury** lujo *m.*
**lying** mentiroso/a *adj.* 1

## M

**madness** locura *f.*
**magazine** revista *f.* 9; **online magazine** revista electrónica *f.* 9
**magic** magia *f.*
**mailbox** buzón *m.*
**majority** mayoría *f.* 11
**make** hacer *v.* 1, 4; **to make a (hungry) face** poner cara (de hambriento/a) *v.*; **to make a toast** brindar *v.* 2; **to make a wish** pedir un deseo *v.* 8; **to make fun of** burlarse (de) *v.*; **to make good use of** aprovechar *v.*; **to make one's way** abrirse paso *v.*; **to make sure** asegurarse *v.*; **to make use of** disponer (de) *v.* 3
**make-up** maquillaje *f.*
**male** macho *m.*
**mall** centro comercial *m.* 3
**manage** administrar *v.* 8; dirigir *v.* 1; lograr; *v.* 3
**manager** gerente *m, f.* 8
**manipulate** manipular *v.*
**manufacture** fabricar *v.* 7
**manuscript** manuscrito *m.*
**marathon** maratón *m.*
**maritime** marítimo/a *adj.*
**market** mercado *m.* 8
**marketing** mercadeo *m.* 1
**marriage** matrimonio *m.*
**married** casado/a *adj.* 1
**mass** misa *f.*
**masterpiece** obra maestra *f.* 3
**mathematician** matemático/a *m., f.* 7
**matter** asunto *m.*; importar *v.* 2, 4
**mature** maduro/a *adj.* 1
**May I?** ¿Me permite? *expr.* 11
**Mayan Trail** ruta maya *f.* 5
**mayor** alcalde/alcaldesa *m., f.* 11
**mean** antipático/a *adj.*; tener la intención *v.*; **to mean it** ir en serio 7
**means** medio *m.*; **media** medios de comunicación *m. pl.* 9
**measure** medida *f.*; medir (e:i) *v.*; **security measures** medidas de seguridad *f. pl.* 5
**mechanical** mecánico/a *adj.*
**mechanism** mecanismo *m.*
**meditate** meditar *v.* 11
**meeting** reunión *f.* 8
**member** socio/a *m., f.* 8
**memory** recuerdo *m.*
**merchandise** mercancía *f.*
**mercy** piedad *f.* 8
**mess** desorden *m.* 7
**message** mensaje *m.*; **text message** mensaje de texto *m.* 7
**middle** medio *m.*
**Middle Ages** Edad Media *f.*
**military** militar *m., f.* 11
**mine** mina *f.* 7
**minister** ministro/a *m., f.*; **Protestant minister** ministro/a protestante *m., f.*
**minority** minoría *f.* 11
**minute** minuto *m.*; **last-minute news** noticia de último momento *f.*; **up-to-the-minute** de último momento *adj.* 9
**miracle** milagro *m.*
**miser** avaro/a *m., f.*
**miss** extrañar *v.*; perder (e:ie) *v.*; **to miss (someone)** extrañar a (alguien) *v.*; **to miss a flight** perder un vuelo *v.* 5
**mistake: to be mistaken; to make a mistake** equivocarse *v.* 2
**mixed: person of mixed ethnicity (*part indigenous*)** mestizo/a *m., f.* 12
**mixture** mezcla *f.*
**mockery** burla *f.*
**model (*fashion*)** modelo *m., f.*
**modern** moderno/a *adj.*
**modify** modificar, alterar *v.*
**moisten** mojar *v.*
**moment** momento *m.*
**monarch** monarca *m., f.* 12
**money** dinero *m.*; (*L. Am.*) plata *f.* 2; **cash** dinero en efectivo *m.* 3
**monkey** mono *m.* 6
**monolingual** monolingüe *adj.* 9
**mood** estado de ánimo *m.* 4; **in a bad mood** malhumorado/a *adj.*
**moon** luna *f.*; **full moon** luna llena *f.*
**moral** moral *adj.* 11
**mortgage** hipoteca *f.* 8
**mosque** mezquita *f.* 11
**mountain** montaña *f.* 6; monte *m.*; **mountain range** cordillera *f.* 6
**move** jugada *f.* 12; ***(change residence)*** mudarse v. 2
**movement** corriente *f.*; movimiento *m.* 10
**movie theater** cine *m.* 2
**moving** conmovedor(a) *adj.*
**muralist** muralista *m., f.* 10
**murky** turbio/a *adj.* 1
**museum** museo *m.*
**music video** video musical *m.* 9

**musician** músico/a *m., f.* **2**
**Muslim** musulmán/musulmana *adj.* **11**
**myth** mito *m* **5**

## N

**name** nombrar *v.*
**nape** nuca *f.* **9**
**narrate** narrar *v.* **10**
**narrative work** narrativa *f.* **10**
**narrator** narrador(a) *m., f.* **10**
**narrow** estrecho/a *adj.*
**native** nativo/a *adj.*
**natural resource** recurso natural *m.* **6**
**navel** ombligo *m.* **4**
**navigator** navegante *m., f.* **7**
**navy** armada *f.* **11**
**necessary** necesario *adj.* **4**
**necessity** necesidad *f.* **5; of utmost necessity** de primerísima necesidad **5**
**need** necesidad *f.* **5**; necesitar *v.* **4**
**needle** aguja *f.* **4**
**neglect** descuidar *v.* **6**
**neighborhood** barrio *m.*
**neither... nor...** ni… ni… *conj.*
**nervous** nervioso/a *adj.*
**nest** nido *m.*
**network** red *f.* **8**; cadena *f.* **9; cadena de televisión** television network *f.*
**news** noticia *f.*; **local/domestic/international news** noticias locales/nacionales/internacionales *f. pl.* **9; news bulletin** informativo *m.*; **news report** reportaje *m.* **9**; **news reporter** presentador(a) de noticias *m., f.*; **no news** novedad (sin) **11**
**newspaper** periódico *m.*; **diario** m. 9
**nice** simpático/a, amable *adj.*
**nightmare** pesadilla *f.*
**No way!** ¡Ni loco/a! **9**
**noise** ruido *m.*
**nomination** nominación *f.*
**nominee** nominado/a *m., f.*
**non-stop** corrido (de) *adv.* **9**
**nook** rincón *m.*
**notice** aviso *m.* **5**; fijarse *v.* **9 to take notice of** fijarse en *v.* **2**
**novelist** novelista *m., f.* **7, 10**
**now and then** de vez en cuando **3**
**nun** monja *f.*
**nurse** enfermero/a *m., f.* **4**
**nutritious** nutritivo/a *adj.* **4; (*healthy*)** saludable *adj.* **4**
**nutshell (in a)** resumidas cuentas (en) *adv.* **3**

## O

**oar** remo *m.* **5**
**obesity** obesidad *f.* **4**
**obey** obedecer *v.* **1**
**oblivion** olvido *m.* **1**
**occur (to someone)** ocurrírsele (a alguien) *v.*
**offer** oferta *f.*; ofrecerse (a) *v.*
**office** despacho *m.*
**officer** agente *m., f.*
**often** a menudo *adv.* **3**
**oil painting** óleo *m.* **10**
**Olympics** Olimpiadas *f. pl.*
**on purpose** a propósito *adv.* **3**
**once in a while** de vez en cuando **3**
**online** en línea *adj.* **7**
**open** abrir(se) *v.*
**open-air market** mercado al aire libre *m.*
**openmouthed** boquiabierto/a *adj.* **11**
**operate** operar *v.*
**operation** operación *f.* **4**
**opinion** opinión *f.*; **In my opinion, ...** A mi parecer, ...; Considero que..., Opino que...; **to be of the opinion** opinar *v.*
**oppose** oponerse a *v.* **4**
**oppress** oprimir *v.* **12**
**options** alternativas *f. pl.* **3**
**orchard** huerto *m.*
**originating (in)** proveniente (de) *adj.*
**ornate** ornamentado/a *adj.*
**others; other people** los/las demás *pron.*
**ought to** deber + *inf. v.*
**outdo oneself** (*P. Rico; Cuba*) botarse *v.*
**outline** esbozo *m.*
**out-of-date** pasado/a de moda *adj.* **9**
**outrageous thing** barbaridad *f.* **10**
**outsmart** burlar *v.* **9**
**overcome** superar *v.*
**overdose** sobredosis *f.*
**overthrow** derribar *v.*; **derrocar** *v.* **12**
**overwhelmed** agobiado/a *adj.* **1**
**owe** deber *v.* **8; to owe money** deber dinero *v.*
**own** propio/a *adj.* **1**
**owner** dueño/a *m., f.* **8;** propietario/a *m., f.*

## P

**pack** hacer las maletas *v.* **5**
**page** página *f.*; **web page** página web **7**
**paid** pagado *adj.* **to be paid by** correr a cargo de *v.* **5**
**pain (*suffering*)** sufrimiento *m.*
**painkiller** analgésico *m.* **4**
**paint** pintura *f.* **10**; pintar *v.* **3**
**paintbrush** pincel *m.* **10**
**painter** pintor(a) *m., f.* **3, 10**
**painting** cuadro *m.* **3, 10;** pintura *f.* **10**
**palm tree** palmera *f.*
**pamphlet** panfleto *m.*
**paradox** paradoja *f.*
**parish** parroquia *f.* **12**
**park** parque *m.*; estacionar *v.*; **amusement park** parque de atracciones *m.* **2**
**parrot** loro *m.*
**part** parte *f.*; **to become part (of)** integrarse (a) *v.* **12**
**partner (*couple*)** pareja *f.* **1; (*member*)** socio/a *m., f.* **8**
**party (*politics*)** partido *m.*; **political party** partido político *m.* **11**
**pass (*a class, a law*)** aprobar (o:ue) *v.*; **to pass a law** aprobar una ley *v.* **11**
**passing** pasajero/a *adj.*
**passport** pasaporte *m.* **5**
**password** contraseña *f.* **7**
**past** ayer (el) *m.* **3**
**pastime** pasatiempo *m.* **2**
**pastry** repostería *f.*
**patent** patente *f.* **7**
**path (*history*)** trayectoria *f.* **1;** prestarle atención a alguien *v.*
**pay** pagar *v.*; **to be well/poorly paid** ganar bien/mal *v.* **8; to pay attention to someone** hacerle caso a alguien *v.* **1**; prestarle atención a alguien *v.*
**peace** paz *f.*
**peaceful** pacífico/a *adj.* **12**
**peak** cumbre *f.*; **pico** *m.*
**peck** picar *v.*
**people** pueblo *m.*
**performance** rendimiento *m.*; **(*theater; movie*)** función *f.* **2**
**perhaps** acaso *adv.*
**period** punto *m.* **2**
**permanent** fijo/a *adj.* **8**
**permission** permiso *m.*
**permissive** permisivo/a *adj.* **1**
**persecute** perseguir (e:i) *v.*
**personal (*private*)** particular *adj.*
**pessimist** pesimista *m., f.*
**phase** etapa *f.*
**physicist** físico/a *m. f.* **7**
**pick out** seleccionar *v.* **3**
**pick up** levantar *v.*
**picnic** picnic *m.*
**picture** imagen *f.* **2, 7**
**piece (*art*)** pieza *f.* **10**
**pier** muelle *m.* **5**
**pig** cerdo *m.* **6**
**pill** pastilla *f.* **4**
**pilot** piloto *m., f.*
**pious** devoto/a *adj.*
**piping** tubería *f.* **6**
**pity** pena *f.*; **What a pity!** ¡Qué pena!
**place** lugar *m.*
**place** poner *v.* **1, 2**
**place (*an object*)** colocar *v.* **2**
**plan** planear *v.*
**planet** planeta *m.* **7**
**planned** previsto/a *adj., p.p.* **3**
**plateau: high plateau** altiplano *m.* **11**
**play** jugar *v.*; **(*theater*)** obra de teatro *f.* **10; (*literary*)** obra literaria *f.* **10; (an instrument)** tocar (un instrumento) *v.* **8; to play a CD** poner un disco compacto *v.* **2; to play a CD** poner un disco compacto *v.* **2**; disputar *v.* **12**
**player (CD/DVD/MP3)** reproductor (de CD/DVD/MP3) *m.* **7**
**playing cards** cartas *f. pl.* **2;** naipes *m. pl.* **2**
**playwright** dramaturgo/a *m., f.* **10**
**plead** rogar *v.* **2, 4**
**pleasant (*funny*)** gracioso/a *adj.* **1**
**please: Could you please...?** ¿Tendría usted la bondad de + inf.… ? *(form.)*
**plot** trama *f.* **10;** argumento *m.* **10**
**plumbing (*piping*)** tubería *f.* **6**
**poet** poeta *m., f.* **10**
**poetry** poesía *f.* **10**
**point (to)** señalar *v.* **2; to point out** destacar *v.*
**point of view** punto de vista *m.* **10**
**poison** veneno *m.* **6**
**poisoned** envenenado/a *adj.* **6**
**poisonous** venenoso/a *adj.* **6**
**politician** político/a *m., f.* **11**
**politics** política *f.*
**pollen** polen *m.* **8**
**pollute** contaminar *v.* **6**
**pollution** contaminación *f.* **6**
**poor quality (garbage)** porquería *f.* **10**

**populate** poblar *v.* **12**
**population** población *f.*
**port** puerto *m.* **5**
**portable** portátil *adj.*
**portrait** retrato *m.* **3**
**portray** retratar *v.* **3**
**position** puesto *m.* **8;** cargo *m.* **1**
**possible** posible *adj.;* **as much as possible** en todo lo posible
**poverty** pobreza *f.* **8**
**power** fuerza *f.;* **will power** fuerza de voluntad **4**
**power (electricity)** luz *f.* **7**
**power saw** motosierra *f.* **7**
**powerful** poderoso/a *adj.* **12**
**pray** rezar *v.* **11**
**pre-Columbian** precolombino/a *adj.*
**prefer** preferir *v.* **4**
**prehistoric** prehistórico/a *adj.* **12**
**premiere** estreno *m.* **2**
**prescribe** recetar *v.*
**prescription** receta *f.* **4**
**preserve** conservar *v.* **6**
**press** prensa *f.* **9; press conference** rueda de prensa **11**
**pressure (stress)** presión *f.;* presionar *v.;* **to be under stress/pressure** estar bajo presión
**prevent** prevenir *v.* **4**
**previous** anterior *adj.* **8**
**priest** cura *m.* **12;** sacerdote
**prime minister** primer(a) ministro/a *m., f.* **11**
**print** imprimir *v.* **9**
**private** particular *adj.*
**privilege** privilegio *m.*
**prize** premio *m.* **12; to give a prize** premiar *v.*
**procession** procesión *f.* **12**
**produce** producir *v.* **1; (*generate*)** generar *v.*; huerteado *m.* (*Col.*) **2**
**productive** productivo/a *adj.* **8**
**programmer** programador(a) *m., f.*
**prohibit** prohibir *v.* **4**
**prohibited** prohibido/a *adj.* **5**
**prominent** destacado/a *adj.* **9;** prominente *adj.* **11**
**promise** jurar *v.* **12**
**promote** promover (o:ue) *v.*
**pronounce** pronunciar *v.*
**proof** prueba *f.*
**proposal** oferta *f.*
**propose** proponer *v.* **1, 4; to propose marriage** proponer matrimonio *v.* **1**
**prose** prosa *f.* **10**
**protagonist** protagonista *m., f.* **1, 10**
**protect** proteger *v.* **1, 6**
**protected** protegido/a *adj.* **5**
**protest** manifestación *f.* **11;** protestar *v.* 11
**protester** manifestante *m., f.* **6**
**proud** orgulloso/a *adj.* **1; to be proud of** estar orgulloso/a de
**prove** comprobar (o:ue) *v.* **7**
**provide** proporcionar *v.*
**public** público *m.* **9; (pertaining to the state)** estatal *adj.*
**public transportation** transporte público *m.*
**publish** editar *v.* **10;** publicar *v.* **9**
**pull** halar *v.*; **to pull out petals** deshojar *v.* **3**
**punishment** castigo *m.*
**pure** puro/a *adj.*
**purity** pureza *f.* **6**
**pursue** perseguir (e:i) *v.*
**push** empujar *v.*
**put** poner *v.* **1, 2; to put in a place** ubicar *v.;* **to put on (*clothing*)** ponerse *v.;* **to put on makeup** maquillarse *v.* **2**
**pyramid** pirámide *f.* **5**

## Q

**quality** calidad *f.;* **high quality** de buena categoría *adj.* **5**
**queen** reina *f.*
**quench** saciar *v.*
**question** interrogante *m.*
**quiet** callado/a *adj.*; **be quiet** callarse *v.*
**quit** renunciar *v.* **8; quit smoking** dejar de fumar *v.* **4**
**quite** bastante *adv.* **3**
**quotation** cita *f.*

## R

**rabbi** rabino/a *m., f.*
**rabbit** conejo *m.* **6**
**rabies** rabia *f.* **5**
**race** raza *f.* **12**
**radiation** radiación *f.*
**radio** radio *f.*
**radio announcer** locutor(a) de radio *m., f.* **9**
**radio station** (radio)emisora *f.* **9**
**raise** aumento *m.;* **raise in salary** aumento de sueldo *m.* **8;** criar *v.;* educar *v.* **1; to have raised** haber criado **1**
**ranch** rancho *m.* **12**
**rarely** casi nunca *adv.* **3**
**rat** rata *f.*
**rather** bastante *adv.;* más bien *adv.*
**ratings** índice de audiencia *m.*
**ray** rayo *m.*
**reach** alcance *m.* **7; within reach** al alcance **10;** al alcance de la mano; alcanzar *v.*
**reactor** reactor *m.*
**reader** lector(a) *m., f.* **9**
**real** auténtico/a *adj.* **3**
**realism** realismo *m.* **10**
**realist** realista *adj.* **10**
**realistic** realista *adj.* **10**
**realize** darse cuenta *v.* **2, 9; to realize/assume that one is being referred to** darse por aludido/a *v.* **9**
**rearview mirror** espejo retrovisor *m.*
**rebelliousness** rebeldía *f.*
**received** acogido/a *adj.;* **well received** bien acogido/a *adj.* **8**
**recital** recital *m.*
**recognition** reconocimiento *m.*
**recognize** reconocer *v.* **1, 12**
**recommend** recomendar *v.* **4**
**recommendable** recomendable *adj.* **5**
**record** grabar *v.* **9**
**recover** recuperarse *v.* **4**
**recyclable** reciclable *adj.*
**recycle** reciclar *v.* **6**
**redo** rehacer *v.* **1**
**reduce (speed)** reducir (velocidad) *v.* **5**
**reef** arrecife *m.* **6**
**referee** árbitro/a *m., f.* **2**
**refined (*cultured*)** culto/a *adj.* **12**
**reflect** reflejar *v.* **10**
**reform** reforma *f.;* **economic reform** reforma económica *f.*
**refuge** refugio *m.* **6**
**refund** reembolso *m.* **3**
**refusal** rechazo *m.*
**register** inscribirse *v.* **11**
**registration** permiso de circulación *m.* **11**
**rehearsal** ensayo *m.*
**rehearse** ensayar *v.* **9**
**reign** reino *m.* **12**
**reject** rechazar *v.* **11**
**rejection** rechazo *m.*
**relax** relajarse *v.* **4; Relax.** Tranquilo/a.
**reliability** fiabilidad *f.*
**religion** religión *f.*
**religious** religioso/a *adj.* **11**
**remain** permanecer *v.* **4**
**remake** rehacer *v.* **1**
**remember** recordar (o:ue); acordarse (o:ue) (de) *v.* **2**
**remorse** remordimiento *m.*
**remote control** control remoto *m.;* **universal remote control** control remoto universal *m.* **7**
**renewable** renovable *adj.* **6**
**rent** alquilar *v.;* **to rent a movie** alquilar una película *v.* **2**
**repent** arrepentirse (de) (e:ie) *v.* **2**
**repertoire** repertorio *m.*
**reporter** reportero/a *m., f.* **9**
**representative** diputado/a *m., f.* **11**
**reproduce** reproducirse *v.*
**reputation** reputación *f.;* **to have a good/bad reputation** tener buena/mala fama *v.* **9**
**rescue** rescatar *v.*
**research** investigar *v.* **7**
**researcher** investigador(a) *m., f.*
**resentful** resentido/a *adj.* **6**
**reservation** reservación *f.*
**reserve** reservar *v.* **5**
**reside** residir *v.*
**respect** respeto *m.*
**responsible** responsable *adj.*
**rest** descanso *m.* **8;** reposo *m.;* **to be at rest** estar en reposo *v.*
**rest** descansar *v.* **4**
**resulting** consiguiente *adj.*
**résumé** currículum vitae *m.* **8**
**retire** jubilarse *v.* **8**
**retirement** jubilación *f.*
**return** regresar *v.* **5; to return (items)** devolver (o:ue) *v.* **3; return (trip)** vuelta *f.;* regreso *m.*
**review (revision)** repaso *m.* **10**
**revision (review)** repaso *m.* **10**
**revolutionary** revolucionario/a *adj.* **7**
**revulsion** asco *m.*
**rhyme** rima *f.* **10**
**rifle** fusil *m.* **11**
**right** derecho *m.;* **civil rights** derechos civiles *m. pl.* **11; human rights** derechos humanos *m. pl.* **11**
**right away** enseguida **3**
**ring** anillo *m.;* sortija *f.*; sonar (o:ue) *v.* **7; to ring the doorbell** tocar el timbre *v.* **3**
**riot** disturbio *m.* **8**

**rise** ascender (e:ie) *v.* 8
**risk** riesgo *m.;* arriesgar *v.;* arriesgarse; **to take a risk** arriesgarse *v.*
**risky** arriesgado/a *adj.* 5
**river** río *m.*
**rocket** cohete *m.* 7
**rob** asaltar *v.* 10
**role** papel *m.* 9; **to play a role (*in a play*)** desempeñar un papel *v.*
**romance novel** novela rosa *f.* 10
**romanticism** romanticismo *m.* 10
**room** habitación *f.* 5; **emergency room** sala de emergencias *f.* 4; **single/double room** habitación individual/doble f. 5; **room service** servicio de habitación *m.* 5
**root** raíz *f.*
**round** redondo/a *adj.* 2
**round-trip ticket** pasaje de ida y vuelta *m.* 5
**routine** rutina *f.* 3
**rude** descarado/a *adj.* 9
**ruin** ruina *f.* 5
**rule** regla *f.;* dominio *m.* 12
**ruler** gobernante *m., f.* 12; **(*sovereign*)** soberano/a *m., f.* 12
**run** correr *v.;* **to run away** huir *v.* 3; **to run out** acabarse *v.* 6; **to run out of** quedarse sin *v.* 6; **to run over** atropellar *v.*
**rush** prisa *f.* 6; **to be in a rush** tener apuro

## S

**sacred** sagrado/a *adj.* 11
**sacrifice** sacrificio *m.;* sacrificar *v.* 6
**safety** seguridad *f.* 5
**sail** navegar *v.* 5
**sailor** marinero *m.*
**salary** sueldo *m.;* **raise in salary** aumento de sueldo *m.* 8; **base salary** sueldo fijo *m.* 8; **minimum wage** sueldo mínimo *m.* 8
**sale** venta *f.;* **to be for sale** estar a la venta *v.* 10
**salesperson** vendedor(a) *m., f.* 8
**same** mismo/a *adj.;* **The same here.** Lo mismo digo yo.
**sample** muestra *f.*
**sanity** cordura *f.* 4
**satellite** satélite *m.;* **satellite connection** conexión de satélite *f.* 7; **satellite dish** antena parabólica *f.*
**satire** sátira *f.*
**satirical** satírico/a *adj.* 10; **satirical tone** tono satírico/a *m.*
**satisfied: be satisfied with** contentarse con *v.* 1
**satisfy (*quench*)** saciar *v.*
**save** ahorrar *v.* 8; guardar *v.* 7; salvar *v.* 6; **save oneself** ahorrarse *v.* 7
**savings** ahorros *m.* 8
**say** decir *v.* 1; **say goodbye** despedirse (e:i) *v.* 3
**scar** cicatriz *f.*
**scarcely** apenas *adv.* 3
**scare** espantar *v.*; asustar *v.* 7
**scared** asustado/a *adj.*
**scene** escena *f.* 1
**scenery** paisaje *m.* 6; escenario *m.* 2
**schedule** horario *m.* 3
**science fiction** ciencia ficción *f.* 10
**scientific** científico/a *adj.*
**scientist** científico/a *m., f.* 7
**score (a goal/a point)** anotar (un gol/un punto) *v.* 2; marcar (un gol/punto) *v.*
**scratch** rascar *v.;* **to scratch (oneself)** rascarse *v.* 4
**screen** pantalla *f.* 2; **computer screen** pantalla de computadora *f.;* **LCD screen** pantalla líquida *f.* 7; **television screen** pantalla de televisión *f.* 2
**screenplay** guión *m.* 9
**script** guión *m.* 9
**scuba diving** buceo *m.* 5
**sculpt** esculpir *v.* 10
**sculptor** escultor(a) *m., f.* 10
**sculpture** escultura *f.* 10
**sea** mar *m.* 6
**seal** sello *m.*
**search** búsqueda *f.;* **search engine** buscador *m.* 7
**season** temporada *f.* 9; **high/low season** temporada alta/baja *f.* 5
**seat** asiento *m.* 2
**seatbelt** cinturón de seguridad *m.* 5; **to fasten (the seatbelt)** abrocharse/ponerse (el cinturón de seguridad) *v.* 5; **to unfasten (the seatbelt)** quitarse (el cinturón de seguridad) *v.* 5
**section** sección *f.* 9; **lifestyle section** sección de sociedad *f.* 9; **sports page/section** sección deportiva *f.* 9
**security** seguridad *f.* 5; **security measures** medidas de seguridad *f. pl.* 5
**see** ver *v.* 1
**seed** semilla *f.*
**seem** parecer *v.* 2
**select** seleccionar *v.* 3
**self-esteem** autoestima *f.* 4
**self-portrait** autorretrato *m.* 10
**senator** senador(a) *m., f.* 11
**send** enviar *v.;* mandar *v.*
**sender** remitente *m.*
**sense** sentido *m.;* **common sense** sentido común *m.*
**sensible** sensato/a *adj.* 1
**sensitive** sensible *adj.* 1
**separated** separado/a *adj.* 1
**sequel** continuación *f.*
**servants** servidumbre *f.* 3
**servitude** servidumbre *f.* 3
**set (the table)** poner (la mesa) *v.* 3
**settle** poblar *v.* 12
**settler** poblador(a) *m., f.*
**sexton** sacristán *m.* 11
**shame** vergüenza *f.*
**shape** forma *f.;* **bad physical shape** mala forma física *f.;* **to get in shape** *v.* ponerse en forma 4; **to stay in shape** mantenerse en forma *v.* 4
**shark** tiburón *m.* 5
**sharp** nítido/a *adj.*
**shave** afeitarse *v.* 2
**sheep** oveja *f.* 6
**shoot** disparar *v.* 11; fusilar *v.* 12
**shore** orilla *f.;* **on the shore of** a orillas de 6
**short film** corto, cortometraje *m.* 1
**short story** cuento *m.*
**short/long-term** a corto/largo plazo 8
**shot (injection)** inyección *f.;* **to give a shot** poner una inyección *v.* 4
**shoulder** hombro *m.*
**shout** gritar *v.*
**show** espectáculo *m.* 2
**showing** sesión *f.*
**shrink** encogerse *v.*
**shrug** encogerse de hombros *v.*
**shy** tímido/a *adj.* 1
**shyness** timidez *f.*
**sick** enfermo *adj.;* **to be sick (of); to be fed up (with)** estar harto/a (de) 1; **to get sick** enfermarse *v.* 4
**sign** señal *f.*; firmar *v.*
**signal** señalar *v.* 2
**signature** firma *f.*
**silent** callado/a *adj.* 7; **to be silent** callarse *v.;* **to remain silent** quedarse callado 1
**silly person** bobo/a *m., f.* 7
**sin** pecado *m.*
**sincere** sincero/a *adj.*
**singer** cantante *m., f.* 2
**single** soltero/a *adj.* 1; **single mother** madre soltera *f.;* **single father** padre soltero *m.*
**sink** hundir *v.*
**situated** situado/a *adj.*
**sketch** esbozo *m.;* esbozar *v*
**skill** habilidad *f.*
**skillfully** hábilmente *adv.*
**skim** hojear *v.* 10
**skirt** falda *f.*
**slacker** vago/a *m., f.*
**slave** esclavo/a *m., f.* 12; **slave trade** tráfico de esclavos *m.* 4
**slavery** esclavitud *f.* 12
**sleep** dormir *v.* 2
**sleeve** manga *f.*
**slip** resbalar *v.*
**slippery** resbaladizo/a *adj.* 11
**smoothness** suavidad *f.*
**snake** serpiente *f.* 6; culebra *f.*
**so-and-so** fulano/a *m., f.* 9
**soap opera** telenovela *f.* 9
**sociable** sociable *adj.*
**society** sociedad *f.*
**software** programa (de computación) *m.* 7
**solar** solar *adj.*
**soldier** soldado *m.* 12
**solitude** soledad *f.* 3
**solve** resolver (o:ue) *v.* 6
**sometimes** a veces *adv.* 3
**sorrow** pena *f.* 4
**soul** alma *f.* 1
**soundtrack** banda sonora *f.* 9
**source** fuente *f.;* **energy source** fuente de energía *f.* 6
**sovereign** soberano/a *m., f.* 12
**sovereignty** soberanía *f.* 12
**space** espacial *adj.;* **space shuttle** transbordador espacial *m.* 7
**space** espacio *m.* 7
**spaceship** nave espacial *f.*
**spacious** espacioso/a *adj.*
**speak** hablar *v.* 1; **Speaking of that, ...** Hablando de eso, ...
**speaker** hablante *m., f.* 9
**special effects** efectos especiales *m., pl.* 9
**specialist** especialista *m., f.*
**specialized** especializado/a *adj.* 7
**species** especie *f.* 6; **endangered species** especie en peligro de extinción *f.*

**spectator** espectador(a) *m., f.* 2
**speech** discurso *m.;* **to give a speech** pronunciar un discurso *v.* 11
**spell-checker** corrector ortográfico *m.* 7
**spend** gastar *v.* 8
**spider** araña *f.* 6
**spill** derramar *v.*
**spirit** ánimo *m.* 1
**spiritual** espiritual *adj.* 11
**spot: on the spot** en el acto 3
**spray** rociar *v.* 6
**spring** manatial *m.*
**stability** estabilidad *f.* 12
**stage (*theater*)** escenario *m.* 2; **(*phase*)** etapa *f.*; **stage name** nombre artístico *m.* 1
**stain** mancha *f.;* manchar *v.*
**staircase** escalera *f.* 3
**stamp** sello *m.*
**stand up** ponerse de pie *v.* 12
**stanza** estrofa *f.* 10
**star** estrella *f.;* **shooting star** estrella fugaz *f;* **(movie) star** [m/f] estrella *f;* **pop star** [m/f] estrella pop *f.* 9
**start (*a car*)** arrancar *v.*
**stay** alojarse *v.* 5; hospedarse; quedarse *v.* 5; **stay up all night** trasnochar *v.* 4
**step** paso *m.;* **to take the first step** dar el primer paso *v.*
**stereotype** estereotipo *m.* 10
**stern** popa *f.* 5
**stick** pegar *v.*
**still life** naturaleza muerta *f.* 10
**sting** picar *v.*
**stingy** tacaño/a *adj.* 1
**stir** revolver (o:ue) *v.*
**stock market** bolsa de valores *f.* 8
**stone** piedra *f.* 5
**storekeeper** comerciante *m., f.*
**storm** tormenta *f.;* **tropical storm** tormenta tropical *f.* 6
**story (account)** relato *m.* 10
**stranger** desconocido/a *adj.*
**stream** arroyo *m.* 10
**strength** fortaleza *f.*
**strict** autoritario/a *adj.* 1
**strike (*labor*)** huelga *f.* 8
**striking** llamativo/a *adj.* 10
**stripe** raya *f.* 5
**stroll** paseo *m.*
**struggle** lucha *f.;* luchar *v.* 11
**stubborn** tozudo/a *adj.* 8
**studio** estudio *m.;* **recording studio** estudio de grabación *f.*
**stunned** boquiabierto/a *adj.* 11
**stupid** necio/a *adj.*
**stupid person** bobo/a *m., f.* 7
**style** estilo *m.;* **in the style of ...** al estilo de... 10
**subscribe (to)** suscribirse (a) *v.* 9
**subtitles** subtítulos *m., pl.* 9
**subtlety** matiz *m.*
**suburb** suburbio *m.*
**succeed in (*reach*)** alcanzar *v.*
**success** éxito *m.*
**successful** exitoso/a *adj.* 8
**suckling pig** cochinillo *m.* 10
**sudden** repentino/a *adj.* 3
**suddenly** de repente *adv.* 3
**suffer (from)** sufrir (de) *v.* 4
**suffering** sufrimiento *m.*
**suggest** aconsejar; sugerir (e:ie) *v.* 4
**suitcase** maleta *f.* 5
**summit** cumbre *f.*
**sunrise** amanecer *m.*
**supermarket** supermercado *m.* 3
**supply** proporcionar *v.*
**support** soportar; apoyar *v.* 8; **to put up with someone** soportar a alguien *v.* 1
**suppose** suponer *v.* 1
**suppress** suprimir *v.* 12
**sure (*confident*)** seguro/a *adj.* 1, 11; **(*certain*)** cierto/a *adj.;* **Sure!** ¡Cierto!
**surf the web** navegar en la red *v.* 7; navegar en Internet
**surface** superficie *f.*
**surgeon** cirujano/a *m., f.* 4
**surgery** cirugía *f.* 4
**surgical** quirúrgico/a *adj.*
**surprise** sorprender *v.* 2
**surprised** sorprendido *adj.* 2; **be surprised (about)** sorprenderse (de) *v.* 2
**surrealism** surrealismo *m.* 10
**surrender** rendirse (e:i) *v.* 12
**surround** rodear *v.*
**surrounded** rodeado/a *adj.* 7
**survival** supervivencia *f.;* sobrevivencia *f.*
**survive** sobrevivir *v.*
**suspect** sospechar *v.*
**suspicion** sospecha *f.*
**swallow** tragar *v.*
**sweats** sudores *m. pl.* 5
**swear** jurar *v.* 11
**sweep** barrer *v.* 3
**sweetheart** amado/a *m., f.* 1
**symptom** síntoma *m.*
**synagogue** sinagoga *f.* 11
**syrup** jarabe *m.* 4

## T

**tabloid(s)** prensa sensacionalista *f.* 9
**tag** etiqueta *f.*
**take** tomar *v.;* **to take a bath** bañarse *v.* 2; **to take a look** echar un vistazo *v.*; **to take a trip** hacer un viaje *v.* 5; **to take a vacation** ir(se) de vacaciones *v.* 5; **to take away (remove)** quitar *v.* 2; **to take care of** cuidar *v.* 1; **to take care of oneself** cuidarse *v.*; **to take into consideration** tomar en cuenta *v.* 1; **to take off** despegar *v.* 5; **to take off (clothing)** quitarse *v.* 2; **to take off running** echar a correr *v.;* **to take place** desarrollarse, transcurrir *v.* 10; **to take refuge** refugiarse *v.;* **to take seriously** tomar en serio *v.*
**talent** talento *m.* 1
**talented** talentoso/a *adj.* 1
**tank** tanque *m.* 6
**tape** cinta *f.* 1
**taste** gusto *m.* 10; **in good/bad taste** de buen/mal gusto 10; sabor *m.;* **It has a sweet/sour/bitter/pleasant taste.** Tiene un sabor dulce/agrio/amargo/agradable. 4
**taste like/of** saber *v.* 1; **How does it taste?** ¿Cómo sabe? 4; **And does it taste good?** ¿Y sabe bien? 4; **It tastes like garlic/mint/lemon.** Sabe a ajo/menta/limón. 4
**tax** impuesto *m.;* **sales tax** impuesto de ventas *m.* 8
**teaching** enseñanza *f.* 12
**team** equipo *m.* 2
**tears** lágrimas *f. pl.*
**telephone receiver** auricular *m.* 7
**telescope** telescopio *m.* 7
**television** televisión *f.* 2; **television set** televisor *m.* 2; **television viewer** televidente *m., f.* 2
**tell** contar (o:ue) *v.* 2
**temple** templo *m.* 11
**tendency** propensión *f.*
**territory** territorio *m.* 11
**terrorism** terrorismo *m.* 11
**test (*challenge*)** poner a prueba *v.*
**theater** teatro *m.*
**then** entonces *adv.* 3
**theory** teoría *f.* 7
**there** allá *adv.*
**thermal** térmico/a *adj.*
**thief** ladrón/ladrona *m., f.*
**think** pensar (e:ie) *v.* 1; **(*to be of the opinion*)** opinar; *v.* **I think it's pretty.** Me parece hermosa/o.; **I thought...** Me pareció... 1; **What did you think of Mariela?** ¿Qué te pareció Mariela? 1
**thoroughly** a fondo *adv.*
**threat** amenaza *f.* 8
**threaten** amenazar *v.* 3
**throw** tirar *v.*; **throw away** echar *v.*; **throw out** botar *v.*
**thunder** trueno *m.* 6
**ticket** boleto *m.*
**tie (game)** empate *m.* 2; **tie (up)** atar *v.;* **(*games*)** empatar *v.* 2
**tiger** tigre *m.* 6
**time** tiempo *m.;* vez *f.;* **at that time** en aquel entonces; **for the first/last time** por primera/última vez 2; **on time** a tiempo 3; **once upon a time** érase una vez; **to have a good/bad/horrible time** pasarlo bien/mal 1
**tired** cansado/a *adj.;* **to become tired** cansarse *v.*
**toast** brindis *m.* 3
**tone of voice** timbre *m.* 3
**tongue** lengua *f.* 9
**too; too much** demasiado/a *adj., adv.*
**tool** herramienta *f.;* **toolbox** caja de herramientas *f.* 2
**toolbox** caja de herramientas *f.* 2
**topic** asunto *m.*
**touch lightly** rozar *v.*
**tour** excursión *f.* 5; **tour guide** guía turístico/a *m., f.* 5
**tourism** turismo *m.* 5
**tourist** turista *m., f.* 5; turístico/a *adj.* 5
**tournament** torneo *m.* 2
**toxic** tóxico/a *adj.* 6
**trace** huella *f.*; trazar *v.*
**track-and-field events** atletismo *m.*
**trade** comercio *m.* 8; oficio *m.*; comerciar *v.* 9
**trader** comerciante *m., f.*
**traditional** tradicional *adj.* 1; **(typical)** típico/a *adj.*
**traffic** tránsito *m.*; **traffic jam** congestionamiento, tapón *m.*
**tragic** trágico/a *adj.* 10
**trainer** entrenador(a) *m., f.* 2
**trait** rasgo *m.*
**traitor** traidor(a) *m., f.* 12
**tranquilizer** calmante *m.* 4

**translate** traducir *v.* 1
**transmission** transmisión *f.*
**transplant** transplantar *v.*
**trap** atrapar *v.* 6
**travel log** bitácora *f.* 7
**traveler** viajero/a *m., f.* 5
**treat** tratar *v.* 4
**treatment** tratamiento *m.* 4
**treaty** tratado *m.*
**tree** árbol *m.* 6
**trend** moda *f.;* tendencia *f.* 9
**trial** juicio *m.*
**tribal chief** cacique *m.* 12
**tribe** tribu *f.* 12
**trick** truco *m.* 2
**trip** viaje *v.* 5; **to take a trip** hacer un viaje *v.* 5
**tropical** tropical *adj.;* **tropical storm** tormenta tropical *f.* 6
**trunk** maletero *m.* 9
**trust** confianza *f.* 1
**try** probar (o:ue) (a) *v.* 3; **try on** probarse (o:ue) *v.* 3
**tune into (*radio or television*)** sintonizar *v.*
**tuning** sintonía *f.* 9
**turn: to be my/your/his turn** *me/te/le, etc. + tocar v.;* **Whose turn is it to pay the tab?** ¿A quién le toca pagar la cuenta? 2; **Is it my turn yet?** ¿Todavía no me toca? 2; **It's Johnny's turn to make coffee.** A Johnny le toca hacer el café. 2; **It's always your turn to wash the dishes.** Siempre te toca lavar los platos. 2
**turn (*a corner*)** doblar *v.;* **to turn down** rechazar *v.* 1 **to turn off** apagar *v.* 3; **to turn on** encender (e:ie) *v.* 3; **to turn red** enrojecer *v.*
**turned off** apagado/a *adj.* 7

## U

**UFO** ovni *m.* 7
**unbiased** imparcial *adj.* 9
**uncertainty** incertidumbre *f.* 12
**underdevelopment** subdesarrollo *m.*
**underground tank** cisterna *f.* 6
**understand** entender (e:ie) *v.*
**underwear (*men's*)** calzoncillos *m. pl.*
**undo** deshacer *v.* 1
**unemployed** desempleado/a *adj.* 8
**unemployment** desempleo *m.* 8
**unequal** desigual *adj.* 11
**unexpected** imprevisto/a *adj.;* inesperado/a *adj.* 3
**unexpectedly** de improviso *adv.*
**unfinished** inconcluso/a *adj.* 12
**unique** único/a *adj.*
**unjust** injusto/a *adj.* 11
**unload** descargar *v.* 11
**unpleasant** antipático/a *adj.*
**unsettling** inquietante *adj.* 10
**untie** desatar *v.*
**until** hasta *adv.;* **up until now** hasta la fecha
**update** actualizar *v.* 7
**upset** disgustado/a *adj.* 1; disgustar *v.* 2; **to get upset** afligirse *v.* 3
**up-to-date** actualizado/a *adj.* 9; **to be up-to-date** estar al día *v.* 9
**urban** urbano/a *adj.*
**urgent** urgente *adj.* 4
**use up** agotar *v.* 6
**used: to be used to** estar acostumbrado/a a; **I used to... (*was in the habit of*)** solía; **to get used to** acostumbrarse (a) *v.* 3
**useful** útil *adj.*
**useless** inútil *adj.* 2
**user** usuario/a *m., f.* 7

## V

**vacation** vacaciones *f. pl.;* **to take a vacation** ir(se) de vacaciones *v.* 5
**vaccinate** vacunar(se) *v.* 4
**vaccine** vacuna *f.* 4
**vacuum** pasar la aspiradora *v.* 3
**valid** vigente *adj.* 5
**valuable** valioso/a *adj.* 6
**value** valor *m.*
**vandal** vándalo/a *m., f.* 6
**vestibule** zaguán *m.* 3
**victorious** victorioso/a *adj.* 12
**victory** victoria *f.*
**video game** videojuego *m.* 2
**village** aldea *f.* 4, 12
**virus** virus *m.* 4
**visit** recorrer *v.* 5
**visiting hours** horas de visita *f., pl.*
**vote** votar *v.* 11

## W

**wage: minimum wage** sueldo mínimo *m.* 8
**wait** espera *f.;* esperar *v.* **to wait in line** hacer cola *v.* 2
**waiter/waitress** camarero/a *m., f.;* mesero/a *m., f.*
**wake up** despertarse (e:ie) *v.* 2; **wake up early** madrugar *v.* 4
**walk** andar *v.;* **to take a stroll/walk** dar un paseo *v.* 2; **to take a stroll/walk** *v.* dar una vuelta
**wall** pared *f.* 5
**want** querer (e:ie) *v.* 1, 4
**war** guerra *f.;* **civil war** guerra civil *f.* 11; **world war** guerra mundial *f.* 11
**warm up** calentar (e:ie) *v.* 3
**warn** avisar *v.*
**warning** advertencia *f.* 8; aviso *m.* 5
**warrior** guerrero/a *m., f.* 12
**wash** lavar *v.* 3; **wash oneself** lavarse *v.* 2
**waste** malgastar *v.* 6
**watch** vigilar *v.*
**Watch out!** ¡Aguas! (Mex.) *interj.*
**watercolor** acuarela *f.* 10
**waterfall** cascada *f.* 5
**wave** ola *f.* 5; onda *f.*
**wealth** riqueza *f.* 8
**wealthy** adinerado/a *adj.*
**weapon** arma *f.* 5
**wear** llevar; lucir *v.*
**weariness** fatiga *f.* 8
**web (the)** web *f.* 7; red *f.*
**weblog** bitácora *f.* 7
**website** sitio web *m.* 7
**week** semana *f.*
**weekend** fin de semana; **Have a nice weekend!** ¡Buen fin de semana!
**weekly** semanal *adj.*
**weeping** llanto *m.*
**weight** peso *m.*
**welcome** bienvenida *f.* 5
**welcome (*take in; receive*)** acoger *v.*
**well** pozo *m.;* **oil well** pozo petrolero *m.*
**well-being** bienestar *m.* 4
**well-received** bien acogido/a *adj.* 8
**What a beating!** ¡Menuda paliza! *expr.* (*Esp.*) 11
**wherever** dondequiera *adv.* 4
**whistle** silbar *v.*
**widowed** viudo/a *adj.* 1; **to become widowed** quedarse viudo/a *v.*
**widower/widow** viudo/a *m., f.*
**wild** salvaje *adj.* 6; silvestre *adj.*
**wild boar** jabalí *m.* 10
**win** ganar *v.;* **to win an election** ganar las elecciones *v.* 11; **to win a game** ganar un partido *v.* 2
**wind power** energía eólica *f.*
**wine** vino *m.*
**wing** ala *m.*
**wireless** inalámbrico/a *adj.* 7
**wisdom** sabiduría *f.* 12
**wise** sabio/a *adj.*
**wish** deseo *m.;* desear *v.* 4; **to make a wish** pedir un deseo *v.* 8
**without** sin *prep.;* **without you** sin ti (*fam.*)
**witness** testigo *m., f.* 10
**woman** mujer *f.;* **businesswoman** mujer de negocios *f.* 8
**womanizer** mujeriego *m.*
**wonder** preguntarse *v.*
**wood** madera *f.*
**work** obra *f.;* **work of art** obra de arte *f.* 10; funcionar *v.* 7; trabajar; **to work hard** trabajar duro *v.* 8
**work day** jornada *f.*
**workshop** taller *m.*
**World Cup** Copa del Mundo *f.,* Mundial *m.*
**worms** gusanos *m. pl.* 4
**worried (about)** preocupado/a (por) *adj.* 1
**worry** preocupar *v.* 2; **to worry (about)** preocuparse (por) *v.* 2
**worship** culto *m.*
**worth: be worth** valer *v.* 1
**worthy** digno/a *adj.* 6
**wound** lesión *f.*
**wrinkle** arruga *f.*
**writing** escritura *f.* 9

## Y

**you** merced (su) *f., form.* 2
**yawn** bostezar *v.*

## Z

**zoo** zoológico *m.* 2

# Index

# Text Credits

**32** Pablo Neruda. "Poema 20", VEINTE POEMAS DE AMOR Y UNA CANCIÓN DESESPERADA © Fundación Pablo Neruda, 2014
**72** **©Fundación Mario Benedetti.** *c/o Guillermo Schavelzon & Asociados, Agencia Literaria* **www.schavelzon.com**
**112** Nicanor Parra. "Último brindis", OBRA GRUESA © Nicanor Parra, 1969.
**154** ©Ángeles Mastretta, 1990.
**193** Gabriel García Márquez, "La luz es como el agua", DOCE CUENTOS PEREGRINOS © Gabriel García Márquez, 1992.
**234** By permission of Inernational Editors' Co. Agencia Literaria.
**272** By permission of RDC AGENCIA LITERARIA S.L.
**350** ISABEL ALLENDE, "Dos palabras", CUENTOS DE EVA LUNA © Isabell Allende, 1991
**384** Julio Cortázar, "Continuidad de los parques", FINAL DEL JUEGO © Herederos de Julio Cortázar, 2014
**422** Elena Poniatowska.
**464** "El Milagro Secreto" from Obras Completas by Jorge Luis Borges. Copyright © 1989, 1995 Maria Kodama, used by permission of The Wylie Agency LLC.

# Film Credits

**26** By permission of Premium Films.
**66** By permission of Agencia Audiovisual Freak, S.L.
**106** By permission of IMCINE.
**148** By permission of Agencia Audiovisual Freak, S.L.
**188** By permission of Agencia Audiovisual Freak, S.L.
**228** By permission of IMCINE.
**266** By permission of IMCINE.
**306** By permission of The Lift.
**344** By permission of Moriarti Produkzioak, S.L.
**378** By permission of MasterCluster.
**416** By permission of Xavi Sala Camarena.
**458** By permission of Jorge Gaggero.

# Photography Credits

All images © Vista Higher Learning unless otherwise noted.

**Cover:** © Raul Touzon/National Geographic/Getty Images

**Master Art: 10–13, 50–53, 90–93, 130–133, 172–175, 212–215, 252–255, 290–293, 332–335, 370–373, 404–407, 446–449** (full pg) © marylooo/123RF; **27, 28, 67, 68, 107, 108, 149, 150, 189, 190, 229, 230, 267, 268, 307, 308, 345, 346, 381, 382, 419, 420, 465, 466** (full pg) © pn_photo/Fotolia.

**Lesson One: 1:** Paula Díez; **2:** (tl) © Nora y Susana/Fotocolombia; (tr) © Nancy Ney/Digital Vision/Getty Images; (bl): Martín Bernetti; (br) Martín Bernetti; **3:** (t) Martín Bernetti; (m) © T. Ozonas/Masterfile; (b) © Corbis; **9:** (t) © Janie Airey/Getty Images; (m) © Elisa Locci/Shutterstock; (b) © Robert Fried/Alamy; **10:** © Kapu/Shutterstock; **11:** (t) © Marco Trsitao/Globo/Getty Images; (ml) © vgstudio/Fotolia; (mr) Ilustración © Ana Juan Diseño © Marta Borrell/Random House Mondadori www.megustaleer.com; (b) © Junial Enterprises/Fotolia; **12:** © Hart Creations/iStockphoto; **20:** Janet Dracksdorf; **21:** (tl) Ali Burafi; (tm) Janet Dracksdorf; (tr) José Blanco; (bl) Paola Rios-Schaaf; (bm) Oscar Artavia Solano; (br) © Robert Fried/Alamy; **27:** By permission of Premium Files; **30:** Pablo Picasso. Los enamorados. 1923. © 2014 Estate of Pablo Picasso/Artists Rights Society (ARS), New York. Photo credit: © Sucesión Picasso; **31:** © Jean-Régis Roustan/Roger-Viollet/Image Works; **32:** (foreground) © Josh Westrich/Corbis; (background) © Image Source/Corbis; **35:** (t) © Bernard Bisson/Sygma/Corbis; (b) © Win McNamee/Getty Images; **36:** (t) © J. Scott Applewhite/AFP/Getty Images; (b) © White House/Handout/CNP/Corbis; **37:** © Jared Wickerham/Getty Images.

**Lesson Two: 41:** Ali Burafi; **42:** (tl) © Rasmus Rasmussen/iStockphoto; (tr) © Plush Studios/Getty Images; (bl) José Blanco; (br) © Jim Cummins/Corbis; **43:** (t) © Royalty-Free/Corbis; (m) © John Lund/Drew Kelly/Age Fotostock; (b) © Royalty-Free/Corbis; **49:** (t) © Royalty-Free/Corbis; (m) Annie Pickert Fuller; (b) © Archivo Agencia El Universal/AP Images; **50:** (l) © Vera Anderson/WireImage/Getty Images; (r) © S. Bukley/Shutterstock; **51:** (t) © Allstar Picture Library/Alamy; (ml) © Victor Lerena/EPA/Corbis; (mr) © The Kobal Collection at Art Resource, NY; (b) © The Kobal Collection at Art Resource, NY; **52:** © Roger Viollet/Getty Images; **59:** © Royalty-Free/Corbis; **60:** (t) © Denise Bernadette/Dreamstime; (ml) Martín Bernetti; (mm) © PM Images/Getty Images; (mr) Martín Bernetti; (bl) Martín Bernetti; (bm) © Reed Kaestner/Corbis; (br) Martín Bernetti;

**62:** (all) Martín Bernetti; **67:** By permission of Agencia Audiovisual Freak, S.L.; **70:** Aldo Severi. Calesita en la plaza. 1999. © Aldo Severi. Courtesy of Giuliana F. Severi; **71:** © Fundación Mario Benedetti. Photo credit: Eduardo Longoni; **72:** © Jason Horowitz/ Corbis; **75:** © Alfredo Dagli Orti/The Art Archive at Art Resource; **76:** © Mark L Stephenson/Corbis.

**Lesson Three: 81:** © Atsuko Tanaka/Media Bakery; **82:** (l) Nancy Camley; (r) © Monkey Business Images/Dreamstime; **83:** (t) © Simone Van Den Berg/123RF; (b) © Dimmu/Dreamstime; **89:** (t) © Planner/Shutterstock; (m) José Blanco; (b) © David Frazier/DanitaDelimont; **90:** (t) © Patrick van Katwijk/Picture-Alliance/DPA/AP Images; (m) © Dusko Despotovic/Sygma/Corbis; (b) © Ballesteros/EEF/Newscom; **91:** (t) © Ian Waldie/Getty Images; (ml) © Darren Pullman/Shutterstock; (mr) © TVE/ Corbis; (b) VHL; **92:** © Mark Shenley/Alamy; **97:** © JGI/Jamie Grill/Media Bakery; **99:** © James W. Porter/Corbis; **100:** © David C. Tomlinson/Getty Images; **107:** By permission of IMCINE; **110:** Titulo: LA SIESTA. Autor: Oscar Sir Avendaño. Dimensiones: 1 metro x 1,50 cmtrs. Tecnica: Mixta. © Oscar Sir Avendaño, "La Siesta", 2010; **111:** © Sophie Bassouls/Sygma/Corbis; **112:** © Ktsdesign/Shutterstock; **115:** (t) © The Gallery Collection/Corbis; (b)© Bpk, Berlin/Bayerische Staatsgemaeldesammlungen, Munich/Bildarchiv Preussischer Kulturbesitz/Art Resource, NY; **116:** © Erich Lessing/Art Resource, NY; **117:** (t) © SCALA/Art Resource, NY; (b) © Erich Lessing/Art Resource, NY; **119:** © Mark Baynes/Basque Country/Alamy.

**Lesson Four: 121:** © Media Bakery; **122:** (t) Martín Bernetti; (b) © Marco Lensi/Fotolia; **123:** (t, m) Martín Bernetti; (b) © Radius Images/Alamy; **129:** (t) Paula Díez; (m) © Radu Razvan/Shutterstock; (b) © Esteban Felix/AP Images; **130:** Martín Bernetti; **131:** (t) © David Loutzenheiser; (m) © Janet Jarman/Corbis; (b) Paula Díez; **132:** © Masterfile; **146:** Martín Bernetti; **147:** © Masterfile; **149:** By permission of Agencia Audiovisual Freak, S.L.; **152:** © Minneapolis Institute of Arts, MN, USA/The Ethel Morrison Van Derlip Fund/Bridgeman Images; **153:** © Jose Caruci/AP Images; **154:** © Alberto Calera; **157:** © Ahmet Ercan Senkaya/Dreamstime; **158:** © Eliana Aponte/Reuters/Newscom.

**Lesson Five: 163:** VHL; **164:** (tl) Martín Bernetti; (tr) José Blanco; (b) Martín Bernetti; **165:** (t) © Bill Brooks/Masterfile; (b) © 24BY36/Alamy; **167:** © Mike Cohen/Shutterstock; **171:** (t) © Masterfile; (m) © Philip Coblentz/Getty Images; (b) Carlos Arango; **172:** © Atlantide Phototravel/Corbis; **173:** (t) © Danny Warren/Shutterstock; (m) © YinYang/iStockphoto; (b) Martín Bernetti; **174:** © Juan Carlos Ulate/Reuters/Corbis; **179:** (l) © William Berry/Shutterstock; (ml) María Eugenia Corbo; (mr) © Cmcdesigns@mac.com/Dreamstime; (r) © Vladimir Melnik/Shutterstock; **183:** © SW Productions/Getty Images; **185:** © Masterfile; **189:** By permission of Agencia Audiovisual Freak, S.L.; **192:** © Piero Pomponi/Liaison/Getty Images; **193-195:** Graciela Rodo Boulanger. Altamar. 2000. © Courtesy Sandra Boulanger; **197:** © Macduff Everton/Corbis; **198:** Carolina Zapata; **199**: © Sergio Pitamitz/SuperStock; **200:** (l) © Kevin Fleming/Corbis; (m) © Philip James Corwin/Corbis; (r) © Barry King/WireImage/Getty Images.

**Lesson Six: 203:** © Vadim Petrakov/Shutterstock; **204:** (tl) © Peter Adams Photography Ltd/Alamy; (tm) Oscar Artavia Solano; (tr) María Eugenia Corbo; (bl) Kathryn Alena Korf; (bml) Martín Bernetti; (br) Lauren Krolick; **205:** (t) © Micro10x/ Shutterstock; (b) © Caroline Beecham/iStockphoto; **206:** © Georgette Douwma/Getty Images; **211:** (t) © Hemis/Alamy; (m) © B & T Media Group Inc./Shutterstock; (b) © Atelopus/Dreamstime; **212:** © Jeff Hunter/Getty Images; **213:** (t) © Stephen Frink/Corbis; (bl) © David Tipling/Alamy; (br) © Steve Simonson/Lonely Planet Images/Getty Images; **214:** © Corel/Corbis; **219:** (background) María Eugenia Corbo; **221:** (l) © PhotoEuphoria/iStockphoto; (r) © Digital Media Pro/Shutterstock; **226:** © Val Thoermer/Big Stock Photo; **229:** By permission of IMCINE; **231:** © Susana Gonzalez/AFP/ Getty Images; **232:** © Albright-Knox Art Gallery/Art Resource, NY; **233:** © Toni Albir/AFP/Getty Images; **234:** © Peresanz/ Dreamstime; **237:** © Maps.com/Corbis; **238:** © Steve Simonsen/Lonely Planet Images/Getty Images; **239:** Courtesy of Doug Myerscough.

**Lesson Seven: 243:** © Jon Feingersh/Age Fotostock; **244:** (tl) © SCPhotog/Big Stock Photo; (tr) © Masterfile; (b) Annie Pickert Fuller; **245:** (t) © Suravid/Shutterstock; (b) © Comstock/Fotosearch; **251:** (t) © Esteban Andrés Corbo; (m) © Monkey Business Images/Shutterstock; (b) © Holger Leue/Lonely Planet Images/Getty Images; **252:** (t) © Cortesia Producciones Garcia Ferre S.A.; (b) © Juan Pablo Zaramella; **253:** (t) Courtesy of the Ministerio de Ciencia, Tecnología e Innovación Productiva, Argentina; (m) © NASA; (b) © Jim Craigmyle/Corbis; **259:** © Blinkstock/Alamy; **267:** By permission of IMCINE ; **270:** © OAS AMA/Art Museum of the Americas; **271:** © Pierre-Philippe Marcou/AFP/Getty Images; **272:** (l) © Patrik Giardino/Corbis; (m) © Pinto/Corbis; (r) © Patrik Giardino/Getty Images; **275:** © StockLite/Shutterstock; **276:** Selections from "Weblog de una mujer gorda". © Bernardo Erlich; **277:** (t) Selections from "Weblog de una mujer gorda". © Bernardo Erlich; (b) Courtesy of Hernán Casciari; **279:**© Ahmad Halabisaz/Xinhua Press/Corbis.

**Lesson Eight: 281:** © Hero/Corbis; **282:** (t) Martín Bernetti; (m) © Chabruken/Getty Images; (b) © Ana Maria Otero/AP Images; **283:** © George Doyle & Ciaran Griffin/Getty Images; **289:** (t) Martín Bernetti; (m) © Jorge Silva/Reuters/Newscom; (b) © Caretas; **290:** © Sun/Newscom; **291:** (t) © S. Bukley/Shutterstock; (b) © Jorge Saenz/AP Images; **292:** © Rebvt/ Shutterstock; **295:** © Janne Hämäläinen/Shutterstock; **307:** By permission of The Lift; **310:** Diego Rivera. Mercado de flores. 1949. Óleo/tela 180 × 150 cm. Colección Museo Español de Arte Contemporáneo. Madrid, España. © 2013 Banco de México Diego Rivera Frida Kahlo Museums Trust, Mexico, D.F./Artists Rights Society (ARS), New York. Foto © Fondo Documental Diego Rivera. CENIDIAP. INBA. Conaculta, México; **311:** VHL; **312:** Alfredo Benavides Bedoya. Selections from "La abeja haragana" 2002. © Alfredo Benavides Bedoya. Courtesy of the Artist; **315:** Alfredo Benavides Bedoya. Selections from "La abeja haragana" 2002. © Alfredo Benavides Bedoya. Courtesy of the Artist; **317:** © Kabik/Retna Ltd/Corbis; **318:** © Jeff J. Mitchell/Corbis.

**Lesson Nine: 323:** © Zero Creatives/Corbis; **324:** (t) © Kristy-Anne Glubish/Design Pics/Corbis; (m) © James W. Porter/Corbis; (bl) © Phil Hunt/Getty Images; (br) © Moodboard/Fotolia; **325:** (t) Ali Burafi; (b) © Blend Images/Alamy; **331:** (all) Martín Bernetti; (ml) © Tonatiuh Figueroa/EPA/Corbis; (mr) © Paul Buck/EPA/Corbis; (b) © Roger Ressmeyer/Corbis; **332:** (t) © Dave G. Houser/Corbis; (b) © Emilio Ereza/Alamy; **333:** (t) © Andres Stapff/Reuters/Corbis; (m) © Jeffrey Blackler/Alamy; (b) © Lindsay Hebberd/Corbis; **334:** © Krzysztof Dydynski/Lonely Planet Images/Getty Images; **343:** © Stewart Cohen/Blend Images/Getty Images; **345:** By permission of Moriarti Produkzioak, S.L.; **348:** Salvador Dalí. Automóvil vestido. 1941. © 2014 Salvador Dalí, Fundació Gala-Salvador Dali, Artists Rights Society (ARS), New York; **349:** © AFP/Getty Images; **350:** © Joana Kruse/Alamy; **353:** © Google; **354–357:** © Photos 12/Alamy; **355:** © Comstock/Getty Images; **357:** (l) José Blanco; (r) Rossy Llano.

**Lesson Ten: 359:** © Jorge Villegas/Xinhua/Photoshot/Newscom; **360:** (tl) Martín Bernetti; (tr) © Ocean/Corbis; (bl) © mediaphotos/iStockphoto; (bm) © Leslie Harris/Index Stock Imagery; (br) Andrew Paradise; **363:** (l) Título de la obra: Pop Monalisa. Año de realización: Aproximadamente 2009. Técnica: óleo sobre tela. © Margarita María Vélez Cuervo; (m) Artista: Juan Manríque. Título: Rostros. Año: 2002. Dimensiones: 70 x 50 cms. Técnica: Collage sobre papel; (r) © Erich Lessing/Art Resource, New York; **367:** (t) © Bettmann/Corbis; (m) Gonzalo Cienfuegos. El trofeo. 2005. Courtesy of the artist; (b) Museo de Arte, Latinoamericano de Buenos Aires/Colección Constantini; **368:** (l) © Macduff Everton/Corbis; (tr) 2005 Fundación Pablo Neruda. Fernando Márquez de la Plata 0192, Santiago de Chile; (mr) 2005 Fundación Pablo Neruda. Fernando Márquez de la Plata 0192, Santiago de Chile; (br) Lauren Krolick; **369:** (t) © Claudia Gacitúa; (bl) © Rob Wilson/Shutterstock; (br) © Claudia Gacitúa; **370:** © Vadim Kozlovsky/Shutterstock; **379:** By permission of MasterCluster; **382:** © Private Collection/Bridgeman Images; **383:** © AFP/Getty Images; **384:** © Images.com/Corbis; **387:** © Piero Pomponi/Liaison/Getty Images; **388:** (foreground) © Fridmar Damm/Corbis; (background) © Frans Lanting/Corbis; **389:** © Luis Magon/El Pais, SL. Todos los derechos reservados/Newscom.

**Lesson Eleven: 393:** © Nicolas DET/Demotix/Corbis; **394:** (tl) © Jenkedco/Shutterstock; (tm) © Ocean/Corbis; (tr) © Masterfile; (m) © Hamish Barrie/iStockphoto; (b) © Steve Raymer/Corbis; **395:** © Nancy Kaszerman/Zuma/Corbis; **401**: (t) © Roberto Candia/AP Images; (m) © Art Directors & TRIP/Alamy; **402:** (t) © Gonzalo Espinoza/AFP/Getty Images; (b) © James Brunker/Magical Andes Photo; **403:** (t) © Martin Alipaz/epa/Corbis; (bl) © Gustavo Gilabert/Corbis; (br) © David von Blohn/NurPhoto/Zuma Press/Alamy; **404:** © David Pou/Shutterstock; **417:** By permission of Xavi Sala Camarena; **420:** © OAS AMA/Art Museum of the Americas; **421:** © Andrea Comas/Reutuers/Corbis; **422:** (l) © Roibu/Alamy; (m) © Eduardo Verdugo/AP Photo/Corbis; ( r) © AFP/Getty Images; **425:** (t) © Holger Mette/Shutterstock; (b) © Bruno Xavier/Shutterstock; **426:** © FrameZero/Alamy; (inset) © David Rumsey Map Collection www.davidrumsey.com; **427:** © Carlos Cazalis/Corbis.

**Lesson Twelve: 431:** © Alex Robinson/JAI/Corbis; **432:** (tl) © David Myers Photography/Alamy; (tr) Martín Bernetti; (b) © Reuters/Corbis; **433:** (t) Santiago Hernández. Lithograph print from El Libro Rojo, Publisher by Francisco Días de León y White. 1870 © CONACULTA. INAH-SINAFO-FN-Mexico; (b) © Gianni Dagli Orti/The Art Archive at Art Resource, NY; **439:** (t) © AFP/Getty Images; (m) © AFP/Getty Images; (b) © National Public Radio; **440:** © Imagebroker/Alamy; **441:** (t) © Mick Roessler/Corbis; (m) © Philippe Eranian/Sygma/Corbis; (b) © Gianni Dagli Orti/The Art Archive at Art Resource, NY; **442:** © Gary Yim/Shutterstock; **446:** María Eugenia Corbo; **455:** Paula Díez; **459:** By permission of Jorge Gaggero; **462:** © José Sabogal, El indio alcalde de Chincheros: Varayoc. 1925. Óleo sobre lienzo. Municipalidad Metropolitana de Lima. Pinacoteca "Ignacio Merino". Lima Perú y herederos; **463:** © Bettmann/Corbis; **464:** © Rook76/Shutterstock; **465:** © Bluestocking/iStockphoto; **469:** © Outsider/Shutterstock; **471:** © Bpk Berlin/Bildarchiv Preussischer Kulturbesitz/Dietrich Graf/Art Resource, NY. **472:** (l) © James Sparshatt/Corbis; (r) © Robert Harding Picture Library Ltd/Alamy; (inset) © Cortesía del Ayuntamiento de Montilla y de la Sucesión González Gamarra/Casa Inca Garcilaso de la Vega en Montilla; **473:** Inca Garcilaso de la Vega, "Comentarios reales", edición de Enrique Pupo-Walker, Madrid, Cátedra, colección Letras Hispánicas. Por cortesía de Ediciones Cátedra. **475:** Still Life with Letter to Mr. Lask by William Michael Harnett. © Christie's Images/Corbis.

**End Matter: A10:** Martín Bernetti; **A14:** (all) Martín Bernetti; **A27:** Martín Bernetti; **A55:** Martín Bernetti.

# About the author

**José A. Blanco** founded Vista Higher Learning in 1998. A native of Barranquilla, Colombia, Mr. Blanco holds degrees in Literature and Hispanic Studies from Brown University and the University of California, Santa Cruz. He has worked as a writer, editor, and translator for Houghton Mifflin and D.C. Heath and Company and has taught Spanish at the secondary and university levels. Mr. Blanco is also co-author of several other Vista Higher Learning programs: **VISTAS, VIVA, AVENTURAS,** and **PANORAMA** at the introductory level, **VENTANAS, FACETAS, IMAGINA,** and **SUEÑA** at the intermediate level, and **REVISTA** at the advanced conversation level.